中華古籍保護計劃

ZHONG HUA GU JI BAO HU JI HUA CHENG GUO

·成 果·

《海峡两岸中华古籍保护论著提要2011—2015》编委会　编

海峡两岸中华古籍保护论著提要

2011—2015

国家图书馆出版社

图书在版编目(CIP)数据

海峡两岸中华古籍保护论著提要(2011—2015)/《海峡两岸中华古籍保护论著提要(2011—2015)》编委会编. --北京:国家图书馆出版社,2017.7
ISBN 978 – 7 – 5013 – 6106 – 9

Ⅰ.①海… Ⅱ.①海… Ⅲ.①古籍—图书保护—著作—内容提要—中国 Ⅳ.①G253.6

中国版本图书馆 CIP 数据核字(2017)第 100568 号

书　　名　海峡两岸中华古籍保护论著提要(2011—2015)
著　　者　《海峡两岸中华古籍保护论著提要(2011—2015)》编委会　编
责任编辑　许海燕

出　　版　国家图书馆出版社(100034　北京市西城区文津街 7 号)
　　　　　　(原书目文献出版社　北京图书馆出版社)
发　　行　010 – 66114536　66126153　66151313　66175620
　　　　　　66121706(传真)　66126156(门市部)
E-mail　　nlcpress@ nlc. cn(邮购)
Website　　www. nlcpress. com ──→投稿中心
经　　销　新华书店
印　　装　河北三河弘翰印务有限公司
版　　次　2017 年 7 月第 1 版　2017 年 7 月第 1 次印刷

开　　本　787×1092(毫米)　1/16
印　　张　33.75
字　　数　840千字

书　　号　ISBN 978 – 7 – 5013 – 6106 – 9
定　　价　240.00 元

编委会

1

序一

李致忠

目录是治学的津梁，提要目录就更能辨章学术，指引堂奥。中国古籍保护协会成立伊始，便致力搜集编制《海峡两岸中华古籍保护论著提要》，应该说是一种远见卓识。提要目录的编制，向来难度较大，但对他人来说则是方便万家，泽被后世。任何人著书立说，目的盖有两个：一个是把自己的治学成果编撰成帙，借以总结、提高、反映自己的学术水准；一个是出版发行后给感兴趣的读者披阅。前者好说，因为自己熟悉，容易翻检；而后者则不然，因不熟悉其论著内容、体例，就不便检阅。如果为读者着想，在自己撰著时就考虑撰写一篇简明提要，附在文前卷首，给读者提供更加有利的方便，效果就会更好。

由国家倡导的古籍保护工作，从 2007 年算起，到明年整整十年。在这十年里，我们在古籍保护工作方面取得了举世瞩目的成绩，设想一下，如果我们花些力气，编制一部《中华古籍保护论著提要》（2007—2017），那是很有意义的举措，也是完全能够做到的善事。令人十分高兴的是，由中国古籍保护协会和台湾古籍保护学会合作，编撰而成的《海峡两岸中华古籍保护论著提要（2011—2015）》，正是本此宗旨应运而生的产物，令人欢欣鼓舞。

此《论著提要》，按其性质，属于回溯性检索工具书。编者立意新颖、收录宏富、体例得法，比较全面地网罗了 2011—2015 年间在中华古籍保护方面取得的研究成果，为古籍工作者进一步开展相关研究提供了有效的检索手段，非常有意义，值得肯定。

中国大陆和台湾地区是中华古籍的存藏重镇，由两岸古籍保护民间组织合作,开展古籍保护工作,意义非常。这部《论著提要》,冠以"海峡两岸",直切主题,对弘扬祖国优秀传统文化,进一步加强中华古籍保护,意义深远。

这部《论著提要》的编纂体例较为得法。正文按照题名的汉语拼音音序组织,排列有序,便于查找。并且著录规范,附录详备,充分发挥了图书馆工作者的优势。著录事项包括论著题名、著者题名、刊物题名及卷次、出版者、出版地、出版年、版次、页码等。尤其值得肯定的是,编者还为所收论著编制了内容提要,为使用者寻求所需提供了方便。这些论著提要,言简意赅,条理清晰,既方便读者,又提高了自身的学术价值。书后还编制了题名和作者索引,扩展检索途径,功用更全。

这部《论著提要》收录了近4000个条目,几乎把五年来的主要研究成果囊括殆尽。其中包括古籍修复、古籍普查、古籍编目、古籍存藏环境(包括古籍书库温湿度、防火防盗、防虫防霉),以及版本鉴定、古籍整理、古籍再生性保护(包括古籍影印出版、古籍缩微复制、古籍数字化建设)等,可以说涵盖了古籍保护的方方面面。《论著提要》的编纂者,通过查阅和利用大量的研究资料和相关的网络资源,系统整理了这五年发表在海峡两岸暨香港、澳门的期刊(包括网刊)、报纸、论文集、个人专集、不定期连续出版物、学位论文等文献中与古籍保护研究相关的论文与著作。

当然,从客观上讲,这部《论著提要》也还存在某些不足之处,尚有进一步提升编纂质量的空间。譬如:有些本不属于古籍保护范畴的论著被收入,而古籍保护并不等同于古典文献学研究或国学研究、古籍整理研究。部分著作、文集未注明出版者。一些与古籍保护直接相关的论文、著作漏收,如李亚:《中国古代典籍载体保护实践初探》(载《浙江大学中文系本科生优秀毕业论文选》,浙江大学出版社,2012年12月);苏全有主编:《图书馆史沉思录》(中州古籍出版社,2015年8月),等等。

这部《论著提要》的编纂出版,较为系统地总结了以往五年中的古籍保护研究成果,为广大古籍从业人员从事古籍保护与研究工作、为古籍保护主管部门领导规划古籍保护工作,开拓了广阔的参考视野。有鉴于此,我乐观其成,并放言数语,聊作前序。

2016 年 12 月 1 日于北京

序二

吴哲夫

我们华夏民族素来认真于知识的追求与文明的开创。先民为了能确保知识成果且能有效予以传播推广，从文字创造使用伊始，就致力于文字载体的改良以及便捷生产图书方法的研发。经过长时间的探索，先后发明了造纸与印刷技术。纸张轻便实用，印刷术能轻易将一件著作化身成千百，廉价供应给读者。唐宋以后，中国文化在这两项利器的羽翼下，学术发展迅速且多元，以是著作日繁，出版业蓬勃，书籍的交易成为社会经济活动的重要内容。据外国学者推估，到 19 世纪为止，中国图书的生产量超过世界各民族总和甚多，不难想见我国先民是多么热衷于知识的研发与传播。

古代书籍量虽然庞大，但纸书毕竟是脆弱的文物，如果典藏环境不佳、保管方法不善，书册便容易遭受到物理、化学、生物、人为等等因素的迫害。所以历代知识界对已具岁月的古籍，无不细心呵护，或修补裱衬已损伤与老化的古籍，或制定妥善的人事保管制度，或建构优良完美的典藏库房，更利用覆刻的手段，抢救具有散亡危机的孤本秘籍。这种种的措施，确实对保护古籍产生巨大的效果。时至今日，古籍传存量日渐稀少，保护古籍更加重要，许多学者为了民族珍贵遗产能久存不坠，乃不辞劳苦地投入维护行列。他们在前贤既有的基础上，配合现代先进的科学技术，进行钻研、操作，又将所获的理论与技术撰文发表，提供各古籍保管机构与私人藏家取参利用。在学者倡导流风下，兴起了一股古籍保护的浪潮，各守藏单位，一方面积极培育维修专业人员，一方面改善典藏环境，添购各种新式器材，古籍的保护大业于焉大为落实。

两岸因为有共同的民族血脉及相同的文化渊源，所以在维护民族文化议题上，始终心念一致，同心同德。近年来由于两岸人民亲情的贴近，学术交流非常的热络，学术资源的共建共享成为大家的共识。此次两岸古籍保护协会，为了提升维护古籍的质量与成效，辛勤搜集两岸学者古籍保护方面的大作，分篇撰写其提要，再编辑索引出版，以方便检寻。个人因曾长期从事珍贵古籍的守藏工作，深深了解此一工具书问世的重要性，欣喜之余，乃敢不计自己的浅陋，应编委会诸位友人之约，为撰数言，也借以对所有编辑者的辛劳，致上无限的敬意。

2016 年 12 月写于台北近郊外双溪

编　例

　　一、本书收录2011年至2015年间在海峡两岸暨香港、澳门发表出版的与古籍保护有关的论文和著作(不包括对古籍文献内容的研究)，收录文献的类型包括：

　　A——论文集中的析出文献

　　C——论文集

　　D——学位论文

　　J——期刊文章

　　N——报纸文章

　　M——专著

　　二、收录文献的来源以互联网所载为主，还包括部分参编单位的馆藏文献、向作者征集和采购文献等。限于互联网未载、编目时间短和耳目未及等原因，有些较为重要的论著此次没有收录进来，我们计划在编纂《续编》时予以增补。

　　三、著录的内容：序号、题名(篇名或书名)和文献类型代码、著者、刊名或论文集的编者和题名、出版单位、发表出版的时间和摘要等。

　　四、在台湾、香港和澳门发表的论文，在刊名后标注"在某地区发表"置于括弧内；在台湾、香港和澳门出版的著作，在出版者后标注地区名称置于括弧内。

　　五、正文所收论文和著作，依据题名(篇名或书名)汉语拼音顺序编排。字母和数字开头的题名排于末尾；有前后顺承关系的题名，如上、中、下，按顺承关系排序。

　　六、条目的摘要，以照录原文献所附的摘要为主，对篇幅过长和不符合要求的内容，酌情删改。对没有摘要的条目，根据原文内容和小标题拟定摘要;原文也无法查阅者,著录"阙如"。有关联的条目,提要内容相同时,后面的条目著录"同上"。

七、条目的文字采用标准简化字著录。原论著题名含有异体字、外国文字及特殊字符的,依原题名著录。

八、条目发表出版的时间,依照中国知网文献导出格式著录。论文集、学位论文和专著仅著录出版年。期刊文章按照"年,期:页码"的形式著录,年刊的期数用"00"表示,增刊用"S"表示。报纸文章按照"年－月－日＋版次"的形式著录,如:"2012－10－31B03"为2012年10月31日 B3 版。

九、为了便于查检,我们特编制了题名索引和著者索引,附录于正文之后。在著者索引中,合著者分别立目,古籍文献的原著者不在检索范围内。

目　　录

A

0001

安徽博物院藏明万历酣酣斋刻本《酒仙谱》[J]/高奥. --文物鉴定与鉴赏,2013,07:39 – 41

本文介绍入选《国家珍贵古籍名录》的《酒仙谱》内容及相关情况。

0002

安徽藏书家传略[M]/刘尚恒,郑玲著. --合肥:黄山书社,2013

本书分安徽私家藏书述略、传略、专论三章,其内容包括:私家藏书概况、私家藏书特点、私家藏书之散佚。

0003

安徽存藏古籍数量与质量分析[J]/朱开忠. --图书馆,2011,02:124 – 125

本文通过对安徽公共图书馆系统、高校图书馆系统、博物馆系统等单位所藏古籍进行的调查、统计和分析,摸清了安徽存藏古籍的家底。

0004

安徽古籍保护的问题与对策研究[J]/朱开忠. --图书馆界,2011,01:25 – 27

本文通过调查揭示安徽古籍存藏的现状,指出存在收藏单位古籍保护意识不强、从业人员素质偏低、经费投入不足等问题,提出应加强对古籍保护工作的监管,加大投入,注重人员培训,加强古籍修复工作,正确处理古籍保护与利用之间的关系。

0005

安徽古籍研究[M]/朱开忠著. --北京:世界图书北京出版公司,2011

本书内容包括安徽古籍概述、安徽古籍保护研究、安徽古籍修复与主要古籍保护单位、安徽古籍菁华谱、安徽古籍个案研究、安徽古籍的开发利用、古籍基础知识与版本鉴定。

0006

安徽省古籍编目人员队伍现状的调查与分析[J]/石梅. --内蒙古科技与经济,2012,15:127 – 128 + 131

本文通过对全省古籍整理编目人员的调查,总结目前全省古籍整理编目人员队伍的现状,针对调查结果,对全省古籍编目人才队伍的建设提出了建议。

0007

安徽省馆藏古籍数字化工作探析[J]/朱开忠. --合肥工业大学学报(社会科学版),2012,03:145 – 148

古籍数字化是对古籍进行科学保护和有效利用的重要手段,是古籍整理的发展方向。文章在对安徽馆藏古籍数字化情况进行调查的基础上,分析了古籍数字化工作存在的问题,并提出具体建议。

0008

安徽省图书馆藏四库稿本《贞素斋集》[J]/朱开忠. --文献,2012,03:22 – 28

文章介绍了安徽省图书馆藏《贞素斋集》的概况,详细记述了删改及浮签汇录,全文照录了其中的佚文。

0009

安徽省图书馆藏《正德三年进士登科录》的修复[J]/臧春华. --文物保护与考古科学,2015,02:114 – 121

论文着重探讨了古籍修复需要讲究依据、灵活运用"修旧如旧"原则、保留修复资料等相关问题。此修复研究可为行业修复此类古籍提供相关借鉴。

0010

安徽师范大学馆藏徽州文书种类及特点[J]/董家魁,刘猛. --兰台世界,2012,11:30 – 31

数量可观的徽州文书是安徽师范大学馆

藏一大特色,其涵盖土地关系文书、赋役文书、商业文书、宗族文书及其他文书等种类,具有时间跨度长、地域分布广、归户性强、种类多样等特点。

0011

安徽文献研究集刊(第4卷)[C]/牛继清
主编.--合肥:黄山书社,2011

本书共收学术论文30余篇,立足于安徽文献或有益于安徽文献的整理传播的研究,大致反映了当前安徽文献整理与研究的成果和概况。本书从内容上分类,主要包括以下几个方面:古籍整理研究、安徽文献研究、安徽学者作家研究、其他有关安徽文献的研究。

0012

安徽文献研究集刊(第5卷)[C]/牛继清
主编.--合肥:黄山书社,2013

(同上)。

0013

安徽文献研究集刊(第6卷)[C]/牛继清
主编.--合肥:黄山书社,2014

(同上)。

0014

安顺学院图书馆馆藏古籍的整理与保护
[J]/伍双林,徐艳丽,李丽华.--安顺学院学报,2014,05:129 – 131

安顺学院图书馆藏古籍种类繁多,具有珍贵的历史价值和文物价值,因人力、物力、财力缺乏,没有得到及时有效的保护与整理。应采取改善存藏环境、设立专项经费、设置专门机构、进行古籍整理等有效措施,使其得到长期、有效的保护,价值得以实现。

0015

《安阳集》版本源流考[J]/王永波.--青海社会科学,2015,04:120 – 124 + 132

《安阳集》又名《韩魏公集》,是北宋名相韩琦的诗文集,它在宋代曾多次刊行,但今皆不存。目前能见到最早的本子为明正德九年(1514)张士隆刻本《安阳集》五十卷,后附《家传》十卷、《别录》三卷、《遗事》一卷。

0016

安致远文集雕版遗存考略[J]/袁敏.--潍坊学院学报,2014,03:25 – 26

明末清初文学家安致远,主持编纂了《寿光县志》,著有《玉碗集》《纪城文稿》《纪城诗稿》《吴江旅啸》等,均被收入《四库全书》。安致远著作的古籍版片存世极少,寿光市博物馆现存古籍版片257片,大小整齐,厚薄均匀,墨渍透润,字迹隽美,所属内容皆出自安致远文集,具有极高的研究利用价值。

0017

澳门大学图书馆古籍藏书特色概述[J]/邓骏捷.--澳门研究(在澳门地区发表),2011,03:157 – 166

澳门大学图书馆成立于1981年,前身为澳门东亚大学图书馆。新馆1999年落成,面积约1.5万平方米。现藏有中、英、葡、日等语种图书40万余册,年均增长量为4万余册。馆藏特色:澳门文献、汉文古籍、欧盟等国际组织出版物、美国研究数据、葡文法律文献等。

0018

澳门古籍藏书[M]/邓骏捷著.--香港:三联书店公司(香港地区),2012

明清古籍善本、澳门地方文献以及西方宗教图书,构成了澳门中文古籍藏书的特色。本书通过介绍澳门多个藏书机构的重要古籍,讲述其背后的故事,反映澳门的历史面貌和中西交融的人文底蕴。

0019

澳门古籍文献数字化及其利用[J]/毛建军.--图书馆学研究,2013,15:29 – 31

介绍澳门古籍文献的数字化状况,并给出澳门古籍文献数字化在技术与标准、资源共享以及合作与交流等方面的具体建议。

0020

澳门古文献整理述评——以文学文献为中心[J]/邓骏捷.--图书馆杂志,2013,12:98 – 104

本文试对目前已经出版的澳门古典文学文献整理成果(主要包括诗词、古文、碑刻、楹联等),进行较为全面的述评。述往事,思来者,以期为未来有关工作的前进方向和发展空间提供一些参考意见。

B

0021

《八家后汉书辑注》校考[J]/胡爱英.--长春理工大学学报(社会科学版),2011,12:92-93+98

作者查考了大量征引已佚后汉史书文字的原始文献,并参考其他相关史料,对《八家后汉书辑注》进行校点,内容涉及文字、官职、标点等方面,旨在尽最大努力恢复已佚古书的原貌。

0022

八年修书结硕果——《续修四库全书》出版记[J]/李国章.--编辑学刊,2011,03:53-56

作者记录了《续修四库全书》的编纂出版原因、筹备过程和编辑出版流程。在这套丛书的加工过程中,出版社谨慎操作,确保质量,与编委会紧密合作,严把印刷装订质量关,最终取得了良好的社会效益与经济效益。

0023

八思巴字古籍文献整理与研究综述[J]/陈烨,宝音.--内蒙古民族大学学报(社会科学版),2012,01:53-57

本文介绍八思巴本人以及八思巴字古籍文献产生的历史、发展和现存情况,并对国内外八思巴字古籍文献研究的缘起进行挖掘,阐述了国内有关八思巴字古籍文献研究的崛起、八思巴字古籍文献研究的深化、细化以及八思巴字古籍文献研究的进一步拓展情况。

0024

巴蜀中医药古籍保护与开发的现状及思考[J]/江蓉星,侯艳,任玉兰,聂佳.--成都中医药大学学报(教育科学版),2013,01:79-80

古籍数字化建设是当今图书馆的一大趋势。本文介绍了巴蜀中医药古籍保护与开发现状、存在的问题、意义,提出了三种保护与开发巴蜀中医药古籍的对策。

0025

巴蜀中医药古籍数字化建设及数据挖掘模式研究与实践[J]/江蓉星,聂佳,许霞,李政,任玉兰.--成都中医药大学学报,2013,02:97-98+102

为了探讨巴蜀中医药古籍数字化建设,为中医药古籍的保护及利用提供科学参考,文章以RISS特色数据库为古籍数字化平台,按学科和朝代建立了巴蜀中医药古籍医家及书目全文图片数据库,并按病案、方剂、针灸等不同属性分别确立聚类、复杂网络、关联规则数据挖掘模式。

0026

巴蜀中医药古籍医案数据挖掘系统构建及应用[J]/聂佳,任玉兰,江蓉星,许霞.--中国中医药图书情报杂志,2015,04:13-15

巴蜀中医药古籍特色突出,医案承载医家丰富理论和临床经验,是知识发现不可或缺的研究对象。构建基于关联规则方法分析的巴蜀中医药古籍医案数据挖掘系统,不仅能深入研究巴蜀中医药学术流派的特色,亦能为中医药古籍数据挖掘系统的开发和应用提供有效的支持。

0027

巴渝学人与清代《四库全书》编纂[J]/高远.--重庆工商大学学报(社会科学版),2011,01:124-128

本文介绍了在《四库全书》编纂过程中,巴渝地区所作出的贡献。对渝籍四库馆臣、私家献书人、录存渝人著述的分析评述,有利于挖掘巴渝地方历史资源,从而丰富《四库全书》编纂的地域多元文化色彩。

0028

把握重点 推进保护——在"2014年省级古籍保护中心工作会议"上的讲话[A]/韩永

进.--国家古籍保护中心编.古籍保护研究（第一辑）[C],郑州：大象出版社,2015

本讲话从"中华古籍保护计划"的进展、古籍保护工作存在的主要问题和2014年全国古籍保护工作的介绍三个方面对未来的古籍保护工作进行部署。

0029

白地波湾村纳西东巴文调查研究[D]/和继全.--西南大学,2012

本文以东巴文化保存较好、语言文字特点鲜明的白地波湾村作为调查点,对该村的纳西语、东巴文、东巴文献和社会历史文化进行全面调查、研究。

0030

白噶寺出土古籍抢救纪实[J]/才洛.--中国西藏,2015,06:73-75

白噶寺位于西藏山南地区隆子县加玉乡,因著名的噶举派高僧竹巴·白玛噶布（1527-1596）曾在此修行而得名,现为藏传佛教噶举派（竹巴噶举）寺院。2013年重修寺院时,在原旧经堂两面墙之间发现部分古籍残叶,经考古挖掘出土了大量珍贵藏文古籍文献。本文记叙了白噶寺出土古籍的抢救过程。

0031

《白山司志》的主要内容、编修背景及其版本收藏述略[J]/蓝武,蒋盛楠.--楚雄师范学院学报,2012,11:50-53

从文献编纂学的角度对《白山司志》的主要内容、编修背景及其版本收藏状况进行研究,既有利于古文献的保存与传布,亦可为学者从事中国土司制度研究扩大资料来源,还可为文献学者从事古籍整理与研究提供必要的门径与章法。

0032

《白山司志》研究[D]/蒋盛楠.--广西师范大学,2013

本论文对《白山司志》古籍原文进行校注,与其他地方志体例比较,并对文本反映出的白山土司制度情况、社会风俗、历史文化等方面进行研究,试图挖掘出《白山司志》的历史和文化价值。

0033

白芍治疗类风湿性关节炎配伍应用古代文献分析[J]/李兵,符永驰,张伟娜.--辽宁中医药大学学报,2014,01:132-133

该文基于中医古籍数据库,对古代文献中记载的白芍治疗类风湿性关节炎的应用情况进行了分析。同时,通过实际应用中医古籍数据库的检索功能,发现中医古籍数字资源的检索与利用存在的优势与不足,为中医古籍数字化和数据库建设提供建议和参考。

0034

白族古籍文献专题数据库建设刍议[J]/黄正良.--大理学院学报,2011,05:59-61

本文从白族古籍文献收藏和开发利用现状出发,初步探讨了构建白族古籍文献专题全文数据库的一些方法和措施。

0035

《百科全书》与《四库全书》的一个世纪两个世界[J]/罗红丽.--兰台世界,2014,32:153-154

《四库全书》与《百科全书》的产生时代几乎相同,但其产生和作用截然不同。《百科全书》的产生点燃了广大民众的科学意识,《四库全书》的产生禁锢了广大民众的思想,压制了民众对科学的渴望,因而形成了两个不同的世界。

0036

百年沧桑话馆藏——《中国地质图书馆馆藏珍本图录》编撰始末[A]/陈俊岚.--中国地质学会地质学史专业委员会、中国地质大学（北京）地质学史研究所.中国地质学会地质学史专业委员会第24届学术年会论文汇编[C],2012

本文介绍了《中国地质图书馆馆藏珍本图录》编撰的始末。中国地质图书馆经过数十年南下北上、西迁东回的战乱时期,迎来建馆95周年。馆藏由建馆时藏书仅4000余册,发展到目前的纸介质印本70余万册,囊括了近代地质学启蒙时期以来约200年间的国内外宝贵地学文献及世界各国地质图件1万余套。

0037

百年古籍整理事业与古文献学的历史性发展[J]/周少川,陈祺.--淮北师范大学学报(哲学社会科学版),2011,04:17－21

民国年间,古籍整理事业和古文献学得以初兴,缩版影印、百衲汇校、标点断句等新方法开始出现。新中国成立后,国家成立专门机构,古籍整理工作推陈出新,产生了点校《通鉴》、"二十四史"等精品,但也受到政治运动的严重干扰。改革开放以来三十年,古籍整理事业走向繁荣。

0038

版本鉴定札记二则[A]/沈津.--倪莉、王蕾、沈津编.中文古籍整理与版本目录学国际学术研讨会论文集[C],桂林:广西师范大学出版社,2013

本文介绍了元刻本的字体,对宋刻本《新刊名臣碑传琬琰之集》的版本进行了考证。

0039

版本目录论丛[C]/崔富章著.--北京:中华书局,2014

《版本目录论丛》为作者的论文集,共收论文38篇,粗分三组。第一组关于四库学,第二组关于楚辞学,第三组讨论版本和善本,多由讲义补充而成。

0040

版本目录学研究的重要收获——《崔建英版本目录学文集》编后记[J]/贾卫民.--图书情报工作网刊,2012,06:59－62

《崔建英版本目录学文集》反映了崔先生在古籍文献学和版本目录学方面的成就。他认为图书馆应开展更多的古籍文献研究,其中文献类型的萌生、发展、衍变、特点和文献价值是研究重点。建英先生对版本学的贡献在于版本鉴定。他注意将文献内容与版刻特征相结合,提出区别同版不同刷印阶段的相关概念。

0041

版本目录学研究(第3辑)[C]/沈乃文主编.--北京:国家图书馆出版社,2012

本书收录有关版本目录学研究的文章38篇,分为纪念冀淑英先生逝世十周年、典籍、目录、版本、校勘、收藏、人物、形制、保护、感言10个专题编排。作者均为古籍版本学界从业者及专家学者,文章具有较高学术水平。

0042

版本目录学研究(第4辑)[C]/沈乃文主编.--北京:北京大学出版社,2013

《版本目录学研究(第4辑)》主要内容包括:我从宿白师学版本、宿白先生教我辨佛经、宿白先生九十寿辰感怀、《西堂余集》初印本所收《明艺文志》考、国家图书馆藏《资治通鉴稿》残卷浅述、吉林大学图书馆藏东北三省稀见方志叙录等。

0043

版本目录学研究(第5辑)[C]/沈乃文主编.--北京:北京大学出版社,2014

本书是关于目录、版本、校勘等中国传统学问的论文集。编者力图通过此书的编纂继承、恢复我国传统版本目录之学。此辑文章涉及典籍、目录、版本、金刻本与蒙古刻本、校勘、活字本、收藏、任务、形制与装潢等方面,共计40余篇。

0044

版本目录学研究(第6辑)[C]/沈乃文主编.--北京:北京大学出版社,2015

本书是关于目录、版本、校勘等中国传统学问的论文集。所编选的文章多从传世文献和考古发现中挖掘材料,使用以考据为主的研究方法,提出问题,考订史实,证明新见。编者力图通过此书继承、恢复我国传统版本目录之学。

0045

版本图志的探索与实践——以《上海图书馆藏宋本图录》为例[J]/陈先行.--古籍整理出版情况简报(总487期),2011,09:2－7

本文以《上海图书馆藏宋本图录》为例,对部分文献的版刻真伪、刊刻地域、原刻翻刻、初印后印、版本源流、文本异同等,和图录的一些不足之处发表了自己的见解。

0046

版本研究与古籍数字化[A]/赵阳阳.--首

都师范大学电子文献研究所、中国诗歌研究中心、国学传播中心、国学网. 第三届中国古籍数字化国际学术研讨会论文集［C］，北京：五洲传播出版社，2011

本文研究古籍数字化系统工作，指出古籍数字化是对古籍或古籍内容的再现及加工，是当前古籍整理与研究的一项重大工作。

0047

版本之学小议［J］/王蓓蓓. --传播与版权，2015，01：42－43＋46

古籍版本学或许带有目录学、校勘学的影子，但是现代版本学已经发展成为一门独立的学科。版本学可以帮助读者优化选择，发现优质书籍，形成善本观；保障作者合法权益，反映其思想层次的变化；揭示时代发展的缩影，是社会进步文明的体现。

0048

包山楚墓文书简、卜筮祭寿简集释及相关问题研究［D］/朱晓雪. --吉林大学，2011

本文以包山楚简中的文书简、卜筮祭祷简为研究对象进行集释，并对相关问题展开讨论。

0049

包山楚司法简考论［D］/王捷. --华东政法大学，2012

本文以包山楚司法简为材料，研究战国楚地的司法制度，主要讨论问题包括楚国法的形式与内容、审理过程中文书运作、司法机构受案程序、“直诉”与“越诉”程序、地方官府审判程序等。

0050

饱历艰险护典籍 全整迁复创奇迹——湖北省立图书馆抗战时期抢救保护古籍纪实［J］/叶黎. --图书情报论坛，2015，04：13－17

抗日战争时期，为抢救保护珍贵文化典籍，涌现出许多可歌可泣的事迹。本文通过阐述湖北省立图书馆西迁原因，古籍版片西迁线路，抗战胜利后图书馆回迁武昌等史实，描绘了湖北省立图书馆西迁历程，展现了老一辈图书馆人守土有责、守文有责、守书有责的爱国激情。

0051

保定市图书馆古籍善本书目［M］/保定市图书馆编. --北京：国家图书馆出版社，2011

保定市图书馆馆藏古籍13万册，善本1.2万册。收入《中国古籍善本书目》135种，入选《国家珍贵古籍名录》15种。馆藏典籍多为元万卷楼、清莲池书院和直隶图书馆旧藏，亦有民间捐赠。本书收录保定市图书馆藏古籍善本645种，690部。

0052

保护古籍路漫漫其修远［N］/张珂. --中国改革报，2012－04－20006

对前人存留下来的文献进行整理与研究，已成为保护国家文化的一项基本工作，也是海外汉学得以昌盛不衰的基础材料。2012年4月5日，全国古籍出版规划领导小组在京召开古籍整理出版专题工作会议。本文即是对此次会议的介绍。

0053

保护民族古籍 传承文明薪火——湖南少数民族古籍工作综述［J］/湖南省民族古籍办公室. --民族论坛，2012，11：09－11

文章综述了湖南少数民族古籍工作：1949－1984年方兴未艾的时期，1984－1997年繁荣发展的时期，1997－2011年开展规模宏大的跨世纪古籍工程的时期。

0054

保护民族古籍，守望民族文化——贵州省民族古籍的困境及对策［J］/欧阳伟华. --红河学院学报，2015，03：40－43

贵州省少数民族古籍保护工作面临民族古籍资源流失严重、不能集中保存、保护制度缺失等问题。应从加强民族古籍管理制度建设、建立健全法制、多方面筹措资金、加强人才的培养和更新保护技术等方面入手来加强贵州民族古籍的保护工作。

0055

保护民族古籍，守望民族文化——湘西土家族苗族自治州民族古籍工作回顾与构想［J］/田仁利. --民族论坛，2012，11：15－17

本文回顾了湘西土家族苗族自治州少数

民族古籍办成立20多年来，开展少数民族古籍抢救、搜集、整理、出版、研究的工作历程，包括支持、组织、出版、印刷民族古籍和民族文化类图书300多部、6000多万字，构想了未来的发展。

0056

保护彝文古籍文献资源，推动民族文化产业发展[J]/吴鳃，刘云，王明贵.--兰台世界，2014,23:19-20

本文指出，应有效发挥彝文古籍文献资源优势，深层次发掘民族文化资源，明确民族文化产业发展方向，科学规划民族文化产业，实现彝文古籍文献资源与民族文化产业发展有机结合，促进民族文化的大发展、大繁荣。

0057

保护珍贵古籍　传承华夏文明[N]/战雪雷.--中国财经报，2011-04-07008

近日，文化部对外发布了《进一步做好文物古籍保护的通知》，围绕保护古籍的各个方面，从加强古籍普查、保护利用、国际交流合作等多层次、多角度提出"十二五"期间古籍保护的目标要求和发展方向。

0058

鲍廷博序跋辑存[J]/马培洁.--文献，2015,03:61-74

鲍廷博一生笔耕不辍，为收藏或抄校之书撰写题跋，为友朋著述撰写序文，目前留存的丰富序跋为了解古籍版本、校勘、传刻，乃至鲍氏行迹及思想提供了珍贵的一手资料，具有较高的文献价值和学术价值。文章辑录稀见鲍氏序跋若干则，并加以考释，希望能够推进鲍廷博及相关研究的深入和完善。

0059

鲍廷博与《四库全书》[J]/付嘉豪.--图书馆理论与实践，2011,06:60-64

本文分析介绍了清代藏书家鲍廷博在《四库全书》的纂修过程及《四库全书简明目录》校理工作中所作出的重要贡献。

0060

《鲍照集校注》读后[J]/颜庆余.--古籍研究，2013,02:90-96

文章从底本的选择、异文的范围、异文的考定三方面考查了《鲍照集校注》的校勘问题，进而讨论了鲍照集的校勘原则。

0061

碑帖修复案例二则[A]/邢跃华.--国家古籍保护中心、天津市古籍保护中心编.融摄与传习——文献保护及修复研究[C]，北京：中华书局，2015

本文通过两个实例来阐述碑帖修复的过程。

0062

北京大学图书馆藏朱子遗集一种小考[J]/李雄飞.--中国文化研究，2012,01:146-148

本文通过对朱子遗集一种的编辑者李日和校定者李光墺、李光型等的查考，确定了该书的书名、责任者、版本、刻书者和刻书地。特别是通过对上述人物的考证，将本书的刊刻年，由康熙在位的61个年头这一时间段，确定为康熙三十九年（1700）。

0063

北京大学图书馆古籍收藏中的饶毓泰赠书[J]/姚伯岳.--中国典籍与文化，2013,03:98-106

现代著名物理学家饶毓泰，逝后全部藏书赠予北京大学。北大图书馆在近年古籍编目工作中，不断发现饶氏原藏古籍线装书。作者通过查访相关人员和各种文献，对饶氏生平以及赠书的来龙去脉做了尽可能准确的查考和介绍，初步还原了饶毓泰赠书的部分史实。

0064

北京大学图书馆古籍修复探索[J]/杨芬.--大学图书馆学报，2013,01:104-109

基于北京大学图书馆古籍修复实践，从古籍修复人员配置及其协作管理、古籍修复工作开展规律、古籍修复程序及相关管理、古籍修复技术特点及内涵的文化特质四个方面，总结修复工作的经验与模式，提炼古籍修复工作的核心特征，并拓展对古籍修复事业发展问题的思考。

0065

北京地区少数民族古籍目录丛书·北京地区彝文古籍总目［M］/徐丽华主编.--北京:民族出版社,2011

这套丛书是近十年来北京地区广大古籍工作者心血的结晶,展示了近十年来北京地区在保护、抢救、搜集、整理少数民族古籍工作中的阶段性成果。中国 56 个民族都有自己独特的民族文化,民族古籍是中华文化重要的组成部分,也是十分珍贵的人类文化遗产。

0066

北京地区所存藏族历代高僧贤哲文集解题目录［J］/阿华·阿旺华丹.--中国藏学,2012,S1:81－106

文章对北京地区所存藏族历代高僧贤哲文集加以整理编目,全面介绍了每种文集的名称、著者、著述年代、函卷页码、经籍刻版、刻版佛像、保存状况、典籍特征和收藏单位等,并对藏族历代高僧贤哲文集的编目情况作了初步论述。

0067

北京地区藏文古籍总目［M］/阿华·阿旺华丹主编.--北京:中国藏学出版社,2013

本书主要内容包括:藏文与拉丁转写法对照表,书题分类目录(汉、藏、拉丁文),故宫博物院图书馆馆藏书题分类目录等。

0068

北京师范大学图书馆藏《历代经籍考》辨伪［J］/王媛.--图书馆杂志,2012,11:82－85

北京师范大学图书馆藏明正德十三年(1518)刘氏慎独斋刻明王应撰《历代经籍考》二十四卷,向来被认为是善本,并著于《中国古籍善本书目》。经笔者查考,此书乃取明正德刊《文献通考·经籍考》残本,重加编纂,并篡改题名、作者、校阅者信息而成,属于版本造伪。

0069

北流市博物馆馆藏古籍的调查及保存现状考［J］/黄伟,黄献源.--商,2015,19:129

本文通过对北流市博物馆馆藏古籍的实地调查,揭示该批古籍保存状况,为下一步对该批古籍做修复保护提出建议。

0070

北师大图书馆所藏《六书故检字》撰者考——兼论其价值［J］/张宪荣.--图书馆界,2013,06:31－33

北京师范大学图书馆所藏《六书故检字》,撰者本名为归曾祁,而非杏书氏。此书所依之底本应是翻刻明本,故可能为《六书故》一书提供一个新的版本;同时,通过此书前所附的缪荃孙跋,又可以为《书目答问》一书的撰者提供一个新的佐证。

0071

北宋校正医书局编校医籍概述［A］/孟永亮.--中华医学会医史学分会编.中华医学会医史学分会第十四届一次学术年会论文集［C］,2014

北宋校正医书局为保存和传承古代医学文献、促进中医药学术思想的传播和发展做出了巨大贡献,但中医界关于校正医书局编校医籍的整体概况却鲜有人系统研究。本文从编校计划、编校时间、编校地点、编校人员及编校流程等方面进行概述。

0072

北宋校正医书局对张仲景著作校勘考述［J］/孟永亮,梁永宣.--辽宁中医药大学学报,2015,05:147－150

本文拟从校勘过程、校勘方法及校勘内容等三方面就北宋校正医书局对张仲景著作的校勘情况进行考述。

0073

北宋校正医书局研究［D］/孟永亮.--北京中医药大学,2014

本论文全面考察了校正医书局 13 位成员的生平事迹,并对校正医书局所校 11 部医籍的校语注文进行了系统整理与分析,力求厘清这一机构的历史面貌。

0074

北宋校正医书局整理中医古籍方法考证［J］/王莉媛,曾凤.--北京中医药大学学报,2015,05:306－309

本文以《千金要方》两版本的诸多差异为

例,结合其他宋校医书相关文献,较为全面地考察北宋校正医书局整理中医古籍的方法。

0075

北宋蜀人冯山家世行年及《安岳集》版本考并补冯山佚诗[J]/李清华. --西华师范大学学报(哲学社会科学版),2014,06:39－44

冯山,北宋中期蜀中诗人。其家世及个人资料匮乏,今无系统研究。本文根据古籍相关记载,对其家世谱系略作整理,编次其个人行年及其创作;对《安岳集》版本作详细地考证论述,以期对四川文学研究略有补益;又据《永乐大典》补冯山佚诗《黄沙村》七律一首。

0076

北宋文学家曾巩对古籍整理及其贡献考证[J]/李相文. --兰台世界,2015,16:114－115

曾巩是北宋著名的文学家、政治家、散文家,"唐宋八大家"和"南丰七曾"之一。本文介绍曾巩对古籍的悉心整理和校对、对古籍整理作出的贡献及对后世的影响。

0077

北魏《杨颖墓志》考略[J]/吴寅寅. --书法赏评,2014,06:60－61

《杨颖墓志》,全称《魏故华州别驾杨府君墓志铭》,1971年出土于陕西华阴市五方村杨氏墓茔,石原藏华山西岳庙,现藏陕西省历史博物馆,陕西省古籍整理办公室藏拓。

0078

"贲园书库"藏书楼及其藏书特点、价值概述[J]/于蓓莉,陈萍秀. --图书与情报,2015,03:141－144＋2＋145

四川成都"贲园书库"是蜀中藏书家、文献学家严雁峰、严谷声父子藏书之所,藏书30余万册,具有藏书量大、价值高、质量精良、藏书自成体例、藏书方法独特等特点,为古今学者研究考证、文化传播与交流、图书赠与捐赠的发展起到了巨大促进作用。

0079

《本草发挥》的文献研究[D]/李军伟. --山东中医药大学,2012

本文是有关《本草发挥》的整理研究,在"中医药古籍保护与利用能力建设项目"资助课题研究的基础上撰写而成。

0080

本草古籍数字化信息平台现状与实践[J]/裴丽,曹霞,张宏伟. --中医药学报,2013,04:30－33

本文论述了中医古籍数字化研究现状,分析了数字化本草古籍的研究成果。提出构建本草古籍原本图像版库、数字化文本库和辅助功能系统为同一界面的信息平台。以《本草纲目》为范本,介绍了其数字化信息平台建设过程。

0081

《本草图经》玉石部文献特色研究[J]/吴兴全,魏晓光,赵宏岩,王之虹. --中华中医药杂志,2014,11:3376－3378

文章从药物绘图、产地、医案、服食、古籍引用等方面深入研究《本草图经》玉石部文献,阐述了《本草图经》玉石部的文献研究特色,认为《本草图经》玉石部绘图精致,能体现药物形态与特征。同时,保存了大量古籍文献,至今仍有重要的研究价值及实用价值。

0082

避战火《四库全书》颠沛流离大半中国[J]/郑志成,何志华. --东方收藏,2011,01:108－110

《四库全书》创修于清高宗乾隆三十七年(1772)至乾隆五十二年(1787),历时15年。当年的7部现存世3部半,本文介绍了《四库全书》颠沛流离大半中国并饱受沧桑的经历。

0083

编辑古籍的五项基本功[J]/李红. --出版发行研究,2013,08:48－50

本文指出编辑古籍要具备五项基本功,即甄别版本,选定好的底本;核对清样与底本,纠正文字差错;认真审读,避免标点错误;整理校注,确保图书规范;广泛涉猎,提高自身古文修养。

0084

编纂《少数民族医药文献总目提要》的意义及方法[J]/徐士奎,罗艳秋. --中华医学图书情报杂志,2014,01:52－55

针对民族医药文献存在收藏分散、底数不清、破损严重、文字古奥、大部分未进行整理编目等问题,提出通过编纂总目提要对少数民族医药文献进行科学分类和系统整理,打破时空局限,实现资源共享,为建立民族医药文献资源保障体系奠定基础。

0085

《扁鹊心书》版本考证[J]/柴可群,江凌圳,陈嘉斌.--浙江中医杂志,2015,06:394-396

《扁鹊心书》为综合性医书,宋窦材撰,约成书于南宋绍兴十六年(1146),目前所见为清代胡念庵参论、王琦刊刻的版本。《中国医籍通考》和《中国中医古籍总目》均提到《扁鹊心书》有十多个版本。作者经过实地调研,对所到图书馆的藏本进行了较为详细的比较分析和考证。

0086

辨章杂家 提要钩玄——司马朝军《续修四库全书杂家类提要》序[J]/来新夏.--出版科学,2014,02:110

本文为司马朝军新著《续修四库全书杂家类提要》所作序。

0087

《别录》与《七略》——中国古代目录学的奠基之作[J]/龚新年.--图书情报论坛,2014,03:69-71

通过介绍我国西汉时期的刘向、刘歆父子编就《别录》与《七略》两部综合性提要目录和综合性系统目录巨著,让世人了解我国古代图书目录的基本分类和对古籍的保存方法,为现代图书馆人研究书目编纂工作提供可借鉴的经验和方法。

0088

别宥斋与天一阁[J]/梁启东.--山东图书馆学刊,2012,06:108-111+115

本文从别宥斋主人朱赞卿先生捐献给天一阁的珍贵藏书、朱赞卿先生一家的遭遇、捐献所藏等方面介绍别宥斋与天一阁的渊源。

0089

《病机纂要》作者考[J]/张芳芳,严季澜,李柳骥.--中医学报,2012,12:1689-1690

本文通过对古文献研究,分别从序、落款和内容等方面,考证《病机纂要》的作者。

0090

博采精酿 贻惠学林——《唐会要校证》读后[J]/赵敏.--淮北师范大学学报(哲学社会科学版),2012,06:24-27

《唐会要校证》学术特点突出:校勘原则明确,遵循"不校校之"的原则,底本选择谨慎;校勘精细;考证严密,对后人辑补诸卷处理得当,是一部质量上乘的古籍整理成果。

0091

博览与精读,体验丰富人生——公共图书馆古籍展演之探索[J]/徐忆农.--新世纪图书馆,2015,10:29-33

本文介绍了南京图书馆在古籍展演方面的探索实践、开拓创新和取得的品牌效应,重点将一年读一部名著的南图阅读节与一年借阅3423本书的全台借阅楷模进行比较。结论为读书是心灵的享受,能让读者体验各种不同的人生,因而图书馆员应该引导读者既系统博览群书,又深入精读名著。

0092

博物馆的古籍保护与整理工作浅议[A]/张秋红.--吉林省博物院编.耕耘录:吉林省博物院学术文集2010-2011[C],长春:吉林人民出版社,2012

本文旨在阐述古籍保护整理工作的重要性、古籍保护的科学方法,以及吉林省博物院古籍库房现状和今后所应采取的相应措施。

0093

博物馆古籍破损状况与修复保护方法探讨[J]/朱利.--东方企业文化,2014,18:77

本文分析了我国博物馆古籍书的破损状况,并针对造成其破损的原因,探究了有效修复和保护古籍书的几种方法。

0094

博物馆古书画的修复保护——谈运用苏裱技艺修复洪范《水墨竹石图》轴[A]/姚瑶,陈燃燃.--北京联合大学.文化遗产区域保护与活化学术研讨会暨首届中国文化遗产保护研究生论坛研讨会论文集[C],2013

洪范《水墨竹石图》轴为苏州博物馆三级藏品，由于原件卷舒不当，保存环境不佳，致使出现画面多处受损，画心已经起翘脱浆，有霉斑破洞，中心与边缘均因酸化而发黄等问题。通过运用去污、揭褙、隐补、胶矾加固、接笔全色等传统苏裱修复方法对破损书画进行了保护与修复，使画作恢复了原貌。

0095

《博物志校证》校勘释例——兼谈"《四库全书》本"的版本价值[J]/孟彦弘. --魏晋南北朝隋唐史资料,2014,00:210－245＋294

作者用影印文渊阁《四库全书》本《博物志》与范宁《博物志校证》进行通校，并举例加以详细说明，同时论述了《四库全书》作为版本的价值。

0096

渤海石刻文献研究[D]/周志明. --东北师范大学,2012

学术界并没有系统地对渤海石刻文献进行整理和研究，笔者以渤海石刻文献研究作为论文选题，希望对今后渤海问题的相关研究提供帮助。

0097

补魏晋南北朝史《艺文志》著录小说集解[D]/张嫚. --华中师范大学,2013

本文对《三国艺文志》《补晋书艺文志》等五部作品的作家生平事迹、作品成书过程、历代官私书目以及历代文献中相关的著录、序跋、版本考订、作品评论等资料进行全面系统的搜集整理，务求完整、准确、恰当，为读者提供真实可靠的文献信息。

0098

《补遗雷公炮制便览》考校本出版[J]/朱荣所. --古籍整理出版情况简报（总529期）,2015,03:5－6

本文介绍了《补遗雷公炮制便览》考校本的基本情况，指出其对业界学术研究有着重要的推动作用。

0099

不废江河万古流——杜甫诗歌的当代意义[J]/李浩. --博览群书,2014,12:114－117

文章在《杜甫全集校注》出版之际，回顾了当代的杜诗研究，考察了当代的杜诗阅读情况，并探讨了杜诗的当代价值。

0100

不列颠哥伦比亚大学的中文特藏[A]/刘静. --倪莉、王蕾、沈津编. 中文古籍整理与版本目录学国际学术研讨会论文集[C],桂林:广西师范大学出版社,2013

本文介绍了不列颠哥伦比亚大学的中文特藏的由来、藏书特点和蒲坂使用情况，说明两种特藏的推介工作和数字化形式的回归。

0101

不忘师恩,延续传承[A]/赵嘉福. --国家古籍保护中心、天津市古籍保护中心编. 融摄与传习——文献保护及修复研究[C],北京:中华书局,2015

本文主要讲述了作者的学艺之路，以及对传授作者技艺的黄怀觉先生和悉心培养作者的顾廷龙先生的怀念之情。

0102

布依文古籍的保护与开发[J]/何志. --理论与当代,2014,10:37－38

布依文古籍大致分为经书和傩书。作为布依族古文字重要载体的布依族傩书各有特色，是布依族优秀的文化遗产。切实做好少数民族古籍保护、搜集、研究工作，有利于继承和发展少数民族优秀文化传统。

0103

布依文古籍晋升"国宝"改变了"布依族没有文字"的观念[J]/韦建丽. --图书馆理论与实践,2012,06:91－94

本文从布依族文字被发现、布依族文字的四种类型和特殊结构、发现布依族古文字意义以及对布依族古文字抢救保护的思考四个方面，阐述了布依族古籍晋升"国宝"后改变了人们认为"布依族没有文字"的观念。

0104

布依族古籍文献的分布研究[J]/樊敏. --贵州民族大学学报（哲学社会科学版）,2014,01:74－78

文章在布依族古籍文献的区域分布、馆

藏分布、编目分布、出版分布和入选《国家珍贵古籍名录》分布和代表性区域藏量统计的基础上进行深入分析,归纳出布依族古籍文献的分布与布依族人口分布、布依族语言使用和发展、布依族民间信仰等四个方面的分布规律。

0105

　　布依族古籍文献漫谈[N]/樊敏.--贵州民族报,2014-03-24B03

　　近年来,我省对布依族古籍工作高度重视,特别是随着《献酒备用》《傩书》《做桥》等黔南州荔波县、三都县16部布依族古籍文献成功入选《国家珍贵古籍名录》,布依族古籍文献越来越受到政府和学界的重视和关注,并成立了布依族古文字典籍研究中心。

0106

　　布依族古籍文献资源保障体系建设的研究[J]/林伯珊,文毅,晏猛.--河南图书馆学刊,2014,06:80-82

　　本文介绍了黔南民族师范学院布依族古籍文献资源保障体系建设的情况:成立布依族古籍文献资源保障体系委员会,推动布依族地区特色文献资源的共知、共建、共享,提升地方文献的价值和利用率,推进布依学学科的建设和发展。

C

0107

彩石补天缺[J]/王瑞来.--文史知识,2014,11:122-127

本文指出古籍版本在流传过程中,由于辗转抄录、刊刻,常常会出现不少脱文或阙字,如天之缺,对古籍内容产生不同程度的破坏,不仅影响文意表达,还影响读者阅读,甚或对研究产生误导。因此对脱阙的补苴,也是古籍整理的一项不可忽视的重要作业。

0108

蔡新与《四库全书》[J]/蔡玉斌,蔡沧洲.--炎黄纵横,2013,01:52-53

在《四库全书》的编纂过程中,蔡新担任编纂总裁,负责具体事务。其工作得到乾隆帝的嘉许,并且与总纂等工作人员建立了深厚友谊。

0109

蔡邕集成书及版本源流考[D]/杨俊秀.--山东大学,2011

本文对《蔡邕集》的最初成书、历代文献的征引和著录以及明清以来版本流传做了纵向梳理。

0110

《蔡中郎集》版本源流考[J]/赵嘉.--图书情报工作网刊,2011,06:50-54

从《蔡中郎集》现存各主要版本入手,通过各个版本篇目、数量、顺序异同的比较,及对所收《蔡中郎集》的著录进行总结分析,并纠正一些藏书家对《蔡中郎集》所作出的错误推断,由此梳理出前人并未整理清晰的《蔡中郎集》版本关系图。

0111

藏书家韦力:爱书的人有点痴[J]/黄薇.--国家人文历史,2013,02:103-107

本文介绍了著名藏书家韦力30年藏书的心路历程。

0112

藏书家韦力及其藏书经验[J]/范凤书.--湖南人文科技学院学报,2014,04:62-66

本文介绍现代藏书家韦力。作为一个藏书家,应树立图书典籍乃社会公器的意识;要有爱国情怀,尽到传承中华文脉的责任和义务;应利用自己的有利条件,认真读书、学习和研究;要全方位多角度地开辟藏书的新路。

0113

藏书家与《四库全书·医家类》的编纂与流传[A]/杨东方.--中华中医药学会医古文分会.第二十三次全国医古文研究学术交流会论文集[C],南宁:广西中医药大学,2014

本文介绍了藏书家呈送医籍情况,论述藏书家进呈本保证了著录、存目医籍的质量,介绍了藏书家积极传抄、刊刻四库医籍的情况。

0114

藏书可藏出"黄金屋"[J]/梅敏,区伦.--致富时代,2011,03:34-35

纸质图书,特别是旧书和古书的收藏价值越来越突出。年代久远、存世量少、版本特殊的古籍格外珍贵。

0115

藏书楼主与宋元纸香[J]/胡马乔.--检察风云,2013,09:89-91

文章介绍私人藏书楼过云楼藏书,以及什么是古籍善本里的孤本、宋代刻本和元代刻本的特点等内容,并且重点介绍了孤本《锦绣万花谷》的价值。

0116

藏书印作伪的类型与辨别方法[J]/吴芹芳.--大学图书馆学报,2013,03:113-121

在古籍上钤盖伪印初见于明代,于嘉靖

后多见。古籍中的伪印,是古籍作伪的重要辅助手段,在古代易误导藏书家,在现代易误导从事古籍版本鉴定的工作者。因此,分析藏书印作伪的类型,并列举可行的辨别伪印的方法,对古籍版本鉴定不无裨益。

0117

《藏园订补郘亭知见传本书目》失误七例[J]/时永乐,任慧芳.--图书馆工作与研究,2013,12:83-86

《藏园订补郘亭知见传本书目》乃查考古籍版本最重要的工具书之一。但亦有失误之处。本文以第一手资料为依据,将其失误之处归纳为误记《四库》底本、误记版刻时间、误记版本特征、不详版刻时间、失载重要版本、以残本为完帙、预告信息有误等七例。

0118

《藏园群书经眼录·诗纪》辨误[J]/韩震军.--图书馆杂志,2015,07:83-87

傅增湘一生孜孜于古书的收藏、校勘、刊刻等活动,成绩卓然,影响深远。《藏园群书经眼录》著录了傅增湘多年所藏、所见之古籍善本,条分缕析,辨明源流,代表了他版本目录学方面的成就,具有重要的学术价值。

0119

《藏园群书经眼录》研究[D]/张丽艳.--河北大学,2011

本文从傅增湘生平及著述概况入手,在介绍了《经眼录》的成书过程及研究现状之后,着重分析了《经眼录》在目录学、版本学、校勘学三个方面的成就,对《经眼录》中有关史料价值也进行了挖掘。

0120

曹炳章藏抄本《本草乘雅半偈》考略[A]/满雪,刘更生.--中华中医药学会. 中华中医药学会第十六次医史文献分会学术年会暨新安医学论坛论文汇编[C],2014

本文讨论了曹炳章藏抄本《本草乘雅半偈》。该书系明代医家卢之颐所撰的一部诠释本草的专著。中国人民解放军医学图书馆所藏乃是增补本。此本为多人合力抄录完成,曹炳章先生校疏漏、注眉批、点句读、标遗漏,对该书整理研究做出了贡献。

0121

曹寅《楝亭书目·医部》简考[J]/原所贤,暴连英,苏昌明.--中医文献杂志,2013,01:11-15

曹寅系曹雪芹祖父、康熙朝的宠臣、学者。《楝亭书目》是曹寅私家藏书目录,共收录古籍3287种,36类,其中医部收录医学典籍71种,包括《黄帝内经》《伤寒论》《甲乙经》《本草纲目》等。笔者从中医文献学角度,试对目录中典籍作一归纳考释,以解读《红楼梦》中医药文化的宏富多彩,探究儒医曹雪芹医学素养的家学传承和私淑范本,为红学研究提供中医文献版本学的索引。

0122

册府千华——民间珍贵典籍收藏展图录[M]/国家古籍保护中心,中国古籍保护协会编.--北京:国家图书馆出版社,2015

本书为"民间珍贵典籍收藏展"的图录,收录韦力等28位当代著名民间古籍收藏家收藏的珍贵古籍130余件,涉及经、史、子、集各部分,是民间古籍善本收藏的一次大规模的比较全面的集中展示。

0123

册府千华——珍贵古籍雕版特展图录[M]/国家古籍保护中心,中国古籍保护协会编.--北京:国家图书馆出版社,2015

我国古代雕版印书,发端于唐,奠基于五代,兴盛于两宋,延袤于元明清,直至近代,雕版印刷一直占据着中国印刷业的主要位置。其间,举凡官署、藩府、私宅、坊肆、儒学、书院等竞相刻书,为后世留下了浩如烟海的典籍,弘扬了传统文化。本书收录国内公私收藏的珍贵雕版上百块,是首次向国内外读者所作的珍贵雕版的大规模的集中展示。

0124

察合台文文献的编目和数字化探讨[J]/赵剑锋.--黑龙江史志,2013,19:215+217

本文以新疆大学图书馆察合台文文献编目和数字化实践为例,阐述本馆此类文献在编目和全文数据库建设等方面的实践经验,以求这些经验能对今后新疆开展此类文献的数字化工作有所借鉴。

0125

"昌明教育生平愿,故向书林努力来"——纪念书业巨擘张元济[J]/安向前.--今传媒,2011,02:80－81

书业巨擘张元济向国民传播知识,利用书籍唤醒和教育国人,翻译西学,遍寻古籍,组织收藏,精心校勘,编辑出版,推广利用,是中国近现代书业的巨人和全才。本文介绍他在古籍抢救、校勘编目、藏书建设、编辑出版和西学推广等方面的巨大贡献。

0126

长泽规矩也整理归还中国古籍考[J]/王一帆,李易宁.--图书馆理论与实践,2015,02:57－61

文章梳理了长泽规矩也本人及整理归还中国图书的国内文献记载,从图书来源、整理地点、长泽规矩也的整理计划、归还结果等方面进行了考证。

0127

抄本《存养轩草案存真》考探[J]/王兴伊.--中医药文化,2012,05:43－44

本文是对抄本《存养轩草案存真》所作的简要研析。

0128

抄本《脉症清白》初探[J]/李政,任玉兰,刘鉴元,廖宪方.--成都中医药大学学报,2011,03:86－87

抄本《脉症清白》是清代作者集众多医家临证经验而撰写成册的一部脉学论著。该文就《脉症清白》的版本、内容及价值进行了初探。

0129

抄写本方志古籍数字化整理与实践[J]/胡以涛,宋叶.--图书馆理论与实践,2014,08:101－103

简要介绍南京农业大学抄写本地方志古籍数字化整理过程,并通过实践摸索提出了"图文对照＋文档附件"的整理模式,以期为类似古籍整理工作提供经验借鉴。

0130

超低温冷冻柜防治古籍害虫的问题探析——以宜春学院图书馆为例[J]/张凤娥,袁海波.--图书馆研究,2013,04:47－50

通过对宜春学院图书馆古籍虫害现状和低温冷冻杀虫过程中冷冻柜箱内温度变化情况的统计分析,对低温冷冻杀虫技术方法和程序中的问题进行探讨,为今后制定统一的冷冻杀虫工作操作技术标准提供了参考。

0131

超临界二氧化碳在古籍纸张脱酸和强化中的行为研究[D]/王彦娟.--广东工业大学,2012

本课题旨在寻找到最适合纸张脱酸的脱酸剂,在脱酸的过程中不仅对纸张无损,而且在一定程度上提高纸张的强度,使得纸张脱酸和增强不再分离,而是同一道工序进行。

0132

陈监先之版本目录学研究[J]/祁朝丽.--山西煤炭管理干部学院学报,2013,01:44－45＋50

陈监先的版本目录学研究,以集部著作为重点,立足于山西乡邦文献,用题跋集形式写出颇有学术创见的版本目录学著作。其重版本著录的目录学思想,严谨治学的考据学风,使其在版本目录学研究上达到一定的深度和广度,为版本目录学研究增添新的内容。

0133

陈老莲《水浒叶子》初刻本的再现[J]/李致忠.--古籍整理出版情况简报(总492期),2012,02:7－17

本文对清朝画家陈老莲的生平、作《水浒叶子》的缘起、时人评价、典籍初刻时间和初刻本的递藏流源等进行了叙述品评。

0134

陈亮生平与家世相关文献与研究综述[J]/邱阳,杨吉春.--长春工业大学学报(社会科学版),2014,06:104－108

本文从古籍文献记述及近现代研究两方面对陈亮的生平家世情况作一综述,以期对推动陈亮研究有所裨益。

0135

陈庆年的文献学思想及方法[J]/杨翔宇.--图书馆建设,2013,12:69－71＋68

为适应新式学堂教学变革的需要,近代

文献学家陈庆年按照删繁就简、文约而事丰的原则编纂了诸多教科书和年谱。在校书时,陈庆年注重辨伪、订谬,始终恪守实事求是、精益求精的原则。

0136

陈髦与《陈维崧集》[J]/曹光甫.--古籍整理出版情况简报(总491期),2012,01:28-31

本文介绍了陈髦和陈维崧生平,分析了陈维崧作品的特点和价值,对上海古籍出版社2010年版《陈维崧集》进行了概括性介绍。

0137

陈垣与《四库全书》[J]/张新杰.--科技情报开发与经济,2013,07:56-57

本文从陈垣结缘《四库全书》入手,对其研究《四库全书》的过程、研究方法及取得的成果进行了全面论述,揭示了陈垣与《四库全书》的关系、对《四库全书》的贡献以及对学术界的影响。

0138

陈云古籍整理工作思想研究[J]/鲁涛,莫志斌.--档案学研究,2013,03:92-96

陈云对古籍整理工作的意义、态度、原则、目的、规划和方法所做的理论阐述和具体安排,既着眼于当前,又着眼于未来;既全面具体,又深刻灵活;既切实可行,又高瞻远瞩,为新时期中国的古籍整理工作提供了方法指导和理论支撑。

0139

陈子昂集版本源流考[J]/王永波.--蜀学,2011,00:98-105

鉴于陈子昂集所具有的文献价值及其校注本阙如的现状,本文即以相关版刻为依据,借鉴学界已有成果,对陈子昂集的版本略作考述,以供参考。

0140

成都大学图书馆古籍文献数字化之构建[J]/张青.--四川图书馆学报,2011,04:63-64

古籍文献的数字化,不仅保护了古籍文献,而且方便读者的阅读使用。不过,古籍文献数字化有一些基本要求。目前存在数字化的标准化和规范化等问题,可以通过超链接、超文本技术、数字照相、智能化检索系统等方式加以解决。

0141

成都中医药大学图书馆古籍保护与开发利用[A]/周兴兰.--中华中医药学会.全国中医药图书信息学术会议暨第十一届中医药院校图书馆馆长会议论文集[C],2014

本文从成都中医药大学图书馆概述、中医古籍保护工作开展、古籍保护与利用、展望及计划四方面简述成都中医药大学图书馆在古籍保护与开发利用方面的做法。

0142

成立古籍图书保护与修复小组的看法[J]/王迎杰.--黑龙江史志,2015,09:289

本文介绍成立保护与修复小组的必要性,从加大硬件设备投入、完善现有规章制度、间接保护古籍图书几个方面提出修复古籍图书的措施与手段,指出修复对古籍图书保护的重要意义。

0143

成长中的云南省国家级修复中心[J]/安婕.--学园,2014,02:198-199

文章首先回顾了近年来云南省国家级修复中心古籍修复及相关工作,然后总结了目前修复中心存在的问题,最后对修复中心今后的工作设想进行了展望。

0144

程玠《松崖医径》版本源流考[J]/沈钦荣.--浙江中医杂志,2012,08:584-585

本文介绍了《松崖医径》和作者的概况,以及该书的版本源流,并对该书的书名、卷数和版本记载给予正误。

0145

程敏政《明文衡》版本源流考[J]/郭玉.--南昌工程学院学报,2014,02:73-77

《明文衡》在程敏政生前二次结集而未付梓。首次结集在成化间;再次结集在弘治间,并撰写了序文,手定目录两卷、正文九十八卷。本文旨在对程敏政《明文衡》版本源流进行简要论述。

0146

程千帆先生与《古籍研究》[J]/郭艳艳. --淮北职业技术学院学报,2013,06:96 - 97

《古籍研究》自1986年创刊以来,受到国内外同仁的大力支持,成为古籍研究领域颇受欢迎的学术阵地,刊登了大量高品质的学术论文。1994年复刊后,程千帆先生担任《古籍研究》的顾问,为《古籍研究》积极投稿,为《古籍研究》的长久发展做出了不朽的贡献。

0147

《茌邑三先生合刻》版本源流考及其他[J]/赫兰国. --重庆师范大学学报(哲学社会科学版),2014,06:83 - 87

《茌邑三先生合刻》是明代王阳明再传弟子张后觉及后觉弟子孟秋、赵维新的著作合集。该集流传不广,但从中可看出阳明心学在北方的流传与影响,故该书有一定的文献价值。本文旨在对《茌邑三先生合刻》版本源流进行简要论述。

0148

《重订诊家直诀》文献研究[J]/肖海军,石历闻. --安徽中医药大学学报,2014,02:9 - 11

周学海《重订诊家直诀》是在《周氏脉学四种》和《外诊简摩》的基础上删繁就简而成的,是周氏诊断学思想尤其是脉学思想的重要反映。其归纳出浮沉、迟数、强弱等24字诊脉法则,创立以"位数形势,微甚兼独"为纲的诊脉方法,影响深远。

0149

《重广补注黄帝内经素问》明顾从德与清薛福辰版本辨析[A]/李晓艳. --中华中医药学会.全国中医药图书信息学术会议暨第十届中医药院校图书馆馆长会议论文集[C],2013

本文针对《重广补注黄帝内经素问》二十四卷明顾从德和清薛福辰版本进行比对和辨析,找出其版本的相同与不同点,从而揭示版本的价值。

0150

重审《文渊阁四库全书》中"二十四史"之价值[J]/李伟国,尹小林. --学术月刊,2013,01:142 - 148

《文渊阁四库全书》"二十四史"中的"二十二史"所据版本,作了不同程度的精心整理和修订。特别是《辽史》,馆臣校以当时尚存的《永乐大典》,写成大量有价值的"考证"。对于其考证成果,当代学者尚未给予充分重视。

0151

畴人传合编校注[M]/(清)阮元撰. --郑州:中州古籍出版社,2012

《畴人传》是我国第一部有关历代天文学家、数学家及其学术贡献的传记体专著,由乾嘉名儒阮元(1764 - 1849)主持编撰。由于此书的巨大影响,之后又出现了续作。本书将之合编,详加校注,为学界提供可靠底本。为2011年度国家古籍整理出版资助项目。

0152

出版点校本宜当保持古籍原貌——由《唐会要》误将"支度"作"度支"谈起[J]/董兴艳. --出版发行研究,2011,05:59 - 60

以《唐会要》为代表,记载唐代史事的许多典籍都有误将"支度"作"度支"之处。为了保存古籍原貌,出版古籍点校本时,对于这种类型的错误,都不宜改动古籍原文,最好的做法是在相关处以脚注或尾注的形式标出校勘记。

0153

出版人序跋文字的风骨[J]/张国功. --出版广角,2013,Z1:35 - 36

在现当代出版史上,如张元济、鲁迅、叶圣陶等即有古籍整理与出版序跋集问世。只是,在今天的文坛学界,我们常见作者有攀附名人、借虎皮作大旗之俗念;作序者来者不拒、随意应付,更甚者则是廉价吹捧。甚至有作者代笔名人签字序文即出炉之事。

0154

出土楚文献语音通转现象整理与研究[D]/刘波. --吉林大学,2013

本文主要是对出土楚文献材料中存在的不同韵部的字之间,以及不同发音部位声母的字之间的语音通转现象所进行的整理与研究,以期为出土文献的再整理及上古音研究提供更多的参考与例证。

0155

出土汉代简帛文字研究综述(1914 – 2013)[D]/杨一博. --吉林大学,2014

本文在文字学理论框架下通过全面分类梳理,力图较为完整地勾勒出出土汉代简帛文字研究的发展脉络及研究现状,从而为简帛学的断代分类研究提供一定的资料参考价值。

0156

出土简帛医书对澄清后世医学误解与疑义的作用[A]/张如青. --辽宁中医药大学. 中华中医药学会第二十二届医古文学术研讨会论文集[C],2013

运用出之于地下的原始材料(文献、文物)来比照、校正、证实传世文献,是由王国维先生创立的历史学研究法则"二重证据法"。本文依据此法,就出土简帛医书的释读对破解澄清后世医学的疑难与错误的作用举例分析,以昭示地下文献之重要价值。

0157

出土医学简帛的研究现状与展望[A]/张如青. --中华中医药学会医史文献分会、山东中医药大学中医文献研究所. 中华中医药学会第十五次中医医史文献学术年会论文集[C],2013

本文概述一个多世纪来出土医学简帛的整理研究情况并分析存在的问题。介绍新出医学简牍"北京大学藏西汉竹书"与"成都天回镇老官山西汉木椁墓出土简牍"的大致内容。对今后医学简帛的研究作了展望。

0158

初照楼文集[C]/朱季海撰. --北京:中华书局,2011

本书为章太炎弟子朱季海先生的学术论文集,包括古籍整理,经学、小学及中国画研究等内容,其特色是精于传统考证,并能引入现代学术方法进行综合的研究。

0159

刍议高校图书馆的古籍管理与利用[J]/陈珊珊. --考试周刊,2011,58:198 – 199

本文指出古籍文献管理与利用的重要性,对高校图书馆古籍管理与利用现状作分析后,提出针对性建议。

0160

刍议古籍保护视野下的读者服务工作[J]/刘繁. --福建图书馆理论与实践,2015,03:58 – 59 + 16

古籍是中华民族珍贵的历史文化遗产,需要认真守护,永久流传。作为图书馆员,如何在为读者提供古籍服务的同时保护好古籍,是一个值得思考的问题。本文略抒己见,聊作抛砖引玉之用。

0161

刍议古籍特藏书库的管理工作——以福建省图书馆为例[J]/刘繁. --文献信息论坛,2013,03:57 – 59

本文以福建省图书馆为例,就古籍特藏书库管理工作略作探究。

0162

刍议历史文献学理论的基本特点与研究方法[J]/周生杰. --淮北师范大学学报(哲学社会科学版),2011,02:07 – 10

本刊组织这次笔谈,就历史文献学理论相关问题展开深入的探讨,以期推动这一学科的更好的发展。

0163

刍议数字化背景下的古籍保护[J]/祁雪丽. --丝绸之路,2011,14:102 – 103

文章介绍了古籍的分类及概况,然后追溯了古籍的保护历史。在此基础上,介绍了古籍的现代保护,包括原生性保护和再生性保护。最后,详细介绍了古籍数字化技术。

0164

刍议中医古籍整理的师承教育[A]/吕有强. --甘肃省中医药学会. 2011 年甘肃省中医药学会学术年会论文集[C],2011

本文探讨师承教育对中医古籍的影响与作用,以及新的师承模式下中医古籍整理方式的转变。指出中医学术史上几次大的古籍整理活动都有师承人员参与其中,认为中医古籍整理为中医学术传承做出了巨大贡献,而古籍整理需要师承教育。

0165

楚辞文献数字化与关联检索可视化实现
[J]/钱智勇. --新世纪图书馆,2012,07:61 -
63 +21

论文在概述古籍数字化概念内涵的基础
上,以楚辞相关古籍数字化为实例,结合楚辞
文献的特点分析了楚辞文献实体款目之间相
关性的主要内容。利用本体软件构建楚辞文
献实体层次结构和对象属性,实现了楚辞文
献可视化关联检索。

0166

**传承传统文化——古籍数字化探究[J]/蒋
黎. --智富时代,2015,S2:394**

阐述抢救和保护古籍文献是当前一项重
要而紧迫的任务,古籍数字化对于传统文化
的传承、推广和弘扬具有现实意义。

0167

**传承创新 继承发展——论《江苏经籍志》
研究价值与实现途径[J]/陈立. --新世纪图书
馆,2015,06:73 - 77**

论文从中国传统典籍目录研究角度,结
合江苏古籍目录研究现状,提出开展《江苏经
籍志》研究的四个方面的重要意义与价值。
文章同时提出了《江苏经籍志》项目的总体实
施框架及实施条件。

0168

**传承文化,还原古籍——"天一阁藏古籍珍
本数字工程"的构想与探索[J]/吴波,侯凤
芝. --出版广角,2013,22:36 - 37**

本文介绍了"天一阁藏古籍珍本数字出
版工程"的立项背景、整体架构与实施路径,
以及对预期成果的展望。

0169

**"传承与发展——历史文献保护实践与展
望"学术研讨会暨 2013 年江苏省古籍保护工
作会议综述[J]/陈立. --新世纪图书馆,2013,
11:97 +89**

由江苏省文化厅、江苏省古籍保护中心
主办,南京莫愁中等专业学校承办的 2013 年
"传承与发展——历史文献保护实践与展望"

学术研讨会暨江苏省古籍保护工作会议在南
京召开。学术研讨会共分为专题发言、交流
发言和论文代表发言三个部分。

0170

传承与开拓——略谈《中华要籍集释丛书》
[J]/高克勤. --古籍整理出版情况简报(总
525 期),2014,11:23 - 28

本文总结了《中华要籍集释丛书》出版整
理过程,指出其对古籍工作传承与开拓的实
际意义。

0171

**传承中华文脉,推进古籍修复技艺的传承
与创新[J]/杜迎新. --中学课程辅导(江苏教
师),2014,09:04 - 05 +03**

南京市莫愁中等专业学校在全国率先开
创古籍修复专业,不断攻克古籍修复的发展
难题,积极传播古籍修复的文化影响。

0172

**传承中华文明 做好古籍保护工作[J]/王
林凤. --文化学刊,2015,04:172 - 173**

本文主要论述古代文献的意义以及必要
性,并对新时代下我们应该如何保护古代文
献提出建议。

0173

**传书堂藏书志[M]/王国维撰. --上海:上海
古籍出版社,2014**

传书堂为浙江南浔蒋氏的私家藏书楼,
所藏荟萃范氏天一阁、汪氏振绮堂、吴氏两
罍轩等各家所藏历代古籍善本。王国维为
蒋氏传书堂编撰书目,费时五年,用力精勤,
《书志》体例精善,裁断谨严,征引富而有当,
考镜源流,每有特发之覆,足正前代大家
之误。

0174

**传统古籍修复技法在实践工作中的灵活应
用——以天津图书馆馆藏珍本《大藏经》的修
复为例[A]/叶旭红. --国家古籍保护中心、天
津市古籍保护中心编. 融摄与传习——文献
保护及修复研究[C],北京:中华书局,2015**

本文以天津图书馆馆藏珍本《大藏经》的
修复为例,浅述传统古籍修复技法在实践工

作中的灵活应用,如古籍修复的质量标准、传统古籍修复技法的灵活运用等情况。

0175

传统古籍整理与数字化在华人社会与文化的意义与价值[J]/陈惠美,谢莺兴.--东海大学图书馆馆讯(在台湾地区发表),2015,161:50－59

本文从传统古籍的整理与数字化的思考出发,概述并讨论了近些年传统古籍的整理成果、古籍整理在中华文化传承以及华人社会与文化中所扮演的角色、古籍整理的现代意义、古籍整理数字化在华人社会与文化中的价值。

0176

传统训诂之典范 古籍整理之利器——重读段玉裁《说文解字注》[J]/董志翘.--古籍整理研究学刊,2015,06:131－136＋108

段玉裁的《说文解字注》是传统训诂之典范,古籍整理之利器。值此纪念段玉裁诞辰280周年之际,再次重读《说文解字注》,深感段注在俗语词的研究、同源词的系联以及对古籍整理的态度等各方面,都给我们不少新的启示。而且,段注为我们当今的古籍注释也提供了不小的帮助。

0177

传统与现代——彝族毕摩文献多元传承方式探索[J]/曲比阿果.--西南民族大学学报(人文社科版),2015,07:49－52

彝族毕摩文献是我国少数民族文化遗产的重要组成部分,具有重要的历史研究价值和现实利用价值,但毕摩文献传承情况令人担忧。探索彝族毕摩文献多元传承的现代体系,对彝文文献的抢救和开发利用具有一定的推动作用。

0178

传统装裱方法在《孙桐生信札》修复中的运用[J]/姚斌.--鸭绿江(下半月版),2014,11:42＋39

本文以绵阳市图书馆善本《孙桐生信札》的修复为例,以点带面,阐述了传统书画装裱方法在古籍修复中的综合运用。

0179

创建手写纸本文献学的完整理论体系——略论《敦煌写本文献学》的出版价值[J]/伏俊琏,郑骥.--古籍整理出版情况简报(总523期),2014,09:28－34

本文论述了《敦煌写本文献学》的出版价值,认为它创建了手写纸本文献学的完整理论体系。

0180

创新古籍修复人才培养模式的探索与实践——以"名师进校园"共育人才为手段[J]/赵辉,杨茹.--卷宗,2014,02:47－48

在古籍修复教学中,天津艺术职业学院引入"名师进校园"模式,有助于古籍修复人才培养的健康发展,有助于实现更高水平的教学目标,有助于发现培养拔尖人才。这是充分发挥职业教育的优越性,突出古籍修复人才培养的职业性、实用性与技能性特色,是天津培养古籍修复人才的有益尝试。

0181

《春秋》目录学的发展——从《汉书·艺文志》到《四库全书总目提要》[J]/邵健楠.--佳木斯教育学院学报,2012,02:80＋82

《春秋》是儒家的经书,是中国现存最早的一部编年体史书。文章将从《汉书·艺文志》《隋书·经籍志》和《四库全书总目提要》中《春秋》在目录中的变化看目录学的发展演变。

0182

纯物理古籍修补方法——真空修补法[J]/邹宏良,周虹,何望昭,孙荣林.--图书馆建设,2012,09:94－95

真空修补法是一种纯物理的修补方法。本文介绍了真空修补法的原理、所用设备及材料、具体操作过程,并以《#氏家谱》的修复为案例,证明真空修补法是简单、安全、有效的古籍修补与保存方法。

0183

《词源》版本源流考[J]/许超杰,刘崇德.--文艺评论,2014,12:111－114

张炎是宋元之际著名的词人、词学家,今

本《词源》分上下两卷，上卷研究乐律，下卷讨论词之作法，是中国古代最重要的词学理论著作之一。由于《词源》各本章节完阙不同、文字歧互甚多，要研究《词源》，首先必须对其文字、内容有所厘定，必须对其版本源流予以梳理。

0184

从编纂古籍善本书目看目录版本学家之成就[J]/周园. --新世纪图书馆,2014,08:79 - 83

本文旨在对善本书目的编纂加以梳理，对主持编写者的学术成就予以评骘。

0185

从编纂过程解读《四库全书》的文化意义[J]/杨淑珍. --兰台世界,2013,18:52 - 53

笔者以《四库全书》的编纂过程为视角，对各种评价观点进行分析，认为很多观点存在着评价对象错误的问题，并通过分析认为《四库全书》的编纂过程是一个对中华文化的毁坏过程。

0186

从"长尾理论"看中医古籍数字化[A]/陆聪. --中国中医科学院中医药信息研究所. 中国中医科学院中医药信息研究所2011年学术年会论文集[C],2012

文章从著名的长尾理论阐述当前中医古籍馆藏的基本情况，进行中医古籍数字化的必要性，及运用长尾理论进行中医古籍数字化，为广大中医院校图书馆进行中医古籍数字化提供参考。

0187

从《第一批陕西省珍贵古籍名录》申报工作看我省基层公共图书馆古籍保护工作[J]/王小芳. --河南图书馆学刊,2014,01:65 - 67

本文为作者在参与珍贵古籍名录工作过程中，对陕西省基层公共图书馆古籍保护工作现状的感触，从存在问题简析和保护方案建议两方面做阐述，以期对陕西省基层古籍保护工作有所裨益。

0188

从古代藏书建筑探析古籍档案的保护方法[J]/刘思嘉,朱薇薇. --云南档案,2012,12:45 - 46

从藏书阁的建筑环境、建筑材料、建筑样式、建筑装饰等方面，探析古代藏书建筑的档案保护方法。

0189

从古籍保护视角谈古籍修复人才培养[J]/汤印华. --图书情报论坛,2011,05:66 - 69

本文从古籍保护视角，分析古籍修复人才培养中存在的问题，阐述古籍修复人员应具备的基本素质，探讨适宜古籍修复人才培养的几种模式，提出应建立一支技术精湛、结构合理、素质较高的古籍修复队伍的观点。

0190

从古籍普查工作看编目人员的素质建设[J]/徐淑秋,郭晓丹. --图书馆学刊,2013,12:24 - 26

本文从在古籍普查工作中遇到的实际问题出发，对古籍编目工作存在问题及其原因进行分析，提出古籍编目人员应加强思想素质建设和业务素质建设，以更好地做好古籍编目工作。

0191

从古籍书目数据库建设与数字化看图书馆古籍工作人才的培养[J]/乔雅俊. --内蒙古科技与经济,2012,08:135 - 136 + 139

图书馆古籍工作人员的素质高低直接影响古籍保护与整理工作的进程与质量。本文通过介绍图书馆古籍书目数据库和古籍数字化方面从业者的现状，来谈谈图书馆古籍工作者必备的素养，并对培养计划提出自己的意见。

0192

从古籍修"复"到古籍修"护"——由同一种破损情况多种修整方法谈修复理念更新[A]/孙永平. --广西图书馆学会. 2013年广西图书馆学会年会论文集[C],2013

本文通过对古籍修"复"与"护"的阐述，结合日常实际工作遇到的问题，谈笔者的认识，提出古籍保护工作如何在更新观念中求发展的新课题。

0193

从古籍装具结构和形态的演变谈古籍保护[J]/刁其麟. --中外企业家,2011,24:123 – 124

本文尝试就古籍装具形式的演变略加剖析,阐述古籍装具对古籍保护的意义。

0194

从国家图书馆藏四种文瑞楼藏书目录抄本谈金檀文瑞楼藏书[A]/孙娟. --国家古籍保护中心编. 古籍保护研究(第一辑)[C],郑州:大象出版社,2015

本文详细列举四种文瑞楼藏书目录抄本,分析其三大特点。

0195

从国图档案看《赵城金藏》在国图的保存与保护[J]/马琳. --山西档案,2014,01:33 – 39

本文通过多篇国图未公开发表的珍贵档案,揭示自 1949 年《赵城金藏》正式入藏国图至今,几代国图人及社会各界有识之士为这部珍贵藏经的保存和保护做出的杰出贡献。

0196

从《活人书》版本看医书刊刻的几个特点[J]/逯铭昕. --中国典籍与文化,2014,01:101 – 108

朱肱的《活人书》每一次刊刻皆有文字上的较多改动。增加编号、统一体例、补充注释、更改剂量是造成这些版本间差异的主要原因,一方面是出于检索方便的考虑,另一方面也反映出医学理论的发展及度量衡制度的变革。

0197

从凌惕安谈贵阳古籍收藏文化——以贵阳市收藏古籍为例[J]/郑林生. --贵图学刊,2014,02:39 – 40 + 44

耕读传家是中国农耕社会经济文化比翼双飞的助跑器。贵阳凌氏就是贵阳地区自古以来书香门第亦耕亦读的代表。凌惕安在清末民初的读书、藏书、编书生涯为贵阳地方文化的建立和传播做出了突出贡献,是贵阳古籍收藏文化继往开来的重要节点。

0198

从《龙藏经》经版整理中新发现的问题看乾

隆皇帝对文章的删改与撤毁[A]/翁连溪. --国家古籍保护中心编. 古籍保护研究(第一辑)[C],郑州:大象出版社,2015

本文对故宫藏经版及首都博物馆藏清乾隆三年(1738)刊刻的《龙藏经》的刻印及保存、撤毁与删改等问题进行分析,并提出自己的研究成果。

0199

从麻纸谱单到历史图籍的达斡尔族家谱(一)[J]/王鹤鸣. --寻根,2015,03:119 – 122

达斡尔族的家谱文化尽管只有四百年历史,却经历了用满文书写麻纸谱单提升到以汉文编撰历史图籍的发展过程。

0200

从麻纸谱单到历史图籍的达斡尔族家谱(二)[J]/王鹤鸣. --寻根,2015,04:114 – 119

莫日登哈拉是达斡尔民族的重要组成部分,历史上编修过两次族谱,1998 年再次进行了大规模的族谱续修活动。续修后的族谱结集为《达斡尔族布特哈莫日登哈拉族谱》出版,包括综述、族谱、人物录、文献等四编。

0201

从迷思概念研究的观点探讨中国古籍中的影与像[J]/邱韵如. --"中华"科技史学会学刊(在台湾地区发表),2011,16:1 – 9

本文试从迷思概念研究的观点来检视中国古籍中先贤们的影像概念,指出古今共有的迷思概念,由其相似性探讨其中蕴义及对教学与科学史研究的启示。

0202

从明代邱浚的经籍整理运动看今天的古籍整理与保护[J]/杨玉萍. --中外企业家,2012,04:154 – 155

本文介绍明朝阁臣邱浚从事的经籍整理运动,并从加强古籍利用,对古籍进行校勘、影印出版和保护,加大古籍收藏管理,培养一批从事古籍整理与保护的专业人才几个方面概述对当今古籍整理与保护工作的启示。

0203

从明代书目看时人之方志收藏[A]/张毅. --中国地方志指导小组办公室、中国地方志协会、宁波市人民政府地方志办公室编.首届中国地方志学术年会方志文献国际学术研讨会论文集[C],北京:中华书局,2012

本文通过对常见之《文渊阁书目》《内阁藏书目录》《脉望馆书目》《徐氏家藏书目》等多部明代公、私藏书目录中之方志部分的梳理、对比和分析,揭示了明人方志收藏状况,对影响时人方志收藏的因素作了探讨,以窥见时人对方志的看法与认识。

0204

从目前善本书库工作存在的问题看建立善该文献户籍档案的必要性[J]/刘玉芬.--科技创新导报,2013,05:239+241

古籍善该文献的重要性及应用的范围越来越广。传统的书库管理工作已无法适应新的需求,需要改变观念,为每种文献建立一个详细的户籍档案。

0205

从拍卖古籍看竹纸古籍的种类与价格[J]/邱敏.--图书馆学刊,2015,02:115-117

论文以2011-2013年间京、沪、杭6家拍卖公司的古籍数据作为研究对象,通过统计相关数据信息,对竹纸刊印的古籍进行了印书种类及价格上的初步分析,说明竹纸古籍在中国文化传播中的意义与重要性,并探究纸张对印书内容及价格的影响。

0206

从《琴操》版本论音乐古籍辑佚学[J]/王小盾,余作胜.--音乐研究,2011,03:54-64

中国学术在20世纪走上系统化的道路,其中文献学建立了目录、版本、校勘、传注、辑佚、辨伪等六个较稳定的分支。音乐文献研究者过去较多地讨论目录、版本、校勘、传注等方向,较少涉及辑佚和辨伪。本文对音乐文献辨伪学的原则与方法作了专门论述。

0207

从清宫秘藏到日本官板——记和刻本蒋氏《东华录》[A]/辛德勇.--故宫博物院故宫学研究所.宫廷典籍与东亚文化交流国际学术研讨会论文集[C],2013

本文研究提出,日本天保四年(清道光十三年,1833)官刻的十六卷本,是迄今为止,蒋氏原书唯一的刻本和印本;中国人撰著记述本朝历史的书籍首次刊刻印行出现于日本;中国在道光年间以后流传的各种题作蒋良骐《东华录》的刻本,无一不是奕赓的《重订东华录》,已经迥非蒋良骐《东华录》本来面目,学术界却一直将其视作蒋氏原书,错谬匪浅。

0208

从人才队伍建设角度浅谈图书馆古籍整理[J]/路仁玲.--青春岁月,2011,08:315

本文指出,古籍整理人才的匮乏是当前图书馆古籍保护工作所面临的重要问题,图书馆古籍整理工作需要一支素养良好的古籍整理队伍做保障,应创新人才队伍建设,加快形成一支在数量和质量上满足基本需求的图书馆古籍整理队伍。

0209

从阮刻本《论语注疏》看四库本的校勘价值[J]/蔡玉英.--文教资料,2012,34:34-37

笔者以阮刻《论语注疏》为底本,与四库本对校,发现阮元《校勘记》中许多已列出诸本异同或标明诸本误、脱、衍、阙之类,在四库本中却不误,又四库本有不少异文与宋椠本、刘氏玉海堂影元元贞本相合,此又可补正阮刻之讹脱。笔者就校勘问题稍作举隅,以就教于方家。

0210

从《伤寒论》流传探讨中医药古籍整理[J]/王喆,杨景锋.--陕西中医学院学报,2012,06:19-20

《伤寒论》是一部阐述多种外感疾病的专著,在中医药发展史上具有重大的意义。本文就中医药古籍整理研究对《伤寒论》的传承所起到的巨大作用来阐述整理研究中医药古籍的重要性和必要性。

0211

从实际工作角度谈谈古籍修复档案的设立与研究——以《论语集注》的修复为例[J]/潘健.--四川图书馆学报,2015,02:79-83

文章针对古籍修复档案建立的意义、发展历程、内容设定进行阐述,并通过自身修复实践活动对论点进行论证和探讨。

0212

从《蜀事答问》的地域文化价值谈地方文献工作[A]/孙枫. --全国中小型公共图书馆联合会、中国知网中国知识资源总库编委会. 全国中小型公共图书馆联合会2015年研讨会会议论文集(三)[C],2015

本文拟结合对古籍丛书《蜀事答问》具体整理的实践,从《蜀事答问》的时代背景、内容结构特点以及它的历史文献价值几个方面,分析阐述《蜀事答问》作为珍贵的地方文献,对研究四川省地域文化发展的重要意义。

0213

从《四部丛刊》略考"风景"[J]/杨锐,王应临. --中国园林,2012,03:34 – 37

基于在《四部丛刊》中对"风景"一词的检索工作,通过数据统计分析了"风景"在四部分类、不同体裁、各个朝代的使用特征和发展演变趋势,对该词的语义进行了初步分析。

0214

从《四部分类源流一览表》看目录学的考辨作用[J]/马学良. --图书馆理论与实践,2012,07:46 – 49

本文追溯了"辩章学术,考镜源流"作为目录学学术思想提出的过程,并通过对姚名达《中国目录学史》所附《四部分类源流一览表》所列古籍目录类目变化的分析,论述了"辩章学术,考镜源流"在古籍分类中具体表现形式。

0215

从"四库七阁"看清代皇家藏书楼的社会功能[J]/贺建,张田吉. --教育教学论坛,2014,43:82 – 84

清乾隆帝为加强文治和"寓禁于征",下令纂修《四库全书》,由此产生了"四库七阁",就其本质而言属于宫廷性质,或皇家性质。其最重要的社会功能就是达到思想控制即所谓"推广教化"的目的,尤其是"南三阁"对这一目的的体现更为淋漓尽致。

0216

从《四库全书》看中医典籍文化的传承与发展[J]/李良松. --中医研究,2013,01:52 – 57

本文通过对《四库全书》医药文献的研究,以期探寻中医典籍文化的传承特点及其规律。

0217

从《四库全书总目〈诚斋诗话〉提要》看《四库全书总目提要》的文献学意义[J]/孟丹. --赤峰学院学报(汉文哲学社会科学版),2015,08:218 – 219

《四库全书总目〈诚斋诗话〉提要》指出了杨万里《诚斋诗话》中的小瑕疵,"以隆祐太后布告中外手诏为劝进高宗手书,于考论典故亦为纰缪"。从这一点可知他们对于文献资料的把握细致入微,笔者将就这一点做进一步的申诉,进一步说明《四库全书总目提要》的文献学意义。

0218

从《四库全书总目》的正史看邵晋涵的史学思想[J]/叶云霞. --华中人文论丛,2013,02:124 – 126

邵晋涵对后世的影响很大,尤其是他对《四库总目提要》史部的编纂。本文将《四库提要分纂稿》中的邵晋涵史部稿与《四库全书总目提要》史部提要进行对比,并结合邵晋涵的生平和交游来归纳他的史学思想。

0219

从《四库全书总目》看纪昀的目录学思想[J]/庞铭辉. --传承,2012,12:84 – 85

在《四库全书总目》中,纪昀对经学发展变化历史进行了高度概括,也对经学各派得失利弊提出了中肯批评。在分类上,纪昀既参酌了前代的史籍和目录书,又有所变革,建立严密完善的分类体系。

0220

从《四库全书总目》看类书的特质[J]/何踪. --图书馆学刊,2014,03:126 – 128

本文考察《四库全书总目·类书》在内容上"兼收四部""专考一事"与在形式上的自成体例,其在经、史、子、集中独关子部集部,而无关经史所体现的"事""文"属性,以及其对社会各层人群的不同使用价值,从这三个方面可以大致窥见类书不同于其他四部书籍的殊性特质。

0221

从《四库全书总目》论类书的二元属性与学理源流[J]/何跞.--乐山师范学院学报,2014,06:136-140

本文以为类书具有既"博""精"又"冗""杂"的价值矛盾,体现着历代学术风气的演变,具有学术与文学的学理二元特征。《四库全书总目》对于类书的辩证评判和褒贬具有一定的倾向性,同时也征示着类书发展的学理原始和它存在的二元属性。

0222

从《四库全书总目》元代四书学著录管窥其学术思想[J]/姚丽.--成功(教育),2013,16:368

《四库全书总目》是清代学术发展过程中无法忽视的一个巨大成果。笔者由元代四书学著录出发,分析其学分汉、宋,尊汉抑宋的学术思想。

0223

从《随隐漫录》的整理谈此书《四库全书》文渊阁本与文津阁本的异文[J]/孔凡礼.--古籍整理出版情况简报(总479期),2011,01:12-17

《随隐漫录》是宋朝陈世崇编撰的笔记小说。本文作者对该部著作的文渊阁本与文津阁本中的主要异文(共十二项)进行了列举,并对其进行了探讨,发表了自己的见解。

0224

从特藏室的管理看文献遗产破损档案的建立[J]/张宛艳.--山西档案,2011,03:29-30

如今全国古籍破损情况严重,修复力量又很有限。本文认为,古籍特藏室应借全国古籍普查的东风,建立起文献遗产的破损档案,准确掌握所藏古籍的破损类型和数量与致损原因,以便有重点、有针对性地开展古籍的保护工作。

0225

从提升文化软实力看历史文献的保护工作[J]/缪卫星.--四川戏剧,2014,11:156-157

中华民族的优秀文化是中国文化软实力的重要资源,历史文献是中华民族优秀文化的传承媒介。保护好历史文献既是文献专业收藏机构的重要职责,也是对文化软实力建设与提升的重要任务。提升文化软实力需要对历史文献进行保护,本文对此作分析、探讨。

0226

从文献保存与利用的角度试析缩微技术的应用[J]/暴丽霞,宋晓微.--河南图书馆学刊,2012,03:45-46

本文从文献保存与利用的角度略谈了技术的影响,同时强调了缩微文献内容确定的重要性以及缩微技术与数字化技术的可能走向。

0227

从《翁方纲纂四库提要稿》看"不应存目"书籍之标准[J]/史志龙.--山东图书馆学刊,2014,04:106-110

《翁方纲纂四库提要稿》保存了翁方纲所撰提要稿多达1150条。从翁氏对书籍的处理意见可以看出,其"不应存目"标准有八个方面:书非完帙、诬经非圣、庸俗之书、伪托之书、它书已存、释道之书、办书之体、词曲之书。

0228

从翁氏《提要稿》析论明代解"易"著作之标准——以《四库全书总目》为参照[J]/张晓芝.--文艺评论,2014,08:135-140

以《四库全书总目》为例,分析明代解"易"著作之标准。

0229

从我国南方的古籍保护工作谈起[J]/王芹,肖晓梅,魏笑英.--图书馆界,2011,01:72-74

本文对我国南方地区古籍损坏的常见原因进行分析,总结南方古籍保护工作存在的误区,阐述冷冻杀虫技术的实施方法,并结合木材酸性特点指出制作古籍书柜时应注意的问题。

0230

从"西域遗珍——新疆历史文献暨古籍保护成果展"为例谈举办展览的成功经验[J]/

赵银芳,米娜娃尔·阿不都. --西域图书馆论坛,2013,02:56-60

举办古籍展览是古籍保护宣传工作的重要形式,有助于增强社会民众的古籍保护意识,带动更多人参与到古籍保护工作中来。

0231

从效率入手推广纸浆补书技术刻不容缓 [A]/邱晓刚. --国家古籍保护中心、天津市古籍保护中心编. 融摄与传习——文献保护及修复研究[C],北京:中华书局,2015

本文主要用对比的方式来分析并说明传统古籍修复技术与纸浆补书技术的差异和存在的问题,包括传统古籍修复技术目前存在的问题、纸浆补书技术目前存在的问题、推广手工纸浆补书的必要性。

0232

从心理素质的适应与培养谈古籍修复人员的职业素养[J]/贺琳. --图书馆论丛,2014,02:20-22

古籍修复沿袭着师父带徒弟、口传身授的方式。从事古籍修复工作不仅需要懂历史、艺术、化学、生物和古籍的复合型知识架构,而且性格特征、心理素质、对职业的适应性亦至关重要。培养良好的心理素质与职业道德,能使古籍修复人员更好发挥自身优势,完成岗位职责。

0233

从信息共享空间(IC)视角谈古籍和民国文献的应用与保护——以金陵图书馆为例[J]/潘健. --贵图学刊,2014,02:41-44

本文以金陵图书馆为例,简单阐释了当前我馆古籍和民国文献在信息共享空间服务发展上取得的成绩和遇到的阻力,并提出运用新技术、新媒介建立互动渠道,通过开发专题数据库、数字化、文献传递等手段保护纸本资源,从而使我馆古籍和民国文献得到全面的研究、发展和保护。

0234

从《修复心中净土》一书之出版略论古籍装潢与修补工作[J]/黄文德,张瀚云. --"全国"新书资讯月刊(在台湾地区发表),2014,186:18-23

本文拟以馆藏古籍为例,通过明清及近代藏书家留下来的题跋、笔记,以及小品诗文,略述他们在购藏古籍、维护古籍,以及阅读古籍的过程中爱书、护书、修书之理念。

0235

从学术研究的角度看古籍数字化[J]/李晓源. --图书馆工作与研究,2014,S1:06-08

古籍数字化发展与古籍整理、信息技术、学术研究紧密相关。本文从学术研究角度阐述中文古籍数字化,包括古籍的特殊性对数字化的影响,以及其对学术研究的反作用。

0236

从《医学五则》版本调研情况谈中医古籍的保护与利用[J]/于本性,王树东,苏妆,樊旭. --辽宁中医药大学学报,2014,10:96-98

《医学五则》是清代医家廖云溪所撰写的医学启蒙读物,通过对《医学五则》的版本情况调研,做了一个总结。另外认为古籍的保护与利用应该重视再生性的保护与资源的共享,对于部分图书馆古籍保护的职能应该合并,最后提出古籍的保护与利用还应该进行更大范围的普查。

0237

从隐性知识的外化谈档案修复技艺的传播 [J]/孙颖,王青. --山西档案,2013,05:51-53

受隐性知识本质属性限制、修复人员个体因素和修复技艺保障机制缺失影响,档案修复技艺的传播现状不容乐观。为此,应在兼顾口头交流和文字交流、注重实践环节双向交流的同时,利用网络日志和视频库扩大隐性知识的积累和传播,并积极加强档案部门与相关部门间的交流与合作。

0238

从俞樾《古书疑义举例》看古书讹误类型 [J]/李莎. --语文学刊,2011,07:65-66+123

清代是校勘发展的鼎盛时期,俞樾是清末著名的校勘训诂学家,他的校勘实践取得了丰硕的成果,所著《群经平议》《诸子平议》以及《古书疑义举例》都以校勘取胜。本文以《古书疑义举例》为例,结合书中阐述的校勘条例,对古书讹误类型予以梳理总结。

0239

从云南大学图书馆所藏日本古籍看中日印刷文化的相互影响[J]/罗江文. --云南师范大学学报:哲学社会科学版,2012,06:128 - 134

典籍的交流是中日古代文化交流的重要方面。在中国印刷术影响下,日本印刷了不少汉文古籍,并有部分传到中国。云南大学图书馆现藏有日本线装古籍一百余种,其中刻本 62 种,活字本 4 种,铅印本 22 种,石印本 16 种,珂罗版 6 种。分析比较这些日本汉文古籍,可以看出中日印刷文化相互影响的一些轨迹。

0240

从赵迪《鸣秋集》提要看四库文献的差异[J]/江庆柏. --南京师范大学文学院学报,2014,03:150 - 154

明赵迪《鸣秋集》的提要,为我们了解四库馆臣规避"违碍"字句的处理方式,提供了很好的例证。研究这些,可以更好地了解乾隆时期的文化生态,也有助于更好地使用文献。

0241

从甄别到缕析:论四库馆臣对宋人笔记的著录[J]/赵龙. --图书与情报,2012,04:141 - 144 + 2 + 145

宋人笔记是宋代文献的重要组成部分,因史料价值极高而备受四库馆臣关注,约有 500 余种传世至今。四库馆臣以辨章学术、考镜源流的目录学精神,严格著录"广见闻""资考证""裨劝戒"的"说部之佳本",并公允评论之,从著录中可以管窥四库馆臣对宋人笔记的学术认知。

0242

从知识传播的角度谈古籍修复人才培养[J]/阎琳. --四川图书馆学报,2015,01:46 - 49

本文从知识传播的 SECI 模型入手,提出古籍修复人才培养应以在职人员的多渠道培养为重点、以学校人才储备培养为后盾,并且对修复人员的培养模式提出了可行性办法。

0243

从中医古籍体例沿革角度看学术发展[J]/艾青华,王凤兰,柳长华. --中华中医药杂志,2012,04:1177 - 1180

系统研究中医古籍的体例是一种新的文献学研究方法,可以从一个新的角度发现中医学术发展的脉络。文章概述了体例的概念与功能,体例与学术发展之间相互促进的关系;从几个方面举例说明中医学术思想在古籍体例上的呈现:一书一例,体例体现一类中医文献的特质,从多个层面反映成书时代的学术背景,反映医家的学术思想。

0244

从组织结构透视《四库全书》与《百科全书》编纂差异[J]/林硕. --首都师范大学学报(社会科学版),2011,S1:120 - 124

18 世纪中后期,法国启蒙思想家狄德罗编著了《百科全书》,中国学者纪晓岚编纂了《四库全书》。两书同为大型文献编纂,同属时代翘楚云集,同是学术思想之融会,却有着截然不同的组织结构。透过对其组织结构的分析,可以透视出两书编纂过程存在的差异。

0245

崔建英版本目录学文集[C]/崔建英著. --南京:凤凰出版社,2012

《崔建英版本目录学文集》收录了版本目录学家崔建英先生关于版本目录学、古籍文献方面的论著 45 篇。

0246

存世抄本 临证珍籍——《台北"故宫"珍藏版中医手抄孤本丛书》问世[J]/陈仁寿. --古籍整理出版情况简报(总 527 期),2015,01:12 - 13

作者简要介绍了《台北"故宫"珍藏版中医手抄孤本丛书》的基本情况,强调该丛书出版对学界的重要价值。

0247

《存世宋刻本书录》序言[A]/丁延峰. --中国图书馆学会. 首届藏书文化学术研讨会论文集[C],2013

宋刻本作为中华民族宝贵的文化遗产,摸清其存世现状、确切数量及始末源流,研究其丰富的文化内涵及学术价值,对国家正在倡导的抢救与整理流失的中华典籍,具有重要的历史和现实意义。

D

0248

搭建版刻楷体字书计算机辅助版本校勘平台的设想[J]/朱翠萍,张宪荣.--河北北方学院学报(社会科学版),2015,03:70－74＋93

古籍整理的手段不断更新,计算机辅助版本校勘平台的搭建也成为社会发展的必然。本文从资源整理、图像文本化、自动分割、属性标注等几个方面探讨了自动校勘系统搭建必须解决的问题,为平台搭建工作的全面开展奠定了良好基础。

0249

打开新疆古籍宝库之门[N]/高剑秋.--中国民族报,2012－07－20009

作为丝绸之路上的重要通道和东西方文明交汇地,新疆拥有各民族丰富的古籍遗存。中央新疆工作座谈会召开以来,新疆古籍保护工作被纳入文化援疆的范畴,受到前所未有的重视。随着国家投入的加大和人才培养的推进,新疆古籍这座璀璨的宝库越来越被世人所知,绽放出灿烂的光华。

0250

《大仓藏书》四库进呈本经眼录[J]/罗琳,李云.--图书馆工作与研究,2015,01:72－77

本文对《大仓藏书》中的二十四部钤"翰林院印"之典籍逐一描述、鉴定,其中二十二部是"四库进呈本",其余两部为"四库进呈本"作伪。

0251

"大仓文库"入藏北大记[J]/庄建.--博览群书,2014,06:08－16

文章介绍了大仓文库的历史背景及其收藏内容,记叙了北大图书馆收购大仓文库的经过,阐述了大仓文库入藏北大图书馆的重大意义。

0252

大理古籍书目提要[M]/孙沁南,杨萌编著;杨锐明,刘丽校注.--昆明:云南民族出版社,2013

本书以云南图书馆、大理图书馆藏善本为收录对象,共收录古籍1167种。提要内容包括著者生平简介、全书基本概貌、有价值之数据、流布情况,以及其他需要说明的文字。

0253

大力推进优秀文化传承 精心规划古籍保护未来——在"2014年省级古籍保护中心工作会议"上的讲话[A]/刘小琴.--国家古籍保护中心编.古籍保护研究(第一辑)[C],郑州:大象出版社,2015

本文提倡大家深入贯彻习近平总书记系列重要讲话精神,以改革为动力,努力创新,推动古籍保护工作新取得新进展,做好规划,为古籍保护工作的长远发展打好基础。

0254

大连图书馆藏抄本《永乐大典》伪书考[J]/陈艳军.--文献,2014,03:78－80

《中国古籍善本书目》子部类书类《永乐大典》条,除著录国家图书馆、上海图书馆、南京图书馆、四川大学图书馆藏明内府抄本外,尚有一条:《永乐大典》……明抄本存二卷六百八十三至六百八十四此本藏于大连图书馆。然仔细考察比勘,此"明抄本《永乐大典》"非为《永乐大典》的传抄,而是一部伪书,以抄录《汪氏辑列女传》,冒《永乐大典》之名。

0255

《大明会典》版本考述[J]/原瑞琴.--中国社会科学院研究生院学报,2011,01:136－140

《大明会典》为明代官修的专述典章制度的会典体史书,明清著名史志目录书中均有其版本的相关记载。国家图书馆馆藏《大明会典》善本及缩微制品中,有三种弘治本和五种万历本,六部不同的普通古籍本。其他版本包括:《四库全书》影印本、《续修四库全书》影印本、《万有文库》本、中华书局本、广陵书社本、台湾地区四个版本,日本汲古书院本等版本。

0256

大埔县图书馆古籍文献数字化工作探析[J]/温明艳.--科技情报开发与经济,2012,22:92-94

结合大埔县图书馆古籍文献数字化的实践,详细介绍了大埔县图书馆的古籍文献及其数字化的目的和工作历程,并对大埔县图书馆古籍文献数字化工作提出了几点建议。

0257

《大清万年一统地理全图》分切合裱操作述评[A]/鲍国强.--国家古籍保护中心编.古籍保护研究(第一辑)[C],郑州:大象出版社,2015

本文从作者属意的装帧形式、分切合裱的过程回溯、分切合裱的操作得失三方面分析《大清万年一统地理全图》的版本与修复问题。

0258

大数据时代背景下中医古籍面临的机遇与挑战[J]/朱毓梅.--中国中医药图书情报杂志,2014,03:12-14

中医古籍承载的信息具有大数据的特征。本文论述了在大数据背景下,中医古籍在集成、利用、知识发现等方面面临的机遇和挑战。

0259

大型电子古籍修复案台的一次研发尝试[A]/王超.--国家古籍保护中心、天津市古籍保护中心编.融摄与传习——文献保护及修复研究[C],北京:中华书局,2015

本文主要阐述了作者参与大型电子古籍修复案台的研发尝试的过程。

0260

大学图书馆古籍特藏文献合作存储问题研究[J]/盛兴军.--图书馆学研究,2011,07:64-69

本文在分析我国大学图书馆古籍特藏文献存储和利用现状的基础上,探讨建立全国性或区域性大学图书馆古籍特藏文献的合作存储模式和管理方法,以及构建大学图书馆古籍特藏文献合作存储模式的具体设想。

0261

大学图书馆古籍特藏文献资源的管理与服务——以上海大学图书馆为例[J]/周伟军,盛兴军.--图书馆学刊,2012,07:52-55

信息资源数字化环境和共建共享趋势引起大学图书馆在馆藏布局、资源结构和信息保障方式方面的深刻变化,大学图书馆的理念、功能和使命也随之改变。本文以上海大学图书馆为例,探讨新信息环境下大学图书馆古籍特藏文献的建设、管理与服务。

0262

大藏经古籍版面调查研究——以《嘉兴藏》与《弘教藏》行款为例[J]/曾启雄,洪艺慈.--科技学刊(人文社会类)(在台湾地区发表),2013,01:35-50

本研究以台湾地区子部释家类汇编417部为对象,以文献比较之论述方式进行。透过实际观察、整理、记录,透过文字排列形式的数量统计,企图从行款中的卷题及排列形式关系中,整理出《嘉兴藏》及《弘教藏》佛经刻书行款的规律性原则。

0263

傣族古诗歌整理研究[J]/黄俊棚.--贵州民族研究,2013,02:78-81

傣族古诗歌约有500多部,内容涉及政治、经济、历史、文化、哲学、法律、教育等,现搜集到的手抄本约100多部,有大量的诗歌散佚在外,还有很多没有形成抄本,只在民间传唱。就研究傣族的历史文化而言,古诗歌的搜集整理工作颇为重要。

0264

傣族文身图谱学术价值初探[J]/冯秋菊.--云南民族大学学报(哲学社会科学版),2013,06:24-29

文身图谱是傣族重要的古籍文献,具有图文并茂、版本多样和实用性强等特征,学术价值丰富,是研究傣族文身起源、发展变迁、内涵与特点的重要资料,也是研究傣族佛教与原始宗教二元信仰,尤其是巫术信仰、傣族绘画历史、题材等的宝贵资料。

0265

《当归草堂医学丛书》与《四库全书·医家类》[J]/杨东方,周明鉴.--中医文献杂志,2013,01:02-04

丁丙兄弟精选了一些卷帙不多、篇幅不大的四库经典医籍刊刻为《当归草堂医学丛书》,在刊刻过程中进行了认真的补遗、校勘,既扩大了《四库全书》的影响,也推动了相关医学典籍的传播。但他们在刊刻过程中也沿袭了《四库全书》的一些不足,需要学术界认真研究。

0266

当今社会更需要学习、研究任先生的学术成果[J]/朱维群.--博览群书,2015,05:09-10

本文介绍任继愈先生的重要学术成果,包括著述、主编《中国哲学史》《中国哲学史论》《中国哲学史简编》《中国佛教史》等著作,领导《中华大藏经(汉文部分)》《中华大典》等古籍文献资料的整理编纂,保护、抢救祖国宝贵遗产等。

0267

当前古籍影印出版的几种模式[J]/查明昊.--出版参考,2012,24:15-16

影印是古籍整理出版的一种重要形式,相对于排印的整理方式,影印有着短平快的优势。笔者就对目前的古籍影印出版的几种模式及其优缺点逐一进行分析。论及古籍数字化对古籍影印出版的影响,认为古籍数字化的市场将是古籍出版一块最具增长潜力的市场。

0268

当前几种代表性中文古籍数字化产品评析——以用户需要和反馈为依据[J]/史丽香.--图书馆工作与研究,2011,01:101-103

根据作者的搜集,用户对中文古籍数字化产品的需求和需要主要包括汉字处理问题,数据的完整性、保真性、准确性问题,书籍的选择、分类问题,数据的深入挖掘问题,用户参与问题和易用性问题。

0269

档案、古籍文献保护技术发展的新趋势[J]/周延,王倩茹.--机电兵船档案,2013,02:13-16

档案、古籍文献保护工作是档案、图书管理工作的重要内容。进入21世纪后,档案、古籍文献保护工作面临新的形势,困难与优势同在,挑战和机遇并存。

0270

档案和古籍善本保管中的霉变问题[J]/王永臣.--兰台世界,2011,02:26-27

本文指出霉菌的特点,介绍霉菌对档案和古籍善本的危害以及霉菌的防治。

0271

档案学视野下的东巴古籍文献遗产保护研究[J]/胡莹.--档案学通讯,2015,02:65-67

本文将静态东巴古籍文献与反映东巴古籍文献内容的动态东巴文化视为一个整体。静态的东巴古籍文献主要由传统的物质载体材料组成,如布料、木料及占绝大多数总量的纸质材料;记录动态东巴文化的档案材料主要由新型的物质载体材料组成,如声像材料及数字材料。

0272

档案与古籍善本酸化糟朽纸质纯棉丝网常温加固脱酸新技术[A]/刘姣姣,李玉虎,单晓娟,王文军.--中国档案学会编.创新:档案与文化强国建设——2014年全国档案工作者年会优秀论文集[C],北京:中国文史出版社,2014

本文简介丝网加固新技术,概述丝网加固及脱酸实施过程,评价加固与脱酸后加速老化系统等。

0273

档案与古籍修复用竹纸的现状与问题[J]/陈刚.--档案学研究,2012,01:80-84

本文介绍竹纸制造的现状,对古籍、档案修复用竹纸在质与量两方面都造成不良影响,提出对竹纸重要地位的认识不足,竹纸品种的减少、质量的下降与修复用纸要求日益提高的矛盾,竹纸生产供给与文物修复市场需求的脱节,竹纸技艺传承后继无人等若干问题。

0274

党校图书馆古籍保护现状及对策研究[J]/钟茜. --科技展望,2015,21:210

本文介绍党校图书馆古籍保护工作现状,提出加强古籍专业人才的培养、全面改善保管环境、建立健全的管理制度、积极筹备资金等古籍保护工作中亟须解决的问题。

0275

道光六年詹考祥著《灾赈刍言》[J]/郑小春. --历史档案,2013,02:86-94

安徽省图书馆农书古籍《灾赈刍言》具有重要学术价值,揭示查赈和放赈两个重要环节存在的诸多弊病,有针对性地提出解决之策,为研究清嘉道时期官方赈济、基层吏治、地方社会提供了珍贵的原始资料。本文对其作者和内容略作考释,并将全文点校公布。

0276

《(道光)隆德县续志(光绪)宁灵厅志草校注》评介[J]/梁忙海. --图书馆理论与实践,2011,10:106-107

《(道光)隆德县续志》和《(光绪)宁灵厅志草》是流失海外的两部珍稀宁夏地方古代志书。张欣毅、张京生的《(道光)隆德县续志(光绪)宁灵厅志草校注》本,突破了旧志校注体例的限制,为学者研究回族发展史等提供了宝贵的历史资料。

0277

"道教典籍选刊"与道教古籍整理[J]/周作明. --中国道教,2012,05:50-54

道教古籍的整理需要注意几点:一、尽可能参照同期或后世道经,亟须加快道经的数字化进程;二、充分借鉴《中华道藏》,但在文字校订上须谨慎利用;三、将道经整理与道经研究结合起来,注意观察经书的体例;四、综合运用各方面知识,各领域学者共同参与。

0278

道教古籍整理的回顾与展望[J]/张莹. --河南图书馆学刊,2015,06:135-137

本文对东晋至现代的道教古籍整理情况作了回顾,对其中的重要事件进行简要述评,并对道教古籍整理工作的未来发展进行展望。

0279

《道藏》中的针灸文献整理研究[D]/王馨悦. --广州中医药大学,2014

近年来关于针灸古代文献的研究,主要是通过医学文献开展的,而从"医道同源"角度入手来开展的针灸古代文献研究仍相对薄弱。本文通过对《道藏》中与针灸文献相关的内容进行整理研究,期望能对针灸学的创造性研究提供理论及方法上的启迪。

0280

德宏民族古籍文物判定标准及构成[J]/赵毅,熊甜芳. --德宏师范高等专科学校学报,2015,03:34-37+49

民族古籍是民族古代文化传承的重要载体,本文从文物古籍研究的角度出发,在借鉴前人调查研究成果的基础上,对德宏民族古籍的内涵与外延进行研究,提出判定标准,阐述了以傣文古籍为主的德宏民族古籍的类别和主要形式及其他类别的民族古文献。

0281

地方高校图书馆古籍工作要突出地方性——商丘师院图书馆古籍工作的实践与探索[J]/贾光. --现代情报,2012,07:137-140+143

古籍工作的实践与探索表明,地方高校图书馆古籍工作要突出地方性,重点发展地方古籍。地方高校充分发挥自身的区位优势,努力保护、深入发掘地方古籍资源,搜求与保护并重,整理与服务并举,有着重要的现实意义和深远的历史意义。

0282

地方高校图书馆古籍书库建设浅议——以临沂大学图书馆为例[J]/王芙蓉,续思民. --科技情报开发与经济,2015,07:46-48+52

本文以临沂大学图书馆古籍建库为例,结合工作实际,探讨了地方高校古籍书库的建设问题,并提出改善保存条件、古籍数字化、人才引进和培训相应建议。

0283

地方高校图书馆古籍文献资源建设策略探讨——以韶关学院图书馆为例[J]/蔡云峰. --韶关学院学报,2015,01:178－180

本文从图书馆古籍典藏现状、特征入手,确定优化典藏的指导原则,采取有效的应对策略,做好图书馆的古籍文献资源建设,特别是古籍地方文献资源建设,从而为该地区的经济、文化建设提供更好的文献支撑。

0284

地方高校图书馆古籍修复工作探索——以广西师范大学图书馆为例[J]/陈福蓉,王琼,唐咸明. --大学教育,2012,01:22－24

本文以广西师范大学图书馆为例,介绍本馆古籍修复工作现状、发展历程,对古籍修复工作进行探索和理论总结。

0285

地方古籍藏书目录的编制——以《河东地区现存古籍联合目录》编纂为例[J]/荆惠萍. --运城学院学报,2012,03:101－105

文章以《河东地区现存古籍联合目录》的编纂为例,介绍了编纂河东地区古籍目录的意义及目的,编纂项目的可行性,以及具体的步骤和方法。在此基础上,作者总结了编纂中遇到的问题以及相应的对策。

0286

地方古籍文献深度开发研究——以厦门市图书馆为例[J]/陈红秋. --情报探索,2012,01:117－119

本文以厦门市图书馆深度开发地方古籍文献工作为例,对深度开发该类文献的价值、途径以及需注意的问题展开研究。

0287

地方社科院图书馆构建特色数据库的构想及基本框架——以内蒙古社科院图书馆为例[J]/陈红宇,孟若娴. --内蒙古科技与经济,2013,19:62－64

介绍内蒙古社科院图书馆建设蒙古文古籍数据库、草原文化数据库和科研成果数据库的构想,从社会效益、文化价值和使用价值三个方面,论述特色数据库建设的现实意义,

提出为保障特色数据库建设的质量和使用效率,应在建设的前期、中期和后期做好质量监控。

0288

"地方文献保护计划"述论[J]/朱清霞. --韶关学院学报,2014,01:156－158

本文指出应该制订好"地方文献保护计划",从文献普查、收集、建库、整理出版、宣传等方面制订保护方案,形成从中央到地方再到基层的纵向管理模式,进而全面推进整个中华民族文化典籍的保护工作。

0289

地方文献工作新视角——基于吉林市图书馆地方志工作[J]/刘乐. --科技资讯,2013,20:254＋256

本文以吉林市图书馆地方志工作为基点,论述了地方志工作中的重要环节,并在文献采集中提出新的工作方法,展现了地方志在城市建设中的作用。

0290

地方文献整理的质量问题应引起重视——以杭州出版社出版的《西溪梵隐志》为例[J]/张涌泉,洪钰. --台州学院学报,2012,04:42－48＋62

以《西溪梵隐志》整理为例,分析论述了地方文献整理中存在的质量问题和原因,如未能选择好的版本,承袭原文错误并未加以改正(承谬);未能正确解读古籍原文,产生句读错误(误断);地名、人名和方言俚语在电脑录入中产生错误(误录)等。

0291

地方院校图书馆古籍普查意义及古籍价值述略——以济宁学院图书馆为例[J]/宋敏. --济宁学院学报,2015,06:106－110

地方院校图书馆对馆藏古籍家底不清,直接影响了文化遗产的保护和利用。本文以济宁学院图书馆普查实践为例,阐述了进行古籍普查整理的必要性和重要性。

0292

地市级公共图书馆古籍保护工作研究——以无锡市图书馆为例[J]/曾媛. --河南图书馆

学刊,2014,08:05-07

本文结合无锡市图书馆工作实际,对该馆古籍保护工作现状进行分析,从硬件设施、普查申报、开发利用等方面阐述古籍保护的策略,并就加大投入力度、建立人才队伍、扩大宣传展示等方面提出改进建议。

0293

地市级古籍保护中心的实践与思考——以苏州市古籍保护中心为例[J]/孙中旺.--国家图书馆学刊,2014,06:61-64

本文以苏州市古籍保护中心为例,指出如何采取更有效的手段来发动广大民间古籍收藏者参与国家的古籍保护工作,如何激励古籍保护工作人员的积极性,最大限度地挖掘内部潜力,以及如何争取更多的制度保障和政策支持,是地市级古籍保护中心在运行中需要思考和解决的问题。

0294

地市级图书馆古籍阅览咨询服务探析——以镇江市图书馆为例[J]/殷琛.--图书馆学刊,2013,08:71-73

结合镇江市图书馆2012年古籍阅览咨询数据统计,分析读者及古籍阅览咨询特点,探讨地市级图书馆如何提升古籍服务水平,更好地满足大众文化需求,服务社会文化建设。

0295

《帝王世纪》辑考[D]/吴希禹.--东北师范大学,2013

古史研究中,《帝王世纪》为学人所重,具有重要的学术价值。然其整理状况尚有可发掘的空间,其研究性工作目前较少。本文正是在此现状基础上进行了整理和研究。

0296

第二批山西省珍贵古籍名录图录[M]/李小强主编.--太原:山西人民出版社,2012

本书在编排体例上仍依旧例,即先按版本时代先后,各时期再依经、史、子、集分类排序。此次共有249种珍贵古籍入选,充分展示了我省的古籍保护成果,取得了良好的社会效果,对人们更好地了解山西厚重的历史文化具有重要的参考价值。

0297

第三届全国高校图书馆古籍保护工作研讨会纪要[J]/乐怡.--上海高校图书情报工作研究,2011,01:56-58

2010年11月25日,第三届全国高校图书馆古籍保护工作研讨会在复旦大学召开。此次会议由全国高校古籍保护研究会主办,由复旦大学图书馆、复旦大学古籍保护研究中心承办。复旦大学桂永浩副校长到会致辞。桂校长介绍了近年来复旦在古籍保护方面的成就。

0298

第三批国家珍贵古籍名录图录[M]/国家图书馆,国家古籍保护中心编.--北京:国家图书馆出版社,2012

本书是2010年6月国务院公布的"第三批国家珍贵古籍名录"的图录,共收录全国数百家文献收藏机构入选"第三批名录"的2989部珍贵典籍中的2300余部。全书图版皆以特殊纸张彩色精印,并配有准确精当的著录文字,是中华古籍保护工作所取得的又一重大阶段性成果,也是古籍收藏、整理、保护从业人员及版本文献研究工作者必备的参考图书。

0299

第四批国家珍贵古籍名录图录[M]/国家图书馆,国家古籍保护中心编.--北京:国家图书馆出版社,2013

本书是2013年3月国务院公布的"第四批国家珍贵古籍名录"的图录,共收录全国数百家文献收藏机构入选"第四批名录"的1516部珍贵典籍的书影1700余帧。

0300

第一批河南省珍贵古籍名录图录[M]/河南省文化厅,河南省古籍保护中心编.--郑州:中州古籍出版社,2014

本书是省文化厅联合省古籍保护中心将省政府公布的第一批河南省珍贵古籍名录以图录的方式进行展示,旨在弘扬民族优秀传统文化、打造华夏历史文明传承创新区、推进中原经济区建设做出积极贡献,具有极高的出版价值。

0301

第一批山西省珍贵古籍名录图录[M]/李小强主编. --太原:山西人民出版社,2011

本书分唐五代时期、宋辽金元时期、明清时期三个部分,共收录古籍88部。收录标准除严格按照国家有关善本定级规定外,同时强调突出山西地方特色。书影主要从卷端、牌记、序跋、题跋等能代表本书版本特征的部分选取,原则上每部书选一至二幅图版,介绍该书出版年代、版本、装帧、大小、所藏地点等。

0302

《第一批陕西省珍贵古籍名录》中收录的明本价值述略[J]/侯蔼奇. --文博,2014,03:54-58

《第一批陕西省珍贵古籍名录》中收录的明本数量多,版本齐全,文献类型丰富,具有重要的文献价值、版本价值、地方文献价值以及收藏价值。本文通过陕西明本中的大量代表性作品,对其价值进行了充分揭示,还就明本中有待发掘的价值作了简要论述。

0303

典册琳琅——上海图书馆历史文献典藏图录[M]/上海图书馆编. --上海:上海古籍出版社,2012

本书为上海图书馆2012年馆藏文献年度精品展的图录,完整收录了"典册琳琅——庆祝上海图书馆建馆60周年文献特展"的各类文献。所收文献根据本馆的收藏特点,以珍稀性、标志性、唯一性、地方性为选录原则,由编辑组成员按类别选取,力求综合性地揭示馆藏各类历史文献精品。

0304

点校本两唐书标点疑义释例[J]/史荣华,古敏. --嘉兴学院学报,2013,04:85-91

文章举出点校本两唐书中句号、逗号、顿号、引号及分号这些标点符号该标未标或标错位置等差错,对例证进行深入的考证分析,进而辨析说明正误。

0305

点校本《宋会要辑稿》述评[J]/王瑞来. --史林,2015,04:214-218+222

四川大学古籍整理研究所近年来对《宋会要辑稿》进行了全面整理,使其首次有了形式精美的点校本。本文回顾了近代以来的《宋会要辑稿》研究历程,深感嘉惠良多。

0306

点校本《太平寰宇记》札逐[J]/刘振刚. --中国地方志,2013,10:47-48+5

王文楚等在《太平寰宇记》之《校勘记》中,怀疑狄仁杰"天水人"、李适"陇西成纪人"为误书,可是通过分析古籍中常举郡望而不言本贯的情况,并且揆之以天水郡为狄姓郡望、陇西郡为李姓郡望的史实,发现误书说有失允当。根据《隋书·地理上》《太平寰宇记·关西道十二》的记载,认为《太平寰宇记·四夷十八》"自陇西、延安至辽东"之"安"为衍文,当删。

0307

点校本《铜政便览》简介[J]/成艳萍. --中国经济史研究,2014,02:60

简单介绍了点校本《铜政遍览》的内容、出版情况和价值。

0308

点校本《再续汉口丛谈》标点疑误举例[J]/宋传银. --人文论谭,2012,00:285-293

点校本的作者对该书的标点整理作了大量的工作,但书中仍有若干处标点疑误。本文就其中的标点疑误作一分析,供点校者参考。

0309

电子古籍的版本生成及其应用研究[J]/毛建军. --图书馆学研究,2014,06:94-96

随着古籍数字化的发展,版本的概念已延伸至非纸质的电子版。实施电子古籍定本工程是确保电子古籍权威性的必要保障。电子古籍作为一种全新的版本形态必将引发学术思维和学术方法的转变。电子古籍将为古籍版本鉴定和文史研究提供全新的技术手段和学术视野。

0310

雕印版本图书的鉴定[J]/朱方琼. --怀化学院学报,2012,12:67-69

雕印版本图书的鉴定是版本学探索的重要内容,也是文献整理和学术研究的必然要求。依据图书的外观形态和文字内容综合分析判断,可以实现雕印版本图书的科学鉴定。

0311

丁福保之藏书及其古籍整理之成就[J]/赵飞鹏. --(在台湾地区发表),2015,02:103 – 134

丁福保是近代中国重要的文献学家、藏书家。本文将析论丁氏之藏书经过,并从金石文字、诗歌文献及佛教典籍三方面,探讨其编纂整理古籍文献之理念及成就。

0312

《丁卯集笺证》商榷[J]/周金标. --淮阴师范学院学报(哲学社会科学版),2015,03:391 – 394 + 401

中国古代诗歌注释学在悠久的实践中形成独具特色的学术体系。《丁卯集笺证》在编排、条目、注释、体例等方面反映出诸多问题,说明我们亟须加强对古籍整理的规范。

0313

丁氏补抄文澜阁四库全书述评[J]/童正伦. --图书馆研究与工作,2011,04:66 – 70

文澜阁《四库全书》劫后大半为丁氏据民间藏书家藏本补抄,文澜本的特点与价值主要在此。文章介绍丁氏补抄的经过,并与四库本进行了优劣比较,认为丁抄本内容上较四库本完整,尤其是忠实原书,不加删改,在文献价值上要胜过四库本;同时也有漏抄等缺陷。

0314

定州汉墓竹简和上孙家寨汉墓木简集释[D]/张静. --吉林大学,2014

本文由绪论、释文和集释、定州汉墓竹简与传世文献的对读、附录组成,介绍定州汉墓竹简和上孙家寨汉墓木简集释,以便相关研究者查阅。

0315

东巴经典古籍释读数据库建立方法[J]/王宁,徐小力,李志华,吴国新. --北京信息科技大学学报(自然科学版),2015,05:40 – 43

针对东巴经典古籍中字词句难以理解与释读的问题,讨论东巴象形文字特有的结构及其释义,研究面向东巴经典古籍的数据库结构及工作方式,提出一种释读数据库建立方法。

0316

东巴文历史档案编纂策略初探[J]/胡莹. --云南档案,2012,09:54 – 56

本文通过分析东巴文历史档案编纂开发工作的现状,总结取得的成绩与存在的不足,以编纂工作的五个构成因素为序,分别论述具体的策略。

0317

东北地区公共图书馆古籍数字化的实践与展望[J]/薛立静. --农业图书情报学刊,2012,11:29 – 31 + 46

东北地区公共图书馆古籍藏量丰富,质量也较高,但数字化程度较低,模式单一,数据库间缺乏整合,开放程度也不高。本文通过网络调查的方式对其进行分析,提出策略,包括进行古籍文献的深层次开发与联合开发,并逐步提高数字化建设中的开放与共享。

0318

《东北地区古籍线装书联合目录》札记[J]/宋志军. --文教资料,2015,26:54 – 55

由黑龙江图书馆、吉林图书馆、辽宁图书馆积15年之功,联合编纂而成的《东北地区古籍线装书联合目录》,是我国迄今为止规模最大的跨省古籍联合目录,著录图书种类齐全,内容丰富,是一部极具价值的古籍目录学之作。

0319

东海大学图书馆藏李田意先生赠线装书简明目录(附书影、索引)[M]/陈惠美,孙秀君,谢莺兴编. --台中:东海大学图书馆(台湾地区),2011

(阙如)。

0320

东海大学图书馆馆藏善本书目新编(附书影)[M]/谢莺兴,陈惠美编. --台中:东海大学图书馆(台湾地区),2014

(阙如)。

0321

东汉碑隶文字研究[D]/董宪臣.--西南大学,2012

东汉隶书碑刻现存拓片200余片,是目前所发现的数量最多的汉隶文字资料,具有异体字形繁多、古今文字因素杂糅等鲜明特点。本文在此基础上展开研究。

0322

《东坡养生集》的编纂及其养生学价值[J]/章原.--南京中医药大学学报(社会科学版),2012,02:88-91

《东坡养生集》系明清之际学者王如锡编纂而成,系统地收录了苏轼诗文杂著及同时代人相关记述。全书根据主题不同,分为12卷。从编纂及分类的理念来看,体现了对于养生真谛的深刻理解与独到的眼光,是养生学发展史上值得重视的养生著作。

0323

东坡游美——2013年"台湾汉学讲座"及古籍文献展筹办纪要[J]/耿立群,俞小明.--(在台湾地区发表),2013,04:14-22

本文详细记述2013年"台湾汉学讲座"与展览的筹划过程、举办情况及学术影响与意义。

0324

东亚彩印版画的传播与影响[A]/徐忆农.--程焕文、沈津、王蕾主编.2014年中文古籍整理与版本目录学国际学术研讨会论文集[C],桂林:广西师范大学出版社,2015

明末清初,南京彩印版画精品曾传入江户时代的日本,对浮世绘艺术产生了非常重要的影响。本文从彩印源流、饾版拱花、中西交汇、传播东瀛、影响现代、启迪未来等方面,简要介绍彩印版画的演进历程,重点为南京彩印画谱对世界艺术发展做出的积极贡献。

0325

东亚雕版印刷在世界史上的价值[A]/徐忆农.--中国图书馆学会编.中国图书馆学会年会论文集(2013年卷)[C],北京:国家图书馆出版社,2013

在西方学者撰写的世界史著作中,对以中国为核心的东亚雕版印刷技艺的历史价值认识尚不够充分。本文认为,雕版印刷在古代东亚文明中占有主导地位,东亚雕版印刷对欧洲印刷事业具有决定性影响,东亚雕版印刷对世界文明进程做出过积极贡献。

0326

东阳传世古籍简论[J]/叶明亮.--黑龙江科技信息,2011,32:208

探讨了东阳古籍的来源、分布和现状,提出了加强古籍保护的建议。

0327

东瀛纪事校注[M]/(清)林豪原著;顾敏耀校注.--台北:台湾书房出版有限公司(台湾地区),2011

《东瀛纪事》为清代林豪所著,是关于台湾"戴潮春事变"的重要文献。本书对其进行校注,使读者对当时事件有更完整的了解。

0328

东周齐系题铭研究[D]/孙刚.--吉林大学,2012

本文是以齐系各种题铭为研究对象,对这些题铭内容进行整理,并在此基础上揭示其在历史研究中的重要价值,以期对山东地区(尤其是齐国)东周史的研究有所裨益。

0329

董治安先生学术活动述略[J]/苏金侠,吴希禹.--古籍整理研究学刊,2012,04:100-103

本文介绍董治安先生从事的先秦两汉文史研究及文献整理活动,文末附有董治安教授著作目录。

0330

董治安先生学术研究的成就与方法[J]/郑杰文.--文学遗产,2013,01:147-157

本文从学术研究论著、古籍整理著作、整理高亨先生著作的贡献、"竭泽而渔"式地搜集研究资料、"深度会通"研究资料以发掘文献新意、深思敏悟创学术新知六个方面介绍了董治安先生学术研究的成就与方法。

0331

动态组字的发展及其在古籍数字化中的应用[J]/肖禹,王昭.--科技情报开发与经济,

2013,05:118 – 122

概述动态组字的发展过程,分析 IDS 和古籍数字化对动态组字发展的影响,着重探讨古籍数字化对汉字编码的需求。针对现行汉字编码的不足和动态组字的优势,讨论了动态组字在集外字描述和集外字管理中的应用以及动态组字在集外字显示、生僻字输入上的应用潜力。

0332

侗医药古籍《群方备要》内容简介[A]/汪冶,郑钦方,王丽萍,肖聪颖. --中国民族医药学会. 全国第五届侗族医药学术研讨会论文集[C],2013

本文对侗医药古籍《群方备要》一书的主要内容、编排依据作了介绍。

0333

侗族医药古籍文献整理与保护[J]/田兰,汪冶,田华咏. --中国民族医药杂志,2011,10:60 – 62

文章综述了侗医医药古籍文献收集、整理状况,针对加强侗医药古籍文献的保护与利用提出了建议。

0334

《痘疹活幼心法》版本初考[J]/蔡华珠,黄信超,刘启鸿,陈玉鹏. --福建中医药大学学报,2014,06:54 – 56

《痘疹活幼心法》系明代聂尚恒所撰,被国家中医药管理局列为"中医药古籍保护与利用能力建设项目"四百种重点古籍之一。

0335

读《船山诗草全注》[J]/赵伯陶. --古籍整理出版情况简报(总 480 期),2011,02:21 – 30

本文对巴蜀书社出版的《船山诗草全注》(2010 年)中的一些值得商榷、探讨之处进行了列举和分析。

0336

读《摄山志》[J]/程章灿. --古籍整理出版情况简报(总 481 期),2011,03:18 – 23

本文对《摄山志》的成书历史、书籍内容、特点和历史意义进行了叙述与分析,并对2010 年中国文史出版社出版的点校本《摄山志》进行了简要评述。

0337

《读书敏求记》与版本学研究[J]/刘亚科. --社科纵横,2015,06:112 – 115

《读书敏求记》涉及版本学研究中书名、篇卷、作者、内容、真伪等诸多方面的内容,在图书版本的鉴定方法上找出了一定规律,为古籍版本学的发展奠定了初步基础。

0338

《读书敏求记》——中国古代善本书目集大成者[J]/周华君. --图书馆学刊,2014,03:129 – 130

介绍《读书敏求记》作者钱曾的生平与个人的藏书喜好,叙述该善本书目的编制体例及相关内容,评价了《读书敏求记》在历史上的学术价值和在中国古代目录学史上的特殊地位。

0339

读《四库全书总目》小札[J]/余煜珣. --文学教育(上),2015,06:138 – 139

在《四库全书总目·集部·诗文评类》提要中,四库馆臣指出了文学批评中的两种现象:"才者能知"与"知不及才"。考察文学批评史,两种观点分庭抗礼;而考察文学史,论者善作有之,不善作者亦有之,并不能断其是非。而在学科独立的今日,创作与学术已未必合流;今之学者,兼善创作固佳,不善创作亦未必不能有所成就。

0340

读《四库提要》识疑[J]/杜泽逊. --图书馆理论与实践,2012,11:46 – 48

本文对《四库提要》中的疏失及错误,进行了 34 条考证、订正。

0341

读《四库提要》小识[J]/杜泽逊. --图书馆杂志,2013,07:92 – 95

《四库全书总目提要》由于种种原因,存在诸多错误,本文对其中清别集类 35 条加以纠正。

0342

读四库提要札记两则[J]/赵阳阳. --图书馆杂志,2013,04:100 – 102

本文就《四库全书总目》中有关书学的两则提要进行考察。订正四库馆臣对《石墨镌华》作者赵崡中举之年的误载；通过版本源流的考察，解决馆臣对于《书法离钩》与《历代帝王法帖释文》合刻问题的疑问。

0343

读宋版书如见东坡翁——"千古风流人物苏东坡"展品中有关宋椠元刻善本略述[J]/黄文德，张围东. --"全国"新书资讯月刊（在台湾地区发表），2012,164:7－11

本文从展览规划的五大主题：遥想东坡当年、探索情感世界、东坡文学境界、东坡艺术生活、东坡思想浪潮出发，评述"千古风流人物苏东坡"展品中有关宋椠元刻善本。

0344

读者的群像：以嘉靖本题跋为中心的考察[A]/向辉. --国家古籍保护中心编. 古籍保护研究（第一辑）[C]，郑州：大象出版社，2015

本文以嘉靖本一系列古籍文本入手，着重分析读者所作的题跋。

0345

赌棋山庄词话校注[M]/刘荣平校注. --厦门：厦门大学出版社，2013

《赌棋山庄词话》是清朝福建学者谢章铤的一部词话，汇集谢氏之前的大量词话，引征了大量明清不经见的词作，是一部梳理词学思想史的重要词话作品。

0346

杜伟生：延续古籍生命[N]/罗旭，熊尚聪. --光明日报，2013－04－03015

本文介绍了我国古籍修复的现状，认为做好古籍修复工作，不仅需要技术、知识、经验，还需要耐心和细心，并希望越来越多的年轻人参与到古籍修复中来。

0347

断版书再版的数据处理技术要点[J]/罗红莲，陈聪妹. --数码印刷，2012,08:39－41

本文介绍了影印出版的数据处理流程，包括图书扫描、图像数据处理、文件串联、文件存储。认为断版书的数据处理除此之外，还要做好数据库平台的搭建，数字化工作流程的优化等。

0348

对重庆师范大学图书馆古籍库藏现状的调研[D]/丁双胜. --重庆师范大学，2014

论文介绍古籍受损原因与保护、修复的一般方法，对学校图书馆特藏室古籍现状、图书馆特藏室古籍的保护措施作调查，分析特藏室古籍保护存在的问题及原因，提出对特藏室古籍科学保存与合理使用的意见，进而向图书馆提出特藏室建设的建议。

0349

对雕版古籍印书字体的研究[J]/柳凯华，黎向梅. --广西职业技术学院学报，2014,04:73－76

雕版古籍印书所用字体规律，历来众说纷纭。为了更好地进行古籍整理的工作，有必要梳理清楚各个时期雕版古籍印书所用的字体规律。本文利用现存的古籍资料，参考前人的理论成果，结合实际，探究了宋以来中国雕版古籍印书所用字体的规律。

0350

对古典书籍装帧的理解与思考[J]/张莉. --致富时代（下半月），2012,03:192

书籍装帧是根据书的内容设计书籍的形态与结构，是使书稿成为书籍的艺术创作过程，是关于书存在形式的艺术。书籍装帧突出以阅读为实用目的和使用方式的结合，集创造性、艺术性和个性化为一体。古典文学书籍装帧的设计，需要对被装帧书籍内容的理解和提炼。该文就古籍装帧做了一些思考与分析。

0351

对古籍保护修复工作标准化建设的思考[J]/汤印华. --科技情报开发与经济，2014,02:90－92

阐述了古籍保护修复工作标准化建设的重要性，分析了古籍保护修复工作标准化建设的现状，指出古籍保护修复工作标准化建设存在的问题并提出了相应的解决办法。

0352

对古籍工作人员素质培养的再认识[J]/王阳，金英姬. --图书馆学刊，2014,04:26－28

本文结合问卷调查,分析古籍工作人员的素质状况,提出培养古籍保护人员专业素养的几点措施。

0353

对古籍数字化与中医古籍数字资源建设的研究[J]/黄玮夏.--华中师范大学学报(人文社会科学版),2012,S3:156 – 158

以古籍数字化为背景,探讨中医古籍数字资源的建设情况,提出对中医古籍数字资源调查分析、整合中医古籍数字资源的构想。

0354

对古籍修复人员人力资源管理方法的思考[J]/区捷.--科技情报开发与经济,2015,01:23 – 25

本文阐述了古籍修复工作现状,分析了古籍修复工作所需人员的特征,提出古籍修复人员人力资源管理方法,包括正确认识古籍修复岗位的重要性以吸引人才、用生动活泼的工作方式留住人才、搭建人才梯队以保证古籍修复工作的持续性。

0355

对古籍整理出版工作的几点思考[J]/姜小青.--古籍整理出版情况简报(总 504 期),2013,02:2 – 6

作者立足于多年的古籍整理出版工作经验,阐述了自己的所思所想。

0356

对古籍整理工作的几点思考[J]/唐晔,陈怀义.--内蒙古科技与经济,2015,14:115 – 116

本文指出古籍整理工作的重要意义,并从加强古籍普查力度、摸清家底、古籍数字化是古籍整理未来的发展方向、培养一批高素质古籍整理专家方面提出对古籍整理工作的建议。

0357

对古籍整理工作的若干思考[J]/陆晓珊.--四川戏剧,2014,04:152 – 154

本文主要对古籍整理工作的相关问题展开研究,说明古籍整理工作的意义,分析古籍整理工作的发展历程及其存在的问题,最后提出做好古籍整理工作的具体建议。

0358

对古籍整理著作权的认识[A]/戴建志.--尹小林主编. 第四届中国古籍数字化国际学术研讨会论文集[C],北京:五洲传播出版社,2015

本文阐述著作权行使延至经过整理的古籍本身的问题。

0359

对古籍著录工作的几点认识[A]/来雅苓.--吉林省博物院编. 耕耘录:吉林省博物院学术文集 2012 – 2013[C],长春:吉林人民出版社,2014

本文提出了做好古籍著录工作的重要性,以及从业人员各方面素质要求。

0360

对贵州民族古籍开发利用及管理的探索与思考[J]/任瑞羾.--广西社会主义学院学报,2014,01:64 – 66

贵州具有悠久的历史文化,又有丰富多彩的民族地域特色。贵州的民族古籍内容丰富、载体多样,是国家珍贵古籍宝库中不可或缺的重要组成部分。对贵州古籍进行开发利用和科学管理具有重要的现实意义。

0361

对贵州少数民族古籍进行科学管理和开发利用的一点思考[J]/任瑞羾.--黑龙江史志,2014,03:63 – 64

独特的地域特色和丰富的民族文化使贵州蕴藏了丰富的少数民族古籍资源。对这些民族古籍的科学管理和开发利用,关系着这一珍贵的民族历史文化遗产的保护与抢救。因此,对贵州少数民族古籍的挖掘、保护与开发,是贵州构建独具特色的多彩民族文化的重要内容。

0362

对回族医药古籍之渊源的三点浅析考证[J]/邵平,史安琪.--医学信息,2013,07:31 – 31

本文对回族医药古籍从有文献记载以来的汉文古籍和外文古籍两个分支,以及散落于民间的口碑传承资料进行了浅析考证。

0363

对加强我省古籍管理工作的几点认识[J]/司立新. --黑龙江档案,2011,06:109

中华文明绵延数千年,作为文化的重要载体之一,文献典籍在其中起着举足轻重的作用。目前,我省古籍藏量约5万余种、70万余册,虽然总量不多,但种类丰富,涵盖了经、史、子、集、丛的各个类别,其中更是不乏精品。

0364

对江西省县级图书馆古籍保护工作的思考[J]/刘景会,张云玲. --江西图书馆学刊,2012,05:18 – 20

本文分析江西省县级图书馆现存古籍的保护现状及存在问题,从古籍保护人才、古籍保存条件、专项资金三个方面提出县级图书馆古籍保护工作相应的对策,以期更加有力地推动县级图书馆古籍保护工作。

0365

对美国部分机构馆藏中医古籍的调查[J]/范为宇. --国际中医中药杂志,2011,01:01 – 04

2009年笔者利用在美国工作之便,对美国几家图书馆的中医古籍收藏情况进行了调研。本文总结归纳了调研结果,以期对进一步开展遗失美国中医古籍的全面调研及抢救性回归提供线索。

0366

对民族医药古籍目录编纂的探讨[J]/甄艳. --中华医史杂志,2013,04:233 – 237

本文探讨了民族医药古籍目录编撰中,面临的民族医药古籍的界定、信息著录时应使用民族文字和汉字对照、民族医药古籍的分类、医药古籍的民族归属等问题。

0367

对秦安县博物馆古籍保护工作的思考[J]/尹建明. --丝绸之路,2014,18:72 – 73

本文主要介绍秦安县博物馆古籍保护的基本情况及需重点解决的问题,并提出相关保护措施。

0368

对《四库全书》研究成果数字化的思考——

甘肃省图书馆创建"《四库全书》研究资源数据库"的理论与实践[J]/李芬林. --图书馆理论与实践,2012,08:16 – 19

本文介绍了《四库全书》编纂以来的研究成果、研究内容、研究机构以及甘肃省图书馆创建"《四库全书》研究资源数据库"的理论与实践。

0369

对天津市南开区图书馆古籍普查情况的思考[J]/周海云. --图书情报论坛,2013,03:76 – 79

本文介绍天津市南开区图书馆馆藏古籍的普查情况,同时对普查工作中遇到的问题,特别是普查平台登记时出现的问题予以指出和阐释,并对古籍普查的后续工作如古籍的修复和利用等进行展望。

0370

对翁方纲《纂修四库提要稿》体例与内容的认识[J]/张伟波. --兰台世界,2012,21:95 – 96

翁方纲《纂修四库提要稿·史部》是一部珍贵的稿本文献,通过考证、辨析《翁稿》中史部的宋代典籍部分与《四库全书提要》的体例与内容之间的差异,对进一步发展与深化该领域的理论研究有积极意义。

0371

对《新疆文库》项目实施以来的几点建议[J]/赵新华. --新疆新闻出版,2014,04:38 – 39

《新疆文库》项目启动已经一年多了,首批书目图书也陆续与读者见面。作为最基层的工作人员,笔者想从该项目的出版流程、各环节发挥的作用,以及需要总结的经验,谈点自己的建议。

0372

对新世纪以来《四库全书总目》研究的反思与前瞻[J]/张晓芝. --武汉理工大学学报(社会科学版),2015,02:334 – 341

《总目》研究具有分散性、自发性、偶然性的特点,这几方面都严重阻碍了《总目》研究的深化。未来《总目》研究方向如何,怎样让《总目》研究成为一门"显学",学者需从哪些方面努力,作何种规划,这也是当下亟须思考的问题。

0373

对于古籍修复工作中"划栏补字"的几点思考[J]/吴菲菲.--当代图书馆,2015,02:39-41

本文从"划栏补字"这一中国传统的古籍修复技法入手,对其废止原因进行深入剖析,希望对古籍修复人员整体能力的提高有所帮助。

0374

对藏医古籍文献目录编制的几点思考[J]/甄艳.--青藏高原论坛,2013,02:63-65

本文在对以往藏医古籍目录书进行梳理和分析的基础上,提出了编制一部综合性《藏医古籍文献总目》的方法,以及对在目录编制过程中可能面对的问题,以期为未来"藏医文献学"学科的建立提供一些思路和方法。

0375

对张子和及其《儒门事亲》的考辨[J]/温长路.--光明中医,2012,01:01-05

《儒门事亲》是张子和学术思想的提炼和总结,由它记录和反映的张子和创立的"攻邪"学说在中医学发展史上具有重要的地位和作用,故受到历代医家的重视、效仿、发挥、研究者代有人出,对中医学的发展、进步产生广泛影响,甚至波及国外。

0376

对《中华古籍总目·云南卷》前期编目工作的一点思考[J]/周东亮,唐春妮,孙艳.--云南图书馆,2012,01:74-76

随着《中华古籍总目·云南卷》编制工作的全面展开,云南各州(市)、县(区)图书馆在组织编目过程中,也遇到了诸如残卷较多不好确定题名信息、误将丛书零种作单书处理、清末的一些教科书及档册如何分类等问题。笔者通过对建水县、石屏县图书馆编目的调研,提出了一些解决这些问题的思路和方法。

0377

对中小型图书馆古籍维护问题的思考[J]/侯丽萍.--河南科技,2011,12:07

古籍老化严重、破损严重、数量的不固定性以及保护修复意识不强等,造成了我国古籍现存状况令人担忧。调查表明,我国中小型图书馆中古籍维护远远达不到国家所规定的标准。

0378

对中医眼科古籍的继承发扬[A]/祁宝玉.--世界中医药学会联合会、中华中医药学会.世界中医药学会联合会第二届眼科年会中华中医药学会第十次中医中西医结合眼科学术大会论文汇编[C],2011

大凡业医者,尽人皆知继承发扬是中医事业的要务,而且贯彻始终。但如何继承发扬,如何界定,怎样操作,很难规范,且因人而异。本文作者以对《原机启微》的研读学习为例,谈谈初步看法,介绍了"由博转约"、提炼引申两种方法,供同道参考。

0379

敦煌佛经意义研究[D]/张颖.--兰州大学,2013

敦煌佛经音义的语音系统,是研究唐五代西北方音的重要参考资料。其对俗字、古今字、异体字的抄录,对前代训诂术语的沿用和推广,对前代古籍尤其是失佚古籍的引用,既与传世音义相融,又涵盖了敦煌特有内容,体现了重要学术价值。

0380

《敦煌马圈湾汉简集释》评介[J]/秦凤鹤.--中国史研究动态,2014,06:88-89

本文是书评,总结了《敦煌马圈湾汉简集释》的三个特点:一是图版清晰明锐,二是释文更为精准,注释尤为详备,三是图版编排富有创新。

0381

敦煌文献的数字化及其基本原则和方法[A]/左汉林.--首都师范大学电子文献研究所、中国诗歌研究中心、国学传播中心、国学网.第三届中国古籍数字化国际学术研讨会论文集[C],北京:五洲传播出版社,2011

本文本着包含全部数据、原始图像和文字相配合、检索功能完善的原则,认为古籍电子定本工程所依赖的古籍整理平台具有诸多优点,能够满足敦煌文献数字化的需求。

0382

敦煌文献论丛[M]/张涌泉著.--上海：上海古籍出版社,2011

本书选取作者曾公开发表过的有关敦煌文字学研究的论文20篇,重新加以修订和增补,分为叙录编、断代编、校理编、文献编、语言编等。

0383

敦煌文献S.202疑难字考释[J]/朱若林,沈澍农.--南京中医药大学学报（社会科学版）,2014,03:171-172

敦煌文献S.202写本残卷,现存103行,30条条文,自公布以来已有众多学者进行整理研究。虽然国内出版的敦煌医药文献校释类书籍对S.202研究颇多,但疏漏难免,本文试列举6条疑难字词进行考辨。

0384

敦煌医药文献残缺文字校补例析[J]/彭馨.--湘南学院学报,2011,06:51-54

敦煌医药文献中的残缺文字较多。残缺文字的校补,需要综合运用多方面的知识和科学的方法。在整理敦煌医药文献实践的基础上,我们摸索到了一系列校补敦煌医药文献中残缺文字的方法,并将它们作了系统的归纳和总结。

0385

《敦煌医药文献辑校》标点失误现象分析[J]/彭馨,彭珊珊.--湘南学院学报,2012,04:40-42+53

《敦煌医药文献辑校》在校录敦煌医药文献时,存在标点失误现象。本文举例分析《敦煌医药文献辑校》一书中标点失误的现象,找出失误的原因及规律,以供整理其他古籍时参考,避免类似错误的发生。

0386

敦煌医药文献《张仲景五脏论》校读拾遗[J]/彭馨,袁仁智.--西部中医药,2011,07:56-57

以P.2115原卷照片为底本,参校敦煌医药卷子《张仲景五脏论》中其他4种抄本,综合文理与医理知识就马继兴等先生《敦煌医药文献辑校》中P.2115的校录做一补正。

0387

敦煌医药文献中的造字现象[J]/彭馨,胡翠华.--科教文汇（上旬刊）,2014,08:142-143

敦煌医药文献中存在少量文献作者或抄手有意识而造的字。根据目前所掌握的语言材料,我们无法将它们断定为俗字。我们也不能把它们断定为错字,因为这类字都有明显的造字理据,可以说是有意而为。本文将对敦煌医药文献中有意而为的造字现象进行分析。

0388

敦煌遗书数字化的现状、基本思路、目前实践及设想（上）[J]/方广锠.--古籍整理出版情况简报（总527期）,2015,01:16-21

本文以敦煌文献研究为例,论述敦煌遗书数字化的基本思路,包括"敦煌遗书数据库"建设,"全敦煌遗书字库"建设以及敦煌遗书电脑校勘系统等。

0389

敦煌遗书数字化的基本思路、目前实践及设想（下）[J]/方广锠.--古籍整理出版情况简报（总528期）,2015,02:22-30

（同上）。

0390

敦煌遗书与数字化[J]/韩春平.--敦煌学辑刊,2013,04:169-178

本文对敦煌遗书数字化的相关情况作了概括介绍,阐释了敦煌遗书数字化的概念内涵、数字化的意义和缺陷。

0391

敦煌中医药文献法藏卷子疑难字研究[D]/钱婷婷.--南京中医药大学,2012

本论文立足于法藏敦煌中医药文献传统中医学为主要参照本,将其中辨读结果有异的或者辨读一致但可能均有误的文字列为疑难字范畴,利用文字、音韵、训诂等传统语言文字学知识和校勘学知识,结合医理,对其进行考辨,得出较符合历史原貌或原意的文字,从而完善敦煌中医古籍的整理。

0392

多学科交叉融合环境下的新安古医籍数据库建设探讨[J]/邓勇,汪沪双.--国际中医中

药杂志,2013,09:812 – 814

本文就建立新安古医籍数字化信息系统进行了探讨,认为该信息系统集徽学、中医学、图书馆学、古籍版本学与计算机科学等学科为一体,既可在各自领域的框架内进行理解,又能进行跨学科、跨专业研究,并可在此基础上形成包含新安医学古典文献、现代研究项目以及学术论文与专著的系列信息库。

E

0393

蛾术轩藏书题跋真迹［M］/复旦大学图书馆古籍部编. --上海：复旦大学出版社，2015

本书由古籍整理专家吴格从著名学者王欣夫先生撰著传抄批校题跋本中辑出 101 种题跋，按题写时间为序，重新编辑。本书既能够还原所批注古籍之风貌，又能够揭示中国古代文献目录、版本、校雠三方面的源流演变及主要代表人物与重要著作。

0394

《蛾术轩箧存善本书录》研究［D］/赵立文. --河北大学，2011

本文在详细阅读王欣夫先生文献学思想论著和《书录》的基础上，对《书录》进行初步研究，论证《书录》在目录、版本、辑录、史料等方面的价值。

0395

儿科类中医古籍特色图像研究——整理研究儿科诊疗经验的途径［A］/刘玉玮. --中华中医药学会医史文献分会、山东中医药大学中医文献研究所. 中华中医药学会第十五次中医医史文献学术年会论文集［C］，2013

中医儿科类古籍所载图像，为挖掘中医历代儿科医家丰富独特的理论及预防、诊断、治疗经验提供了重要的途径。以儿科类中医古籍图像反映疾病诊疗内容的 11 类中 4 种特色图像进行研究，说明图像直观反映中医儿科临床内容，如诊断、治疗、推拿术等的学术价值，印证中医儿科图像与中医儿科学术发展紧密相关，相伴而生，相伴而发展。

0396

《尔雅正义》异文材料的表现形式及相关术语［J］/贺知章. --延安职业技术学院学报，2014，04：122 - 123

异文的研究是古籍整理、版本校勘的重要内容。清末邵晋涵《尔雅正义》是《尔雅》研究的重要著作，本文对《尔雅正义》中异文材料的表现形式和相关术语进行了初步梳理，以期对《尔雅正义》中异文材料的进一步研究有所裨益。

0397

《尔雅注疏》标点琐记［J］/张金霞. --古籍整理研究学刊，2011，03：40 - 43

李学勤先生主编的标点本《十三经注疏》是对《十三经注疏》的一次系统、全面整理，但其中也存在一些问题。本文对《尔雅注疏》中的断句、标点使用等问题提出管见，以期对古籍整理工作有所裨益。

0398

二十年磨一剑——浅谈《中国地方志集成·善本方志辑》整理出版编辑体会［J］/王爱荣. --古籍整理出版情况简报（总 533 期），2015，07：17 - 20

本文介绍了《中国地方志集成·善本方志辑》20 年编纂的艰辛过程和成书始末，与业者分享方志整理工作的经验和体会。

0399

二十世纪古文献学研究史刍议［J］/陈东辉. --古籍整理研究学刊，2011，02：105 - 108

在 20 世纪中，古文献学研究的发展道路虽经曲折，但仍在许多方面取得了重大成就，同时由于新材料的发现和新方法的运用，该时期的古文献学研究又呈现出鲜明的特点。

0400

二十世纪九十年代以来版本学研究综述［J］/郝润华，景雪敏. --古籍整理研究学刊，2011，01：104 - 109

本文综合论述 20 世纪 90 年代以来，版本学研究趋于理性化的状况：不仅产生了一些重要的研究论著，大体包括版本学理论、思想与版本学发展史研究两个方面,并且由于国家对古籍保护事业的重视,使得古籍书目以及版本图录大量涌现,从而推进了古籍版本学研究的纵深发展。

0401

二十世纪前半期图书馆与中国文化传承研究[J]/刘洪权.--图书情报知识,2015,02:64－73

20世纪前半期图书馆秉持中西并重的文化理念,致力保护与传播中国文化,主要体现在三个方面,一是收藏古籍,保存文献;二是征集木刻版片,流传雕版印刷技术;三是刊印珍稀善本,嘉惠学术。

0402

二十世纪五六十年代古籍研究出版者的一种心态——从陈乃乾的一份审查意见说起[J]/蔡振翔.--文教资料,2011,07:84－85

作者根据陈乃乾对朱赞卿《藏书家名称印鉴大辞典》的审查意见,对中国古旧书业进行了探究,认为陈乃乾的审查意见反映了当时古籍研究出版者的一种心态。

0403

二十世纪以来中国古籍目录提要[M]/郝润华编.--上海:华东师范大学出版社,2012

本书按综合目录、专科目录、特种目录三大类编排,每大类之下又分若干小类,如专科目录下分经学书目录、史学书目录、诸子学书目录、文学书目录。书后附书名索引与作者索引,以便查检。

F

0404

发挥古籍培养铁杆中医人才的特殊作用——高等中医药院校图书馆中医药古籍保护与利用的实践与思考［J］/郭新农.--时珍国医国药,2013,02:504－506

本文充分肯定中医药古籍在人才培养方面的重要作用,并提出解决好中医药古籍保护和利用方面的问题。

0405

发挥古籍作用　必须编制索引［J］/罗伟国.--中国索引,2014,02:04－05

古籍是我国传统文化的重要载体,《说文通检》《史姓韵编》的问世,开了编撰古籍索引的先河。本文论述了对传承发掘利用古籍必须编撰好古籍索引的认识。

0406

发挥彝族地区图书馆职能　搜集和保护区域内的彝文典籍［J］/何流,罗启元.--科技创新导报,2015,03:54－55

玉溪市的公共图书馆特别是彝族自治地区的图书馆承担着普查、搜集和保护区域内彝文典籍、彝族文献的职能,应传承和弘扬区域内优秀的彝族文化,促进区域内彝族传统文化的复兴与发展。

0407

发现莫斯科国家图书馆藏宋版《说苑》［J］/程翔.--中国典籍与文化,2014,04:42－47

莫斯科国家图书馆藏海源阁藏宋刻《说苑》,它是海内外现存《说苑》版本中最好的一种,具有极高的文献价值。该刻本曾辗转于数位著名藏书家之手,流传有序,闲章雅印,琳琅满目。1927年该刻本落入日本人之手,并藏于"满铁"大连图书馆,1945年日本投降后被苏联红军运走,现该刻本连同其他几种海源阁藏宋刻本藏于莫斯科国家图书馆。

0408

法国巴黎藏满文古籍述略［J］/王敌非.--满语研究,2015,02:75－82

法国巴黎的汉学研究所等13家单位收藏有部分满文资料,1998年俄罗斯满学家庞晓梅编撰的《巴黎满文资料目录》公布了这批资料。通过该份目录的整理与研究,了解法国巴黎满文文献收藏的历史情况,对于熟悉法国汉学史发展历程具有重要的参考价值。

0409

《法国国家图书馆藏敦煌藏文文献》(1－15册)目录［J］/嘎藏陀美,扎西当知.--中国藏学,2014,S1:175－206

《法国国家图书馆藏敦煌藏文文献》主要收录法国国家图书馆伯希和藏文收集品、编入藏文编号的少量汉文和其他文种文献,以及编入汉文文献序列的藏文内容。目前已出版15册。本文将各册内容按照卷号顺序加以介绍。

0410

《法苑珠林校注》商议［J］/范崇高.--古籍整理研究学刊,2014,01:52－55

《法苑珠林》是研究佛教文化最重要的文献之一,中华书局出版《法苑珠林校注》是一部上乘的古籍整理著作,但其中的校点偶有可商之处,文中对该书的16处校勘标点提出商榷和补充。

0411

繁简体转换:当代艺术古籍整理之痛［J］/祝帅.--美术观察,2013,03:23－24

笔者认为,句读与繁简体转换是中国当代艺术古籍整理出版工作的两大软肋。本文仅就繁简体转换问题提出,有些从简化字重新转换成繁体字的出版物,会产生许多错误。

0412

范行准及其中医典籍的收藏与研究[J]/牛亚华. --中医文献杂志,2012,06:45-48

本文在全面收集资料的基础上,较为全面地介绍了范行准的生平、学术思想、收藏医籍的起因、过程、藏书价值,以及他在医学史研究、中医文献整理方面的巨大贡献。

0413

范祥雍古籍整理汇刊·战国策笺证[M]/(西汉)刘向集录;范祥雍笺证;范邦瑾协校. --上海:上海古籍出版社,2011

本书是范祥雍先生的一部集《战国策》整理研究之大成的力作,不仅考证了《战国策》传本源流,搜集各家注疏十分齐全,而且能够进行评骘、辨误,提出许多富有独创性的见解,是迄今为止第一部最全面系统的《战国策》笺证本。

0414

《贩书偶记》、《续编》订误[J]/姚金笛. --上海高校图书情报工作研究,2011,04:50-52

《贩书偶记》《贩书偶记续编》为孙殿起先生编录的图书目录,对与各图书相关的重要信息或多或少地作了一些抄录。本文指出其著录失当之处,以使该部工具书更加准确完善。

0415

《贩书日记》作者及记时考[J]/王晓娟. --文献,2011,02:108-112

《历代日记丛钞》第167册所收《贩书日记》,其中涉及大量关于古籍文献购藏与流传的情节,也出现了傅增湘、盛昱、张元济、邓邦述、袁克文等清末民初的重要藏书家,是一部具有重要价值的文献。

0416

《方脉权衡》特点及价值[J]/刘虹. --中医药文化,2011,06:45-47

本文对清代刘元晖《方脉权衡》孤抄本的编撰特点、学术价值以及内容进行综合评论,认为该书是一部由浅入深、方便初学的抄本佳作。

0417

方书古籍数字化实践研究[D]/王春颖. --黑龙江中医药大学,2015

以方书古籍数字化建设为着眼点,论述中文古籍和中医古籍数字化的研究现状,重点分析目前具有一定影响的数字化中医古籍研究成果,提出方书古籍数字化建设的原则、框架、实施步骤;结合目前信息技术,提出适合方书古籍数字化的相关技术环境,较为详细地介绍其技术内容;从基本功能、系统模块设计、数据库设计方面提出方书古籍数字化平台构建设想。

0418

方志类古籍地名识别及分析研究——以《方志物产》(广东分卷)为例[J]/朱锁玲,包平. --图书馆论坛,2012,04:171-176

以地方志资料汇编《方志物产》(广东分卷)为语料,利用命名实体识别技术实现物产地名的自动识别。通过对物产地名、识别规则的文献计量学研究,挖掘物产分布、物产引进和传播等知识内容,为方志类古籍的数字化整理提供新途径。

0419

方志类古籍地名识别及系统构建[J]/朱锁玲,包平. --中国图书馆学报,2011,03:118-124

以地方志资料汇编《方志物产》(广东分卷)为语料,设计了古籍地名识别系统。采用规则与统计相结合的命名实体识别方法,实现物产地名的自动识别。分析了命名实体识别技术在中国方志类古籍整理中的应用前景。

0420

方志文献的宝库——香港中文大学中国研究服务中心馆藏志鉴简介[A]/葛向勇,葛丽莎. --中国地方志指导小组办公室、中国地方志协会、宁波市人民政府地方志办公室. 首届中国地方志学术年会方志文献国际学术研讨会论文集[C],北京:中华书局,2012

作者对香港中文大学中国研究服务中心收藏的方志文献(以福建省出版的为例)作了较为深入的考察。本文介绍了该中心的省市县志、乡镇志、省市县综合年鉴等的种类、数量和检索利用情况,为读者了解和研究福建出版的各类志书、年鉴提供了便利。

0421

方志学通论(修订本)[M]/仓修良著. --上海:华东师范大学出版社,2014

本书为我国方志学大家仓修良先生毕其一生研究方志学所作的通论。主要论及中国方志性质和特点,涉及魏晋南北朝的地记、隋唐五代的图经、宋元方志、明代方志、清代方志、章学诚和方志学、民国时期方志编修与方志学研究、新中国修志事业概述、旧方志的价值和整理、新方志的编纂、新一轮志书的编纂。

0422

仿古水墨与宣纸古籍复制的研究[D]/霍俐霞. --北京印刷学院,2012

本研究确定了仿古水墨的配方和制备工艺技术、仿古水墨产品的性能指标和产品标准,分析了仿古水墨的环保指标及印刷品耐久性优异的主要原因。

0423

非物质文化遗产保护背景下民族古籍的保护与开发——以彝族创世史诗《查姆》为例[J]/唐碧君. --贵州师范学院学报,2011,08:07 - 09

对民族古籍进行有效的保护和开发,可从以下几个方面着手:注重活态传承,培养传承人;注重对民族古籍的翻译出版以及推广;运用数字化技术研究开发民族古籍;完善民族古籍的相关立法、执法以及监督机制。

0424

烽火连天家国难,丹心一片护文脉——抗战时期徐行可先生在武汉抢救保护古籍事迹[J]/徐力文,柳巍,李露. --图书情报论坛,2015,05:03 - 09

介绍中国现代著名藏书家、文献版本学家徐行可先生,抗日战争时期在武汉抢救保护古籍的爱国救书事迹。

0425

佛光大学王云五纪念图书室古籍整理纪要[J]/翁敏修. --书目季刊(在台湾地区发表),2012,02:17 - 26

本文为佛光大学王云五纪念图书室古籍整理纪要。王云五先生私人珍藏图书一批,约计九万多册。馆藏内容包括民国初年动荡年代所留存下来的图书和期刊,以及年代上溯自明清以来的线装书。

0426

佛光大学王云五纪念图书室线装书目录[M]/骆至中编. --宜兰:佛光大学图书暨资讯处(台湾地区),2012

王云五收藏超过一万本古籍线装书,本书主要收录其明清至民国的线装图书,约4600多条书目。

0427

福建师范大学图书馆研究生古籍书目情报需求研究[J]/陈碧如. --文献信息论坛,2011,01:53 - 56

根据福建师大图书馆古籍阅览室研究生用户古籍书目情报需求,从研究生培养目标、教学内容、学位论文中,对古籍书目情报需求层次、需求动机、需求内容、需求特点等进行分析研究,以期有针对性地为学生用户提供适用的古籍书目情报服务。

0428

福建中医药大学图书馆古籍收藏特色[J]/林玉婷,黄颖. --医学信息,2011,20:6664 - 6665

综述福建中医药大学古籍馆藏特色,有关医学的古籍丰富,特别是有关福建医家的史料丰富。

0429

《辅行诀五脏用药法要》的来源及医学价值[J]/王非,李汪洋,闫秀君. --中医药学报,2011,01:46 - 47

《辅行诀五脏用药法要》一书尘封于敦煌千佛洞已千年有余,举世罕知,直到20世纪初才重见天日,然而一直藏于张姓医生家,研习的人极少。此书源自于《汤液经法》,属正宗经方派系,有极高的理论和临床价值。现就此书的来源及医学价值进行阐述。

0430

《妇科玉尺》清代刻本考略[J]/陆海峰,俞欣玮. --江西中医药大学学报,2014,01:16 - 19

《妇科玉尺》是清代医家沈金鳌所撰。文章对该书国内现存的清代刻本进行描述,并从版本学的角度考证最早刻本及流传过程,有利于对该书的整理再版和研究利用。

0431

附录《续修四库全书总目提要·经部·易类》(一)[J]/《周易文化研究》编委会.--周易文化研究,2012,00:356－404

《续修四库全书总目提要》广泛收集了清代嘉庆、道光直至民国时期的最新研究成果,是今人了解古代文化发展、学术演变的重要参考用书。本辑特刊载《续修四库全书总目提要·经部·易类》的部分内容。

0432

附录《续修四库全书总目提要·经部·易类》(二)[J]/《周易文化研究》编委会.--周易文化研究,2013,00:382－419

《周易文化研究》第四辑已刊载经过整理的《续修四库全书总目提要·经部·易类》的部分内容,受到了读者欢迎,为此本辑仍刊载该书的部分内容,以接续第四辑。

0433

附录《续修四库全书总目提要·经部·易类》(三)[J]/《周易文化研究》编委会.--周易文化研究,2014,00:399－426

《周易文化研究》第四辑、第五辑已刊载经过整理的《续修四库全书总目·经部·易类》的部分内容,受到读者欢迎,因此本辑仍继续刊载该书的部分内容,以续接第五辑。此次整理,以中华书局1993年出版的《续修四库全书总目提要》为底本,并改为横排简体字,以方便读者阅读使用。一般不出校记,遇有明显的讹误衍脱之处,一律径改。

0434

附录《续修四库全书总目提要·经部·易类》(四)[J]/《周易文化研究》编委会.--周易文化研究,2015,00:390－430

《周易文化研究》第四辑、第五辑、第六辑已刊载经过整理的《续修四库全书总目·经部·易类》的部分内容,受到读者欢迎,因此本辑仍继续刊载该书的部分内容,以续接第

六辑。

0435

复旦大学图书馆藏朝鲜汉籍述略[A]/秦颖.--中国高校人文社会科学文献中心管理中心、兰州大学.第二届中美高校图书馆合作发展论坛论文集[C],2013

本文主要介绍复旦大学藏的朝鲜汉籍,并对其存藏状况进行了概述。

0436

复旦大学图书馆藏朝鲜活字印本述略[J]/秦颖.--上海高校图书情报工作研究,2013,02:60－63

复旦大学图书馆藏朝鲜活字印本准汉籍十余种。本文通过查考著者小传、整理题跋刊记,初步确定各书刊刻年代,是为古籍编目工作一例。

0437

复旦大学"中华古籍保护研究院"的创建与构想[A]/杨光辉.--国家古籍保护中心编.古籍保护研究(第一辑)[C],郑州:大象出版社,2015

本文介绍复旦大学中华古籍保护研究院的创建缘起和创建条件,从四个方面介绍该研究院的构想。

0438

复旦古籍所学报(第1期)[C]/复旦古籍整理研究所编.--上海:复旦大学出版社,2012

本书收文20余篇,内容涉及文学史、文艺理论、古代史、古文字、版本目录等研究领域的诸多议题,大多以文献实证为基础,力图古今贯通,多学科相辅交叉,形成自己的鲜明特色。对古籍整理及文史研究者而言,本书不失为了解学术动态和研究成果的参考用书。

0439

复杂背景下彝文古籍文本提取方法研究[D]/肖荣.--中南民族大学,2011

彝文古籍由于其自身特点及年代久远、退化严重,具有较复杂背景,对其中文本提取方法进行深入研究不仅有利于其保护和利用,而且可以探索复杂背景下文本提取的新思路和方法。

0440

《傅青主女科》太邑友文堂本不是现存最早刊本[J]/卫云英. --中医文献杂志,2011,06:13－14

通过考证《傅青主女科》版本源流,将张凤翔刻本、太邑友文堂刻本、祁尔诚序刊本及五福堂本等进行比较,发现唯独张凤翔本没有眉批,应该早于其他刊本。又通过语言文字上的比较,可以肯定《傅青主女科》太邑友文堂刻本刊刻的时间并不是清道光七年(1827),该刻本不是现存最早的版本。

0441

傅斯年图书馆藏《四库馆进呈书籍底簿》考略[J]/姜雨婷. --图书馆杂志,2012,05:77－81

傅斯年图书馆藏《四库馆进呈书籍底簿》与《各省进呈书目》记载内容存在差异,此书基本保留各省呈送书目的真实面貌,虽然存在一些缺陷,但可以纠正《各省进呈书目》中的一些错误,补充其中的不足,对研究四库呈送书目具有很高的价值。

0442

《傅斯年图书馆善本书志·经部》评介[J]/郭明芳. --东海大学图书馆馆讯(在台湾地区发表),2015,170:99－108

本文为傅斯年图书馆善本书志经部的评介。该馆珍藏古籍善本4万余册,包含颇多罕见秘籍,素为国际汉学界瞩目。本书志收录傅图经部善本书志463部,包含宋刊本4部,元刊本6部,活字本3部,稿本41部,抄本105部,其中40种典籍及6种版本未见他馆著录。

0443

傅图馆藏古籍《板桥杂记》版本初探[J]/徐嫚鸿. --古今论衡(在台湾地区发表),2013,24:141－154

(阙如)。

0444

傅璇琮、程毅中谈五六十年代的古籍整理与出版[N]/郑诗亮,沈奕. --东方早报,2014－01－19002

20世纪五六十年代是我国古籍整理出版的一个高峰。虽然从技术层面而言,那个时代与今天相比,未可称为先进,但书名题签、绘图多出手工,富于人文气息,装帧设计自有一种朴素的韵味,引人喜爱。

0445

《傅与砺诗集》版本源流考述[J]/杨匡和. --南昌工程学院学报,2011,05:08－11

通过比勘元代以来傅若金诗集诸版本,并参考相关书目文献著录,梳理了《傅与砺诗集》的刊刻、流存、传抄情况,并展示其版本源流系统。

0446

傅云龙《游历日本图经余记》所见汉籍考[J]/王会豪. --贵州文史丛刊,2014,04:38－44

本文主要从文献学的角度对傅云龙所著《游历日本图经余记》中涉及的日藏汉籍予以考察,在考订这些海外汉籍的版本、流传等问题的同时,并对傅氏的某些考证中存在的问题予以订正。

0447

傅增湘对档案文献的贡献[J]/张骞文,黎新军. --陕西教育(高教版),2012,12:14－16

本文从校勘、传播、辑录、编纂四个方面简要论述了傅增湘对档案文献的贡献。

0448

傅增湘与"双鉴楼"[J]/江涛. --教育,2013,02:56－57

川籍藏书家傅增湘一生藏书20多万卷,尤以"双鉴"最为珍贵。1916年,他收得端方旧藏茶盐司刊本《资治通鉴》,得与元刻本《资治通鉴音注》相配,"俪为双鉴",便称自己的藏书楼为"双鉴楼"。

0449

富厚堂藏书目录浅析[J]/刘金元. --图书馆,2012,01:109－111

富厚堂藏书目录有很多特点,书楼第一代主人曾国藩著录的《京师书目》与《利见斋书目》信息详细;《求缺斋书目》与《公记书目》反映出馆藏特色;《归朴斋书目》与《艺芳馆书目》则突出藏为实用的特点。这些书目为后人了解富厚堂馆藏及其藏书背景提供了重要参考。

G

0450

甘鹏云藏书理念对当代图书馆古籍收藏之启示[J]/赵小丹. --图书馆学刊,2013,05:123 – 125

甘鹏云是中国近代著名藏书家,其藏书理念至今仍深刻影响着图书馆的古籍收藏,对于今天图书馆古籍访求、利用与保护、促进古籍事业的可持续发展以及传承传统文化有着诸多启示。

0451

甘鹏云旧藏稀见古籍分类叙录[J]/赵小丹. --科技情报开发与经济,2015,10:55 – 57

辽宁大学图书馆收藏近代著名藏书家甘鹏云旧藏明清善本8部。本文阐述了甘氏藏书的版本源流和学术价值,并进行了相关藏书考证。

0452

甘肃出土汉简在历史文化中的价值[A]/郝树声. --张德芳主编.甘肃省第二届简牍学国际学术研讨会论文集[C],上海:上海古籍出版社,2012

甘肃汉简是人类文明的重要记载。本文对甘肃出土汉简在历史文化中的价值作出分析。

0453

甘肃历代《易》学类古籍文献解题[J]/漆子扬. --天水师范学院学报,2014,03:12 – 16

甘肃历史上诞生过两千多位学者作家,著述达三千余种。由于科举的推动,学子普遍研习经学,尤其在《易经》方面论著较多,论文之外,有文献记述的《易》类著作近六十种,反映了不同时期甘肃地区学术文化的发展状况。

0454

甘肃省第二届简牍学国际学术研讨会会议综述[A]/马智全,肖从礼. --张德芳主编.甘肃省第二届简牍学国际学术研讨会论文集[C],上海:上海古籍出版社,2012

本文为甘肃省第二届简牍学国际学术研讨会会议综述。文章涉及西北汉简专题研究、秦简研究、其他汉简研究、三国吴简和晋简研究以及楚简和古文字研究等内容。

0455

甘肃省图书馆藏清末地方戏剧剧本修复案例分析[J]/何谋忠. --发展,2015,09:90 – 91

本文对甘肃省图书馆藏清末民初一批手抄戏曲剧本的来源及品相进行简要介绍,重点对其修复过程进行梳理,并选择其中有代表性的修复方案进行案例分析。

0456

《干禄字书》与魏晋南北朝碑刻俗字对比研究[D]/文丽. --西南大学,2011

本文将《干禄字书》所收的337组正俗字的不同俗体从魏晋南北朝碑刻拓片中截取下来,附例句于后,并考察其字在魏晋南北朝碑刻中的使用状况,分析其继承与演变的特点。

0457

高等中医院校图书馆中医药古籍综合保护的几点思考[J]/翁晓兰,吕瑛. --浙江中医杂志,2011,03:220 – 221

本文以浙江中医药大学为例,简述中医药古籍文献保护工作的现状,探讨中医药古籍文献面临的问题,并针对性地提出古籍保护与数字化建设的策略。

0458

高罗佩藏中文图书简述[J]/欧阳宏. --图书馆工作与研究,2012,07:86 – 87

荷兰汉学家、东方学家、外交家、翻译家、小说家高罗佩,也是东方文物,包括中国古籍的鉴赏和收藏家。高罗佩逝世后全部藏书珍藏于荷兰莱顿国立大学汉学研究院。山西省图书馆购入了高罗佩藏书的缩微平片，本文介绍了"高罗佩藏中文图书"的特色、特点，以期揭示馆藏并提供读者研究使用。

0459

高似孙《纬略》校注［M］/（宋）高似孙著. --杭州：浙江大学出版社，2012

本书是作者的第一部有关浙江文献古籍整理的小书。共分为12卷。

0460

高校古籍特色数据库建设实践探讨——以南开大学图书馆家谱研究文献数据库建设为例［J］/林红状. --图书馆工作与研究，2011，11：91 - 93 + 97

以南开大学图书馆家谱研究文献数据库的建设为例，探讨家谱数据库建设的意义和优势，介绍了家谱数据库建设的实践，提出高校古籍特色数据库建设的思考。

0461

高校古籍图书流通典藏特点及方式［J］/宋湘敏. --河南科技，2012，18：32

古籍是历史文化沉淀与累计的综合体现，有着相当独特的时代属性。高校图书馆古籍部的开设为高校师生，尤其是历史、考古等专业师生提供了可贵的古典文献资料知识来源。并且，由于我国古籍遗失较为严重，现存古籍的管理保护与利用有着非常重要的意义。

0462

高校古籍修复室建设的实践与探讨——以安徽大学图书馆为例［J］/谢婧. --宿州学院学报，2014，05：26 - 29

本文以安徽大学图书馆为例，介绍了古籍修复室的硬件设施建设、软件设施建设、工作业绩，高校修复室建设的意义与存在的问题。

0463

高校古籍阅览室为参观型读者服务的模式研究——以内蒙古大学图书馆为例［J］/刘瑞忍. --高校图书馆工作，2014，02：70 - 72

本文在分析参观型读者层次的基础上，以内蒙古大学图书馆为例，提出了古籍阅览室为参观型读者服务的举办古籍展览、读者入室参观两种模式。

0464

"高校古文献资源库"的扩大建设及其意义［J］/姚伯岳，沈芸芸. --大学图书馆学报，2012，03：54 - 58 + 95

该文总结了"高校古文献资源库"前期的建设成果，提出了当期建设的目标和预期效益，论证了其继续和扩大建设的必要性和重要意义。

0465

高校评估应重视古籍整理工作［J］/赵昌平. --教育与职业，2012，25：11

古籍整理工作是弘扬传统文化的基础工程，中央与地方政府的有关投入逐年递增，然而古籍整理人才日益匮乏，原因是多数高校未将其纳入评估体系。作者急切呼吁，高校应充分重视古籍整理成果并建立相应的评估体系。

0466

高校图书馆地方古籍文献工作的路径选择——以湛江师范学院图书馆为例［J］/杨战朋. --图书馆学刊，2014，07：36 - 39

本文针对当前高校图书馆地方古籍文献工作的现状，指出问题，探讨成因，并结合当代古籍文献理论研究的最新成果，重新设计地方古籍文献工作的路径。

0467

高校图书馆古典文献数据库服务的困境与出路［J］/何玉，庄玫. --高校图书馆工作，2011，06：42 - 44

在论述高校图书馆购买或自建古典文献数据库现状的基础上，提出高校图书馆应该选择综合性的数据库，编制用户指南，为读者建立网上古籍资源检索平台，进行深度揭示、仿真展示，提供跨库检索功能，实现平台共享，将其效益最大化。

0468

高校图书馆古籍保护的问题与建议［J］/李会敏，李娜. --科技情报开发与经济，2015，06：23 - 25

本文介绍了高校图书馆古籍保护的现状,分析了高校图书馆古籍保护中所存在的问题,提出了做好高校图书馆古籍保护的建议。

0469

高校图书馆古籍保护工作的探索与思考——以沈阳农业大学图书馆为例[J]/霍春梅.--图书馆学刊,2015,06:51-52

本文分析并梳理当前古籍文献保护存在的管理制度缺失、专项经费不足、贮藏环境不达标、人员培训不到位、领导重视不够等问题,结合沈阳农业大学古籍保护现状,提出古籍保护措施。

0470

高校图书馆古籍保护和抢救工作研究[J]/罗芳,吴鸣,张曦.--兰台世界,2013,08:78-79

中国各类文化机构收藏的文献古籍共有5000万册以上,在高校中从事古籍修复保护的人员实在是少之又少,对高校图书馆的古籍进行保护和抢救显得尤为重要。本文介绍文献古籍保护危机和最基本的保护方法以及校图书馆古籍的保护、抢救工作。

0471

高校图书馆古籍保护问题研究[A]/王展妮.--福建省图书馆学会.福建省图书馆学会2012年学术年会论文集[C],2012

本文结合作者自身工作实践,对如何健全高校图书馆古籍管理体制、建设古籍数据库以及培养古籍专业人才等三个方面的问题进行初步探讨。

0472

高校图书馆古籍保护现状与专业人才培养分析[J]/李虹.--现代商贸工业,2012,13:145-146

本文对高校图书馆古籍保护现状进行分析,提出要加强对古籍修复型、知识型、数字化建设人才,再生性保护人才的培养。

0473

高校图书馆古籍保护中存在的问题及对策研究[J]/宁佐斌.--金田,2014,11:392+374

本文从我国高校图书馆古籍保护的意义、当前高校图书馆古籍保护现状、遭受破坏

的原因等方面入手,在此基础上探讨高校图书馆有效保护古籍的对策。

0474

高校图书馆古籍地方特色文献资源建设[J]/于治巍.--边疆经济与文化,2012,09:149-150

高校图书馆的古籍文献资源偏重于保护,忽略了利用价值。本文提出应充分利用高校图书馆古籍文献资源,服务学科建设,服务科学研究,同时应结合学校及地方发展需要,建设具有地方特色的文献资源中心,为地方经济建设提供文献资源保障。

0475

高校图书馆古籍工作刍议[J]/王斌玲.--价值工程,2012,05:221-222

高校图书馆的古籍保护与利用工作还没有达到要求的标准,应该在保护古籍的情况下尽可能将它再利用,使我国悠久的历史和灿烂的文化发扬光大。

0476

高校图书馆古籍工作人员向学科馆员发展的探索[J]/王琼.--农业图书情报学刊,2012,12:212-214

本文提出目前大多数高校中小型图书馆可以根据现有人力资源情况,针对某一个或几个学科设置学科馆员。古籍工作人员能够通过提高自身素质,逐步承担起学科馆员的各项工作职能,为读者提供个性化、深层次的文献信息服务。

0477

高校图书馆古籍管理策略思考[J]/尹会红.--玉溪师范学院学报,2011,12:46-48

论述高校图书馆的古籍管理,应重视古籍整理,注意更新设备,完善管理制度,提升馆员素质等问题。

0478

高校图书馆古籍管理工作探讨[J]/潘煦.--科技情报开发与经济,2015,16:4-6

西南民族大学图书馆采用"清单提书"和"实地提取"相结合的清查方式,将古籍提取整理并归入古籍书库,还采取编制古籍目录、支撑学科建设和人才培养、大力开展科学研

究等措施提升古籍利用率。

0479

高校图书馆古籍管理系统的分析与设计
[D]/邵永初. --南昌大学,2014

本文以管理信息系统、软件工程的相关理论为指导,从古籍工作的实际情况出发,对古籍管理系统的功能、构成、设计规划等进行了相关探讨,阐述了系统的设计目标。

0480

高校图书馆古籍管理员职责履行初探[J]/李善强. --科技情报开发与经济,2014,12:15 - 17

本文介绍高校图书馆古籍管理员职责的特殊性,指出古籍管理员应激发并保护读者热爱传统文化的热情,做好古籍的保护和利用工作,并提出履职途径。

0481

高校图书馆古籍开发与利用的思考——以河北大学图书馆为例[J]/马秀娟,崔广社. --科技信息,2011,02:370

本文以河北大学图书馆为例,提出依据现代技术对古籍进行开发利用、加强古籍管理综合型人才培养、利用现代技术对古籍进行开发、形成保护与利用良性循环、保护利用中遵守法律等开发利用中应注意的问题。

0482

高校图书馆古籍善本保护滞后成因分析[J]/李月华. --艺术科技,2015,02:28

本文旨在分析高校图书馆在古籍保存措施方面存在滞后于损坏速度的现象问题成因,探究保护路径。

0483

高校图书馆古籍书目数据库调查评价[J]/林红状. --图书馆学刊,2012,01:130 - 132

本文调查了全国古籍重点保护单位高校图书馆馆藏古籍书目数据库的建设与服务现状,从收录范围、建库类型、导航设置、检索功能和文献信息揭示等方面展开分析评价。

0484

高校图书馆古籍数据库建设中的知识产权问题[J]/毛建军. --图书馆学研究,2012,09:32 - 34

高校图书馆古籍数据库的建设内容包括自建或购买古籍全文数据库以及古籍数字资源导航库设计等。文章从数据库知识产权和信息资源共建共享的角度,探讨了高校图书馆古籍数据库建设中的知识产权问题。

0485

高校图书馆古籍数字化建设工作探讨[J]/徐金铸,滕希华,管振岐. --当代图书馆,2012,03:58 - 60

本文从古籍数字化的内涵及建设古籍数字化必要性的角度出发,探讨高校图书馆古籍数字化工作实际,分析建设古籍数字化的有利条件和数字化资源保障体系,对中小型图书馆的古籍数字化工作具有指导意义。

0486

高校图书馆古籍文献保护存在问题及保护方法[J]/那仁图雅. --科技致富向导,2015,06:51

本文就高校图书馆古籍文献管理与保护得不到充分重视这一问题进行阐述,分析与研究有关图书馆古籍管理的重点工作。提出要对现代化技术和管理措施进行充分研究,并且根据实际情况具体实施,实现保护和充分利用图书馆古籍的目的。

0487

高校图书馆古籍文献开发利用策略研究[J]/方敏. --江西图书馆学刊,2011,05:27 - 30

本文指出了高校图书馆古籍文献开发利用存在的问题,并从构建古籍分层管理模式、网络查询平台、高校图书馆联盟等方面提出了高校图书馆古籍文献开发利用的策略,以促进高校图书馆古籍文献开发利用工作的开展。

0488

高校图书馆古籍文献收藏与利用的若干问题及相关建议[J]/王莉. --赤峰学院学报(汉文哲学社会科学版),2014,03:145 - 147

本文对古籍文献的概念和现状进行了详细介绍,并指出了现存的一些问题,针对这些问题和漏洞,提出了相应的解决方法,希望能够对古籍文献的收藏保护工作有所裨益。

0489

高校图书馆古籍文献整理与利用研究[J]/
黄成. --金田,2015,05:425

本文主要从研究对古籍文献进行整理和
利用的几种价值出发,简要探讨目前高校图
书馆古籍文献整理与利用中出现的一些问
题,并针对问题提出相应解决对策,以促进对
古籍文献的整理与利用。

0490

高校图书馆古籍修复业务外包探讨[J]/杨
健,葛瑞华. --图书馆理论与实践,2013,02:93
-96

本文介绍高校图书馆古籍收藏数量及破
损状况,提出古籍修复人才的缺乏与进人机
制的问题,指出应准予民营古籍修复公司参
与图书馆古籍修复工作,并寻求与高校图书
馆最佳合作方式。

0491

高校图书馆古籍整理与开发现状及其模式
研究——以辽宁省高校图书馆为例[J]/赵小
丹. --河南图书馆学刊,2014,11:68-70

本文通过对辽宁省高校图书馆藏古籍整
理与开发现状的调查,挑选出具有价值的古
籍特色资源,提出适合时代发展要求的古籍
整理与开发模式,旨在加速优秀传统文化资
源产业化,助推地方特色文化建设进程。

0492

高校图书馆古籍资源整合与服务模式创新
[J]/吴雪梅. --兰台世界,2011,21:69-70

针对高校图书馆古籍服务存在的不足,
从整合各类载体的古籍资源,拓展服务领域,
建立古籍共享空间,提出古籍服务模式创新
的若干措施。

0493

高校图书馆基于区域联盟开展珍贵西文图
书保护与修复工作探究[J]/张丽静. --图书馆
理论与实践,2015,06:24-26

本文以北京大学图书馆为例,建议采取
区域范围内图书馆联盟,通过修复专家短期
交换、材料检测仪器共享、修复材料联合采
购、保护方法定期交流等合作方式,共同开展
珍贵西文图书修复和保护工作。

0494

高校图书馆激活古籍文献的方法[J]/侯
薇,马晓菊. --科技情报开发与经济,2015,04:
18-19

本文分析古籍管理专业人才的培养问
题,探讨保存古籍文献对场所的要求以及修
复古籍文献对人员的要求,重点阐述通过多
种方式广泛宣传古籍文献资源的措施。

0495

高校图书馆与古籍数字化[J]/张爽. --黑龙
江教育学院学报,2012,06:200-202

高校图书馆与古籍数字化之间是紧密联
系、相互促进的关系,前者是后者的前提和基
础,是后者的有力推动者,后者则丰富和完善
了前者,二者最终统一于传承和弘扬我国的
优秀传统文化。

0496

高职古籍修复专业理论教学之初探[J]/姚
远. --江苏科技信息(科技创业),2014,03:29-30

古籍修复专业理论课不可或缺。然由于
种种原因,目前理论课处于一个十分尴尬的
状态,应从教材、教师选拔等方面着手解决,
以期达到理论课与技能课齐头并进,互为
补充。

0497

稿本《管子校释》修复纪要[A]/潘美娣. --
国家古籍保护中心、天津市古籍保护中心编.
融摄与传习——文献保护及修复研究[C],北
京:中华书局,2015

本文主要介绍了对于稿本《管子校释》修
复的难点,包括除霉、修复维护、书砖的修复、
查漏理顺等。

0498

稿本《清民两代金石书画史》的文献价值
[J]/宗瑞冰. --图书馆杂志,2013,11:96-100

金鳌山人所撰《清民两代金石书画史》稿
本,为清、民两代金石、书、画艺术家立传,记
其生平仕宦、艺术成就、文学造诣等,对考证
清、民两代人物生平以及著述有重要意义,更
对研究清、民两代的艺术史、文学史、地方文

化艺术具有重要参考价值。

0499

各界同心协力 二十年共铸辉煌——中国出版政府奖获奖项目《中国古籍总目·集部》编辑感言[J]/何可.--古籍整理出版情况简报（总523期）,2014,09:12－16

本文介绍了作者编辑《中国古籍总目·集部》的过程及感受。

0500

公共图书馆的古籍保护与修复工作初探[J]/陈彦婷.--青年与社会,2014,19:298

本文在分析古籍遭受破坏原因的基础上,提出古籍保护与修复的应对策略。

0501

公共图书馆古籍保护与利用刍议[J]/段晶晶.--佛山科学技术学院学报(社会科学版),2012,03:72－75

本文在充分分析影响古籍的保护和利用因素的基础上,提出配备专门古籍书库、古籍再造以及古籍数字化等举措,促进古籍的保护与利用的良性互动。

0502

公共图书馆古籍服务思想解读及古籍价值实现研究[J]/陈立.--新世纪图书馆,2014,05:19－22

公共图书馆应在坚持古籍保护的同时,充分利用古籍保护成果,大力开展古籍阅览、整理开发与学术研究等服务,在合理使用中积极实现古籍的价值。

0503

公共图书馆古籍工作探究[J]/王小芳.--黑龙江史志,2014,04:69－71

本文在笔者工作实践的基础上,从古籍人才队伍建设和古籍文献资源开发利用两方面来讨论公共图书馆古籍工作,以期对公共图书馆古籍保护工作的进一步发展有所裨益。

0504

公共图书馆古籍文献学科化知识服务初探[J]/王晓庆.--图书馆学刊,2013,08:73－76

本文分析了公共图书馆开展知识服务的局限性,提出将古籍文献学科化知识服务作为公共图书馆拓展知识服务功能的突破口,阐述开展此类知识服务的前置条件,探讨主要的服务模式,并提出实现此类知识服务的基本策略。

0505

公共图书馆古籍修复人才的培养[J]/孙剑.--投资与合作(学术版),2014,05:374－375

我国文化古籍数量之多世界之罕见。目前古籍老化速度之快、修复之难和收藏之不易,充分说明古籍修复工作刻不容缓,以及对古籍修复人才的迫切需要。如何促进高等院校古籍修复专业的开设,如何引发社会对于古籍修复态势的注意力,成为古籍修复人才培养的重中之重。

0506

公共图书馆免费开放视野下的古籍读者服务[J]/娄明辉.--图书馆学研究,2012,12:66－68

在公共图书馆免费开放的背景下,在古籍阅览的规定方面减少了手续,降低了收费标准,但相应的古籍服务仍不应该完全免费。针对古籍读者群体特点,公共图书馆应在古籍原件保护、图书馆员业务水平、古籍数字化、地方文献开发和古籍阅览环境等方面采取措施,做好古籍读者服务工作。

0507

公共图书馆评估工作探析——吉林省古籍保护工程实施情况[J]/张丹.--黑龙江史志,2014,19:254

本文根据第五次公共图书馆评估工作要求,对吉林省在"中华古籍保护工程"中所做的一系列工作进行总结和探析。

0508

公共图书馆与古籍数字化建设[J]/鲍昶好.--湖北函授大学学报,2012,05:76＋144

公共图书古籍数字化有助于服务阅读及研究,并且保护古籍,但目前古籍数字化建设还存在重复建设严重、区域发展不均衡、共享程度低等问题。对此,公共图书馆应加强统一规划,合作共建,联合开发,统一标准,资源共享,切忌急功近利。

0509

公文纸本文献研究新进展[J]/李哲坤. --高校社科动态,2015,01:41-45

本文意在梳理公文纸本古籍文献研究的发展脉络。

0510

龚居中和他的《女科百效全书》[J]/程志源,吴苏柳. --浙江中医杂志,2012,11:831-832

《女科百效全书》于明崇祯三年(1630)由龚居中编著。龚居中,字应圆,号如虚子、寿世主人,明代豫章云林(今江西金溪)人,生活在16-17世纪,生卒年月不详,著名医学家,为龚廷贤族人,曾任太医院院司,内外、妇、儿等科均有所长,且擅于著述,此文给予详述。

0511

构建北方人口较少民族古籍整理研究的核心基地——三十年来黑龙江省少数民族古籍整理研究工作取得重大成果[J]/左岫仙. --黑龙江民族丛刊,2014,03:2+193

本文介绍黑龙江省少数民族古籍整理办公室把握黑龙江人口较少民族古籍资源的实际情况,30年来抢救、保护并整理出版了大批濒临消亡的人口较少民族古籍。

0512

构建濒危档案文献遗产保护分级保护模式的意义[J]/吴瑞香. --黑龙江档案,2012,03:33

构建濒危档案文献遗产保护分级保护模式是贯彻《实施办法》的客观要求、合理使用和配置有限保护资源的内在需要,实施濒危档案文献遗产针对性保护策略操作的基础。

0513

构建和谐古籍文献服务环境的综合方法研究[J]/张华. --卷宗,2015,09:127

本文从强化古籍文献资源建设、成立古籍资源残损与修复档案、完善古籍资源的典藏与借阅环境、提高工作人员的综合素质、对古籍文献加大宣传方面,研究构建和谐古籍文献服务环境的综合方法。

0514

构建云南少数民族档案文献数据库的动因探析[J]/王娅. --陕西档案,2012,04:36-37

云南少数民族档案信息资源数量庞大,为对其进行有效保护,引入现代信息技术及管理理念、通过构建数据库的方式解决其面临的挑战是目前较为普遍的做法。

0515

孤本《眼科六要》学术特色浅析[J]/张伟娜,程英,李兵,朱玲,高博,张华敏. --陕西中医,2015,06:749-750

从中医文献学角度出发,对《眼科六要》的作者、版本、全书概况,以及书中病因、症名、方治、引文等具体内容,探析中医药古籍孤本《眼科六要》的学术特色和学术价值。

0516

孤本医籍《敬修堂医源经旨》他校举要[J]/焦振廉. --陕西中医学院学报,2012,06:25-27

《敬修堂医源经旨》为孤本医籍,明末余世用撰,计八卷。因其为孤本,无对校依据,校勘主要采用他校方法。他校为校勘四法之一,大致有误文、脱文、衍文、颠倒及异文五个方面。运用他校进行校勘,对纠正原书的讹、夺、衍、倒有重要意义。

0517

孤本医籍《秘传女科》初探[J]/王蕾,洪辉华. --浙江中医杂志,2013,08:612-613

《秘传女科》是一部妇科临床孤本医籍,成书于1661年,由明末清初河北医家周震撰著。全书共两卷、25篇,介绍经、带、胎、产治疗经验与方药,论及产前产后病证尤为详细。尚存清光绪四年(1878)初刻本,国内仅三家图书馆有藏。本文对此进行考证。

0518

古钞《文选集注》残存永明诗文研究[D]/魏晓帅. --郑州大学,2013

本文通过研究认为,《文选集注》所据底本当为唐抄本,该本与传世各刊刻本有很大的不同,在选学领域中具有重要的版本与史料价值。

0519

古代巴蜀中医药家及医籍整理与挖掘研究
[J]/聂佳,任玉兰,许霞,江蓉星.--时珍国医国药,2014,03:673-674

以巴蜀中医药古籍文献资源为样本,整理1911年以前巴蜀中医药家的相关信息和医籍建立数据库,为后人临床医疗、教学和科研提供了精辟的理论和宝贵的实践经验。

0520

古代藏书家敬书观念值得学习[N]/张杰.--中国社会科学报,2013-09-13A04

中国古代藏书楼对于收集、保护、传承中国传统文化起到了至关重要的作用。近日,记者就藏书楼的变迁、藏书楼与现代图书馆的关系等问题采访了中山大学图书馆馆长程焕文。

0521

古代抄本渊源及价值考略[J]/陈惠珍.--图书馆学刊,2013,10:124-125

抄本又称写本书。以此,结合古代抄本的演变轨迹,从文物价值、文献价值及艺术价值方面剖析了古代抄书的价值与意义,最后介绍了明清两部最大的官修抄本。

0522

古代防蛀加工纸[J]/吴学栋.--黑龙江造纸,2011,03:35-36+41

以唐代、宋代、明清时间为序,根据大量古籍文献资料依次介绍了染潢纸、椒纸和万年红纸等三种古代防蛀加工纸的特点、避蠹防蛀原理以及制作方法。这些方法对今天的古籍文书档案的收藏和保护仍具有借鉴意义。

0523

古代书画典籍之"浙江鲍士恭家藏本"的若干问题研究[J]/李永强.--内蒙古大学艺术学院学报,2011,02:108-111

《四库全书》中书画典籍以及其他不少历史典籍书目下都写有"浙江鲍士恭家藏本"的字样,这些书都来源于鲍士恭父亲鲍廷博的精心收藏。鲍廷博是清代著名的藏书家、校勘学家,其刊刻的《知不足斋丛书》更是具有

极高的学术价值和收藏价值。

0524

古代图书档案装潢艺术钩沉[J]/刘阳.--兰台世界,2011,04:66-67

结合古代图书档案装潢的材质、形式和方法,总结其在装潢方面的主要特色和风格,揭示并论证古代图书档案装潢艺术的完整体系和丰富内容已经在实践中确立。

0525

古代小说版本校记的计算机自动生成[A]/周文业.--首都师范大学、中国传统文化数字化研究中心.第十届中国古代小说、戏曲文献与数字化研讨会会议手册、论文集[C],2011

本文介绍了古代小说版本校记计算机自动生成的方法。古代小说版本计算机自动生成校记的基础是版本数字化和版本自动比对。计算机自动比对可以比对数字化的任意版本,比对结果有逐行显示和分窗口显示两种方式。计算机校记的自动生成是在版本自动比对基础上,以某个版本为底本,参校其他版本,计算机自动生成校记。

0526

古代写本钩乙号研究[J]/张涌泉,陈瑞峰.--浙江社会科学,2011,05:131-137+160

钩乙号,或称"倒乙号""乙正号""乙字符"等,是古代乙正倒误文字的符号。本文列举大量实例,讨论了钩乙号的形状和基本用法,指出古书校读中因不明钩乙号造成的种种疏误;探讨了钩乙号的起源及其演变,进而廓清若干流传已久的错误说法。

0527

古代音乐史学研究新成果——评刘蓝教授辑著《二十五史音乐志》[J]/杨英.--民族音乐,2014,04:76-77

本文是对刘蓝教授辑著《二十五史音乐志》的评介,主要介绍了《二十五史音乐志》的框架结构和学术价值。其学术价值包括补遗、解读和评说。

0528

古代藏医文献书名汉、英文翻译中的体会[J]/罗秉芬,容观澳.--民族翻译,2014,02:

32 - 39

作者参加了国家科技部"藏医古籍整理与信息化平台建设"科技基础性专项工作,参加翻译整理藏医古文献书名,编纂《全国藏医药古籍名录》。本文总结了作者在有关藏医古文献书名的汉文与英文翻译工作中的点滴体会。

0529

古代纸质文物修复用纸的研究[J]/郑冬青,张金萍,何子晨,朱庆贵,陈潇俐. --中国造纸,2013,07:71 - 73

本文介绍国内外纸质文物保护修复技术,古代纸质文物修复用纸研究的一种新尝试,提出根据待修复纸质文物的特性,有针对性地实现实验室造纸并用其进行修复。

0530

古代中医临床疗效评价方法研究[J]/李君,刘保延. --中国中医基础医学杂志,2011,04:383 - 385

通过古籍文献研究对古代中医临床疗效评价方法进行了探索,认为中医自古就十分重视疗效,涵盖内容丰富,且主要有两种评价疗效的方法。一种是通过治疗前后的证候对比进行评价,另一种为医生根据病机变化判断疗效,而且这两种评价方法在临床实践中经常紧密结合、综合运用。

0531

古典文献典籍网络资源调查及其利用[J]/楼丹,戴春霞. --内蒙古民族大学学报,2011,03:26 - 27

本文以古代文学文献典籍网络资源的整理过程为例,指出各类古代文学文献典籍网络资源的特性、共性及其优劣,探讨了这个过程对古代文学研究的意义,同时,学者的个性化研究也会不断为古代文献信息化工程的发展和完善提出新的课题。

0532

《古典文献及其利用(增订本)》简评[J]/王洁. --安徽文学(下半月),2012,06:67 - 68

《古典文献及其利用(增订本)》由北京大学出版社 2010 年 2 月出版,在 2004 年出版的《古典文献及其利用》的基础上增补而成。作者杨琳,全书分为十大部分,除第一部分的导论和最后的索引和后记外,主体划分成文献的检索方法、类书及其利用、政书及其利用、丛书及其利用、出土文献及其利用、古代图像及其利用、古籍书目及其利用七个部分。

0533

古典文献学理论探索与古籍整理方法研究[M]/朱崇先主编;黄延军副主编. --北京:民族出版社,2013

本书为中央民族大学少数民族语言文学学院策划,于 2010 年 5 月举办的以古典文献理论与古籍整理方法为主题的学术研讨会会议论文集。

0534

古籍版本鉴别拾遗[J]/张小平. --沧桑,2013,02:191 - 193

古籍版本学的发展和古代藏书事业有着密切的联系,古代藏书家也是版本学大家。藏书家对版本学的一些观点看法往往隐于其著述之中,这为后人进行版本的考定提供了方便。同时,每位藏书家都有自己的藏书特色,这些特点同样可以为我们版本鉴定工作提供可咨的信息。

0535

古籍版本鉴定必须加强对目验法的研究和总结——以活字印本鉴定方法为例[J]/刘向东. --版本目录学研究,2015,00:341 - 359

本文阐述了古籍版本鉴定法和活字印本鉴定方法的联系与区别,介绍了鉴定活字印本方法的发展历史,提出了活字本鉴定方法存在的问题及改进意见,认为活字本鉴定方法还必须在鉴定实践中不断进行补充完善。

0536

古籍版本漫谈[J]/黄永年. --古籍整理出版情况简报(总 502 期),2012,12:2 - 9

作者根据多年来收藏古籍、整理古籍的经验,运用版本学知识,由浅入深地论述了中国古籍版本鉴别工作中需要注意的一些问题,以及古籍版本研究者需要具备的几大素质。

0537

古籍版本题记索引［M］/罗伟国,胡平著.--上海:华东师范大学出版社,2011

《古籍版本题记索引》搜集古籍著录专著102种,将五万余种古籍的版本著录与题跋情况详细著录,是关于古籍研究与拍卖收藏的最重要工具书,不但对从事传统文化研究的高级研究人员和入门者都具有不容置疑的实用价值,对方兴未艾古籍收藏拍卖业也有很重要的指导作用。

0538

《古籍版本学》与《古书版本鉴定》［J］/孙博.--青年文学家,2015,20:71

黄永年《古籍版本学》和李致忠《古书版本鉴定》是两部版本学高水平著作,文献学入门必读书目。本文通过对两书进行对比,对其中的版本学知识进行客观综合性的评价。

0539

《古籍版本学》与《古书版本鉴定》之对比［J］/向丹.--北方文学(中),2015,08:144

古籍版本学是古典文献学专业核心内容之一,是学习中国古典文献学必须掌握基础的知识。黄永年先生的《古籍版本学》和李致忠先生的《古书版本鉴定》是古籍版本学领域比较优秀的著作,然两书从结构框架、语言风格到鉴定方法,都各具特色,本文就此做一简单对比。

0540

《古籍版本学》与《古书版本学概论》之比较［J］/路璐.--青年文学家,2014,14:187

古籍版本学是古典文献学的必需课程之一,是学习文献学必备的技能。黄永年《古籍版本学》和李致忠《古书版本学概论》均为初学者学习古籍版本学的津梁之作。本文拟就二书特点进行简要探讨,并分析二书不同之处。

0541

《古籍版本学》与《校雠广义·版本编》之比较［J］/陆倩倩.--安徽文学(下半月),2012,06:62 – 63

古籍版本学从建立至今,对这门学问研究的人很多,如叶德辉的《书林清话》作为第一部专门论述版本学的著作对后学影响深远,而后毛春翔《古书版本常谈》、钱基博《版本通义》、张秀民《中国印刷史》、曹之《中国古籍版本学》、李致忠《古书版本学概论》等都是这个领域中的杰出著作。

0542

古籍版本与古医籍整理及其编辑要点［J］/王益军.--出版参考,2015,14:47 – 48

我们整理校勘古医籍的目的,是为了便于人们更好地阅读与研究古代医药文献,从而促进古代医药文化的传播,使人们能够更好地阅读与研究祖先留下的丰富文化遗产,从中汲取传统医药文化的精华,并在传承中"取其精华,去其糟粕"。

0543

古籍版式在当代书籍中的应用［J］/张露露,杨夏楠.--艺术教育,2014,05:210 – 211

本文以古籍版式的历史脉络为开端,总结出周空、竖向排版和小元素的运用三个古籍版式的特点,并介绍它在当代书籍版式中的演变和运用。中国当代书籍设计只有根植于本土文化,并结合现代设计理论才能立足于世界。

0544

古籍保护方法研究［J］/梁俊香.--中国城市经济,2011,29:379

本文提出从制度保障、拓展古籍保护途径、古籍"领养""寄养"、充分利用现代化技术等方法完善古籍的保护工作。

0545

古籍保护工作概论［M］/梁爱民,向辉编著.--北京:北京燕山出版社,2012

作者根据多年从事古籍保护工作的经验,参考大量关于古籍保护、非物质文化遗产、文献保护学等方面的论文和专著,以及欧美等国家古籍保护工作经验,客观梳理我国古籍保护工作实施过程,力求全面展示工作概貌,为国内古籍保护工作者和业界提供参考。

0546

古籍保护工作人才培养的现状及思考[J]/周蓉.--新世纪图书馆,2014,02:64－67

本文介绍了2007年以来全国古籍保护工作中人才培养状况、人才培养方式及不同人才培养特点,指出目前人才培养中的问题,对今后古籍保护人才培养提出思考:增强人才队伍的稳定性,区分人才的层次和重点培养方向,拓展人才使用的渠道。

0547

古籍保护工作探讨[J]/吴婷婷.--科技情报开发与经济,2012,19:100－102

本文系统地阐述了古籍保护工作的必要性,结合工作实践,对加强我国地市级古籍保护工作提出了一些切实可行的建议。

0548

古籍保护工作应注重地域特点和需求——以浙江省为例[J]/童圣江.--图书馆研究与工作,2014,04:73－76

"中华古籍保护计划"的实施,应根据全国各地古籍存藏情况、人力、资金等客观条件,将大的原则和本地实际相结合。浙江省通过"浙江省古籍重点保护单位和保护达标单位"、《浙江省珍贵古籍名录》的评选,探索符合本省区域特点的古籍保护之路。

0549

古籍保护和定级刍议[J]/彭邦明.--图书馆工作与研究,2011,08:93－95

本文分析古籍保护工作中存在问题,对文物保护与古籍保护工作进行比较,对全国古籍普查和古籍定级工作的必要性提出自己的看法和意见。

0550

古籍保护继往开来——新中国古籍保护的历程[J]/蔡彦.--浙江高校图书情报工作,2013,04:01－10

本文通过回顾新中国成立后古籍保护的历史过程,总结我国古籍保护的成功做法和存在问题,探讨今后工作的方向。

0551

古籍保护科学化管理难题待解[N]/李韶辉.--中国改革报,2013－09－06009

近年来,尽管我国采取多种措施加大古籍保护力度,但古籍保护与修复的现状仍然堪忧。作为一个与时间"赛跑"的职业,从业人员数量捉襟见肘,专业素养亟待提高,已成为当前古籍修复行业之"困"。

0552

古籍保护漫谈[J]/裴文玲,普武胜.--贵图学刊,2011,04:44－45

本文提出,2007年"中华古籍保护计划"在全国铺开的前提下,古籍保护工作存在一些问题,如对于没有隶属关系的古籍收藏单位的发动工作仍需加大力度,古籍普查人员不足,古籍破损状况严重、亟须修复等,以及对《中华古籍书目·山东卷》编制的思考。

0553

古籍保护面临的问题及对策探讨[J]/黄卫华.--中国新技术新产品,2015,10:18－19

本文重点总结研究相关的古籍数据库建设的文献资料,对其中涉及的问题与困境(例如统一标准方面)进行比照分析,试图寻找解决问题的突破口。

0554

古籍保护人才的培养及其相关问题[J]/李青枝.--高校图书馆工作,2011,01:28－30

本文结合古籍保护培训实践及相关文献调查,总结古籍人才培养的紧迫性和重要性及古籍人才培养中存在的细节问题,提出相应解决对策,为今后古籍人才培养提供参考。

0555

古籍保护人才培养模式研究[J]/庄秀芬.--国家图书馆学刊,2014,05:18－24

本文提出未来古籍人才培养模式需要加大资金投入,建立人才培养长效机制,改革学历教育课程,加强与高校人才培养合作,充分发挥老专家作用,培养一批骨干型人才,加强国内外行业间交流与合作,共同促进古籍保护技术提升。

0556

古籍保护新成果,版本书志研究新高度——评《上海图书馆藏宋本图录》[J]/向辉.--图书

馆杂志,2012,01:87－90

《上海图书馆藏宋本图录》是大陆古籍保护学界第一部关于宋版书研究的主题著作,也是我国古籍保护工作研究性保护的重要成果,对开创古籍保护研究新的方向,提升版本书志研究新高度,具有十分重要的作用和地位。

0557

古籍保护研究（第一辑）[C]/国家古籍保护中心编.--郑州:大象出版社,2015

本书是为了配合实施"中华古籍保护计划"而推出的古籍专业学术出版物,包括古籍保护综述、古籍普查与编目、古籍人才培养、古籍存藏环境、古籍修复、古籍标准规范化建设、古籍保护推广等栏目,收录与古籍保护的业务工作和研究成果有关的文章。

0558

"古籍保护"研究文献索引[J]/李玉娥.--中国索引,2015,01:40－45

本索引包括专著索引和论文索引两个部分。专著索引涵盖1949年以来的著作,论文索引涉及2000年1月到2012年4月发表的与古籍保护及修复相关的论文。

0559

古籍保护与典藏、整理、传播之关系[A]/李德龙.--国家古籍保护中心编.古籍保护研究（第一辑）[C],郑州:大象出版社,2015

本文通过实例阐述古籍保护的重要性,分析保护、典藏与整理的关系,总结传播对古籍保护的重要作用,由中央民族大学图书馆为例,介绍一系列古籍整理、保护的实践工作。

0560

古籍保护与开发利用并行的思考[J]/马英,齐海华,刘金树.--北方文学（下半月）,2012,03:244

古籍是历史留给我们的珍宝,如何保护好它们并同时让人们真正认识到它们的美,发挥它们的价值,笔者就此做出探讨。

0561

古籍保护与利用的发展愿景——以开封市图书馆为例[A]/葛智星.--全国中小型公共图书馆联合会.全国中小型公共图书馆联合会2014年研讨会论文集[C],2014

本文以开封市图书馆为例,介绍开封市古籍的保护现状、发展愿景,对如何平衡古籍的保护与利用提出思考。

0562

古籍保护与利用的思考——以"中华古籍保护计划"为中心[J]/郝永利.--辽宁广播电视大学学报,2014,02:98－99

古籍保护与利用是"中华古籍保护计划"的重要内容之一,包括古籍普查登记、古籍保护与修复、古籍整理出版与研究利用及专业人才队伍建设等工作,力争建立《全国古籍普查登记目录》和中国古籍数据资源库,使我国古籍得到全面、科学、规范的保护和利用。

0563

古籍保护原理与方法[M]/刘家真著.--北京:国家图书馆出版社,2015

围绕古代纸质藏品变质原因以及保护的基本策略、基本方法、管理措施与相关技术等进行论述,重点阐述古代纸张与古代墨迹材料的特性,以及适宜古籍保存环境的选择及调控、虫霉防治和天灾人祸的应对与抢救。

0564

古籍保护:在寂寞中前行[N]/树红霞.--福建日报,2013－06－21011

古籍作为我国五千年文明的一种文化载体,承载着人们的思想、智慧、历史和创造,具有不可再生性。但是,纸质文献载体的特点,注定了它与其他文物相比,更易损坏,科学保护、抢救珍贵古籍,显得十分迫切而重要。

0565

古籍保护整理与利用——以河北中医学院为例[J]/杨艳红.--统计与管理,2014,02:22－23

本文以河北中医学院为例,从学院图书馆古籍收藏特色、古籍破损情况、学院古籍保护工作、需要解决的问题几个方面介绍现状,提出对古籍具体保护的措施和方法,解决好中医药古籍的利用。

0566

古籍保护中的植物防虫应用研究[J]/仝艳锋. --图书馆建设,2012,12:87 - 88 + 91

概述古代运用植物汁液浸染古籍纸张防虫,通过放置、燃烧防虫植物驱避虫害,用防虫植物制作古籍修裱浆糊,用防虫植物制造古籍装具等保护书籍、字画的技术。这些植物防虫手段为当代古籍保护和其在更大范围的应用提供了有益借鉴。

0567

古籍编辑的基本功[J]/金良年. --古籍整理出版情况简报(总489、490期),2011,11 - 12:30 - 37

本文作者从数十年古籍编辑工作经历谈起,对不同古籍书稿的不同处理方法进行了详细讲解,介绍了古籍编辑工作的六大经验,并对新人编辑提出了要多读文本的建议。

0568

古籍编辑的素养与起步三关[J]/熊国祯. --古籍整理出版情况简报(总496期),2012,06:2 - 11

本文论述了从事古籍整理出版工作的图书编辑应该具备的五大基本素养和起步阶段需要克服的三大困难。

0569

古籍编目外包的探索与实践[J]/吴雪梅. --图书情报工作,2011,S1:88 - 89

结合实际工作,讨论与数据公司合作进行古籍编目、建设书目数据库的条件;总结古籍编目外包中存在的问题,并提出对数据公司编目员进行培训及数据质量控制的几项措施。

0570

古籍标点研究——基于对《三国志》及其《集解》的相关考查[D]/王晓彬. --中国社会科学院研究生院,2013

本论文上编试图揭示出古籍标点所可能具有的若干价值。下编进一步探讨了古籍标点的若干具体用法,此外还尝试论述了古籍标点对于古书阅读活动的影响,最后试图对"古籍标点学"的相关问题提出自己的看法。

0571

古籍藏书印辨识举例[J]/莫俊. --图书馆论坛,2013,04:178 - 181 + 177

藏书印辨识是古籍普查登记工作的难点。文章列举十个在工作中碰到的典型印例并作剖析,从中总结辨印过程中应注意的十个要点,为普查人员提供一些思路。

0572

古籍藏书印鉴定举例[J]/仇家京. --图书馆研究与工作,2015,04:55 - 59

藏书印在古籍鉴定中有"帮手"之称,但务必结合原书其他特征,通过鉴别分析和审慎考证,才能实现版本目录之助的功能。笔者就经眼印章的鉴别举例并加以揭示,或裨益于同行借鉴与探讨。

0573

古籍藏书印浅析[J]/施薇. --国家图书馆学刊,2012,04:100 - 105

古代藏书印的内容类型可分为私人藏书印和机构藏书印两大类,其中私人藏书印又可分为记人、记事、记言等三种类型,每类以若干小类分别阐述,在此基础上总结古籍藏书印在版本鉴定和考察古籍递藏源流等方面的功能和价值。

0574

古籍藏书印章的内容及价值[J]/杨艳燕. --晋图学刊,2011,03:57 - 60

对山西师范大学图书馆入藏善本古籍所钤印章进行分类,探究古籍藏书印在史传补遗、藏书史研究、古籍版本鉴定、艺术鉴赏等方面的价值和意义。

0575

古籍插图之美[J]/吴嘉陵. --(在台湾地区发表),2012,10:38 - 49

(阙如)。

0576

古籍出版脉络理清[N]/庄建. --光明日报,2012 - 04 - 06007

"尽快将中国流失海外的古籍善本系统地'引进来',整理出版好流失海外的中国古籍"已经写入《2011 - 2020 年国家古籍整理出版规划(草案)》。

0577

古籍出版社如何在数字时代转型升级[J]/任耕耘,马磊.--出版参考,2013,25:39-40

从发挥优势加强专业出版能力、延伸上下游融合产业链、融合新媒体形态、拓展文化周边产业、抓住国家大力推进文化"走出去"时机等方面探讨了古籍出版社如何在数字时代转型升级问题。

0578

古籍丛书的概念、特征和类别[J]/刘尚恒.--图书馆工作与研究,2014,06:75-78

探讨了古籍丛书的一些基本问题,包括对什么是古籍丛书,特征是什么,有哪些类别等,并对"汇藏丛书"名称和"类丛部"的创设提出自己看法。

0579

古籍丛书发展史[M]/吴家驹编.--南京:南京师范大学出版社,2011

本书为梳理古籍丛书发展历史的学术性研究著作。本书着眼于古籍丛书的体例、内容及类别发展的历史,编撰理念、成熟与否等,且关注了台湾的古籍丛书出版状况以及新兴的古籍资源数字化建设现状,弥补了已有关于古籍丛书研究的不足。

0580

古籍丛书零种的判定方法[J]/周会会.--图书馆学刊,2015,05:117-120

古籍丛书是文化典籍中重要的组成部分。由于种种原因,许多丛书散佚不全,部分散落于单行本中,给古籍整理研究和普查工作带来困扰。本文综述了古籍丛书零种的判定方法:可从卷端、内封等处着手,可通过文字风格、版式、纸张及其他任何揭示与丛书相关的信息来判断,厘清丛书零种与单行本的关系,使丛书零种回归原本。

0581

古籍的地域收藏与传承——以辽宁省图书馆为例[J]/戴立岩.--科技情报开发与经济,2014,10:36-38

本文阐述辽宁省图书馆古籍收藏的特色,从宋版和元版古籍、满文古籍、明代闵凌刻套印本、罗振玉藏书等方面探讨古籍收藏与传承中的地域性问题。

0582

古籍的破损定级及其分级保护机制研究[J]/汤印华.--科技情报开发与经济,2013,20:89-91

本文指出古籍普查中古籍定级的意义及重要性,介绍古籍普查中古籍破损定级的现状,提出古籍的定级信息要翔实精准,建立高素质的古籍普查队伍,重视古籍破损定级工作,加强古籍修复档案的数据化管理。

0583

古籍点校成果的保护路径[J]/徐卓斌.--中国版权,2014,05:50-53

对古籍进行标点,校勘古籍中的错字、别字,或者对同一古籍进行各自独立的点校,其成果不构成著作权法意义上的作品。当被控侵权行为违背公认商业道德、不保护可能造成严重不公平后果时,可将古籍点校成果作为民事权益予以保护。

0584

古籍点校作品的可版权性研究[J]/任海涛.--中国编辑,2015,05:45-50

文章以一般作品独创性的判断标准为指引,从整理者对古籍作品整理体例的独创安排、考证等方面分析了古籍点校作品的独创性。古籍点校作品构成法律意义上的作品,具有可版权性并适用著作权法的保护,但在判断古籍点校作品独创性时,应坚持具体作品具体分析的基本思路。

0585

古籍点校作品的著作权探析[J]/姚泓冰.--太原大学学报,2012,04:14-18

本文论述了古籍点校作品的著作权保护问题,提出除去《著作权》及其他民法权利保护模式外,还应注重提高点校者的版权意识和自身素质,并可借鉴国外模式运用行政管理手段。

0586

古籍电子文献出版策略及趋势研究[J]/毛建

军.--图书馆论坛,2014,04:115-119

从古籍电子文献出版的成功案例总结出我国古籍电子文献出版应坚持市场化和公益化运作互为补充、数字出版与传统出版彼此促进、从古籍保护到智能化分析延伸的基本策略。这些策略对引导我国古籍电子文献出版事业的健康发展具有重要意义。

0587

古籍电子文献学学科建设刍议[A]/毛建军.--尹小林主编.第四届中国古籍数字化国际学术研讨会论文集[C],北京:五洲传播出版社,2015

本文认为古籍电子文献学应归属于中国语言文学之下,与中国古典文献学平行。古籍电子文献学学科体系应从古籍电子文献开发技术研究、古籍电子文献资源整合与利用研究、古典文献学的电子应用研究三个方面进行构建。

0588

古籍电子文献与《中国古典文献学》教学与研究[J]/毛建军.--教育界:高等教育研究(下),2014,05:122

古籍电子文献的出现使中国古典文献学有了新的研究对象。本文从古籍电子文献的基本要素、古籍电子文献的学科归属、《中国古典文献学》的新内容三方面,论述了基于古籍电子文献的《中国古典文献学》教学与研究问题。

0589

古籍调包事件引发的图书馆危机管理思考[J]/张海政,武巍泓.--图书馆工作与研究,2011,11:52-54

本文围绕古籍调包事件,结合图书馆危机管理理论,总结分析图书馆面对突发事件成功化解危机的应对策略,以及由此引发的图书馆危机管理问题思考。

0590

古籍定级和古籍破损定级在编目系统中的著录[J]/吴芹芳.--图书馆论坛,2011,03:99-100+95

本文介绍古籍定级和古籍破损定级字段设置的背景、目的并举例。

0591

古籍防霉灭菌剂的筛选[J]/韩玲玲,谭伟,胡明雪,方岩雄,张焜,陶建强.--广州化工,2011,11:59-61

本论文采用抑菌圈评价方法对古籍防霉灭菌剂进行了筛选,分析比较了12种防霉灭菌剂对细菌、霉菌的抑制效果。结果表明抑制作用强的防霉灭菌剂为:KK-88、BEK-500、Ss411-GY、GY-510、杰马Plus-L和二硫氰基甲烷。在此基础上复配了6种试剂,抑菌圈试验结果显示复配试剂对试验菌都有很好的抑制作用,其中FP05抑制作用最好。

0592

古籍分册序号赏析[J]/盛兰.--湖北第二师范学院学报,2012,05:129-131

文献古籍是中华文明传承的总要载体,理解古籍分册序号是阅读古籍文献的前提。针对古籍文献分册序号多态性问题,讨论了汉字集句分册序号法、汉字数字分册序号法与中国早期特殊数字符号分册序号法,并展示了相关样本。

0593

古籍附页的特点及价值小议[J]/董洁.--图书馆研究与工作,2012,04:76

古籍附页是典籍的自然延伸,记录了与古籍相关的重要信息,附页缺损导致文献信息内容不全,给古籍的有效利用造成不便,图书馆应重视加强对古籍附页的管理和保护工作。

0594

古籍工作的基本功及其培养[J]/邓维维.--图书馆学刊,2014,07:18-20

论述了古籍工作者需要具备的基本能力,简要介绍了学习方法。

0595

古籍工作与数字化杂谈[J]/马志立.--数字与缩微影像,2015,02:5-6

本文结合实际工作,阐述了古籍工作与数字化中的若干问题,如古籍影印、服务读者、书影制作等。

0596

古籍公文纸背文献:中国古文书家族的新丁[J]/孙继民.--原生态民族文化学刊,2015,04:13 - 16

古籍公文纸本文献主要是指公文纸本古籍纸背的官私文书、账簿文献。本文在介绍古籍公文纸背文献基础上,指出这部分文献是中华典籍中极具珍贵价值、富于开发远景又亟待发掘的文献资源富矿,已经跻身中国古文书领域的大家族。

0597

古籍馆藏人员从业行为规范[J]/裴小松.--时代报告(学术版),2015,01:67

古籍收藏保护单位在古籍收藏、管理、保护方面有着共同的操作规范。本文以保护和利用古籍为宗旨,从书库和阅览室管理、古籍修复利用等方面对馆藏人员的行为规范进行探讨和研究。

0598

古籍和它的守护神——中国古籍及其保护与修复技艺[J]/侯君梅,卫小溪.--文化月刊,2013,10:53 - 59 + 52

本文回顾了古籍修复的缘起,梳理了书籍装帧形式的脉络,阐释了古籍修复的价值及修旧如旧的原则,介绍了古籍修复与古书画装裱修复行业的现状,并总结了古籍修复行业面临的五大难题。最后,以《永乐大典》与"敦煌遗书"和天津馆藏的周书弢珍藏修复为例,介绍了古籍修复案例。

0599

古籍计算机编目管理的思考[J]/王洪翀.--黑龙江省社会主义学院学报,2015,01:62 - 64

随着以计算机技术为核心的现代技术的大发展及图书馆工作配套应用软件的开发,古籍管理编目现代化管理已成为现实。将古籍全部录入光盘或全文数据库,以图像形式录入、保留原貌,是抢救文化遗产和信息资源的有效途径。

0600

古籍计算机断句标点与分词标引研究[M]/黄建年著.--芜湖:安徽师范大学出版社,2011

本书以农业古籍为研究对象,研究了古籍断句标点、分词的历史与现状,重点探讨了计算机技术在农业古籍断句标点、分词标引中的应用,构建了农业古籍断句标点、分词标引的原型系统。

0601

古籍鉴别的几个问题——以文献内容为中心[J]/陈智超.--中国典籍与文化,2011,02:126 - 130

以文献内容为中心,提出古籍鉴别的一些方法,包括从避讳、官制、地名、译名、作者生卒年及古籍要件等方面判断古籍的真伪、年代及是否残缺,并以杨继盛请诛严嵩疏稿本的鉴别作为实例。

0602

古籍鉴定专题讲座纪实[J]/陈建男.--(在台湾地区发表),2012,03:20 - 24

本文介绍台湾汉学研究中心举办的"古籍鉴定专题讲座"。哈佛大学燕京图书馆善本书室前主任沈津先生讲授古籍文献鉴定的心得、书志撰写的相关问题与古籍拍卖市场的认识。

0603

古籍校点作品著作权问题探析[J]/韩松博.--中南财经政法大学研究生学报,2014,04:117 - 122

本文对古籍校点作品著作权问题进行探析,阐明古籍校点者对古籍校点作品享有著作权的依据。作者认为古籍校点作品对古籍的复原,是具有独创性的、可复制的智力成果,是文字作品的一种,符合著作权法对作品的形式和实质条件要求,不违反著作权法的特殊性规定,不属于著作权不予保护的事实或思想,因而古籍校点作品是受著作权保护的。

0604

古籍校勘的路径——以《宋会要辑稿》为例[J]/尹波.--文献,2015,06:107 - 118

古代书籍,在刊刻、翻刻、抄录的过程中,发生错讹衍倒脱不可避免,《宋会要辑稿》就是典型一例。大凡古籍校勘中错讹衍倒脱各种类型,《宋会要辑稿》皆具有之。将此归纳成文,并运用本校、他校、理校多种方式,按原书之体例出校,旨在探索文献校勘之路径,为今日文献校勘提供些许借鉴。

0605

古籍校勘说略[M]/曾贻芬,崔文印著. --成都:巴蜀书社,2011

本书是古籍整理及出版界德前辈学者曾贻芬与崔文印先生的论文集,收录了作者几十年来古籍整理和古籍出版的研究心得。

0606

古籍"金镶玉装"杂谈[J]/林明. --图书馆论坛,2012,02:179-181

金镶玉是一种特殊的图书装帧形式。本文介绍了金镶玉这个名字的内涵、常用的装帧方法、起源以及采用这种装帧形式的若干注意事项。

0607

古籍句读漫谈[J]/戴立岩. --图书馆学刊,2013,05:128-130

概要阐释句读的含义和作用,就古籍文献工作者如何掌握和运用句读基本知识和基本技能的问题,提出了个人的见解与主张。

0608

古籍开放存取的世外桃源——书格[J]/李晓源. --山东图书馆学刊,2015,01:50-52

书格是国内一个古籍善本开放存取的网络平台。本文通过介绍书格建立的初衷、高质量的内容、高品质的界面、多元化的功能以及可靠的技术保障等,全面展示了这一古籍数字化的优秀案例。

0609

古籍类图书编辑经验浅谈[J]/李红. --媒体时代,2013,05:54-56

古籍类图书对编辑加工环节的要求较高,对编辑的能力和素质也要高于一般图书编辑。笔者从工作实践出发,对古籍类图书编辑加工从不同角度进行了探讨。

0610

古籍类专业出版社数字化转型的若干思考——以国家图书馆出版社为例[J]/张永

贵. --科技与出版,2013,08:22-24

阐述古籍类专业出版社在数字环境下面临的困难和挑战,以国家图书馆出版社为研究基础,对其数字化转型进行了SWOT分析,提出古籍类专业出版社数字化发展策略。

0611

古籍联合目录刍议[J]/骆伟. --中国典籍与文化,2012,02:04-08

本文以目录学中联合目录作为切入点,并根据自己从事这项工作的体会,探索古籍联合目录的特点和难点,以求使古籍联合目录的编制更臻完善,供同好参考。

0612

古籍六合套制作新技法[A]/何谋忠. --国家古籍保护中心、天津市古籍保护中心编. 融摄与传习——文献保护及修复研究[C],北京:中华书局,2015

本文介绍了古籍六合套制作新技法,如传统六合套的制作工艺、应用开槽机打棱开槽、烘干机的研究与制作等技法。

0613

古籍魅力之研究[J]/骆伟. --澳门文献信息学刊(在澳门地区发表),2014,11:4-11

(阙如)。

0614

古籍民国文献的数字化利用与推广[J]/翟桂荣. --河南科技,2013,05:241-242+250

古籍民国文献的数字化产品日益丰富,地方高校图书馆应适时创设古籍民国文献数字化专题服务平台,利用信息技术PPT课件多渠道整合传播推广其数字化资源,便利师生充分发掘古籍民国文献的内涵,进而保护原生态史料文献。

0615

古籍目录工具书简介[J]/殷榕. --科技情报开发与经济,2011,04:27-29

结合实际工作,简介传统目录、大型丛书及其目录、专科目录等古籍目录工具书,旨在为读者学习、研究古籍提供一些帮助。

0616

古籍目录史部学术源流与古代史学嬗变的

历史路向[J]/赵涛.--西北大学学报(哲学社会科学版),2015,02:26-32

中国古籍目录经历了从六分法到四分法的发展过程,其间代表中国古代史学典籍的史部目录出现了分化演进轨迹,从目录中的附庸地位到独立成类,凸显出古代史学从自发、被束缚的状态向自觉、独立发展历史嬗变历程。这种发展变化不仅在古籍目录史部的类目中得以体现,而且在其大序小序以及提要目录中逐步走向了细密与深化。

0617

古籍目录索引的自动编制——以"中华古籍索引库"为例[J]/包菊香.--中国索引,2013,01:25-29

本文以"中华古籍索引库"为例,介绍索引编制过程中,索引条目抽取、编排等环节的工作思路及经验。

0618

古籍目录学与古籍数字资源库建设[J]/葛怀东.--情报探索,2014,03:75-77

介绍了古籍数字资源库建设的现状,分析了古籍目录学的发展对古籍数字资源库建设的重要性,提出了数字化背景下古籍目录学的研究内容。

0619

古籍拍卖中耀眼的湖州文献[A]/陈敏.--中国图书馆学会.首届藏书文化学术研讨会论文集[C],2013

近几年拍卖会上出现的湖州文献,反映了数千年来湖州地区的文化积淀,也是湖州先贤用毕生精力和积蓄,为保护传承中华传统文化锁所出的卓越贡献,为世人认识湖州、研究湖州提供了宝贵文献资料。

0620

古籍破损档案在图书馆的建立必要性[J]/崔红倩.--黑龙江史志,2015,03:218

本文以古籍破损档案修复现状为切入点,探讨在图书馆内建立古籍破损档案的必要性,以供参考。

0621

古籍破损与古籍定级字段的设置[J]/吴芹芳,丁丽萍.--图书情报工作网刊,2011,05:53-59

本文以武汉大学图书馆为例,介绍如何在ALEPH系统中设置新的字段,分别定义古籍定级和古籍破损定级,方便工作人员更好地进行古籍文献保护工作。

0622

古籍普查背景下建立古籍室的问题研究[J]/王展妮.--科技情报开发与经济,2013,02:25-27

本文根据建立古籍室的实践,阐述在古籍普查背景下建立古籍室面临的一些问题,并提出解决这些问题的方法与建议。

0623

古籍普查大环境下的古籍著录及其思考——以沈阳师范大学图书馆为例[J]/邢春艳,史伟.--图书馆学刊,2012,12:32-34+0-1

基于古籍普查之大环境,沈阳师范大学图书馆系统开展古籍编目工作,通过实践对古籍编目过程中遇到的容易忽略、混淆,编目规则未详尽给予说明且必须注意的一些专业问题进行阐述,并提出了具体解决方法。

0624

古籍普查登记工作模式探讨[J]/裴文玲.--科技文献信息管理,2015,03:44-45+49

本文介绍济南市图书馆在古籍普查登记中创建的外聘人员与本馆人员共组普查团队工作模式所积累的经验教训,并提出应当注意的问题。

0625

古籍普查工作刍议[J]/张宛艳.--农业图书情报学刊,2011,03:111-113

本文阐述了古籍普查的意义,分析了古籍普查面临的困难和问题,并提出解决问题的相关意见和建议,以使古籍普查工作更顺利地进行,从而更好地保护、开发和利用古籍资源。

0626

古籍普查工作实践经验谈——以西华师范大学图书馆为例[J]/韩亮,郎筠.--科技情报开发与经济,2013,15:37-39

本文以西华师范大学图书馆开展古籍普查工作为例,分析古籍普查工作多年来难以展开的原因,总结出具有代表性的经验教训,对古籍普查的执行力度、平台设计、文献开发、人员培养等问题提出建议。

0627

古籍普查工作与地方文化整理研究[J]/宋书兰.--学理论,2013,29:185-186

本文从在古籍普查工作中开展地方文化整理研究的必要性入手,总结了烟台图书馆在古籍普查工作中开展地方文化研究整理中所做的系列工作。

0628

古籍普查工作中遇到的若干细节问题[J]/李正辉.--图书馆学刊,2011,07:134-136

本文就古籍普查工作中发现的《中国丛书综录》《中国古籍善本书目》《国家珍贵古籍名录图录》等书存在的个别问题,以及古籍普查平台所设置分类和某些要求尚欠科学的地方进行了讨论。

0629

古籍普查平台数据信息分析与研究——以吉林省社会科学院图书馆馆藏古籍善本为例[J]/初丽,胡石,肖莉杰.--现代情报,2013,12:122-125

本文借助普查平台信息检索功能,调取吉林省社会科学院图书馆古籍善本数据,从对基础数据和潜在数据的分析研究入手,结合普查平台的相应模块,分析、归纳本馆数据信息的多源性及重要性,在此基础上建立该馆的古籍数据分析模型以探索相关规律。

0630

古籍普查浅议[J]/梁旭龙.--新疆社科信息,2014,04:05-07

本文从充分认识国家古籍普查工作的重要历史和现实意义、严格按照国家标准按时完成本地区普查任务、积极培养古籍各方面专业人才、做好古籍的保护和合理利用四方面,论述了古籍普查工作。

0631

古籍普查研究综论[J]/莫俊.--图书馆学刊,2015,04:129-134

本文围绕古籍普查进行研究的文献进行综合评析,根据内容归纳为分析现状、提出建议、探讨细节、注重联系四个方面,指出今后围绕古籍普查的研究应向探讨细节和注重联系两方面进一步深入。

0632

古籍普查——摸清中国典籍的家底[J]/李洋.--现代阅读,2014,04:38-39

2007年启动、2012年全面展开、2014年收官的中华古籍普查,是新中国最全面的一次摸清中国典籍家底的工作。本文概述了此次普查相关工作。

0633

古籍普查与古籍数据库的再建设——以辽宁地区图书馆为例[J]/娄明辉.--图书馆学刊,2011,01:48-50

本文对辽宁地区主要图书馆的古籍数据库建设情况进行分析,并提出利用古籍普查进行数据库建设和完善的初步构想。

0634

古籍普查中版本鉴定新思路[J]/乔敏,张华艳.--图书馆理论与实践,2012,02:110-112

本文指出现代网络信息技术为古籍版本鉴定提供了新思路,可利用电子目录、电子书影等为版本鉴定提供依据,利用现代通信技术与同行、专家进行交流。

0635

古籍普查中的问题及对策——以甘肃省普查工作为考察重点[J]/韩春平.--河南图书馆学刊,2014,01:62-64

本文概要介绍作为"中华古籍保护计划"首要任务的古籍普查登记工作的情况,以甘肃省普查工作为考察重点,从人员素质、普查平台和外围支持等方面对目前工作中存在的问题进行梳理,通过分析出现问题的原因,提出相应对策。

0636

古籍普查中古籍破损定级问题的探讨[J]/周会会.--图书馆理论与实践,2012,03:100-102

本文指出在古籍普查中应务必增强对古

籍定损的思想认识,提高普查人员的专业素质,确保破损定级与修复同步运行,尽快修订现有的定级标准,并应注意古籍普查平台中古籍破损定级著录时几个容易忽漏的环节。

0637

古籍普查中积存复本残本问题探析[J]/侯蔼奇.--图书馆界,2013,01:24-25+36

本文就古籍收藏单位普遍面临大量积存复残本问题需要解决的问题展开探讨分析,提出采用古籍交换寻求解决问题的有效方法。

0638

古籍普查中如何正确著录僧人姓氏[J]/鲁先进.--图书馆杂志,2011,05:83-85

本文意对僧人"释"姓来历以及外来僧人的姓氏情况作简单的考证与说明,提出古籍普查著录应尊重历史,僧人"释"姓的著录有其一定的范围。

0639

古籍全文数据库的建设[J]/刘聪明.--图书馆学刊,2011,07:78-80

本文在回顾古籍全文数据库现状的基础上,探讨了未来古籍全文数据库应具备的功能与特点,并针对未来古籍全文数据库的建设提出一些策略。

0640

古籍全文文本化中存在的若干问题[J]/顾磊,赵阳.--图书馆学研究,2013,20:31-36

文章在搜集整理当前研究与应用成果的基础上,对古籍全文文本化涉及的系统设计、古籍的种类、古籍图像的获取、古籍图像的自动版面分析、古籍图像中文字的自动分割与识别等几个方面存在的若干问题进行了探讨。

0641

古籍人才培养模式的一次提升——参加第一期全国古籍修复技术与工作管理研修班有感[A]/提娜.--国家古籍保护中心、天津市古籍保护中心编.融摄与传习——文献保护及修复研究[C],北京:中华书局,2015

本文主要讲述了作者参加第一期全国古籍修复技术与工作管理研修班的感想,如古

籍修复人才培养模式的发展、首届古籍修复技术与管理研修班的设立、收获——修复理念的提升等心得体会。

0642

古籍善本:典藏苏州私家藏书记忆(上)[J]/孙迎庆.--文物鉴定与鉴赏,2014,03:13-19

本文介绍了过云楼旧藏《正德兴宁志》稿本、潘祖荫滂喜斋旧藏《潘祖荫日记》、刘之泗修闻福斋旧藏《东莱吕太史文集》等苏州私家藏书。

0643

古籍善本:典藏苏州私家藏书记忆(下)[J]/孙迎庆.--文物鉴定与鉴赏,2014,04:06-13

本文介绍顾沅艺海楼旧藏《吴郡文编》稿本、吴云两罍轩旧藏《韦苏州集》、叶昌炽缘督庐旧藏《藏书纪事诗》手稿残帙、何澄灌木楼旧藏《纂图互注扬子法言》、潘景郑宝山楼旧藏《古今合璧事类备要》等苏州私家藏书。

0644

古籍善本:故纸堆里觅苍黄[J]/雨竹.--神州,2012,10:83-89

本文介绍古往今来古籍的善本观念以及鉴别、收藏善本的要略。

0645

古籍善本浅谈[A]/王洋.--吉林省博物院编.耕耘录:吉林省博物院学术文集2010-2011[C],长春:吉林人民出版社,2012

本文提出古籍鉴定应遵循七条工作标准,希望对古籍整理工作提供帮助。

0646

古籍善本如何在当代社会中进行开发和利用[J]/陈小捷.--四川戏剧,2015,02:129-131

随着计算机信息技术的飞速发展,信息化已经来临,为我们开发和利用古籍善本提供了非常好的外部条件。有计划、有组织地开发和利用古籍善本,对其进行数字化与网络化,这是时代发展的必然趋势,也是我们必须承担的职责。

0647

古籍善本识别五要点[J]/李智海.--艺术市场,2013,22:70-72

作者结合多年的工作经验,提出古籍的识别应从成书时间、古文献形制、文献内容、版本类型、文献类型五个方面来进行综合分析。

0648

古籍善本《水经注释》版本研究——以宁夏大学图书馆藏善本为例[J]/刘志军,尹光华,李又增. --图书馆理论与实践,2014,10:83 - 85

本文以宁夏大学图书馆藏《水经注释》为例,对《水经注释》的著录及版本源流进行了梳理,并对馆藏的三种版本书首体例进行比勘。

0649

古籍善本修复与保护[J]/韩宝鑫. --黑龙江史志,2011,05:52 + 59

本文介绍古籍善本的修复技术,指出字迹材料的耐久性可分为耐久、较耐久和不耐久三种情况,并分别论述原因,提出要根据字迹材料的耐久程度以及遇水后的变化情况,采取不同的修补措施和托裱方法。

0650

古籍使用方案解析与古籍数字化发展方向的再思考[J]/王延开. --南昌教育学院学报,2011,07:31 + 33

本文论述了古籍的重要价值、古籍使用的种种方法,以及对古籍数字化发展方向的再思考,通过对比分析论证了计算机化网络化并不是古籍数字化的唯一方案,为推动古籍保护和使用古籍数字化进行了探索。

0651

古籍书籍书标的特点在管理上的利弊——以国家图书馆古籍善本为例[J]/刘玉芬. --黑龙江史志,2015,13:256

由于古籍文献与现代图书存在诸多不同,在保存、使用、管理工作上也有很大差别,所以在书标形式、制作、使用上也有很大差异。本文介绍古籍图书标在使用上的优势和弊端。

0652

古籍书库内的环境污染及其防治[J]/黄思敏. --科技视界,2015,20:163

本文指出古籍书库内的环境污染包括生物污染、化学性污染、粉尘污染,可通过古籍书库恒温恒湿,用天然药品替换化学合成药剂,配置吸尘器等措施防治。

0653

古籍书名含义考释[J]/韩玉堂. --图书馆工作与研究,2014,S1:105 - 106

作者结合所从事的古籍编辑工作,对审稿中遇到的多部不常见、也较难理解的古籍书名,作了补充查证考释及含义解析,希望有更多学者参与和关注古籍书名研究。

0654

古籍书目对数据库著录体例的启示[J]/李婧. --四川图书馆学报,2012,05:94 - 96

目前我国已经建立不少古籍书目数据库,但如果以《宝礼堂宋本书录》等书目的著录体例来要求,数据库还有一定的差距。数据库应该著录版式、分类、批校题跋、藏书印、刻工、避讳字等,如果附有图录将会更加完美。

0655

古籍书目数据库析评[J]/童正伦. --图书馆理论与实践,2015,12:100 - 106

中国古籍书目已基本完成从纸本到电子本的转换,本文对其中主要数据库的得失进行析评,并提出了进一步深化古籍书目数据库建设的观点。

0656

古籍书目四角号码索引编制过程的批处理[A]/王永华. --国家古籍保护中心编. 古籍保护研究(第一辑)[C],郑州:大象出版社,2015

本文叙述编制古籍书目四角号码索引过程中运用批处理技术提高效率的方法和步骤,揭示所编写的应用程序,并对调用程序的重要命令加注解释和说明。

0657

古籍书品牌建立的三个核心要素[J]/汪萍,陈克坚. --出版发行研究,2011,10:38 - 40

影响图书品牌建立的重要因素包括稿源因素、编辑因素、长远规划、资金保证、营销渠道。本文通过对四川大学出版社古籍书品牌建立过程的分析,提出只有各个方面都围绕树立品牌这个中心展开工作,不断补充新的品种,不断提高图书质量,不断拓宽销售渠道,才能使树立的图书品牌牢固长久。

0658

古籍书写的特殊体式:上下列[J]/浅汝平. --古籍整理出版情况简报(总485期),2011,07:2-7

本文着重探讨古籍书写的特殊体式上下列,并举数例加以说明。

0659

古籍数据库的交互界面设计研究[J]/邓仲华,彭丽娟,陆颖隽. --图书馆学研究,2014,08:31-35

文章从视觉设计和功能模块设计两方面对现有古籍数据库的交互界面进行比较分析,总结了现有古籍数据库交互界面设计的不足之处,并提出了改进意见,以期后来的古籍数据库建设能避免这些问题。

0660

古籍数据库化工作浅谈[J]/孙显斌,李伟. --图书馆理论与实践,2012,08:23-25

为了更有效、深入、全面地利用古籍,进行更深层次的知识挖掘,古籍数字化工作需要在理论和技术手段上有所突破。本文结合古籍数据库化的具体工程经验,对古籍"本体化"的相关问题做了初步探讨。

0661

古籍数字出版中的著作权问题[J]/毛建军. --图书馆论坛,2012,02:155-158

古籍数字出版权利制度的构建是古籍数字出版著作权保护的保障。文章在广泛调查我国古籍数字出版概况的基础上,思考古籍数字出版中存在的著作权问题,并提出建议。

0662

古籍数字化背景下的技术与学养[A]/赵天一,刘明华. --尹小林主编.第四届中国古籍数字化国际学术研讨会论文集[C],北京:五洲传播出版社,2015

本文认为古籍数字化的本质是技术,对学者具有不可抗拒的异化作用,主要表现在技术与学养的矛盾之中。通过对原始文本的涵泳和体,可以在一定程度上化解技术与学养的矛盾。

0663

古籍数字化背景下的中国古代文学教学变革[J]/赵阳. --科技信息,2012,33:01+03

古籍数字化为人文类科学研究提供了新的发展机遇,使得古代文学这一古老的学科焕发出历久弥新的魅力。本论文试图从利弊两个层面来探讨一下古代文学课程面临的变革,以期为古代文学课程的完善提供一些思路。

0664

古籍数字化背景之下的中国古典文献研究[A]/贾继用. --首都师范大学电子文献研究所、中国诗歌研究中心、国学传播中心、国学网.第三届中国古籍数字化国际学术研讨会论文集[C],北京:五洲传播出版社,2011

本文指出古籍数字化的兴起和应用,弥补了传统文献学检索方式的不足,已成为古籍整理和文献研究的必要方式和途径,为中国古典文献的研究起了极大的促进和推动作用,也带来诸多相关问题。

0665

古籍数字化标准体系建设思考[J]/邓蕾. --卷宗,2015,08:646-647

本文阐释了古籍数字化标准的概念,分析了古籍数字化标准体系中存在的问题,提出了古籍数字化标准体系建设的对策和建议。

0666

古籍数字化出版产业链构建研究[J]/范佳,姜海. --编辑之友,2013,03:31-33+37

随着古籍数字出版事业的发展,古籍数字出版产业链构建应引入国家控制与管理模式,以资源整合为基础,注重共享性、通用性、结构性和层次性,不断创新古籍数字化出版的营销模式和盈利模式。

0667

古籍数字化出版中汉字处理问题刍议[J]/魏晓艳. --中国出版,2014,09:50-53

文章论述了汉字处理在古籍数字化出版中的意义，总结了当前古籍数字化出版中汉字处理存在的问题，并提出了相应的任务和建议，包括分层次开发古籍、建立古籍版本数据库、建立大型字料库、进行汉字独立分级编码等。

0668

古籍数字化的保真与古书的用字特点[A]/许智银. --尹小林主编. 第四届中国古籍数字化国际学术研讨会论文集[C],北京:五洲传播出版社,2015

本文指出如何防止古籍数字化中出现的弊端问题,真正服务于弘扬传统和学术研究,提出要将古籍数字化的保真程度提高到一定重要地位,从根本上避免讹误蔓延。

0669

古籍数字化的窘境与生机[N]/林晓山. --贵州政协报,2011 - 11 - 09A03

数字化是一场巨大的革命,正深刻影响着我们的生活,每个领域几乎都被卷入其中,即便是甘守寂寞的古籍,也概莫能外。经过几十年的发展,古籍数字化面临窘境的同时,又潜藏生机。本文力求研析这一问题。

0670

古籍数字化的困局及应对策略[J]/邵正坤. --图书馆学研究,2014,12:32 - 34 + 79

我国的古籍数字化工作在版本选择、文件格式、支持系统,还是选题控制、资源共享、版权意识等方面亟待加强。从技术革新、人才培养、宏观调控、司法介入等几个方面入手,能够在很大程度上解决目前的困境,使古籍数字化朝健康有序的方向发展。

0671

古籍数字化的历史、现状及问题探析[J]/林竹鸣,朱翠萍. --淮北师范大学学报(哲学社会科学版),2014,06:192 - 194

我国的古籍数字化自 20 世纪 80 年代以来飞速发展,但同时也产生了缺乏规划、重复建设、准确性和兼容性不理想、使用率不高等一系列问题。要解决这一困境,必须统一规划,统一标准,合作共建,资源共享,为古籍数字化工作创建一个良性的发展环境。

0672

古籍数字化的若干成就及问题分析[J]/阙薇薇. --计算机光盘软件与应用,2012,13:105 - 106

古籍数字化与文化传承、文献保护、古籍整理紧密相关。本文首先谈了古籍数字化的主要成就,然后介绍了目前中文古籍数字化工程面临的问题,并进一步对古籍数字化进程中的问题给出了一些建设性的建议,为同行作参考。

0673

古籍数字化的现状及建议[J]/胡红. --重庆图情研究,2014,03:57 - 59

本文从我国古籍数字化的现状入手,分析了古籍数字化在规划、标准和发布平台等方面存在的问题,并提出了统筹规划、统一标准、联合开发三方面建议,促使古籍数字化工作向特色化、持续化和资源共享化方向发展。

0674

古籍数字化的学科建设[J]/葛怀东. --中国科技信息,2012,01:156 - 157

文章讨论了建设古籍数字化学科的迫切性和研究基础,对古籍数字化学科的研究对象、学科性质进行了初步界定,并提出作为学科理论研究的主要内容,以期构建古籍数字化学科的理论框架。

0675

古籍数字化工程必须尽快实施国家整体调控[A]/陈友冰. --尹小林主编. 第四届中国古籍数字化国际学术研讨会论文集[C],北京:五洲传播出版社,2015

本文论述我国古籍数字化工程进程,指出古籍数字化工程应尽快实施国家整体调控。

0676

古籍数字化工作刍议[J]/赵坚. --大众文艺,2012,10:289 - 290

古籍数字化已成为对古籍文献进行有效保护和广泛利用的主要手段。本文就古籍数字化建设的必要性、实施进程、存在问题及发展趋势等问题进行了探讨。

0677

古籍数字化国际合作问题探析[J]/张文亮,党梦娇. --图书馆学刊,2015,03:01-04

古籍数字化对于流失海外的古籍研究具有重要意义。加强国际间的古籍合作交流有利于国内外学者对中华文化进行了解,对古籍开展永久保护。文章对国内外古籍合作中出现的问题进行比较、分析,提出改进策略,以期促进我国古籍数字化的国际合作与交流。

0678

古籍数字化过程中汉字处理对策研究[J]/李玖蔚. --中国中医药图书情报杂志,2014,06:23-25

本文概述了国内外古籍数字化过程中汉字字库的研究情况,并以庐陵文化古籍文献数字化实践为基础,从输入法的选择、偏僻字的录入技巧、自造古字等方面,探讨图书馆对古籍数字化的汉字字库不足问题所采取的应对策略,并提出汉字处理过程中需注意的若干问题。

0679

古籍数字化过程中字样的提取与整理——以《集韵》数据库为例[J]/雷励. --兴义民族师范学院学报,2015,01:38-42

韵书数字化是把以字符为内容的记录以结构化形式输入计算机数据库,而字样提取则是指把字样输入计算机而录为编码字符的过程。本文以《集韵》数据库建设为例,讨论了古籍数字化过程中字样提取与整理问题。

0680

古籍数字化:海外古籍回归的新机遇[N]/毛建军. --光明日报,2011-11-07015

"史在他邦,文归海外",这是郑振铎先生面对中华古籍流失海外时的慨叹。近一个世纪以来,我国政府、民间机构以及爱国志士一直在不懈努力,采取多种途径促使流散海外的中华古籍回归祖国。海外中华古籍的回归主要有原生性回归和再生性回归两种渠道。

0681

古籍数字化技术的新思路[J]/章杰鑫,潘

悟云. --语言研究,2014,01:124-126

文章利用双层PDF原理和信息技术及图像处理技术,构建了一种高效、准确、可靠的数字化系统模型,在古籍原版图像上实现全文检索、全文定位,解决了一直以来研究者利用古籍数字化产品时面临的可靠性问题。

0682

古籍数字化技术发展的几点建议[J]/魏芳. --丝绸之路,2012,22:101-102

古籍数字化已经成为未来古籍整理、开发、利用的发展方向。目前,古籍数字化还需要注意和改进的方面有:统一标准,专业人才培养,数字化前的整理工作,古籍数字化深度开发,数字化产品联合研发,数字资源的共享,数字化产品立法,古籍普本的开发。

0683

古籍数字化技术与出版模式的创新策略[J]/胡贤林,毛建军. --兰台世界,2015,32:38-39

古籍数字化技术为传统古籍保护与利用提供了有效途径,文档录入系统解决的是古籍数字化汉字信息输入;古籍数字出版系统解决的是电子古籍的支持系统。随着古籍数字化应用技术发展,数字出版与传统出版彼此促进式的复合出版将成为古籍出版的创新策略。

0684

古籍数字化建设的文献计量学研究[J]/张稚鲲,李文林. --图书馆理论与实践,2011,02:45-51

本文对2000-2009年间发表的古籍数字化文献进行了文献计量学研究。从研究单位、作者、期刊、基金、关键词等方面揭示了近10年来我国古籍数字化建设研究的地域分布、核心研究人员、研究内容等方面的特点,以揭示现状、发现问题、提出建议,预测未来的发展趋势。

0685

古籍数字化建设思考[J]/王小英. --中国科技投资,2014,A02:376

本文从古籍数字化的概念谈起,阐述了中文古籍数字化工程的重要性,针对古籍数字化进程中所存在的一些问题进行了思考，提出相关解决方法。

0686

古籍数字化建设探讨[J]/童世峰. --数字与缩微影像,2015,03:23 - 24

古籍数字化既可以满足读者阅读及研究的需求,也可以使古籍得到更好的保护,是一项意义深远的文化惠民工程。本文提出了古籍文献数字化存在的问题,并探讨了古籍文献数字化建设的发展对策。

0687

"古籍数字化"课程的建设与实践[J]/葛怀东. --兰州教育学院学报,2013,02:106 - 107 + 125

"古籍数字化"是一门技术性较强的课程。文章对"古籍数字化"课程建设的指导思想、教学定位、教学内容、教学方法和实验教学模式等方面进行探讨,初步建立了完整的课程教学体系,强化了学生从事古籍数字化项目开发与应用的能力,并提高了这门课程的教学效果。

0688

古籍数字化利弊刍议[J]/黄河. --新世纪图书馆,2014,05:27 - 29

论文从实际工作出发,从版本、检索、阅读、保真等方面讨论了目前古籍数字化工作的利与弊,认为应该理性认识数字化古籍的优缺点和古籍数字化工作中存在的问题,适时调整古籍数字化工作的重心,合理采用古籍数字化建设模式。

0689

古籍数字化,连横比合纵更重要——访中华书局总经理徐俊[J]/张竞艳. --出版人,2014,09:52 - 53

本文以问答的形式,介绍了中华书局古籍整理工作的布局与规划,分享了开展古籍整理大型项目的经验,并重点论述了如何做好古籍数字出版工作。

0690

古籍数字化面临的新问题及对策研究[J]/许静. --内蒙古科技与经济,2013,15:157 - 158

信息化时代,古籍的不可再生性和人们对古籍需求的不断增长,使得古籍数字化已成为一种必然趋势。文章从三个方面分析了目前古籍数字化面临的新问题,并提出相应的解决方案。

0691

古籍数字化模式对传统文史研究及学科建设的影射[J]/李广龙. --当代图书馆,2015,02:22 - 24 + 27

本文围绕信息载体和技术手段变革呈现的文化现象、古籍数字化模式引发的多维思考、古籍数字化模式下的传统文史研究和古籍数字化模式对相关学科的影射四个问题展开论述。

0692

古籍数字化趋势下的衍生品开发[J]/闵祥鹏. --中国出版,2013,03:59 - 62

文章首先介绍了古籍数字化现状,在此基础上详细介绍衍生品的产业化开发类型,包括古籍数字化后的传统出版物开发、数字出版物开发、古籍数字化服务产品开发,以及其他衍生品开发。

0693

古籍数字化人才培养研究[J]/葛怀东. --兰州教育学院学报,2014,06:98 - 100

古籍数字化人才是数字化背景下古籍数字资源库建设的有力保障。本文在介绍当前古籍数字资源库建设现状的基础上,分析了我国古籍数字化人才培养的现状,并提出了若干对策。

0694

古籍数字化商业运作研究[J]/毛建军. --图书馆学研究,2011,19:18 - 22

我国的古籍数字化事业发展迅速,大量古籍资源被开发成数字化产品,其中尤以数字化企业参与研发的古籍数字化资源最为成功。古籍数字化企业在技术实践方面取得了重大突破,商业化运作成果显著。但古籍数字化商业化运作刚刚起步,人才培养问题、选题重复问题及版本标注问题亟须解决。

0695

古籍数字化实践与探讨[J]/刘聪明. --现代

情报,2011,01:52－55＋58

古籍数字化的标准规范与质量控制是古籍数字化的关键问题。本文从图像资源和元数据方案两方面探讨了古籍数字化的标准规范,并通过古籍数字化实践,总结了质量控制的具体措施。

0696

古籍数字化实施策略初探[J]/周青松.--云南图书馆,2011,04:64－66

在介绍古籍数字化的概念和重要性的基础上,重点论述实施古籍数字化工作的策略与步骤,以及需要注意的问题,从而高质高效地做好古籍数字化工作。

0697

古籍数字化视野中的《大正藏》与佛典整理[J]/方广锠.--上海师范大学学报(哲学社会科学版),2015,04:17－25

以当代古籍数字化的视野,重新评价《大正藏》。在充分肯定《大正藏》历史功绩的前提下,提出佛教文献研究者需要应对信息化时代的机遇与挑战,吸收《大正藏》的经验与教训,开拓佛教典籍数字化的新道路,并提出关于佛教典籍数字化的四个基本原则及若干具体思路。

0698

古籍数字化须以古籍整理为基础[A]/程毅中.--尹小林主编.第四届中国古籍数字化国际学术研讨会论文集[C],北京:五洲传播出版社,2015

本文提出目前市场上已有不少古籍数字读物,但往往存在一些质量问题和知识产权问题,认为古籍数字化须以古籍整理为基础。

0699

古籍数字化需防范什么[N]/刘志伟.--中国出版传媒商报,2013－12－17007

古籍的数字化,从专业出版社到技术类公司,都在探索这一出版方向。由于没有成熟的盈利模式,加上投入、产出、版权、人才等问题,亦使得古籍的数字产品的发展稍显慢热。用一位古籍类出版社社长的话来说,"古籍的数字化在当前还是看不到市场前景的产业"。

0700

古籍数字化应以技术为突破口——兼与程毅中先生商榷[A]/尹小林.--尹小林主编.第四届中国古籍数字化国际学术研讨会论文集[C],北京:五洲传播出版社,2015

本文提出古籍数字化应以技术为突破口。

0701

古籍数字化与传统文献学[J]/鞠明库.--清华大学学报(哲学社会科学版),2011,05:154－158＋161

古籍数字化更新了传统文献学的概念和内涵,对学科建设、专业教师和人才培养提出新的要求;传统目录学趋于式微,提出了建立数字目录学的要求;电子校勘被充分运用,改变了传统的校勘程序;版本的概念和内涵发生变化,版本鉴定手段趋于现代化,并促使数字版本学诞生。

0702

古籍数字化与共建共享[J]/梁爱民,陈荔京.--国家图书馆学刊,2012,05:108－112

加强古籍数字资源建设,必须解决古籍数字化发展中存在的问题,通过统一规划、统一标准、合作共建实现古籍数字资源的全面共享。同时在资源发布、人员培训等多方面加强与数字图书馆推广工程的协作。

0703

古籍数字化与古代文学课程循环式教学模式实践[J]/赵阳,顾磊.--中国科教创新导刊,2012,28:76

古籍数字化这一学科领域的发展,为古代文学的教学实践带来了革新。本文试图从循环式教学方法的角度切入,探讨如何运用古籍数字化的成果,进一步提高古代文学教学的质量和效果。

0704

古籍数字化与古代文学课程研讨式教学模式实践[J]/赵阳,顾磊.--科技视界,2012,19:13－14

古籍数字化这一学科领域的发展,为古代文学的教学实践带来了革新和推进。本文试图从研讨式教学方法的角度切入,探讨如何运用古籍数字化的成果,进一步提高古代文学教学的质量和效果。

0705

古籍数字化与古代文学研究者的现代学术素养[J]/张金星. --学园,2011,16:03 - 04

从古代文学研究者在数字化浪潮中,要掌握必要的计算机应用技术及外语知识、要具有跨学科的宽广视野,具备坚实的专业基础,包括阅读原典、文献考据、版本搜检与校勘等知识以及理论思辨与准确的洞察力、敏锐的感受力、要恪守学术道德、遵守学术规范等方面,论述了古籍数字化与古代文学研究者的现代学术素养问题。

0706

古籍数字化与学术异化[A]/吴夏平. --首都师范大学电子文献研究所、中国诗歌研究中心、国学传播中心、国学网. 第三届中国古籍数字化国际学术研讨会论文集[C],北京:五洲传播出版社,2011

本文指出古籍数字化与学术异化中值得注意的问题,认为应该积极开发语义检索系统,加大研发主体公益性与商业性协作力度,正确使用数字化成果。

0707

古籍数字化中的集外字处理问题研究[J]/肖禹. --图书馆研究,2013,05:27 - 30

从古籍数字化研究与实践的角度,论述集外字处理的必要性,将现有的集外字处理方法归纳为替换法、造字法和描述法,并分别讨论了这些方法的特点。以《文渊阁四库全书》电子版项目和国家图书馆数字方志项目为实例,提出集外字处理方案及其评价方法。

0708

古籍数字化资源导航库的模式选择与资源评估[J]/毛建军. --图书馆学研究,2011,21:57 - 59

古籍数字化资源整合宜采用基于导航系统的整合方式。古籍数字化资源导航库的建设可从数据库类型、建置单位和数据库主题

三种途径进行导航设计。古籍数字化资源的价值可以通过其内容、表现形式和时效性进行判断。导航库建设必须进行客观、科学和综合的评估。

0709

古籍数字化资源的共建共享——从国际敦煌项目(IDP)谈起[J]/喻雯虹. --图书馆论坛,2011,03:87 - 89 + 163

介绍国际敦煌项目(IDP)的起源和目标、架构与发展,以及开展的主要资源合作项目,并分析该项目取得巨大成功的五点原因。

0710

古籍数字化资源的交换及其意义初探[J]/胡艳杰. --图书馆工作与研究,2014,12:45 - 47

随着古籍数字化程度加深,古籍收藏单位及一些古籍数字化企业均拥有一定量的数字化资源,这为数字化资源的交换奠定了坚实的物质基础。本文以古籍数字化资源交换为核心,就交换的可行性、交换原则、交换形式以及交换的意义进行探讨。

0711

古籍数字化资源整合与导航库建设[A]/毛建军. --首都师范大学电子文献研究所、中国诗歌研究中心、国学传播中心、国学网. 第三届中国古籍数字化国际学术研讨会论文集[C],北京:五洲传播出版社,2011

本文指出古籍数字化资源的特点,以及适宜的数字资源整合方式,提出古籍数字化资源导航库的建设可从数据库类型、建置单位和数据库主题三种途径进行导航设计。

0712

古籍数字资源库发展趋势探讨[J]/赵葆英,苏沫. --图书馆工作与研究,2011,02:36 - 39

本文通过分析我国古籍数据库建设现状以及古籍数字化技术进展情况,提出了当前古籍数据库建设中存在的主要问题,并对今后古籍数据库建设的发展趋势进行了探讨。

0713

古籍数字资源库规范化建设[J]/葛怀东. --档案与建设,2014,06:30 - 32

规范化建设是推动古籍数字资源共建共

享的重要基础,更是促进古籍数字化快速、经济和可持续发展的重要保证。文章在分析古籍数字资源库规范化建设重要性的基础上,研究古籍数字资源库规范化建设的相关内容。

0714

古籍俗字研究的价值[J]/曾良.--吐鲁番学研究,2011,01:120-127

　　中国古籍伴随着大量的俗字,汉语俗字具有重要研究价值,本文从以下方面加以阐述:一些词语的来源考索涉及俗字问题,借助俗字知识纠正古籍整理中的失误,通过俗写求得语义的正解。

0715

古籍缩微标版例举[J]/张伟丽.--怀化学院学报,2011,12:123-125

　　本文根据实例探讨了古籍缩微工作的流程、缩微品标版制作的格式和标准,特别是特殊的古籍著录情况,如题名重复、丛书子目标版、丛书卷数不符该如何处理等问题。

0716

古籍缩微及其数字化问题探析[J]/毛建军.--数字与缩微影像,2011,01:26-28

　　本文从古籍缩微技术和数字技术的特点入手,分析文献缩微技术在数字化背景下的优势和局限性,进一步推动古籍文献缩微工作持续健康发展。

0717

《古籍索引要目》增补:史部(二)[J]/李文涛.--中国索引,2011,01:46-53

　　本文为《古籍索引要目》增补史部的别史类、杂史类、传记类。

0718

《古籍索引要目》增补:史部(三)[J]/李文涛.--中国索引,2011,02:27-34

　　本文系据潘树广先生的《古籍索引要目》进行增补,包括潘先生未及收入的部分索引。

0719

《古籍索引要目》增补:史部(四)[J]/李文涛.--中国索引,2012,02:43-52

　　本文为《古籍索引要目》增补史部的职官政书诏令类、目录类。

0720

《古籍索引要目》增补:史部(五)[J]/李文涛.--中国索引,2012,03:37-45

　　本文的编排体例大体仍按照《古籍索引要目》排列,部分类别变通排列。在部分索引下加按语和说明。

0721

《古籍索引要目》增补:史部(六)[J]/李文涛.--中国索引,2012,04:55-61

　　本文为《古籍索引要目》增补史部的公共图书馆藏书目录、大学图书馆藏书目录。

0722

《古籍索引要目》增补:史部(七)[J]/李文涛.--中国索引,2013,03:30-38

　　本文为《古籍索引要目》增补史部的海外藏书书目、其他类书目、史评及其他。

0723

《古籍索引要目》增补:子部(一)[J]/李文涛.--中国索引,2013,04:51-57

　　潘树广先生编著的《古籍索引概论》是新中国成立后第一部古籍索引方面的专著,该书附录《古籍索引要目》一文堪称“索引的索引”。本文是在《要目》基础上,广加收集潘先生截稿以来学术界新出现的古籍索引,力求体例沿革中有所创新。

0724

《古籍索引要目》增补:子部(二)[J]/李文涛.--中国索引,2014,01:45-58

　　(同上)。

0725

《古籍索引要目》增补:子部(三)[J]/李文涛.--中国索引,2014,04:49-62

　　(同上)。

0726

《古籍索引要目》增补:子部(四)[J]/李文涛.--中国索引,2015,03:30-44

　　(同上)。

0727

古籍索引与古籍整理遐思[J]/冯先思.--中国索引,2014,04:23-25

本文指出索引的编制必须依托一部书的固定版本,需要同时具备完善和易得两个条件;编制索引需要和古籍整理相配合,对古籍的分层、编号要尽可能简单、统一。

0728

古籍特藏书库的建设与思考——以西南民族大学图书馆为例[J]/袁琳蓉,伍光恒,秦慧. --四川图书馆学报,2014,03:33 – 35

本文以西南民族大学古籍特藏书库管理为例,指出加强古籍特藏书库建设的重要性,就目前古籍书库管理工作存在的问题进行了剖析,并提出建议。

0729

古籍特藏文献阅览服务点滴谈[J]/肖利来. --内江科技,2014,06:106 + 149

本文阐述了古籍部图书馆员工为提供优质服务、充分发挥文献资源的社会效益、实现精心保护古籍的目标,应具备的职业道德和服务态度,以及必须掌握的业务技能。

0730

古籍同书异名与同名异书原因探析[J]/马刘凤. --图书馆理论与实践,2013,10:76 – 79

浩如烟海的古籍中存在大量同书异名与同名异书的现象。本文拟对同书异名与同名异书两种现象进行阐述并分别运用大量例证分析和归纳产生同书异名现象的十个原因与产生同名异书现象的三个原因。

0731

古籍图录的发展及其存在的问题研究[J]/侯富芳. --图书馆建设,2013,08:92 – 95

古籍图录是在图录和书影的基础上创造的一种古籍目录文献体式,除具有两者的主要特征外还具有其独特的特点。古籍图录种类众多,图像逼真,对古典文献学的研究具有十分重要的作用,但在编纂和著录项目等方面也存在一些值得改进的地方。

0732

古籍图书出版刍议——以先秦诸子类著作为例[J]/乔辉. --出版广角,2013,15:69 – 71

古代典籍作为我国图书事业的重镇,它的出版发行对于传播我国古代文化、弘扬国学有着不可估量的价值。然现今古籍图书的出版与发行存在较多问题,其出版发行应立足市场,以出精品为目标,加强古籍图书市场规范化,强化古籍出版的市场化策略。

0733

古籍图书出版的品牌之路——以四川大学出版社为个案[J]/汪萍,陈克坚. --现代出版,2011,03:53 – 55

四川大学出版社古籍图书品牌的建设以四川大学古籍整理研究所的丰厚研究成果为依托,并在选题规划、品牌图书影响、自身队伍建设、资金保证和营销渠道管理上,围绕品牌建设这一中心工作,不断补充新的品种,提高图书质量,拓宽销售渠道,使古籍图书品牌持续发展。

0734

古籍图书的结构调整与市场扩容[J]/李岩. --古籍整理出版情况简报(总489、490期),2011,11 – 12:5 – 29

本文从六个方面对我国当代古籍整理出版的情况作了梳理。总结了60年来古籍整理出版的重要成绩和重大成果,叙述分析了古籍图书结构调整和市场扩容问题与古籍数字化面临的挑战,对未来出版业的新形势和新状况进行了展望。

0735

古籍图书数字化管理见实效——射频标签技术在图书馆古籍图书中的应用[J]/金志敏. --中国自动识别技术,2013,05:68 – 71

本文从 RFID 技术与工作流程、古籍图书 RFID 电子标签制作、RFID 技术的古籍图书管理系统结构等方面,论述 RFID 技术在古籍图书管理中的应用。

0736

古籍图书在博物馆陈列展览中的作用[J]/王迎杰. --安徽文学(下半月),2015,05:155

文章通过对古籍图书和博物馆的传播文化的功能的介绍,探讨了古籍图书在博物馆陈列展览中的作用。

0737

古籍图书在搜集整理抢救中的若干问题思

考[J]/雷承志. --中国科技纵横,2015,02:209

本文针对古籍图书的抢救现状提出了三个问题,通过思考需要从向民间传递古籍图书的保存方法、激励驱动下完备基层的管理措施、在战略驱使下培养专业技术人员等三个方面来进行对策构建。

0738

古籍图书整理出版规范浅谈[J]/熊国祯. --中国编辑,2012,05:21 – 25

本文提出要辩证求实地处理好繁体字和简体字的错综复杂关系,注意辨别传承字,尤其在字体转换时要仔细辨识区分;熟悉古文的结构和语感特点,认真消灭破句;根据图书性质和读者对象,周密细致地做好相应的编辑加工。

0739

古籍图像采集经验谈[J]/孙建春. --科技情报开发与经济,2012,14:24 – 25

中医古籍数字化是为了更好地保护、利用和整理古籍。文章详细介绍了古籍图像采集的方法及工作环节。

0740

古籍网络化整理与出版初探[J]/徐力. --淮北师范大学学报(哲学社会科学版),2011,04:22 – 27

在厘清相关基本概念的基础上,结合计算机网络的特点,对古籍网络化整理和出版的实现进行了探讨,涉及总体策略、基本过程和模式、管理与技术、古籍总体情况调查、目录及版本信息著录等宏观整理,对古籍文字进行校勘等微观整理、已有资源的保护和利用等方面。

0741

古籍文化遗产保护传承与人才培养研究[J]/孙亿文,傅洁. --中国出版,2015,24:44 – 46

通过对民族复兴语境下古籍文化遗产保护传承与人才培养的研究意义、古籍文化遗产保护传承现状与危机、古籍文化遗产保护传承与高端人才发展路径等的论述,探讨了民族复兴语境下古籍文化遗产保护传承与人才培养问题。

0742

古籍文献保存、整理与利用[J]/张围东. --"全国"新书资讯月刊(在台湾地区发表),2014,190:4 – 15

本文概述了台湾汉学研究中心馆藏文献保存、整理与利用的情况。

0743

古籍文献保护工作的实践与思考——以遂宁公共图书馆为例[J]/青凌云. --四川图书馆学报,2014,02:98 – 100

本文从收藏数量、保存条件、专业人员、破损情况及编目情况等方面对四川遂宁公共图书馆古籍文献管理现状进行调查,并对调查结果进行统计与分析,阐述了加强古籍文献保护的重要意义,提出了开展遂宁古籍文献保护的措施和方法。

0744

古籍文献的酸化与现代修复技术[J]/张金玲,方岩雄. --图书馆学刊,2011,08:23 – 25

大量的古籍文献因酸化而失去其原有的文献价值和文物价值。本文在简要介绍古籍文献酸化现状的基础上,重点论述了引起古籍酸化的各种因素,列举并比较了几种古籍脱酸方法的优缺点,最后提出古籍脱酸应注重采取科学方法,提高科技含量。

0745

古籍文献典藏陈列工作的细节[J]/张弛,陈克奇. --环球市场信息导报,2014,11:101

本文对"中华古籍保护计划"实施以来古籍保护过程中的典藏陈列细节问题进行探析。

0746

古籍文献合作存储问题探讨[J]/李霞. --科技信息,2011,23:239 + 258

本文介绍古籍文献的概念、分类、特点以及古籍文献合作存储现状,指出我国古籍文献合作存储过程中面临的主要问题并给出建议。

0747

古籍文献检索与工具书[J]/刘芙蓉. --开封教育学院学报,2015,06:223 – 224

本文通过介绍检索古籍文献的常用工具书，帮助人们了解并掌握查找古籍文献的入门途径，为研究者有效利用古籍提供参考。

0748

古籍文献三维数字模型库系统的研究与设计[J]/薛尧予,萧琛.--数字技术与应用,2014,05:71-72

本文以虚拟现实技术为基础，结合图书馆的古籍文献特点及应用情况，构建古籍文献三维数字模型库系统，并对该系统的优势，及实现该系统所涉及的关键技术进行探讨，为古籍文献保存和利用提供了新的思路。

0749

古籍文献数据库在中学历史教学中的应用初探[J]/曾凡亮.--教育信息技术,2012,07:11-13

通过介绍几种常见的古籍文献数据库并结合笔者的教学实践，分析了古籍文献数据库在中学历史教学中为教师解决备课中遇到的问题提供参考资料、为课堂教学提供一手的教学资料、为讨论式教学法和研究性学习及生本教育等教学方法提供材料、为出历史考题提供材料等四个方面的应用，对应用中存在的问题进行了研究并提供了解决思路。

0750

古籍文献数字化建设初探[J]/许谨.--贵图学刊,2014,04:39-41

概述古籍数字化以及古籍数字化建设的状况，并对古籍数字化建设的主要流程、古籍数字化建设的三种方式进行了论述。

0751

古籍文献数字化建设探讨[J]/杨勇军.--经济研究导刊,2012,27:239-240

古籍文献数字化是网络环境下古籍文献整理的新方式，文章探讨了古籍文献数字化建设存在的主要问题，并提出了古籍文献数字化建设发展对策。

0752

古籍文献数字化之思考[J]/李洋.--农业图书情报学刊,2015,03:47-49

古籍文献数字化是解决古籍资源藏与用矛盾的有效途径。文章阐述了古籍文献数字化的必要性,分析了数字化工作的进展现状,并思考古籍文献的数字化策略。

0753

古籍文献修复的路径选择与研究——手工修复与纸浆补书[J]/邢雅梅.--图书馆工作与研究,2012,05:87-89

本文针对古籍文献手工修复和纸浆补书两种不同方法进行对比分析,并以山西省图书馆古籍修复实践为例,比较各自的优劣,希望借此帮助古籍修复人员深入理解文献修复工作的意义。

0754

古籍文献修复的实践研究——以陕西省图书馆为例[J]/陈彦婷.--才智,2014,20:331

本文以陕西省图书馆为例,从四个方面展开对古籍文献修复实践的论述,希望对古籍文献修复工作起到抛砖引玉的作用。

0755

古籍文献修复现状浅议——以苏州大学图书馆为例[J]/夏兆可.--科技情报开发与经济,2013,04:42-44

本文阐述苏州大学图书馆馆藏古籍与修复工作室现状,从尊重传统技艺和提高技能水准、强化科学理念和执行行业规范、实行科学管理和建立修复档案、重视人才培养等方面论述苏州大学图书馆积极开展古籍修复工作的经验。

0756

古籍文献修复装裱中糨糊的制作和使用[J]/袁方.--科技展望,2015,19:253

本文指出糨糊作为古籍修复主要材料的作用,介绍目前从事古籍文献修复装裱的技师在制作糨糊时一般采用的方式,以及糨糊在古籍修复、装裱中的实践。

0757

古籍文献预防性保护工作的实践与思考——以安徽博物院古籍文献的保护为例[J]/陈华锋.--档案,2013,05:60-63

本文以安徽博物院古籍文献的保护为例,指出我们在继承和发展修复技术的同时,还要注重古籍保存环境的改善与监控,树立整体意识和风险防范意识,建立健全安全风险评估与预控机制。

0758

古籍文献整理要素与方法研究[J]/王海涛. --大观,2015,02:81

古籍整理是指采用现代化的技术方法,对古代书籍进行校勘、审定、保护、再版等整理工作,使之以全新的面貌将其展现出来,适应现在人们阅览学习。

0759

古籍文献资源的开发与利用研究[J]/梅向东. --黑龙江史志,2015,11:12 – 13

合理有效地利用文献资源对于我国文化事业的发展有重要举足轻重的意义,应该加大在这方面工作力度。本文旨在从我国古籍文献资源的现状及目前的开发利用状况进行研究,对以后的开发利用提供借鉴作用。

0760

古籍文献资源的数字化建设——对古籍修复档案信息化建设的思考[J]/汤印华. --农业图书情报学刊,2011,11:43 – 46 + 61

古籍修复档案信息数字化建设是形势发展的需要,也是为了科学地管理古籍文献资源。这一工作要求整旧如旧,最大限度地保留古籍原貌,保证古籍的信息全面和系统,保持其知识性特点。为此,应加大宣传力度,增加经费投入,加强合作,进行科学规划、规范管理,加强人才队伍建设。

0761

古籍文献资源服务调查研究——以第一批全国古籍重点保护单位为例[J]/孙琴. --情报资料工作,2012,06:71 – 76

文章考察了第一批全国古籍重点保护单位中各图书馆古籍文献资源的借阅服务、信息服务、原文传递服务、数字化及利用等现状,并从古籍基础整理工作、古籍数字化现状与利用、古籍学科馆员等方面探析了成因,同时介绍了北京师范大学图书馆等古籍资源服务的典型经验。

0762

古籍线装书对现代书籍设计的影响[J]/黎影,李湘媛. --艺术教育,2015,02:246 – 247

文章从古籍线装书的设计形式入手,分析和归纳了线装书在版式设计和美学思想等方面的特点,指出线装书形式对现代书籍设计的影响,同时,也为现代书籍设计在继承与发展传统线装书时提供一些指导。

0763

古籍线装书书眼最优定位法———一种文献修复技术微创新[J]/廖爱姣,汪文勇. --图书馆杂志,2014,03:56 – 58

针对线装书书眼定位,本文指出了传统定位法的若干缺陷,并提出基于黄金分割模型的最优化书眼定位技术。实践表明,最优定位法合理可行,值得推广应用。

0764

古籍线装书整理浅论[J]/岳红蝶. --西部大开发(中旬刊),2011,02:193 – 194

通过分析图书馆古籍分类方面存在的困难,阐述分类仍应以《总目》分类法为宜的理由,并提出《四库法》和《中图法》两种分类语言兼容的可行性及设想。

0765

古籍形态"叶子"考[J]/方俊琦. --图书馆杂志,2011,05:78 – 82

"叶子"是古籍过渡时期的装帧形态。本文在综合考察史料和他人研究成果的基础上,对"叶子"的具体装帧形态进行探究。

0766

古籍修复[M]/陈子达主编. --杭州:中国美术学院出版社,2015

本书分为古籍修复基础知识、古籍修复过程、古籍的几种主要装帧形式三章。主要包括:古籍修复基本原则、古籍修复常用工具和设备、古籍修复档案知识、修复准备、书叶修复、作品欣赏、线装书籍的装帧等。

0767

古籍修复案例述评[M]/张平,吴澍时编著. --北京:国家图书馆出版社,2012

国图古籍修复的历史很长,但多无修复

档案的积累。本书作者勤于思考,长于实践,善于总结,归纳成书。本书共四章:第一章,卷装古籍的修复;第二章,册叶(页)装古籍的修复;第三章,拓片的修复;第四章,地图的修复。

0768

古籍修复步骤分解[N]/张品芳.--东方早报,2015-04-01008

古籍破损的原因形形色色,归纳起来大致有虫蛀鼠啮、霉蚀、酸化、老化、使用中的磨损等。针对不同的病因,古籍修复师要开出不同的修补方案。

0769

古籍修复常见问题研究[A]/臧春华.--国家古籍保护中心、天津市古籍保护中心编.融摄与传习——文献保护及修复研究[C],北京:中华书局,2015

本文阐述古籍修复常见的问题,如关于修复材料选用的问题、关于古籍修补的问题、关于古籍书叶成册的问题、关于古籍装帧的问题等。

0770

古籍修复档案的价值属性及应用研究[J]/区捷.--卷宗,2014,05:59-60

本文通过描述和分析古籍修复档案的发展现状及意义,提出古籍修复档案具有保留古籍原始性、促进科学研究、规范管理等的价值属性,并阐述其在现实中的应用。

0771

古籍修复档案的整理与管理[J]/张宛艳.--山西档案,2012,04:64-66

本文论述了古籍修复档案的价值,对修复档案整理的难点作出详细说明。结合工作实践,深入剖析修复档案的质量缺陷和一些客观情况,提出建立和健全古籍修复档案的具体建议、措施与对策。

0772

古籍修复档案管理系统需求分析与功能模块设计[J]/徐东轩,金福,何蕊.--计算机光盘软件与应用,2012,20:04-06

传统的古籍修复工艺流程含有大量难以传承的隐性知识,限制了古籍修复事业发展及修复效率。本文基于信息管理、知识管理理论,挖掘古籍修复工作流程中的隐性知识,对古籍修复档案管理系统应有的功能模块进行设计,为古籍修复系统及其档案管理系统的开发与实现奠定基础。

0773

古籍修复档案管理之我见[J]/宋世明.--图书馆工作与研究,2012,07:126-128

本文分析了建立古籍修复档案的必要性和可行性,阐述了古籍修复档案的内容特点、建设过程,并针对古籍修复档案的建设提出一些想法。

0774

古籍修复档案价值属性及其应用[J]/林红状.--大学图书情报学刊,2013,06:45-48

古籍修复档案真实记录并反映修复实践活动的具体过程与本来面貌,其内涵构成丰富,具有科学研究、规范管理和古籍整理的价值属性。基于价值属性构建的古籍修复档案,对于建立古籍修复研究教育机制、转变修复工作管理模式和推动古籍整理都具有重要的意义。

0775

古籍修复的初步探讨[J]/张博雯.--都会遗踪,2014,02:149-153

本文指出古籍修复并不是孤立存在,而是与古籍修复技术、后期档案管理、古籍价值利用相伴而行。作为古籍文献修复的从业者,只有拓宽文化视野、高屋建瓴,才更有助于我们正确认识古籍修复中面临的人才匮乏、技术创新与发展难题,并进而找到可行性发展道路。

0776

古籍修复的革命——纸浆补书机[J]/王晓红.--贵图学刊,2014,01:54-55

笔者从纸浆补书机的补书原理、基本操作等方面入手,介绍了其与传统手工补书相比的优势,以及纸浆补书机适用什么样纸质的古籍,表明纸浆补书机的应用是古籍修复史上的一场革命。

0777

"古籍修复"的职业传承［J］/曲云. --职业，2014，31：41

以国家图书馆为例，探讨古籍修复人才的传承问题。

0778

古籍修复机构举步维艰［N］/肖湘女. --北京商报，2013 - 03 - 01A03

据统计，中国目前存世的古籍超过 5000 万册，而全国仅有几百人从事古籍修复工作，发展民间古籍修复机构的呼声愈喊愈烈。但发展民间古籍修复机构面临人才培养难、市场小众以及盈利困难等现实问题。

0779

古籍修复技术［M］/童芷珍著. --上海：上海古籍出版社，2014

本书旨在传授古籍修复技术，汇集资深修复师童芷珍 40 年来古籍修复的经验，从概述开始，对修复所需设备、材料，各种修复技法，各类不同古籍所适用的不同方法等方面娓娓道来，语言深入浅出。

0780

古籍修复技术初探——浅析马尼拉麻纸在古籍修复中的运用［A］/薛继民. --国家古籍保护中心、天津市古籍保护中心编. 融摄与传习——文献保护及修复研究［C］，北京：中华书局，2015

本文通过作者在古籍修复中遇到的三个案例简述马尼拉麻纸在古籍修复中的运用过程。

0781

古籍修复技艺传承中隐性知识优化管理问题研究［J］/刘爱华. --晋图学刊，2015，04：50 - 53

本文首先阐释了隐性知识及有效管理古籍修复技艺中隐性知识的重要意义，然后分析了影响古籍修复技艺中隐性知识传播的主要因素，最后就如何优化管理古籍修复技艺中的隐性知识提出了对策建议。

0782

古籍修复枯木逢春［J］/林华. --中外文化交流，2013，06：28 - 31

本文指出中国的公共图书馆、博物馆、大中专院校等机构图书馆，共收藏有 4000 余万册古籍，其中约上千万册自然老化和损毁严重，亟待保护。

0783

古籍修复理念的演变［A］/阎静书. --国家古籍保护中心、天津市古籍保护中心编. 融摄与传习——文献保护及修复研究［C］，北京：中华书局，2015

本文从几个不同时期探讨了古籍修复理念的演变，如民国时期的古籍修复理念、20 世纪五六十年代的修复理念、20 世纪八九十年代的理念、新世纪的修复理念和科学管理理念。

0784

古籍修复南派技艺与浙江传人［J］/王巨安，沈大晟. --图书馆杂志，2014，10：98 - 103

本文结合实践与观察，发掘、评述南派修复技艺及价值，考录浙江传人与业绩，意在保留并促进南派技艺的传承光大，激发业者工作热情，以促进古籍修复。

0785

古籍修复人才培养刍议［J］/顾雅芳. --图书馆杂志，2014，03：59 - 63

本文就培养古籍修复人才的途径、对人才的要求以及古籍修复人员应具有的职业操守提出己见。

0786

古籍修复人才培养现状调研报告［J］/胡万德，孙鹏. --图书馆论坛，2012，02：175 - 178 + 181

一直以来，古籍修复人员青黄不接是古籍保护工作的瓶颈。为解决这一矛盾，必须改革现有人才培养模式，以适应社会的现实需求和选择，只有毕业生的专业水平合乎用人单位的选择条件才是解决人员缺乏的基准。

0787

古籍修复人才培养之我见［J］/杨敏仙，龙李文. --云南图书馆，2011，04：61 - 64

对目前我国图书馆古籍修复培训工作的

现状及古籍修复人才流失的原因进行了分析,并对如何做好古籍修复人才培养提出了一些建设性意见。

0788

古籍修复人才之困[J]/孙志龙.--剑南文学:经典阅读(上),2012,06:354-355

据调查,每年各大院校培养出的许多古籍修复毕业生就业困难。笔者通过多年对古籍修复行业的了解及实地考察,深入分析了造成古籍修复人才紧缺和古籍修复专业毕业生无法就业矛盾的根本原因。

0789

古籍修复人才智力资源管理研究[J]/丁学淑,王晓霞,马如宇.--河南图书馆学刊,2014,02:86-88

本文从古籍修复知识转化机理入手,提出了人才专业化、智力资源共享化、智力资源配置合理化等古籍修复人才智力资源管理建议策略。

0790

古籍修复人员应具备的素质——参加"全国古籍修复班"学习体会[J]/王芹,肖晓梅,魏笑英.--农业图书情报学刊,2011,01:128-130+145

本文结合参加"全国古籍修复技术培训班"的学习体会,从爱书之人、识书之人、修复艺术、保护利用等方面论述了古籍修复人员应具备的素质。

0791

古籍修复如何突破瓶颈[N]/陈若茜.--东方早报,2015-04-01004

据国家图书馆2012年的统计,全国包含图书馆、高等院校、科研院所、博物馆等在内的公藏单位有3800多家,拥有古籍总量超过5000万册,其中有一半以上需要修复,还不包括修复了之后又损坏的,而专业修复人员还不到一百人。

0792

古籍修复师:连喘气都要小心谨慎[J]/赵昂.--当代劳模,2011,10:54-55

本文介绍国家图书馆古籍修复师刘建明从事古籍修复工作的情况。

0793

古籍修复师职业安全健康现状探析[J]/黄玉杏,区捷.--科技情报开发与经济,2015,05:21-23

本文阐述古籍修复师工作的重要性,调查分析我国古籍修复师的工作环境,指出古籍修复师职业安全健康方面存在的问题,结合目前国内古籍修复师的实际情况,提出了相应解决办法。

0794

古籍修复事业任重道远[A]/杜伟生.--国家古籍保护中心编.古籍保护研究(第一辑)[C],郑州:大象出版社,2015

本文指出古籍修复这项事业如今存在的诸多问题,对六种相关研究提出自己的思考和见解。

0795

古籍修复现状堪忧[J]/林华.--东方收藏,2012,03:106

本文指出我国千万余册古籍损毁和自然老化非常严重,亟待保护;被称为"古籍美容师"的修复人才队伍严重老化,并且没有年轻"血液"输入。

0796

古籍修复相关文献与资料的收集与利用——记天津图书馆历代文献保护修复资料室的建立[A]/杨涛.--国家古籍保护中心、天津市古籍保护中心编.融摄与传习——文献保护及修复研究[C],北京:中华书局,2015

本文主要介绍了天津图书馆历代文献保护修复资料室的建立的一些情况,包括图书与刊物的收集整理、资讯与论文的收集整理等情形。

0797

古籍修复项目运作与管理初探[J]/臧春华.--图书馆理论与实践,2015,02:20-23

本文在分析若干修复项目案例的基础上,阐述了修复项目的内涵、开展条件、一般程序、关键环节、重要影响以及发展前景。

0798

古籍修复用压书石改良设计 [J] /李腾达. --
重庆图情研究,2014,02:61 – 63

在古籍修复过程中,修复人员经常使用
的工具"压书石"存在一定的安全隐患。笔者
通过长期观察和实践总结,根据防止压伤、便
于使用的原则,设计了几个压书石图样。

0799

古籍修复用纸谈 [J] /张平,田周玲. --文物
保护与考古科学,2012,02:106 – 112

本文提出按照古籍修复用纸的用途定制
纸张,按照中国古代传统造纸工艺生产纸张,
按照古纸名称和特征生产纸张,指出了定制
修复用纸的质量要求。

0800

古籍修复,与时间赛跑 [N] /任姗姗. --人民
日报,2011 – 10 – 19014

中华文明的厚重和绵延,从我国藏量丰
富的典籍中可见一斑。但是,岁月的侵蚀让
这座文明长城变得脆弱。据不完全统计,我
国的公共图书馆、博物馆、大中专院校的图书
馆共收藏古籍4000 余万册,其中千万余册损
毁和自然老化非常严重,亟待保护。

0801

古籍修复与装帧（增补版）[M] /潘美娣
著. --上海:上海人民出版社,2013

本书共分为 14 章,主要内容包括:古籍的
源流和种类、古籍装帧形式的演变、古籍装订
形式的重大改革——线装书、做好古籍修复
工作的思想准备等。

0802

古籍修复中加固连接用纸的性能评估及应
用 [D] /阎琳. --复旦大学,2014

通过分析古籍修复中加固连接纸的性能
与修复效果间的对应关系,提出加固连接用
纸应具备的性能要求,包括安全性、美观性、
功能性、长期性;对十余种加固连接用纸进行
性能测试,包括纸张纤维分析,pH 值、厚度及
松厚度、形稳性、抗张强度、耐折度检测。本
文还以南朝国子监本《隋书》的修复为例,补
充说明利用纸张性能评价表实现科学选纸的

过程。

0803

古籍修复专家潘美娣 [J] /李杨. --春秋,
2015,03:55 – 57

本文介绍古籍修复中心特聘专家潘美娣
老师对古籍的传承,对社会、对人生、对本职
工作的深爱,为古籍修复和为古籍传承矢志
不渝的事迹。

0804

古籍修复装裱书画中浆糊的制作和使用
[J] /杨来京. --环球市场信息导报,2014,
11:100

本文指出浆糊作为古籍修复主要材料的
作用,介绍目前从事古籍文献修复装裱的技
师在制作浆糊时一般采用的方式,以及浆糊
在古籍修复、装裱中的实践。

0805

古籍研究（总第 57 – 58 卷）[C] /《古籍研
究》编辑委员会编. --合肥:安徽大学出版
社,2013

本书主要内容包括:刘过《沁园春》艳体
咏物词与南宋词学的发展,中国古代文献学
理论探微,弘治本《西厢记》释义词条的特点
及价值,清儒陈寿祺、陈乔枞父子研究现状概
说等。

0806

古籍研究（总第 59 卷）[C] /鲍恒主编. --合
肥:安徽大学出版社,2013

本书主要内容包括:《颜氏家训》隐名人
物汇考,韩愈注释过《荀子》吗——唐代杨倞
《荀子注》中"韩侍郎"考,《白莲集》版本考
述等。

0807

古籍研究（总第 60 卷）[C] /《古籍研究》编
辑委员会编. --合肥:安徽大学出版社,2013

本卷《古籍研究》以收录古籍整理研究以
及中国古代文学、中国古代史方面的研究文
章为主。

0808

古籍研究（总第 61 卷）[C] /《古籍研究》编
辑委员会编. --南京:凤凰出版社,2015

本书收入古籍研究方面的研究论文,包括古籍目录、版本、校勘的理论与实践,古代文学实证研究,以及最新古籍整理和研究的学术成果介绍、评价等。设有文史专论、目录与版本、校勘与注释、文献辑考、古文字考释、年谱与传记以及皖籍文献专题等栏目,收入论文多篇。

0809

古籍研究(总第 62 卷)[C]/《古籍研究》编辑委员会编. --南京:凤凰出版社,2015

本书为《古籍研究》总第 62 卷,系安徽大学文学院等主办,收入古籍研究方面的研究论文,包括古籍目录、版本、校勘的理论与实践,古代文学实证研究,以及新古籍整理和研究的学术成果介绍、评价等,共收录研究论文 38 篇。本书为古籍专业研究论文合集,适合古籍以及相关专业方面的读者和研究者。

0810

古籍影印百年回眸[J]/贾贵荣. --博览群书,2015,10:17 – 20

古籍影印可以追溯到 19 世纪中后期,至今已有一百多年的历史。百年来古籍影印经历了的清季、民国、新中国三个发展时期,特别是与后两个时期的传统学术繁荣形影相随,厥功至伟。而古籍的影印与排印,孰优孰劣,见仁见智,争议纷杂,不绝于史。

0811

古籍影印:薪火再传递 传统亦创新[J]/甄云霞. --出版参考,2015,12:06 – 07

本刊对古籍影印出版的生存状态进行系统梳理、深入剖析,以就教于方家。

0812

古籍用纸中常见的竹纸片谈[A]/方挺,林凤. --福建省图书馆学会. 福建省图书馆学会2013 年学术年会论文集[C],2013

笔者在古籍普查工作过程中,发现古籍有着不同的用纸种类,这些古纸是我国传统手工纸。结合福建省的竹纸制作历史及福建省图书馆所藏古籍,简要地谈谈古籍中常见的古纸之一——手工竹纸。

0813

古籍与可移动文物普查登录项目衔接初探[J]/孙乾婧. --河南图书馆学刊,2015,10:80 – 82 + 86

文章旨在通过对全国古籍、可移动文物两项普查工作的数据采集项进行对比分析,明确两项普查信息采集的异同,制作综合性的信息采集表,为基层工作人员在信息采集中兼顾两项普查的需要、实现信息共用共享提供便利。

0814

古籍与民国文献的 IC 空间服务[J]/翟桂荣. --图书馆学刊,2012,01:97 – 99

本文就构建 IC 空间、创设学术服务博客、开展古籍、民国文献数字化参考咨询与利用等多种业务,探讨了拓展民国文献服务的新形式,促进图书馆服务的转型等问题。

0815

古籍阅读,从小众走向大众[J]/谢水顺,方允璋. --福建省社会主义学院学报,2014,06:112 – 118

文章提出古籍"是什么",与为什么古籍阅读要"从小众走向大众"有着一定的因果关系。在很多情况下,"是什么"比"为什么"更重要,因为"是什么"表明事实,是我们生活和思维的基础。文章探析古籍阅读在中国小众行为的主要因素;站在阅读的视角分析中国古籍体式特质,从方法论角度探讨古籍阅读走向大众的培育。

0816

古籍阅览咨询与古籍管理保护研究[J]/张杰,杜海华. --管理观察,2011,36:130 – 131

以古籍阅览为例,结合古籍阅览与保护工作中的具体事例,为古籍的阅览与保护工作提出一些建议。

0817

古籍整理背后的编辑故事:字句皆不简单[N]/韩结根. --中华读书报,2013 – 08 – 07006

《琉球王国汉文文献集成》终于要正式出版了。这套丛书凝集着中日两国学者的诸多心血,寄托着大家对曾经存在的古琉球王国历史人文的尊重,也倾注着我们对那些如烟往事的深切忆念和复杂情感。

0818

古籍整理成果的著作权保护:寻求立法突破[J]/宋慧献.--出版发行研究,2015,07:83-86

依据我国《著作权法》,整理已有作品而产生的作品,其著作权由整理人享有。但整理人不是作者,整理成果未产生新作品,不应享有作者权保护。但为使古籍整理成果的利益得到必要的维护,《著作权法》可在邻接权框架下为古籍整理者增设一项新权利——古籍整理者权。

0819

古籍整理成果的著作权问题:尴尬与突破——以京沪两地法院的著作权判例为基础[A]/宋慧献.--中国知识产权法学研究会.中国知识产权法学研究会2015年年会论文集[C],2015

以京沪两地法院的著作权判例为基础,阐述古籍整理成果著作权的相关问题,介绍我国《著作权法》,为使古籍整理成果权益得到必要的维护,在邻接权框架下为古籍整理者增设一项新权利的突破。

0820

古籍整理出版要保质量创高峰[J]/吴尚之.--中国出版,2015,09:6-10

本文介绍近年来我国古籍整理出版工作取得的成就,提出把握古籍整理出版工作的新形势、新要求和新机遇,在新形势下全面推进古籍整理出版工作,同时提出关于评审工作的几点要求。

0821

古籍整理出版资助项目《柏克莱加州大学东亚图书馆藏宋元珍本丛刊》出版[J]/周欣平.--古籍整理出版情况简报(总523期),2014,09:26-27

本文概述了《柏克莱加州大学东亚图书馆藏宋元珍本丛刊》出版始末。

0822

古籍整理的普及与提高[J]/季镇淮.--古籍整理出版情况简报(总527期),2015,01:27

本文作者结合多年工作经验,指出古籍整理的普及与提高所涉及的方方面面。

0823

古籍整理的人才危机及现实意义[J]/夏瑛.--科技资讯,2013,24:197-198

本文介绍文物修复技术人才面临三大问题,分析古籍保护人才匮乏的现状,指出古籍修复整理工作的技术性和学术性,积极利用现代化手段整理保存古籍文献。

0824

古籍整理的重要收获[N]/吴国武.--光明日报,2013-12-25011

《日本宫内厅书陵部藏宋元版汉籍选刊》,是著名学者安平秋教授领衔的北京大学中国古文献研究中心海外汉籍学术团队经过15年默默耕耘而完成的规模较大、价值较高的重要研究成果。这套由上海古籍出版社影印出版的丛书,收入日本宫内厅书陵部藏宋元版汉籍66种,共计170册。

0825

古籍整理和开发利用中的版权问题及其解决之策[J]/秦珂.--图书馆论坛,2013,03:25-30

文章从古籍整理作品的独创性判断、创作法律关系辨析、抄袭剽窃行为的鉴别、侵权赔偿数额确定等视角,阐述了古籍整理与开发利用中版权矛盾和利益纠纷等相关版权问题的特殊性,提出完善法律法规、加强行政管理等解决之策。

0826

古籍整理:很不易,伤不起[N]/屈菡.--中国文化报,2012-07-12001

中华古籍浩如烟海,如果不加以整理,恐怕难以为今人所用。然而,对于投入大、收益少的古籍整理工作来说,目前遇到的最大麻烦却是盗版,一套历经数年整理出版的古籍图书,不出两个月,就会有盗版书,对古籍整理出版事业影响甚大。

0827

古籍整理进入数字化时代——从中华书局版《中华经典古籍库》成功数字化谈起[J]/何凯.--出版广角,2014,14:41-43

《中华经典古籍库》数字化工作完成后，国家新闻出版广电总局副局长邬书林、中华书局总经理徐俊、国家图书馆副馆长刘惠平等人从不同角度进行了推介，并提出了相应的建议。

0828

古籍整理类书稿中常见的标点问题分析[J]/胡莉.--传播与版权,2014,02:62-64

整理古籍首先要解决的就是古籍的标点问题，标点的质量高低直接影响到古籍整理质量。古籍整理中经常出现的标点问题包括由错解词义、缺乏专业知识、不谙典故、不合音韵等原因造成的断句错误、引号和书名号使用错误等。本文以工作中遇到的实例对此进行分析。

0829

古籍整理：抢救汉字文化遗产的重要工程[N]/霍文琦,张凤娜.--中国社会科学报,2012-09-03A01

作为传统思想文化的载体，中国古籍浩如烟海。据不完全统计，我国留存下来的古籍和民国文献约有40万种，各类拓片1000万件。古籍整理出版研究工作是一项重要的文化和学术事业，关乎中华民族传统文化的继承和发展。

0830

古籍整理侵权盗版何时休？[N]/蒋朔.--中国知识产权报,2012-07-06009

如何有效防范古籍整理作品被侵权盗版？这是古籍出版社一直头疼的问题。尤其网络环境下，作品的复制、传播更加简单和容易，很多古籍整理作品未经授权就被放置网上随意使用，大量的侵权盗版给著作权人和出版者造成严重侵害。

0831

古籍整理如何出精深之作——以校证两种《弘明集》整理本为例[J]/葛云波.--文艺研究,2015,08:149-160

文章以校证《弘明集》整理本为例，介绍古籍整理的途径。首先，文章详细介绍了《弘明集》前四卷在文字校勘、标点、注释和翻译方面的各种讹误，然后选择《弘明集》中的一小段，进行了实证剖析。

0832

古籍整理如何"救活了一本死书"——评周勋初先生《唐语林校证》[J]/程章灿,李晓林.--古籍整理出版情况简报（总523期）,2014,09:6-12

本文介绍了周勋初先生对《唐语林校证》的整理过程，认为此项目为后人的古籍整理作出示范。

0833

古籍整理释例[M]/许逸民著.--北京:中华书局,2011

本书收录许逸民先生近十年来为古籍整理工作所撰写的文章。全书既有对"古籍"概念厘定的理论思考，也有具体操作规范上的说明，同时，更有对古籍数字化等新问题的回应。读者可以获得对古籍整理工作明确而具体的认识。

0834

古籍整理数字作品的版权保护[J]/何培育,刘达.--出版广角,2013,06:32-33

面对古籍整理数字化过程中的立法不明确、版权意识淡薄、侵权盗版频发等严峻形势，应当从完善立法、加强行政管理、提升著作权人法律意识以及强化行业自律方面强化版权保护。

0835

古籍整理：为有源头活水来[J]/张竞艳.--出版人,2014,09:48-50

文章在介绍古籍整理丰硕成果的基础上，阐述了数字出版对传统历史文献整理的促进和推动，可见古籍整理和基于古籍整理的古籍数字化工作的更好开展，将为经典古籍注入更多的源头活水。

0836

古籍整理现状喜忧参半[N]/丁延峰.--社会科学报,2011-06-16005

言其"忧"不无道理，当前古籍整理与研究的现状可以用"喜忧参半"来形容。

0837

古籍整理研究是文化兴盛的基石[N]/许建平. --光明日报,2014 - 09 - 29011

中华民族优秀文化是兴国之本,固本纳新则文盛国强,这是中国数千年历史所证明了的经验。当前,国家实施文化强国战略,提出"建设优秀传统文化传承体系,弘扬中华优秀传统文化",古籍整理研究是建设文化强国的重要基础工作。

0838

古籍整理也要有问题意识[N]/程洁. --社会科学报,2012 - 06 - 14008

古籍整理需要带着问题来进行,不可无的放矢。

0839

古籍整理与保护工作策略研究[J]/蔺晨. --青年与社会,2013,12:250

本文介绍古籍整理与保护工作的背景,指出图书馆古籍整理与保护工作面临的困境,提出古籍整理与保护工作的策略及需要注意的问题。

0840

古籍整理与古籍索引遐思[J]/冯先思. --中国索引,2014,04:23 - 25

每出现一次整理本都淘汰一个索引,无疑是对学术工作者精力和时间的巨大浪费。我们是不是可以采用新的方法,来减少新整理本的出现对其索引的淘汰? 这个问题,我们应该反思的是古籍索引,还是古籍整理?

0841

古籍整理与古籍索引遐思之二[J]/冯先思. --中国索引,2015,03:19 - 20

一百多年前兴起的"影印"出版,成为近百年来古籍整理的重要形式。近二三十年来,借现代印刷技术之便,利用图书馆收藏之富,历代典籍大量获得影印,原来珍秘之本如今变为各图书馆插架流通之物,原来分散各处之书,经过整合取用更便,其中以《四库全书》系列丛书、《中华再造善本》等丛书最称善本。

0842

古籍整理与学术研究的结晶——《瞿佑全集校注》评述[J]/何平,郭威. --连云港师范高等专科学校学报,2011,03:105 - 108

本文对《瞿佑全集校注》进行评述,指出其存在三大特点,首次详尽细密地收集瞿佑存世作品并进行细致梳理,版本选择与校勘考辨细致周密,辨伪详尽,直面瞿佑研究的重大问题。

0843

古籍整理与中华文化传承创新——在"先秦诸子暨《子藏》学术研讨会"上的发言[J]/傅璇琮. --诸子学刊,2012,02:415 - 417

本文是傅璇琮在"先秦诸子暨《子藏》学术研讨会"上的发言,介绍了《子藏》丛书的编纂背景、内容框架和特点,以及对古籍整理的推动意义。

0844

古籍整理在传统文化传承中的作用及其实现[J]/孙小超. --采写编,2015,06:28 - 29

本文论述了古籍整理是文化传承的主要方式,突出其在传统文化传承中的作用,以及提升学校文言文教学成效,从方法层面对古籍整理工作做反思式回顾,从实践层面做好传统文化典籍当代化工作,从传播学角度对传统文化典籍的传播来进行关照等内容。

0845

古籍整理至关重要的一环——校勘[J]/于艳洋. --新余学院学报,2013,05:45 - 46

校勘是古籍整理中最为关键的一环,本文论述了校雠的产生及名人先贤涉猎该领域的相关活动,以及校勘所具有的文化和历史意义。

0846

古籍整理中存在的问题及对策初探——以S大学图书馆为例[J]/王阳,金英姬. --河南图书馆学刊,2014,01:59 - 61

本文以S大学图书馆为例,列举了令人担忧的古籍保护现状和在古籍整理及保护过程中存在的诸多问题和困难,从改变观念、宣传形象、培养人才、古籍数字化和规章制度、人性化管理等多方面提出了相应的解决措施和对策。

0847

古籍整理中的辨伪例说[J]/罗琴. --重庆师范大学学报(哲学社会科学版),2012,04:103 – 106

本文在总结历代学人关于辨伪理论及方法的基础上,以古籍整理实践中的九个典型实例,具体说明辨伪的方法:考证作者的生平事迹,审核作品的思想内容,检验作品的语言风格,查阅历代的相关书目,寻找各种有用的旁证等,以期尽可能恢复古籍原貌。

0848

古籍整理中的点、校、注、译问题[J]/吴小如. --古籍整理出版情况简报(总 534 期),2015,08:22 – 29

本文着重介绍了古籍整理工作中点、校、注、译所需要注意的问题。

0849

古籍整理中的著作权问题[J]/李克征. --图书馆论坛,2014,07:57 – 61

文章分析古籍、古籍整理作品的可版权保护性,以及古籍整理涉及的版权法律关系,对相关热点问题进行探讨,提出在古籍整理中保护和管理版权的对策。

0850

古籍整理中过度依赖传统历谱的问题——以《辽史》朔闰为例 [J]/邱靖嘉. --文献,2015,06:119 – 125

以汪日桢《历代长术辑要》及陈垣《二十史朔闰表》为代表的传统历谱存在系统性缺陷,但长期以来,古籍整理中普遍存在着过度依赖此类传统历谱的现象。本文以《辽史》朔闰作例,通过与历史文献相校验的手段,分析指出陈述先生校勘《辽史》朔闰存在的过信传统历谱的方法性错误。此问题具有一定的普遍性,值得引起文献整理者和历史研究者的注意。

0851

古籍整理中数字化技术的应用实践与展望[J]/杨贤林. --图书馆学刊,2014,03:51 – 53

阐述了古籍资源的特点,对古籍整理过程中应用数字化技术的可行性进行了论证,并对几种数字化技术作了介绍,包括文本挖掘技术、GIS 技术、文本可视化技术及语料库技术等,最后针对古籍整理中数字化技术应用的未来发展方向进行分析与展望。

0852

古籍整理中语典的训释——以清人《荀子》校释为例[J]/霍生玉. --兴义民族师范学院学报,2014,01:36 – 39

典故训释是古籍整理的一项重要工作,其中尤以语典的训释难度较大。笺注者往往会因未能察觉原文所用语典而以常语释之,或未能准确理解原文所用语典以及误解作者用典意图而出现误校或误释的情况。试以清人对《荀子》中语典的校释情况为例,对此略作论说。

0853

古籍整理中正异体字的相异性举隅[A]/程守祯. --中华中医药学会医史文献分会、山东中医药大学中医文献研究所. 中华中医药学会第十五次中医医史文献学术年会论文集[C],2013

本文以古医籍中典型的异体字为例,通过分析异体字的构形理据以及异体字产生的原因剖析正异体字之间的相异性,以期对古籍中异体字的校订有所启发。

0854

古籍整理作品:版权保护的八个命题[N]/章红雨. --中国新闻出版报,2012 – 07 –02005

古籍整理的价值和意义在哪里?古籍整理作品的侵权怎么判定?正在修订中的《著作权法》可否对古籍整理作品的版权有明确规定?2012 年 6 月 26 日至 27 日,一场围绕着古籍整理作品版权保护的讨论再次在京展开。

0855

古籍整理作品的可版权性及侵权判定研究[D]/任海涛. --北京大学,2011

本文从著作权法意义上的作品构成入手,指出作品是作者思想的表达,具有独创性是作品能够获得著作权保护的充分必要条件。独创性应从作品的表达中去寻找判断。

在一般作品独创性的判断标准指引下,进而分析了古籍整理作品的独创性。

0856

古籍整理作品的著作权问题[J]/张今.--出版参考,2012,21:12-13

业内人士认为,应当明确古籍整理作品的著作权,加大古籍整理作品著作权的保护力度,建议在《著作权法》修改草案条款中增加注释权、整理权。本文旨在探讨是否应该赋予这项权利。

0857

古籍智能信息处理的研究现状及展望[J]/顾磊,赵阳.--科技信息,2013,08:03

本文首先介绍了当前古籍智能信息处理所涉及的古籍数字化、古籍整理和古籍翻译三个方面的研究现状,其次对现状进行了分析,提出了存在的问题,最后对这三个方面今后的研究空间进行了展望。

0858

古籍置放与书名标签的规则[J]/刁其麟.--时代经贸,2012,02:26-27

国家图书馆普通古篇书库,藏量宏富,版本多样,书套各异,要使大量无序的古籍文献变为有序文献予以收藏保管,古籍置放和书名签规则是书库管理的重要环节。作者的实际工作经验出发,分析了古籍各种置放方式的利弊,介绍了书名签粘贴的规则和具体方法。

0859

古籍中的"版权页"——牌记解析[J]/付娆.--科教文汇,2015,18:154-155

牌记,相当于现今之版权页,是我国古籍收藏、整理中必不可少的古籍组成要素之一,对于古籍的版本、刊刻者和校勘者的研究都起着重要的作用。文章从牌记的概况和作用两个角度出发,对古籍牌记做一个较为系统的整理,力求呈现其全貌。

0860

古籍中序跋的文献学价值考略[J]/吕润宏.--兰台世界,2011,25:44-45

针对古籍序跋以及序跋的内涵,从学术史、目录学、校勘学以及版本学角度考证,阐明序跋的文献学价值,以期对序跋的研究提供参考。

0861

古籍著录辨正述例[J]/仇家京.--图书馆工作与研究,2013,07:96-99

本文从近年出版的《杭州图书馆古籍善本书目录》中,选取了一些较具代表性的著录疏失条目,力求通过对原书序跋、钤印、版刻乃至内容的审读与辨析,并探究其致误之由,旨在完善古籍著录工作、提升编目水平,以便读者检索利用。

0862

古籍著录中若干问题的处理[J]/张群.--图书馆研究与工作,2013,03:60-64

本文结合古籍普查实践,就《浙江省古籍善本联合目录》汇编工作中所发现的一些难以把握的情况,提出古籍著录中需注意的问题,以求古籍著录更完整、准确。

0863

古籍装修知识及其操作技艺[M]/白淑春,蒋银凤,白放良著.--银川:宁夏人民出版社,2014

本书分为中国古籍装修知识、中国古籍装修技艺等两编。主要内容包括:中国书的历史和古籍装修的意义,中国古籍装订技术的起源及发展,中国古籍的分类,中国雕版古籍常用名词浅释等。

0864

古籍装帧的发展——从简牍到线装[J]/杨娅.--兰台世界,2011,20:62-63

本文介绍了古籍装帧的一些基本知识,分为六部分:经折装、旋风装、蝴蝶装、包背装、线装、帙与函。

0865

古籍装帧对现代书籍的意义[J]/杨夏楠,张露露.--艺术科技,2013,05:267

中国古代书籍装帧对现代书籍装帧是深层影响和潜移默化的,中国古籍形制特有的设计理念和实践为中国现代书籍形态设计开创了一条新路子。在吸取现代西方的设计与方法基础上,融合中国古籍形制才能构建出中国现代书籍形态设计的理念和实践体系。

0866

古籍装帧形式的演变[J]/石玢,冯少俊.--兰台世界:中旬,2013,11:146-147

通过对我国古籍的装帧形式由简策、帛书,到纸书(旋风装、经折装、蝴蝶装、包背装、线装)演变过程的论述,揭示中华民族与时俱进、不断创新、精益求精的可贵精神。

0867

古籍资源数字化过程中的问题[J]/刘金荣.--吉林省教育学院学报(下旬),2015,08:144-146

本文结合古籍资源数字化的发展过程和出现的问题,提出优化古籍资源数字化的建议:提高人员素质和加大经费投入;建立统一的文本格式,实行统一的著录规则;解决文字转换的问题;实现资源共享,统一开发利用;建立功能完善的古籍全文检索系统。

0868

古籍资源数字化建设初探[J]/孙峥薇.--数字与缩微影像,2011,02:24-27

从古籍文献的保存和使用等方面论述了古籍数字化建设的必要性,概述了国内外古籍数字化建设的状况,提出古籍数字化建设中需要解决的若干问题。

0869

古籍自动校勘和编纂研究[M]/常娥著.--芜湖:安徽师范大学出版社,2012

本书以农业古籍为研究对象,研究古籍断句标点、分词的历史与现状,重点探讨计算机技术在当中的应用,构建计算机系统处理农业古籍断句标点与分词的原型系统。具体包括农业古籍断句标点研究、农业古籍分词研究、古籍整理与开发系统的构建与集成等内容。

0870

古鉴阁藏晋十七帖集联拓本修复说略[J]/张建国.--图书馆工作与研究,2015,S1:75-77

以修复古籍案例为例,介绍书籍污渍的去除方法、注意事项和修复破损书叶的步骤

及手法,阐述了作者在修复古籍实际工作中的体会。

0871

古今图书保护安全措施分析研究[J]/杜卫东.--河南图书馆学刊,2013,04:132-133

本文在搜集整理古代和近现代图书保护办法的基础上,结合当前国内外保护手段,提出一些图书保护新建议。

0872

古镜今鉴的《群书治要》[J]/任登第.--唯实(现代管理),2014,08:62

《群书治要》是唐代皇帝李世民指令谏官魏征及虞世南等编纂的一部治世宝典。该书从五帝到晋代的一万四千多部古籍中,精选65种典籍编成,共56万言。这是一部久经历史考验的集治国智慧、理念、方法、经验与成效的宝藏结晶。李世民依据此书创建了闻名中外的大唐盛世。

0873

古旧文献的学术研究价值及保护——以湖南师范大学图书馆为例[J]/肖利来,李鹏连.--当代教育论坛,2012,06:78-81

本文以湖南师范大学图书馆馆藏古旧文献为例,从版本研究、文史研究、地域文化等方面分析古旧文献的学术研究价值,并结合该馆古旧文献的保护现状,主要针对保护当中存在的问题和缺陷,提出一些改善古旧文献保护工作的建议。

0874

古旧新闻纸脱酸剂的筛选及其超声辅助脱酸效果的研究[D]/程丽芬.--广东工业大学,2014

古旧新闻类纸张脱酸处理,选择适宜的脱酸剂非常重要。本文比较四种脱酸剂的脱酸效果,四硼酸锂脱酸后的纸张抗张强度和撕裂度增长幅度明显较高;丙酸钙脱酸后纸张的伸长率相对较强;乙醇镁脱酸后纸张的耐折度则相对较好;而在色度方面,乙醇镁较其他试剂更接近原色。综合考虑,四种脱酸剂中四硼酸锂为最佳。

0875

《古书版本鉴定》与《古籍版本学》之比较评论[J]/张雪晴. --青年文学家,2015,23:59

本文对比《古书版本鉴定》和《古籍版本学》,总结特点,分析问题,以飨读者。

0876

《古书版本鉴定》与《古籍版本学》之对比研究[J]/王静. --青年文学家,2015,20:73

古籍版本学,对于文献专业来说是一门核心的专业,对于古籍整理尤其重要。笔者就《古籍版本学》与《古书版本鉴定》两本书做简单的对比,为求更好地梳理古籍源流,追本溯源。

0877

古书旋风装形制赘言[A]/程有庆. --倪莉、王蕾、沈津编. 中文古籍整理与版本目录学国际学术研讨会论文集[C],桂林:广西师范大学出版社,2013

本文简述了古籍旋风装形制的几种观点,介绍了旋风装历史文献辨析以及黄丕烈与旋风装,并对旋风叶子装进行了考辨。

0878

古文点校智力成果可版权性的证伪[J]/袁博. --广西政法管理干部学院学报,2013,06:55 – 58 + 62

古文点校的本质在于最大限度复原古文原意,因此必然受到上下文内容、时代背景、历史事实、古文语法等诸多限制,点校者在事实上无法做到任意取舍,因此在表达结果必然是趋同的,而只能有限表达的智力成果不能构成作品,对于此类智力成果的保护,可以寻求邻接权的保护。

0879

古文点校著作权问题研究——兼评"中华书局诉国学网案"等近期案例[J]/王迁. --华东政法大学学报,2013,03:11 – 19

古文点校虽然可以体现点校者的选择与判断,并形成智力成果,但点校的目的是复原古文原意,不受著作权法保护。《著作权法》第12条中"整理"一词系对《伯尔尼公约》中"arrangement"一词的误译,不应将点校结果作为整理作品加以保护,但可以采取司法与立法对策,保护古文点校成果。

0880

古文旧书考[M]/（日）岛田翰撰;杜泽逊、王晓娟校. --上海:上海古籍出版社,2014

《古文旧书考》为岛田翰为其所见汉文山本古籍解题,原定撰写六辑,仅完成第一辑。是书共介绍日藏汉籍52种,分为《旧抄本考》《宋椠本考》《旧刊本考》《元明清韩刊本考》四卷,每卷卷首有序,卷下所列书籍各依经、史、子、集编排。岛田翰对书籍一一进行版本源流、传布流播、校勘考释等工作。

0881

古文献类馆藏发展的思考[J]/汤罡辉. --图书情报工作,2012,03:109 – 112

本文以举例说明的实证方式,解释图书馆发展古文献类馆藏时需注意的几个问题。分别是影印出版周期长的丛书文献要注意查漏补缺,谨防采购盗版文献,考虑古文献需求者的科研成果,综合考虑不同载体类型文献的入藏。

0882

古文献修复中染色配纸的研究[D]/巩梦婷. --复旦大学,2012

本文通过对染色纸进行人工加速老化来研究染色纸的耐久性、颜色稳定性;通过对比确定满足文物修复要求的纸张染色剂和染色工艺。建议在染色修复配纸前对染液的pH值做一调整,至中性或微碱性,消除酸性隐患的存在。

0883

古文献整理与研究（第1辑）[C]/吴敏霞主编. --北京:中华书局,2015

《古文献整理与研究》是陕西省社会科学院古籍研究所主办,面向海内外人文学界的专业学术刊物。目前以书代刊,拟一年出版一卷。第一辑收有《陕西古籍整理出版事业三十年综述》《国图藏八行本〈礼记正义〉研究》《仿真新印美国哈佛燕京图书馆藏〈永乐大典〉二支儿字史料价值略述》等文章。

0884

古文字与古文献论集[M]/郭永秉著. --上海:上海古籍出版社,2011

《古文字与古文献论集》是郭永秉先生2005年至2010年的有关古文字与古文献方面学术文章的结集。

0885

古医籍丛书子目书籍单行情况研究[J]/黄晓华,朱继峰. --中医文献杂志,2013,06:13-15

本文梳理中医古籍丛书的子目原书刊行情况,举例分析了丛书本与单行刊本并存、子目原书未见单行刊本两种情况产生的各种原因,并指导读者如何根据不同情况选用丛书,为更便捷地查检使用丛书、选择古籍版本提供思路。

0886

古医籍序跋的文体特点及错标误注分析[J]/张如青. --中医文献杂志,2015,01:29-33

本文在作者审阅中医古籍校注书稿的基础上,归纳论述古医籍序跋的文体特点有"四多":典故多、句式多、生僻字词多、古代文化知识多。并对古医籍序跋中错标误注现象举例进行分析。

0887

古佚书整理与谶纬辑佚和研究[J]/郑杰文. --齐鲁学刊,2011,04:65-69

对古佚书佚文中的谶纬文献进行整理,应包括确定主据本和参考本、缀合与剔重、核校原始出处、补充佚文、点校注译等工作程序。而对谶纬文献进行研究,则应注意谶纬文献产生流传史、谶纬与经学的关系、谶纬与上古文化的关系等方面的研究。

0888

《古逸丛书》编刊考[D]/蒋鹏翔. --复旦大学,2011

光绪十年(1884),中国驻日公使黎庶昌与其随员杨守敬在日本东京合作刊成《古逸丛书》。本文在勾稽史实的基础上,广泛调查北京、上海、扬州等地公藏的印本、版片等实物材料,意在还原《古逸丛书》的编刊过程并阐明其与印本特点的联系。

0889

《古壮字字典》补缺二则[J]/袁香琴. --湖州师范学院学报,2011,06:110-113

《古壮字字典》是中国的第一部古壮字字典,它是了解和研究方块壮字不可或缺的工具书。按照其释字基本体例,可以发现字典中可补缺之处至少有二。

0890

《骨董十三说》作者献疑及其设计思想[J]/李丛芹. --安徽师范大学学报(人文社会科学版),2013,06:779-786

本文考证了《骨董十三说》作者,同时指出该书不独言骨董品鉴、骨董文化、骨董哲学,亦阐发设计思想,强调物品的适用功能,关注物与物关系和大设计,重视主体对待物的态度和造物合于自然。

0891

《故宫博物院藏清宫陈设档案》整理出版竣役[J]/朱赛虹. --古籍整理出版情况简报(总527期),2015,01:2-4

本文概述了《故宫博物院藏清宫陈设档案》的出版始末。

0892

故宫博物院图书馆藏中日汉籍交流概观[A]/鲁颖. --故宫博物院故宫学研究所. 宫廷典籍与东亚文化交流国际学术研讨会论文集[C],2013

在故宫博物院图书馆的藏书中,不乏中日两国汉籍交流的实证,尤其是一部分由杨守敬从日本带回的日刻、日抄本,具有很高的版本和史料价值。本文通过对故宫图书馆所藏中日汉籍交流情况的详细梳理,希望为中日文化交流的研究提供宝贵资料。

0893

故宫博物院图书馆所藏清宫文献述略[J]/刘甲良. --知识管理论坛,2014,04:01-04

本文从故宫博物院图书馆所藏之清宫文献的沿革、研究历史成果及其作用等方面予以梳理、阐述。

0894

故宫《院藏古书画、古籍病害分类及图示》

的制作与使用[A]/王璐. --中国文物保护技术协会、湖北省博物馆编. 中国文物保护技术协会第八次学术年会论文集[C], 北京: 科学出版社, 2015

介绍故宫《院藏古书画、古籍病害分类及图示》的制作与使用。其该细则内容包括: 院藏文物病害范围、病害规范化用语、病害标示符号, 如: 缺失、残损、褶皱、断裂、霉变、污渍、变色、空鼓、粘连等, 利用符号绘制出书画、古籍的伤况图。为修复工作提供准确的数据, 也为之后此件文物的再修复提供了佐证。

0895

顾广圻的古籍版本观念[J]/王永鑫, 肖炎明. --兰台世界, 2013, 33: 137 - 138

顾广圻作为乾嘉时期的著名学者, 不仅在校勘方面取得的成就受到时人及后人极力推崇, 在版本学上也有巨大贡献。本文即着眼于顾广圻在版本学方面的思想, 初步探讨他的古籍版本观念, 以更好地总结其学术思想, 给予我们启示。

0896

顾颉刚文库古籍书目[M]/顾洪, 张顺华编. --北京: 中华书局, 2011

本书著录中国社会科学院顾颉刚文库内约6000部线装书, 著录方式按经、史、子、集四部, 外加丛书、新学, 共分六大类。并将书中各家题汇为"题记编"。末附著者、书名、题记批校者四角号码索引。

0897

顾青: 共赴古联数字未来[J]/张竞艳. --出版人, 2015, 08: 62 - 63

"古联数字"既是古籍单位的联合, 也是古籍资源的联合, 目标是推动古籍数字化产业发展。古联数字公司的成立和"中华经典古籍库"战略协议的陆续签订, 有望迎来一个古籍数字化的新时代。

0898

顾廷龙全集[C]/顾廷龙著. --上海: 上海辞书出版社, 2015

本书收录顾廷龙先生所著序跋、论文等共394篇, 是目前收罗顾廷龙文章最为完备的著作。顾廷龙是我国著名文献学家、图书馆学家、书法家, 本书的出版可以帮助读者进一步了解他在这方面的卓越成就, 了解他对中国古籍保护和文化传播的巨大贡献。

0899

顾廷龙文献学成就研究[D]/赵林然. --河北大学, 2013

本文从我国著名的图书馆事业家、版本目录学家、金石文字学家和书法家顾廷龙在收书、编书和印书方面的成就着手, 对他在文献学领域的成就进行梳理和总结。

0900

顾子刚生平及捐献古籍文献事迹考[J]/赵爱学, 林世田. --国家图书馆学刊, 2012, 03: 94 - 101

顾子刚先生毕生从事图书馆工作, 抗战时期, 为维持北平图书馆在沦陷区的馆产、馆务发挥了重要作用; 兼任大同书店经理, 为西文图书采访和中外文献交流做出了重大贡献; 多次捐赠珍贵古籍文献, 既补充了馆藏又起到了模范作用。

0901

瓜州东千佛洞泥寿桃洞出土一件西夏文献装帧考[J]/高辉. --西夏研究, 2013, 02: 32 - 36

瓜州县博物馆所藏西夏文献《金刚经》残叶, 从留下的装订痕迹看为装帧中少见的缝缋装, 从大小判定为当时流行的巾箱本, 从字迹看可能是活字本。如果得到证实, 将会改变缝缋装只有写本装帧形式的看法。

0902

关于对古籍文献数字化开发和资源有效利用的研究[J]/熊鹰. --开封教育学院学报, 2013, 07: 241 - 243

笔者在分析古籍文献数字化目前存在的主要问题后, 提出古籍文献资源共享、数字化整理的途径方式, 并探讨建设发展和利用的对策措施。

0903

关于对古籍修复档案具体内容设置的一些思考——从广东省立中山图书馆古籍修复档案的建立谈起[A]/黄震河. --国家古籍保护

中心、天津市古籍保护中心编.融摄与传习——文献保护及修复研究[C],北京:中华书局,2015

本文阐述作者对古籍修复档案具体内容设置的一些思考,包括我国古籍修复档案的历史情况、广东省立中山图书馆古籍修复档案建立的经过、广东省立中山图书馆古籍修复档案的具体内容及对存在问题的思考、对图书馆界古籍修复档案发展的一些看法等。

0904

关于多元古籍数字化主体的探讨[J]/王立清.--图书馆学研究,2011,07:53-58+18

古籍数字化主体比较多元,包括开发主体、利用主体、控制主体和研究主体。其中,开发主体是古籍数字化共同主体的核心组成,有图书馆、学术科研机构、出版社、数字公司、个人、联合体等类型。不同主体在古籍数字化活动中发挥着不同的作用,其角色可以重合,还会相互影响。

0905

关于古代中医疗效评价的方法与特点探讨[J]/赵琼,张俊龙,郭蕾.--中医杂志,2012,15:1337-1338

通过对中医古代文献包括医经类、伤寒金匮类、病源诊法类、方书类、临床各科类、医案类这六大类文献中选取9部具有代表性医学著作的理论分析,总结出古代中医疗效评价的方法有6种,疗效评价的特点有4种。

0906

关于古籍保护工作标准化建设的探讨[J]/陈隆予.--河南图书馆学刊,2011,03:156-158

根据当前我国古籍保护面临的形势和任务,我们应进一步加强古籍保护工作标准化、规范化建设,形成全国统一的古籍保护系统机制和刚性标准;建立全国统一的古籍保护监督、检查、考评机制,督促古籍保护各项标准、措施的落实。

0907

关于古籍保护工作的几点认识[J]/王林凤.--读书文摘,2015,10:95-96

本文指出古籍保护是传承中华文明、实现民族复兴的重要途径。古籍数量大,保护工作势在必行,并探讨新时期如何保护好现有古籍。

0908

关于古籍保护与开发利用的若干思考[J]/张瑞琪.--农业图书情报学刊,2013,10:105-107

高校图书馆古籍管理工作存在存放环境简陋、管理保护工作薄弱、专业人员匮乏等问题,要建设合格的古籍珍藏书库,建立和完善古籍保护管理制度,强化古籍保护专业人才队伍建设以及开展古籍数字化再生保护工作,以更好保护和开发利用古籍。

0909

关于古籍保护与开发利用的思考[J]/杨帆.--江苏图书馆之窗,2012,04:19-20

古籍是中华传统文化的重要载体,更是中华文化的宝藏,一直以来关于古籍保护与开发利用的论争不断。笔者在南京图书馆古籍部工作多年,就此谈一点想法。

0910

关于古籍电子化的一些思考[A]/李先耕.--尹小林主编.第四届中国古籍数字化国际学术研讨会论文集[C],北京:五洲传播出版社,2015

本文作者就自己在使用有关成果时的一些想法从字、词、句三方面进行论述,对广大古籍电子化的专家学者有一定启示作用。

0911

关于古籍分级保护的思考[J]/梁爱民.--图书馆学刊,2012,09:43-45

本文论述古籍分级保护必要性及分级保护实现方式,介绍现有法律法规中关于古籍定级的条款,兼论《中华人民共和国古籍保护条例》(征求意见稿)有关古籍分级保护条款,提出财政支持是分级保护实施的保障。

0912

关于古籍普查与保护的几点建议——以西北师范大学图书馆为例[J]/杨晓华.--丝绸之路,2013,20:64-65

本文以西北师范大学图书馆为例,为更好地开展古籍普查工作,保护和利用馆藏古籍,建议有关部门要加大对古籍保护的投入;加大古籍普查的力度,重视古籍利用;加强馆员专业培训,加快引进专业人才;加快古籍数字化;借助校内科研机构整理古籍。

0913

关于古籍数字化建设的思考和建议[J]/梁斌. --重庆图情研究,2014,03:53-56

分析了古籍数字化建设在规划、从业人员、版权等方面存在的问题,提出从加强规划、产业扶植、数据安全、国际合作等方面对古籍数字化工作进行改善和提高。

0914

关于古籍数字化性质及开发的思考[J]/牛红广. --图书馆,2014,02:107-108

文章对古籍数字化与古籍整理传统方法进行了比较,通过对古籍数字化开发群体、动机、成果及利用的分析,指出当前古籍数字化开发中存在学术研究服务质量不佳、素质教育和对大众阅读服务重视程度不够等问题。

0915

关于古籍图书搜集整理抢救的难点问题分析及对策[J]/雷承志. --赤子(上中旬),2015,03:34

本文对当前古典书籍保护遇到的问题进行分析,并从改善古籍存藏环境、加大资金投入、培养古籍保护专业人才几个方面提出解决措施。

0916

关于古籍智能化处理的研究[J]/姜永东. --卷宗,2013,08:149-150

本文通过古籍智能化处理的必要性,古籍智能化处理研究策略,以及需要从哪些方面加强等三个方面阐述关于古籍智能化处理的研究。

0917

关于国立北平图书馆运美迁台善本古籍的几个问题[J]/林世田,刘波. --文献,2013,04:75-93

本文通过此前关于平馆善本运美的记述与研究、装箱清单及其内容辨析、关于古籍展览及其书目,对昌彼得先生质疑的回应等几个方面,对国立北平图书馆运美迁台善本古籍的相关问题进行分析研究。

0918

关于汉文佛教古籍国家定级标准的几个问题[J]/方广锠. --西南民族大学学报(人文社科版),2015,08:61-65

本文阐述制定"佛教古籍"定级标准的必要性及其与"古籍"定级标准的关系,分析我国现代图书馆"佛教古籍"与"古籍"合并庋藏的历史原因,提出在制定佛教古籍定级标准时,要注意与四部书"古籍"定级标准、与国外收藏的佛教古籍及相关定级标准、与文物定级标准取得平衡。

0919

关于核准《本草纲目》引用医药书目的研究[J]/张志斌,郑金生,李强,于大猛,范逸品,郑文杰. --北京中医药大学学报,2014,10:667-671

明代李时珍《本草纲目》是重要中医古籍之一,但由于受时代风气与条件的影响,存在同名异书、同书异称、人书混杂等等情况,造成对此书的理解及原文追溯方面的困难。因此,考察核准《本草纲目》引用书目是各项研究的基础,有助于该书的阅读及准确追溯原始文献。

0920

关于《红楼梦》多语种译本数字化及网络检索平台建设的几点意见[A]/唐均. --首都师范大学、中国传统文化数字化研究中心.第十届中国古代小说、戏曲文献与数字化研讨会会议手册、论文集[C],2011

通过对中国古典小说及其译本数字化工作的简要叙述,介绍了《红楼梦》及其译本数字化工作的进展,提出《红楼梦》多语种译本数字化的前提条件及其网络检索的建设意见,并对《红楼梦》多语种译本数字化及检索效果的初步模拟加以阐述。

0921

关于《皇朝经世文编》编纂的研究[D]/宋瑶. --曲阜师范大学,2012

本文主要考察《皇朝经世文编》的编纂背

景、编纂条件和编者情况,探讨该书的编纂形式和选文原则,详细说明了该书具体的编辑方法以及对资料的取舍标准,论述该书的影响,阐释了其在编纂上的不足。

0922

关于基层公共图书馆古籍保护工作[J]/宁昌超.--科学中国人,2014,07:37 - 38

本文指出基层公共图书馆在收集、整理、修复和录入等古籍工作方面要充分利用自身优势,摸清家底,让保护古籍从基层公共图书馆做起,从而达到古籍资料准确再现的目的。

0923

关于加强宁夏地区古籍修复工作的思考[J]/尹光华.--科技情报开发与经济,2012,23:06 - 07 + 10

本文分析我国和宁夏地区古籍破损情况及修复人员现状,针对宁夏地区实际情况提出增加资金投入、购置设备、设立古籍修复室和培养专业修复人员等古籍修复措施。

0924

关于建立《唐代文学研究数据库》的设想[A]/薛天纬.--尹小林主编.第四届中国古籍数字化国际学术研讨会论文集[C],北京:五洲传播出版社,2015

本文提出电子文献库建设可依照传统的四部分类法,为读者提供最基本、最重要的古籍文本,形成一个备查的电子书库。

0925

关于进一步加强古旧方志资源利用的思考[J]/陈红彦.--图书馆工作与研究,2013,12:99 - 102

古旧方志是中国古籍的重要组成部分,以其丰富的内容和重要文献价值备受瞩目。相对其丰富的内容,目前的利用研究还非常有限。本文从做好方志的调查、总结以往的经验、利用新技术、设计规划并实现方志资源更方便、更有效地利用等方面对加强古旧方志资源利用问题进行了探讨。

0926

关于蒙古文古籍文献的研究与开发[J]/斯琴图.--内蒙古师范大学学报(哲学社会科学版),2011,04:120 - 123

本文通过介绍蒙古文古籍文献特点、研究利用概况,重点论述了怎样提高古籍管理人员的业务素质、整理编目、利用现代信息技术、宣传与交流、整理出版,更好地服务于社会。

0927

关于明诗话整理的若干问题[J]/陈广宏,侯荣川.--复旦学报(社会科学版),2013,01:115 - 127 + 158

本文从当今古籍整理及明代文学研究面临的新形势、新要求出发,就现存明诗话的总量、明诗话文献整理的版本与校勘、相关作者的生平资料考订三个方面加以检讨,希望能引起更多研究者的关注,共同推进该工作的持续发展。

0928

关于少数民族古籍文献的保护与管理探索——以延边图书馆为例[J]/尹玉柱.--延边党校学报,2015,06:81 - 83

从少数民族古籍现状出发,就如何保护、管理、修复和利用少数民族古籍文献进行深入探索,并提出少数民族古籍文献人才培养的具体措施和建议。

0929

关于《四库全书》编纂和收藏的历史脉络[J]/张强.--文化学刊,2014,04:142 - 146

本文梳理《四库全书》编纂和收藏的历史脉络,包括其编纂成书时长、分别存藏七阁的状况,可以说七份《四库全书》的历史,从一个侧面反映了从1840年至今的历史。

0930

关于《四库全书》对《尔雅郑注》的评价问题[J]/薄守生.--乐山师范学院学报,2012,09:34 - 38

通过比较郭注、邢疏和《通志》,《四库全书》对《尔雅郑注》的评价并非全当。《尔雅郑注》是一部优秀的雅学著作,但如果要研究《尔雅》还需借助于其他雅学“善本”。

0931

关于图书馆古籍保护的思考与建议[J]/王

柏全.--博览群书·教育,2014,08:页码不详

本文主要针对图书馆古籍保护工作展开探讨,阐述了我国古籍保护工作取得的阶段性成果,在分析目前我国基层图书馆古籍保护工作中存在问题的基础上,提出了一系列相应措施,以期能为有关方面的需要提供有益的参考借鉴。

0932

关于图书馆古籍修复工作的思考[J]/刘宝华.--现代企业文化,2015,30:156

古籍修复工作在古籍保护方面起着重要作用。本文介绍了古籍修复工作的重要意义、存在的问题以及几点建议。

0933

关于图书馆古籍专业人才培养的探讨[J]/吕茹悦.--甘肃科技纵横,2015,06:64-65+45

本文针对我国古籍保护专业人才培养中存在的问题和遇到的困难进行分析和思考,在操作层面上提出相应的建议。

0934

关于完成《古本戏曲丛刊》的建议[J]/程毅中.--古籍整理出版情况简报（总499期）,2012,09:3-4

本文介绍了《古本戏曲丛刊》编辑的艰辛过程,并对完成此项目提出建议。

0935

关于王若之著作明清两种刻本的区分及清刻本《佚笈姑存》《两笈姑存》的重新审视[J]/姜妮.--新世纪图书馆,2015,02:80-83

本文在考查国内四地所藏王若之著作基础上,区别明清两种版本,明确了《佚笈姑存》所收子目,对向称孤本的《再游草》收录内容、题名、版本进行了重新审视,阐述《佚笈姑存》和《两笈姑存》的关系;通过文本比对,揭示了文内存在的删削修改;最后统计分析作品的收录情况,明确了清刻本对明刻本的承继。

0936

关于我国古籍保护工作的几点建议[J]/董绍杰,胡光耀.--上海高校图书情报工作研究,2014,01:41-44

本文重点阐述了古籍普查成果的具体内容,提出进一步完善全国珍贵古籍名录申报标准和评选善后工作,创新培训方式,全方位立体式地推进古籍保护工作,既要搞好顶层设计、又要发挥基层的首创精神等建议。

0937

关于我国古籍普及类图书出版状况的分析及思考[J]/刘夏丽,李明.--陕西教育:高教版,2012,09:07

本文分析了古籍普及类图书市场状况、读者状况、出版状况,针对存在的问题,提出了一些古籍专业类图书出版社应采取的措施。

0938

关于西北地区古籍普查保护与书目数据库建设合作机制的战略构想[J]/谢梅英.--黑龙江科技信息,2012,27:174

本文对当前宁夏地区古籍普查情况、宁夏地区书目数据库筹建过程等发现的紧迫问题给予了全面概要阐述,提出了省级各图书馆之间古籍普查、保护与修复人员等事项的纵向合作,对西北五省区特藏古籍鉴定和开发利用及数据库建设等问题提出了横向联合战略构想。

0939

关于《西游记》中《圣教序》校勘的几点看法——兼和封其灿先生商榷[J]/杨静,徐习军.--淮海工学院学报（人文社会科学版）,2012,21:11-13

本文在阐述《西游记》版本校勘意义的基础上,对封其灿先生的《〈圣教序〉在〈西游记〉中错误百出》一文提出商榷,认为校勘应遵从版本,比勘其文字、篇籍的异同,纠正讹误,力求接近真相,针对封文指出的《西游记》中所引用的《圣教序》的"错误"进行探讨。

0940

关于县级图书馆古籍的管理保护与开发利用——以蓬莱市图书馆为例[J]/付强.--西域图书馆论坛,2015,04:23-26

我国县级图书馆古籍文献资源十分丰富,但管理保护与开发利用的现状令人担忧,既造成了资源浪费,也未真正发挥其社会价

值。文章就如何做好县级图书馆古籍文献的管理保护和开发利用率,笔谈一些自己的认识。

0941

关于学校图书馆古籍保护工作的思考与建议[J]/杨郁. --考试周刊,2015,06:21

本文就学校图书馆的古籍保护工作,提出限制借阅者的条件,限时限量地借阅,改善古籍的存放和保护条件,对特别珍贵的地方及国家史料有针对性地特别保护,有计划、有选择地影印、再版一些绝版古籍,采用缩微技术复制、抢救学校古籍等方面的思考与建议。

0942

关于《燕行录全集》之辑补与新编[J]/漆永祥. --文献,2012,04:149 – 157

文章对《燕行录》的概念和现存数量进行界定,总结《燕行录》的整理现状与问题,梳理《燕行录全集》与《续集》的辑补,概述《燕行录》的辑补情况,探讨了《漂海录》与《皇华集》等的处理方式。

0943

关于藏文古籍数字化的思考[J]/徐丽华. --中国藏学,2011,02:153 – 158

文章根据国内外古籍数字化的经验,论述了编制藏文古籍著录规则和分类法、使用统一字库和文件格式、培养古籍编目人员、利用和整合国内外现有藏文古籍数字化资源等问题,并提出了具体建议。

0944

关于藏医古籍资源数字化的思考[J]/扎巴. --中国民族医药杂志,2014,01:74

藏医古籍是藏医理论和医疗实践的重要载体。藏医古籍资源的数字化,可以实现古籍原貌保存和古籍全文数字化存储,通过互联网即可实现古籍知识信息即时即用和真正意义上的信息资源共享。本文探讨了藏医古籍资源数字化相关问题。

0945

关于珍本古籍的修复[A]/杜伟生. --国家古籍保护中心、天津市古籍保护中心编. 融摄与传习——文献保护及修复研究[C],北京:中华书局,2015

本文主要讲述了作者对于珍贵古籍的修复问题的一些想法,如宋元时期的原始装帧最好不动、修复原则要细、认真制订修复方案、工艺要科学、管理工作要规范以及修复工作的进程要稳妥等。

0946

关于《中华古籍总目·云南卷》编目中的一些思考[J]/周东亮. --云南图书馆,2011,03:75 – 77

从《中华古籍总目》云南卷编纂工作出发,针对古籍编目工作实践中遇到的问题,从收录范围、拟题书名的著录、异书同名书的著录、新增的稽核项和版式项的位次、总目分类表的分类对类目组织的影响等五个方面,提出了自己对云南卷编纂工作的思考和建议。

0947

关于中医古籍数字化建设的探讨——以天津医学高等专科学校为例[J]/程静,杨朝晖. --图书馆工作与研究,2012,09:110 – 111

本文以天津医学高等专科学校中医古籍数据库建设为例,探讨了中小型图书馆应如何在保护好珍贵古籍的同时,建设具有可融合性、扩展性的古籍数据库。

0948

观海堂医药古籍中所见小岛家宝素堂本[J]/真柳诚. --"故宫"文物月刊(在台湾地区发表),2014,376:36 – 44

本文分三部分:一、小岛家及宝素堂藏书;二、杨守敬购书;三、小岛家搜书与学问及其影响举隅。

0949

馆藏古籍的特色与来源及保护[J]/孙建春,姚炜. --科技情报开发与经济,2014,09:09 – 11

本文介绍中国科学院上海生命科学信息中心馆藏古籍的特色与收藏历史,阐述该中心近年来在古籍保护方面的经验,针对古籍保护工作中存在的问题提出改进建议。

0950

馆藏古籍建设探讨——以海南大学图书馆为例[J]/刘美华. --科技情报开发与经济,

2012,24:22 - 24

本文阐述了图书馆古籍资源建设的重要意义,探讨了海南大学图书馆在古籍资源建设方面的具体实践。

0951

馆藏古籍建设探讨——以义乌市图书馆为例[J]/翁和永. --现代情报,2011,01:157 - 159

阐述古籍资源建设是县市级图书馆的重要工作之一,结合义乌市图书馆古籍资源建设实践,就县市级图书馆开展古籍资源建设的具体工作方法提出建议。

0952

馆藏古籍数字化版权保护问题及解决对策[J]/赵江龙. --内蒙古科技与经济,2015,08:141 + 143

阐述了图书馆馆藏古籍资源数字化建设的必要性,分析了古籍资源数字化及古籍数字化后传播过程中所遇到的版权问题,并提出了相应的应对策略与建议。

0953

馆藏民国时期于右任藏书浅析[J]/侯蔼奇. --陕西广播电视大学学报,2013,02:42 - 46

本文以陕西省图书馆所存于右任先生藏书为例,对于右任民国时期藏书的状况、价值、特点做管中窥豹式的粗浅析介,以弥补学界对于于右任藏书研究的不足。

0954

馆藏中医古籍数字化的若干细节问题探讨[J]/张伟娜,李兵,李斌,符永驰. --医学信息,2015,15:02

本文结合我馆在中医古籍数字化工作中的实际情况,对选书过程、扫描过程和检索系统建立过程中的若干细节问题进行逐一分析探讨,介绍了我馆处理这些问题的具体方法和经验。

0955

馆藏中医药古籍保护与利用工作现状与体会[A]/曾莉,李文林. --中华中医药学会. 全国中医药图书信息学术会议暨第十届中医药院校图书馆馆长会议论文集[C],2013

本文指出南京中医药大学图书馆馆藏中医药古籍具有品种多、版本特色明显、体例完备等特点,提出加强对古籍的原生性和再生性保护,把握机会、用足政策、重视人才、加强交流,立足需求、古为今用。

0956

馆外考察馆内事——《四库全书馆研究》读后[J]/周中梁. --博览群书,2013,08:45 - 47

本文介绍《四库全书馆研究》内容,并以翔实例子说明此书探讨的问题言之有据,立论谨慎而可信,提出从动态角度和馆外角度考察四库馆等新观点。

0957

《贯休歌诗系年笺注》评介[J]/舒爱. --古籍整理出版情况简报(总502 期),2012,12:12 - 18

本文对中华书局 2011 年版《贯休歌诗系年笺注》五大特点列举实例分析说明,尤其对七个文本方面的校勘工作中体现出的新版优点进行了品评。

0958

广东、海南及港澳地区藏药古籍文献的普查[J]/杜玉华,贾新云,王军,冯岭. --中国民族民间医药,2012,08:32 - 33

为抢救、挖掘和整理藏药古籍著作,全面反映我国历代藏药古籍著述概况,2009 年国家科技部和财政部批准"藏药古籍文献的抢救性整理研究"专项课题。本文介绍对广东、海南及港澳地区的各级各类图书馆、博物馆、寺庙有关藏药古籍目录的收集、整理和普查工作。

0959

广东民族古籍研究[M]/张菽晖,李筱文等著. --广州:广东人民出版社,2011

广东是多民族聚居的省份,世居少数民族有瑶、壮、畲、回、满五个民族,其少数民族古籍是民族传统文化的具体体现,其内容包括哲学、法律、历史等诸方面,主要表现形式有古代书册、文献典籍、口碑资料及碑刻、铭文等。

0960

广东省立中山图书馆古籍善本书目[M]/

广东省立中山图书馆编. --北京:国家图书馆出版社,2012

本书收录广东中山图书馆所藏古籍善本2391 种 25547 册,并依据《中国古籍善本书目》的体例及著录格式加以分类著录。

0961

广西地区特色古籍资源数字化研究[D]/柳凯华. --广西大学,2015

以广西地区特色古籍资源整理保护的数字化研究为重点,对数字技术进行了层级分析,认为大致可以分为三个层级,以书目数据库和影像数据库为一个层级,文本数据库为第二层级,特色综合型数据库为第三层级;同时又分析了本区特色古籍资源数字化技术未来的发展方向,理清技术发展的脉络。

0962

广西社会科学专家文集·杨东甫集[M]/杨东甫著. --北京:线装书局,2011

本书稿是作者多年来研究成果的选粹,分为文史管窥、曲学一得和质疑辩难三个部分,通过对文史知识的探寻,中国戏曲中明散曲、晚清传奇杂剧、古典诗歌等的研究,以及对当代学者研究古书及编撰辞书等的质疑,反映出作者严谨的治学态度和执着的学术探索精神,有较高的学术价值。

0963

广西所藏两种《四库全书》零帙[J]/兰旻. --图书馆界,2014,04:50 – 52

由于历史原因,《四库全书》部分散佚于民间。广西在古籍普查过程中,发现有两种《四库全书》零帙。经考证,柳州市博物馆藏《糖霜谱》为文津阁散出,广西壮族自治区图书馆藏《文苑英华》零帙为文澜阁散出。

0964

广西图书馆古籍珍本述略[J]/麦群忠. --广西文史,2014,03:116 – 118

广西壮族自治图书馆收藏中外文献260万多册,其中古籍 11 万多册,被誉为"八桂学府,壮乡书城"。2010 年广西文化厅、广西古籍保护中心编印《第一批广西壮族自治区珍贵古籍名录图录》,共有 62 部古籍入选《国家珍贵古籍名录》,4 家收藏单位被评为全国古籍重点保护单位。

0965

《广州大典》采用书目的搜集与整理——以医家类书目为例[J]/张玉华. --图书馆论坛,2012,03:66 – 69

从收录范围、搜集与择用及相关问题处理等方面探讨了大型地方文献丛书——《广州大典》采用书目的搜集与整理。

0966

《广州大典》子部释家累所收明末清初佛教文献述论[A]/李福标,肖卓. --国家古籍保护中心编. 古籍保护研究(第一辑)[C],郑州:大象出版社,2015

本文介绍鼎湖系高僧与海云系高僧二系明末清初岭南佛教文献内容概要,叙述明末清初岭南高僧著述背景,分析这些著述的特点和价值,并总结其流传及研究现状。

0967

归安丽宋楼书目题跋研究[D]/周欣. --广西大学,2012

本文上编以新发现之史料,补述丽宋楼藏书事及其流散过程中的数点疑团并其现状,中编及下编以《丽宋楼藏书志》及《仪顾堂题跋》为中心全面论述陆氏藏书目录题跋,并对其文献学价值及其在目录学、版本学、校勘学、典藏学上范式意义作出评价。

0968

贵州非物质文化视角下的文献典籍保护与实践[J]/陆勇昌. --电影评介,2012,16:104 – 106

随着我国非物质文化遗产保护工作的深入推进,挖掘和整理承载着非物质文化遗产内涵的文献典籍,成了现今非物质文化遗产保护工作的重要组成部分;将非物质文化遗产以文献化方式保存以达到传承的目的,成了现阶段非物质文化遗产传承发展的现实要求。

0969

贵州民族古籍出版的传承与发展[J]/孟豫筑. --贵州民族大学学报(哲学社会科学版),2012,05:39 – 41

做好贵州民族古籍出版工作,有利于加强民族团结,弘扬贵州文化,改善贵州形象。现阶段,贵州民族古籍出版还存在一些问题和困难,应在深度收集整理、提高出版质量、争取政策支持、加强产业导向和人才培养等方面进一步完善相关工作。

0970

贵州民族古籍丛书·彝族神话史诗选 [M]/王富慧译著. --北京:民族出版社,2013

《贵州民族古籍丛书·彝族神话史诗选》是著名的贵州彝文古籍"羊皮书"的翻译整理本,是明代彝族诗文论家阿买妮、举车哲等人的神话史诗以及诗文理论。是书采用古彝文、国际音标注音、汉文翻译等科学方式,完全再现古籍原貌,并加以解读。

0971

贵州民族古籍管理探索[J]/任瑞珏. --河北科技图苑,2014,01:66-68+49

贵州的民族古籍内容丰富、载体多样,是国家珍贵古籍宝库中不可或缺的重要组成部分。因此,对于贵州古籍的管理进行科学的探索与研究是非常有益和重要的。

0972

贵州民族古籍文献的探索与思考[J]/张陶. --文史月刊,2012,07:32-33

文章介绍贵州民族古籍基本概况、贵州民族古籍文献资源收集及整理,对贵州民族文献面临的困境进行探索,并提出了思考。

0973

贵州民族古籍文献抢救整理的紧迫性与对策研究[J]/粟敏. --贵州民族研究,2012,02:42-44

贵州少数民族古籍文献资源极为丰富,但面临着流失和失传的危险,要提高对抢救民族古籍文献紧迫性的认识,加大征集工作的力度,建立数据库,加大经费投入,建立专业队伍,并做好少数民族古籍的宣传和利用工作。

0974

贵州少数民族古籍保护探析[J]/刘鹏. --时代报告(学术版),2015,02:199

本文针对贵州少数民族古籍文献的现状、保护、研究及发展等方面展开论述,以期为贵州古籍保护工作提供有益的借鉴。

0975

贵州少数民族古籍的科学管理和开发利用 [J]/任瑞珏. --黑龙江省社会主义学院学报,2014,02:42-44

贵州地域特色鲜明,民族文化丰富,蕴藏了丰富的少数民族古籍资源。对这些民族古籍的科学管理和开发利用,关系到民族历史文化遗产的保护与抢救。对贵州少数民族古籍的挖掘、保护与开发,是贵州构建独具特色的多彩民族文化的重要内容。

0976

贵州少数民族古籍经典系列·彝族先天易学[M]/贵州省民族古籍整理办公室编. --北京:民族出版社,2015

本书是一部关于天文、历法以及先天精气易八卦的古彝文译著,内容包括太阴历、福禄书、占病书、释梦书、祭祀、占星择吉、婚姻营造等等,在彝族地区至今有使用价值。

0977

贵州省布依文古籍文献保护工作的研究[J]/林伯珊,曾纪钰. --内蒙古科技与经济,2014,05:111-112+115

对布依族人口、使用语言、文字,布依文古籍的调查及国家珍贵古籍名录的申报等方面的情况进行了简要阐述。针对调查抢救保护中发现的问题,指出了加强贵州省布依文古籍文献保护工作研究的重要性,探讨了布依文古籍保护工作的主要技术和方法。

0978

贵州省民族古籍人才培养模式初探[J]/欧阳伟华. --六盘水师范学院学报,2015,03:81-85

本文指出贵州省在民族古籍的抢救、普查和整理等方面取得了累累硕果,但目前民族古籍人才远远不能满足需要,可以采取高等教育培养、在职培训培养和师傅带徒弟培养等多渠道、多层次、灵活多变的方式来培养民族古籍人才。

0979

贵州省图书馆古籍馆藏形成初详[J]/赵晓强,陈琳. --贵州文史丛刊,2012,04:127－130

贵州省图书馆现藏古籍二十多万册,几乎占全省古籍半数。其形成有自民初以来近百年历史,其中20世纪50年代是其形成黄金时期。本文结合馆藏档案并参考多种出版物,分阶段回顾其形成大略并作初步评析。

0980

贵州省文史研究古籍文献点校本数据库建设探讨[J]/赵进. --贵图学苑,2015,02:52－53

以贵州师范大学图书馆藏贵州省文史研究古籍文献点校本数据库的建设实践为例,对平台选取、元数据标引、人员安排等方面进行了介绍,并针对建库中的标准化、人员及软件等问题展开探讨。

0981

贵州师范大学图书馆古籍珍善本提要目录[M]/张新航主编. --桂林:广西师范大学出版社,2011

《贵州师范大学图书馆藏古籍善本提要》选择三级乙等及以上馆藏古籍文献,共计285部。提要内容由三部分组成,即:版本形式、编撰者生平简介、书籍内容梗概。每部书均附书影,读者可直观了解一部古籍的大致形式和内容。

0982

贵州彝文古籍保存现状及其数字化保护策略调查研究[J]/高建辉,徐彩玲,余正祥. --内江科技,2015,08:69－71

本文介绍通过实地调研,得到贵州彝文古籍分布保存情况和数字化现状,在此基础上分析了数字化保护所面临的问题,提出了应对策略。

0983

贵州彝族口碑古籍抢救、保护和开发研究[J]/吴飖. --兰台世界,2015,08:95－96

贵州彝族口碑古籍资源富集,是民族传统文化的重要组成部分,但目前彝族口碑古籍濒危困绝。文章对贵州彝族口碑古籍的抢救保护和开发研究提出建议。

0984

贵州中文古籍数字化现状分析及意义[J]/江涛. --科教文汇(上旬刊),2014,11:219－220

本文着重对贵州中文古籍数字化的现状及意义进行了阐述,并就其有效推进措施提出了建议和意见,希望对推动我国文化产业的健康发展以及对我国多元化、多民族文化保护工作的开展能发挥积极作用。

0985

贵州中文古籍数字化与共建共享[J]/江涛. --开封教育学院学报,2014,09:232－233

针对贵州中文古籍数字化与共建共享问题进行研究,提出全面实施整体规划和规范古籍数字化建设两点改革建议,旨在全面提高我国古籍文献的数字化建设水平。

0986

桂林张氏独志堂所藏古籍善本知见录[J]/谢晖. --广西地方志,2013,04:61＋64

张其锽是广西桂林民国初年的藏书家,其所藏古籍善本现在遍及海内外公藏图书馆。本文遍查海内外公藏图书馆藏古籍善本书目及书志,将张氏所藏古籍善本摘录如下,据此以窥张氏所藏古籍善本之全豹。

0987

郭璞《穆天子传注》对古籍整理的启示举隅[J]/李晓梅. --黑龙江史志,2015,09:65－66

研究《穆天子传注》对当前的古籍整理工作意义重大。确立凝练完善的训诂术语体系、灵活运用多种方法训释古书、重视当下的活的语言材料,是郭璞《穆天子传注》对古籍整理的有益启发。

0988

国宝字画修复赏析[A]/徐建华. --国家古籍保护中心、天津市古籍保护中心编. 融摄与传习——文献保护及修复研究[C],北京:中华书局,2015

本文介绍了作者对几幅珍贵字画的修复,包括赵孟頫《人马图》、何香凝《松菊图》轴以及《妙法莲华经》的修复。

0989

国际中华古籍数字资源整合研究及思考

[J]/李荣艳,李云龙,梁蕙玮.--图书馆学研究,2014,06:50－53＋34

亚洲、欧美等国开发了许多中华古籍数字资源整合平台,涌现出一些中华古籍数字资源整合平台的国际合作项目。文章通过对这些平台的介绍,总结其经验不足,提出改进建议,并设计出理想的古籍数字资源整合模型。

0990

国家农业图书馆古籍保护的现状与思考[J]/周爱莲,王晶静,张毅.--农业图书情报学刊,2015,01:10－15

本文主要探讨国家农业图书馆古籍保护现状,指出古籍保护存在的问题,提出古籍保护与利用的建议。

0991

国家图书馆藏"陆费墀《颐斋文稿》"考辨——兼论陆锡熊对《四库全书》的贡献[J]/苗润博.--中国典籍与文化,2014,03:115－120

本文发现国家图书馆所藏"陆费墀《颐斋文稿》",其书名和作者均存在明显问题。通过仔细检核其内容,并将其与南京图书馆所藏陆锡熊《宝奎堂余集》相比勘,可以确知此书实为陆锡熊《宝奎堂余集》之稿本,与陆费墀毫无关涉。

0992

国家图书馆藏"四书类"善本古籍未刊题跋辑考[A]/张廷银,刘鹏.--中华人民共和国文化部、山东省人民政府.2012第五届世界儒学大会论文集[C],曲阜:中国孔子研究院,2012

作者将国家图书馆所藏"四书类"善本古籍中未经前贤刊布的手书题跋加以集录,并对相关论题略作考订,对傅以渐、吴骞、包世臣、王国维等多位学者藏家的生平加以补订,以期对惠栋与王应麟著作权的争议提供更多的材料。

0993

国家图书馆藏周叔弢所捐宋元明清古籍善本说略[J]/李颖.--新世纪图书馆,2014,05:79－80＋83

周叔弢是我国著名的古籍文物收藏家,他捐赠北京图书馆(今国家图书馆)的七百余种善本书,多为宋元刻本和明清抄本,大多购自公私大藏书家及书估。本文介绍周叔弢捐书的特色及来源。

0994

国家图书馆敦煌文献数字化概述[J]/乌心怡.--山东图书馆学刊,2011,04:88－89

本文详细阐述了"国际敦煌学项目"数字化技术和应用,介绍"国际敦煌学项目"产生的历史、发展、现状以及在互联网上的应用。

0995

国家图书馆敦煌文献数字化图像处理技术探要[J]/乌心怡.--图书馆学刊,2011,04:118＋121

详细阐述了在古籍数字化领域里最为先进的图像技法和应用,介绍了"国际敦煌学项目"。

0996

国家图书馆古籍保护实验室的建设与思考[J]/田周玲.--实验室研究与探索,2013,11:214－217

国家图书馆依托国家古籍保护计划,历时三年,建成了国内首个专业型古籍保护实验室。本文论述了国家图书馆古籍保护实验室的建设目标及建设历程,总结了实验室建设过程中的心得体会。

0997

国家图书馆古籍的修复与利用[A]/胡泊,赵大莹.--中国档案学会、中国文献影像技术协会编.2011年海峡两岸档案暨缩微学术交流会论文集[C],北京:中国档案学会、中国文献影像技术协会,2011

本文从国家图书馆文献修复组历史回顾、修复工程简介、国家图书馆古籍修复现状、前景规划论述国家图书馆的古籍修复工作,从古籍推广新理念、新模式介绍对古籍利用与服务。

0998

国家图书馆古籍修复技艺传习中心人才培养模式思考[A]/陈红彦.--国家古籍保护中心编.古籍保护研究(第一辑)[C],郑州:大象出版社,2015

本文介绍国图古籍修复人员构成及工作现状,结合自身工作经验提出人才培养的有效途径,总结多年来工作中摸索出的标杆式中国古籍修复模式。

0999

国家图书馆馆藏方志来源与书目编次[J]/杨印民.--中国地方志,2011,12:43-47+04-05

国家图书馆馆藏旧方志近7000种、12万余册,约占全部存世旧志80%左右,代表性书目有:《清学部图书馆方志目》《国立北平图书馆方志目录》《中国地方志综录》《中国地方志联合目录》《北京图书馆普通古籍总目·地志门》《地方志·书目文献丛刊》。本文介绍了国图藏方志的来源与书目编次。

1000

国家图书馆家谱元数据规范与著录规则[M]/赵亮,苏品红主编.--北京:国家图书馆出版社,2014

《国家图书馆家谱元数据规范与著录规则》是国家数字图书馆工程标准规范成果系列之一。根据国家图书馆所藏家谱情况制定的元数据规范和著录规则,并以著录实例对规范与规则加以具体阐释与说明。

1001

国家图书馆缩微文献的收藏和利用[J]/申淑丽.--情报杂志,2011,S1:180-183

介绍了国家图书馆缩微文献的收藏、分布和利用情况。针对普遍存在的利用率不高现象,提出应将提高缩微文献利用率作为一项课题加以重视。

1002

国家图书馆与敦煌学[D]/刘波.--河北师范大学,2013

通过勾稽、整理档案、日记等原始史料,厘清国家图书馆史上有关敦煌学的相关史实,有助于推进敦煌学学术史的整理,也有助于图书馆界更深入地认识自身与学术发展、文化发展的关系。本文在前人研究基础上,对这一问题加以全面梳理。

1003

国家一级文物《开宝藏》一卷[N]/李际宁.--光明日报,2013-06-25013

《开宝藏》是我国第一部用木版雕刻的佛教大藏经,全藏六千余卷。该藏对后代汉文版佛教大藏经影响深远,学术价值很高。但是,到20世纪,这部大藏已经几乎散佚殆尽,在全世界范围内,据各收藏单位统计,单卷较为完整者也仅剩12件,每一件都可谓价值连城。

1004

国家珍贵古籍名录评审述略[J]/梁爱民.--图书馆工作与研究,2011,12:51-53

本文对国家珍贵古籍名录评审概况作简要回顾,较详尽地叙述了评审过程,并提出在填写申报书及参考《中国古籍善本书目》著录时应注意的问题,供业界同仁参考。

1005

"国立"台湾师范大学图书馆总馆线装古籍善本考述[J]/赖贵三.--澳门文献信息学刊(在澳门地区发表),2014,12:1-24

本文梳理了台湾师范大学图书馆总馆线装古籍善本存藏现况。

1006

国内高校图书馆古籍书目数据库建设述评[J]/张敏.--四川图书馆学报,2011,06:82-84

以国内高校图书馆中文古籍书目数据库建设现状为基础,从古籍书目详编数据内容、特点、宗旨及建设主体四个方面进行调查分析,探求科学的古籍书目著录原则与方法,展望古籍书目数据库的发展方向。

1007

国内古籍数字化出版主体分析[J]/任一琼.--新闻研究导刊,2015,06:114

随着计算机及出版技术的进步,发展古籍数字化是大势所趋。古籍数字化进程中的参与主体主要分为三类:民营企业、高校组织或个人、出版社,每类主体各具优势。

1008

国内古籍数字化研究进展与启示[J]/常继红,魏晓峰.--河北科技图苑,2014,03:82-85

以CNKI数据库收录的2001年以来国内古籍数字化研究论文为样本,对论文的发表年度、来源期刊等因素进行计量分析,同时结合相关论文主题,分析国内古籍数字化领域研究热点与发展趋势,揭示研究特点与问题,进而提出对策与建议。

1009

国内古籍数字化研究论文的计量分析[A]/许剑颖.--尹小林主编.第四届中国古籍数字化国际学术研讨会论文集[C],北京:五洲传播出版社,2015

本文以 CNKI 为数据源,采用文献计量学方法对国内古籍数字化研究领域发表的学术论文进行统计分析,力图总结国内古籍数字化研究的特点,为该领域研究未来的发展提出建议。

1010

国内古籍数字化研究文献计量分析[J]/葛怀东,许剑颖.--情报探索,2014,06:55 – 58 +128

以 CNKI 为数据源,采用文献计量学方法对国内古籍数字化研究论文进行统计分析。分析的角度为论文年代分布、期刊分布、作者分布、机构分布、高被引论文等,力图总结国内古籍数字化研究的特点,为该领域未来的研究提供参考。

1011

国内古籍修复研究述评[J]/林红状.--图书馆学研究,2015,08:06 – 10 +85

本文通过数据库检索国内有关古籍修复的研究文献,从技术研究、规范管理、人才培养、学科建设和国内外修复事业进展五个方面,归纳古籍修复研究主要观点,并对古籍修复研究进展进行评价展望。

1012

国内古籍修复研究文献计量分析[J]/刘爱华.--河南图书馆学刊,2014,11:105 – 108

本文以 CNKI 收录的国内图书馆古籍修复研究文献为统计对象,对文献刊发年代、期刊来源、独(合)撰情况、核心作者、作者机构、基金资助、主题内容进行统计分析,探索古籍修复研究领域文献分布规律、研究现状、热点与发展趋势。

1013

国内外古籍修复研究现状分析[J]/区捷.--低碳世界,2014,08:308 – 309

本文在分析古籍修复工作的重要性的基础上,就国内外古籍修复的方法进行重点分析和阐述。

1014

国内藏文古籍文献的保护现状[J]/益西拉姆.--民族学刊,2012,06:54 – 58 +99

本论文通过梳理国内藏文古籍文献的馆藏形式、收集和整理、目录规范、载体变化等方面,对国内藏文古籍文献的保护现状进行总结。

1015

国内重点院校古籍数字化调查分析[J]/胡良,林珊.--现代情报,2012,10:53 – 55 +116

从馆藏古籍数据库的建设、古籍电子资源的购买数量、有关古籍特色数据库的建设三个方面,对国内古籍藏量较多的 49 所 211 院校的古籍数字化情况进行调查分析,指出在古籍数字化中应注意的问题,对各高校图书馆吸取经验、深化古籍服务工作具有重要意义。

1016

《国史唯疑》双云堂抄本传藏考略[A]/杨艳秋.--中国社会科学院历史研究所等.第三届中国古文献与传统文化国际学术研讨会[C],2012

明末清初黄景昉所著《国史唯疑》是研治明史的珍贵史料。作者据读天一阁双云堂抄本所得,拟对其传藏过程进行梳理和考察,希望能将研究向前推进一步。

1017

国图藏《〈金楼子〉附校》稿本与《知不足斋丛书》本之校刻始末[J]/马培洁.--兰台世界,2015,36:166 – 169

《知不足斋丛书》收录古籍二百余种,其中有些书籍前、后印本存有差异,《金楼子》一书便以后印本取胜。国家图书馆藏《〈金楼子〉附校》为鲍廷博印行《金楼子》后,再次校勘此书的稿本文献,对于了解鲍廷博校刻此书的始末有重要价值,也厘清了学术界对《知不足斋丛书》本《金楼子》版本和校勘认识上的疑义。

1018

国图藏《四明文献考》作者即李孝谦考[J]/钱茂伟. --文献,2012,01:185 - 190

本文考证了国图藏《四明文献考》的作者,并介绍了《四明文献考》的传播过程,并对《四明文献考》的价值进行了论述。

1019

国图三大古籍版本目录学家[A]/周园. --全国中小型公共图书馆联合会. 全国中小型公共图书馆联合会 2014 年研讨会论文集[C],2014

国家图书馆先后编纂古籍善本书目多部,其中最有代表性的是 1909 年至 1988 年间编写并正式出版的六部善本书目,其价值巨大、影响深远。本文旨在对善本书目的编纂加以梳理,对主持编写者的学术成就予以评骘。

1020

国图善本古籍迁徙之旅[J]/王文凤. --图书馆学刊,2012,05:122 - 124

本文从国立北平图书馆及其珍藏、国图善本辗转迁徙上海、国图存上海善本运寄美国、存美善本古籍迁台代管、期待两岸典籍万流归宗等方面介绍了国图珍贵善本迁徙的过程。

1021

国语索引[M]/李波,姚英编. --北京:商务印书馆,2013

本书的正文部分正是运用计算机制作而成的。本书的阅读本,则先由人工比对校勘 12 种不同版本《国语》,再经计算机集合压缩而成。这样便实现了一书在手,即可查阅多种善本之功。

1022

过云楼藏刘履芬抄本考述[J]/汤伟拉. --东方收藏,2015,02:120 - 121

2005 年,过云楼藏书拍出 2310 万元,创下当时中国古籍拍卖的神话;2012 年 6 月,这批重要人类文化遗产再次现身,最终以 1.88 亿元落槌。过云楼藏书中,特别是刘履芬的抄本不但数量多,而且品质高,为专家学者所乐道。

1023

过云楼旧藏苏州潘氏古籍述略[J]/孙迎庆. --东方收藏,2015,05:108 - 111

清代吴县潘氏是由安徽歙县大阜迁往寄籍地苏州的一支潘姓,自清中叶以后文人学士不断,官宦相接。潘氏藏书世家前后十余人在藏书家中榜上有名,首当其冲者为潘奕隽,藏书处为三松堂。

H

1024

哈佛燕京图书馆藏稀见方志述要[A]/李坚. --倪莉、王蕾、沈津编. 中文古籍整理与版本目录学国际学术研讨会论文集[C],桂林:广西师范大学出版社,2013

本文就哈佛燕京图书馆藏几部较为珍稀的善本方志,作了简单的提要和考证。

1025

哈佛燕京学社藏纳西东巴经书(第1卷)[M]/中国社会科学院民族学与人类学研究所,丽江市东巴文化研究院,哈佛燕京学社编. --北京:中国社会科学出版社,2011

藏于哈佛大学的东巴经,是美国学者洛克于20世纪30-40年代在云南纳西地区收集的。本书的出版,标志着纳西东巴古籍的抢救保护工作开始向国外发展,为在全球范围内对纳西东巴古籍的保护利用打开了突破口。

1026

哈佛燕京学社藏纳西东巴经书(第2卷)[M]/中国社会科学院民族学与人类学研究所,丽江市东巴文化研究院,哈佛燕京学社编. --北京:中国社会科学出版社,2011

(同上)。

1027

哈佛燕京学社藏纳西东巴经书(第3卷)[M]/中国社会科学院民族学与人类学研究所,丽江市东巴文化研究院,哈佛燕京学社编. --北京:中国社会科学出版社,2011

(同上)。

1028

哈佛燕京学社藏纳西东巴经书(第4卷)[M]/中国社会科学院民族学与人类学研究所,丽江市东巴文化研究院,哈佛燕京学社编. --北京:中国社会科学出版社,2011

(同上)。

1029

哈师大图书馆馆藏明刻本古籍考略[J]/徐学. --图书馆学刊,2011,10:140-143

在第二批《国家珍贵古籍名录》中,哈尔滨师范大学所藏七部明刻善本入选。本文就所入选的七部古籍进行考证。

1030

海防类地方古籍文献的教育价值探讨——以海南《正德琼台志》载录材料为例[J]/彭菊媛,张丰娟,李敏. --亚太教育,2015,35:80

本文以明代海南方志《正德琼台志》载录的海防材料为例,探讨了海防类地方古籍文献在军事教育、文化传承、爱国精神培养等方面具有的教育价值,认为对海防类古籍材料整理和开发,是教育资源建设的可行方向。

1031

海防类地方古籍文献价值探微——以《康熙琼州府志·海黎志》为例[J]/彭菊媛,李敏,傅白云,张丰娟,王琳. --文教资料,2015,26:71-72

本文以清代海南地方志《康熙琼州府志》卷八《海黎志》载录的海防类文献材料为例,探讨海防类古籍文献在学术、文化与史料方面所具有的价值,提出将地方古籍中的静态专题资源转化为动态情报信息流,具有现实意义。

1032

海口图书馆古籍保护探析[J]/黄文锋,侯玉岭. --科技情报开发与经济,2012,13:13-15

本文对海口图书馆古籍馆藏条件、古籍藏量及质量、古籍修复人员等现状进行了分析,提出了今后古籍保护工作的几点建议,旨在对海南省古籍保护事业提供帮助。

1033

海南地方古籍《南溟奇甸集》成书过程及版本源流考[J]/王冬梅,吴觉妮. --河北科技图苑,2013,05:86-88+36

《南溟奇甸集》是明代岭南文坛巨擘王弘诲编辑的一部诗文集,此书收录王弘诲与名士大儒相互唱和琼州山水名胜的诗文。该书版本较少,流传不广,有明万历本、清康熙本、今传本。万历本已散佚,康熙本为海内孤本,通过对其版本源流的考略,为整理和研究该书提供参考。

1034

海南古籍寄存保护初探[J]/黄文锋. --科技信息,2012,03:332-333

古籍保护对海南来说是一个难题,首先是古籍保护的环境十分恶劣,再次是古籍保护人才严重匮乏。实施古籍寄存保护是解决这些突出问题的最佳选择。在海南实施古籍寄存制度也许还存在一定的困难,但古籍寄存保护制度对海南古籍保护具有十分重要的现实意义。

1035

海南黎族古籍文献整理研究[J]/黄俊棚. --贵州民族研究,2013,03:47-51

对于黎族的来源、文化传统、种族的演变、与汉文化的交流与融合等方面的研究,离不开黎族古籍。黎族古籍文献资料数以万计,采用传统的搜集方法,人力物力财力花费颇大,并且不能保证搜集齐全,采用数字化手段则能事半功倍。

1036

海南历史上的三次古籍整理[N]/李佳飞,李婧. --海南日报,2012-12-10B03

从民国至今,百年之内,海南文化界先后进行了三次较大规模的古籍征集和整理工作,唐品三、王国宪等先贤,以及海南大学教授周伟民唐玲玲夫妇等一批热爱海南文化的学者,为此付出了长期艰辛的多方查找和案头校订工作。

1037

海南省古籍保护方法刍议[J]/李敏. --农业图书情报学刊,2013,04:74-76

本文根据海南省古籍藏书的特点及古籍保护工作现状,分析了古籍保护工作滞后的原因及加强古籍保护工作的途径。

1038

海南省古籍保护现状分析和对策研究[J]/王雯旎,欧阳娇. --兰台世界,2015,14:123-124

本文结合我国古籍保护概况,对海南省古籍的保护现状和存在问题进行分析,并从延缓性保护法和再生性保护法等两个方面提出海南省古籍保护的对策和方法。

1039

海外汉籍,半岛遗珍——评《漢籍西遊記:イベリア半島漢籍調查報告》[J]/刘栋. --文化学刊,2013,06:140-145

日本学者井上泰山的《漢籍西遊記:イベリア半島漢籍調查報告》(中文译名可作:《汉籍西游记:伊比利亚半岛汉籍调查报告》)是近年来研究域外汉籍的新作。此书为2005年井上泰山在伊比利亚半岛开展中国古籍调查工作的产物,是了解伊比利亚半岛汉籍收藏情况的重要参考文献。本文对此书进行评价,并将其作为对伊比利亚半岛汉籍收藏研究的新近成果,介绍给我国读者。

1040

海外回归《三丰张真人神速万应方》文献考察与研究[J]/贺信萍. --中国道教,2013,04:52-54

文章从著者与成书、内容及思想特色和学术价值三方面对《三丰张真人神速万应方》进行了考察与研究。

1041

海外回归医籍《风科集验名方》疑难字词考辨[J]/刘敬林. --安庆师范学院学报(社会科学版),2015,01:45-49

《风科集验名方》是近年从日本回归的我国元代刻刊的一部精品中医方书。由于学者们初涉研究的缘故,人民卫生出版社2010年出版的此书校点本,对"铃、珪、校、庋、敬、宗、扬、检、革、较"等字词的考释存在一些问题,很有商榷之必要。

1042

海外回归中医古籍《针灸大成》流传及版本研究[J]/赖张凤,戴翥,谭勇,贺霆. --世界中西医结合杂志,2015,11:1611 – 1612 + 1616

本文研究了海外回归中医古籍《针灸大成》的版本鉴定考证、西传及回归历程、外文注释的译注以及价值(包括科普教育价值、文献价值、档案学价值、中医传播学研究价值、文化学意义)等,使针灸在西方社会传播发展的研究思路更加清晰,进而补充和丰富中医西传的多方位研究。

1043

海源阁藏《兰台轨范》考略[J]/满雪,刘更生. --中医文献杂志,2013,05:03 – 04

山东省图书馆馆藏海源阁医书18种,其中清乾隆中半松斋刻徐氏医书六种本《兰台轨范》,刻印精湛,版本精良,并钤有蒋宗海、张敦仁两位清代藏书家印记,十分珍贵。

1044

《涵芬楼藏书目录》初探[J]/卫凯. --图书馆界,2012,06:50 – 51 + 59

《涵芬楼藏书目录》形成了一个基本完整的系列,在近代目录学史上有重要的价值,它反映了涵芬楼早期的发展历程与藏书建设,展现了商务学人保存古代典籍与传承中华文化的巨大贡献。

1045

《涵芬楼秘笈》本《西湖老人繁盛录》浅析[J]/王前. --现代交际,2011,12:103 + 102

本文主要对《涵芬楼秘笈》本《西湖老人繁盛录》与《永乐大典》本《西湖老人繁盛录》做了简要的对比,分析其优点和其中的一些错误,目的在于提醒人们在整理古籍过程中应该多参照其他版本,做全面的对比衡量。

1046

《韩昌黎诗集编年笺注》评介[J]/许琰. --古籍整理研究学刊,2012,04:112 – 113

郝润华教授和丁俊丽博士点校整理的方世举《韩昌黎诗集编年笺注》具有义例科学、标点准确、校勘精审等优点,融整理与研究为一体,是一部高质量的古籍整理成果,对于韩集文献的整理、韩愈及其文学与思想的研究都具有十分重要的意义。

1047

韩国国立中央图书馆藏中国古籍概况及地方志资料介绍[A]/金孝京. --中国地方志指导小组办公室、中国地方志协会、宁波市人民政府地方志办公室编. 首届中国地方志学术年会方志文献国际学术研讨会论文集[C],北京:中华书局,2012

韩国国立中央图书馆藏有古籍27万册,其中3.4万册是中国稀见古籍,包括51种中国地方志,如山西《太原县志》等。本文主要对该部分文献收藏作了较为深入的介绍。

1048

韩国刻本俗字初探(提纲)——以《九云梦》为中心[A]/何华珍. --北京师范大学民俗典籍文字研究中心等. 第三届“汉字与汉字教育”国际研讨会论文集[C],2012

本文以韩国坊刊本《九云梦》(1803)为依据,全面调查其中的中土传承俗字和域外变体俗字。结合朝鲜刊本《樊川文集夹注》(1440),揭示汉语俗字在韩国的传承与变异轨迹,探寻古代汉字圈“通用俗字”历史面貌,探求“国别俗字”发生发展规律,从通用俗字群反观汉语俗字的成立和演变,从国别俗字现象抉发汉字传播过程中的局部变异与整体变异规律。

1049

寒霜欺鬓风欺面 可怜廿年磨一剑——评《太平广记会校》[J]/方广锠. --古籍整理出版情况简报(总495期),2012,05:19 – 27

本文对2011年北京燕山出版社出版的《太平广记会校》的版本特点和文献价值进行了分析,还对一些疏漏之处提出了自己的看法。

1050

汉籍之路[M]/余义林著. --北京:作家出版社,2013

为了让珍贵的古籍回归祖国,以中国社科院历史所和中国人民大学国学院为主的专家学者们开始了对域外汉籍的抢救和整理工作,并编撰了卷帙浩繁的大型丛书《域外汉籍珍本文库》。本书叙述了这一文化工程,对抢救域外汉籍的缘起与成就,对这套丛书的价值及意义,对其间感人的人物和故事都进行了描述。

1051

汉前医籍亡失原因探讨[J]/李会敏.--河北中医药学报,2011,02:15-16

汉代以前的所有古籍存在严重的亡失,医书几乎全部之失,除兵火、水灾等灾难因素外,医籍在传世过程中大都依赖传抄。简书、帛书的制作烦琐,且费用较高,收录字数有限,传世量少,传播受限,且不易保存,故导致汉前医籍的大量亡失。

1052

《汉书·艺文志》《隋书·经籍志》《四库全书总目提要》诗类比较[J]/卓婷婷.--文教资料,2014,24:01-02

本文从三部书著录的诗类书着手,分别从它们著录的形式和内容,包括书目数量、编排体例、编排次序及具体书目在三部著作里的不同存在状况等进行简单比较。通过比较,对三部书的整体状况有简单把握。

1053

汉唐时期《黄帝内经》古籍传本及著录研究[J]/赵博,仝芳洁,高程熙,刘森林,罗寰,李荷莲,郭宪立.--成都中医药大学学报,2013,01:113-116

本文依据史籍中所收载的医经目录为基础,收集历代学者对《内经》版本考证研究成果,辑录汉唐时期《内经》不同版本,并对不同传本按照书名、作者等进行著录研究,建立汉唐时期《内经》传本系统。

1054

汉唐时期《黄帝内经》古籍数据库的设计与建设[J]/赵博,仝芳洁,高程熙,刘森林,罗寰,郭宪立,李荷莲.--中华医学图书情报杂志,2013,02:71-73

本文探讨了怎样利用知识仓库建设管理系统平台(TPI),系统收集、整理、识别、归纳汉唐时期《黄帝内经》古籍的各种传本、校刊本、注释本,完成《黄帝内经》古籍数据库中汉唐时期的古籍建设。

1055

汉唐时期《黄帝内经》古籍数据库建设研究[J]/赵博,仝芳洁,刘森林,罗寰,郭宪立,李荷莲.--贵阳中医学院学报,2014,06:49-52

本文利用知识仓库建库管理系统平台,实现对汉唐时期《黄帝内经》古籍的各种传本、校刊本、注释本进行系统收集、整理、识别、归纳,完成《内经》古籍数据库中汉唐时期的古籍资料建设,使《内经》知识的载体发生了根本性转变。

1056

汉魏六朝碑刻古文字研究[D]/吕蒙.--西南大学,2011

作者对汉魏六朝碑刻古文字作了初步研究,发现碑刻古文字数量巨大,形体主要来自《说文》小篆,文字的保守性很强,有异体众多、深受隶楷书影响等特点;文字既墨守《说文》,又表现出简化、繁化、异化、同化、类化等规律。本文试图用文字学的理论去解释这些现象,力求给出合理的阐释。

1057

《汉魏六朝碑刻校注》未收北魏碑刻整理与研究[D]/杜莹.--西南大学,2014

《〈汉魏六朝碑刻校注〉未收北魏碑刻整理与研究》,对《汉魏六朝碑刻校注》未收的2007年之前已公布的有图片的北魏时期196通碑刻,进行了系统的整理与研究。文章主体为:绪论、整理、研究。

1058

《汉魏六朝碑刻校注》未收石刻整理与研究——三国、两晋及南朝时期[D]/王迟迟.--西南大学,2014

毛远明先生的《汉魏六朝碑刻校注》是收集和研究汉魏六朝时期碑刻文献的重要著作,本文针对该书未收的石刻进行了整理与研究,着重论述三国、两晋及南朝时期的碑刻文献。

1059

汉文古籍标准化元数据转换研究与应用

[D]/饶俊学. --华中科技大学,2011

本文通过古籍数字化服务平台,应用Web技术,实现了在线汉文古籍标准化元数据转换。通过古籍元数据建模,采用面向对象的设计思想,利用关系数据库进行存储数据,把古籍数据设计成为了细粒度的元数据。

1060

汉文古籍索引自动化实践与研究概述[J]/黄建年. --佛山科学技术学院学报(社会科学版),2011,06:50 - 56

本文介绍欧美、日本、韩国、中国大陆与港台等地区在古籍索引自动化领域的实践与研究。

1061

汉文古籍特藏藏品定级谈[J]/李致忠. --国家图书馆学刊,2014,05:03 - 11

本文指出汉文古籍特藏藏品包括人们习见的普通形制的古籍以及简帛古籍、敦煌遗书、佛教古籍、碑帖拓本、古地图等六部分,难以在层级等次上找出统一的标准。《汉文古籍特藏藏品定级(草案)》在"有时限"的前提下,又表现出"不唯时限"的理念,因学术价值高低而上靠或下调。

1062

汉译佛典之新式标点问题举例——以《维摩诘所说经·佛国品》及《佛说大坚固婆罗门缘起经》为中心[J]/温婉如. --"中华"佛学研究(在台湾地区发表),2011,12:115 - 149

本文以《维摩诘所说经·佛国品》和《佛说大坚固婆罗门缘起经》为中心,探讨新式标点问题。

1063

《汉语大词典》失察举隅——兼说辞书编纂宜关注中医古籍[A]/段逸山. --中华中医药学会医古文分会.第二十三次全国医古文研究学术交流会论文集[C],南宁:广西中医药大学,2014

本文列举《汉语大词典》的失察处:失收词目;义项欠全;义项与书证不合;书证时代滞后;文句差错,包括误断、误录、误字。指出其原因,并建议修订时宜多关注中医古籍。

1064

汉至唐宋买地券校补记[J]/陈杏留. --华夏考古,2013,01:134 - 136

买地券作为珍贵的出土文献资料,有极高的研究价值。但由于种种原因,目前刊布的买地券释文材料不少都存在问题。作者通过整理汉至唐宋买地券材料,将常见误因在此刊布,以引起学者注意,从而更好地利用这份宝贵的文物材料。

1065

汉字的方向——汉字古籍版面与西文版面的比较研究[J]/袁由敏. --新美术,2015,04:50 - 55

汉字诞生伊始就奠定了竖写成行、自上而下、自右向左换行的版式格局。历史上,汉字经历过数次变革,自成体系。近一百年来,在西方文字系统影响下,汉字原有构造系统坍塌,发生了一系列变化。今天的汉字版式与西方文字系统相比,依然问题重重。本文立足系列教学研究,破解当代汉字版式生产手段单一、方法缺失的困局。

1066

汉字俗写规律在古籍整理中的利用[J]/曾良. --汉语史研究集刊,2014,00:172 - 187

中国古籍中有大量俗写,俗写也是有一定的规律性的。利用俗写规律可以减少古籍整理中的错误;利用俗写规律可以正确解读古籍语义。俗写条例在整理古籍方面有广泛应用价值。

1067

翰林傅增湘——独具慧眼鉴古书[J]/邸永君. --海内与海外,2012,05:49 - 51

本文从倦怠仕途喜藏书、遍访名家聚古籍两方面,介绍了曾任民国教育总长的傅增湘遍访全国藏书大家、广聚天下古籍、搜罗善本无数、建成"双鉴楼"的事迹。

1068

翰墨古书香[J]/赵轶峰. --中华文化画报,2014,01:76 - 83

本文介绍在国家图书馆举办的"古籍普

查重要发现暨第四批国家珍贵古籍特展"展览情况,以及古籍修复相关工作。

1069

翰墨缥缃——中华古籍保护计划成果展暨国家珍贵古籍特展图录[M]/国家图书馆,国家古籍保护中心编. --北京:国家图书馆出版社,2013

本书是配合2013年5月在北京举办的"国家珍贵古籍特展"编撰的彩色图录。书中收录的每一种古籍既有清晰逼真的书影,又有精炼准确的说明文字。书后的附录部分有专篇介绍了文献学、版本学、书籍史的相关知识。

1070

翰墨人生——记上海图书馆文献修复师邢跃华[A]/王晨敏. --国家古籍保护中心、天津市古籍保护中心编. 融摄与传习——文献保护及修复研究[C],北京:中华书局,2015

本文主要介绍了上海图书馆文献修复师邢跃华的修复之路,包括过去到现在,入行26载源于快乐、臻于细节之美,成为一名"有心人"、部队经历练就了他坚韧刻苦品格,薪火相传、学无止境等过程。

1071

杭州丁氏八千卷楼书事新考[M]/石祥著. --上海:上海古籍出版社,2011

本书以杭州丁氏八千卷楼为研究对象,考述丁氏访书、藏书、刻书、校书、编纂书志目录和"书事"活动,探究八千卷楼的藏书始末,《善本书室藏书志》《八千卷楼书目》《武林藏书录》等三种丁氏著作的编撰过程、体例、特点等。

1072

杭州图书馆古籍善本题跋探赜[J]/仇家京. --图书馆工作与研究,2015,09:76 – 80

笔者在整理杭州图书馆馆藏古籍善本实践中,采摭题跋九则,探究诸跋文所承载的版本目录信息以及藏书理念,以期对现今古籍保护工作有所借鉴。

1073

杭州图书馆善本书目录[M]/杭州图书馆编. --杭州:西泠印社出版社,2011

本书以杭州图书馆藏为限,收录了130余种古籍,按年代先后顺序编排,并撰写提要,附录碑刻原文。

1074

杭州图书馆所藏套印本古籍考略[J]/彭喜双. --图书馆研究与工作,2011,02:74 – 75

杭州图书馆所藏古籍总量不多,但古籍善本比例较高,其中套印本古籍收藏较丰,成为其显著特点。本文对杭州图书馆所藏套印本古籍进行了全面考察和评介。

1075

杭州文元堂书庄考评[J]/王巨安. --图书馆工作与研究,2012,08:83 – 86

本文介绍杭州文元堂书庄及其业主杨耀松的历史,评价文元堂在古旧书业兴盛、文献整理出版、修复技艺传承方面的作用。

1076

何梦瑶《妇科良方》学术特色探析[J]/俞承烈,朱广亚,黄敏兰,尚素华. --浙江中医杂志,2013,11:781 – 782

《妇科良方》属于珍稀中医药古籍,约成书于1751年,是清代医家何梦瑶在继承前人学术观点的基础上,结合个人的临床心得编纂而成。

1077

何其芳藏《红楼梦》及各种续书版本[J]/张鸿声,冯佳. --红楼梦学刊,2012,04:69 – 77

何其芳是我国著名红学家、文学家和藏书家。何其芳先生毕生藏书约35000册,其中《红楼梦》及各种续红楼的版本共计19种。将这19种版本做一辑录,既可从一个侧面反映何其芳研究《红楼梦》的基本情况,又对《红楼梦》版本研究有所裨益。

1078

何其芳藏书考[J]/冯佳. --图书馆学刊,2011,03:126 – 130

本文介绍何其芳先生富于传奇色彩的藏书经历,梳理其所藏图书种类并分析其所藏图书特色,力图为大家更加丰满地认识何其芳其人、更加深入地研究其作品提供宝贵的资料。

1079

和刻本中的"殿本血统"及其对中日双方的影响——以《康熙字典》为例［A］/朱赛虹. --故宫博物院故宫学研究所. 宫廷典籍与东亚文化交流国际学术研讨会论文集［C］,2013

本文以清代武英殿刻本作为参照系统,以颇具代表性的《康熙字典》为例,将中日两国翻刻和衍生品种进行考察对比,指出中国以原样翻刻为主,而和刻殿本除翻刻外还有撰、编、音释、校订、订正、增订等种种异化方式,阐明和刻本中"殿本血统"的存在及其对日本社会和文化的巨大影响。

1080

和刻汉籍与中国刻本之比较——以日本江户时期与中国清代之刻本为对象［J］/郑晓霞. --山东图书馆学刊,2015,03:102 – 106

刻本汉籍在中、日两国都是重要的古籍版本类型,相互之间虽然有很深的历史、文化渊源,版本形态也有诸多相似之处,但是,在版本学研究中却不能混为一体。本文以中国清代与日本江户时期的刻本汉籍为对象,对这一观点进行阐述。

1081

河东地区现存古籍联合目录（运城卷）［M］/韩起来,荆惠萍主编. --太原:三晋出版社,2012

本书是山西运城学院河东文化研究中心韩起来先生的一部运城地区现存古籍目录著作。全书系统地将运城地区各图书收藏机构古籍收藏状况进行目录呈现,全面反映了运城地区古籍收藏和保存的现状。是一部实用性与科学性兼有的地方古籍专业目录工具书。

1082

河东典籍的特色及整理研究意义的思考［J］/米淑琴,范晓丽. --河南图书馆学刊,2011,01:125 – 126 + 129

河东地区历史文化底蕴丰厚,典籍资源丰富,地域特色鲜明,涉及面广,品种齐全,载体多样,价值极高。对河东典籍进行搜集整理研究,不仅可以为研究者提供真实可信的第一手文献资料,而且可以更加深入地理解河东特有的历史文化意涵,挖掘中华民族传统文化的精华。

1083

河东典籍价值及其数字化［J］/米淑琴. --贵图学刊,2012,01:67 – 68 + 60

河东典籍记录了河东地区的历史文明进程。对河东典籍进行数字化,在有效地保护传承文献资料、弘扬中华传统文化、彰显文化魅力等方面具有深刻的现实意义和深远的历史意义。

1084

河东古籍的现状与保护利用［J］/吴湘莲,米淑琴. --山西大同大学学报（社会科学版）,2012,03:77 – 80

河东古籍应在"藏用并重"的管理理念指导下进行全面普查,尽最大努力抢救保护;借助现代电子技术,对传统古籍资源进行有效转换,有效缓解古籍"藏与用"的矛盾;利用各种手段,使河东古籍数字化,科学保护、承传、开发、利用河东古籍,挖掘河东文化的精髓。

1085

河间献王刘德"藏书"探析［J］/李蒙蒙. --沧州师范学院学报,2012,04:34 – 36 + 73

西汉时期,河间献王刘德修学好古,实事求是,广开献书之路,并且与儒生共同搜寻和整理天下文献古籍。由此,河间献王刘德珍藏了许多珍贵的文献古籍。这些典籍,前人多有研究。在此基础上,本文从藏书的条件、特点与作用诸方面,挖掘刘德的藏书思想。

1086

河南地方珍本古籍文献价值述论［J］/张卫宁. --中州学刊,2011,04:188 – 191

河南古籍地方文献是中原文化的一个重要方面,手稿本、稀见书、禁毁书是河南古籍地方文献的精品。研究河南古籍珍本地方文献,对于彰显中原文化的软实力、影响力与支撑力的提升将有重要作用。

1087

河南古籍的开发与利用研究［D］/李颖.--
郑州大学,2011

对古籍的开发可以使其在中原崛起中发挥良性作用,能够促进中部地区社会经济的发展,也让古籍能够物尽其用。本文的研究对象为河南境内保存的 1912 年以前历朝的刻本、写本、抄本、稿本、活字本、拓本等古籍资源,全文共分六个部分论述河南古籍的开发与利用研究。

1088

河南农业大学图书馆古籍普查进展与探索
［J］/付保珂.--科技情报开发与经济,2015,
24:07 – 09

简介河南农业大学图书馆古籍普查工作进展情况,探讨了该馆古籍普查面临的人才紧缺、经费匮乏、存藏条件不达标等问题,提出加强古籍普查工作的措施。

1089

河南省高校图书馆古籍数字化现状与对策研究［J］/樊普.--山西档案,2013,04:44 – 46

本文从河南省高校图书馆古籍数字化的现状出发,分析数字化过程中存在的问题,并提出了统一标准、资源共享、馆际协作、注重特色建设、建立保障体系、健全管理制度等相应对策和建议。

1090

河南省可移动文物普查中的古籍普查问题
［J］/邵风云.--中原文物,2015,03:122 – 124

本文介绍 2012 年河南省正式开展古籍普查登记以来,普查中遇到古籍复合型人才匮乏、古籍藏量家底不清、收藏单位跨系统协调困难等诸多问题,亟待研究解决。

1091

《河南省图书馆古籍书目(集部)》订误［J］/
甘沛.--河南图书馆学刊,2014,01:138 – 140

文章简要分析《河南省图书馆古籍书目(集部)》书目中出现的问题,并对一些错误作出了订正。

1092

《河岳英灵集》及传世版本概述［J］/甘
沛.--图书馆研究,2014,03:126 – 128

唐代文学家殷璠的《河岳英灵集》,辑选盛唐时期广为流传的诗歌编就,书中表达了作者独特的论诗观点。该书在流传过程中,经历了由二卷本演变为三卷本。本文介绍了现存于世的宋刻本及明、清刻本,并对《河岳英灵集》古籍版本的著录进行了简要分析。

1093

贺钦《医闾先生集》及其价值［J］/李勤璞.--古籍整理出版情况简报(总 487 期),
2011,09:9 – 12

本文通过对贺钦《医闾先生集》的概述,力图说明其具有的重要学术价值。

1094

黑龙江省社会科学院馆藏清刻本三种评介
［J］/孙雪峰.--科技创新与应用,2012,14:
293 – 294

本文从黑龙江省社会科学院馆藏古籍中,选出三种清刻本,从品相、作者考据等方面逐一评述,以期还三种清刻本原貌。

1095

黑龙江省图书馆馆藏嘉业堂旧藏稿抄校本述略［J］/石菲,许静华.--图书馆建设,2014,
06:96 – 99

嘉业堂是我国近代著名的藏书楼之一,其藏书的流转受到后来研究者的重视。黑龙江省图书馆现藏有 124 种嘉业堂旧藏稿抄校本,其中有名家名抄、名家题识校跋,且递藏有序,一直未被揭示和整理。本文介绍了此批具有重要文献和文物价值的旧藏稿校本。

1096

黑龙江省图书馆馆藏写本《大般若波罗蜜多经》源流探究［J］/金凤,王延荣.--图书馆建设,2011,02:111 – 113

黑龙江省图书馆藏《大般若波罗蜜多经》第三百六十三卷写本,从书写年代、风格、流转过程考证可知,此经卷是清末著名版本学家杨守敬从东瀛购回,又递经清末书法家邵松年及其子收藏的唐写本珍品。

1097

黑龙江省图书馆所藏嘉业堂旧藏稿抄校本

著录疑误举隅［J］/石菲. --黑龙江生态工程职业学院学报,2013,05:131 - 132

嘉业堂藏书遐迩闻名,书楼主人刘承干亦被誉为近代私家藏书之巨擘。黑龙江省图书馆所藏嘉业堂旧藏稿抄校本,由于多种原因,其馆藏著录信息偶有错漏,如版本、书名等,以致部分抄本鲜被学人关注,亦不包含在全国古籍普查范围之内。本文对此错漏进行修订整理,藏以致用,服务学人。

1098

黑水城文献刻本残叶定名拾补二则［J］/秦桦林. --文献,2015,06:39 - 43

黑水城文献中保存有不少宋元时期的刻本残叶,其中不少残叶整理者未予定名。本文根据历代书目以及传世古籍,对黑水城文献中两组未定名的刻本残叶进行考索,分别定名为《孝经直解》与《三国志文类》,并依据版式特征进一步指出,前者当为元浙本,后者当为元建本。

1099

红与黑:古籍套印本里的穿插之美［J］/陈正宏. --美育(在台湾地区发表),2011,179:4 - 7

本文从美学角度对朱墨双色套印及其工艺进行探讨。

1100

宏扬祖国医学　做好古医籍出版工作［J］/刘培英. --科技与出版,2011,05:41 - 42

本文从政策、选题以及精心选择底本、做好古医籍影印、对古医籍进行排印、做好古医籍校注、提高编辑业务水平等方面介绍如何宏扬祖国医学,做好古医籍出版工作。

1101

洪颐煊《读书丛录》探赜［D］/李祥. --湖北大学,2011

本文结合乾嘉考据学风,客观论述了《读书丛录》之成书背景与过程,也探讨了书中对人物地名职官和宋元刊本的考证,论述了该书在古书校勘上的贡献。笔者还找出书中训诂考证失误之处,通过分析,指出失误的原因,并辨正其失误之处,给出正确训释。

1102

《喉舌备要》版本、学术源流及学术特点探析［J］/郭强. --南京中医药大学学报(社会科学版),2014,02:95 - 97 + 101

《喉舌备要》是广东现存最早的本地喉科专著,《中国中医古籍总目》对其著录有误。该书部分论述和方剂出自《景岳全书》;部分症名借鉴《重楼玉钥》,但两书对各症的描述和治法不同。

1103

《后村诗话》末尾题跋的作者考论——《四库提要》辨证一条［J］/苏睿. --绵阳师范学院学报,2015,07:101 - 104

本文通过考察题跋中"公告老归后所作"的"公"字不能用作自称,以及刘克庄诗话编撰成书的真实情况,认为此跋并非刘克庄自作,而是其子刘季高主持编纂、刊印《后村先生大全集》时所作。

1104

后控词表在中医古籍检索系统中的示范应用［J］/张伟娜,符永驰. --广州中医药大学学报,2011,02:196 - 197 + 200

本文介绍了中国中医科学院中医药信息研究所中医古籍检索系统——中医药古籍资源数据库所采用的在自由标引基础上添加的后控词表的建设方法和示范应用情况,认为在自由标引基础上添加后控词表可以提高数据库的检索效率。

1105

后控词表在中医古籍数据库中的更新模式研究［A］/张伟娜. --中国中医科学院中医药信息研究所. 中国中医科学院中医药信息研究所 2011 年学术年会论文集［C］,2012

本文在已经添加了后控词表的中医古籍数据库基础上,通过为词表维护人员添加更新词条编辑模块和为用户添加评论词条编辑模块的方法,并结合数据库原有的用户输入检索关键词统计功能,构建并实施了后控词表在中医古籍数据库中的更新模式,使后控词表内容得到了及时有效地更新。

1106

胡道静文集·古籍整理研究［C］/胡道静

著. --上海:上海人民出版社,2011

收入先生自 20 世纪 30 年代至 21 世纪初撰写并发表的《谈古籍的普查和情报》、《科技古籍整理机构模式刍议》等古籍整理方法与古文献研究的论文等。这是道静先生对古籍整理与古文献学研究从理论、方法到实践的贡献。

1107

《胡笳十八拍》版本源流考[J]/张卓. --星海音乐学院学报,2011,01:61 - 68

文章从古琴艺术发展史的角度,通过对琴曲《小胡笳》《大胡笳》《胡笳十八拍》、琴歌《胡笳十八拍》的琴谱版本进行全面梳理,以探寻其传承、发展、演变轨迹。

1108

胡适:中国古籍数字化开创者[N]/肖伊绯. --光明日报,2015 - 03 - 31011

胡适对纸质文献数据化的成本核算及社会效益是颇为乐观的。的确,借助于缩微胶片的成像,能将那些深锁高阁的秘宝以极低廉的成本代价,化身千万,成为天下公器;孤本不孤,得以世界共享。

1109

胡应麟《诗薮》版本考[J]/侯荣川. --文学遗产,2014,03:94 - 105

现存胡应麟《诗薮》十余种版本存在着较大的文本差异,本文通过对其刊刻背景的考辨及文本比勘,清理了各本的源流关系,指出其版本优劣。研究亦表明,1979 年上海古籍出版社整理本在底本、校本的选择与使用上存在着不足。

1110

胡玉缙《四库全书总目提要补正》的目录学成就[J]/张美莉. --山花,2015,16:155 - 156

结合胡玉缙的生平,详细地探讨其《四库全书总目提要补正》编纂内容。

1111

湖北省国家珍贵古籍名录图录[M]/湖北省图书馆主编. --北京:国家图书馆出版社,2012

本书收录湖北省各藏书机构入选国务院公布的第一、二、三批《国家珍贵古籍名录》的珍贵古籍 177 种,按经、史、子、集分类,并附有第四批国家珍贵古籍推荐名录的珍贵古籍 11 种,每种均配以图版和说明文字。

1112

《湖北省国家珍贵古籍名录图录》序[J]/杜建国. --图书情报论坛,2012,06:02

人类在社会实践中创造出丰富多彩的物质世界,也营造了自己的精神家园。文化典籍为历朝历代所重视。荆楚多瑰宝,仅荆门郭店楚简、云梦睡虎地秦简、江陵张家山汉简,足使世人惊叹良久。

1113

湖北省基层公共图书馆古籍保护工作的现状及对策研究[J]/陶鑫. --图书情报论坛,2015,05:56 - 60

2015 年 5 月,湖北省古籍保护中心举办了第 13 期古籍保护工作培训班。其间对来自鄂西北 12 个市县图书馆的 21 名学员,进行了各馆的古籍保护工作现状的问卷调查。笔者以此问卷调查结果为基础,对基层公共图书馆在古籍保护方面存在的主要问题作了总结,并提出相关的建议,以期对基层公共图书馆古籍保护工作起到参考作用。

1114

《湖北省历代旧方志目录》初读小札[J]/勖之. --图书馆研究,2014,06:126 - 128

《中国地方志联合目录》收录现存历代湖北地方志 336 种。2012 年出版的《湖北省历代旧方志目录》将这一数字改为 514 种,但该目录除了扩大收录范围,尚有违体例收录之书,故建议将此类书剔除。

1115

湖北省图书馆古籍馆发展创意[J]/李天翔,管小柳,马志立. --图书情报论坛,2012,02:01 - 05

本文从发展机遇、发展战略、发展基础、发展目标、发展措施几个方面系统阐述了湖北省图书馆古籍馆的发展创意。

1116

湖南省图书馆藏敦煌写经叙录[J]/刘雪

平.--敦煌研究,2012,05:70-72+133

本文介绍湖南图书馆收藏的敦煌藏经洞《金刚般若波罗蜜经》《大乘无量寿宗》《大乘无量寿宗要经》等汉、藏文写经九件。

1117

湖南师范大学图书馆馆藏《诗学正宗》版本考证[J]/殷榕,周正颖.--科技信息,2012,11:273

湖南师范大学图书馆馆藏《诗学正宗》一部,经与浙江图书馆藏本比对,确认湖师大藏本为明嘉靖三十六年(1557)五乐堂刻本之残本,由坊间剜改作假而成。

1118

蝴蝶装金镶玉的实际应用——手稿的一种修复方法[A]/葛瑞华,程仁桃.--国家古籍保护中心编.古籍保护研究(第一辑)[C],郑州:大象出版社,2015

本文对三种金镶玉古籍修复法中相对不常用的蝴蝶装金镶玉法进行了详细的过程论述,提出自己独到的见解。

1119

互联网时代出土文献数据库建设的思考与实践[J]/张再兴.--"中国"文哲研究通讯(在台湾地区发表),2011,02:9-20

(阙如)。

1120

互联网时代的高校图书馆古籍室工作[J]/胡露.--文教资料,2012,34:159-160

目前高校图书馆古籍室的工作内容发生了巨大的变化。古籍室可通过下载电子资源,扩大古籍范围;可上传电子书目,完善网络检索,推进古籍复制工作,将某些古籍资源数字化;还可以开展网上咨询,提供文献传递服务,指示其他馆藏,方便读者借阅。

1121

护帙有道——古籍装潢特展[M]/宋兆霖主编.--台北:台北"故宫博物院"(台湾地区),2014

本书概述不同的古籍装帧形式对古籍的保护作用。

1122

护帙有道——古籍装潢特展筹展始末[J]/卢雪燕.--故宫文物月刊(在台湾地区发表),2015,382:66-81

(阙如)。

1123

"华外汉籍"及其文献系统刍议[J]/邹振环.--复旦学报(社会科学版),2012,05:104-114

作者在前行研究的基础上,提出了"华外汉籍"的概念,并通过外刻外著汉籍、华刻外著汉籍、外刻华著汉籍、海外古籍佚书、汉外籍合璧本五大板块,讨论了作为华域之外汉籍的文献系统,在此基础上简要讨论了其价值和意义。

1124

《华阳国志》校读札记[J]/张敏敏.--成都工业学院学报,2013,01:91-93

晋代常璩所著的《华阳国志》记录保存了大量远古至东晋时西南地区的珍贵史料。但也存在着一些不足,如有些记载失实,有些失于裁剪等。在任乃强和刘琳研究的基础上,本文运用古籍整理的方法对书中具有代表性的存疑处进行辨析,使其更好地发挥作用。

1125

怀念苹芳[J]/夏自强.--古籍整理出版情况简报(总499期),2012,09:5-13

本文从六个方面叙述了著名考古学家徐苹芳先生的学术研究成果和高尚人生。

1126

怀念"学者编辑"薛正兴先生[J]/王华宝.--古籍整理出版情况简报(总495期),2012,05:10-15

作者作此文,意在追忆薛正兴先生在工作中的一些事迹和其取得的多项成就。

1127

唤醒沉睡的历史——古籍资助项目《清代河南、山东等省商人会馆碑刻资料选辑》出版[J]/侯林莉.--古籍整理出版情况简报(总524期),2014,10:19-23

本文介绍了《清代河南、山东等省商人会馆碑刻资料选辑》的出版过程,让这段历史重现于世人面前。

1128

《皇朝经世文编》辑录文献考论［**J**］/张雨. --文教资料,2013,11:06 - 07 + 29

《皇朝经世文编》是清末江苏布政使贺长龄聘请魏源编纂的一部史学巨制,史料价值颇高。全书以立足经世、照录全文、广取存异、不因人废论为原则,广泛辑录文集、文钞、奏疏、公牍、政书、论说、方志等官私文献,在史料上表现出博洽、慎核、可靠等难能可贵的特征。

1129

《皇朝经世文编》"刑政"门中的法律文献［**J**］/周积明. --中国古代法律文献研究,2012,00:338 - 374

清道光年间,魏源、贺长龄师华亭陈子龙《皇明经世文编》、吴江陆燿《切问斋文钞》之意,参考《大清会典》"以官统事,以事隶官,提纲挈领,治具毕张"的编纂方法,纂成《皇朝经世文编》百二十卷,分为学术、治体、吏治、户政、礼政、兵政、刑政、工政8门类。

1130

皇家藏书典范四库七阁:书与楼的百年文化苦旅［**J**］/韧雾. --国家人文历史,2013,15:59 - 64

本文介绍四库全书馆藏于大内之文渊阁、奉天之文溯阁、圆明园之文源阁、热河之文津阁、扬州之文汇阁、镇江之文宗阁、杭州之文澜阁的历史。

1131

皇侃《论语义疏》怀德堂本、知不足斋本比较研究［**D**］/李玉玲. --曲阜师范大学,2013

皇侃的《论语义疏》又称《论语义》《论语疏》,本文通过其怀德堂本、知不足斋本比较研究,力图有所新见。

1132

《皇明经世文编》编辑思想浅论［**J**］/岳淑珍. --中国出版,2012,16:42 - 45

《皇明经世文编》是明末编纂的一部大型文章总集,虽编辑时间短,但卷帙宏富,内容浩繁。《文编》的成功编选,体现出丰富的编

辑思想,主要表现为:集体选辑的编辑方法,经世致用的编辑目的,征实详备的编辑原则,以人为纲的编辑体例,为后人的编辑活动提供了诸多可供借鉴的经验。

1133

《皇清职贡图》与赫哲族［**J**］/郭天红. --黑龙江民族丛刊,2011,06:134 - 136

介绍了《皇清职贡图》的基本内容,同时对本古籍中涉及赫哲族的内容进行了扼要介绍。

1134

黄跋在藏书史及文献学研究中的意义［**A**］/陈东辉. --天一阁博物馆编.天一阁文丛(第10辑)［**C**］,杭州:浙江古籍出版社,2012

本文以瞿良士所辑的《铁琴铜剑楼藏书题跋集录》中收录的黄丕烈题跋为例,从版本鉴定、学术考证、藏书流布、古书价格、古书重装等五大方面,论述了黄丕烈题跋对于藏书史、文献学研究的重要价值。

1135

《黄帝内经》著录版本源流考［**J**］/张雯. --中医学报,2012,12:1562 - 1564

本文考证《黄帝内经》的著录、流传及版本源流情况,从《黄帝内经》的著录版本入手,采用文献学方法兼评历代主要版本,系统考述《黄帝内经》的版本源流。

1136

黄丕烈藏书楼寻踪［**J**］/孙迎庆. --东方收藏,2013,03:64 - 65

苏州为历史文化名城,文脉源远流长,藏书之风享誉海内外,至明清藏书楼前后计数百家。本文介绍苏州藏书家黄丕烈藏书事迹。

1137

黄丕烈题跋所反映的清中期古书价格诸问题探微［**J**］/陈东辉. --文献,2013,05:123 - 131

本文以清代中期古书价格为切入点,探讨黄丕烈题跋之重要价值。黄跋是从事中国古旧书业史、中国物价史等研究的不可多得的重要参考资料。其记载书价等内容,在传统书目题跋中别开一派,对后世影响深远。

在引用黄丕烈来论述清代中期古书价格问题时，应注意尽量避免以偏概全。

1138

黄丕烈与版本目录学[J]/范伟.--河南图书馆学刊,2011,03:163-165

本文结合黄丕烈的版本目录学最初实践，论及其目录学思想。他创立的许多古籍整理方法，开辟了许多版本目录方法的先河，对后世目录学发展有着重大的影响。

1139

黄滔集版本源流考述[J]/杨柏林.--莆田学院学报,2011,01:90-94

黄滔集成书后至宋逐渐散佚，其八世孙黄公度据家藏残稿编辑成十卷本《东家编略》，九世孙黄沃又加衷辑。明正德、天启、万历、崇祯年间皆有刻本。本文细数黄滔成书流传始末，以贻读者。

1140

黄永年先生的目录学思想述略[J]/王培峰.--中国典籍与文化,2013,03:142-148

黄永年先生目录学思想的最大特点是将史料学与目录学紧密结合，从史料学角度评价四部群籍，且注意挖掘文献的史料价值，使目录学这门传统学问具有了现代学术视野。其分类虽承用四部分类法，但各部的类属较前人有很多调整，反映了著者的学术识见。在讲授目录学时，注重阅读方法的指引，对治文史者具有重要的引导作用。

1141

煌煌古籍　累累朱迹——古籍善本上的藏书印[J]/李欣宇.--收藏,2011,04:79-84

文章介绍了藏书印的分类、作用、主题及其艺术价值，并以傅增湘、袁克文、韦力为例，说明藏书印体现了藏书者的个性与文化情怀。

1142

煌煌巨著　天下七阁——清宫《四库全书》及藏书阁[J]/李理.--收藏家,2013,01:37-42

《四库全书》是清代宫廷编纂的历朝全书总汇，本文介绍了《四库全书》及其藏书七阁的相关情况，以及文溯阁《四库全书》的辗转故事。

1143

徽州藏书家鲍廷博的藏书实践与理念[J]/马功兰,左雪梅.--理论建设,2012,03:80-84

分析阐述徽州著名藏书家鲍廷博藏书的背景、藏书来源、藏书整理、藏书理念以及对后世的影响。

1144

回首薪火相传路,喜看技艺发展篇——第一期全国古籍修复技术与工作管理研修班感言[A]/张平.--国家古籍保护中心、天津市古籍保护中心编.融摄与传习——文献保护及修复研究[C],北京:中华书局,2015

本文通过对新中国成立后古籍修复技艺发展的描述，抒发作者的感想。

1145

回族古籍的整理与回族文献的界定[J]/勉琳娜.--文化月刊,2014,19:121-122

文章按照回族古籍出版时间顺序，简述了系统整理和出版的情况，同时考察了历史上回族文献的遗存和整理，并对回族文献的概念进行了界定。

1146

回族古籍文献在回族学研究中的史料价值初探[J]/王锋,陈冬梅.--民族艺林,2013,01:17-24

文章就回族古籍文献对研究回族族源问题、宗教信仰问题、科学技术、政治经济、文学艺术等方面的史料价值进行了初步探讨。

1147

回族古籍文献资源价值及其开发利用愿景[J]/钟银梅,方红霞.--宁夏社会科学,2015,06:131-135

回族古籍文献是回族独特历史文化发展轨迹的真实记录，作为宝贵的民族文化遗产，具有相当重要的文献价值。本文拟对回族古籍文献资源价值及其开发利用前景展开专门探究，以期引起学术界对这一重要文化资源的进一步关注和重视。

1148

回族古籍资源的文献价值与数据库建设研

究[J]/陈冬梅.--图书馆理论与实践,2012, 11:98-101

回族古籍文献资源的保护、利用和数据库建设是一项综合性强、科学价值高的系统工程。本文就回族古籍资源的文献价值与数据库建设,回族古籍文献的内涵、类型与特点,回族古籍文献资源建设的路径选择、建设步骤及关键问题等方面进行了初步探讨。

1149

《回族历史报刊文选》的架构与编纂[J]/周晶,雷晓静.--图书馆理论与实践,2013,10: 102-104

作者从大型回族古籍文选丛书《回族历史报刊文选》项目的组织与参与者的角度,介绍该项目起源、编纂过程和框架结构及其出版,并对丛书存在的缺憾和不足作了说明。

1150

回族谱序与宗源考略[M]/马文清主编.--长春:吉林文史出版社,2011

《回族谱序与宗源考略》凡集全国20省,收入回族姓氏72个,融汇158个家族谱序(含家族史料)和60多篇宗源考证作品,全国政界、学术界回族高层领导和名家题词4幅。本书所收入的古汉语序文,内涵深广散发历史幽香,现代新版卷帙浩繁,谱界名流考证,史料翔实可靠,编制世系总表,绘出参天古木,根深叶茂,展示回族在中华大家庭中的富庶生活及接代传宗的崭新图景。

1151

回族医药典籍文献的整理研究与应用价值初探[J]/陈冬梅,王锋.--图书馆理论与实践,2013,09:94-98

由于历史原因,回族医药学在我国医学文献中很少再现,古代医书上也仅有零散记载。本文根据已整理出版的古籍文献资料和相关研究成果,对回族古代医药典籍文献的内涵、类型与应用开发前景进行了初步探讨。

1152

汇寰宇万卷玉简 展广府沧桑文华——《广州大典》的特点、史料价值及其编撰意义[J]/倪俊明,林子雄,林锐.--图书馆论坛,2015,

07:110-116

文章介绍了《广州大典》的整理编辑过程;论述《广州大典》具有搜罗广泛、规模宏大,兼收并蓄、保留广州文献的原生态,挖掘了不少珍稀的广州地方文献资源等特点;分析《广州大典》的史料价值及其编撰意义。

1153

汇刊珍谱 惠泽百姓——写在《思绥草堂藏稀见名人家谱汇刊》出版之际[J]/励双杰.--图书馆研究与工作,2012,04:66-69

文章首先介绍了早期家谱、稀姓家谱和名人家谱等稀缺资源家谱受到追捧的现状,然后追溯了家谱的收藏历史,最后详细介绍了家谱区别于其他历史文献的特色,包括版本特色、内向型特点和动态续修特点。

1154

绘画古籍文献概说[J]/段伟.--兰台世界,2012,15:35-36

文章从画品、画论、绘画著录等古籍方面入手,对我国绘画类古籍文献的书名、作者、版本等情况进行了系统的梳理,以期人们更加深入了解我国绘画古籍文献,进行更全面更系统的学术研究。

1155

惠州市古籍普查与保护工作研究——以惠州市古籍公藏单位为例[J]/周琼芳.--图书馆学研究,2014,03:34-36

本文通过调查惠州市古籍公藏单位古籍保护的工作现状,对目前古籍保管中存在的存藏分散、破损、保管环境亟待改善等问题,提出解决问题的方法和建议。

1156

慧琳《一切经音义》异体字数字化研究[D]/刘兴.--华中科技大学,2013

通过对高丽藏本唐释慧琳《一切经音义》数字化文本的统计和分析发现,慧琳音义包括不少在其他字书中难以见到的异体字。根据慧琳音义中异体字的字频,用相关应用软件制作字符图像,组成异体字字库,可以节约字符集空间,方便异体字的输入、检索及古籍数字化。

1157

混用易误的中医常见字例析——以法藏敦煌中医药文献为中心[J]/钱婷婷,沈澍农.--南京中医药大学学报(社会科学版),2012,01:34-38

汉字具有集形、音、义三者于一体的特性,其应用的复杂程度致使人们难以完全掌握汉语的用字规范。今参考四本考释书,对法藏敦煌中医药文献中发生误混误辨频次较多的五组汉字,从字形、读音、词义方面进行了分析,并作出判断。

1158

活字本鉴别与著录的几个问题及思考[A]/姚伯岳.--倪莉、王蕾、沈津编.中文古籍整理与版本目录学国际学术研讨会论文集[C],桂林:广西师范大学出版社,2013

本文论述了活字本的翻刻、覆刻问题和如何看待断版、裂板现象,说明了活字本字与字之间的笔画交叉问题以及活字本是否包含铅印本等。

J

1159

基层图书馆古籍保护工作再思考[J]/朱红,朱莉.--六盘水师范学院学报,2014,02:60-63

本文针对基层图书馆古籍保护工作普遍存在的问题,提出纳入评估定级重点考核内容、增加硬件设备投入、加大专业人才培养引进、实行借存制度等解决办法。

1160

基层图书馆古籍托管探究[J]/萨枝新.--图书馆建设,2011,04:86-88

古籍托管是指基层图书馆将自身保管的古籍在其产权不变的情况下委托给上级图书馆代为保管。本文讨论了推动托管古籍的意义、存在的困难和解决方案。

1161

基金化生存下的专业定位竞争——地方中小出版社的古籍出版之路[J]/原彦平.--出版广角,2012,09:68-70

"基金化生存"是指在国家相关文化基金政策的资助和扶持下,进行文化、学术和出版活动。本文论述了地方中小出版社在"基金化生存"具体实施中,应与本单位的品牌战略结合起来。在运作策略上要做到专业定位;在竞争策略上,要进行出位竞争。

1162

基于巴蜀中医药古籍医案的数据挖掘系统构建[A]/聂佳,任玉兰,许霞,江蓉星.--中华中医药学会.全国中医药图书信息学术会议暨第十一届中医药院校图书馆馆长会议[C],2014

巴蜀中医药古籍特色突出,其中承载医家丰富理论和临床经验的医案,是不可多得研究对象。本文构建基于关联规则方法分析的数据挖掘系统,不仅能深入研究巴蜀中医药学术流派的特色,亦能为中医药古籍数据挖掘系统开发和应用提供有效的支持。

1163

基于本体论构建中医古籍知识库的探索[J]/孙海舒,符永驰,张华敏,张金玲.--医学信息学杂志,2011,03:64-68

简要介绍本体、知识模型等基本概念和基于本体论构建中医古籍知识库的建库目标,阐明中医古籍知识表达相关理论,从规范控制、构建原则、本体构建工具、系统架构、术语规范化、构建本体模型等方面具体论述基于本体的中医古籍知识库的构建。

1164

基于都柏林核心(DC)的中医文献元数据标准研究[D]/赵阳.--中国中医科学院,2013

本课题是针对已立项的中医文献元数据标准着重从的设计原则、制定方法切入,依据原则与方法建立一套完整的中医文献元数据标准体系。

1165

基于读者需求的中医药古籍文献服务工作研究[J]/程英,亢力,李敬华,高宏杰,张伟娜,杨德利.--国际中医中药杂志,2013,10:915-917

从读者古籍文献需求现状分析入手,探讨图书馆读者服务工作,认为应该立足需求,提升中医药图书馆知识服务能力,并建立新型服务模式,从而满足读者对中医药古籍文献的最大需求。

1166

基于高校图书馆古籍保护工作的思考[J]/郭金钟,唐玉斌.--价值工程,2011,14:319-320

文章对高校图书馆古籍保护工作存在的问题进行分析,并就高校图书馆在古籍保护、开发和利用方面提出建议。

1167

基于古籍保护调研的比较研究［J］/周园. --公共图书馆,2013,02:49－52

本文对北京市属古籍藏书单位摸底调查的材料进行综合性比较研究,发现古籍保护存在地区性的差异,探讨适合于中小型图书馆或少量古籍收藏单位的保护方法和策略。

1168

基于关系原则的古籍命名方式考论——以《汉书·艺文志》为例［J］/傅荣贤. --大学图书馆学报,2012,04:87－91＋125

《汉书·艺文志》通过分类目录,将众多文献厘定为各种关系存在。"关系"强调同质化,由同质化导致的古籍书名既有可能因精于求同而更为深刻地揭示出古籍的内容性质,也有可能因疏于别异而泯灭古籍的个性内涵。

1169

基于互联网的《金毓黻手定本文溯阁四库全书提要》数据平台的设计［J］/周生龙. --科技情报开发与经济,2015,10:133－134＋138

本文设计开发了一个用于研究《金毓黻手定本文溯阁四库全书提要》和《四库全书总目提要》的网络平台,通过平台对数据的收集、存储、查询和输出等功能,可实现对两者提要数据间的智能比对研究。

1170

基于立法视角的古籍整理著作权问题分析——关于《著作权法》第三次修改的思考［J］/秦珂. --图书馆理论与实践,2013,03:05－09

与古籍整理相关的著作权矛盾和利益纠纷呈现出频发性、激烈性、复杂性的态势,而解决问题却遇到了一定的法律适用障碍。建议对《著作权法》及其配套制度作出符合古籍整理著作权保护特点的变革,保障古籍整理事业在著作权法制轨道上的健康发展。

1171

基于数转模拍摄的普通古籍分册问题探讨——以国家图书馆馆藏地方志为例［J］/宁三香. --数字与缩微影像,2015,04:10－13

以国家图书馆馆藏地方志数转模为例,采用理论结合实际的研究方法,综述了随着数转模技术的发展与完善,在实际整理拍摄过程中,出现的不同于传统缩微拍摄的问题;对目前数转模前期整理和拍摄过程中的划分单位进行分析,提出解决方案。

1172

基于图书馆信息化的中国科技古籍资源建设思考——以《天工开物》为例［J］/李书状. --科技情报开发与经济,2015,01:116－118

科技古籍数字化是图书馆信息化发展的一个重要环节,也是对我国古代科技文化遗产进行抢救性保护的重要手段和有效措施。文章以《天工开物》为例,阐述了科技古籍数字化的必要性和可能性,针对科技古籍数字化建设过程中需注意的问题,提出了相应的建议。

1173

基于图书情报学的国家社科基金古籍保护立项分析［A］/陈福蓉,李建霞. --广西图书馆学会.广西图书馆学会2012年年会暨第30次科学讨论会论文集［C］,2012

本文对古籍保护立项情况进行统计分析,提出图书情报学界应在进一步拓展古籍保护研究主题和范围的基础上,加强古籍保护抢救开发及实验技术等方面的研究和项目设置。

1174

基于《外台秘要》之中医古籍语言时代特征研究［J］/张继. --南京中医药大学学报（社会科学版）,2014,04:230－233

唐代王焘《外台秘要》现存较高价值版本为宋本、明本两个版本,二者存在大量有价值的语言现象。就《外台秘要》而言,既反映特定时代医学用语的时代发展状貌,又体现出医学用语常识化、规范化、雅化和俗化并存的规律。

1175

基于文化记忆与社会记忆的历史档案装帧工艺的传承［J］/张美芳. --档案学通讯,2015,01:64－67

本文基于文化记忆和社会记忆,讨论我国历史档案装帧形式的发展、工艺的保留、继承和应用情况,分析工艺失传、失真、失全或缺失对文化记忆和社会记忆产生的影响。

1176

基于文献计量的 2008 - 2013 年四川省高校图书馆古籍保护研究述评[J]/秦慧.--西南民族大学学报(人文社科版),2015,05:233 - 236

本文通过对 2008 - 2013 年四川省高校图书馆古籍保护研究的论文进行梳理,对发文量、作者、主题等进行多方面统计分析,揭示古籍保护研究现状以及存在的问题,并提出相关建议。

1177

基于文献计量学的中文古籍数字化研究分析[J]/韦楠华.--现代情报,2011,10:107 - 111 + 120

本文以中文科技期刊数据库、中国知网、万方数据资源系统为数据统计源,采用文献计量学方法、内容分析法对 1995 - 2010 年间发表的 464 篇有关古籍数字化研究的论文进行梳理,从论文发表年份分布、期刊分布、著者分布、研究主题内容等方面进行多角度的统计分析,揭示古籍数字化领域的研究现状、存在问题以及未来的研究发展方向。

1178

基于信息构建的中医药古籍数字化系统的建立[J]/蓝韶清,李宝金,张晓旭.--广州中医药大学学报,2012,03:315 - 317

中医药古籍数字化系统的研究涉及中医药文化、医史文献、数字化技术、网络技术等多个方面,而运用信息构建理论可以解决复杂的信息组织和管理问题。因此,可以应用现代化的理论、技术和工具,结合中医药古籍的特点,设计基于信息构建的中医药古籍数字化系统。

1179

基于彝文典籍的彝族传统医药理论形成基础及学术内涵研究[D]/罗艳秋.--北京中医药大学,2015

本论文通过对彝族医药古籍文献的调查和分析,阐明彝族医药文献资源的构成情况,对彝族医药古籍和彝医口碑资料系统研究、互相印证,重点论述彝族传统医药理论的学术内涵。

1180

基于语义关联的温病古籍知识检索系统的构建研究[J]/李兵,张华敏,符永驰,李鸿涛,张伟娜,李斌,孙海舒,王蕊.--辽宁中医杂志,2012,12:2403 - 2404

文章以温病类中医古籍为研究对象,对温病古籍知识进行多维度描述,并基于此构建温病古籍知识检索系统,实现温病古籍知识的可视化深度检索与利用。

1181

基于云平台技术的古籍数据库建设安全初探[J]/霍文硕.--电子技术与软件工程,2014,02:198 - 199

随着计算机技术的发展,恶意软件频频出现,严重威胁信息资源储存的安全性,尤其是古籍数据库建设于云平台中,若产生安全隐患,势必会破坏我国古代社会的文明成就。因此,本文所探究的基于云平台技术的古籍数据库建设安全问题,具有重要的研究价值。

1182

基于知识服务的中医古籍图像深度研究[A]/杨德利,亢力,程英,姜岩,刘俊辉,李兵.--中国图书馆学会专业图书馆分会.中国图书馆学会专业图书馆分会 2011 年学术年会论文集[C],2011

本文通过对中医古籍图像挖掘、整合与利用研究,将原本离散的、多元的、异构的、分布的中医古籍图像资源通过物理的或逻辑的方式组织为一个整体,使之信息资源得以优化配置,提高图像利用率,力图构建传统中医古籍图像管理系统平台。

1183

基于知识管理的古籍修复档案管理系统的设计和实现[D]/徐东轩.--沈阳师范大学,2013

本文从传统古籍修复档案定义出发,认为古籍修复档案的形成是由古籍管理人员、古籍修复人员和古籍审核人员共同参与制定的。本文从工作流程的角度出发，关注古籍修复档案和计算机技术的结合，设计和实现了基于 B/S 模式的古籍修复档案管理系统。

1184

基于知识类聚的古籍知识库构建方法[J]/贾凤旭. --图书馆学刊，2015，05：45 – 48

本文采用计算语言学方法和计算机技术，在知识描述基础上按知识点关联进行类聚，组织构建古籍及其注疏文献知识库。为构建古籍文献知识库提供了一种新的知识组织方法，以期为其他同类文献的知识研究提供参考。

1185

基于知识图谱的国内古籍整理与保护研究进展计量分析[J]/魏晓峰. --图书馆理论与实践，2014，10：46 – 50

以 CNKI 和 CSSCI 数据库收录的 1994 年以来国内古籍整理与保护领域核心期刊论文数据为样本，对论文数与引文量年度分布等因素进行计量分析。利用 CiteSpace 和 Ucinet 软件绘制相关知识图谱，考察该领域研究热点、前沿领域与发展趋势，揭示其研究基本特点与现存问题，并提出发展建议。

1186

基于知识元的中医古籍方剂知识表示研究[D]/丁侃. --中国中医科学院，2012

本文以中医古籍方剂知识元研究为核心，拟通过对古籍文献中知识元的抽取与标引，结构起以知识体为单元的知识组织体系；通过对语义成分间关系的标引，关联起中医古籍方剂知识语义网络。

1187

基于自然语言检索的中医中风康复古代文献数据库构建[A]/李灵辉，林尔正，林玉婷，林丹红. --福建省图书馆学会. 福建省图书馆学会 2011 年学术年会论文集[C]，2011

本文通过搜集古医籍中有关中风病康复治疗的文献，用基于本体论的方法建立数据加工平台，整理数据，建立同义词表，实现古今术语表达汇通，设计多功能文献检索平台，建立利用计算机有效获取古医籍知识的方法，并建立中风病康复治疗古医籍检索系统。

1188

基于字料库平台的字书整理研究[J]/朱翠萍，周晓文，陈莹. --中国出版，2013，23：55 – 58

本文介绍字书文字整理的意义和任务，提出利用字料库整理字书的任务、优越性及困难。

1189

基于 ALEPH500 系统的古籍读者服务系统探讨——以国家图书馆普通古籍为例[J]/肖刚. --图书情报工作，2015，S1：110 – 113

本文以普通古籍阅览室为例，尝试探讨基于 ALEPH500 系统强大的连通共享功能、模块化思路和它与第三方系统的无缝衔接能力，开发一套专门针对古籍的读者服务系统的可能性，进而提出开发要求，说明技术优势，以期为馆藏古籍善本及外馆古籍文献的读者服务模式提供借鉴。

1190

基于 AMF 通信的 FLASH 技术设计康复古籍检索平台[J]/林尔正，林丹红. --电脑开发与应用，2012，07：40 – 42

基于富互联网技术的发展，尝试在检索平台使用 RIA 架构技术，重点介绍了 FLASH 通过 AMF3 协议如何和 C#。

1191

基于 ASP. NET 的西域古籍地名 GIS 系统的设计与开发[J]/赵剑锋. --新疆大学学报：自然科学版，2012，01：112 – 116

本文说明开发西域古籍地名 GIS 系统的原因，对系统各部分功能进行分析，介绍系统的设计思想和体系结构，重点阐述在 Visual Studio2005. net 平台上开发系统的具体过程和 ASP. Net 关键技术的应用。

1192

基于 B/S 模式的本草古籍数字化信息平台的设计与实现[J]/曹霞，裴丽. --图书馆学刊，2012，12：106 – 108

本文以本草古籍为切入点，阐述了基于 B/S 模式的本草古籍数字化信息平台的设计目标与设计原则、开发环境和软件配置、平台功能模块与特点以及工作平台的实现方法，以期充分揭示本草古籍中的信息单元，方便专家和学者利用。

1193

基于 CALIS 高校古文献资源库的图书馆古籍开发与利用[J]/樊普.--山西档案,2012,04:70-73

CALIS 高校古文献资源库不仅有利于高校图书馆古籍编目的规范化、科学化，有利于提高工作人员的专业水平，有利于古籍文献信息资源共享，以及古籍数字化建设和古籍保护，还将对高校图书馆古籍文献资源的开发、利用、共享起到极大的推动作用。

1194

基于 CBR 技术的古籍修复中的隐性知识挖掘研究[D]/刘洪泉.--沈阳师范大学,2014

本研究用案例推理技术与古籍修复技术中隐性知识的挖掘相结合的表征方法探讨，谋求以现代人工智能技术打破发展瓶颈。研究成果对古籍修复隐性知识专家系统（人工智能）的研究与开发，具有前期基础性意义。

1195

基于 DC 的古籍元数据评述[J]/葛红梅,徐晶晶.--兰台世界,2015,26:33-34

在对基于 DC 的古籍元数据标准梳理基础上，采用比较研究方法，对"我国数字图书馆标准规范建设"项目、"大学数字图书馆国际合作计划"项目、"国家数字图书馆工程标准规范"项目等三种古籍元数据规范标准进行分析，总结各自特点，指出基于 DC 的古籍元数据标准在古籍数字化中具有积极意义。

1196

基于 GB/T22466-2008 的古籍索引编制技术要点[J]/黄建年,侯汉清.--图书馆建设,2011,06:45-48

综述 GB/T22466-2008 的古籍索引编制的技术要点:古籍版本选择是首要技术问题;款目内容选择是重点所在;因为人名、地名、职官名、书名、物产名等实体名称在不同时期有所不同，其选择和限定词使用各具特色，参照系统的编制应占有相当大的分量;古籍索引的排序方法及出处表达同样不能被忽视。

1197

基于 HALIS 的河南高校古籍文献信息资源的共建共享研究[J]/毛建军.--教育界:高等教育研究(下),2011,07:37-38

本文分析了基于 HALLS 开展古籍资源共建共享的必要性及其意义，提出基于 HALLS 的河南高校古籍资源共享模式的内容和对策。

1198

基于 JavaWeb 的《四库全书》提要信息平台的研究[J]/杨永霞.--科技情报开发与经济,2015,08:131-133+138

本文阐述了《四库全书》提要信息平台设计的意义和过程。

1199

基于 MARC 的现代版古籍丛书编目探讨[J]/杨维利,井深.--科技情报开发与经济,2015,09:27-29

本文根据现代版古籍丛书编目过程中遇到的一些现象，从 CNMARC、MARC21 及 CALIS 的角度，探讨现代版古籍丛书编目工作的若干细节，以期得到机读编目的最佳方式。

1200

基于 OpenCV 的古籍边缘检测技术研究[J]/陈长明.--科技情报开发与经济,2012,08:06-08

针对古籍图像自身特点，采用二次滤波改进 Canny 边缘检测方法，通过图像预处理、Canny 检测、边缘修正、二次滤波等步骤对古籍图像进行边缘检测，并给出基于 OpenCV 算法，通过实验表明该方法有效地提高了古籍边缘检测的效果。

1201

基于 RFID 的图书馆古籍典藏管理系统的研究与应用[D]/王凯.--山东大学,2012

本文介绍基于 RFID 的图书馆古籍典藏管理系统将对古籍图书进行实时监控，简化借还书流程，并可批量无误地读取书籍信息，大大减轻工作人员的工作强度，提升读者满意度;同时可有效防止错架、乱架现象，并提供更高的安全性。

1202

基于 RFID 技术在图书馆古籍书管理中的应用[J]/金志敏.--中国防伪报道,2013,11:98-103

综述基于 RFID 技术、结合 Web Service 技术设计的图书馆古籍图书管理系统的应用,可大大降低图书馆安全风险和提高管理的信息化,确保古籍图书的安全。

1203

基于 VFP + Word 的多文本古籍索引编制实验[J]/黄建年.--现代图书情报技术,2011,10:85-89

利用 VFP 与 Word 编制软件是实现多文本古籍索引的较好选择。可通过古籍分词程序实现索引款目词的选择;调用 Word 的索引词自动标志功能,实现自动标引,产生单一文档的索引文档;通过 VFP 实现各个不同古籍文本索引的合并与整合,调用 Word 的编辑、排版功能实现多古籍文本的拼音、笔画以及四角号码索引的输出。

1204

基于 Word Spotting 技术的蒙古文古籍图像检索中的特征选择[J]/魏宏喜,高光来.--计算机应用,2011,11:3038-3041

设计了一个基于 wordspotting 技术的蒙古文《甘珠尔经》图像检索的系统框架。在充分分析蒙古文《甘珠尔经》中手写单词图像特点的基础上,采用轮廓特征、投影特征和笔画穿越数目来表示单词图像。对比实验结果表明,所选择的特征是合理、有效的。

1205

基于 XML 的《论语》与其注疏文献对齐语料库的知识表示[J]/马创新,陈小荷.--图书情报知识,2013,01:107-113

文章介绍了古籍数字化的发展趋势,重点阐述了使用 XML 描述《论语》与其注疏文献对齐语料库中知识的思路和方法,提出结合当代网络技术和计算语言学方法研究传统典籍的新方法。

1206

嵇康集校注[M]/戴明扬校注.--北京:中华书局,2015

戴明扬先生撰著的《嵇康集校注》,对《嵇康集》本文的校勘注解、嵇康佚著的辑录、《广陵散》的辨证、后人对嵇康及其作品评骘的搜集,均功力深湛,几十年来一直被奉为《嵇康集》注释中的经典之作。

1207

吉林大学古籍研究所建所30周年纪念论文集[C]/吉林大学古籍研究所编.--上海:上海古籍出版社,2014

本书主要内容包括:说殷卜辞中关于"同吕"的两条治铸史料、甲骨文"长"字字形的重新整理、宗人鼎铭文小考、小邾国青铜器铭文补释(外两篇)、史颂器铭"渎苏满"新解等。

1208

吉林大学图书馆藏黄裳题跋四则辑录[J]/朱永惠.--文献,2014,01:133-137

近年来,笔者在工作中陆续发现吉林大学图书馆藏有黄裳先生旧藏古籍善本及他的亲笔题跋。在黄氏所撰《前尘梦影新录》等题跋作品集中,仅一则题跋有著录,但文字上略有不同,故将这些题跋辑录在案,并加按语,以飨同好。

1209

吉林省古籍保护现状分析及对策研究[J]/陈楠.--图书馆学研究,2011,23:41-45

本文通过调查揭示吉林省古籍存藏现状,指出古籍收藏单位的古籍保护意识不强、从业人员素质偏低、经费投入不足等问题,提出加大经费投入,改善古籍保护环境,注重人才培养,加强古籍修复工作,正确处理开发和利用之间的关系等建议。

1210

吉林省古籍修复工作现状的调查与分析[J]/孙颖,陈楠,张华.--图书馆学研究,2013,17:45-49+79

本文总结吉林省古籍修复工作现状,认为吉林省古籍修复工作存在经费投入不足、古籍修复人员不足、古籍破损情况尚不明确等问题,并为吉林省今后的古籍修复工作提出建议。

1211

"集部·词类"著录辩证举例[J]/刘倩.--沧州师范学院学报,2012,04:55－57＋91

通过查核各家书目,有关"词集"的著录在古籍编目中普遍存在以下问题:非词集而著录为词集;确为词集而未著录为词类;著录词集而分类不当或著录有误;年代不确,考辨不明而著录等。每种类型皆有例证,间有勘误辨正。

1212

《集古良方》作者版本考[J]/步瑞兰.--中医文献杂志,2013,06:07－09

本书为古歙江进与其父纂辑,其子江兰将其分门别类,于清乾隆五十五年(1790)刊刻,并名之曰《集古良方》。

1213

集精结粹 幽山渊海——记国家典籍博物馆开馆所见[J]/狄远.--收藏家,2014,08:15－20

国家典籍博物馆抽取国家图书馆精华典籍,常年进行展示,其中以古籍善本为大宗,继承了南宋以来的历代皇家珍藏。特色典藏包括殷墟甲骨、宋拓《神策军碑》、敦煌遗书、地图、样式雷图档、少数民族典籍和西文善本。典籍博物馆的目的是让书写在古籍里的文字活起来。

1214

集其大成 传之久远——写在古籍整理出版专项经费资助项目《苏轼全集校注》获奖之际[J]/王书华.--古籍整理出版情况简报(总522期),2014,08:19－22

本文简要介绍了《苏轼全集校注》,并说明整理出版的重要意义。

1215

集腋成裘 嘉惠后学——评周志锋教授《训诂探索与应用》[J]/黄爱芳.--宁波教育学院学报,2015,02:60－62

《训诂探索与应用》专门讨论古书中词语的训释问题,抉发了一批古词古义,订正了许多错误说法,其研究成果对语文教学、古籍整理、辞书编纂、方言研究及提高现代汉语修养都有一定的参考价值。

1216

计算机辅助版本校勘类型新探以版刻楷体字书为例[J]/朱翠萍.--国学学刊,2015,03:28－33＋141－142

传统校勘领域内"脱""衍""倒""误"的分类方法已经不能适应自动校勘过程中抽离出来的各类情况,重新归纳适应计算机辅助版本校勘的类型和方法,才是顺利实现自动校勘工作的重要步骤。

1217

计算机辅助翻译对中医典籍翻译的促进作用——以《四库全书》为例[J]/王晓敏.--贵阳学院学报(社会科学版),2015,03:85－87＋95

中医文化典籍浩如烟海,其翻译工作绝非易事,应将翻译工作系统化,借助于计算机辅助翻译功能,提高中医典籍翻译效率,保证翻译质量,以将中医文化更好地推向世界舞台。

1218

纪晓岚《庚辰集》版本著录考[J]/甘沛.--图书馆工作与研究,2015,04:80－82＋108

本文就清代所刊刻的《庚辰集》版本著录的正讹提出了看法,对所见的古籍《庚辰集》指出版本著录中的错误,并予以纠正。

1219

纪晓岚主编《四库全书》对图书编目的启示[J]/高福宁.--兰台世界,2013,08:137－138

《四库全书》的编纂内容之广、修书规模之大、涉及人数之多、耗时之久都令后人惊叹不已,而其文化价值、思想价值、历史价值也不可估量,其作为图书编目的典范之作,更少不了借鉴价值。

1220

纪昀与《四库全书总目》[J]/王天彤.--青年文学家,2012,03:198＋200

纪昀倾尽一生精力主持编纂《四库全书总目》。《总目》代表了我国古代目录学的最高成就,是中国古典目录集大成之作,具有极高的学术价值,影响深远。

1221

纪昀与《四库全书总目·医家类》[J]/杨东方,周明鉴.--南京中医药大学学报（社会科学版）,2011,01:20－25

纪昀与《总目》在重视医学、轻视医人、批判神仙与房中、反对温补而倾向寒凉等医学观点上多有相同之处,特别是两者对张介宾喜用药物上都存在相同的误读。本文考证了《四库全书总目·医家类》的学术观点一定程度上来源于纪昀。

1222

纪昀《阅微草堂笔记》的学术思想价值——兼论《阅微草堂笔记》与《四库全书总目》学术思想之异同[J]/王培峰.--社会科学论坛,2015,04:57－65

《阅微草堂笔记》虽是一部笔记小说,但书中包含大量具有很高学术价值的内容。这些特点与《四库全书总目》有很高的一致性。《阅微草堂笔记》在社会教化思想方面,重视神道设教,而《四库全书总目》重视经以立教,两者看似差异甚大,实则可以互为补充。

1223

技术变革的焦虑与跨越——从宋代印刷术的过渡性冲击谈当代古籍文献资讯化的大数据未来[J]/刘宁慧.--（在台湾地区发表）,2015,01:33－66

本文立足唐宋印刷术发展的历史,探讨现今印刷术所面临的现状。

1224

继承弘扬中医学 重视古籍版本研究[J]/刘振梅,杨勇,朱名洁.--光明中医,2014,01:197－198

2009年4月21日,国务院颁布了《关于扶持和促进中医药事业发展的若干意见》,这是新中国成立以来,党和国家发展中医药事业方针政策的高度概括和系统总结,体现了党和国家对于发展中医药事业的高度重视。

1225

加快"数字化"向"数据化"转变——"大数据"、"云计算"理论与古典文学研究[J]/郑

永晓.--文学遗产,2014,06:141－148

古籍数字化及相关应用尚处于初级阶段,近年来兴起的"大数据""云计算"理论及相关应用为网络信息技术深度应用于传统人文学科开启了通道,有可能对未来的学术尤其是需要处理大量文献的古典文学研究产生重要影响。

1226

加拿大收藏的我国古籍数字化开放获取文献资源[J]/刘光华.--办公室业务,2015,13:21－22

开展对于海外收藏的我国古籍数字化开放获取文献资源的相关研究具有重要的历史意义和现实意义。本文介绍了加拿大麦吉尔大学图书馆收藏的、目前可供我国用户免费利用的中国古籍数字化文献资源的情况。

1227

加强古籍数字化建设及构建回族医药文献数据库的探讨[J]/邵平.--图书馆理论与实践,2011,11:89－91

笔者从古籍数字化建设的必要性出发,介绍了国内外古籍数字化建设概况,继而提出了构建回族医药文献古籍数据库的初步设想。

1228

加强古籍修复人才队伍建设的原因分析及对策[J]/黄琴.--贵图学刊,2014,03:54－57

本文分析当前古籍修复从业人员的具体状况,指出古籍修复人才匮乏是我国古籍保护工作的瓶颈,并提出图书馆古籍修复人才培养的途径与对策。

1229

加强馆藏典籍利用率为读者服务的建议[J]/张云.--管理观察,2015,18:42－44

我国图书馆馆藏典籍文献虽然十分丰富,但开发与利用的现状却是重藏轻用、藏多用少。本文针对如何更好地加强馆藏典籍的读者服务,进一步提高古籍文献利用率,提出建议。

1230

加强基层图书馆古籍文献的保护和利用

[J]/姚敏,张承凯. --福建图书馆理论与实践,2015,04:60 – 62

市(县)图书馆保存大量地方古籍文献,但由于抢救保护不及时,再加上人才力量薄弱,古籍文献保护和利用没有真正组织实施。

1231

加强图书馆古籍文献管理之我见[J]/刘芳. --新西部(理论版),2012,04:87 + 81

本文提出要通过提高古籍管理人员的自身素质,认真细致地做好古籍文献的收藏保护工作,顺应时代要求,加强古籍文献的现代化管理等措施,以提高古籍文献的管理水平。

1232

加强网络免费古籍资源的整理看法[J]/施济颖,贺德显. --中国电子商务,2014,10:32

通过网络搜寻免费古籍数字资源,可为古籍整理提供所需范本,为古籍标点和校勘提供参考,给古籍注解和翻译提供背景素材,方便相关人员编撰古籍提要和鉴定古籍版本。本文论述了古籍整理工作者应高效利用网络免费古籍资源,注重对它的收集、整理和利用,根据实际工作要求选择适当的免费资源,优化古籍整理工作程序。

1233

加强中医古籍保护传承传统文化[J]/翟文敏,马传江. --河南图书馆学刊,2014,02:89 – 91

中医古籍数量众多,目前馆藏保护情况欠佳,亟待修复,应进一步健全管理制度,完善古籍书库九防建设,加强修复人才培养,开展中医古籍再造工程,进行古籍的数字化建设。

1234

家谱装订中的异见针眼数[J]/励双杰. --图书馆研究与工作,2015,04:60 – 64

以思绥草堂所藏线装旧家谱的稀有版本为例,阐述异见针眼数装订法现象的古籍版本鉴定意义。

1235

嘉定镇江志[M]/镇江市史志办公室编. --镇江:江苏大学出版社,2014

《嘉定镇江志》是比较有影响的地方志,也是现存镇江古方志中比较完整的一部,乃宋朝大儒卢宪编纂。本书是繁体横排本,精选《嘉定镇江志》古籍善本加以点校,增加注释、校勘记等。

1236

嘉惠艺林 启牖后学(上)——漫话"四库七阁"始末[J]/刘蔷. --中外文化交流,2011,05:64 – 69

本文是上篇,介绍《四库全书》的编纂缘起和七阁的选址,以及七阁在建筑方面对天一阁的借鉴和超越。

1237

嘉惠艺林 启牖后学(下)——漫话"四库七阁"始末[J]/刘蔷. --中外文化交流,2011,06:60 – 65

本文是下篇,介绍《四库全书》百余年来的坎坷经历,以及《四库全书》的历史功绩。

1238

嘉靖《大理府志》版本源流考述[J]/孙鹏. --大理学院学报,2014,03:12 – 15

明代嘉靖年间成书的《大理府志》是今天大理白族自治州境内现存的第一部地方志书。对志书一类的古籍进行研究和整理,版本的判断至关重要。本文试图对其版本源流进行简要考证。

1239

嘉庆《广西通志》修纂及版本源流浅说[J]/赵大冠. --广西地方志,2015,06:39 – 45

谢启昆修纂的嘉庆《广西通志》,是清代"省志楷模""官书创体",为后来多省修志所取法,产生了深远影响。本文主要探讨其版本源流以及当前收藏情况,凸显地方性古籍亟须整理的重要性、紧迫性,从而引发后来者对地方古籍旧志存藏与整理重印的更多思考。

1240

嘉兴历代方志类古籍的开发与利用[J]/陈伟莉. --图书馆学刊,2015,05:121 – 124

在对嘉兴历代方志调研的基础上,以研究价值为切入点,探讨了其在推动风俗文化传承、促进地方传统产业繁荣发展和实现历史名胜开发利用中的重要作用;从整体性的资源规划设计欠缺、学术性研究尚浅以及数字化、网络化进程缓慢角度,论述了现有研究的不足,提出从资源建设和服务体系两方面开发嘉兴方志资源的策略。

1241

嘉兴人对《四库全书》的贡献[J]/王火红,王娟. --嘉兴学院学报,2014,02:43 - 47

从乾隆三十七年(1772)开始的图书征集到民国时期学者们对《四库全书》的研究校勘,浙江嘉兴人一直与此相始终,为中国传统文化的传承与延继做出了卓越贡献。

1242

嘉兴市古籍保护与利用调查报告[J]/朱福英. --图书馆学研究,2011,12:44 - 46

本报告剖析了嘉兴市古籍保护存在的主要困难和问题,并抓住当前古籍保护普遍存在的基础设施、技术手段落后,古籍家底不清以及古籍藏用矛盾等突出问题,有针对性地提出了加强古籍保护利用的对策和解决路径。

1243

嘉兴市珍贵古籍图录[M]/嘉兴市图书馆编. --北京:国家图书馆出版社,2014

本书收录嘉兴市及所属的五县市入选《国家珍贵古籍名录》及《中国古籍善本书目》的珍贵古籍252种,每种均配有代表该古籍特点的书影1 - 3帧,图下录书名、卷次、作者、版本、行款、印章等。

1244

嘉兴学者与《四库全书》渊源考略[J]/李菁,陈心蓉. --长沙理工大学学报(社会科学版),2014,05:106 - 110

在“四库学”的区域研究上,嘉兴板块具有重要价值。嘉兴学者不仅大量参与了“四库”的征献、编纂、校核等工作,而且嘉兴学者之著述更大大丰富了这一宏伟文献。本文以嘉兴学者与《四库全书》关系为视角,将嘉兴学者与《四库全书》的重要渊源凸显出来。

1245

坚守古籍影印 担当文化传承——写在国家图书馆出版社成立三十五周年之际[J]/于春

媚,贾贵荣. --出版参考,2014,21:38 - 40

国图出版社以影印的方式促进古籍保护,化解了藏与用之间的矛盾;根据主题汇编丛书,推动学术研究;未来出版社将扩大古籍仿真影印,开启历史文献影印与数字化的融合与发展之路,积极推动国家海外古籍回归计划,开发海外文献。

1246

坚守学术之尊 力推精品之作——上海交通大学出版社古籍整理与研究出版成果述评[J]/侯俊华. --出版广角,2014,05:08 - 10

上海交通大学出版社近年来出版古籍整理与研究图书相关的图书50种100余册,文史类学术研究出版成果有六大书系,拥有较强的编辑力量和丰富的学术资源。

1247

简帛古书的整理与出版[J]/李零. --书品,2011,02:13 - 27

在2010年第九期全国古籍整理出版编辑培训班上,北京大学李零教授对简帛古书的整理与出版做了比较详尽的介绍。

1248

简帛文献数字化述论[J]/毛建军. --兰台世界,2011,08:23 - 24

简帛文献数字化具有特定的资源特点,必将给简帛学研究和中国文化的传播带来全新的机遇。文章调查和分析国内外简帛文献全文数据库的建设情况,并给出思考和建议。

1249

简帛医书文献用字考据与古籍文献整理研究[J]/杨艳辉,张显成. --东南学术,2014,02:235 - 240

鉴于简帛医书用字考据与古籍整理的互鉴性,古籍文献整理应把握以下要点:注重古籍文献考证对用字研究的基石作用、将古籍文献材料的地域性与时代性纳入用字研究的考量域、古籍异文材料应为用字研究的重要文献。

1250

简论河南地方古籍文献的价值[J]/李永贤. --新乡学院学报(社会科学版),2011,06:

62 - 64

河南地处中原,宋之前,一直是中华民族政治、经济、文化的中心。中原文化是中华文化重要的组成部分,河南地方古籍文献是中原文化的载体,要了解和研究中原文化,要继承和发展中原文化,离不开河南地方古籍文献。

1251

简论简牍帛书的文献学价值[J]/郭茂育. --兰台世界,2012,10:32 - 34

简牍帛书,指简牍和帛书,简称"简帛"。简帛是古代的文献资料,主要应用于纸张发明前的殷商至汉魏时期,是我国文字和书写条件成熟时期的产物。

1252

简论宁夏图书馆馆藏古籍珍本的版本特点及其文献价值[J]/苏学昌. --科技创新导报,2013,33:192 - 193

宁夏图书馆按照文化部古籍鉴定标准,已甄别出了9种馆藏珍贵古籍,并分析介绍了宁夏图书馆这9种馆藏珍贵古籍的版本特点及文献价值,以期能引起全国古籍专业人士对宁夏图书馆馆藏古籍珍本的关注与重视。

1253

简评《东海大学图书馆馆藏善本书目新编》[J]/张围东. --"全国"新书资讯月刊(在台湾地区发表),2014,191:38 - 42

本文对《东海大学图书馆馆藏善本书目新编》的内容和学术价值进行了简要评述。

1254

简评《佛藏》[J]/罗伟国. --古籍整理出版情况简报(总484期),2011,06:16 - 19

借上海书店2011年版《佛藏》出版之际,本文对该书的成书历史、版本流源和文献价值进行了叙述与分析。

1255

简评《龚鼎孳全集》[J]/邓妙慈. --古籍整理出版情况简报(总535期),2015,09:10 - 14

本文对人民文学出版社2014年出版的《龚鼎孳全集》在辑佚、整理与校勘工作中取得的成果和版本价值进行了评述。

1256

简评《浙藏敦煌文献校录整理》[J]/周慧. --古籍整理出版情况简报(总511期),2013,09:19 - 24

作者就《浙藏敦煌文献校录整理》,结合自己的研究成果,作了简要评述。

1257

简述大型古籍修复设备配建及其在工作中的运用[A]/王泓杰. --国家古籍保护中心、天津市古籍保护中心编. 融摄与传习——文献保护及修复研究[C],北京:中华书局,2015

本文简要叙述了大型古籍修复设备配建及其在工作中的运用情况,包括淀粉提取机在修复工作中的使用方法及其优越性、淀粉提取机今后发展的设想、中国字画清洗机在古籍修复工作中的实际应用等情况。

1258

简述东巴古籍文献的保护与研究[J]/李瑞山. --云南图书馆,2015,02:72 - 75

东巴古籍文献在研究宗教、文字及纳西族其他民俗文化等方面具有重要的学术价值。作者简述东巴文古籍文献工作理论与实践、东巴古籍文献征集与收藏、东巴古籍文献整理与科学研究,并对存在的问题提出了解决策略。

1259

简述四库馆臣对宋代《诗经》学的评价[J]/杨艳琼. --文学教育(下),2011,06:30 - 31

前人从不同角度对四库馆臣的经学态度进行了分析,认为四库馆臣尊汉抑宋,而本文旨在通过对比经部"诗类"中正目与存目收录的宋代书籍的提要并结合正目中收录的清朝学者的22部书籍的提要来探讨四库馆臣对宋代《诗经》学的评价。

1260

简述隐性知识在古籍修复工作中的作用[J]/杨敏仙. --云南档案,2012,11:38 - 39

本文简析隐性知识在古籍修复工作中的意义和作用,并提出在修复工作中获得隐性知识的几种方法和如何对古籍修复中的隐性知识进行管理。

1261

简谈古籍善本及其保护措施[J]/刘芳.--新西部(理论版),2012,08:115+105

本文阐述了古籍善本的概念,强调弥足珍贵的古籍善本是不可再生的文献资源,探索古籍善本保护的措施:必须在存放保护时控制紫外线的辐射以及可见光照射,合理控制温湿度,高度重视防尘防霉、防虫防鼠、防火防水工作。

1262

简析国家图书馆《四库全书》书库及展览区安全防范系统的完善解决方案[J]/石文生.--安防科技,2011,12:05-08

安全防范系统在图书馆是非常重要的组成部分,并且发挥着不可替代的作用。我们通过全面完善国家图书馆《四库全书》库区及展览区的安全防范系统,较好地解决了一些在防范入侵情况下容易忽视的死角问题,提升了安防系统的可靠性。

1263

简析《四库全书》对现代档案工作的启示[J]/王伟华.--学理论,2011,05:108-109

编纂《四库全书》时的搜集整理古籍、书目分类、人才选拔、副本制度、学术评价等步骤,已经成为整理中国传统文献的标准,本文分析评述了其对现代文献整理和档案工作的启示。

1264

建本医书刊刻及其影响研究[D]/高施.--福建中医药大学,2014

本文分析建阳刻书业兴衰的缘由,简要展现建阳总体刻书概况,介绍宋元明清建阳地区医学发展概况,揭示方志中建本医书著录特征,从刊刻时间、刊刻机构、书籍内容三方面对建本医书的刊刻状况做出宏观阐述,探讨建本医书在国内外的流传及影响。

1265

建本医书刻印及其影响[J]/高施,林丹红.--福建中医药大学学报,2013,04:60-62

建阳刊刻医书数量多,流通广,内容丰富,版式新颖,为中医药文化的普及与发展做出了重大贡献。本文试图收集与建本医书相关的所有文献资料,以建本医书刻印及其影响为研究对象,从建本影响及贡献、建本医书刻印研究、建本医书影响研究三方面作简要综述。

1266

建国初期国家古籍文献保护研究[J]/马秀娟,张静茹.--图书馆学刊,2013,08:128-130

新中国成立初期,党和政府制定相应的政策、采取多种措施积极进行古籍保护,为以后古籍的保护和研究奠定了坚实的基础。

1267

建国以来古籍保护的演进和重心[J]/蔡彦.--科技文献信息管理,2014,04:34-39

本文回顾新中国成立以来古籍保护的历史过程,总结成功经验,找出存在问题,提出工作建议,以期进一步促进我国的古籍保护工作更好发展。

1268

建国以前国内现存《伤寒论》相关书目研究[D]/吴蓉.--北京中医药大学,2014

本文初步整理出自东汉至民国期间国内现存《伤寒论》相关书目,对书目的书名、作者、成书年代、版本、内容、馆藏地等条目进行考证,并列出一份较完整的国内现存《伤寒论》相关书目清单,还对后世医家评析整理前贤著作后撰成新作进行了研究。

1269

建立古籍修复档案的必要性与项目要求[J]/范月珍.--中国档案,2013,05:60-61

文章首先介绍了古籍修复档案建立的重要性,然后详细阐述了修复档案中的文本内容与要求、书影制作与要求,以及修复工作辅助档案的建立与要求。建立古籍修复档案能真实记录修复工作的主要内容和步骤,值得各修复机构重视。

1270

建立属于自己的整理与出版规范[J]/向谦.--美术观察,2013,03:25-26

2011年艺术学从文学学科门类中独立,

成为与哲学、文学、历史学等并列的第13个学科门类。鉴于传统艺术古籍在建构中国艺术学历史和理论中的重要作用,应建立相应的整理与出版体系和规范。

1271

建设《黄帝内经》古籍数据库设想[A]/仝芳洁,赵博,刘森林等.--中华中医药学会.中华中医药学会第十二届全国内经学术研讨会学术论文集[C],2012

本文认为建立《内经》古籍文献数据库不但是对古籍文献进行整理,而且数字化数据和图像向古籍资源共享的发展目标迈进一步,是数据库技术和中医文献结合跨学科研究的有效尝试。

1272

建设藏医药古籍文献数据库的研究与探讨[J]/卓玛草,扎巴.--信息通信,2015,04:159-160

文章介绍了开发建设藏医药古籍文献数据库的类型和特点,论述建设藏医药古籍文献数据库的必要性,并指出建设藏医药古籍文献数据库过程中存在的问题。

1273

建设中国文学数字化地图平台的构想[J]/王兆鹏.--文学遗产,2012,02:131-133

作者设想,将静态、分散的纸质文学史料进行大规模的数字化集成、发布和地图展示,建立多功能的中国文学数字化地图资源共享平台。平台具有数据处理生成功能,将改变文学史研究的视角、维度和书写模式。

1274

剑桥大学亚洲及中东学院图书馆中国古籍经眼录[J]/黄伟豪.--书目季刊(在台湾地区发表),2011,02:111-121

本文为剑桥大学亚洲及中东学院图书馆21种中国古籍目录。

1275

江汉大学图书馆古籍保护工作实践[J]/何艳红.--高校图书情报论坛,2012,04:56-59

本文分析了对江汉大学图书馆从2001年合校以来的古籍书目的建库和日常管理工作,探讨了避免古籍缺失所采取的保护措施

及修复措施。

1276

江陵凤凰山西汉简牍的重要发现[J]/陈振裕.--古籍整理出版情况简报(总534期),2015,08:11-14

江陵凤凰山西汉简牍包括全部简牍的照片、摹本、释文和相关考古资料及研究资料。本文通过对江陵凤凰山西汉简牍的研究,指出其对研究西汉社会经济所具有的重要价值。

1277

江苏第三批国家珍贵古籍名录图录[M]/江苏省文化厅,江苏省古籍保护中心编.--南京:凤凰出版社,2011

《江苏第三批国家珍贵古籍名录图录》收录了江苏第三批国家珍贵古籍,分为魏晋南北朝隋唐五代时期、宋辽夏金元时期和明清时期三个部分。

1278

江苏第四批国家珍贵古籍名录图录[M]/江苏省文化厅,江苏省古籍保护中心编.--南京:凤凰出版社,2014

本书是继《江苏首批国家珍贵古籍名录图录》和第二、第三批出版后,省文化厅、省古籍保护中心和我社的第四次联合编辑出版。

1279

江苏古籍版《型世言》校点商榷[J]/李颖.--现代语文:下旬(语言研究),2012,03:159-160

《型世言》是亡佚已久的明代拟话本小说集。1987年被法籍华人陈庆浩在韩国汉城大学奎章阁发现,1992年台北"中研院"中国文哲研究所出版影印本。大陆最早由江苏古籍出版社于1993年出版,选择台湾影印本为底本,并由专家精心校勘。然因过录改排,间或有疏略之处。今不揣浅陋,选录十余则,略加按断,以就正于方家。

1280

江苏古籍数字资源建设的调查研究[J]/葛怀东.--图书馆界,2015,01:32-34

本文对江苏省各级馆藏机构的古籍资源

以及古籍数据库进行调研，分析了古籍数字化加工主体以及古籍数字资源库的建设规模，并提出江苏古籍数字资源建设的相应对策。

1281

江苏省立国学图书馆与中国文化传承研究[J]/郑辰,刘洪权.--山东图书馆学刊,2014,01:50－54

近代西方欧美文化输入中国后，绵延数千年的传统文化面临空前的危机，中国文化传承成为时人思考的深切主题。本文重点探讨江苏省立国学图书馆民国时期古籍收藏及出版、木刻版片保存等方面的业绩，以阐扬其传承中国文化的卓越贡献。

1282

江苏省中医药古籍调查与整理[J]/高雨,姚惠萍.--中华医学图书情报杂志,2014,10:47－49＋79

本文统计分析江苏省的中医药古籍源，介绍江苏省中医药古籍的收藏现状，提出加强中医药专业图书馆的"行业"中心作用、推进中医药古籍的普查与申报、开展《江苏省中医药古籍联合书目》编撰等中医古籍整理工作的建议。

1283

江苏师范大学图书馆藏清人未刊稿本考述[J]/李青枝.--文献,2013,05:180－188

稿本的价值包括文物价值和文献价值两方面，未刊稿本尤为可贵。清人著述中，未刊稿本占有相当数量。笔者辑选若干清代作家及其未刊稿本，从作家生平、著作版本、文献史料等方面加以考述，揭示其学术价值，以引起学界的进一步关注和研究。

1284

江西省古籍保护工作的现状与思考[J]/程学军.--南方文物,2013,01:179－181

本文就江西省古籍保护的现状、目前还存在的制约古籍保护工作深入开展的主要问题提出浅见，以有助于古籍保护工作的进一步开展。

1285

江西省图书馆古籍保护工作初探[A]/程学军.--江西省科学技术协会、江西省图书馆学会.第二届江西省科学技术协会学术年会第二十九分会场暨江西省图书馆学会2012学术年会论文集[C],2012

本文介绍了江西省图书馆馆藏古籍及其保护工作现状，并就该馆古籍保护工作存在的问题提出对策。

1286

江西省图书馆古籍保护工作现状与对策[J]/程学军.--江西图书馆学刊,2012,06:12－14

本文着重介绍了江西省图书馆馆藏古籍及其保护工作现状，并就该馆古籍保护工作存在的问题提出对策。

1287

蒋复璁冒险抢救江南古籍[J]/蒋祖怡.--档案春秋,2011,12:18－20

蒋复璁，字美如，号慰堂，浙江海宁硖石人。当代著名图书文博专家，1933年在南京创办国民政府中央图书馆，担任馆长33年。其子蒋祖怡先生撰文讲述了父亲70年前的这段经历，以纪念抗战胜利66周年，并告慰为这宗文化遗产冒险奔波的民国精英人物。

1288

蒋仪《药镜》整理校注八得[A]/王振国,丁兆平.--中华中医药学会.中华中医药学会第十六次医史文献分会学术年会暨新安医学论坛论文汇编[C],2014

本文通过对蒋仪《药镜》整理研究，考证作者蒋仪学术思想和《药镜》版本状况，对成书时代、与《医镜》的关系等深入探究，以助于《药镜》之传播以及古籍整理工作的总结与提高。

1289

焦竑"博学启悟"论指导下的藏书思想[A]/韩梅花,罗军.--国家古籍保护中心编.古籍保护研究（第一辑）[C],郑州:大象出版社,2015

本文介绍晚明思想家、藏书家焦竑"博学启悟"论的内容，分析焦竑的藏书理念和考证与分类思想，总结焦竑藏书思想的社会意义。

1290

《焦循诗文集》整理点校平议[J]/萧川.--古籍整理出版情况简报（总 479 期），2011，01：19 - 24

本文对广陵书社出版刘建臻点校《焦循诗文集》（2009 年版）的得失进行了评点，并分析了其中校刊、引文、标点等内容和格式的一些疏漏之处。

1291

校书二札[J]/胡俊俊，胡琼.--晋城职业技术学院学报，2012，03：77 - 78

《艺概注稿》《苏辙集》二书字词句间有错讹。鉴于二书具有很高的文献学术价值，故列举其错讹，供再版时参考。

1292

劫余珍籍"玄览"情：馆藏玄览堂丛书的内容与特色[J]/俞小明.--新世纪图书馆，2014，12：42 - 47

本文拟就本馆所藏《玄览堂丛书》底本之选印过程及其内容与特色作进一步的分析。古籍的保存与整理，是站在前辈们的肩膀上，一步一步往下扎根、持续耕耘的志业。本文的正题名"劫余珍籍'玄览'情"，也是在前辈卢锦堂主任（现为台北大学教授）的建议下增修的，谨在此一并感谢。

1293

解析古籍藏与用的矛盾[J]/李月华.--科技资讯，2015，02：242

本文介绍古籍现状及其保护情况，提出保护以预防为主、储备技术修复力量的建议，指出要合理协调藏与用的关系、古籍保护的重要性及其意义。

1294

介绍"东京大学东洋文化研究所所藏汉籍善本全文影像数据库"[J]/郭明芳.--国文天地（在台湾地区发表），2012，03：24 - 28

本文是对东京大学东洋文化研究所所藏汉籍善本全文影像数据库的介绍。

1295

今人校勘《遗山文集》盲从四库本之失[J]/狄宝心.--民族文学研究，2011，06：16 - 20

今存世最早的《遗山文集》是明弘治李瀚本，最接近元刻本原貌。四库本径改之，因校益讹。今人校勘又盲从四库本，以讹传讹。我们择录十条予以订正，应对文献建设及今人古籍整理的态度、方法具有重要价值。

1296

金石文献数字化资源述论[J]/毛建军.--山东图书馆学刊，2013，03：71 - 74

随着信息技术的发展，国内外利用计算机技术编制了大量金石文献全文数据库。金石文献数字化可以有效解决古籍保护和利用的矛盾，有利于中华民族历史文化的传播。文章调查和分析国内外金石文献全文数据库的建设情况，并进行思考，提出建议。

1297

金毓黻与文溯阁《四库全书》[J]/赵梅春.--图书馆工作与研究，2015，07：71 - 75

本文回顾金毓黻与文溯阁《四库全书》的渊源。

1298

锦衣为有金针度[J]/陈新.--古籍整理出版情况简报（总 491 期），2012，01：8 - 13

作者结合自身常年从事古籍编辑、出版工作的经验，交流了主持出版社工作以及古籍保护整理工作的四大个人心得。

1299

进则忧国忧民 退则杜门著述——试论珍贵古籍《南渡录》及其作者李清[J]/何晓冬.--浙江高校图书情报工作，2013，01：46 - 48

李清系明季兴化史学名儒。本文从他的生平及其著作《南渡录》，探究其抗疏诤谏、亮节孤忠、忧国忧民的高尚品德。《南渡录》2010 年 6 月入选第三批《国家珍贵古籍名录》，家抄本现藏于兴化市图书馆。

1300

近百年山东文献整理的里程碑[J]/何朝晖，茹莉君.--中国图书评论，2013，07：119 - 121

文章追溯了近百年来山东文献整理的概况，并简要介绍了《山东文献集成》各辑的内容特色。之后，详细论述了这部丛书的经典之处，包括影印工作细致严谨、版本精核、数量多品类全等。

1301

近代丛书编纂的巨擘——张元济——以古籍丛书编纂为例[J]/袁红梅. --哈尔滨工业大学学报（社会科学版）,2014,05:99 – 103

本文介绍丛书的源流名实,叙述张元济在总结前人汇刻经验的基础上,通过收书、藏书、整理出版古籍丛书,将丛书的广博气象和校印水平推向极致,成为近代丛书编纂的巨擘。

1302

近代古籍数字化回顾——兼论王世贞数据库[J]/张玉梅. --社会科学家,2014,11:132 – 136

我国的古籍数字化工程目前仍处在初级发展阶段,标准与规范都在讨论和建设中,完善的电子数据库数量较少而且质量参差不齐,"王世贞数据库"这类专题数据库具有建设的必要性和巨大空间,已有大型古籍数据库工程可以给专题类古籍数据库建设提供借鉴和启示。

1303

近代史料笔记研究——以记载晚清史料的笔记为主[D]/黎俊祥. --安徽大学,2011

本文主要探讨近代史料笔记概述、史料价值、史料价值的判定、出版刊行、个案研究五个方面,还在论文之末编制了近代史料笔记的出版刊行情况简表及近代主要留存的史料笔记简介。

1304

近代云南回族研究的资料宝库——评新出版的影印云南《清真铎报》全集[J]/马颖生. --回族研究,2014,03:138 – 140

本文介绍了云南《清真铎报》的诞生、历史使命和史料价值,认为此次该报全集影印出版是珍贵典籍的再现,系各方通力合作的结果。

1305

近几年古籍保护与修复的研究状况分析[J]/辛会玲,王美英. --图书馆论丛,2012,02:03 – 05

本文简要论述了2007年至2011年有关古籍保护与古籍修复方面的研究状况。采用定量分析的方法与参考文献数据进行对比研究,通过对分析结果的探讨,总结出当前图书馆界在古籍保护与修复研究领域的发展方向与突出不足。

1306

近六十年来台湾的古典目录学研究成就[D]/邱丽玫. --山东大学,2011

本文对1949年至2008年台湾地区古典目录学研究做一总结、述评,抉发此一领域研究的具体成果,以展现特色与价值,并试图在回顾与前瞻中找寻未来的发展方向。

1307

近三十年（1981 – 2011）少数民族古籍出版物图书评论文献综述[J]/邓秋菊. --楚雄师范学院学报,2012,04:97 – 101

本文从有、无文字两个方面对各个少数民族古籍出版物图书评论进行分类收集、整理,以期对近30年少数民族古籍出版物图书评论有一个详细的了解和把握,对进一步研究我国少数民族古籍出版物有所启示。

1308

近十年来我国民族古籍开发利用研究进展[J]/吴昌合,董宇豪. --图书馆论坛,2011,06:357 – 361 + 239

文章在总结民族古籍形成和发展的基础上,从民族古籍的缩微和影印、数字化建设、专业人才队伍的培养、开发和利用的相关立法、开发利用的管理体制等六个方面,综述了近十年来我国民族古籍开发和利用的研究历程和最新成果。

1309

近五年（2008 – 2012）新见汉魏六朝石刻搜集与整理[D]/杨宁. --西南大学,2014

作者搜集与整理了2008至2012年五年间陆续新见的汉魏六朝石刻,文章从对资料的搜集、对所有搜集的石刻进行楷书释文、对石刻文本的校注三方面进行了论述。

1310

近现代藏书家典籍捐公简论[J]/王安功. --图书馆学刊,2013,06:126 – 129

典籍捐公是一种近现代藏书家将私藏古籍捐给公共文化机构的公益行为和历史现象。图书典籍捐公现象始于晚清,发展于北洋政府、民国时期,鼎盛于 20 世纪四五十年代。在典籍藏书的捐公史上,大批传世经典得以妥善集中庋存,呈现出善本多、孤本多、品种广、研究性强等特点。

1311

近现代藏学研究与出版探析[J]/苏振才. --出版发行研究,2015,02:109 – 111 + 108

本文叙述了藏学产生、藏学研究与近现代藏学著作出版的概况,强调藏族文化是中华民族多元一体文化的重要来源,藏学著作是中国出版史的重要组成部分。出版业应当继承藏学文化遗产,继续加大力度保护和抢救藏文古籍文献,弘扬中国藏学的爱国主义传统。

1312

近 30 年来广西地方古籍丛书编辑出版述略[J]/莫彬. --图书馆界,2014,04:16 – 19

本文分三部分,首先是详细列举 30 年来广西地方古籍丛书,然后从成果及作用、启示与借鉴两方面对广西地方古籍丛书进行了述评,最后对广西地方古籍文献丛书的整理出版进行了展望。

1313

晋商中的藏书家——以晋中地区为例[J]/韩丽花. --晋图学刊,2014,06:47 – 50

本文以晋中地区为例,从历史背景、代表人物和藏书特点三方面对晋商藏书家进行了论述。

1314

浸水纸质藏品的稳定与干燥[A]/刘家真. --国家古籍保护中心编. 古籍保护研究(第一辑)[C],郑州:大象出版社,2015

本文对浸水纸质藏品的修复过程进行详细说明,尤其对四种常用的干燥方法进行详尽分析与比较,提出许多自己在工作中的真知灼见。

1315

《京本忠义传》上海残页的数字化研究[A]/周文业. --首都师范大学、中国传统文化数字化研究中心. 第十届中国古代小说、戏曲文献与数字化研讨会会议手册、论文集[C],2011

本文利用数字化技术,在前人的分析基础上,对《京本忠义传》上海残页进行了分析研究。

1316

《京剧历史文献汇编》(清代卷)出版[J]/韩凤冉,李相东,汪允普. --古籍整理出版情况简报(总 488 期),2011,10:25 – 28

本文对 2011 年凤凰出版社出版的《京剧历史文献汇编》(清代卷)之全、精、新三大特点进行了叙述和分析。作者认为,该版本文献门类齐全且资料搜罗全备,编辑团队底本选择与校勘编辑精心、细致,并且收录了大量学界最新成果。

1317

经部古籍索引综录(一)[J]/李文涛. --中国索引,2011,03:40 – 44

经部古籍在我国传统四部典籍中占据总领统摄性的位置。然而也因其内容庞杂、语言诘屈、义理深奥等原因难以为今人提挈把握。作者广览众多编制索引文献,整理 2010 年以前已出版的古籍索引名录,编制经部古籍索引,望能有裨益于四海学人。

1318

经部古籍索引综录(二)[J]/李文涛. --中国索引,2012,01:35 – 46

(同上)。

1319

经典古籍文献对儿童教育的启蒙价值[J]/李森. --国文天地(在台湾地区发表),2015,01:62 – 66

(阙如)。

1320

经典古籍注疏文献的知识网络研究与设计[J]/马创新,陈小荷,曲维光. --图书情报工作,2013,09:124 – 128

为了利用计算机分析经典古籍和注疏文献中的信息,分析注疏文献中存在的问题,本文提出使用结构化的知识表示方法组织经典古籍和注疏文献中的知识,并结合经典古籍注疏文献知识网络的基础框架结构,探讨经典古籍注疏文献知识网络中的知识组织方式和应用价值。

1321

《经典释文》异文补录考证[D]/杨燕.--四川外国语大学,2014

本文以二重证据法为基本方法,结合相应的出土文献,对《经典释文》所收异文作补正和考校。

1322

经典·修典·儒藏[J]/赵新.--儒家典籍与思想研究,2015,00:318-329

中华民族以灿烂文化著称于世,很大程度上与看重历史记忆的文献传统有关,特别是与对经典文本的记录、保存、研究与传承有关。其中有两种基本的文化态度:一是传统家庭及知识群体对于经典教育持久而深切的关注;二是国家政府对于经典文化建设工程积极而有力的支持,最为人熟知的就是"盛世修典"的文化创举。

1323

经典与校勘论丛[C]/刘玉才,(日)水上雅晴主编.--北京:北京大学出版社,2015

本书是古籍办国家古籍整理出版资助项目"《十三经注疏校勘记》整理"的附属产品。围绕"古籍校勘"这一主题,收录多位参与"《十三经注疏校勘记》整理"项目专家学者的论作。

1324

《经律异相》异文研究[D]/张春雷.--南京师范大学,2011

本论文对《经律异相》中的异文进行了深入研究,从而对汉语史,特别是对中古时期汉语的词汇学、训诂学、文字学现象做了新的探索,这也是学术界从语言学的角度第一次对佛教类书《经律异相》的异文进行的解析。

1325

精华初现:《傅斯年图书馆善本书志·经部》评介[J]/张家荣.--"全国"新书资讯月刊(在台湾地区发表),2014,191:43-47

本文对《傅斯年图书馆善本书志·经部》的释义、内容体例、撰写及呈现特点等进行评述。

1326

精校 精注 精译——伏俊琏先生《人物志译注》浅谈[J]/赵祥延.--宁夏师范学院学报,2015,02:118-122

本文从校勘、注释、今译三个方面论述了伏俊琏先生《人物志译注》的特色与所取得的成就,其中整理古籍的方式与方法值得我们学习和传承。

1327

精心规划 综合运作——《义乌丛书》古籍整理的规划及实施情况综述[A]/吴潮海,刘俊义.--中国地方志指导小组办公室、中国地方志协会、宁波市人民政府地方志办公室编.首届中国地方志学术年会方志文献国际学术研讨会论文集[C],北京:中华书局,2012

本文对《义乌丛书》古籍整理的规划及实施情况进行综述。

1328

《景德镇陶瓷古籍文献精粹》所载陶瓷古籍文献考[J]/胡英明.--江西图书馆学刊,2012,02:126-128

本文对2011年8月影印出版的《景德镇陶瓷古籍文献精粹》中所登载的《陶记》《陶说》《景德镇陶录》《景德镇陶歌》四部陶瓷古籍的版本流传、作者情况和书的主要内容及其史料价值进行探讨。

1329

《敬修堂医源经旨》述略[J]/焦振廉.--山西中医学院学报,2012,05:02-04

《敬修堂医源经旨》八卷,余世用撰集,成书于明神宗万历三十四年(1606)。成书及刊行《敬修堂医源经旨》书前有序三篇:李日宣序、曹学程序及余世用自序。根据这三篇序,可大致确定该书的成书及刊行过程。

1330

静海楼藏珍贵古籍图录[M]/陈亮主编.--上海:上海古籍出版社,2014

本书为南通市图书馆古籍藏书楼"静海楼"古籍图录。精选珍贵图书，附以书影，分经、史、子、集、丛部，简要介绍图书年代、作者、内容、入选名录情况等。

1331

《酒边集》两种版本比较研究[J]/赵银芳. --图书馆界,2013,04:27 – 29

《中华再造善本》收有两种《酒边集》，分别是中国国家图书馆所藏的清初毛氏汲古阁影宋抄本《酒边集》与清光绪十四年(1888)汪□刻宋名家词本《酒边词》。本文通过此二版本对比，阐述研究心得。

1332

旧衣新装——浅谈古籍善本木匣修护[J]/陈澄波. --故宫文物月刊(在台湾地区发表),2015,382:104 – 115

（阙如）。

1333

旧志整理出版的意义——从《咸阳经典旧志稽注》出版发行说起[J]/李之勤. --中国地方志,2012,10:54

咸阳市地方志办公室从该市十余县区明清至民国600多年间编印的70多种县志中精选15部，加以标点、分段、校勘、注释，作为《咸阳经典旧志稽注》丛书公开出版。

1334

旧志整理的感想和建议[J]/刘汉忠. --广西地方志,2015,05:28 – 29

《全国地方志事业发展规划纲要(2015 – 2020年)》由国务院办公厅发布。笔者从事地方史志研究和编纂30载，整理过主持影印过十多部旧志及其他广西和柳州地方文献古籍。如饮水之鱼，深感其艰。通读《规划纲要》，感叹良多。今就深入开展旧志整理工作述谈感想，略陈建议。

1335

"救书、救人、救学科"原则解读[A]/李美. --广西图书馆学会. 2013年广西图书馆学会年会论文集[C],2013

民族古籍经过近30年的抢救，取得显著成绩，但是当前还存在诸多问题，究其原因是长期以来对"三救"原则解读存在偏差。本文对"救书、救人、救学科"原则的含义进行深入解读，并对今后民族古籍工作提出了具体建议。

1336

就地方文献古籍书目数据库构建的几点见解[J]/阿尚桔. --赤子(上中旬),2015,03:152

对地方文献古籍书目进行现代化管理，并构建地方文献古籍书目数据库等，对地方文献古籍的保护及管理是十分必要的。本文以普洱少数民族地区图书馆在地方文献古籍书目数据库构建等方面的工作情况为基础，围绕地方文献古籍的专业化保护展开论述。

1337

《居士传校注》出版[J]/桑宝靖. --古籍整理出版情况简报(总530期),2015,04:8 – 13

本文介绍了《居士传校注》一书并提出作者见解，希冀此书的出版可促进我国居士佛教研究迈向更高层次。

1338

居延新简释校[M]/马怡,张荣强编. --天津:天津古籍出版社,2013

《居延新简释校》依据居延新简的简影图版，对居延甲渠候官(破城子)、甲渠塞第四燧出土的汉简进行释校。尽可能完整的反映居延新简的原貌(如形制特征、断简、刻齿、重文、合文、垂笔及各种符号等)。

1339

掬水月在手 弄花香满衣——简评古籍资助项目《上海图书馆善本题跋真迹》[J]/刘尚恒. --古籍整理出版情况简报(总524期),2014,10:16 – 18

本文介绍了《上海图书馆善本题跋真迹》，从四个方面提出作者认为有特色的见解。

1340

举步维艰的古籍整理如何走出困境[J]/陈志平. --科技致富向导,2011,14:109 – 110

本文列出古籍整理的困境，提出建立核心、建立比较科学的评估体系、数字化、古籍的文献化研究等调整机构和方向的策略。

1341

具有文学史和文献学研究双重价值的《敦煌小说合集》[J]/廖可斌. --古籍整理出版情况简报(总496期),2012,06:21 – 27

本文对浙江文艺出版社2010年出版的《敦煌小说合集》的整理思路、文献搜集标准进行了详细分析,说明了该版本的特色和研究价值。

1342

聚珍撷英——台湾汉学研究中心特藏精选图录[M]/台湾汉学研究中心. --台北:台湾汉学研究中心(台湾地区),2011

本书以六个单元,介绍馆藏古籍版本、手绘本及古籍版画、拓片、台湾古书契、年画、老明信片等。

K

1343

《开宝藏》原样影印出版[J]/李际宁. --古籍整理出版情况简报(总 481 期),2011,03:24 – 27

本文概述介绍了我国历史上第一部木刻本佛教大藏经《开宝藏》的成书历史和全世界收藏情况,以及 2010 年文物出版社出版《开宝藏》的过程。

1344

开发古籍珍藏 实现资源共享[J]/刘群,郭娟娟. --卷宗,2015,11:54

本文就图书馆内古籍珍藏如何由纸质型向多媒体、电子读物转变,并实现资源共享谈了看法。

1345

开放存取环境下图书馆古籍数字资源的开放性工作探究[J]/张华艳. --图书馆理论与实践,2011,09:18 – 20

本文通过网络调查的方式对国内部分图书馆古籍数字资源的开放利用情况进行了调查,分析了古籍数字资源开放性方面存在的问题,指出图书馆应改变认识,搭建统一的检索平台,深度开发古籍数字资源,逐步实现古籍数字资源的开放存取,促进人们对开放存取资源的有效利用。

1346

开启古籍宝库的钥匙[J]/梁爱民. --博览群书,2012,09:56 – 59

本文介绍了《冀淑英古籍善本十五讲》一书,书中述及的重要古籍均配以精美书影,图文相映,读者可赏鉴珍本,并从中得到古籍版本的基本知识、善本古籍收藏和鉴定的知识。对于刚刚接触古籍的人,该书是入门教程;对于专攻古籍版本学、目录学的学人,该书是不可多得的重要参考文献。

1347

刊刻序跋在古籍版本鉴定中的重要作用[J]/徐昱东. --边疆经济与文化,2014,02:169 – 170

从古籍版本鉴定工作需要出发,古籍序跋可以分为:写书序跋、学术评介序跋、版本考据序跋和刊刻序跋。在古籍版本鉴定过程中,这四种序跋所能起到的作用是不一样的。其中,刊刻序跋是确定古籍版本最直接最有力的证据。

1348

《刊正九经三传沿革例》中的古籍整理经验探析[J]/贾忠峰. --河北北方学院学报(社会科学版),2015,03:75 – 77

《刊正九经三传沿革例》记录的古籍整理经验可概括为:选择最好的传本并详细参订后作为整理所用底本;邀请与古籍相关内容关系密切的专家学者参与;综合运用校对方法;虽然对某些内容有所怀疑,但不轻易改动,保持古籍原貌;注重借鉴前人好的做法,积极探索新的整理方法。

1349

康命吉《济众新编》版本研究及价值[J]/林馨,朱君华. --浙江中医杂志,2013,09:637 – 638

本文旨在对康命吉《济众新编》流传及版本进行分析研究,从而总结其在文献学上的价值。

1350

抗战期间仁人志士保护中国珍贵善本古籍[J]/郭南震,昭质. --档案与建设,2015,11:45 – 46 + 93

本文主要回顾了抗战期间仁人志士保护中国珍贵善本古籍的过程。

1351

抗战时期贵州省立图书馆保护文澜阁《四

库全书》考察[J]/袁媛,刘劲松.--河南科技学院学报,2014,07:90-92

抗战时期贵州省立图书馆对文澜阁《四库全书》的保护全面周到,通过晒书、加强保卫、改进庋藏办法等措施使得这部珍籍在动乱中保存下来,为保存典籍,传承中华文化贡献一分力量,功不可没。

1352

抗战时期抢救陷区古籍诸说述评[J]/张锦郎.--佛教图书馆馆刊(在台湾地区发表),2013,57:54-116

本文是研究抗战期间中央图书馆委请上海文献保存同志会抢救沦陷区藏书家、书肆和零星个人藏书的文章。

1353

抗战时期浙江省文澜阁四库全书内迁史料[J]/杨斌.--民国档案,2015,02:31-40

本组史料为教育部、浙大校长竺可桢、交通部等各方之间为四库全书西迁事的来往文书。

1354

考述并重 文史合一——曾枣庄先生古籍整理与古典文学研究评介[J]/刘秀琼.--天中学刊,2011,03:10-14

本文介绍曾枣庄在宋代古籍整理研究、三苏研究和宋代文学史研究三个领域的丰硕成果,以及从事中国古代文体学研究具有的填补空白意义。

1355

科技创新环境中古籍修复人才培养模式的研究[J]/张宛艳.--大学图书情报学刊,2011,03:12-14

本文总结了图书馆古籍修复事业中知识创新和技术创新的成果,分析当前古籍修复从业人员的具体状况,指出古籍修复人才匮乏是我国古籍保护工作的瓶颈,并提出在科技创新环境下图书馆古籍修复人才培养的途径与方法。

1356

科技古籍整理出版现状亟待改变[N]/郭书春.--中国新闻出版报,2014-02-17005

改革开放30余年来,国家和学术界对科学技术典籍的整理越来越重视,出版了一批在国内外有影响的科技古籍的影印本、校点本、校注本、今译本或者外文译本。

1357

科技古籍整理刍议[J]/郭书春.--古籍整理出版情况简报(总479期),2011,01:4-11

本文举例分析了当前我国科技古籍保护整理工作中存在的问题,并对亟须要开展的六项不同层面的工作进行了讨论与展望。

1358

科技图书馆古籍保护工作实践与探索——以中国科学院新疆分院文献信息中心为例[J]/杨晓,李宏建,张帆.--科技广场,2013,06:141-145

本文结合当前实施的"中华古籍保护计划"工程,立足中国科学院新疆分院文献信息中心五年来古籍保护工作实践,针对科技图书馆古籍文献保护与利用面临的问题,提出推进古籍保护工作的思路和方法,为我国古籍资源的合理保护和利用提供参考和借鉴。

1359

科学发展观与图书馆古籍工作的可持续发展[J]/李筑宁.--贵图学刊,2011,03:77-79

从古籍工作的协调发展、古籍工作的可持续发展、用科学发展观指导古籍工作的发展等方面,论述古籍工作要认真贯彻落实科学发展观,结合古籍工作实际,坚持以人为本,自觉运用科学发展观指导和促进古籍工作全面、协调、可持续发展。

1360

科学引领 积极推动——张声震对布洛陀文化研究的引领与推动[J]/黄铮.--广西民族研究,2012,02:194-201

张声震一直致力于广西少数民族古籍的抢救和整理,其主持整理出版的《布洛陀经诗》为开展布洛陀文化研究提供了坚实的基础。由其提议、指导的布洛陀文化学术研讨会深化、拓展和提升了布洛陀文化研究。

1361

可居丛稿[M]/王贵忱著.--广州:广东人民

出版社,2011

本书分为古籍整理和研究、钱币研究、金石小品题跋、书画评论题记、其他共五个部分,内容包括:跋明黄君蒨刻本《水浒牌》、清初刊本《皇明四朝成仁录》单篇跋等。

1362

克绍祖德,贻功来兹——读方勇《存雅堂遗稿斟补》[J]/徐儒宗.--古籍整理研究学刊,2015,02:110－111

近几年来,历代名家文集成绩斐然,但也颇有未尽人意之处,诸如:从整理的对象而言,大都注目于名气大的文家,而名气不是很大然而对历史起有实际巨大作用的文家则未被引起重视。从整理的质量而言,或辑佚不全。诸如此类,学界常引为憾,今以此文稍作补遗。

1363

孔传《古文尚书》渊源与成书问题探论[D]/崔海鹰.--曲阜师范大学,2014

本文探论孔安国传本《古文尚书》的系列成书问题,考察其流传、演变以及在西汉时期的整理成书过程,以求更深刻地理解《尚书》类文献的本质,及其流传、演变的各种特征,进而为《古文尚书》案的重新认识和解决提供新的视角和研究思路。

1364

《孔子家语》成书时代和性质问题的再研究[D]/邬可晶.--复旦大学,2011

本文把相关出土文献同《孔子家语》内容作了详细比较,全面考察《孔子家语》与其他传世古书之间的源流关系,对古今学者的怀疑、驳议作了总结和考辨,并发现了一些新的疑点,提出关于《孔子家语》成书时代和性质的倾向性意见。

1365

《孔子家语》研究[D]/邓莹.--中央民族大学,2011

《孔子家语》最早见录于《汉书·艺文志》,是一部早期儒家的重要文献。该书详细记录了孔子与其弟子门生的问对诘答和言谈行事,对孔子以及儒文化的研究有着重要的

价值。

1366

《孔子圣迹图》考述[D]/王睿.--曲阜师范大学,2013

本文以中国历代的《孔子圣迹图》为研究对象,以传世各版本图像和典籍为依托,从历史和美术等角度,将历代《孔子圣迹图》的发展脉络进行大体回顾和梳理,希望借助传世图像和古籍,勾勒《孔子圣迹图》的产生、发展的框架。

1367

《孔子诗论》集释[D]/迟林华.--华东师范大学,2011

本文对《孔子诗论》目前的研究情况做了大略的综述,说明研究目标和研究意义,同时将《孔子诗论》自发布起至2011年的所有关于文字的考释意见和成果尽可能完备地进行归纳、整理。

1368

口碑古籍保护整理之我见[N]/谭晓燕.--贵州民族报,2014－11－03B03

口碑古籍内容博大精深,形式千姿百态,包含着丰富的历史内容和对实践经验的深刻体察。少数民族口碑古籍是通过民间艺人口耳相传得以传承的。

1369

叩开版本学的大门[J]/薛冰.--全国新书目,2011,07:32－33

本文考察现在的藏书人的类别,大致可以分为几个层面:一、原先的爱书人,因为所选得到充分肯定,激起更大的收藏热情;二、投资者,包括企业财团,时出大手笔;三、一些初涉收藏圈的新手,以为旧书易得,投入不高,赝品尤少,由此入门。

1370

跨越"历史天堑",攻克古籍数字化瓶颈[N]/张选杰,李宣良.--新华每日电讯,2013－11－25007

中华古籍浩如烟海,数字化时代如何让这些承载中华文化的古籍更好地走近普通大众、走向世界舞台?转业军人尹小林历经10

多年研发成功古籍"自动标点、自动比对、自动排印"三大核心技术,取得中华古籍数字化整理与传播的历史性突破。

1371

《**括地志辑校**》**补辑四则**[**J**]/李贤强. --中国历史地理论丛,2014,04:105

唐初魏王李泰撰的《括地志》是我国著名的历史地理著作之一,书成不久散佚,后世有多个辑本流传,其中以中华书局 1980 年出版的贺次君先生的《括地志辑校》最佳,然此本仍然存在遗漏情况,笔者通过使用中国基本古籍库、文渊阁《四库全书》、中国方志库、四部丛刊等古籍检索工具补辑数则。

L

1372

拉萨市尼木县切嘎曲德寺古籍普查记——又见元刻[J]/萨仁高娃,白张.--中国藏学,2014,S1:162-164

2012年拉萨市尼木县发现多种元刻本,其中最为突出的是《量理宝藏》等6种古籍,不仅充分展现元大都刊刻藏文古籍的盛大画面,而且反映萨迦王朝与元中央政权的密切关系。文章介绍拉萨市尼木县切嘎曲德寺古籍普查及发现元刻本的始末。

1373

兰州文理学院图书馆馆藏古籍述略[J]/王作华.--兰州文理学院学报(社会科学版),2014,01:13-15

本文从馆藏明刻本、馆藏清刻本以及馆藏善本三方面概述了兰州文理学院图书馆馆藏古籍文献,这些文献有着重要的版本价值、资料价值和文物价值。

1374

琅函有恙——院藏古籍函套修复试议[J]/高宜君.--故宫文物月刊(在台湾地区发表),2015,382:94-102

(阙如)。

1375

劳己逸人的古籍整理新典范——《续修安顺府志》审读意见书[J]/张新民.--贵州文史丛刊,2013,01:128-129

本文介绍了点校本《续修安顺府志》整理工作的原则、方法和过程,认为该书标点断句准确可靠,校记注释精当畅达,代表了现今古籍整理一流水平。

1376

劳树棠与《四库全书总目·医家类》[A]/杨东方,李柳骥.--中华中医药学会医古文分会.中华中医药学会医古文分会成立30周年暨第二十次学术交流会论文集[C],2011

本文从劳树棠其人及家庭、劳树棠的医学主张、劳树棠思想的体现、劳树棠作用的局限性四个方面介绍了劳树棠参与《四库全书总目·医家类》编撰的情况,对其功绩进行评价。

1377

《老老恒言》(白话注释本)注释今译存在的问题[J]/黄作阵,李京忠.--北京中医药大学学报,2011,12:815-818

当前,随着中医药事业的蓬勃发展,中医古籍的整理出版也随之蓬勃兴起。但在中医古籍的整理,特别是注释今译的过程之中,也出现若干问题。本文就《老老恒言》(白话注释本),注释今译存在的若干错误进行分析,以便中医古籍整理者引以为戒。

1378

老儒米寿著新书——评《苹楼藏书琐谈》和《文史纵横谈》[J]/杨效雷.--山东图书馆学刊,2013,05:83-84

评述涂宗涛先生的两部新著《苹楼藏书琐谈》《文史纵横谈》。涂老为传统文史检索专家,其中《文史纵横谈》查阅"蔡威"出典的周折,侧面反映了古籍数字化工程的重要意义。

1379

类编型古医籍的他校方法探讨——以《杏苑生春》为例[J]/曹瑛.--中医文献杂志,2015,03:29-31

他校法在校勘类编型古籍过程中占有重要地位。采用他校法,要探寻引用文献,对他校用书了然于心;要归纳引文形式,主要有全篇引用、成段引用、混合引用、化裁引用等;要区分明引与暗引,以便在他校时采用不同的处理方式;要确定他校原则。运用他校法时应当重视前期调研,以便制定出针对性强的校勘原则,同时应避免盲目校改。

1380

《冷斋夜话》版本考[J]/查雪巾.--古典文献研究,2012,15:533－556

《冷斋夜话》是宋代的一部著名的诗话,其"论诗者居十之八,论诗之中称引元祐诸人者又十之八,而黄庭坚语尤多",是研究宋代诗学尤其是江西诗派的重要文献。

1381

离骚笺疏·李璟李煜词校注·花外集笺[M]/詹安泰著.--上海:上海古籍出版社,2012

本书乃著名学者詹安泰古籍整理类著作的合集,包括《离骚笺疏》《李璟李煜词校注》和《花外集笺注》三部作品。

1382

黎族古籍文献类型及其价值体现[J]/余日昆,邱红.--重庆理工大学学报(社会科学),2012,12:110－112＋122

黎族古籍文献的基本类型有口碑古籍文献、汉文古籍文献、外文古籍文献和实物古籍文献4类。这些黎族古籍文献具有重要的学术研究、旅游开发及传承教育等价值。

1383

黎族古籍文献收藏现状研究[J]/余日昆,王芹,邱红,吴坤玲.--四川图书馆学报,2012,06:32－34

本文从黎族古籍文献的界定、特点及收藏情况等方面进行全面系统的调研分析,旨在推进黎族古籍文献的保护和抢救。

1384

黎族古籍整理及黎学研究的回顾与展望[J]/高泽强.--琼州学院学报,2011,03:23－24

本文回顾和介绍黎族古籍整理、黎学研究等方面的发展历程及所取得的成绩,并展望其未来的发展。

1385

《李白全集编年注释》研究[D]/姚璐.--西北大学,2014

本文以《李白全集编年注释》一书为中心,运用逻辑学的演绎推理和归纳推理的论证与分析方法,对编撰团队、编撰过程、版本情况、诗文校注、诗文编年做一个系统化的全面研究。

1386

李慈铭越缦堂藏书四种述略[A]/杨健.--国家古籍保护中心编.古籍保护研究(第一辑)[C],郑州:大象出版社,2015

本文分别介绍北京师范大学图书馆馆藏古籍中四种越缦堂旧藏,对学界研究李慈铭及其藏书有一定的参考价值。

1387

李德裕集版本源流考[J]/王永波.--中国韵文学刊,2015,03:92－96

本文从目录版本学着手,对《李文饶文集》的历代版本源流传承进行了考辨。

1388

李绂经世文献辑录[D]/郑妮.--江西师范大学,2012

本文以辑录《穆堂初稿》《穆堂别稿》《雍正朱批谕旨》中有关李绂经世史料为核心,运用历史文献学的研究方法,对相关史料加以句读和校勘。在此基础上,吸纳前人研究成果,探讨李绂的经世文献价值,以求有裨于清朝历史研究。

1389

李梦生《左传译注》再商榷[J]/刘志军,胡霞.--湖南人文科技学院学报,2011,01:86－88

李梦生先生的《左传译注》是近年较有特色、影响较大的一本古籍整理专著,然璧有微瑕,在古文异例、修辞、通假字、句读等方面还有一些疏漏。本文列举数例,加以辨析。

1390

李善注征引《尔雅》及其旧注研究[D]/于珊珊.--青岛大学,2012

本文对《文选注》引《尔雅》中的异文进行了穷尽性统计研究,明确了研究对象的来源和价值,梳理了李善《文选注》对《尔雅》原文及注文的引用情况,对所征引的《尔雅》及其旧注与今本《尔雅》文字不同的问题进行研究,对李善《文选注》征引《尔雅》及其旧注在版本学方面的价值进行了探讨。

1391

李调元《看云楼集》摭谈——中国国家图书馆读书札记之一[J]/李宜家,李哲.--蜀学,2014,00:153－155

本文就巴蜀文化巨人李调元《看云楼集》的版式以及载于卷首的两篇序文等发表评述。

1392

《里堂札录》辨伪[A]/刘建臻.--扬州大学、中国人民大学.2013·国际经学与文学学术研讨会会议论文集[C],2013

上海图书馆典藏的"善本"《里堂札录》,从卷数、字迹、署名方式、记时、记人、记物、书评、所记著述、交游之人、所用术语、所述生平和记有焦循身后之事12方面,足证该书为后人伪托之书。

1393

理工院校图书馆古籍的开发和利用探析[J]/李恬.--科技情报开发与经济,2012,24:01－03

针对理工类院校古籍利用率低的问题进行深入分析,认为古籍不能被充分利用除了读者缺乏认识和了解外,还因为现有的古籍服务不能有效地满足读者需求,提出提高理工院校图书馆古籍利用率的一般方法和知识链接模式。

1394

理解版本的方法与效用[J]/叶纯芳.--儒家典籍与思想研究,2012,00:260－272

本文希望通过笔者在《儒藏》中心工作的经验,举例说明学习文献学不应该只停留在纠正错误、避免错误的阶段,实际上,我们可以通过版本来发现文献学的意义与魅力。

1395

理蕴其中——论理学思想对南宋古籍版面的影响[D]/宋晓晔.--中国美术学院,2011

本论从汉字版面设计角度,对南宋古籍版面进行比较研究,进而研究南宋古籍版面、方法论和理学思想三者之间关系,通过对南宋古籍版面方法论的深入探索,以期唤醒建立现代汉字版面方法论的意识,并获得创造源泉,指导专业实践。

1396

《历代妇女著作考》清代妇女部分考订十三则[A]/赵媛.--国家古籍保护中心编.古籍保护研究(第一辑)[C],郑州:大象出版社,2015

本文发现了《历代妇女著作考》13条失误之处,逐条列出后进行勘定校对。

1397

历代文献学要籍研究论著目录[M]/陈东辉主编.--杭州:浙江大学出版社,2014

本书收录了《汉书·艺文志》《隋书·经籍志》《郡斋读书志》《直斋书录解题》《文献通考·经籍考》《四库全书总目》《校雠通义》《书目答问》《书林清话》《中国古籍善本书目》等近30种历代文献学要籍的研究论著目录。

1398

历史档案及古籍修复用手工纸的选择[J]/张美芳.--档案学通讯,2014,02:75－80

本文分析我国现阶段常用修复用纸的使用情况,并基于适用性,从造纸原料、工艺等提出修复用手工纸需要满足的一些基本条件。

1399

历史的记忆和传承的平台[N]/杨牧之.--中国新闻出版报,2014－02－12004

《中国古籍总目》正式出版了。这五大部、26册、2000万字,加上四大册索引,真是卷帙浩繁,洋洋大观。最为重要的是,这套《总目》第一次对"浩如烟海""车载斗量"的"中国古籍"给出了一个数字:20万种。

1400

历史人类学视野中的《部氏族谱》——兼论民间古籍文献的整体性研究[J]/王志清.--鞍山师范学院学报,2013,01:05－08

湖北省三家台蒙古族村存有乾隆时期与民国初期的古籍《部氏族谱》。本文从历史人类学的视角释读《部氏族谱》蕴含的"历史心性"与英雄祖先叙事,辨析《部氏族谱》得以产生和传承的社会情境,为当下民间古籍文献的整体性研究提供历史人类学研究方法的参考。

1401

历史图牒数字化述论[J]/毛建军. --图书馆学研究,2011,04:19-20

历史图牒数字化可以有效解决历史图牒保护和利用的矛盾,有利于中华民族历史文化的传播。近20年国内外历史图牒数据库建设已经取得了一些成绩,但还存在数据库兼容、资源利用封闭等问题,需要统筹解决。

1402

历史文献数字化的几点误区[J]/单红彬. --数字与缩微影像,2011,04:28-30

历史文献数字化有很多问题需要解决,其中有一些问题容易被忽视而产生误解。本文列举了一些历史文献数字化进程中可能会产生的误区,并加以剖析和探究。

1403

历史文献学思想:一份亟待总结的学术遗产——读王记录《中国史学思想通论·历史文献学思想卷》[J]/肖炎明. --历史文献研究,2013,01:360-362

王记录教授的《中国史学思想通论·历史文献学思想卷》率先对中国历史文献学思想进行系统总结,揭示了中国历史文献学的民族特点,发掘历史文献学的优良传统,填补前人在这一研究领域的疏略,拓展了历史文献学研究的空间,是一部具有开拓性的历史文献学著作。

1404

历史文献研究(总第33辑)[C]/中国历史文献研究会编. --上海:华东师范大学出版社,2014

《历史文献研究(总第33辑)》由中国历史文献研究学会组织编写,内容为学会会员研究成果,共收学会论文40余篇,包括《中国文献辨伪学新思考》《全球化研究的一个视角:欧洲藏中国历史文献》《春秋盟誓"读书"考》《民国时期清代山左潍县陈介祺金石学文献流传整理与文献学价值》等。

1405

历史文献研究(总第34辑)[C]/中国历史

文献研究会编. --上海:华东师范大学出版社,2015

本书由中国历史文献研究学会组织编写,内容为学会会员研究成果,共收学会论文30余篇。

1406

历史文献研究(总第35辑)[C]/中国历史文献研究会编. --上海:华东师范大学出版社,2015

《历史文献研究(总第35辑)》由中国历史文献研究学会组织编写,内容为学会会员研究成果,共收学会论文30余篇,包括施丁《我治史学》、邓骏捷《澳门天主教文献与〈世界记忆名录〉》、韩大伟《〈汉书·儒林传〉叙事法初探》等。

1407

丽水畲族古籍总目提要[M]/吕立汉编. --北京:民族出版社,2011

本书收录丽水畲族古籍条目1000余条,是对丽水畲族古籍的整理成果。

1408

利用数字化资源提高古籍整理效率的实践和思考[J]/申利. --图书情报知识,2012,05:120-125

利用数字化资源能大大提高古籍整理效率。笔者在整理北宋文彦博的作品集《文潞公集》的过程中,在版本考证、辑佚、校勘、注释四个方面充分利用数字化资源,提高了古籍整理的效率和精确度,并就数字化资源利用当中存在的问题提出了建议。

1409

利用缩微技术进行古籍再生性保护情况综述[J]/宋晶晶. --数字与缩微影像,2014,04:32-34

本文综述了缩微中心进行古籍再生性保护的情况和成果。随着数字技术的发展,缩微复制技术一度受到图书馆行业的冷落和质疑。多年的研究表明,缩微技术有其优势,特别是在文献长期保存方面有重要的作用和价值。

1410

利用《中国丛书综录》查寻中医药古籍[J]/朱毓梅,李明. --长春中医药大学学报,2012,06:952 - 954

《中国丛书综录》全书分为3册,即《总目》《子目》《索引》。内容搜罗齐备,著录详明,检索方便,可为查寻者提供版本查询、收藏情况查询、收录情况查询、著者情况查询的快速通道。利用《中国丛书综录》开展中医药古籍整理工作,是从事相关科学研究的必要前提。

1411

例说古籍普查著录之疑难问题[J]/周思繁. --图书馆学刊,2013,06:51 - 53

本文以工作实践为基础,结合大量实例归纳并阐述古籍普查著录中古籍责任者姓名著录、古籍卷数著录、合刻之书、丛书子目著录、古籍定损、残本、内容繁杂古籍著录等应该注意的问题。

1412

例谈明清帝讳字与古籍版本的鉴定[J]/冯方. --韶关学院学报,2015,01:23 - 25

依据帝讳字来判断古籍版本是版本鉴定的重要手段。弄清这些,对于古籍版本的鉴定尤为重要。

1413

荔波县档案馆藏国家珍贵古籍名录部分布依文古籍简述[J]/何羡坤. --贵州世居民族文献与文化研究,2014,00:251 - 262

从2009年6月至今,荔波县已有15册布依文古籍入选国家珍贵古籍名录,现就入选名录的荔波县档案馆藏布依文古籍作简要概述。

1414

连城二璧,美玉有瑕——浅析两本版本学著作[J]/陈朝晖. --艺术科技,2014,06:185 - 186

本文对比研究《古籍版本学》(黄永年著)和《古书版本鉴定》(李致忠著)这两部著作。笔者认为二书系统整理并总结版本学研究成果,代表了当代版本学的整体水平,在版本学理论体系的建立和实践经验的传递中发挥了重要作用。

1415

联璋组璧,嘉惠学林——新编、点校《沈德潜诗文集》评介[J]/蒋晓光. --古籍整理出版情况简报(总499期),2012,09:18 - 21

本文评述了新编《沈德潜诗文集》的贡献:汇全众本、考校精良、搜罗宏富。认为新编《沈集》为学界提供了一部精准全备的沈德潜诗文总集。

1416

凉州遗存藏文古籍研究[M]/更登三木旦著. --北京:民族出版社,2014

本项目以凉州藏文古籍中的吐蕃木牍、吐蕃写经,宋(西夏)、元、明历朝历代的藏文抄经的重要题记、主要特征和少量的绝版朱印本藏文经函为典型材料,结合遗存于凉州地区的藏文碑刻等其他藏族历史文化遗存,较全面、细致地研究了凉州遗存藏文古籍产生的时代背景、历史文化价值等。

1417

梁上椿与其岩窟藏志[J]/柳森. --中国地方志,2015,02:46 - 49 +64

民国时期的著名学者梁上椿专藏方志,可谓山西古籍收藏集大成者。其生平和著述情况均鲜见于相关史籍,其"梁氏岩窟藏书"概况也尚未被学界了解。梁上椿收藏方志古籍为1941 - 1945年间,主要在北京、山西两地通过购买、交换、抄写等方式收集183种(188部)方志,其中晋志占175种,且不乏珍本、善本,具有重要的版本与文献价值。

1418

《梁溪集》中宋人佚诗续补[J]/阮堂明. --古籍整理研究学刊,2015,01:57 - 59

由于《梁溪集》卷帙规模较大,笔者在查阅和翻检的过程中,又续有所见,发现仍有一些堪称佚诗者,为前文所阙,凡14首。因草成此文,以补前文辑补未完之失。

1419

《梁祝》古籍版本和歌谣、音乐源流考辨[J]/韦琴琴. --兰台世界,2013,09:101 - 102

梁祝化蝶是物化思想表现,轻灵飘逸的文化精神继承了战国庄子以来的浪漫主义思想文化传统,继承了民族文化抒情的基调,诠释了美与爱是永恒的思想。

1420

《两广盐利疏》版本源流考[J]/刘利平.--盐业史研究,2015,02:56－66

《明经世文编》和《粤西文载》收录的《两广盐利疏》是该疏的常见版本,然舛误较多。该疏尚存10种版本被学界忽视。

1421

两汉图书校勘制度及其成果[J]/张晓霞.--兰台世界,2013,23:140－141

文章从分析两汉时期图书校勘制度及成果出发,说明图书校勘是图书管理的重要活动,促进形成了图书管理职官制度、分类制度和编目制度,使中国图书管理真正发展成一门学问。

1422

两汉文献总汇 一代国学巨献[J]/薛国兰.--中国出版,2011,01:71

文章介绍《两汉全书》的汇编缘起,其总体特点、编排特征,以及编纂过程中的难点。

1423

两淮盐政与《四库全书》的编纂[J]/相宇剑.--古籍研究,2013,01:295－301

在《四库全书》的编纂过程中,两淮盐政多方购求,积极搜罗图书,或者倾其家藏,进献朝廷,在校勘全书和兴建藏书楼方面亦多有建树,给全书的修纂提供了种种便利。

1424

《两浙古刊本考》补[D]/张千卫.--复旦大学,2012

王国维先生之《两浙古刊本考》按地区分类共著录宋元两代浙江地区刻本646部,颇便了解宋元时期浙江地区刻书概况。今据《中国古籍善本书目(征求意见稿)》《中国版刻图录》等书,选取其中之宋元浙刻本对《两浙古刊本考》作补。体例参照原书,并稍有调整增益。

1425

《辽代石刻文续编》校点举误[J]/李孝蓉.--青年作家,2014,20:198－199

向南先生辑注的《辽代石刻文续编》搜集整理了20世纪90年代后出土的汉文石刻,但是全文皆用简体汉字,丢失了碑文最初的风貌,不能为读者提供全面的辽史面貌,书中碑文校对尚有商榷之处。

1426

辽宁民族古籍的特点与价值[J]/王波,包和平.--大连民族学院学报,2011,06:620－621

分析了辽宁省所收藏的民族古籍的特点:数量浩大,类型多、内容全,满文、蒙文古籍多,具有鲜明的地域与民族特色。探讨了这些古籍的史料价值、文学价值、民俗学价值与经济价值。

1427

辽宁省高校图书馆古籍保护现状及其问题分析[J]/赵小丹.--图书馆学刊,2014,09:30－33

本文通过对辽宁省高校图书馆古籍保护现状的调查,梳理并分析存在的问题,有针对性地提出建议,如广开渠道弥补馆藏善本不足,缓解藏用矛盾;引起足够重视,持续增加专项经费,改善古籍存藏环境等。

1428

辽宁省满文古籍的现状及分类探讨[J]/王波.--中央民族大学学报(哲学社会科学版),2012,02:106－108

辽宁省所收藏的满文古籍数量颇为丰富,涉及内容广泛,满汉等多语种合璧古籍较多,文献价值较高。本文探讨了古籍常用分类法的弊端,提出参照资源共享条件和人们的认可程度,类分辽宁省满文古籍可直接使用《中国图书馆分类法》,只要在类号后加一辅助区分号即可。改进后的分类方法简明易懂,利于检索。

1429

辽宁省民族古籍的现状与发展思考[J]/王波,王学艳.--兰台世界,2011,12:61－62

本文在分析辽宁省民族古籍收藏现状的基础上,提出推动持续发展的建议:加强对民族古籍的补充工作;加强人才培养工作;开发利用民族古籍,使静态的文献资源为经济发展服务;古籍整理工作内容应有所侧重。

1430

辽宁省少数民族古籍保护及策略[J]/王学艳,何丽.--大连民族学院学报,2011,02:225 - 227 + 230

针对辽宁省少数民族古籍保护工作取得的成绩和存在的问题,提出民族古籍保护的诸项措施,包括慎重选择保护措施、创新管理收藏机制、广开古籍保护资金渠道和加强古籍保护人才培养等。

1431

辽宁省少数民族古籍工作的新思考[J]/闫立新.--满族研究,2011,04:49 - 54

本文回顾了辽宁省少数民族古籍文献挖掘保护工作以及发展情况,客观分析辽宁省少数民族古籍工作存在的主要问题,为改善和加强辽宁省少数民族古籍工作、促进少数民族古籍繁荣发展,提出对策和建议。

1432

辽宁省图书馆藏《嘉兴藏》的修复[J]/解说,刘家强.--科技情报开发与经济,2013,22:54 - 57

本文介绍《嘉兴藏》的文献整理、破损情况及具体修复工作,主要包括修复前的调研以及修复过程中的脱酸处理、纸张要求、糨糊要求与修复模式,以期为公共图书馆开展古籍修复工作提供借鉴。

1433

辽宁省图书馆发现宋台州公使库刻本《扬子法言》[J]/李致忠.--古籍整理出版情况简报(总491期),2012,01:17 - 25

本文对宋台州公使库刻本《扬子法言》的作者生平、成书背景、版本流源及价值进行了详细论述。

1434

辽宁省图书馆馆藏古籍源流与特色[A]/刘冰.--国家古籍保护中心编.古籍保护研究(第一辑)[C],郑州:大象出版社,2015

本文介绍辽宁省图书馆馆藏古籍的五大主要来源和六大特色。

1435

辽宁省图书馆未编目古籍的整理与研究[J]/王蕾.--河南图书馆学刊,2013,04:134 - 135

本文介绍了辽宁省图书馆未编目古籍的形成、整理与成果,论述了科学合理开展古籍整理工作的重要性。

1436

辽宁师范大学图书馆珍本善本考论[D]/徐凯.--辽宁师范大学,2013

本文简要介绍了辽宁师范大学古籍善本的整体情况,详细考证了《六家文选》的版本情况和递藏关系、《御选唐诗》的版本价值和珍藏印迹以及《御选历代诗馀》不同版本间的用字差异,从而为专家学者了解和利用辽宁师范大学图书馆的古籍善本提供可靠的参考。

1437

廖平对医学古籍整理的贡献[J]/王使臻.--文史杂志,2011,03:71 - 73

本文介绍清末民初著名的经学大师、思想家廖平先生在《六译馆医学丛书》《伤寒杂病论古本》等祖国医学古籍整理方面的贡献。

1438

《列子》的故事——《冲虚至德真经》递藏源流考[J]/高夕果.--博览群书,2015,07:118 - 123

《冲虚至德真经》是战国时期列御寇撰,东晋张湛注,俗称《列子》,是一部由列子、列子弟子及列子后学著作汇编的道家的经典著作。

1439

《列子》研究述列[D]/杨富军.--东北师范大学,2012

本文对《列子》研究进行学术史性的总结和辨析,结合古书通例,从主要版本笺疏、历代辨伪研究的方法成果及张湛《列子注》研究三方面进行归纳、梳理和考辨,总结争辩双方的成就,探讨考辨中存在的缺陷与不足,以推动《列子》研究的全面、深入开展。

1440

劣变严重的清代档案保护方法研究[J]/张

晓梅,卞景,韩秀琴. --档案学通讯,2011,02：76 - 80

本文对一本劣变严重的清代档案的保护处理方法进行研究,发现水性氟碳乳液的加固效果和抗老化性能最好,试用到档案的脆弱纸张上也取得良好加固效果,用传统装裱的方法能较好地将残缺、破损断裂的纸张加固起来。

1441

邻苏观海——院藏杨守敬图书特展[M]/ 宋兆霖编. --台北:台北"故宫博物院"(台湾地区),2014

台北"故宫博物院"藏杨守敬藏书1634部,15491册,囊括经、史、子、集四部,类型多元,包罗万象。院藏杨守敬图书特展分其人其艺、东瀛访书、静观环宇及图书流传四单元。本书结合典藏图书与杨氏书迹,全面介绍杨守敬其人、其事、其艺、其学及其藏书特色,并整理《杨守敬年表》于书后。

1442

林枫同志在建国初期对文化遗产的贡献[J]/邱宏伟. --黑龙江史志,2014,19：331

本文通过林枫同志在解放战争初期,极力抢救、搜集和保护祖国文化遗产的史实,阐述了林枫同志在保护文化遗产保护方面的远见卓识。

1443

林业古籍数字化建设及对林业研究的影响[J]/赵阳,顾磊. --兰台世界,2015,02：39 - 40

论文在考察目前林业古籍整理现状的基础上,提出林业古籍数字化建设的基本内容,并探讨数字化建设成果将对林业研究产生的影响。

1444

《麟溪集》版本源流考[J]/施贤明. --文献,2013,02：11 - 21

义门同居是中国传统社会特殊却并不罕见的家庭组织形式,然其能够自觉搜集朝贤乡彦称述揄扬之作并寿诸梨枣、时时补益且流传至今,殊为难得。

1445

灵兰集萃——中华珍贵医药典籍展图录[M]/国家古籍保护中心,中国中医科学院,国家图书馆编. --北京:国家图书馆出版社,2011

《灵兰集萃——中华珍贵医药典籍展图录》是2011年5月在国家图书馆举办的"中华珍贵医药典籍展"的展览图录。全书分为先秦两汉时期、魏晋南北朝时期、隋唐时期、两宋时期、金元时期、明清时期、东渐西被七个部分,收录典籍60余种。

1446

凌刻本《东坡书传》考述[J]/倪永明,卞丽芳. --江苏大学学报(社会科学版),2015,04：01 - 03

从藏本著录的文字内容、钤印、避讳以及版心、字体等特征,可以得出江苏大学图书馆藏《东坡书传》一书为明末万历年间凌濛初刻本这一珍贵古籍的结论。

1447

《凌濛初全集》出版[J]/卞惠兴. --古籍整理出版情况简报(总486期),2011,08：22 - 27

本文对凤凰出版社《凌濛初全集》(2010年版)的作者生平、版本特点、书籍内容、出版意义等进行了评述分析。

1448

岭南古医籍资源整合及目录数据库相关研究[D]/张海丽. --广州中医药大学,2011

本课题针对迄今岭南古医籍目录数据库阙如的现状,综合运用文献研究、实物调查研究等方法,收集整合岭南古医籍相关资料;构建了一个能全面、详细地反映岭南医学发展历程中出现过的中医药古籍状况的联合目录网络数据库。

1449

岭南灸法古籍《采艾编》学术思想整理研究[D]/黄迎春. --暨南大学,2011

本文通过对《采艾编》的整理和研究,总结其学术思想、临床经验及岭南特色,对热证用灸提供例证,为当代针灸临床提供启迪和借鉴。

1450

岭南疫病古籍《时疫辨》文献整理及相关研究[D]/莫桂芸.--广州中医药大学,2012

本文对《时疫辨》进行全面的古籍整理点校注释研究,发掘出清代岭南地区疫病的发生和治疗情况的珍贵资料,对书本学术特色进行归纳总结,统计分析书中的药物计量关系,探讨岭南疫病文献关于刺血疗法的应用,为现代疫病临床医学研究以及刺血疗法的推广提供借鉴。

1451

令狐德棻文献整理的特点及其贡献[J]/马光华,刘圆圆.--宝鸡文理学院学报(社会科学版),2012,05:163-165

本文介绍令狐德棻所从事的图书文献资料整理工作的特点,并从所参编的《艺文类聚》等文献对后世学术研究价值等方面,阐述令狐德棻所从事的文献资料工作的贡献。

1452

刘纯与《医经小学》[J]/钟海平,裘伟国,郑红斌.--浙江中医杂志,2012,08:581-583

刘纯,字宗厚,明初著名医学家。本文试图探讨其与《医经小学》的渊源。

1453

刘殿爵先生与古籍整理[J]/毛建军.--图书馆理论与实践,2012,12:55-56+65

本文介绍刘殿爵先生在古籍索引编纂、古籍校勘、古籍数字化三个方面做出的重要贡献。

1454

刘渡舟本《伤寒论》所据底本述实[J]/钱超尘.--国医论坛,2014,03:01-05

20世纪80年代初,中共中央、国务院发出加强古籍研究整理文件,卫生部于1982年制定《中医古籍整理出版规划》,同年6月在北京召开"中医古籍整理规划会议",经专家讨论,将11部中医古籍作为卫生部重点中医古籍进行整理研究。

1455

刘衡如先生的中医文献学成就[J]/钱超尘.--中医药文化,2014,01:22-25

本文介绍刘衡如先生校勘《灵枢经》、点校《本草纲目》方面的中医文献学整理成就。

1456

刘世珩藏书刻书研究[D]/许艺光.--山东大学,2015

本文立足于刘世珩其人,重点探讨其藏书以及刻书活动。文章分为三个部分:一、介绍刘世珩其人;二、研究刘氏藏书活动;三、探讨刘氏的刻书活动,包括刻书种类、刻书旨趣、刻书底本的研究。

1457

刘文典与古籍版本学[J]/黄伟.--新世纪图书馆,2013,09:87-91

论文重点分析刘文典古籍版本学思想的特点,如:通过校勘辨别古籍版本出现讹误的年代,运用避讳鉴定古籍版本,通过海外版本鉴别国内版本,通过版本的比较鉴定其他版本优劣。

1458

刘向、刘歆的古籍整理和《别录》、《七略》[J]/梁振祥.--语文学刊,2014,07:65-66

从西汉的征书活动、典籍质量说起,谈刘向、刘歆的古籍整理和《别录》《七略》。

1459

刘向、刘歆在经学史上的贡献及其他[J]/梁振祥.--内蒙古图书馆工作,2013,04:56-58+22

本文介绍刘向、刘歆经过辛勤校勘和艰苦努力,使一批古文经传得以流传并形成具有学术价值的古文经学和风靡东汉社会的古文经学派,结束了今文家独揽经学研究的沉闷局面。

1460

刘向校本整理模式探论[J]/邓骏捷.--文学与文化,2011,01:109-120

西汉末年的刘向校书活动进入勒成一书、编排有序的定本形态。刘向针对所校之书的客观状况,灵活有效地采用了多种不同的整理模式。分析考辨刘向校书时所采用的诸种模式,不仅可以深化对校书细节的理解,更有助于认识古代图书流传过程中的若干关键问题。

1461

刘孝标《世说新语注》版本研究[D]/赵秀梅.--杭州师范大学,2011

本文从刘孝标和《世说新语注》、《世说新语注》版本流变、《世说新语注》版本叙录等方面对刘孝标《世说新语注》进行探索和研究。

1462

留住历史的记忆——通道侗族自治县民族古籍工作走笔[J]/林良斌.--民族论坛,2012,11:18 – 19

介绍了湖南通道侗族自治县民族工作者开展民族古籍保护、挖掘、整理的系列工作。

1463

留住民族文化的根——湖南少数民族古籍工作卓有成效[J]/湖南省民族古籍办公室.--民族论坛,2012,11:12 – 14

湖南民族古籍工作坚持"保护为主,抢救第一,合理利用,加强管理"的方针和"救人、救书、救学科"的原则,在古籍机构建设、古籍人才培养、古籍搜集整理和古籍跨省协作等方面取得了突出成绩。

1464

《六家文选》版本考[J]/张亮,莫再英.--图书馆学刊,2012,12:127 – 129

以辽宁师范大学图书馆所藏善本古籍《六家文选》为研究对象,通过流传、文献描述等对其进行版本考证。

1465

龙彼得对中国古籍整理研究贡献探析[J]/陈彬强.--图书馆工作与研究,2015,03:92 – 95

本文介绍英国著名汉学家龙彼得对中国古籍整理研究作出的杰出贡献:对剑桥大学图书馆及其他欧洲图书馆中文藏书的整理;对中国古代民间文献的整理和研究;参与欧洲《道藏》研究计划,从官私目录中辑录出具有实用价值的宋代道书目录。

1466

《龙川略志》六卷《别志》四卷[N]/徐忆农.--光明日报,2013 – 05 – 28013

南京图书馆购藏宋刻本《龙川略志》六卷《别志》四卷,为宋代著名政治家、文学家苏辙谪居龙川追忆往昔见闻的两部笔记体著作。传世通行本多为两志分刻,且《中国古籍善本书目》只著录《略志》有宋版《百川学海》本,而未著录宋版《别志》。此本系目前仅见两志合刻宋刊宋印本,已入选《国家珍贵古籍名录》。

1467

卢肇《文标集》版本源流考论——以国家图书馆藏嘉庆元年新镌本为切入点[J]/牛庆国,曹书杰.--中南大学学报(社会科学版),2015,03:218 – 223

文章在梳理历代书目对《文标集》著录情况的基础上,以新镌本为切入点,探讨其与二卷本、精写本之关系,并考察二卷本、袁注本、合刻本之传承,从而厘清《文标集》版本源流。

1468

鲁班文化研究的意义——从《四库全书》看[J]/孙中原.--武汉科技大学学报(社会科学版),2011,01:89 – 93

作者从《四库全书》中精选与鲁班有关的发明创造、成语格言、诗词歌赋和民间传说等文献,斥文探究鲁班文化研究的意义。

1469

《鲁通甫集》辑校整理本:一部值得细读的新版古籍[J]/董恩林.--古籍整理研究学刊,2011,05:110 – 113

作者从原书内容、原作者、整理者和整理出来的新本子四个方面入手,评价了三秦出版社整理的《鲁通甫集》,认为该书值得细读。

1470

鲁迅对越中古籍的校辑致用[J]/那艳.--图书馆杂志,2012,05:111 – 113

本文论述了鲁迅致力于越中古籍的搜集利用情况,认为从某种意义上讲,正是书籍造就了鲁迅这位世纪文化伟人,使之成为每一个图书工作者引以为自豪的典范和努力学习的楷模。

1471

鲁迅《古籍序跋集》引论[J]/李拉利.--鲁迅研究月刊,2011,07:56 – 63

鲁迅《古籍序跋集》收集了鲁迅先生为其多年搜集、抄校、整理的古书所作的序跋,尽管只是其中的一部分,但是因其形式上的特殊性,内容上更具体、更直观地反映了鲁迅的择取标准与文化眼光。

1472

鲁迅辑校古籍系年[J]/鲍国华. --国际中国文学研究丛刊,2015,00:498 - 507

《系年》拟将鲁迅辑校古籍的知识背景、资料准备、学术成果以及学术交流和论争的相关情况以编年方式加以记录,力图展现鲁迅辑校古籍的生成过程以及相关学术研究的基本面貌。

1473

鲁迅辑校《嵇康集》的整理与校勘[J]/叶当前. --鲁迅研究月刊,2012,09:82 - 88 + 52

文章在详细回顾鲁迅辑校《嵇康集》始末的基础上,细致梳理了后代学者对排印本《嵇康集》的5次校理,包括戴明扬对初版逐字逐句校勘比对、孙用对三版全面校勘等。

1474

鲁迅先生"合于实用"的善本观[J]/余乐. --新世纪图书馆,2011,03:86 - 87 + 39

鲁迅是"五四"之后文化界少有的致力于传统文化典籍整理的学者,他精通版本之学,有着很强的版本意识和独到的版本见解。在对善本的认识上,鲁迅摒弃时人对旧刻、旧抄等所谓"善本"的盲从,从学术研究的实际需要出发,强调善本应是内容佳、"合于实用"的本子。

1475

鲁迅与会稽文献[J]/顾农. --山东社会科学,2013,06:81 - 93

本文介绍鲁迅先后整理抄录了一大批绍兴历史文献,希望这些文献能有助于培养人们爱乡土、爱祖国的感情,并从中吸收中华古代文化的精华。

1476

鲁迅与《四库全书》[J]/张翔,吴萍莉. --沧桑,2012,06:47 - 48

本文依据史实叙述了鲁迅 1912 - 1926 年在北京教育部任职时,经办文津阁本《四库全书》入藏京师图书馆,以及参与清理核实文溯阁本《四库全书》的工作。

1477

鲁迅整理的两部宋人笔记[J]/顾农. --古籍整理出版情况简报(总522期),2014,08:29 - 33

本文介绍了鲁迅整理两部宋人笔记《云谷杂记》与《桂海虞衡志》的简要情况。

1478

陆费墀与《四库全书》[J]/史志龙. --档案,2012,03:19 - 22

长期以来学术界对于陆费墀及其在四库学方面的贡献鲜有论述。陆费墀为总校官,协同总裁酌定条款章程,掌管底本收发,总校誊录各本,专办《四库全书》一切事宜;亦受累于馆务,被削官夺职,籍没家产,抑郁而死。

1479

陆锡熊与《四库全书》编修[J]/张升. --史学史研究,2014,02:108 - 116

本文试图讨论陆锡熊六篇有关《四库》编纂的文章,对研究四库馆及《四库》编修等的史料价值。

1480

陆心源对古籍的收藏与整理[J]/吕亚非. --湖州师范学院学报,2012,06:19 - 23

本文叙述清季著名藏书家陆心源在搜藏、勘布、编目题跋等古籍收藏与整理方面的工作和成就。

1481

陆心源古籍版本鉴定方式分析——以中华书局整理本《仪顾堂书目题跋汇编》为例[J]/彭蔚然. --有凤初鸣年刊(在台湾地区发表),2015,11:150 - 170

陆心源是清末著名的藏书家。本文尝试从陆氏撰写的藏书题跋中进行整理、分析,以探究其在版本整理上的方法,并论述其在版本鉴定上的得失情况。

1482

伦明与《续修四库全书总目提要》[J]/熊静. --山东图书馆学刊,2013,03:23 - 25 + 39

近代著名藏书家伦明,毕生以续修四库

为业。先期主要依靠个人之力独自进行收书及撰写提要的工作。后期利用日本庚子赔款，成立了专门机构。撰写提要稿1900余篇，分别涉及经、史、集三部，尤以经史两部为多，是研究伦明文献学成就及四库纂修史的重要材料。

1483

论《百川学海》在我国丛书编撰史上的重要地位和影响[J]/陈隆予.--黄河科技大学学报,2013,03:111-114

《百川学海》是我国历史上第一部大型综合性丛书，它的诞生标志着我国古代丛书编撰体例的成熟，对后来丛书的编撰产生了深远的影响，是名副其实的丛书之祖，在我国丛书编撰史上占有重要的地位。此外，《百川学海》还具有重要的文献价值和版本学意义。

1484

论百年古籍整理与古文献学科发展史的梳理与意义[J]/周少川.--廊坊师范学院学报（社会科学版）,2013,02:31-35+45

本文阐明了梳理百年中国古籍整理和古文献学研究的意义，提出纵向按照古籍整理和古文献学科建设两条主线进行考察，横向按照基本史实、方法论、基本理论和学科理论四个层面进行剖析，以期探寻古籍整理与古文献学发展的规律，明确古文献学研究的方向。

1485

论《北堂书钞》的现代功能与价值[J]/孟祥娟.--边疆经济与文化,2013,10:97-98

《北堂书钞》由虞世南编撰于隋，是我国现在最早的一部类书。从现代学术的角度来看，其功能与价值主要体现在保存了大量古佚亡书，为古籍整理提供了重要的文献依据；还带有资料汇编的性质，有着重要的资料价值。

1486

论编辑学养对古籍编校工作的影响[J]/朱湘铭.--出版科学,2014,01:40-42

古籍整理出版需要编辑具备深厚学养，既包含多学科的知识储备，又包含敢于质疑、

严谨对待工作的精神，以及勤于思考、经常翻检工具书或向他人请教等良好习惯。此外，在平常的工作与学习中还要善于积累相关的知识、经验。

1487

论布依文古籍文献资源保护与利用[J]/林伯珊,覃忠跃,曾纪钰.--图书馆学刊,2013,11:27-29

本文论述了布依文古籍文献的保护和利用问题，提出应健全法律，建立布依文文献收藏信息一体化管理中心，拓展布依文文献资源信息服务内容，加强布依文文献的数字化建设，建立一支高素质的布依文文献资源开发队伍。

1488

论布依族文献古籍的抢救与保护[J]/陈晓静.--贵州文史丛刊,2011,01:111-113

贵州布依族文献古籍是以汉字记音和自创的表意方块字来记载的。由于没有形成统一规范的文字体系，不同地区的布依族文献古籍的书写记载方式各不相同，只有掌握使用这些文献古籍的布摩先生能够识读。由于人们对这些文献古籍的价值认识不足，其搜集、整理和保护只停留在学术研究的层面。随着时间的推移，这些文献古籍流失严重，必须引起高度重视。

1489

论陈尚君先生《全唐诗补编》的文献整理方法[J]/邵杰,刘雅尚.--天中学刊,2015,06:01-04

陈尚君先生的《全唐诗补编》是近些年中国古籍整理中具有方法论意义的典范之作。其文献整理方法有三：一是对于前人所用目录的广泛比对和全面考索，为后续工作做了坚实准备；二是史源学方法在辑佚用书选择、材料运用、体例编排中的贯彻与实行；三是从文学自身发展和学术研究实际意义出发进行文献编纂整理，赋予文献整理更大价值。

1490

论传统古籍修复技艺与现代化[A]/蔡雪玲.--国家古籍保护中心、天津市古籍保护中心编.融摄与传习——文献保护及修复研究

[C],北京:中华书局,2015

本文主要谈了作者对传统古籍修复技艺与现代化的一些心得,如多年修复工作中对传统修复技艺的理解和总结的问题点、古籍保护和修复过程的先进设备、古籍修复过程中修复材料检测设备的使用、娴熟的技艺与现代化修复手段相结合是保质、保量完成修复工作的前提等体会。

1491

论戴明扬《嵇康集校注》——兼及戴明扬对鲁迅《嵇康集》的校正[J]/叶当前.--江淮论坛,2012,05:181 – 187

戴明扬遗著《嵇康集校注》充分运用吴宽丛书堂藏抄校本成果,据补《嵇康集》脱文11处共计125字;又合理运用鲁迅校《嵇康集》,为周校本指误41条,对研究鲁迅古籍整理颇有裨益,是一部文献价值颇高的古籍善本。

1492

论戴震《方言疏证》的整理——古代语言学著作的文献学研究之一[J]/华学诚.--语文研究,2013,03:20 – 26

戴震《方言疏证》四库系版本依据的是戴震的最后写定本,其《方言》本文、郭璞注文反映了戴震的校勘水平,其疏证文字反映了戴震的研究水平。校定本的基本目标是复原戴震的学术成果,能进而校订作者所引文献的错讹则符合现代学术研究的要求。

1493

论地方高校图书馆古籍的分类[J]/陈晓春,白玉琪.--河南图书馆学刊,2015,03:91 – 93

中国古籍的本体特征和中国古籍分类的历史传统,决定地方高校图书馆应采取“四库法”为本、兼顾《中图法》的古籍分类法。

1494

论二酉藏书[J]/黄民裕.--怀化学院学报,2015,01:05 – 07

大酉洞和小酉洞合称“二酉”,在辰溪县大酉山中,洞里藏着周、秦两王朝古籍,此藏书处是中华典藏文化的圣地,对历代文人影响深远,具有一定的现实意义。

1495

论方块壮字文献的壮语辞书编纂价值——以《壮族麽经布洛陀影印译注》为例[J]/张显成,高魏.--中央民族大学学报(哲学社会科学版),2015,03:159 – 164

方块壮字文献不仅数量十分巨大,而且具有很强的语料真实性,是壮语辞书编纂的宝贵材料。其对壮语辞书编纂的价值主要表现在:条目增补,丰富壮语辞书的条目;释义补充,完善壮语词汇和方块壮字的义项;书证补缺,为原有条目提供来源明确、语料真实的书证。

1496

论高等教育背景下“古籍修复”专业实践教学体系的创新设计[J]/邓抒扬,葛怀东.--文教资料,2013,30:142 – 144

本文介绍发达国家古籍修复及相关专业的发展现状、现代社会背景下古籍修复专业的发展趋势,指出古籍修复专业实践教学体系创新的意义和作用,提出古籍修复专业实践教学体系创新所面临的主要问题及创新的具体内容和措施。

1497

论高校教师在古籍数字化中的角色[J]/李培志.--兰台世界,2012,20:83 – 84

在古籍数字化大潮中,高校教师主要扮演着三种角色:学习者、实践者、矫枉者。这三种角色密切相关,紧密相连,有机统一于继承和发扬中国优秀传统文化、提升国家软实力。

1498

论公共图书馆的古籍数字化建设[J]/牟凯.--数字化用户,2014,07:151

古籍是中华民族的宝贵文化遗产,对其进行保护,是每一个古籍保存单位的职责。数字化建设为古籍保护提供了一个新的思路。

1499

论古籍版本数据库建设[J]/葛怀东.--情报探索,2012,07:75 – 77

本文以全国古籍普查工作的开展为契

机,分析了当前建设古籍版本数据库的重要意义,提出了古籍版本数据库建设的内容及原则,并列举了相关古籍版本数据库建设的阶段成果。

1500

论古籍版本学发展研究的历史职能和现实意义[J]/刘红.--河南图书馆学刊,2011,06:129-131

本文认为版本学是古籍研究、管理必需的一门重要学科,有了一套完整的内涵与有效的理论体系。时至今日,这门学科又渐被忽略而成了边缘小学的倾向。为了发扬光大中国古籍的研究成果,必须呼唤从事该项工作的年轻学人关注重视。这是本文的一孔之见。

1501

论古籍保护与古籍标准化书库建设[J]/丛冬梅.--西域图书馆论坛,2013,02:28-31

本文对新疆地区古籍收藏单位的收藏现状进行了调研与分析,结合古籍标准化书库的建设要求,本着加快改善古籍保护收藏环境,延缓古籍寿命,进行分级保护,探讨标准古籍书库建设的主要因素及实践中应注意的相关问题。

1502

论古籍编撰活动中的编辑思想[J]/吴平.--河南大学学报(社会科学版),2012,02:143-151

古籍经部传承经学、弘扬儒家的思想十分鲜明,子部反映出各朝代及目录编辑者对子部书籍地位重要性认识的态度,历代文编的编辑思想集中体现在文籍之内容、文编篇章之选择和对笔记小说的充分肯定等方面。图书形制、不同载体材料以及插图等也都成为表达编辑思想的重要方法。

1503

论古籍丛书及其现代意义[J]/黄志奇.--科技情报开发与经济,2015,20:155-157+160

通过对"丛书"定义的界定,探讨了古籍丛书的功用,阐释了古籍丛书在弘扬中华传统文化中的现代意义。

1504

论古籍目次检索的数字化[J]/戴丽琴.--图书馆,2011,06:104-106

古籍目次检索的数字化是21世纪数字古籍检索的新方式。本文分析了当前数字古籍目次检索现状,提出未来的数字古籍目次检索建设要重视目次的信息价值和古籍目次检索数字化的功效,并充分利用现有技术条件进行推广和建设。

1505

论古籍善本的珍藏保护[J]/王红玲.--青岛行政学院学报,2011,02:109-112

如何科学、妥善地保藏古籍,最大限度地延长古籍的寿命,越来越成为图书馆及有关方面关注的问题。本文探讨了古籍善本的认定、价值、鉴别等问题,重点论述了古籍善本的保藏方法。

1506

论古籍善本"三性价值"与少数民族文字古籍[A]/丛冬梅.--陕西省图书馆、陕西省图书馆学会编.西北地区图书馆事业的创新与发展[C],西安:三秦出版社,2012

本文指出少数民族文字古籍的历史源流,对古籍文献历史文物性、学术资料性、艺术代表性的认识,分析少数民族文字古籍价值与《国家珍贵古籍名录》的入选。

1507

论古籍数据库建设方法及要点[J]/牟凯,陆薇.--经营管理者,2015,25:261

本文从古籍数据库定义出发,结合当代计算机数字技术和网络技术,阐述了建设古籍数据库的具体方法,并将古籍数据库的建立与古籍检索服务有机结合起来。

1508

论古籍数字化标准体系建设[J]/葛怀东.--图书馆学刊,2013,01:47-49

基于我国古籍数字化事业可持续发展的需要,亟须解决标准化建设问题。本文从推动古籍数字化可持续发展的角度,论述了古籍数字化标准体系建设的内容及应遵循的原则。

1509

论古籍数字化的检索问题[J]/郭伟玲,戴

艳清. --图书馆理论与实践,2011,10:13 – 16

本文阐述古籍数字化建设过程中容易出现的问题并进行了分析。探讨了如何从古籍整理、古籍数字化加工、古籍数字化项目的管理规划等方面促进古籍检索发展的问题。

1510

论古籍文献的修复[J]/梁燕霞. --内蒙古民族大学学报(社会科学版),2013,06:109 – 111

本文对古籍文献修复、保护等方面做全面阐述,使人们了解古籍文献,做到更好保护。

1511

论古籍修复工作[J]/赵明慧. --旅游纵览(下半月),2014,07:343 – 344

本文介绍笔者在古籍修复工作中遇到的古籍图书破损问题,提出古籍修复的原则和具体措施。

1512

论古籍修复工作的落实及完善[J]/牟凯. --经营管理者,2015,14:267

本文阐释古籍修复工作在古籍保护当中的重要性,着重提出落实及完善古籍修复工作存在的诸多问题及解决方案。

1513

论古籍修复用纸及纸库的建立[J]/叶旭红. --河南图书馆学刊,2013,02:138 – 140

本文主要针对古籍修复中的用纸提出建立纸库和电子纸库,并对其如何使用和管理提出具体方案,为古籍修复工作质量的提高起借鉴作用。

1514

论古籍修复知识交流的促进[J]/李腾达. --重庆图情研究,2014,03:60 – 62

本文分析修复知识交流的益处和障碍,给出促进交流的方法。希望能够帮助修复人员理解知识交流的过程与益处,扫除修复人员间知识交流的障碍,加快修复知识在修复界的流动与转移,给更多修复人员提供知识交流的机会,从而使我们古籍修复队伍的整体水平得到提高。

1515

论古籍整理类图书的校勘[J]/徐玲英. --宿

州学院学报,2011,01:11 – 13

对古籍整理类图书的校勘,不仅要检查文字的讹误、脱落、衍文、倒置等错漏现象,还要斟酌读句是否准确、标点是否规范,繁简切换是否正确、用字是否规范等问题。

1516

论古医籍文本的数字处理[J]/程静. --中医文献杂志,2013,03:29 – 31

本文就古医籍全文数字处理过程中遇到的难点问题进行了探讨,并提出解决方法。

1517

论馆藏《莫愁湖志》及其修复方法[J]/侯妍妍. --内蒙古图书馆工作,2014,01:09 – 11

本文对《莫愁湖志》成书及作者进行描述,列举目前各个版本《莫愁湖志》的收藏情况,详细分析本馆馆藏两册刻本《莫愁湖志》的实物信息及破损情况,并对其修复方法进行阐述。

1518

论馆藏珍贵文献资源的开发与利用[J]/刘建忠. --新世纪图书馆,2011,04:21 – 23

本文指出馆藏珍贵文献资源的开发与利用必须讲求保护性和资源共享性原则,同时也应该注重开发与利用的层次性,并充分运用科学的手段和方法。

1519

论馆藏中医古籍的现状、保护与利用[J]/朱毓梅. --中国中医药图书情报杂志,2014,05:37 – 40

目前中医古籍馆藏状况堪忧,对其抢救保护和开发利用迫在眉睫。加强中医古籍专业人才培养及馆藏条件建设,建立国内中医藏书机构古籍保护体系十分必要。对古籍进行再生性保护,构建中医古籍数据管理与共享体系,可在更好保护中医古籍的基础之上实现其有效利用。

1520

论贵州古彝文编码字符集构建[J]/吴鑸,禄玉萍,王明贵. --中文信息学报,2014,04:153 – 158

依托彝文古籍文献,开展古彝文字符整

理和规范研究,建立古彝文编码字符集,有助于实现古彝文规范化应用,为古彝文信息技术开发提供基础保障。实现这一构想需要最大限度地搜集整理古彝文字符,进行甄别、查重、筛选和择定,剔除古彝文异体字形,规范古彝文的字量、字形、字音和字序,实现计算机技术处理古彝文字符信息的规范化。

1521

论贵州省少数民族古籍数字化建设[J]/陈世莉. --贵图学刊,2014,04:69 - 70

文章通过对少数民族古籍数字化保护与传承的分析,提出了贵州省少数民族古籍数字化建设的建议。

1522

论"国学小说"——以《四库全书》所收"小说家类"为例[J]/王昕. --中国人民大学学报,2015,01:140 - 147

本文以《四库全书》所收小说家类为例,论述国学小说。

1523

论汉字简化发展与古籍传承的关系[J]/李海洋. --赤峰学院学报(汉文哲学社会科学版),2011,04:128 - 130

本文从汉字字体简化、字形简化两方面透视汉字简化与古籍传承的关系。

1524

论胡玉缙《四库全书总目提要补正》[J]/陈晓华. --史学史研究,2014,04:113 - 120

本文择胡玉缙《四库全书总目提要补正》,就其的辑录荟萃之功,以及颇具特色案语的学术价值进行分析评介,并把它与余嘉锡《四库提要辨证》进行比较,以见民国时期研究《四库全书总目》的特点。

1525

论金石文字在古籍中的重要性——以随庵辑拓《带钩》为例[J]/李玉兰,李弘毅. --国文天地(在台湾地区发表),2015,02:45 - 52

本文以随庵辑拓《带钩》为例,从其镌刻的铭文中,探讨不同时代所蕴含的典型特色。

1526

论"金镶玉"的装帧及艺术特色[D]/车智慧. --吉林艺术学院,2011

"金镶玉"是一种极好的修复古籍和保护古籍的装帧技法,遵循了"修旧如旧"的原则,可以完整保护古籍善本的原本。同时增大书品,使古籍更加美观,更利于存放。还可与不同的装帧方式相搭配。

1527

论劳格于《四库全书》集部辑本的贡献[J]/史广超. --洛阳理工学院学报(社会科学版),2013,01:26 - 28

《四库全书》集部《永乐大典》辑本的编纂存在较多失误。劳格是意识到这一问题并展开系统研究的第一人。其研究从作者作品资料拾补、校勘、辑佚、辨伪等四方面展开。

1528

论李今庸的学术成就及其当代影响[J]/王玲,汪文杰. --湖北中医药大学学报,2014,01:103 - 105

本文就我国著名中医药学专家李今庸教授学术思想进行汇总,并分析其当代影响,为进一步研究李今庸教授学术思想提供参考。

1529

论满清时期中国传统思想文化的实践——以《四库全书》编纂的历史原因为例[J]/孔凡秋. --人民论坛,2015,21:191 - 193

文章从编纂缘起、思想文化、学术思潮、馆阁学者等五个方面着手,试分析《四库全书》编制的历史原因。

1530

论民族地区图书馆民族文献资源共建共享的基础与措施[J]/王斯琴. --内蒙古科技与经济,2011,06:140 + 142

本文针对民族地区图书馆民族文献资源共建共享的基础和措施,进行了论述。

1531

论民族古籍的保护与开发[J]/陈妍晶,赵自成. --学园,2011,08:29 - 30

本文就如何对民族古籍加以保护管理和开发利用,提出具体方法相关措施。

1532

论民族医药文献发掘性整理出版[J]/郑蓉,王梅.--中国中医基础医学杂志,2013,07:750－752

民族医药文献发掘性整理出版重点是民族医药古籍整理出版、民族医药文献的抢救性发掘整理出版。本文从民族医药文献整理出版的原则、方法等方面论述民族医药文献出版的内容。

1533

论明史、明史研究及点校本《明史》修订[J]/南炳文.--求是学刊,2015,01:144－151＋2

明代是中国古代历史上的盛世之一,为后人留下了宝贵的经验和深刻的教训。前人对明史作了许多研究,成果丰硕,但继续研究仍有空间,搞好明代古籍文献的整理工作,特别是搞好《明史》点校本修订工作十分必要。

1534

论"摩史"在彝族民间信仰中的地位和作用——基于彝文古籍《摩史苏》的文本分析与田野调查[J]/王俊,吴飀,罗沁,文启扬,王明亮.--毕节学院学报,2014,02:21－26

"摩史"在彝族历史社会中发挥了重要的作用,"摩史"与"布摩(毕摩)"一起构成的二维一体的展演模式曾经是彝族文化传承的有机而高效的模式,逐步恢复这种二维一体的展演模式是保护和传承彝族文化过程中一种值得探索的选择。

1535

论乾隆皇帝对《四库全书》编纂思想的影响[J]/王作华.--天水师范学院学报,2014,02:50－53

乾隆皇帝对《四库全书》编纂思想有着决定性的影响。在乾隆皇帝政治思想的影响之下,《四库全书》反映了明亡清兴、民族主义以及忠君的思想特征,呈现出儒家经典地位至上、注重考证、文风雅醇以及忽略科技的特点。

1536

论清代的科技文献整理[D]/刘馨阳.--辽宁大学,2013

本文论述清代科技文献整理成绩斐然的原因,介绍清代科技文献整理的主体、清代科技文献整理的内容,对清代科技文献整理的成就进行总结。

1537

论色彩管理在古籍数字化中的应用[J]/肖禹,王昭.--图书馆学刊,2013,09:20－22

本文概述色彩管理的基本原理,从古籍数字化的发展历程出发,分析了古籍数字化领域中的色彩管理问题。结合中华珍贵古籍数字资源库建设和《古籍数字化工作手册》(试用本),从设备与环境、设备校正和图像校色三个方面着重分析了色彩管理技术在古籍数字化中的应用。

1538

论少数民族科技古籍文献整理中专门人才的培养[J]/陈海玉.--兰台世界,2011,12:06－07

少数民族科技古籍文献种类繁多,价值珍贵。文章探讨少数民族科技古籍整理过程中专门人才的培养问题,有利于更好地抢救保护和开发利用这一珍贵的历史文化遗产。

1539

论少数民族医药古籍文献目录的编制[J]/陈海玉,周铭,李特.--云南档案,2012,09:37－38

本文概述了少数民族医药古籍文献的类别,并对其目录的编制提出相关思路与建议。

1540

论书籍刊刻序跋文的特点与价值[J]/王玥琳,张昊.--励耘学刊(文学卷),2013,02:222－235

书籍刊刻序跋文是书序的一种,特指在印本时代,产生于书籍出版过程中,对于书籍编刻出版情况有所说明的一类序文。书籍刊刻序跋文须对刊刻缘起、出版信息、版本源流等情况有所说明,其撰写者须对该书出版情况有一定程度的了解。书籍刊刻序跋文在古籍版本鉴定和文献资料的保存方面具有重要价值。

1541

论《水利营田图说》独特的版刻与装帧形式[A]/宋文娟.--国家古籍保护中心编.古籍保护研究（第一辑）[C],郑州：大象出版社,2015

本文详细介绍清道光间刊刻的版刻与装帧形式,对吴邦庆所辑《畿辅河道水利丛书》其他字母的装帧形式进行分析,并与乾隆年间《畿辅义仓图》进行比较。

1542

论《四库》本《文献通考》之校雠[J]/杜泽逊.--古籍整理研究学刊,2013,04:24-26

《四库全书》本《文献通考》以乾隆武英殿本为底本,并在此基础之上作了大量的考证,其主要成就体现在校勘方法的具体运用上。《考证》所使用的校勘方法,涵盖了校勘学的所有方法,且这些方法的使用比较规范。

1543

论四库馆臣的《诗》学观[J]/李见勇.--内江师范学院学报,2012,09:34-36

《四库全书总目》"诗类"共收《诗经》书目147部。在提要中,四库馆臣强调《诗经》的经学地位,反对删改《诗经》,主张在研究《诗经》时兼收并蓄,消除门户之见,同时强烈反对从文学角度解读《诗经》。

1544

论《四库全书》分类法的思想体系和科学体系[J]/徐光.--成功（教育）,2011,16:266-267

本文概述四库分类法的发展,《四库全书》类目设置、修订、局限性、学术价值和古今差异,分析其思想体系和科学体系。

1545

论四库全书《诗类》五种提要之异同[J]/谢炳军.--广州大学学报（社会科学版）,2015,03:83-89

通过分析四库全书《诗类》五种提要的异同,提出各提要著录之卷数差池有三大主因:一是乾隆下令对书籍的抽毁、删窜等等;二是书前提要纂写时间与书籍编成时间有分异;三是《四库全书总目》提要编撰者未如实著录书籍之卷数。

1546

论《四库全书》文渊阁本的缺陷——以宋代文献为中心[J]/李裕民.--安徽师范大学学报（人文社会科学版）,2013,02:156-163

《四库全书》本存在的通病是篡改与删除,其所收辑佚本内容多有脱误,所收传世本则有缺卷、讹误等问题。电子版又新增许多缺陷,如缺收表格中的内容,文字颇多失误等。本文在列举大量实例的基础上,指出其存在的问题。

1547

论《四库全书》与《百科全书,或科学、艺术和工艺详解辞典》编撰[J]/陈晓华.--全球史评论,2012,00:254-267+436

18世纪,中国和欧洲先后修纂了一部代表各自所属文化圈的大型书籍《四库全书》和《百科全书,或科学、艺术和工艺详解辞典》。二书编纂目的、组织结构、参修成员各异,但编撰过程同样曲折,并且二书之间有着某种关联。本文兹就此做一探析。

1548

论《四库全书》中"永乐大典本"的误辑问题[J]/刘倩.--宿州学院学报,2014,01:54-57

本文以文渊阁本《四库全书》为底本,对四库馆臣所辑佚的"永乐大典本"文献的质量进行考量。细致探究辑本误辑的类型及原因,推求文献的原始来源,考订文献的可靠性和真实性,以期为学术研究提供真实可靠的文献来源和依据,对学界在使用和研究这些文献过程中所遇到的问题有所裨益。

1549

论《四库全书总目》的史学考证方法[J]/赵涛.--西北大学学报（哲学社会科学版）,2014,02:144-151

笔者认为《四库全书总目》作为一部集大成的古籍目录著作,在开展史学批评过程中凸显出多种史学方法,考证历史事实的同时,诠释了史学思想方面的见解和主张,对正确解读和认知史学典籍和历史现象具有重要的方法论意义,标志着中国传统史学理论与方法论的成熟和完善。

1550

论《四库全书总目》的戏曲批评背景[J]/徐燕琳. --戏剧艺术,2011,03:47 - 55

《四库全书总目》有意识地进行戏曲批评,同时总结和发展了前代戏曲理论与实践成果。它以当时蓬勃发展的戏曲活动和崇雅抑俗的戏曲政策为背景,辨章学术、考镜源流;旌别兼施、严为去取;体类分派、等差有辨,对戏曲文体进行了有益的探索。

1551

论《四库全书总目》的戏曲文体批评[J]/徐燕琳. --中山大学学报(社会科学版),2011,01:23 - 31

《四库全书总目》的戏曲文体批评涉及戏曲本体论等问题,一定程度上体现了当时戏曲理论的成就和实践经验的积累。虽然反映官方意志,不乏各种偏见,但对戏曲并非全无了解;而且,一些论述立论公允,考辨精微,于现代形态的戏曲批评和戏曲本体问题的研究深具意义。

1552

论《四库全书总目》对唐宋《诗》学之批评——兼谈唐、宋《诗》学的承与变[J]/刘挺颂. --海南大学学报(人文社会科学版),2011,06:113 - 120

《四库全书总目》对唐宋《诗》学著作和主要治《诗》者的评价大体能实事求是,常有精到之见。但囿于对门户壁垒的批判,其对《诗经》宋学的意义和价值重视不够,尤其是对宋人从文学角度研究《诗》的意义和价值重视不够。

1553

论《四库全书总目》视角中的金元医学流派[J]/谷建军. --北京中医药大学学报,2012,06:373 - 375

文章介绍了《四库全书总目·医家类》对金元医学流派的划分,探讨其对金元医学流派学术争鸣的观点,论述了该书与清代医家对金元医学流派观点的分歧。

1554

论《四库全书总目》小说类唐代书籍内容的可信度[J]/秦琼. --贵阳学院学报(社会科学版),2012,03:48 - 51

本文通过比较《四库全书总目》《旧唐书·经籍志》《新唐书·艺文志》中记载的小说类唐代书籍的异同,分析《四库全书总目》中小说类唐代书籍的可信度,发现这些书籍总体可信度都比较高,并非杜撰、虚构,有一定的史料价值。

1555

论《四库全书总目·医家类》提要的文献价值[J]/张晓丽. --南京中医药大学学报(社会科学版),2011,01:16 - 19

《四库全书总目·医家类》是清代重要的医学书目,提要详细介绍历代医书的历史演变及内容特点,揭示其学术源流概况,提供丰富的医学文献资料信息,有利于进行医书校勘与文献保存;提要评价历代医书得失,考证医学文献正误,具有重要的文献价值。

1556

论《四库全书总目·正史类》考据学[D]/廖勇. --兰州大学,2011

本文从最主要的政治、经济、学术背景来探讨编撰《四库全书总目》的缘由,简要阐述该书的问世及其分类的情况,分析提要所运用的各种考据方法、所蕴含的各种历史考证学思想,以及对乾嘉考据学和新历史考证学的影响。

1557

论《四库全书总目》中的笔记观[J]/岳永. --新疆大学学报(哲学·人文社会科学版),2013,06:122 - 125

《四库全书总目》著录了众多笔记,并对其做出评价,集中反映了清代前中期人们对笔记的认识观念和思想水平,并对日后笔记研究提供了指导和借鉴。

1558

论《四库提要》的集部注释思想[J]/周金标. --西安石油大学学报(社会科学版),2015,04:84 - 88 + 104

本文以《四库提要》为中心,集中考察其集部注释思想:一是重视版本、校勘和编集的古籍整理原则，二是反对穿凿、重视考据的注释思想，三是注重注释体例，四是注意考察注本的地位和影响。这些思想观点至今对古籍整理仍有一定的借鉴意义。至于其不足，则反映了时代的局限。

1559

论四库总目的诗学批评特征[J]/郑平. --文艺评论,2011,10:29 – 32

文章从四个方面，论述了《四库全书总目》的诗学批评特征，分别为视野开阔、推究透彻、态度中正、观念正统。

1560

论图书档案文献的保护及修复[J]/李京芬. --兰台世界,2012,20:58 – 59

本文对目前我国图书档案文献的保护工作现状及存在问题进行分析，在借鉴国内外图书馆、档案馆文献保护工作经验的基础上，针对如何强化图书档案文献的保护工作提出观点和措施。

1561

论图书馆古籍编目的工作特质[A]/杨芬. --北京大学图书馆. 北京大学图书馆第十一届五四科学讨论会论文集[C],2013

本文从古籍编目工作的学术研究性、技术规范性、探索创新性、成果累积性及工作延展性五个方面展开，分析古籍编目的工作特质、编目工作的难度、重要价值与意义，以及对古籍编目人员各方面资质的思考。

1562

论图书馆古籍开发问题与对策[J]/杜婕. --知识经济,2011,18:56

本文讨论了图书馆古籍开发中的相关问题，认为首先要摸清馆藏，其次要加强对古籍内容的深入挖掘，还要坚持藏用并重的方针，以期获得更好的效果。

1563

论图书馆古籍数据库的专题开发[J]/单传花. --黑龙江档案,2013,03:157

开发和保护好古籍数据库，利用现代化技术发掘蕴藏的古籍的文献价值，实现古籍的联机检索和资源共享，对提升图书馆的服务质量，拓展图书馆的服务平台，增强图书馆服务的内涵，都有十分重要的意义。

1564

论图书馆古籍文献保护中文献影像技术的应用[J]/李保全. --河南科技,2015,03:01 – 03

文献影像技术在图书馆古籍文献保护中广泛应用，已取得相关经验成果。随着新技术的迅速发展，文献影像技术应有所完善与改进，可以借助文献影像技术保存古籍文献的影像制品，有效开展图书馆古籍文献的相关保护工作，使其更好地发展。

1565

论图书馆古籍修复工作存在的问题[J]/黄玉杏. --卷宗,2014,03:37 – 38

本文就图书馆古籍修复工作展开分析，重点介绍其中存在的问题，并提出相应的改善对策。

1566

论土家族古籍的文献价值——以恩施土家族苗族自治州的土家族为例[J]/王平. --重庆三峡学院学报,2011,04:29 – 33

本文以恩施土家族苗族自治州的土家族为个案，从七个方面阐述土家族古籍在研究土家族的源流、政治、经济、文化、习俗和宗教信仰、伦理道德等方面的文献价值，强调加强对其搜集、整理和研究，充分发挥其文献价值。

1567

论王渔洋在《四库全书总目》中的地位[J]/门庭. --兰台世界,2011,14:53 – 54

四库馆臣在《四库全书总目》中，肯定"神韵"诗风的诗史意义，突出王渔洋的关键性，大量援引王说为评诗依据，体现其权威性；将王氏著作作为批评重点，说明其重要性。

1568

论维吾尔民族文献保护的现状[J]/艾赛丽古丽·吐尔迪. --甘肃科技,2012,18:86 – 87 + 16

文章采用文献研究法，对维吾尔族民族文献的保存现状进行了分析，提出了维吾尔民族文献保护的几点意见。

1569

论文化多样性与民族高校图书馆民族古籍保护工作的可持续发展[J]/李筑宁. --贵图学刊,2012,04:04－06＋12

在文化多样性大背景下,民族高校图书馆应当通过参与和开展民族古籍的研究、调查、普查工作,培养建设一支专业技术人才队伍,建立健全民族古籍保护制度,构建地区性乃至全国性的民族古籍保护体系,加快民族古籍数字化步伐等措施和途径,加强民族古籍抢救和保护工作力度。

1570

论文渊阁《四库全书》本《春秋左传注疏》的校勘价值[J]/芮文浩. --长春大学学报,2012,03:301－304

清人阮元校刻的《十三经注疏》是文史研究者常备的重要文献。出版社先后出版过《十三经注疏》的影印本和标点本。然影印本和标点本《春秋左传正义》都存在诸多讹误,文渊阁《四库全书》本《春秋左传注疏》可用以校正其误,因而《四库》文渊阁本具有极高的校勘价值。

1571

论西南少数民族文献的保护与利用[D]/魏舰. --西南民族大学,2013

本文重点研究了对西南地区民族文献的开发和利用的措施,主要从民族文献的数字化建设、文献保护技术及非技术因素、文献保护的学科建设等几个方面进行了重点阐述,分别提出了具体的建议和措施。

1572

论析《四库全书总目》对明代学者杨慎的评价[J]/高远. --内江师范学院学报,2013,11:52－58

本文通过梳理《四库全书总目》对杨慎的评价,说明了清代考据学启蒙于中晚明的观点。

1573

论新疆锡伯族文学古籍文献的传承与保护[J]/贺元秀. --伊犁师范学院学报(社会科学版),2014,01:52－55

保护与传承新疆锡伯族文学古籍文献应做好以下工作:开展锡伯族文学古籍文献普查,建设锡伯族文学古籍文献整理、保护和研究队伍,建立锡伯族文学古籍文献保护单位,加大专项资金投入力度,加快推进修复工作,用现代化科技手段对锡伯族文学古籍文献进行传承与保护。

1574

论新时期图书馆古籍资源的开发利用[D]/郭天娇. --北京师范大学,2011

本文总结新时期我国图书馆古籍资源的开发利用所取得成果和存在问题,提出应进一步深化对古籍资源的开发利用,弘扬中华民族的传统文化,使其成果服务于学者、服务于大众、服务于社会主义建设事业。

1575

论新时期文献保护与修复专业人才的培养途径[J]/秦玉珍,王华. --内蒙古科技与经济,2014,24:137－138

本文指出欧美国家文献保护与修复专业教育的发展历程对我国有借鉴作用,应作为专业人才培养的主要途径,在职培训可成为文献保护与修复人才培养的重要补充,加强中外交流与合作,提升我国的文献保护与修复的专业人才培养工作的效率与水平。

1576

论新文学研究中的善本问题[J]/朱坤. --黄山学院学报,2014,02:41－44

版本是新文学研究的基础。本文主要剖析新文学研究面临的版本选择的问题,即善本问题。新文学作品的善本必须最真实地反映作家的思想意识和艺术成就,初版本或初刊本完全符合作为善本的条件。

1577

论序跋与提要的异同及学术价值——以《四库全书总目》和"雅书"为例[J]/郭康松,胡涛. --古籍整理研究学刊,2014,05:09－12

本文对比《四库全书总目》和"雅书"中序跋与提要的异同,并试析其学术价值。

1578

论《颜氏家训》的校雠学价值[J]/李文

娟. --淄博师专学报,2013,01:47 - 50

《颜氏家训》在目录、版本、校勘、典藏等方面对校雠学的贡献不容小觑,不仅开启了家训目录学的先河,而且文献校勘方法完备,其强烈的版本自觉和典藏意识同样也为校雠学做出了重要的贡献。

1579

论彝族传统经籍文学的概念及其价值[J]/ 王明贵,王小丰. --红河学院学报,2015,03: 23 - 26

彝族传统经籍文学是指彝族传统宗教生活一直使用着的经书中,具有文学价值的古籍。深入研究彝族传统经籍文学,不但丰富了中国少数民族文学宝库,还可以充分挖掘其传统的认识功能、教育功能、审美功能的价值。

1580

论应用型古籍修复人才综合能力的培养 [J]/郑利锋,颜丽,葛怀东,曹千里. --文教资料,2012,01:146 - 147

本文指出新时期新型古籍修复人才的培养和实现,要有明确的办学思路、清晰的教育理念,大力进行专业建设,设置新型课程,展开综合性教学,使学生建立综合性的知识结构,实现理文史哲、文理科、理论与实践等多层次、多方面知识的融会贯通。

1581

论语集释[M]/程树德撰. --北京:中华书局,2013

《论语集释》是传统《论语》学研究集大成式的古籍整理著作,作者为著名学者程树德。

1582

《论语》与其注疏文献对齐语料库的构建 [J]/马创新,陈小荷,曲维光,陆鹏飞. --现代教育技术,2012,07:109 - 113

文章介绍构建《论语》与其注疏文献对齐语料库的必要性、设计思路和基本方法,并说明采用这种新途径研究《论语》的初步成果,以及该项研究在《论语》的教学和训诂学研究中所起到的巨大作用。

1583

论云南民间散存普米族韩规古籍档案遗产

抢救问题[J]/丁路,黄玉婧,王逸凡. --城市地理,2015,20:232

普米族韩规古籍档案遗产是普米族在长期历史社会应用中形成的原始历史记录,涉及普米族各个方面发展的内容,是普米族文化的再现,是我国极其珍贵的原始文献档案。本文通过云南韩规古籍档案散存现状及存在问题对其抢救提出中肯的建议。

1584

论云南武定彝文《指路经》及其文化价值 [J]/朱国祥. --大庆师范学院学报,2013,04: 76 - 79

武定彝文《指路经》内容分为刚死去的亡灵无归属感、祭祀亡灵、呗耄指引亡灵到达祖先发祥地,以及告诫亡灵在奔赴祖先圣地的路途中所要注意的问题,体现了彝族先民的世界观和宗教文化观等内容。

1585

论张元济的目录学思想[J]/江曦. --大庆师范学院学报,2011,01:137 - 139

张元济主张采用四库分类法,支持"增析济其穷"。《宝礼堂宋本书录》和《涵芬楼烬余书录》是版本目录中的杰作,体例完备,著录格式极为规范,具有容易把握和操作的特点,纠正规范化带来的弊病。

1586

论郑樵对古籍文献散亡研究的理论创新 [J]/李玉安. --图书情报知识,2014,04:88 - 93

中国古籍文献的散亡研究,肇始于隋代牛弘的书厄论。郑樵在其《通志·校雠略》中,从不同的角度和视野,研究了中国古籍文献散亡的多种原因,提出了"亡书之学"的理论观点,主旨之一便是探讨、总结图书散亡的原因及应采取的对策。这个理论对后世学者影响颇深。

1587

论中国古代文献学的优良传统[J]/王记录. --殷都学刊,2011,02:35 - 41

本文介绍中国古代文献学在发展过程中形成的六个方面优良传统:崇敬文献典籍、重视文化传承成为文献整理者的自觉意识,树立实事求是的文献整理原则和求真求实的文献整理宗旨,文献整理体式丰富多彩且不断创新,摒弃文献整理形而下的观念,自觉摆脱琐细考证,重视完善自我。

1588

论中国古典文献学的研究内容及途径[J]/王秀丽. --知识经济,2011,11:148

本文介绍了研究中国古典文献学的内容和途径。内容包括古典文献的整理和实践以及古典文献理论的研究。途径包括编制古典文学工具书、收藏和复制古典文献等。

1589

论中国古籍插图的版式[J]/姬准. --作家,2013,20:223 – 224

中国的古籍插图历史悠久,大多数是以书籍插图形式遗存下来的版刻插图。本文概述了中国古籍插图版式的起源,并详细介绍了唐、宋、元、明、清等朝代插图版式的发展及其优缺点及代表作。

1590

论《中国古籍总目》对古籍种类和版本的统计失误[J]/张宪荣. --励耘学刊(文学卷),2014,01:192 – 207

《中国古籍总目》作为近年来编纂规模最大、收录古籍最多的全国古籍书目,本应该准确全面地反映全国古籍的收录状况,但是其在统计古籍书种和版本时却时有失误。本文拟在参考诸家目录及自己的目验的基础上,对其常见的失误进行研究,并对古籍统计提出一点自己的看法。

1591

论中国近代古籍出版与文化传承[J]/江涛. --牡丹江教育学院学报,2015,06:10 + 62

本文指出民国时期为传承文化,出版机构大量刊印古籍,尤其是民营机构及私人和旧书肆出版了大量具有深远影响的古籍丛书,为文化的传承和后人的学术研究做出了巨大的贡献。

1592

论中国水族水书文献资源的系统征集[J]/林伯珊,曾纪钰,文毅. --情报探索,2013,04:56 – 58

介绍分析开展中国水族水书文献征集和书目管理工作的必要性,提出应采取成立水书文献系统征集委员会、建立水书文献书目控制系统、建立水书文献社会征集网络系统、建立水书文献网上动态信息资源编目系统等措施,加大系统收集的力度。

1593

论中国文献辨伪方法建设的基本方向[J]/王国强,孟祥凤. --图书馆论坛,2014,10:93 – 98

中国文献辨伪近百年来取得一定成绩,但是在逻辑严谨、体系完整以及对辨伪客体的适用性等方面还存在缺陷。本文以疑古派和出土文献派文献辨伪方法为例,总结现当代中国文献辨伪方法,分析中国文献辨伪方法的成就和局限,提出中国文献辨伪方法建设的基本思路,勾勒中国文献辨伪方法体系的基本框架。

1594

论中文古籍版本本体库的构建[J]/邓仲华,黄鑫,陆颖隽,李明杰. --图书情报知识,2014,04:80 – 87 + 93

本文分析了建设以古籍版本为主题的数据库的必要性,然后使用本体库的构建技术针对古籍版本知识的数据进行类、属性以及实例的设计,最后在Protégé本体构建工具中实现本体库,研究了古籍版本知识中数据的结构化和系统化,为建设以古籍版本为主题的数据库打下基础。

1595

论中医古籍编辑的专业素质[J]/黄鑫,贾守凯. --中国科技期刊研究,2012,02:317 – 319

本文从市场前瞻能力和创新思维、深厚的古文功底、扎实的医学专业知识和广博的知识面、较强的学习能力几个方面,阐述了中医古籍编辑应当具备的专业素质,并探讨了培养途径。

1596

论中医古籍的保护[J]/林玉婷,林莉. --中华医学图书情报杂志,2011,11:45 – 47

本文分析了中医古籍保护的现状和存在

问题,并就开展古籍资源调研、解决资金问题、加强古籍保护和修复人才培养、健全古籍法规和制度等方面提出了有针对性的措施。

1597

论中医古籍文献的现实作用和存在的问题[J]/李伟丽. --活力,2015,01:60

本文从古籍保护的角度入手,分析目前中医古籍文献保护所存在的问题,并提出解决办法。

1598

论中医文献数字化研究[J]/王璐,祁兴华,虞舜. --中国中医药信息杂志,2015,10:01-03

本文从中医文献的特点、文献数字化的内涵和优势两方面探讨了中医文献数字化的必要性和研究意义,以国内外数字化图书馆和数字化期刊为例,介绍中医文献数字化的研究背景,阐述中医现代和古典文献数字化的研究现状和中医古籍数字化研究情况,分析了存在的问题,并给出建议。

1599

论中医药院校图书馆古籍修复工作[J]/韩赫宇,史宝友,陈柳. --中国中医药图书情报杂志,2014,03:30-31

本文从古籍修复角度分析中医药院校图书馆古籍保护工作现状和存在问题,强调中医药古籍修复的理念及其重要意义,对中医药古籍修复人员应具备的职业素养和人才队伍建设提出建议。

1600

《罗谦甫治验案》版本研究[J]/王妮. --长春中医药大学学报,2013,03:552-554

本文通过对《罗谦甫治验案》版本的考据研究发现,裴庆元辑编《罗谦甫治验案》所据的《卫生宝鉴》家藏抄本,与现在流行的版本,不是同一系统;《罗谦甫治验案》绍兴医药学报社刻本和《医药丛书十一种》实为同一版本,属同书异名。

1601

罗振常未刊藏书题跋二则[J]/郎菁. --文献,2012,01:72-74

罗振常(1875-1943)于其30年书肆生涯中,经眼古籍善本无数,今发现罗振常未刊藏书题跋二则,试做简要论述。

1602

洛阳市图书馆古籍普查工作探析[J]/金雅茹. --赤峰学院学报(自然科学版),2015,08:201-202

本文阐述了洛阳市图书馆古籍普查工作的开展及取得的成绩,并针对该馆的实际情况,对于如何贯彻落实国务院《关于进一步加强古籍保护工作的意见》精神,认真做好洛阳市图书馆的古籍普查工作,提出了进一步的完善和改进措施。

1603

《吕氏家塾读诗记》版本源流考[J]/陈锦春. --诗经研究丛刊,2013,02:292-311

《吕氏家塾读诗记》版本众多,本文通过文献著录与目验,得29个版本;详述各本的行款、钤记、馆藏及善本,考证该书的版本源流,概括出六个版本系统,并指出该书的宋本系统与明本系统传布最广,其祖本却有真伪之别。

1604

吕祖谦是否著有《吕氏读书记》——由《四库全书总目》王世贞《读书后》提要说起[J]/魏宏远,唐温秀. --兰州文理学院学报(社会科学版),2015,02:104-107

本文通过对书目、序跋及网络资料查询,确定《吕氏家塾读诗记》与《吕氏读书记》是吕祖谦两部完全不同的作品,《吕氏读书记》今疑已亡佚。

1605

《邵亭知见传本书目》与《朱修伯批本四库简明目录》之比较[J]/齐晓琪. --青年文学家,2015,15:42-43

《邵亭知见传本书目》是莫友芝先生在目录版本学上的代表之作,与此同时也奠定了目录版本学的基础。《邵亭知见传本书目》是莫友芝在《四库简明目录》各条下所作的笔记,汇合成书。同时采取了邵懿辰《四库简明目录标注》以及王家骥的笔记加以补充。

1606

略论傣族医药文献馆藏古籍偏方数字化的建设［J］/周世琼.--黑龙江科技信息,2012,33:108

对傣族医药文献馆藏古籍偏方数字化整理,旨在利用现代科技手段保留傣医药传统文化,实现傣医药馆藏文献古籍偏方的信息整理、整合,为傣医药研究工作提供方便、快捷的新途径。

1607

略论古籍版本对文学研究的意义——以胡适《红楼梦考证》为例［J］/张静.--重庆科技学院学报(社会科学版),2012,06:132－134

从版本学角度分析了不同古籍图书版本的文献价值之所在,并结合胡适《红楼梦考证》,说明了认识和校刊古籍版本,熟悉其源流演变,对古代文献整理、古典文学研究有着不同的参照意义。

1608

略论近年来新疆古籍保护法制建设进展［J］/李华伟.--新疆社科信息,2012,01:01－05

近年来,在国家层面古籍保护法制建设力度不断加大的大环境下,新疆地区与古籍保护相关的法制建设取得了较大进展:八部委发布的《关于支持新疆维吾尔自治区古籍保护工作的通知》等重要文件凸显出对新疆古籍保护工作的重视力度,新疆的地方配套政策或法规《关于印发自治区贯彻落实国家八部委支持新疆维吾尔自治区古籍保护工作实施意见的通知》等亦步亦趋随之跟进。这些文件的起草、制定无不反映并促进了新疆古籍保护事业的发展。

1609

略论两种《十驾斋养新录》中地理内容的点校问题［J］/聂顺新.--中国历史地理论丛,2014,01:154－157

目前公开出版的两种点校本《十驾斋养新录》中地理部分的点校,存在多处因不明州名而讹字、因不明州名而破句、因不明史地而失文意的问题。本文对这些点校疏误予以分析、考辨和纠正,并对古籍整理中如何避免出现类似问题提出若干建议。

1610

略论欧阳修古籍整理研究中的"阙疑"法［J］/余敏辉.--淮北师范大学学报(哲学社会科学版),2011,02:10－11

由于受历代学者重实践、轻理论习尚以及"术先学后"发展规律影响,加之历史文献工作本身技术性、实践性较强的特点,历史文献学理论总结向来不是很发达。本文就历史文献学理论相关问题展开深入探讨,以期推动这一学科更好的发展。

1611

略论《四库全书总目》对林希逸《庄子口义》的评价［J］/林溪.--黄河科技大学学报,2012,01:113－115

《四库全书总目》在两个层面上评价了南宋理学家林希逸的《庄子口义》:在哲学领域上,注释不够深入,也缺乏创新性与开拓性;在注释文本上,其解释词句较为清晰,语言风格比较通俗流畅,但忽略了注者首次以文学批评眼光评价《庄子》的草创之功。

1612

略论《四库提要》尊《隋志》抑《汉志》之倾向［J］/张琼.--兰台世界,2013,06:13－14

《四库提要》在汲取前代目录学成果的过程中,流露出推崇《隋志》贬抑《汉志》的倾向,诸如分类以《隋志》为基准,体例奉《隋志》为圭臬,立论以《隋志》为依据。这种倾向的出现,既有政治原因,也源自编撰者对二志成就高下的把握。

1613

略论用避讳字来鉴定古籍版本［J］/甘沛.--经济师,2014,01:256－257＋261

珍贵古籍申报书的填写,与古籍编目息息相关,没有较高的古籍编目水平,难以填写出合格的申报书,而不合格的申报书会直接影响到珍贵古籍的申报。文章就"河南省珍贵古籍申报书"的填写中存在的问题,一一指出,并加以纠正,希望能对"河南省珍贵古籍申报书"的填写有所帮助。

1614

略论中医古籍图像的特点与价值[J]/胡晓峰,张丽君.--中医文献杂志,2012,03:10－12

中医古籍图像具有数量巨大、内容丰富、实用性强、时代特征、线条简洁、艺术生动6大特点;又具有学术价值、文献价值、应用价值、创新价值、艺术价值5大价值,是中医文献的重要内容,对中医学术传承有重要作用。

1615

略说家谱中的特色版本[A]/励双杰.--倪莉、王蕾、沈津编.中文古籍整理与版本目录学国际学术研讨会论文集[C],桂林:广西师范大学出版社,2013

本文以稀奇古怪四字为引线,介绍了浙江慈溪思绥草堂收藏的一些较有特色的家谱。

1616

略谈建立藏医药古籍文献编目体系的重要性[J]/泽让娜科.--中国民族医药杂志,2014,09:71

本文从理论上对图书馆目录的作用和藏医药古籍文献资料的丰富性,以及急需建立藏医药古籍文献编目体系工作的重要性进行阐述。

1617

略谈洛阳市古籍普查与保护工作的开展[J]/张丽鹏.--赤峰学院学报(自然科学版),2011,12:152－154

本文全面阐述了洛阳市开展古籍普查保护工作在普查、申报、培训、展览、宣传等方面取得的成绩,并对于如何贯彻落实国务院文件精神,认真做好洛阳市的古籍普查与保护工作,提出了进一步的完善和改进措施。

1618

略谈《稀见明人诗话十六种》的整理[J]/陈广宏,侯荣川.--古籍整理出版情况简报(总535期),2015,09:2－6

本文介绍并分析了上海古籍出版社2014年出版的《稀见明人诗话十六种》编纂思路、版本特色和文献价值。

1619

略谈《新中国出土墓志》的价值与意义[J]/任昉.--古籍整理出版情况简报(总522期),2014,08:7－14

本文论述了《新中国出土墓志》的价值、意义与特点,包括图版清晰、材料完整,释文精当、标点正确,以及整理规范、翻检方便等。

M

1620

马王堆古医书病名、药名例释[D]/管骏捷. --华东师范大学,2011

本文通过对马王堆古医书几个注本的比较解读,全面参考其他学者的意见,在此基础上对于较早注本中存在分歧,而之后学者尚未提及的药名选译41条进行探析和研究。另外选取了五个病名进行详细分析,作为对于前辈学者研究的补充。

1621

《脉理正义》成书年代与刊刻年代考辨[J]/姚惠萍. --实用中医内科杂志,2012,11:01+03

根据现有书目文献记载,《脉理正义》成书于公元1635年(或约1635年),即明崇祯乙亥八年,而其刊刻年代更是说法不一。笔者通过考察,认为该书约成书于公元1654年,初刻时间当为1680年。

1622

《脉理宗经》述评[J]/朱若林,沈澍农. --中医文献杂志,2014,01:06－07

《脉理宗经》四卷,清代医家张福田著,是以注解经典的方式集论脉学精要的专书。笔者主要从作者及成书、版本考察、主要内容及学术特色四个方面对《脉理宗经》作一系统介绍。

1623

脉学考辨精良之作——简评《脉诀汇辨校释》[J]/王兴伊. --中医文献杂志,2012,04:47－49

《脉诀汇辨校释》为清初脉学名著《脉诀汇辨》的整理本。本文对《脉诀汇辨校释》进行简评,指出该整理本具有考证深入、校注详备、按语精到等特点,是一部脉学古籍整理之力作。

1624

《脉学注释汇参证治》的文献研究[J]/于莉英. --时珍国医国药,2012,12:3115－3116

在《脉学注释汇参证治》点校的过程中,笔者整理研究了其版本情况、作者生平和学术价值,并就其版本方面的一些问题提出了自己的观点,以期与同道探讨。

1625

满文古籍丛谈[J]/吴元丰,徐莉. --满语研究,2015,01:24－30

介绍满文古籍创制、改进完善和在官刻和坊刻推动下广泛流传的历程,以及在版本、版式、题名、装帧等方面的特色。

1626

满文古籍的版本鉴定[J]/李雄飞. --满语研究,2015,01:31－35

满文古籍版本鉴定是满文古籍研究的基础,本文介绍了满文古籍版本鉴定的方法,旨在加强满文古籍文献学研究。

1627

满文文献调研记[A]/赵令志,庄秀芬. --赵志强主编. 满学论丛(第二辑)[C],沈阳:辽宁民族出版社,2011

本文指出时至今日,能说满语的人已经寥寥无几,能看懂满文文字的人更是屈指可数,满族文化的抢救特别迫切。

1628

满族口碑古籍经典——"乌勒本"[J]/刘红彬. --满族研究,2015,01:79－82

满族说部——乌勒本,被誉为百听不厌的满族口碑文学,在北方民族之间广为流传,深受妇孺老幼喜爱。其在民族学、神话学、史学、宗教学、社会学、民俗学以及口碑艺术、造型艺术方面贡献独特,本文叙述了乌勒本的性质、特点、分类及与其他满族口碑文学的关系。

1629

曼彻斯特大学约翰·瑞兰德图书馆所藏汉籍

概述[J]/李国英,周晓文,张宪荣.--河北师范大学学报(哲学社会科学版),2015,02:151－155

英国曼彻斯特大学约翰·瑞兰德图书馆所藏汉籍有六百多种,其经三代藏主相继收藏之后最终于1901年归入该馆。这批古籍在品种上四部具备,但经部和子部书籍相对丰富。从版本上看,多为万历以后刊本,其中不乏稀见书籍和版本,可补国内馆藏之不足,故值得学者进一步研究。

1630

漫谈清刻古籍四种[J]/付娆.--科技创新与应用,2012,15:291－292

本文就黑龙江省社会科学院馆藏的四种清刻古籍进行了评述。

1631

《毛诗正义》校文与刊本《毛诗诂训传》之渊源——以国家图书馆藏宋刊《毛诗诂训传》为例[J]/徐建委.--文献,2012,02:38－49

从文献流传的角度看,唐代写本与宋代刻本之间的过渡十分关键。宋代以后,由于印刷的便利以及官方对民间旧传写本的废黜,许多重要典籍文本的流传往往趋于稳定。宋以后,古籍版本多以北宋刻本为祖本,有别于唐及唐以前多本并行的状态,成为新的相对独立的传本系统。

1632

《毛诗正义》引《尔雅》考[J]/胡继明,薛芹.--重庆师范大学学报(哲学社会科学版),2014,06:74－82

本文就《毛诗正义》引用《尔雅》的情况予以考辨,以较其异同,观其流变,正其讹误,为人们阅读和比较研究提供以资参考的语料。

1633

《毛诗正义》引《尔雅》研究[D]/徐文贤.--青岛大学,2011

本论文以汉语言文字学和训诂学为理论指导,将《毛诗正义》中散见的《尔雅》正文及雅学家的注文分类整理,探讨引文规律,总结训诂方式;总结引文中涉及的语言学问题;总结《毛诗正义》引《尔雅》研究的意义,及对后世雅学的影响。

1634

《毛诗注疏》整理后言[J]/朱杰人.--古籍整理出版情况简报(总531期),2015,05:15－18

本文介绍了《毛诗注疏》从整理工作启动到编修出版的简要情况,特别提到了版本的选用情况。

1635

《茅亭客话》版本源流考述[J]/封树芬.--古典文献研究,2014,02:182－191

《茅亭客话》十卷,是宋代黄休复撰写的一部志怪小说集。本文旨在对《茅亭客话》版本源流,进行简要考述。

1636

媒体引导对中医古籍阅读推广的作用及其启示[J]/李文林,曾莉,杨斓,张云.--中华医学图书情报杂志,2015,06:33－36

以南京中医药大学图书馆读书节的馆藏中医古籍展览活动为例,阐述了媒体引导对中医古籍阅读推广的作用,如启发读者对中医古籍的兴趣、发挥中医古籍中的名人效应。媒体引导下中医古籍资源的传播和利用效果为图书馆今后转换思路,做好特色文献阅读推广工作提供参考。

1637

美国柏克莱加州大学东亚图书馆中文古籍善本文献的整理与研究[J]/周欣平.--形象史学研究,2012,00:257－266

本文论述了美国柏克莱加州大学东亚图书馆收藏中文古籍善本文献的历史沿革和对其馆藏中文古籍善本文献的整理与研究,并介绍了该馆重要日本汉籍和朝鲜汉籍的收藏情况。

1638

美国弗利尔/赛克勒图书馆藏中文古籍撷英[A]/李勇慧.--倪莉、王蕾、沈津编.中文古籍整理与版本目录学国际学术研讨会论文集[C],桂林:广西师范大学出版社,2013

本文从经、史、子、集四方面对美国弗利尔/赛克勒图书馆藏中文古籍作了介绍。

1639

美国国会图书馆馆藏瑶族手抄文献的资源

特征与组织整理[J]/黄萍莉,何红一,陈朋. --图书馆学研究,2013,24:82-86

文章依据考证结果,从入藏途径、价值、版本、内容四方面描述了美国国会图书馆馆藏瑶族手抄文献的资源特点,并对这批文献的组织整理现状及研究进展进行介绍,对未来研究方向进行展望。

1640

美国国会图书馆馆藏瑶族手抄文献俗字研究[D]/余阳. --中南民族大学,2011

本文以目前的"美馆藏"瑶族手抄文献为材料,对其中的俗字进行辑录,以《汉语大字典》为正字标准,并在此基础上对所辑录的俗字进行具体分析、研究。

1641

美国国会图书馆瑶族文献的整理与分类研究[J]/何红一,黄萍莉,陈朋. --广西民族研究,2013,04:119-125

文章运用民族古籍分类知识以及文献分类学理论,对这批馆藏文献进行考辨,在分析国内外已有瑶族文献分类体系利弊的基础上,将这批馆藏瑶族文献划分为六大类,详述划分缘由及类型特征。

1642

美国哈佛大学哈佛燕京图书馆藏中文善本书志[M]/沈津编. --桂林:广西师范大学出版社,2011

本书为美国哈佛大学哈佛燕京图书馆藏中文善本书志,每种古籍均配有珍贵书影,每篇提要不仅详列该书作者、卷帙、版本、序跋、凡例、板框、行款、名人校跋及附录等信息,对作者生平、每卷内容及序跋凡例内容等均作介绍。

1643

美国收藏的我国古籍数字化开放获取文献资源——以美国哈佛大学燕京图书馆为例[J]/于新国. --云南图书馆,2014,04:72-74

本文从我国古籍文献及其数字化开放获取资源、我国古籍流失美国及美国收藏状况、美国国会图书馆收藏的我国古籍数字化开放获取文献资源、美国哈佛大学哈佛燕京图书馆收藏的我国古籍数字化开放获取文献资源等方面,对美国收藏的我国古籍数字化开放获取文献资源进行了研究。

1644

美国斯坦福大学图书馆藏中文古籍善本书志[M]/马月华编著. --桂林:广西师范大学出版社,2013

本书是美国斯坦福大学所藏154种中文古籍善本(含部分朝鲜刻本及和刻本)的提要书志,属目录学工具书,较全面地展示了斯坦福大学图书馆所藏中文善本书籍的整体面貌。

1645

美国图书馆藏宋元版汉籍图录[M]/曹亦冰,卢伟主编. --北京:中华书局,2015

本书收录美国国会图书馆以及伯克莱加州大学东亚图书馆、哥伦比亚大学东亚图书馆、哈佛大学哈佛燕京图书馆、普林斯顿大学东亚图书馆、耶鲁大学东亚图书馆、芝加哥大学东亚图书馆等7家图书馆收藏的124种宋元版汉籍。

1646

美国图书馆藏宋元版汉籍研究[M]/卢伟著. --北京:北京大学出版社,2013

本书对美国国会图书馆以及各大东亚图书馆收藏的中国古籍尤其是宋元版的历史和现状做了详细介绍,概括了前人有关美国图书馆收藏中国宋元版古籍的研究情况。

1647

美国中文古籍数字化概述[J]/毛建军. --图书馆学研究,2012,01:19-20

概述美国典藏机构中中文古籍的收藏、整理、编目情况,以及数字化处理和开发、建置大量中文古籍数字化资源的进程。

1648

门户之见、文化宰制对理学传播的负面影响——考察《四库全书》不收录清前期《近思录》注本的原因[J]/程水龙. --社会科学论坛,2014,06:50-59

茅、江二人注本被选入的主因,不仅关乎其本身呈现出的考据特色,而且得益于时代思潮相助与汉学家推重。《近思录》文献在清代的流布呈哑铃状的情形，与乾嘉时期政治、学术思想的转变、过分尊汉抑宋、君王文化摧残不无关系。

1649

《蒙古世系谱》的作者和版本小考[J]/李培文.--图书馆理论与实践,2013,03:92-95

《蒙古世系谱》是清雍正间蒙古人罗密所编《蒙古家谱》的节抄并加按语的传本，历来编者没有定论。现南京图书馆藏本，著录为博明稿本。通过对南图藏本、其他传本以及作者相关资料的研究考证，认为南图藏本只是现存各传抄本的祖本，而作者无论是乾隆时蒙古人博明，或清末宗室盛昱，都没有足够的依据。

1650

蒙古文《甘珠尔》版印插图版本源流考[J]/乌日切夫.--世界宗教研究,2015,02:54-59+206-208

本文主要介绍蒙古文《甘珠尔》及其插图概况、它的版印插图的发现的过程。

1651

蒙古文古籍识别技术的研究[D]/苏向东.--内蒙古大学,2011

本文以木刻印刷的《御制蒙古文甘珠尔经》为研究对象，对蒙古文古籍文档的识别进行了深入研究，对蒙古文古籍的识别提出了行之有效的解决方案，以期推动蒙古文古籍文档的电子化，为蒙古文古籍的挖掘和利用提供便利，从而促进蒙古文化的传播和发扬光大。

1652

蒙古文古籍图像检索技术研究[D]/魏宏喜.--内蒙古大学,2012

本文在WordSpotting技术框架下，以具有代表性的蒙古文《甘珠尔经》为对象，对蒙古文古籍图像检索技术展开了一系列研究，希望通过互联网为中外学者提供一种查阅蒙古文古籍文献的途径，从而提高蒙古文古籍的利用效率。

1653

蒙古文古籍文献数字化建设探析[J]/苏日娜.--图书情报工作,2012,S2:112-114

本文概述蒙古文古籍文献收藏地分散、损毁严重、利用难问题，提出通过数字资源共建共享方式保存蒙古文古籍的建议；分析蒙古文古籍数字化建设过程中遇到的问题，探讨解决问题的方式方法。

1654

蒙古文古籍整理与研究综述[J]/宝音.--内蒙古民族大学学报（社会科学版）,2012,05:01-06

蒙古族文献典籍文字独特、版本珍贵、内容丰富多样，是中华民族优秀文化的组成部分。蒙古文古籍文献的抢救与保护迫在眉睫，蒙古文古籍文献的研究和开发对蒙古学研究具有极其重要的作用。

1655

蒙医药古籍文献的整理与研究[J]/布仁达来.--中国民族医药杂志,2013,05:68-69

蒙医药文献是蒙医学术的宝贵遗产，蒙医药文献研究整理对蒙医学术的继承和发展意义重大。本文简要总结了新中国成立以来蒙医药古籍文献收集、整理基本情况的基础上提出今后需要继续加强对蒙医药文献整理研究意见。

1656

孟府档案管理研究[D]/刘旭光.--山东大学,2011

本文研究对象为古籍图书、档案和碑文石刻，涉及历史学、管理学、图书版本学、目录学和档案学等不同学科，故分为七章叙述。

1657

《孟子赵注》版本源流考述[J]/高正伟.--图书馆杂志,2012,02:75-81+74

《孟子赵注》版本可考者实始于宋，其主要有三个系统：一是经注本系统，即《孟子》与赵岐注的合本，也可称单注本或章句本系统；二是与伪孙奭疏相结合的注疏本系统；三是晚起于清代焦循《孟子正义》的新注疏本系统。

1658

弥渡县古籍文献资源调查研究[J]/田静.--

云南图书馆,2014,04:68-71

本文通过对云南弥渡县现存古籍文献遗产的调查研究,分析弥渡县古籍文献存藏现状、内容特点及存在问题,以期为专家、学者更加深入地发掘、整理、研究提供线索,有利于更好地保护和利用这一珍贵的历史文化遗产。

1659

米芾集[M]/(北宋)米芾撰;张玉亮,辜艳红点校.--杭州:浙江人民美术出版社,2014

《米芾集》是宋代书法家米芾的诗文集、附录补遗、历代书目著录、作者论证资料、历代集评和翁方纲所撰米芾全谱。

1660

秘籍琳琅 楮墨飘香——山西省珍贵古籍一瞥[J]/王开学.--山西档案,2014,01:29-32

本文选取山西所藏古籍善本中几种较有代表性的宋辽金元刻本及明清套印本、批校本、钞本、插图本以飨读者,图文并茂,足见山西古籍藏书的丰富内涵。

1661

面临七大困难[N]/李国庆.--新华书目报,2015-08-21A09

本文简要介绍了天津图书馆古籍数字化工作取得的成果,以及在古籍数字化过程中面临的七大困难,其中特别提到古籍数字化专业人才的缺乏是个普遍存在的问题,最后对古籍数字化工作提出了五点建议。

1662

面向临床的中医古籍数字化问卷调查与分析[J]/丁侃,柳长华,王凤兰,田峰.--中医文献杂志,2012,02:36-39

通过发放问卷,对4所医院的部分医生进行调查,了解其对于数字化古籍需求的形式。数据的准确性、使用的便捷性是临床医生对数字化古籍的首要诉求。因此,中医古籍数字化建设要以临床需求为导向,从提供文本阅览和简单查询,向为临床医生提供知识服务的方向发展。

1663

缪荃孙与江南图书馆[J]/徐忆农.--新世纪图书馆,2014,12:62-68

缪荃孙先生是近代著名史学家、教育家、图书馆学家、藏书家、版本目录学家、金石学家。本文分为金陵岁月、江南建馆、陶风遗韵三部分,重点从以古从今、修正四部、守用并重等方面,论述其对中国图书馆事业的开拓性贡献。

1664

缪荃孙致王秉恩函稿释读[J]/颜建华.--文献,2014,01:98-108

西泠印社公布拍品中有缪荃孙致王秉恩函稿十七通,涉及古籍图书、拓本的传看、抄写、校勘与售卖等内容,提及当时著名藏书家和文化名人罗振玉、张钧衡、刘承干、刘世珩、莫绳孙、杨守敬等,有重要文献价值。据《艺风老人年谱》同治五年(1866)云"与华阳王雪橙(秉恩)交",则两人订交五十余年。特别是民国后,两人同寓上海,交往频繁,书信来往密切。据考证,这些书信即写于此时。

1665

缪希雍医学全书[M]/任春荣主编.--北京:中国中医药出版社,2015

缪希雍是我国明代末年的著名医家。本书收录了他现存的三部医学著作,即《神农本草经经疏》三十卷、《本草单方》十九卷、《先醒斋医学广笔记》四卷。本书集古籍整理现代研究于一体,是一部颇有学术价值的医籍。

1666

民初时期商务印书馆与中华书局的古籍出版竞争[J]/张家荣.--"全国"新书资讯月刊(在台湾地区发表),2014,190:16-20

近现代私人出版企业首推商务印书馆和中华书局,出版规模、发行种类与开业时间,皆为影响现代出版潮流与知识文化传播的重要推手。本文即从当时二者古籍出版竞争状况出发,梳理成文。

1667

民国"保存国粹"思潮下的中医文献整理[A]/农汉才.--中华医学会医史学分会编.中华医学会医史学分会第十四届一次学术年会论文集[C],2014

本文叙述在"保存国粹"等思潮的影响

下,以何廉臣、曹炳章、裘吉生等为代表的中医文献大家保存出版大量中医文献,并编撰大型的中医丛书、工具书等事迹。

1668

民国时期陈训慈与浙江图书馆的建设与发展[J]/龚亚民. --兰台世界,2014,16:52 - 53

陈训慈是近代著名的史学家、古籍保护专家、图书馆管理专家。抗战时期,陈训慈舍身保护古籍,抢救了大批珍贵的古籍文献。陈训慈在借鉴西方图书馆管理思想的基础上,提出了具有中国特色的图书馆管理理论。

1669

民国时期古籍出版中的"一折书"现象[J]/宗瑞冰. --新世纪图书馆,2014,11:69 - 72

民国时期古籍出版业流行"一折书",以价廉、平装为主要特征,以古旧小说为主要印刷对象,虽然存在舛误多、用纸粗劣等问题,在当时就引起了诸多批评和纷争,但它是近代活字印刷技术革新的必然结果,折射了中国近代社会和学术领域等发生的巨大变化,并对今天的出版传播和学术研究等都有重要的启迪作用。

1670

民国时期故宫明清档案文献的整理出版[J]/陈祺. --历史档案,2014,01:128 - 130

本文指出 1925 年 10 月故宫博物院成立后,在点验、保管文物的同时,也开始了对故宫所藏档案、文献的整理工作。档案、文献整理主要集中在两个方面,即明清档案的编目与选辑、古籍文献的编目与出版。

1671

民间古籍的收藏与保护[J]/刘文红. --商情,2012,49:223 - 224

文章着重从民间古籍收藏的基本常识和保护谈一些看法。

1672

民间文献学刍议[A]/申斌. --倪莉、王蕾、沈津编.中文古籍整理与版本目录学国际学术研讨会论文集[C],桂林:广西师范大学出版社,2013

本文介绍了民间文献研究的学术史回顾,论述民间文书和民间文献的概念界定和民间文献的收集与整理原则,说明民间文献学作为独立学科的可能性与必要性。

1673

民俗典籍文字研究（第 8 辑）[C]/北京师范大学民俗典籍文字研究中心编. --北京:商务印书馆,2011

《民俗典籍文字研究（第 8 辑）》共收录26 篇文章,共分 8 个栏目:特稿、民俗学、文献学、文字学、训诂学与词汇学、音韵学、词源学、博士生论坛,以及学术简讯和稿约等。

1674

民俗典籍文字研究（第 9 辑）[C]/北京师范大学民俗典籍文字研究中心编. --北京:商务印书馆,2012

《民俗典籍文字研究（第 9 辑）》由北京师范大学民俗典籍文字研究中心编,本辑共收录 12 篇文章,共分 9 个栏目,收录文字学、音韵学、训诂学、民俗学等方面的学术文章,同时反映学术交融过程中产生的边缘学科和新课题。主要栏目有民俗学、训诂学、文字学、词汇学、音韵学、博士生论坛等栏目。

1675

民俗典籍文字研究（第 10 辑）[C]/北京师范大学民俗典籍文字研究中心编. --北京:商务印书馆,2012

主要收录了文字学、音韵学、训诂学、民俗学等方面的学术文章,同时反映学术交融过程中产生的边缘学科和新课题。主要栏目有民俗学、训诂学、文字学、词汇学、音韵学、博士生论坛等栏目。

1676

民俗典籍文字研究（第 11 辑）[C]/北京师范大学民俗典籍文字研究中心编. --北京:商务印书馆,2013

（同上）。

1677

民俗典籍文字研究（第 12 辑）[C]/北京师范大学民俗典籍文字研究中心编. --北京:商务印书馆,2013

本辑共收录论文 19 篇,约 27 万字,分为特稿、民俗学、文献学、文字学、训诂与词汇学、语法学、音韵学、博士生论坛9个栏目。

1678

民俗典籍文字研究(第13辑)[C]/北京师范大学民俗典籍文字研究中心编. --北京:商务印书馆,2014

主要收录了语言学、文字学、音韵学、训诂学、词汇学、典籍与文化、民间文学、民俗学等方面的学术文章,同时反映学术交融过程中产生的边缘学科和新课题。本书主要有民俗学、训诂学、文字学、词汇学、音韵学、博士生论坛等栏目。

1679

民俗典籍文字研究(第14辑)[C]/北京师范大学民俗典籍文字研究中心编. --北京:商务印书馆,2014

(同上)。

1680

民俗典籍文字研究(第15辑)[C]/北京师范大学民俗典籍文字研究中心编. --北京:商务印书馆,2015

本辑是第一届国际汉字汉语文化研讨会(2014,Norman,U.S.A.)论文专辑,主要有主题演讲、汉字汉语、汉字汉语文化、汉字汉语教学、语言文字文化比较等栏目。

1681

民俗典籍文字研究(第16辑)[C]/北京师范大学民俗典籍文字研究中心编. --北京:商务印书馆,2015

本辑主要收录文字学、音韵学、训诂学、民俗学等方面的学术文章,以及学术交融过程中产生的边缘学科和新课题。主要栏目有民俗学、训诂学、文字学、词汇学、音韵学、博士生论坛等。

1682

民族传统文化的课堂传承模式——基于纳西东巴典籍教学传承的案例[J]/和继全. --教育学术月刊,2012,05:14 – 16 + 34

面对新的时代语境,以家庭血缘传承、师徒传承为主线的民间自然传承模式难以全面继承民族传统文化,传统文化日趋面临传承危机。纳西东巴典籍教学实践表明,集中教学传承是我国民族文化传承的必要手段,民族古籍文献是素质教育的重要内容和双语教学的补充和延续。

1683

民族地方文献的收藏与开发利用[J]/李世彤. --内蒙古图书馆工作,2013,02:55 – 56 +45

本文结合民族地方文献所具备的民族性、地域性和历史资料性等特点,对民族地方文献的收藏与利用意义进行了阐述,并对如何利用丰富的馆藏民族地方文献进行了探索,明确了民族地方文献工作在图书馆的地位和作用。

1684

民族地区特藏文献数据库建设与实践——以新疆大学"新疆地方古籍文献数据库"建设为例[J]/赵剑锋. --图书馆界,2012,02:20 – 23

以新疆大学"新疆地方古籍数据库"建设为例,阐述新疆建设多语种地方文献特藏数据库的现实意义,分析多民族地区地方古籍文献数据库建设的主要特征和注意事项,论述建库的必备条件、标准、规范和平台建设模式。

1685

民族高校与少数民族古籍收藏、保护和利用[J]/冯秋菊. --黑龙江民族丛刊,2013,03:110 – 114

本文论述了民族高校与少数民族古籍收藏、保护和利用,提出发挥民族高校的优势,加强民族古籍收藏保护和研究利用基地建设、引领全国民族古籍事业,担当起抢救与保护的社会责任,让更多的民族古籍得到科学保护、有效利用和永续传承。

1686

民族古籍保护措施探析[A]/姜永英. --民族文化宫博物馆编. 中国民族文博(第五辑)[C],沈阳:辽宁民族出版社,2014

少数民族古籍的保护是少数民族古籍工作的基础,是少数民族古籍事业得以延续和发展的保证。本文探析了对少数民族古籍的原生性和延缓性保护。

1687

民族古籍保护的数字化亟待探索[N]/杜再江.--贵州民族报,2012-05-30B01

少数民族古籍是中华古籍文化遗产中的重要组成部分,弘扬少数民族优秀传统文化,抢救保护少数民族古籍已成为贵州建设民族文化大省的重要工程之一,纳入了"十二五"全省民族事业发展十大推进计划,并已成为省政府要办的实事进行督办。

1688

民族古籍编辑出版简论——以广西人民出版社为例[J]/韩绿林.--出版广角,2015,09:70-71

少数民族古籍整理编辑出版,既是传承祖国文化遗产的文化工作,又是体现民族平等政策的政治性工作。编纂民族古籍目录,科学选定底本,创新出版体例,熟悉民族信仰习俗,是民族古籍编辑出版的基本路径。

1689

民族古籍濒危日剧 抢救工作刻不容缓——基于贵州省彝文古籍濒危现状的思考[J]/王明贵.--贵州民族,2012,B12:37-39

本文以贵州彝文古籍的濒危现状为例,认为抢救濒危民族古籍已经刻不容缓,必需引起高度重视,立即行动起来。

1690

民族古籍几个亟待解决的问题[N]/伍刚硕.--贵州民族报,2012-10-31B03

挖掘民族古籍、做好民族古籍收集整理登录工作,对于推动少数民族和民族地区发展具有重要的意义。

1691

民族古籍论丛[C]/陈乐基著.--贵阳:贵州民族出版社,2011

本书内容与写作特点体现了"四个结合":结合业务学习和实践,深化了对民族古籍文化价值的认识;结合培训讲座,简述了民族古籍工作所涉及的基本知识;结合深入基层调研,提出抢救整理民族古籍的对策及建议;结合新时期民族古籍工作目标任务,创新

民族古籍工作发展思路。

1692

民族古籍事业发展几点建议[N]/伍刚硕.--贵州民族报,2012-05-30B03

民族古籍事业是"十二五"民族事业发展十大推进计划重要内容之一,不管是"十二五",还是更加长远的发展目标,如何推进民族古籍事业发展,丰富中华文化内容成了我们思考的问题。

1693

民族古籍文献研究[C]/朱崇先,黄建明主编.--北京:民族出版社,2014

本书列出古典文献学理论探索、古籍文献综合评介、古籍文献专题研究、古籍文献个案研究、古籍文献译注选录、古籍文献研究综述等栏目,并分别选录相应的研究文章和学术论文。

1694

民族古籍研究[C]/张公瑾编.--北京:中国社会科学出版社,2012

民族古籍中蕴涵着丰富的历史内容和当代价值,不作深入的研究就无法充分地揭示出来,也无法使本民族读者充分认识本民族历史的深度和广度,无法使世界人民了解我国少数民族对人类文明作出的贡献。

1695

民族古籍研究中的科学态度与人文关怀[N]/杜国景.--贵州日报,2014-02-21010

中国少数民族古籍是指曾经在中华人民共和国疆域范围内生活过的各少数民族和正在生活着的各少数民族在历史上遗留下来的一切文化载体,包括原生载体古籍、金石载体古籍、口头载体古籍、书面载体古籍四类。

1696

民族古籍与相关学科的建立——以满学、突厥学及其古籍文献为例[J]/张巧云.--佳木斯大学社会科学学报,2013,05:154-156

满文、突厥文等古籍文献不但对民族文献学、文化发展史具有重要研究价值,而且对各个学科的研究也具有原始资料价值。这些古籍文献为满学、突厥学等学科的建立提供

了丰富的原始资料,使得相关学科的研究可以深入下去,并逐渐走向成熟。

1697

民族古籍在贵州民族文化中的地位与作用[J]/文艳. --魅力中国,2014,05:97

本文从民族古籍凝聚了各民族祖先文明创造的成果、民族古籍内容涉及领域广泛、民族古籍是各民族生存和发展的最重要的记录、通过挖掘整理少数民族古籍能够提炼和反映少数民族的民族精神几个方面介绍了民族古籍在贵州民族文化中的地位与作用。

1698

民族图书馆学研究(6)·第十二次全国民族地区图书馆学术研讨会论文集[C]/崔光弼主编. --沈阳:辽宁民族出版社,2012

本书收录文章分为古籍及地方文献研究、资源建设与事业发展、图书馆服务、人才培养、非物质文化遗产保护等部分。

1699

民族图书馆学研究(7)·第十三次全国民族地区图书馆学术研讨会论文集[C]/先巴主编. --沈阳:辽宁民族出版社,2014

本书共分为:理论与实践、开发与利用、收集与保护、现代技术在民族文献工作中的应用、民族文献与文化研究、名家研究、获奖名单几部分,主要内容包括:民族地区图书馆人力资源开发与建设的构想、公共图书馆为少数民族服务实践与研究——以高邮市图书馆为例等。

1700

民族文献保护与研究的宝库[J]/高光. --中国西藏(中文版),2011,03:57 - 60

本文以问答的形式,记录了西南民族研究院党总支书记刘勇对民族文献中心发展和未来的看法,包括西南民族研究院的现状、西南民族大学民族文献研究中心的现状、民族文献中心的发展目标、西南民族大学藏学研究的状况、目前藏学和民族文献学的学科地位。

1701

民族文献古籍保护新思考[J]/罗文权,杨萌. --大理学院学报,2011,10:33 - 36

民族文献研究在各级、各类图书馆的长期重视下,已逐步成为图书馆必不可少的一项工作。从多学科背景下解读民族文献,把民族文献的价值再次充分呈现出来,可以促进人们对地方文献开发利用的扩大与延伸。

1702

民族医药古籍保护性研究意义及现状[J]/李雪,冯岭. --世界中医药,2015,04:606 - 608 + 612

课题组在全国范围内开展藏医药古籍文献的普查、收集、整理,首次以出版名录的形式对藏医药古籍文献进行文化产权的保护,首次以藏文、汉文、英文和藏文拉丁文转写作为国际规范和标准及成果进行推广,首次以信息化平台建设的形式对藏医药古籍文献进行永久性数字化保存、保护及传播,并以发明专利、著作权登记等形式对藏医药古籍文献进行知识产权的保护。

1703

民族医药古籍文献研究价值述论[J]/张桂民. --黑龙江史志,2014,03:65 + 67

本文从民族医药古籍文献的含义和研究的必要性入手,论述了民族医药古籍文献在社会发展和经济建设方面的价值。

1704

民族院校图书馆古籍整理开发的实践与探索——以西北民族大学图书馆为例[J]/杨莉. --社科纵横,2011,11:123 - 126

本文对西北民族大学图书馆古籍建设的实践进行了科学、客观的分析研究,归纳总结出可供借鉴的经验以飨读者。

1705

《明成化说唱词话丛刊》的前世今生[J]/罗伟国. --古籍整理出版情况简报(总495期),2012,05:15 - 19

本文叙述了《明成化说唱词话丛刊》的发掘历史和整理过程,并对其文献价值和新中国成立后出版的几个版本进行了分析与比较。

1706

明代北京营建皇木采办的珍贵史料——记

美国国会图书馆藏孤本嘉靖刻本《西槎汇草》[J]/王毓蔺.--文献,2014,01:144－154

由朱启钤先生发起成立的中国营造学社创社伊始,在其《汇刊》首期即刊行启事,"不吝重酬",向海内外收藏家征求有关中国古代营造之孤本秘籍,其中即有《西槎汇草》一书,惜当时存佚未知,迄无所得。20世纪四十年代,王重民先生在美国整理美国国会图书馆藏中国善本古籍时,披露该书庋藏于国会图书馆的珍贵信息。

1707

明代本草名著《本草汇言》研究[J]/吴昌国.--中医文献杂志,2011,05:05－07

本书内容继承《本草纲目》体例,上承《本经》,下至元明,计40余家,依次采录经典要义。作者亲自采访当时的医药人士148人,汇录各家药学言论,使之成为本书最有特色的部分。

1708

明代藏书文化与书籍函套设计研究[D]/薛静.--南京艺术学院,2012

本文从书籍收藏的角度出发,以明代藏书业发展为背景,力求探究书籍函套设计的渊源,寻找古籍善本中函套设计的文化以及艺术价值所在。

1709

明代丛书编刻研究[D]/李务艳.--西北大学,2014

本文试图对丛书的起源和含义这两个问题作以整合,以期对古籍丛书的基本发展脉络有一个清晰的认识,并厘清古籍丛书的源起问题和含义。

1710

明代佛教方志的首次系统梳理[J]/陈梧桐.--博览群书,2012,03:74－76

《明代佛教方志研究》,曹刚华著。作者从宋代着手,将佛教史籍作为自己长期的研究方向,获得广泛好评。

1711

明代江苏妇科医籍考评[J]/沈劼,陈仁寿,晏婷婷.--中医文献杂志,2011,05:11－14

本文对明代江苏妇科医籍进行考证研究,共梳理出相关医籍25部,涉及明代医家16人。其中女科通论14部,产科10部,广嗣1部;现存18部,已佚7部;医籍集中在苏南地区,保存尚好。这一时期江苏妇科的特色鲜明,正处于上升繁盛期,对中医妇科学的发展有一定推动作用。

1712

明代刊工整理研究的集大成之作——评李国庆编《明代刊工姓名全录》[J]/陈东辉.--澳门文献信息学刊(在澳门地区发表),2015,02

李国庆所编的《明代刊工姓名全录》(上海古籍出版社,2014年),是在编者原有的《明代刊工姓名索引》(上海古籍出版社,1998年)基础上,经过大规模增补编成。《全录》共计350万字,是《索引》4倍多;收录明刻本3500多部,是《索引》的3倍;收录的明代刊工人数达15000余人,是《索引》的3倍。《全录》堪称明代刊工整理研究的集大成之作。

1713

明代类书考论[D]/涂媚.--江西师范大学,2012

本文在对类书基本问题的辨析和阐释的基础上,阐述了明代类书的概况、基本类型、取材、编纂、类目体系、编排与检索系统及其在中国古代类书编纂史上的地位。

1714

明代士大夫的民生思想及其政治实践——以《明经世文编》为中心[J]/常建华.--古代文明,2015,02:81－90＋114

明朝官员的奏疏中,多有建议民生的内容,还以"吏治民生"讨论问题,反映出民生问题具有连接国家与社会的性质。民生与国计一体两面,国家与社会为紧密相连的互动关系。吏治与民生的关系要求官员当官为民、造福一方。

1715

明代养生著作《尊生要旨》考略[A]/罗宝珍.--辽宁中医药大学.中华中医药学会第二十二届医古文学术研讨会论文集[C],2013

本文立足于元明清养生著述、地方史志，辅以书目以及相关材料，对于《尊生要旨》的作者与成书年代、内容及价值、现存版本情况进行梳理考证。

1716

明代浙江藏书家刻书抄书述略 [D] /齐凤云. --陕西师范大学,2013

明代浙江藏书家的刻书、抄书活动在增益文献方面做出了一定的贡献，其刻本和抄本也是古代典籍的重要组成部分。本课题主要论述明代浙江藏书家的刻书与抄书活动。

1717

明代宗藩医籍的编撰与刊刻 [A] /杨奕望. --辽宁中医药大学. 中华中医药学会第二十二届医古文学术研讨会论文集 [C] ,2013

明代宗藩刊刻图书中包含大量医籍，且主持编纂医著，授命府中良医辑录方药。所刊医籍，校勘精审，刻雕精细，成为当今的珍本、善本，对于传统医药文化的传承、发展起到积极作用。

1718

明赣州府刻《埤雅》版本述略 [J] /窦秀艳. --东方论坛,2012,03:97 – 101

《埤雅》是北宋著名学者陆佃的一部仿《尔雅》著作，明清以来的《埤雅》版本较多。追本溯源，这些版本基本上都源于明建文时期江西赣州府所刻《埤雅》。通过对古籍的搜集、整理，可以了解明代赣州府三次刊刻《埤雅》的大致情况以及与赣州府刻本渊源较深的其他地区刻本的情况。

1719

明黄焯《朝阳岩集》校注 [J] /李花蕾. --湖南科技学院学报,2011,01:18 – 34

文章将明黄焯《朝阳岩集》全文予以排录、标点，据现存摩崖石刻及府县志等加以校勘，并稍加注解，以便学者研究之用。

1720

明嘉靖陕刻本《字学大全》 [J] /杨居让. --收藏,2014,05:82 – 85

明嘉靖时期陕西周至王三聘所刻《字学大全》，采用大开本、宋体字、粗黑口、白绵纸、

包背装印制装帧，迄今为止在陕西刻本和出版志中对此本还未有提及。这种刻本与装帧在明代中后期的全国刻本中罕见，是研究陕西刻本不可或缺的一手资料。

1721

明嘉靖陕西珍稀刻本《字学大全》初探 [J] /张志鹏,薛继民. --当代图书馆,2011,03:70 – 73

陕西省图书馆所藏明嘉靖时期陕西周至王三聘所刻《字学大全》，与同时期刻本相比，有其独特特征。概因存世稀少，在陕西刻本和出版志中鲜有论及。本文通过对比研究古籍版本，论其大旨，并详列其实，以资方家详考。

1722

明刻孤本《清署经谈》概述及学术研究价值述略 [J] /龙慧. --图书馆界,2013,02:55 – 58

本文以柳州本土流失明刻孤本《清署经谈》为例，概述其版本回归故里之经过，并就其传承及学术研究进行略述。

1723

明清白话小说词语零札 [J] /王育信,周志锋. --现代语文(语言研究版),2014,07:50 – 51

本文考释了"身价""责成""笼络""实落""未完"等五条明清白话小说词语。希望对相关作品的解读、古籍整理和有关辞书编纂修订有所裨益。

1724

明清古版金口诀注解 [M] /张得计注解. --北京:中国商业出版社,2012

本书是一本对易学分支金口诀经典古籍作注释的书籍。注解者主要对明清时期金口诀经典古籍作精要的注释和解读，以此来帮助读者准确理解金口诀的真切理论和运用方法。

1725

明清古籍版式设计形态研究 [J] /陈珊妍. --新美术,2015,01:103 – 105

明清时期的书籍在字体、版式、插画、纸张、材料工艺、印刷技术、装订形式等各个方面达到极高水准。本文对明清古籍装帧版式设计形式进行归纳和分析，期许通过对明清

古籍的学习借鉴,可以更多启发当代中式书籍设计灵感。

1726

明清江南文人室内设计思想研究文献综述——以《四库全书总目》子部杂家类著录为中心[J]/冯阳,詹和平. --创意与设计,2013,02:73－79

基于明清江南文人室内设计思想研究文献需要,文章以《四库全书总目》子部杂家类著录为中心,对收录和未收录其中的一些文人著作作了介绍与分析,最后归纳出相关文献的总体特点,指出文献中包含了丰富的室内设计思想,由此形成文人特有的室内设计思想体系。

1727

明清秦安志集注[M]/张德友主编. --兰州:甘肃人民出版社,2012

张德友主编的《明清秦安志集注》(一函九册)整理、点校、注释秦安旧志三部。

1728

明清散佚画学文献述略——以四库系列书别集为例[J]/韦宾. --艺术探索,2013,04:06－13

本文以四库系列书别集为例,简述了散佚于经、史、子、集的明清画学文献。

1729

明清时期藏书建筑建造中的保护观念透析[J]/闫永庆,梅生启. --兰台世界,2015,10:116－117

本文通过理念、规划、选材、布局等角度的分析阐述明清藏书建筑细节处体现出的收藏保护观念。

1730

明清时期江南书坊的兴盛与医学传播[J]/高雨. --中华医学图书情报杂志,2012,10:56－58＋63

本文介绍了明清时期江南书坊与医学传播关系研究的现状,指出了此类研究的意义,并以江南地区坊刻出版的医籍文献为基础,着重从出版、传播的视角探讨了书坊与中医古籍、医学传播与发展的互动关系。

1731

明清时期人们如何减少珍贵图书蠹虫的侵害[J]/孙剑. --兰台世界,2013,08:82－83

本文介绍了明清时期保存珍贵图书,减少被蠹虫侵害所采取的方法和措施。

1732

明清总集凡例与文体批评[J]/何诗海. --学术研究,2012,08:143－149

本文认为明清总集凡例蕴含着丰富的文体批评内容。总集分体编次的传统,使文体分类、序次同时具有了编纂体例意义,这通常会在凡例中得到阐发。总集凡例因此成为研究文体分类思想的重要文献。

1733

明人别集《四库全书》收录观——以明代江苏文人存世别集为例[J]/刘廷乾. --图书馆工作与研究,2014,04:61－68

本文以明人别集为切入点考察《四库全书》的收录观,评价其编辑价值则更具有针对性。

1734

《明诗综》版本考[J]/江庆柏. --嘉兴学院学报,2015,02:21－24＋61

《明诗综》是清代学者朱彝尊辑录的一部明代诗歌总集。此书现存白莲泾印本、六峰阁印本、佚名乾隆印本、同治西泠吴氏清来堂印本、四库全书本、稿本等版本。各刻印本可以根据里封、讳字、剜改、篇目几方面的差异等来判断。《中国古籍总目》著录此书版本有疏误。

1735

明太祖"御制至圣百字赞"异文现象初探[J]/胡玉冰. --回族研究,2012,01:30－36

明太祖朱元璋"御制至圣百字赞"是与中国伊斯兰教和回族有关且流传较广的重要文献。由于传世方式多样,形成时代、存放地点、抄录者等不同,各版本间存在诸多异文现象。多数异文无歧义,但部分异文歧义较大。对此类异文现象的研究,有助于对文献内容的正确理解。

1736

明万历丙辰科进士同年序齿录 [J]/李开升. --历史档案,2014,03:04 – 11

进士名录是科举文献的重要类别。现存进士名录包括大量具有档案性质的单科名录,如各科的进士登科录、会试录、同年录等,本文为明万历丙辰科进士同年序齿录。

1737

明《[万历]广西通志》述略——兼主修者巡抚广西及纂修年代、版本源流考 [J]/韦晓. --广西地方志,2011,04:36 – 40

《[万历]广西通志》是现存的两部明代广西省志之一,具有珍稀价值。现有关文献对该志纂修年代、版本源流及主修者巡抚广西时间的著录多有错讹。本文经过仔细考证,力图对错讹之处有所补益。

1738

明吴迁抄本《金匮要略方》的发现和影印 [A]/梁永宣. --中华中医药学会. 全国第十九次仲景学说学术年会论文集 [C],2011

本文梳理了明吴迁抄本《金匮要略方》的发现、传藏历程。元邓珍本《新编金匮方论》,现藏于北京大学,发现者为日本学者真柳诚;2006 年,沈津先生在《中国珍稀古籍善本书录》中首次记录了明吴迁抄本《金匮要略方》提要。

1739

《明夷待访录》两种抄本比较研究 [A]/罗恰. --国家古籍保护中心编. 古籍保护研究(第一辑) [C],郑州:大象出版社,2015

本文对明末清初著名思想家黄宗羲的重要著作《明夷待访录》的乾隆年间浙江慈溪郑性二老阁刻单行本及《二老阁丛书》本进行比较研究。

1740

明永乐内府刻本《四书大全》的韩国传入与流通 [A]/宋日基. --故宫博物院故宫学研究所.宫廷典籍与东亚文化交流国际学术研讨会论文集 [C],2013

本文考察了《四书大全》在明朝奉永乐帝敕令在内府编撰刊行的背景,根据传入韩国后在世宗年间初刊以后在全国刊行普及的状况,考察由中国皇室刊行的宫廷本对朝鲜的影响。

1741

明正统刻本《篆书金刚经》研究 [J]/杨之峰. --图书馆工作与研究,2011,08:73 – 75

文章从古今字体的演变,宋初僧人梦英 18 体篆书到道肯 32 体篆书的发展,论述了《篆书金刚经》的形成过程;着重从明正统二年刻本默庵后序、北京石景山区以壁画著名的法海寺碑文等,考证出刻书者李福善即明英宗时极有权势的太监李童;最后简述了该书的文字、艺术、历史价值。

1742

命名实体识别在方志内容挖掘中的应用研究——以广东、福建、台湾三省《方志物产》为例 [D]/朱锁玲. --南京农业大学,2011

本文以广东、福建和台湾三省《方志物产》为例,构建《方志物产》地名识别系统,通过对地名识别结果的统计分析,进行《方志物产》内容挖掘。

1743

莫伯骥《五十万卷楼群书跋文》研究 [D]/王洁. --河北大学,2013

莫伯骥是民国时期著名的藏书家,《五十万卷楼群书跋文》不仅全面反映了莫伯骥的学术思想,还保存了不少有关其生平事迹的资料,是研究莫伯骥及其藏书情况的重要文献参考资料。

1744

莫道诗为丹青掩 从此莘莘识南田——《恽寿平全集》出版情况简介 [J]/徐文凯. --古籍整理出版情况简报(总 536 期),2015,10:3 – 8

本文对人民文学出版社 2014 年出版的《恽寿平全集》作出评介,总结了该版本的四大特色,肯定其在古籍整理和文献研究方面的贡献。

1745

莫让馆藏古籍化身"吸尘器" [N]/苏全有. --中国社会科学报,2015 – 05 – 11A04

传统藏书楼向现代图书馆转型的重要标

志,就是由重藏轻用变为藏用兼重。不过,时至今日,现代图书馆仍然存在利用不够的问题,馆藏古籍就是一例。

1746

莫友芝《郘亭诗钞》稿本考述[J]/梁光华.--文献,2011,02:202-205

晚清著名诗人、学者、书法家莫友芝《郘亭诗钞》稿本,现藏于贵州省博物馆,2009年入选《国家珍贵古籍名录》(编号06178)。稿本一册69页,纸质微黄略残,纵25厘米,横16厘米。

1747

莫友芝与朱修伯标注《四库全书简明目录》之比较[D]/齐晓琪.--黑龙江大学,2011

《郘亭知见传本书目》是莫友芝在目录版本学上的代表作,此书也奠定了莫氏在目录版本学上的地位。朱学勤的《朱修伯批本四库简明目录》,是不同于莫氏的另一种名家标注书目,此书未尝刊布,只有传抄,内容虽不及莫氏之精细,但是也自成一家,别有一种风格。

1748

默默耕耘 志愿不倦——专访南京师范大学古籍所李灵年教授[J]/苏芃.--国文天地(在台湾地区发表),2013,04:95-99

本文着重介绍了南京师范大学古籍所李灵年教授在古籍专业内的学术成就。

1749

木里县甲区村纳西东巴文玛尼堆铭文译释[A]/和继全.--北京师范大学民俗典籍文字研究中心、陕西师范大学文学院.中国历代碑刻及碑刻文献学术研讨会论文集[C],2013

纳西族东巴古籍文献主要以纸质文献为主,石刻文献不多见。东巴文玛尼堆铭文文字较多、结构完整、内容丰富,补充了纳西东巴文献的材质类型,保留了较多早期文字的特征和地域性特征。可供民族学、宗教学、民俗学等学科作进一步研究。

1750

目录版本校勘学论集[M]/王绍曾著.--上海:上海古籍出版社,2011

《目录版本校勘学论集》为目录版本校勘学家王绍曾的学术论集。反映了王先生在目录版本校勘领域的造诣。

1751

目录方法与治学门径的新探索[J]/许琰.--兰州文理学院学报(社会科学版),2014,03:60-63

《二十世纪以来中国古籍目录提要》是迄今为止国内第一部全面叙录20世纪以来编定的古籍书目的著作,除目录学价值以外,对读书治学具有实在的指导作用与利用价值。本文主要对该书的内容和特点做些介绍,以彰显该书对目录方法与读书治学的价值。

1752

目录学视野中的子学演变——以《汉志》《隋志》《四库总目》之子部书目为中心[J]/汪泽.--西华师范大学学报(哲学社会科学版),2015,01:93-98

由《汉书·艺文志》《隋书·经籍志》《四库全书总目》的子部目录出发,辅以其他公私书目,通过对部类成立、类目调整现象的考察,发现子学演变规律。在此基础上,总结出中国古代子学演变过程中所体现的学与术,学术与思想,学术思想与社会文化的种种关系。

1753

目录学在中医药古籍校勘中的作用[J]/胡滨,王蕾.--浙江中医杂志,2012,07:473-474

清代著名学者王鸣盛在其《十七史商榷》中强调:"目录之学,学中第一紧要事,必从此问途,方能得其门而入。"运用目录学这一基础学问,对中医药古籍校勘工作大有裨益。

1754

墓志文献数字化建设初探[J]/张居兰.--长春理工大学学报(社会科学版),2012,07:74-75

墓志文献是历史演进的直接见证,具有极高的历史价值。墓志文献数字化是墓志文献保护、利用与开发的理想方式,但在具体实践过程中,仍然面临不少问题需要加以解决。

墓志文献数据库是组织、存储和管理相关数据的存储器,而其建设也必须设计相应的技术流程。

1755

慕湘藏书题跋六则考释[J]/毕晓乐.--文献,2013,06:121-125

本文将慕湘藏书题跋中有代表性的六则加以整理,并作考释。内容涉及作者介绍、著作点评、版本考证、递藏源流等,对于明清戏曲小说研究具有重要的参考价值。

N

1756

那些修补历史的人［J］/章勇涛. --宁波通讯,2015,12:74 – 77

本文为记者走进宁波天一阁,近距离感受了古籍修复师工作的文章。

1757

纳格拉藏经洞文献修复技法［J］/郭静. --云南图书馆,2015,01:70 – 72

本文系统介绍纳格拉藏经洞文献的修复技法及具体实施步骤,以具体实例阐述了与其他文献修复的不同之处。

1758

纳兰词不入四库原因初探［J］/谢永芳. --民族文学研究,2012,02:05 – 12

纳兰词不入《四库全书》,政治原因应归于经由诸多因素综合促成的"秋后算账"式心理动机对整理者的统制。四库馆臣深受浙西一派词学观念制导,又表现出修正上的理论指导不足和"焦虑",是纳兰词被打入"另册"存目的主要文学原因。

1759

纳西东巴古籍《祭署·神鹏与署斗争的故事》语言文字及其经书形制诸领域研究［D］/张维维. --云南民族大学,2013

本文在参考前人研究成果的基础上,从文献学、文字学和语言学的角度,对东巴古籍《祭署·神鹏与署斗争的故事》进行较为全面系统的整理和研究,以期为东巴古籍文献知识的普及和东巴文的研究贡献一点力量。

1760

纳西东巴古籍文献数字化浅析［J］/和帖森. --云南图书馆,2013,03:70 – 72

本文论述了"活着的象形文字"纳西东巴古籍文献数字化问题,提出在数字化的过程中,应遵循其固有的特殊性,从而有效解决利用与保护的矛盾。

1761

纳西族濒危东巴古籍文献遗产保护研究［J］/朱少禹,刘琳. --兰台世界,2015,07:113 – 114

综述纳西族东巴古籍的基本状况,分析了濒危古籍征集保护所取得的成就,针对存在问题提出相应的解决措施。

1762

纳西族东巴古籍［J］/明歌. --湖北档案,2015,03:50

丽江东巴文化研究所东巴古籍是纳西族原始宗教祭司即东巴使用的宗教典籍,有近一千种古籍,它们分别应用于东巴教各种仪式。东巴教是自发地产生于纳西族先民原始社会阶段,并流传至今的原始宗教。

1763

纳西族东巴口述文献的采集、整理与保护研究［D］/习晓耀. --云南大学,2013

本文通过对丽江市纳西族东巴口述文献收藏、整理情况进行实地调研,结合定性分析方法,对纳西族东巴口述文献抢救与保护管理的基本情况、存在的问题及取得的经验进行综合分析与评价。

1764

纳西族神话史诗《创世纪》研究［D］/马国伟. --中央民族大学,2012

本论文通过对神话史诗《创世纪》文献文本的精细解读和对神话史诗所具有的多学科研究价值的综合考察,较为全面和系统地探讨了神话史诗所蕴含的丰富民族历史文化内涵,并对神话史诗在当下现代化进程中的保护与传承问题作了初步讨论。

1765

《南村辍耕录》的编纂及其文献学价值［D］/陈文林. --安徽大学,2011

《南村辍耕录》是陶宗仪的读书笔记,书中保存了大量的有关元代社会的文献资料,反映有元一代的社会状况,有着很高的文献学价值:可为元史尤其是元代社会史研究提供丰富的资料,在人物传记和史实记载方面,可补《元史》之缺。

1766

南方地区古籍的损害及应对措施[J]/邓艳琴. --低碳世界,2015,11:285 – 286

本文对南方地区古籍遭受的各类损害进行系统的论述,并提出相应的应对措施。

1767

南方地区纸质档案文献的保存与修复[J]/杨清虎. --华东纸业,2013,05:01 – 03 + 09

本文介绍纸质老化的原因,提出正确保存、使用保护材料、数字化处理、装裱、复制副本等修复方法和注意的问题。

1768

"南海及南海诸岛"特色数据库建设研究[J]/李敏,刘应平. --图书馆论坛,2015,05:89 – 93 + 99

从社会需求和馆藏基础出发,基于用户需求特点,设计研究海南师范大学"南海及南海诸岛"数据库建设方案,为古籍类数据库兼具展现文献原貌和全文检索两类功能探索实现路径,并为数据库各功能模块提供编码方案。

1769

南华真经批校[M]/范祥雍批校. --上海:上海古籍出版社,2013

本书主要内容包括:逍遥游、齐物论、养生主、人间世、德充符、大宗师、应帝王、骈拇、马蹄、在宥、天地等。

1770

南京大学图书馆藏胡小石手批《靖节先生集》述要[J]/卞东波. --文献,2014,02:70 – 78

南京大学图书馆藏著名学者、原南京大学中文系教授胡小石先生藏书《靖节先生集》一部,上有小石先生朱笔批点数十条,短则数语,长则百十字。这部批点本尚未见披露,然对于陶渊明研究及胡先生学术思想的研究都具有重要价值与意义。文章对胡先生手批《靖节先生集》略作研考。

1771

南京市莫愁中等专业学校——古籍修复专业[J]/刘燕. --江苏教育,2011,06:66

本文介绍南京市莫愁中等专业学校作为全国第一所培养古籍修复与保护专业的高职学校,改变了文物古籍修复领域人才的单纯师徒传承模式,为古籍保护与修复的人才培养作出了积极探索与贡献。

1772

南京图书馆藏稿本《小蓬莱阁金石目》[A]/徐忆农. --故宫博物院编. 黄易与金石学论集[C],北京:故宫出版社,2012

黄易撰《小蓬莱阁金石目》是清代重要的金石目录之作。本文考证,《中国古籍善本书目》史部书名编号 14484 著录南京图书馆藏《小蓬莱阁金石目》,实为二种稿本。朱方格稿本虽金石兼录,但至唐则止,而乌丝栏稿本虽由三代至元,但仅录石刻,因此二本均非全本。

1773

南京图书馆藏四库底本十种及其学术价值[J]/张学谦. --图书馆杂志,2013,10:89 – 96

四库底本是纂修《四库全书》时馆臣据以校办并抄入《四库》的本子,大部分毁于战火。南京图书馆所藏四库底本上保留了大量关于《四库》纂修过程的原始痕迹,对四库学研究有着重要的学术价值。

1774

南京图书馆古籍整理研究与推广[A]/陈立. --国家古籍保护中心编. 古籍保护研究(第一辑)[C],郑州:大象出版社,2015

本文详细介绍南京图书馆馆藏古籍的来源与特点,对该馆古籍整理开发与研究工作进行总结,介绍该馆古籍的利用推广工作,并对未来的古籍保护工作进行展望。

1775

南京图书馆馆藏《孟子》类善本书解题[J]/李培文. --新世纪图书馆,2015,06:16 – 20

南京图书馆藏《孟子》类善本书较为丰富,作者择出汉赵岐《孟子赵氏注》、宋张九成

《张状元孟子传》、宋朱熹《国朝诸老先生孟子精义》《孟子集注》与清焦循《孟子正义》逐一解题,评述其版本特色和文献价值。

1776

南京图书馆所藏标抹本《四书章句集注》考略[J]/李致忠. --文献,2012,01:03 – 11

本文作者对南京图书馆所藏标抹本《四书章句集注》进行了考证,参考了前人的鉴定意见,给出了作者本人的推测性意见。

1777

南京晓庄学院馆藏古籍禁毁书六种[J]/丁晓. --南京晓庄学院学报,2011,05:100 – 103

南京晓庄学院馆藏古籍中有清代禁毁书六种,文章对这六种书的版式、版本、作者、内容等情况做了简要介绍,以备有兴趣的读者查阅。

1778

南京晓庄学院馆藏明刻古籍七种述要[J]/丁晓. --南京晓庄学院学报,2013,04:102 – 104 + 108

南京晓庄学院图书馆藏有明代刻本七种,其中一种已收入第二批《江苏省珍贵古籍名录》。本文对七种明代刻本的版式、版本、作者、内容等情况进行了简要介绍。

1779

南京中医药大学气功古籍文献整理与数据库开发的模式与应用[J]/高雨,顾宁一,宋宇. --辽宁中医药大学学报,2011,11:64 – 67

气功古籍文献整理的背景是全民健身运动、古籍保护兴起。在这一背景下,南京中医药大学图书馆整理馆藏气功古籍文献,确定758部古籍收入数据库,在内容与版本分析的基础上撰写气功古籍的内容提要,然后开发了数据库。该数据库书目精良,专业特色明显,共享性高。

1780

南京中医药大学图书馆馆藏古籍的推广与利用[J]/张云,李文林. --中华医学图书情报杂志,2015,12:25 – 27 + 41

以南京中医药大学图书馆近年来推广、利用馆藏古籍的成果为例,阐述了如何把握馆藏古籍特色,准确选题并策划项目,达到宣传推广馆藏古籍、提高古籍利用率的目的,提出从加强古籍保护宣传,争取政府、学校和社会力量的资助,搭建古籍资源共享平台和提高古籍服务人员素质四方面加强古籍推广与利用工作的建议。

1781

《南宁府志》印本古籍三种分析[J]/廖泓毅. --广西地方志,2011,06:27 – 31 + 36

本文通过使用古籍影印本、图录、相关古文献、书目、文献学、版本学、方志学等资料,对《南宁府志》三种印本古籍的版本进行综合分析、说明;总结版本特点,对所发现的可疑问题提出新的观点,并进行论证;同时指出古籍版本研究的重要性所在。

1782

南宋史籍《中兴大事记讲义》的发现及其价值[J]/张其凡,白晓霞. --文献,2013,03:141 – 148

作者经过比较吕中《大事记讲义》和《中兴大事记讲义》发现,《中兴大事记讲义》不同于《大事记讲义》,堪称新发现的南宋史籍。本文从版本流源、体例特点、内容要点等方面详细叙述该书的历史意义及学术价值。

1783

南宋养生名著《养生类纂》文献学考查[J]/张志斌. --中医文献杂志,2012,02:11 – 13

《养生类纂》是一部综合性养生著作,作者为南宋周守中。本文考证《养生类纂》成于南宋(约1220年前后),又有《杂纂诸家养生至宝》《养生延寿书》《养生杂纂》等别名。现存三种明版,分22卷与2卷两类。

1784

南诏大理国史料收集浅谈[J]/何俊伟. --科技情报开发与经济,2013,18:66 – 67 + 70

明代早期文献遭到破坏,致使南诏大理国时期的史料留存较少,现存史料分散记载于各类典籍之中,这不利于南诏大理国史的研究。本文对南诏大理国的史料进行了概述,介绍了其来源,并论述了南诏大理国史料收集的有关问题。

1785

《内阁本满文老档》出版［J］/闫立新.--满族研究,2011,02:43

简要介绍《内阁本满文老档》的内容、收藏情况、体例和价值。

1786

《内经》概念术语的语义关系现代表达［J］/朱玲,崔蒙,杨峰.--中医药学报,2012,04:01 - 04

以中医药学语言系统语义关系为参照,对《内经》中"主""出""合""舍"等语义关系词进行统计分析及内涵研究,为古今概念的沟通融合提供了新思路,为中医古籍知识体系的理解及利用提供了借鉴。

1787

《内蒙古辽代石刻文研究》中的汉文碑专名研究［D］/张彦莉.--西南大学,2012

《内蒙古辽代石刻文研究》公布了一部分出土的石刻原始材料,具有多方面的研究价值。本论文以该书公布的全部石刻为基本语料,对其中的专名进行专题研究。

1788

内蒙古社会科学院图书馆特藏文献撷珍之一:蒙古文金字《甘珠尔》［J］/木青,晨霞.--内蒙古社会科学(汉文版),2013,01:165

本文介绍内蒙古社会科学院图书馆藏《大藏经·甘珠尔》。该书堪称世界独一无二的佛教经典珍品,入选《第一批国家珍贵古籍名录图录》。

1789

内蒙古自治区古籍保护工作状况［J］/何砺砦.--内蒙古图书馆工作,2011,04:45 - 48 + 64

自2007年"中华古籍保护计划"开始实施,内蒙古自治区古籍保护工作有了长足的进步,但仍有很多不足之处。本文对内蒙古自治区的古籍保护现状进行了详细的介绍,并提出了应对措施及办法。

1790

宁夏地区古籍文献寄存体系建设实证研究［J］/王岗,尹光华.--图书与情报,2011,01:121 - 123 + 139

文章在大量进行实际调查研究的基础上,根据宁夏地区古籍文献收藏与保护的实际情况,提出了构建宁夏地区古籍文献寄存体系的设想,并对其模式进行了研究。

1791

宁夏图书馆藏曹靖陶、许承尧题记《撝古遗文》考识［J］/张京生.--图书馆理论与实践,2012,05:45 - 48

宁夏图书馆在开展古籍普查工作时整理出一部古籍——《撝古遗文》,其书中有文化名人曹靖陶、许承尧所写的两则题记。笔者据此两则题记,对曹靖陶、许承尧的生平及是书的流传情况、收藏价值进行了分析、考证。

1792

宁夏图书馆镇馆古籍的版本价值与收藏特点［J］/张莉.--华章,2014,02:328 + 386

本文概要介绍宁夏图书馆珍贵古籍的内容及版本价值、收藏特点,期望引起全国古籍专业人士对宁夏图书馆古籍珍本的关注。

1793

《牛经大全新解》评介［J］/张泉鑫.--中兽医学杂志,2014,02:52

本文是一篇书评,介绍《牛经大全》的内容,以及《牛经大全新解》的特色和价值。

1794

农业高校图书馆特藏资源建设中存在的问题及对策［J］/冯晓巍.--农业网络信息,2015,06:51 - 54

本文从农业高校图书馆特藏资源建设的现状入手,对特色文库建设的重要性和其中存在的问题进行了分析,并据此提出了农业高校图书馆特藏文献资源建设的具体对策。

1795

农业古籍数据库建立和著录实践［J］/卢文林.--农业图书情报学刊,2011,11:23 - 26

本文综述国家科技部项目——农业古籍数据库、中国农科院农业信息研究所的农业古籍著录规则,以及农业古籍著录的具体实践和《农业科学叙词表》在文献标引方面的应用。

1796

农业历史文献数字化建设研究［M］/曹玲,

薛春香著. --芜湖:安徽师范大学出版社,2013

本书主要研究利用数字化手段进行农业古籍整理的技术开发。

1797

努力写好《续修四库全书总目提要》[J]/宋

木文. --编辑学刊,2012,05:48 - 49

《续修四库全书总目提要》的编写遇到过两个难题,一个是请高水平的学者,另一个是统一体例和要求,但大家紧密配合,最终尽善尽美地完成了这项重大出版工程。

O

1798

欧阳竟无著述集[M]/欧阳渐著. --北京:东方出版社,2015

本书收录了欧阳渐有关诗词小品、文学杂著,有文学中《诗经》研究,儒学中《论语》《孟子》《大学》《中庸》等典籍研究,以及唯识学、般若学等研究,还有古代学术研究方法论,有关文学、哲学等古籍的选辑。

P

1799

拍场所见路大荒藏"蒲学"文献目录［J］/陈汝洁. --蒲松龄研究,2014,04:141 - 145 + 150

著名学者路大荒一生致力于"蒲学"研究,搜集了大量珍贵文献。近年来,路大荒所藏文献现身济南、德州、青岛等地举办的古籍善本拍卖会,颇受关注。因将拍场所见路氏藏"蒲学"文献辑为专目刊布,以期于"蒲学"研究有所助益。

1800

拍卖中的古籍善本修复与保护［J］/邱敏. --大学图书情报学刊,2015,02:118 - 121

拍卖机构作为民间古籍善本最大的流通交易平台,其所拍卖的多数善本需要经过不同程度的修复以获得较好品相。文章通过分析拍卖古籍善本的修复问题,提出相关修复与保护建议,以期引起相关部门及社会对民间古籍善本修复与保护的重视。

1801

潘树广先生的文献学理论与实践［J］/毛建军. --新世纪图书馆,2011,12:66 - 68

介绍我国当代著名文献学家潘树广先生的生平,以其最有代表性的著述入手,阐述他对文献学事业的贡献,着重论述他在"大文献学"理论的提出、古籍索引理论的构建、文学史料学理论体系的建立等方面取得的理论成就和贡献。

1802

盘县坪地彝文指路经翻译研究［D］/胡建设. --中央民族大学,2012

本文在文献学理论与方法的指导下,结合宗教学理论体系,以盘县坪地本《指路经》为翻译注释的研究对象,对其中所含地名、人名、部落氏族名等进行考证,进而就其具体内容进行分析研究,挖掘其宗教、社会文化内涵,充分揭示其文化价值。

1803

培育紧缺古修人才 服务国家文明传承——南京市莫愁中等专业学校积极培养古籍修复紧缺文化人才的探索［J］/刘红. --中国职业技术教育,2011,34:57 - 62

本文从定位古籍修复应用型人才、探索修复应用型人才培养规律、倾力打造特色专业、提供专业保障条件等方面介绍了南京市莫愁中等专业学校积极培养古籍修复紧缺文化人才的探索。

1804

裴汝诚教授八秩寿庆论文集［C］/李伟国,顾宏义编. --北京:中华书局,2011

开篇为裴先生自述《师友教我前进》,追思六十年治学生涯的经历和收获,并论及多位学界前辈,是学术史的第一手材料。文中不仅回顾了数种大型古籍整理项目的前后历程,并以"二十四史"及《清史稿》修订工程中《宋史》修订中的实例,提供了关于修订的处理方法和尺度把握。

1805

《佩文韵府》研究［D］/熊英. --江西师范大学,2011

本文考述《佩文韵府》的版本、纂辑、流传情况;从《佩文韵府》的蓝本和编排体例角度,归纳整理《韵府群玉》《五车韵瑞》和《佩文韵府》之间的联系与差异;概述《佩文韵府》的价值,并简述《佩文韵府》的缺陷与不足,对部分内容作了补正。

1806

喷墨技术在宣纸印刷上的应用［J］/刘晶. --印刷杂志,2013,12:25 - 26

本文介绍为什么需要宣纸印刷,指出传统印刷不适宜宣纸印刷,并提出高速喷墨系统提供宣纸印刷的解决方案。

1807

彭继宽:我愿意将自己的毕生精力献给民族古籍[J]/李立. --民族论坛,2012,11:22 - 23

土家族学者彭继宽毕生以踏踏实实做学问、干实事的态度,从事民族古籍和学术研究工作,为世人留下了弥足珍贵的精神财富

1808

彭遵泗《蜀故》版本源流考[J]/罗建新. --文艺评论,2014,12:115 - 117

明末张献忠乱蜀,使得巴蜀社会秩序遭到毁灭性破坏,而地方文献亦几荡泯无余!好学深思之士倘欲窥知巴蜀文化形貌,检索巴蜀史籍,骎骎乎其难矣!有鉴于此,清人彭遵泗遂生兴废继绝之志,其乃爬梳旧籍,网罗放佚,囊乾隆前关涉巴蜀诸事之文献于一编。

1809

皮肤病中医古籍数据库的构建[J]/陈维文,丁侃,邓丙戌,周冬梅,张苍,张广中,曲剑华,孙丽蕴,王萍. --国际中医中药杂志,2013,12:1097 - 1100

本文介绍构建以疾病为主线,基于知识元检索功能,集古籍文献信息管理、皮肤科知识查询浏览,以及针对文献内容进行研究交流功能于一体的基于 web 的数据库系统平台。

1810

皮锡瑞手稿本《易林证文》述略[J]/李鹏连. --文献,2013,01:41 - 45

本文介绍晚清著名今文经学家皮锡瑞所著《易林证文》手稿本的概况、稿本具体内容及价值。

1811

《埤雅》研究综述[J]/陈波先. --古籍整理研究学刊,2014,03:107 - 110

宋人陆佃的《埤雅》是一部名物训诂专著。前人对《埤雅》的论述多集中于五个方面:一是版本源流;二是训诂成就;三是古籍整理;四是辞书贡献;五是分析不足。这是现有研究取得的成绩,还有些问题值得进一步探讨,如《埤雅》通过声符探究名物义的研

究等。

1812

平馆善本化身记[J]/庄建. --博览群书,2014,03:51 - 56

文章追溯了国立北平图书馆甲库善本在抗日战争期间转运美国、战后因故被台北"中央图书馆"接收的始末,介绍了大陆对这批图书进行缩微出版的有益尝试,也表达了大陆图书馆同仁希望依据原书制作高质量缩微文献的期待。

1813

《平妖传》异体字与版本研究丛札——兼谈古籍整理研究中的异体字问题[J]/林嵩. --文献,2012,04:38 - 46

本文通过对《平妖传》两种本子中异体字使用情况的分析,提出异体字对于研究作品的时代与版本问题是有参考价值的,认为从更大的范围上看,这些异体字本身,对于研究文字与词义的演变,特别是对于研究古代的俗体字、俗语词来说是很宝贵的材料。

1814

评《二十世纪以来中国古籍目录提要》[J]/罗彧,周少川. --古籍整理研究学刊,2015,03:110 - 113

本文认为《二十世纪以来中国古籍目录提要》是 20 世纪以来古籍目录的集大成之作,具有收录全面、分类创新、内容丰富、考述精审和实用性强等特点,同时提出了它需要改进与提高之处。

1815

评《古书版本常谈》与《古籍版本学概论》之优劣[J]/周婷婷. --安徽文学(下半月),2011,05:297 - 298

本文以毛春翔《古书版本常谈》与严佐之《古籍版本学概论》为研究目标,希望在对比分析其优劣的过程中提升自己的理论水平。

1816

评《国朝闺秀诗柳絮集校补》[J]/徐振贵. --古籍整理出版情况简报(总 492 期),2012,02:21 - 23

本文对人民文学出版社 2011 年出版的

《国朝闺秀诗柳絮集校补》的版本特色和整理工作中的成果进行了品评。

1817

评介《加拿大多伦多大学东亚图书馆藏中文古籍善本提要》[J]/郭明芳.--东海大学图书馆馆讯（在台湾地区发表）,2015,169:100－109

《加拿大多伦多大学东亚图书馆藏中文古籍善本提要》于2009年出版,本文为通读后,作者对此提要的简要评介。

1818

评刘震著《禅定与苦修——关于佛传原初梵本的发现和研究》[J]/宗玉嬍.--"中国"文哲研究集刊（在台湾地区发表）,2011,39:224－228

（阙如）。

1819

评《清代诗文集汇编》[J]/李军,江庆柏.--古籍整理出版情况简报（总499期）,2012,09:21－28

本文从出版背景、编排顺序、收书体例、版本选用以及珍本、孤本的收入等方面,对《清代诗文集汇编》进行了评介,认为《清代诗文集汇编》是清代集成文献的集成之作。

1820

萍乡市图书馆古籍保护工作综述[J]/贺卫兵.--萍乡学院学报,2015,01:115－118

本文在简要说明古籍的概念及保护工作的重要意义后,着重介绍和分析了萍乡市图书馆馆藏古籍整理与保护工作现状,并就该馆古籍保护工作存在的问题提出相应对策。

1821

莆田地区古籍普查现状及展望[A]/陈琦勇.--福建省图书馆学会.福建省图书馆学会2011年学术年会论文集[C],2011

本文阐述了莆田地区图书馆开展古籍宣传、普查、整理工作的现状,并提出进一步改进古籍普查、保护工作的建议。

1822

莆田市图书馆古籍普查的实践与思考[A]/陈琦勇.--福建省图书馆学会.福建省图书馆学会2011年学术年会论文集[C],2011

本文对莆田市图书馆馆藏古籍现状进行分析,并阐述了古籍普查的具体做法,对如何深入开展古籍普查工作进行探讨。

1823

普洱市少数民族古籍文献的保护与利用[J]/查正儒.--普洱学院学报,2014,04:66－68

本文通过分析普洱市古籍文献资源现状,对边疆少数民族地区古籍保护的方法和开发与利用提出了可行性建议。

1824

普林斯顿大学加勒特书库藏本《大清世祖章皇帝实录》[A]/曹淑文.--故宫博物院故宫学研究所.宫廷典籍与东亚文化交流国际学术研讨会论文集[C],2013

本文介绍普林斯顿大学加勒特书库藏本《大清世祖章皇帝实录》的书名、卷数、责任者、版式装订及版本,汇集本书稿本、抄本、写本收藏状况,提出了与《清实录》用纸有关的问题。

1825

七阁《四库全书》开放阅览史迹考辨——并考文宗阁开放阅览史实[J]/彭义. --科技情报开发与经济,2012,24:54 - 57

乾隆帝将七阁《四库全书》开放阅览的构想最终没有达成,只有南三阁得以实现。文章阐述了文宗阁开放阅览的事实证据及其文化意义。

1826

七寺本《玄应音义》文字研究[D]/吴继刚. --西南大学,2012

本文采用语言文字学与文献学相结合的方法,首次穷尽性地切分出《玄应音义》文字的电子图片,编排成字谱,获得第一手资料,为系统研究七寺本《玄应音义》文字奠定了基础。

1827

期刊善本的收藏整理与利用[J]/吴德志. --农业图书情报学刊,2011,05:52 - 54

本文指出界定善本要用"九条"标准加以衡量;善本需要收藏,同时需要整理;善本很大一部分的价值在于文献价值,而图书馆馆藏善本也只有在公共服务中方可凸显价值。

1828

齐河艺文志[D]/孟秀. --山东大学,2011

本文以齐河一地的屋代人物及其著述为研究对象,从现存方志入手,并利用各家目录,编成一部齐河人的地方著作总录,共收书174种,全面补充了齐河人的著作情况。

1829

齐齐哈尔大学图书馆古籍管理与利用现状探析[J]/岳景艳. --齐齐哈尔大学学报(哲学社会科学版),2013,04:123 - 125

本文通过对齐齐哈尔大学图书馆所藏古籍的种类、数量、版本调查,分析了古籍保护过程中存在的问题,提出了古籍的保护与利用的建议,阐述了古籍这种特殊文献的历史价值和应用前景。

1830

祁宝玉教授继承与发扬古籍的经验[J]/闫晓玲,周剑. --中国中医眼科杂志,2012,01:61 - 63

祁宝玉教授擅长治疗诸多疑难眼病,并取得良好的疗效。本文记述了祁老在中医古籍继承与发扬方面的学术经验,即"由博转约"和"提炼引申"。

1831

契嵩《镡津文集》版本简述[A]/王红蕾. --国家古籍保护中心编. 古籍保护研究(第一辑)[C],郑州:大象出版社,2015

本文介绍宋代契嵩禅师其《镡津文集》的五个不同时期版本的特点。

1832

"千古风流人物——苏东坡"古籍展览图录序[J]/曾淑贤. --"全国"新书资讯月刊(在台湾地区发表),2012,164:4 - 6

本文为台湾汉学研究中心"千古风流人物——苏东坡"系列展览图录总体概述。

1833

千年姑苏小巷 百载书楼往事[J]/孙迎庆. --收藏,2011,02:64 - 67

文章以散文的语调,叙述了苏州春草闲房、艺芸书舍、士礼居、鲽砚庐、过云楼等私人藏书楼的收藏及其主人的收藏逸事。

1834

千万不要在书上描改——谈古籍的影印[J]/程毅中. --博览群书,2015,10:21 - 23

影印是传播古籍、保护古籍、整理古籍的重要手段。尤其是孤本、珍本,作为珍贵文物,必须得到妥善的保护;而作为文献资料,又应该加以充分的利用。如果要兼顾保护和利用两方面的需要,最好的办法就是影印。

1835

《千字文》里探乾坤——古籍普查里的天地[J]/李素华. --贵州文史丛刊,2014,03:102 - 106

本文以《易》解《千字文》,把《千字文》分为两部分,揭示了原文作者谋篇布局时法《易经·乾》卦之理,据典索字,以字表经,以使既定千字杂而不乱、缀而成文的良苦用心,对于深入挖掘《千字文》中蕴涵的哲学思想,发扬其作为蒙训国学教材的价值具有重要意义。

1836

前辈事业之继承——后顾廷龙时代的上海图书馆古籍工作[J]/陈先行. --新世纪图书馆,2014,12:39 - 41

上海图书馆在叶景葵、张元济、顾廷龙诸先生等先辈精神的感召下,不断谋求古籍工作发展,主要体现在藏书建设有新成就、不断提高古籍编目质量、重视人才培养三方面。

1837

前修未密 后出转精——略论《全唐五代诗》与清编《全唐诗》的不同[J]/赵庶洋. --古籍整理出版情况简报(总 531 期),2015,05:26 - 29

本文从三方面论述《全唐五代诗》并非清编《全唐诗》的修订补充,而是以科学的方法编纂而成的一部唐诗总集,体现了新时代的学术水准,将成为更加权威的唐诗总集。

1838

钱超尘在中医古籍训诂学方面的贡献[J]/黄作阵,涂凌智. --贵阳中医学院学报,2012,01:107 - 110

钱超尘先生秉承传统小学良好师承,将普通训诂学引进到中医界,有力推动了中医训诂学及中医古籍的整理研究。

1839

钱澄之全集之一·田间易学[M]/钱澄之撰;吴怀祺校点. --合肥:黄山书社,2014

钱澄之,明末爱国志士、文学家。钱澄之在撰写《田间易学》时,对《见易》与《火传》相雷同的部分做了删节,同时又加入了其家兄治《易》的成果,最终撰成《田间易学》。此书为吴怀祺校点版。

1840

钱梅溪手稿《册封琉球国记略》发现记[J]/彭令. --寻根,2011,05:89 - 95

文章详细记叙了作者经过考证,认定《册封琉球国记略》是《浮生六记》散佚的第五记,以及该发现得到学者与官方认可的经过,并略论了该发现的现实意义。

1841

钱谦益藏书题跋简论[J]/王红蕾. --图书馆工作与研究,2012,04:81 - 84

钱谦益藏书题跋学术性强,凡文之舛误、义之聚讼,昔人不能明断者,皆确有定见。钱谦益古籍整理与校勘之功,在于提升其所藏之书的学术价值,矫正有清一代学术方向。

1842

钱谦益集外文《浮石禅师诸会语录序》录考[J]/张明强. --文献,2014,01:166 - 168

《浮石禅师语录》卷首有钱谦益序文《浮石禅师诸会语录序》。此文不见于钱仲联先生整理辑补之《钱牧斋全集》(上海古籍出版社 2003 年版),乃钱谦益集外文。内容涉及钱氏明末清初的佛事活动和佛教思想,是关于钱氏佛学研究的第一手资料。

1843

钱氏述古堂影宋抄本《歌诗编》浅说[A]/赵前. --国家古籍保护中心编. 古籍保护研究(第一辑)[C],郑州:大象出版社,2015

本文从历史源流、版本特点等方面介绍《诗歌编》清初钱氏述古堂影宋抄本。

1844

钱曾与《读书敏求记》[J]/杨扬. --河南图书馆学刊,2012,01:138 - 140

清代钱曾撰《读书敏求记》在中国目录学史上占有重要地位,有着很高的学术价值。本文在分析钱曾收藏于整理图书的实践基础上,从图书分类、版本目录学、善本书目三方面探讨了《读书敏求记》目录学的创新。

1845

钱锺书与中国古籍数字化[N]/胡小伟. --

人民日报,2011 - 01 - 13007

如果单指记忆力,钱锺书先生兴之所至,打通中外、信手拈来的功夫常给人"电脑数据库"的印象。但数据库毕竟只能罗列资料、显示异同,却不能分析辩证、触类旁通。本文以此展开论述。

1846

乾隆百禄堂《司马文正公集》版本考略[J]/
袁敏. --潍坊学院学报,2013,06:118 + 120

《司马文正公集》乾隆时期有两个版本,其中乾隆十年(1745)临汾刘组曾百禄堂原刻本的流传,因受清代文字狱之灾其间颇存曲折。该书从古籍的文物稀有性层面上讲,应列为善本。

1847

乾隆编纂《四库全书》为哪般?[J]/李兴
濂. --杂文月刊(原创版),2012,12:21

清朝乾隆皇帝编纂《四库全书》,是寓禁于征,在编纂的过程中搜罗、查禁、删改和销毁不利于其统治的文字。

1848

乾隆监控《四库全书》复校工作评议[J]/王
作华. --兰州教育学院学报,2014,09:11 - 12

在《四库全书》的纂修过程中,复校是校勘工作的重要环节。乾隆皇帝多次颁发谕旨,制定了复校政策,严格监督复校工作,加强对办理人员的管理,从而保证了《四库全书》复校工作的顺利完成。

1849

乾隆决策《四库全书》编纂评议[J]/王作
华. --兰州教育学院学报,2015,05:09 - 10 + 12

乾隆皇帝对《四库全书》的编纂甚为关注,曾屡下谕旨,对辑佚《永乐大典》、校勘、增修与撤毁收录书籍等工作做出决策。因此,乾隆皇帝的旨意对《四库全书》的编纂具有决定性意义。

1850

乾隆钦定《四库全书》庋藏评议[J]/王作
华. --吉林省教育学院学报(下旬),2014,10:
126 - 128

本文认为《四库全书》的庋藏是根据乾隆皇帝的旨意进行的,乾隆皇帝为《四库全书》的收藏、保存做出了巨大的贡献。

1851

乾隆指挥缮校《四库全书》评议[J]/王作
华. --甘肃广播电视大学学报,2014,04:49 - 52

本文回顾在在《四库全书》的纂修过程中,乾隆皇帝对缮校工作采取的种种措施和政策。包括钦定抄录书籍的取舍标准,制定誊录的选择方法;在校订方面严加监督,亲自翻阅进呈书籍进行校订,制订罚俸措施等等。

1852

《潜夫论》佚文及明前版本情况[J]/李晓
敏. --河南科技大学学报(社会科学版),2014,
01:25 - 31

《潜夫论》作为东汉重要的思想史著作,流传年代绵邈。从历代古籍的相关引文与今所见版本相对照,可以辑录《潜夫论》原文10余条。对这些佚文进行正误,不仅有助于该书的整理,而且能对其明代以前的版本及流传情况作出合理的推测。

1853

潜心黄卷四十春 传承弘扬寄深情[J]/盛
增秀. --浙江中医杂志,2015,01:01 - 04

本文畅谈作者从事中医文献整理研究工作40余年的经验与体会。从深入发掘和搜集蕴藏在民间的珍本、善本、孤本医籍,中医文献整理研究的任务和目标,要积极引进现代的科学技术和方法等方面展开讨论和阐发,提出设想与建议。

1854

黔西北彝文部件与结构分析[J]/刘云. --语
文学刊,2014,10:12 - 13

本文以贵州黔西北彝文为例,试图通过彝文部件结构的分析,探讨彝文部件的组合规律及其结构特征,为彝文古籍整理、彝文检索、规范、改革和信息化提供参考。

1855

黔西北彝文古籍及其文献价值[J]/东潇,
黄卫华. --贵州民族研究,2014,04:48 - 50

彝族古文献记录了古往今来彝族及其周边民族的人、事、物等历史变迁,对研究民族发展具有独特的文献价值。由于多种原因，目前彝族古文献大多散藏民间，保养与维护工作艰巨，解析彝族古文献的留存概况及文献价值对文献保护有一定的参考价值。

1856

黔西北彝文古籍整理的难点和主要方法[J]/陈兴才，朱建新. --贵州工程应用技术学院学报，2015，04：36 - 40

当前，彝文古籍整理面临辨伪、校勘、版本鉴定困难，整理手段落后，内容整理和创新性整理薄弱，彝文古书诊释量大，修复人才奇缺等诸多难点。彝文古籍的特点决定了其整理的主要方法和工序与汉文古籍整理不尽相同，如标注国际音标、翻译等。

1857

浅论陈垣古籍鉴定的成果、方法和理念[J]/史丽君. --大学图书馆学报，2015，01：111 - 116

陈垣总结出利用目录学、年代学、避讳学、辑佚学等专学开展古籍鉴定的方法，为后学提供了可资领受借鉴的鉴定范例和思路。从其古籍鉴定的成果和方法中，可以看出他始终坚持"一人劳而万人逸"、注重厘清版本源流、将古籍鉴定与文献整理紧密结合的古籍鉴定思想和理念。

1858

浅论高校古籍藏书室的"三古"建设[J]/胡露. --韩山师范学院学报，2014，01：105 - 108

古籍阅览室是高校图书馆重要的组成部分，建设方面应该追求"三古"境界，从藏书建设上追求藏书丰富，古典盈架，卷帙飘香；从环境营造上追求古雅宜人，形成一种古色古香的氛围；从读者服务上追求古道热肠，为读者提供热情周到的服务。

1859

浅论高校图书馆古籍文献的整理与利用[J]/晏红英. --内蒙古科技与经济，2011，13：121 - 122

本文针对高校图书馆古籍保护工作没得到应有的重视、保护的条件和措施简陋恶劣的问题进行分析，从保护与利用古籍文献资源方面提出高校图书馆应当建立完善的古籍管理制度，运用现代科学技术手段开发和利用古籍资源。

1860

浅论公共图书馆古籍文献的保护方法[J]/马富岐. --图书馆工作与研究，2015，S1：96 - 97 + 112

本文从古籍修复的原则、方法及今后古籍保护工作新技术、新方法等方面，对公共图书馆古籍文献的保护方法提出了自己的见解。

1861

浅论公共图书馆古籍文献的保护与利用[J]/王晓庆. --科技情报开发与经济，2013，03：12 - 14

本文分析了古籍文献的价值多重性，阐明了古籍文献保护与利用之间的关系，针对公共图书馆古籍文献保护与利用面临的观念、条件、人才和制度等四大问题，提出了相应的对策建议。

1862

浅论古籍数字化对传统文献学的冲击与影响[J]/刘芳. --北方文学（下半月），2012，06：220 - 221

古籍数字化扩展并更新了传统文献学的原有概念和内涵，对传统目录的编著工作造成极大冲击，深刻影响传统校勘工作的旧有模式和方法，对传统版本进行了革新，并使传统文献学走向了跨学科的学科建设方向。

1863

浅论古籍文献的开发与利用[J]/刘芳. --文学界（理论版），2012，05：320 - 321

本文分析我国古籍文献开发与利用中存在的问题，指出要转变传统"重藏轻用"管理理念、建立完善的古籍目录体系、利用古籍文献进行深层次开发、培养并提高古籍管理人员的自身素质等。

1864

浅论纳西东巴古籍文献传统分类法[J]/和帖森. --云南图书馆，2014，01：75 - 77

传统的纳西东巴古籍文献分类法是一套客观实用的文献分类系统，既涵盖有关纳西东巴古籍文献的全部内容(外延),又揭示经书的属性类别,保证了文献的线性排列,同时方便读者检索查阅。

1865

浅论钱泰吉的版本学成就[A]/张丽华.--国家古籍保护中心编.古籍保护研究(第一辑)[C],郑州:大象出版社,2015

本文研究了清代乾隆年间著名理学家钱泰吉关于善本的五大观念与常用的六种版本鉴定方法。

1866

浅论少数民族公共图书馆古籍普查工作的方式与途径[J]/郭召华.--大陆桥视野,2013,02:79-80

本文论述了少数民族公共图书馆古籍普查工作的方式与途径,提出制定少数民族古籍普查的原则、方法、措施是普查工作的前期准备,是保证少数民族古籍普查与搜集全面彻底的思想基础,是合理利用有限资源、提高效益的手段。

1867

浅论图书馆古籍保护[J]/董莹.--科技情报开发与经济,2011,23:116-117

本文阐述了古籍保护的必要性及紧迫性,并对古籍保护的措施进行了探讨。

1868

浅论图书馆古籍保护策略探寻[J]/段军丽.--中文信息,2014,10:16-17

本文结合图书馆古籍保护的实际情况,分析保护古籍中存在的突出问题,并且有针对性地提出解决对策,对图书馆加强古籍保护和利用工作具有一定的参考价值。

1869

浅论新疆少数民族古籍的保护与开发利用[J]/常冬林.--西域图书馆论坛,2012,02:38-40

本文论述了搜集、整理新疆伊犁少数民族古籍文献,以及进行保护、开发、利用的时代意义。

1870

浅论"云出版"时代的古籍出版转型[D]/王德凯.--复旦大学,2014

本文梳理现存古籍及整理出版概况,分析了目前古籍整理出版中存在的重复出版、出版短缺等问题;综合古籍整理出版和"云出版"的共同特征,重点讨论了古籍整理出版在"云出版"时代可能发生的改变,并归纳其主要表现为:公藏古籍共享平台的建立,按需出版的流行,保护利用矛盾得以缓解,读者个性化需求得到满足。

1871

浅论中国古籍线装书的规范化管理[J]/赵永红.--中国电子商务,2012,01:89

本文针对古籍线装书的保存现状和自身特点,提出一些规范化管理的可行性建议。

1872

浅论中医古籍数字化中生僻字的输入方法[J]/张伟娜.--医学信息,2011,21:27-28

在中医古籍数字化过程中,生僻字输入是一棘手的问题。本文针对此问题,根据实际工作经验,介绍了查找法、手写输入法、拼凑法、造字法、图片替代法和描述法等六种实用而有效的生僻字输入方法。

1873

浅述《唐李推官披沙集》的版本流传[J]/孙连青.--图书馆工作与研究,2014,S1:107-110

本文简述了天津图书馆藏唐李咸用撰《唐李推官披沙集》的版本特征,指出该书原著录版本时间的存疑。通过考证其正确的版本时间,明确其善本古籍的属性、版本流传及庋藏,阐述了该书的艺术价值和版本价值。

1874

浅谈白族家谱的数字化资源建设[J]/丁丽珊.--黑龙江科技信息,2013,06:160

本文分析了白族家谱数字化建设的意义、价值、途径及措施,着重探讨如何更有效地开发利用这一珍贵的民族古籍文献。

1875

浅谈北碚图书馆古籍保护工作[J]/胡涛,邓玉兰.--重庆图情研究,2013,01:21-23

本文简要介绍了北碚图书馆古籍收藏概

况,并针对古籍保护工作中存在的问题,就如何做好古籍保护工作提出了具体方法及相关措施。

1876

浅谈本草文献整理工作的目的与方案［A］/张瑞贤,梁飞,张卫,李建,刘佳玉.--世界针灸学会联合会、山东省中医药管理局、山东中医药大学.第二届济南·国际扁鹊文化及学术思想研讨会论文集［C］,2012

本草文献整理是中医药学研究的重要组成之一,要深入开展其相关工作,必须明确整理工作的目的,从而制定相应的方案,本文即由此而来。

1877

浅谈编辑在大型古籍整理图书出版中的作用［J］/胡莉.--今传媒,2014,06:125－126

编辑对保障大型古籍整理图书的质量起着相当重要的作用:统一体例、统一版式、规范用字、规范标点。本文以笔者工作中遇到的实例予以具体分析。

1878

浅谈对考据学的认识——从《皇朝经世文编》说起［J］/鲍家树.--文史杂志,2015,05:120

清人贺长龄、魏源等编《皇朝经世文编》(1827年刊行)分学术、治体、吏政、户政、礼政、兵政、刑政、工政八纲,是一部集中反映清代前中期经世实学的论文总集。本文以此为例,浅谈对考据学的认识。

1879

浅谈佛教寺院对古籍的保护——以少林寺藏经阁为例［J］/释永信.--中国宗教,2012,06:64－65

本文以少林寺藏经阁为例,阐述佛教和佛教文化传承,以及佛教寺院古籍保护的相关问题。

1880

浅谈甘肃与文溯阁《四库全书》的渊源［J］/王智玉.--新课程(下),2014,07:174－175

本文通过查阅大量相关资料,访问藏书馆资深馆员、四库研究学专家,以浅谈甘肃与文溯阁《四库全书》的渊源。

1881

浅谈高科技时代下古籍修复的传承与创新——从天津图书馆古籍修复专用染纸设备谈起［A］/陈卓.--国家古籍保护中心、天津市古籍保护中心编.融摄与传习——文献保护及修复研究［C］,北京:中华书局,2015

本文主要讨论了使用天津图书馆古籍修复专用染纸设备来进行古籍修复的方法,如精湛的技艺是掌握现代技术的基础、创新现代技术离不开传统技艺的传承、现代技术为传统技艺插上翅膀、在创新中求发展,在发展中促继承等。

1882

浅谈高校图书馆古籍的保护与利用措施［J］/李虹.--文学界(理论版),2012,05:352－353

本文包括四个部分:古籍保护的紧迫性、古籍利用的重要性、古籍保护的措施、古籍利用的措施。

1883

浅谈高校图书馆古籍的典藏和流通［J］/吕春焕.--科技创新与应用,2012,33:310

高校图书馆需要加强对古籍的整理和利用,在满足师生对文献资料需求基础上实现古籍社会效益的发挥。本文分析了高校图书馆古籍管理中存在的问题,并提出了古籍典藏和流通的建议。

1884

浅谈高校图书馆古籍管理及其利用［J］/陈珊珊.--剑南文学(经典教苑),2011,09:272－273

本文通过对高校图书馆古籍管理与利用的现状的分析,探讨了建立古籍书目数据库、做好宣传工作、采取倾斜政策等有关高校图书馆古籍开发与利用的途径。

1885

浅谈高校图书馆在民族地区文化传承与保护中的作用［J］/朱会华,潘灯.--企业导报,2012,10:268－269

民族地区历史文化遗产丰富,但是因政策法规不健全、文化水平不高等原因造成文化传承出现断层,保护更是匮乏。本文以广西容县为例,探讨了高校图书馆在民族地区开展文化传承与保护工作的重要作用。

1886

浅谈公共图书馆古籍保护与宣传——以呼和浩特市图书馆为例[J]/刘晓燕.--内蒙古科技与经济,2015,12:160-161

本文阐述了加强古籍保护和宣传的重要意义,介绍了呼和浩特市图书馆现存馆藏古籍图书,以及在古籍保护工作中的措施。

1887

浅谈古籍版本的鉴赏与保护[J]/张梅.--大众文艺,2014,04:203

古籍是我们发掘历史的重要途径。本文浅略地论及古籍版本的鉴赏与保护方面的知识,以备初学者之用。

1888

浅谈古籍保护的方法和策略[A]/毛文冰.--福建省图书馆学会.福建省图书馆学会2012年学术年会论文集[C],2012

本文介绍古籍损毁的类型,以及延缓性保护法、再生性保护法、多元化保护法等古籍保护的方法。

1889

浅谈古籍保护工作[J]/许彤.--经营管理者,2011,16:320

本文分析了古籍保护工作的重要性、紧迫性,阐述了图书馆古籍保护与管理的重点,以及如何充分运用现代管理手段加强对古籍的挖掘和整理管理。

1890

浅谈古籍保护工作对古籍专业人才的培养[J]/乔敏.--科技情报开发与经济,2011,08:44-46

本文针对古籍专业人才尤其是鉴定修复人才匮乏的现状,指出应多渠道、多层次培养人才,并提出实施古籍保护计划对于培养古籍专业人才的要求。

1891

浅谈古籍保护手段[A]/夏楠.--全国中小型公共图书馆联合会.全国中小型公共图书馆联合会2014年研讨会论文集[C],2014

本文探讨了从古籍保护的事前预防和事后补救两个时间段并多种手段对古籍进行保护,使古籍能得到最大的保护。

1892

浅谈古籍保护中的若干方法与注意问题[J]/杨柳.--农业图书情报学刊,2011,03:114-116+119

开展古籍普查工作,建立古籍保护工作专室,修复破损古籍并建立古籍修复档案,建立古籍管理数据库,实现古籍全文数字化和资源共享,是目前古籍保护的重要途径和具体方法。在加强与古籍收藏家交流、合作及开展对外学术交流基础上,采取温度杀虫、化学杀毒法和气调,科学防治有害生物对古籍的损坏是重要技术手段。

1893

浅谈古籍采集分类及文物保护与保养[J]/卢秀芹.--管理观察,2011,16:44

本文论述了古籍文献采集、分类和文物的保护与保养等管理问题。

1894

浅谈古籍的防霉与除霉——以武汉大学图书馆为例[J]/丁丽萍.--晋图学刊,2014,01:56-58+64

本文结合武汉大学图书馆的古籍保护和修复工作之实践,总结并分析现代图书馆馆藏古籍的防霉、除霉措施,寻找最切合本馆实际的古籍霉菌防治方案。

1895

浅谈古籍全文数字化——以南京中医药大学图书馆为例[J]/卞正.--科技创新与应用,2012,30:321

本文以南京中医药大学图书馆的古籍全文数字化项目为例,归纳总结了一些在古籍全文数字化项目中的经验心得,以便今后进一步保护利用古籍资源。

1896

浅谈古籍书库工作人员的健康保护措施[J]/李会敏,刘渝.--科技风,2015,10:210+214

本文针对古籍书库对工作人员身体健康的多种危害进行分析,以提高古籍工作者的自我防护意识,并对书库的危害因素提出合理的防治措施。

1897

浅谈古籍图书的保护修复及利用[J]/柏燕.--艺术品鉴,2014,12:42

文章介绍了古籍图书酸化、虫蛀、霉变等现状,在此基础上提出古籍的保护与修复问题,并认为应采取恰当的方法,加强对古籍图书的利用。

1898

浅谈古籍图书的收藏与保护[J]/王迎杰.--黑龙江史志,2015,07:75

本文结合自身的实践工作经验对古籍的收藏与保护进行了简要的探究,希望谨以此文能够促进我馆古籍图书收藏、保护工作的进一步有效推进。

1899

浅谈古籍图书的收藏与利用[J]/刁其麟.--出国与就业(就业版),2012,02:97-98

本文介绍古籍馆书库藏书情况、古籍库房的历史回顾与现状,探讨搞好古籍阅览工作的方法和途径。

1900

浅谈"古籍"文物的保护和修补[J]/赵莉.--科技资讯,2013,03:227

本文从入橱分类、保管注意事项等方面论述了古籍保护的方法;对已经损坏的古籍,浅谈了各种具体修补方法。

1901

浅谈古籍文献编目的若干问题——以浙江图书馆为例[J]/芦继雯.--科技情报开发与经济,2014,16:45-47

本文以多年古籍编目工作的实践经验为基础,采用具体案例分析的方法,阐述了古籍的分类,分析了古籍题名、著者以及版本的著录难点。

1902

浅谈古籍文献的数字化之路[J]/梁达讯.--才智,2015,29:286-287

古籍文献数字化是古籍再生性保护的重要手段之一,也属于古籍保护的范畴,代表着

古籍保护、整理的未来方向。本文阐述了古籍文献数字化的含义和意义,介绍了我国古籍文献数字化的现状,探讨了古籍文献数字化的方法和面临的有关问题。

1903

浅谈古籍文献污渍常用去除方法[J]/张建国.--图书馆工作与研究,2015,S1:78-80+95

本文简要介绍古籍文献破损类型及古籍文献破损后留有不同污渍对古籍保护的影响及危害,根据古籍修复工作实践,总结介绍古籍污渍的常见种类、预防和去除方法。

1904

浅谈古籍文献修复技术的传承与发展[J]/张金玲,方岩雄.--兰台世界,2011,18:60-61

本文阐述了古籍文献数字化建设的基本实施途径。事实证明采用计算机技术进行古籍保护和管理,给古籍阅读带来革命性的突破,大大提高了古籍的使用效率。

1905

浅谈古籍文献中的错讹脱漏——以思州辰州锦州史料为例[J]/钟红英,郑荐.--贵图学苑,2015,02:42-45+41

史籍研究要有"求实"理念,辨明史法、考辨错讹,尽可能多找几个版本考证史事,通过校勘、辨伪、考证、辑佚和注释等环节,恢复古籍原貌才不至于以讹传讹。本文以思州辰州锦州史料为例,谈谈古籍文献中的错讹脱漏。

1906

浅谈古籍修复档案的建立[J]/王斌.--科技情报开发与经济,2012,04:20-22

本文介绍了目前各馆古籍修复档案建立的现状,阐述了档案数据规范,探讨了辽宁省图书馆建立修复档案的情况。

1907

浅谈古籍修复工作前的准备工作——以修复天津图书馆藏明版《大藏经》为例[A]/杨林玫.--国家古籍保护中心、天津市古籍保护中心编.融摄与传习——文献保护及修复研究[C],北京:中华书局,2015

本文以修复天津图书馆藏明版《大藏经》为例,介绍古籍修复工作前的准备工作,包括

修复档案的建立、古籍内容调研、配纸、染纸及分析检测、制定修复方案、修复工具、设备、材料的准备、风险评估、工作量及进度的预估等步骤。

1908

浅谈古籍修复过程中的几个问题[A]/王东蕊. --吉林省博物院编. 耕耘录:吉林省博物院学术文集 2012 – 2013[C],长春:吉林人民出版社,2014

本文根据作者古籍修复的经验,谈及古籍修复过程中遇到和需要注意的几个问题,同时阐述作者的几个观点。

1909

浅谈古籍修复伦理[J]/张文军. --发展,2015,09:102 + 104

本文浅述对古籍及其修复伦理的理解、古籍修复中学习中国传统文化伦理,以及古籍专业技术伦理与实践。

1910

浅谈古籍修复三要素[J]/朱煜. --河南图书馆学刊,2015,05:92 – 94

古籍作为保存民族文化的重要载体,破损老化严重,亟待修复。文章重点阐述传统古籍修复中的三要素,即浆糊、古籍修复用纸与修复技术。

1911

浅谈古籍修复设备裱墙的制作与维护[A]/王笑熙. --国家古籍保护中心、天津市古籍保护中心编. 融摄与传习——文献保护及修复研究[C],北京:中华书局,2015

本文简要阐述了古籍修复设备裱墙的制作与维护,包括第一类板墙的制作、第二类板墙的制作、板墙使用过程中出现的部分问题及其解决方法等问题。

1912

浅谈古籍整理工作的意义及未来发展趋势[J]/单传花. --佳木斯教育学院学报,2012,12:386 – 387

本文在阐述古籍整理工作重要意义的基础上,通过分析古籍整理工作数字化的优势特点,探讨了发展古籍整理工作数字化的策略,以期为古籍整理工作提供参考。

1913

浅谈古籍整理中对地方文献的思考[J]/李晓黎,周琼芳. --湘潮(下半月),2012,10:5 – 6

本文分析古籍整理体现出来的地方文献特色,对古籍整理中地方文献工作分类进行了阐述,提出古籍整理中对地方文献工作的建议。

1914

浅谈古籍中常见的加工纸种类[J]/郑泳. --福建图书馆理论与实践,2015,01:51 – 52

本文结合福建省图书馆所藏古籍,介绍古籍修复中常用的加工纸类型、特点与适用情况。

1915

浅谈国家图书馆藏古代地契文献的修复[A]/南庆波,孟晓红. --国家古籍保护中心、天津市古籍保护中心编. 融摄与传习——文献保护及修复研究[C],北京:中华书局,2015

本文通过对国家图书馆藏古代地契文献的修复,谈了修复工作的情况和工作中的感想。包括馆藏地契文献的数量及总体情况、馆藏地契文献的破损和修复情况、修复实例——馆藏 145548 号地契的修复,以及地契修复工作的思考等。

1916

浅谈国家图书馆古籍馆的收藏与库房建设[J]/刁其麟. --时代经贸:下旬,2013,02:177 – 178

本文从国家图书馆古籍馆库房的建筑、库房环境的温湿度条件、光照条件、防火分区、消防安防等库房建设的历史发展入手,对国家图书馆古籍馆的古籍保护工作进行多方位的介绍。

1917

浅谈回族古籍文献的价值[J]/王华北. --今日民族,2015,02:48 – 49

回族古籍文献的语言特色鲜明,种类齐全,内容丰富,分布广泛。不仅有较高的文化价值、学术价值,而且还具有重要的史料价值、社会价值和开发价值。

1918

浅谈基层图书馆古籍修复与保护工作［J］/陈敬.--新课程（中旬），2013，10：184－185

本文介绍基层图书馆古籍修复保护工作遵循的"四项"原则，指出基层图书馆古籍破损严重、急需改善古籍保护条件等问题，提出要运用科学方法保护古籍，突出地方珍贵史料保护，有计划、有选择地影印出版地方珍贵史料。

1919

浅谈基层图书馆如何提高古籍和地方文献的利用率［J］/农钧芳.--科技情报开发与经济，2012，17：57－59

本文结合工作实践，介绍了基层图书馆如何利用扫描设备将古籍和地方文献数字化，以提高古籍和地方文献的利用率。

1920

浅谈利用化学技术对图书馆藏书的保护［J］/鲍林红.--中国管理信息化，2015，07：171－172

本文介绍化学技术在图书馆藏书保护中的优点、化学技术对图书馆藏书保护的具体作用、化学技术对图书馆藏书保护的重要影响，指出我们应认真分析化学技术对图书馆藏书保护的作用和影响，推动化学技术的应用。

1921

浅谈临沧地区古籍的普查保护与利用［J］/李文琼.--云南图书馆，2014，04：79－80

本文通过对临沧古籍文献的普查与分布的整理，让更多的人了解并熟知临沧古籍文献，便于大家查找和利用临沧历朝的各类古代书册、典籍和文献资料。

1922

浅谈美术院校图书馆古籍与书画作品的保护方法及措施［J］/崔璐.--赤子（中旬），2014，18：124－125

本文从文献自身的保护措施和书画库应具备的条件及设备两个方面，对这些措施和方法进行了较为详尽的介绍和分析。

1923

浅谈明代科举文献的修复——以天一阁藏科举录为例［A］/董捷.--国家古籍保护中心、天津市古籍保护中心编.融摄与传习——文献保护及修复研究［C］，北京：中华书局，2015

本文结合作者的工作实践，以天一阁藏明代科举录为例，谈了作者对明代文献修复的看法，如天一阁藏明代科举录的基本特征、天一阁藏明代科举录的修复用纸、天一阁藏明代科举录的修复原则和修复实践等看法。

1924

浅谈南阳医专图书馆张仲景文化特藏馆建设［J］/孟玫.--河南图书馆学刊，2013，06：51－52

本文阐述了特藏馆建设的重要意义，以"张仲景文化特藏馆"为例，着重探讨了特藏资源建设、存在的问题及解决方法。

1925

浅谈宁夏医科大学中医古籍整理工作［J］/张丽，王惠芳，郑晓虹，黄新海，张寒松.--科技情报开发与经济，2014，20：37－39

本文阐述了国内中医古籍整理现状，重点介绍了宁夏医科大学中医古籍整理工作的开展情况。

1926

浅谈平凉市博物馆馆藏古籍的保护［J］/张海宏.--丝绸之路，2012，20：111－112

本文介绍了平凉市博物馆古籍馆藏情况，阐述了本馆在古籍保存、保护方面的隐患和亟待解决的问题，针对这些问题提出相应的建议和看法。

1927

浅谈普通线装古籍的修复——普通线装古籍《经韵集字析解》修复随笔［J］/董晓燕.--时代经贸（下旬），2013，11：226

本文以修复线装书《经韵集字析解》为例，指出古籍修复是一门技巧精细且工艺复杂的技术，只有在实践中积累经验，才能够娴熟地掌握这门技术。

1928

浅谈黔江中学时期古籍书目数据库建设［J］/伍双林，徐艳丽.--兰台世界，2015，11：25－26

本文分析重庆黔江中学时期古籍书目数

据库建设依据和建设现状,对古籍书目数据库的录入、书目编制、检索、应用程序与计算机网络设计等进行了探讨。

1929

浅谈清代本草古籍的特点与整理要点[A]/陈仁寿.--中华中医药学会医史文献分会、山东中医药大学中医文献研究所.中华中医药学会第十五次中医医史文献学术年会论文集[C],2013

本文指出清代本草古籍具有引经据典、阐释已见,摘录《纲目》、通俗普及,创新不够、遗讹较多的特点,提出整理清代本草文献除了遵循一般古籍的校勘规则外,还须了解本草沿革,必须熟悉本草知识,对清代本草古籍做出合理评价。

1930

浅谈"全国古籍普查平台"著录中值得注意的问题——以广西师范大学图书馆为例[J]/唐咸明.--图书馆界,2012,03:46-47+50

本文介绍广西师范大学图书馆开展"全国古籍普查平台"数据著录情况,提出从数据著录透视古籍保护工作存在的问题,及做好"全国古籍普查平台"数据著录工作的几点体会。

1931

浅谈全省古籍普查与保护工作[J]/李昕.--山西科技,2013,01:118-119

本文结合太原市图书馆古籍工作,从五个方面提出了做好全省古籍普查与保护工作具体措施。

1932

浅谈泉州市图书馆古籍保护工作[J]/苏清闽.--科技信息,2012,29:280+295

文章阐述了泉州市图书馆古籍保护过程中存在的问题,并对古籍保护的措施进行了探讨。

1933

浅谈如何提升图书馆古籍文献管理水平[J]/刘美华.--科技情报开发与经济,2011,08:35-38

本文阐述了图书馆管理、保护和利用好古籍文献资源的重要意义,强调了古籍管理

中关键的人才问题和收藏问题,并就如何利用现代化手段开发古籍文献中蕴藏的特有信息资源、提升信息服务水平等进行了相关的探讨。

1934

浅谈少数民族古籍档案保护工作[J]/苏惠莹.--兰台世界,2011,15:57-58

本文从少数民族古籍档案的历史文献价值出发,分析了古籍档案保护的现状和存在的问题,阐述了加强对少数民族古籍档案保护工作的必要性,并从少数民族古籍档案的修复和保管等方面提出了加强少数民族档案保护工作的措施。

1935

浅谈实现维吾尔医药古籍文献数字化保护的必要性[A]/热甫哈提·赛买提,伊力卡尔·拜克提亚,阿布都热依木·阿布都克日木.--中国民族医药学会.2011全国民族医药学术交流会论文集[C],2011

本文对实现维吾尔医药古籍文献数字化保护的必要性进行了论证。维吾尔医药古籍数字化保护是维吾尔医药继承与创新的重要基础性工作,也是古籍再生性保护的重要举措,为古籍资源共享与服务平台实施建设打下坚实基础。

1936

浅谈数字化时代的出土文献及相关资源数据库[J]/单育辰.--"中国"文哲研究通讯(在台湾地区发表),2011,02:107-113

(阙如)。

1937

浅谈四库底本《云溪集》[J]/陈红秋.--图书馆工作与研究,2014,02:74-76+112

文章记录了四库底本《云溪集》的收录内容及存佚、抄录情况,对其版本价值、历史价值、文学价值进行了研究和评价。

1938

浅谈宋代刻书三大系统对图书事业的影响[J]/李文剑.--四川职业技术学院学报,2012,04:162-163

本文对宋代雕版印刷官、私、坊三大刻书

系统及其对我国古代图书事业的影响进行了简要论述。

1939

浅谈诵读法在中医古籍教学中的运用[J]/蔡群.--山东商业职业技术学院学报,2011,04:42-45

本文通过对中医院校学生古医籍诵读情况的调查以及名老中医诵读经验的介绍,说明医籍诵读对学习中医的必要性与重要性;借鉴朱熹读书做学问的体会及名老中医经验,归纳总结了医籍诵读的意义与诵读方法,并对如何提高学生诵读水平提出了建议。

1940

浅谈图书馆对古籍文献的保护与开发利用[J]/赵晶.--科技情报开发与经济,2011,36:73-75

本文指出古籍保护与开发利用中常见的几个问题,探讨古籍的开发利用办法,提出要加强古籍工作人员的培训,做好读者服务工作。

1941

浅谈图书馆古籍保护的几个问题[J]/王欢.--贵图学苑,2015,02:39-41

本文结合图书馆古籍保护工作的实际情况,分析存在的突出问题,并且有针对性地提出了解决对策,对图书馆加强古籍保护和利用工作具有一定的参考价值。

1942

浅谈图书馆古籍的数字化管理[J]/白小红.--管理观察,2011,02:45

本文在介绍图书馆古籍数字化管理的概念以及古籍进行数字化管理必要性基础上,论述了如何进行古籍数字化管理及古籍数字化管理的相关技术。

1943

浅谈我国的古籍文献整理保护[J]/张如宝.--经济与社会发展研究,2015,04:287

本文分析了我国不容乐观的古籍文献保存状况,提出如何加强古籍文献整理保护的措施,展望了古籍文献数字化的前景。

1944

浅谈我国古籍数字化[J]/赵雪云,刘宗利,赵瑞生.--才智,2012,12:115-116

古籍数字化目前仍存在文件格式多种多样、不利于读者使用、底本的选择优劣不一等问题,造成一些电子数据质量高低不同、标准规范不统一、人才缺乏。未来的古籍数字化工作需要统一标准、统一格式,加强复合型人才的培养,走合作开发的道路。

1945

浅谈我国古籍文献资源的保护与利用[J]/黄跃进.--图书馆研究,2013,06:21-23

本文结合古籍保护的现状和存在问题,对古籍保护工作的发展方向进行了分析,希望各级公藏机构在重视原生性保护的前提下,更加重视古籍文献资源的开发和利用。

1946

浅谈我国农展业馆藏古籍的修复与管理[J]/吴林华.--中国农业信息,2013,09:36-37

本文在综合分析农业古籍当前受损情况的基础上,探讨了农业古籍的修复方法,并进一步提出建立农业古籍修复管理系统,包括加快专业农业古籍存放库房建设、建立农业古籍修复档案、建立农业古籍修复管理数据库等。

1947

浅谈我国少数民族古籍文献的保护与开发利用[J]/柴阳,苗丽.--中国民族博览,2015,12:81-82

针对我国少数民族古籍文献的保护与开发利用进行较为深入的探讨和分析。

1948

浅谈咸宁地方古籍文献的保护与整理[J]/王娇,王亲贤.--价值工程,2013,34:293-294

本文指出为更好的服务地方经济文化建设,咸宁必须尽快有计划、有步骤、有机制地普查收集、整理出版,真正彰显地方文化特色,展示香城泉都的文化魅力。

1949

浅谈县级图书馆古籍保护工作困境[J]/林海清.--内蒙古科技与经济,2013,10:111-112

本文从古籍保护意识淡薄、缺乏专业工作人员、保护经费短缺、缺乏统一领导支持方面论述了县级图书馆古籍保护的种种困境，探讨了做好古籍保护的有效路径。

1950

浅谈县级图书馆古籍的保护和管理[J]/哈彦成. --图书馆理论与实践,2014,01:101 – 102

本文通过对宁夏青铜峡市图书馆馆藏古籍的现状分析,论述了县级图书馆古籍保护工作中应注意的问题,并提出采取的有效措施。

1951

浅谈现代通讯技术在省级图书馆古籍保护工作中的应用——以辽宁古籍保护中心构建QQ群平台为例[J]/孙晶. --四川图书馆学报,2014,05:21 – 24

本文在简要介绍了QQ群和辽宁古籍保护中心的基础上,从资源上、技术上、内容上分析了QQ群在辽宁古籍保护中心应用的可行性及优势,总结了QQ群应用于古籍保护中心的主要功能。

1952

浅谈校勘学理论著作[J]/田爱虹. --安徽文学(下半月),2011,04:261 – 262

《校勘学大纲》和《应用校勘学》是校勘学的两大著作,但是侧重点不同,本文将详细分析二者的内容,指出其优劣,为初学者作一个简单的导引,希望能够为校勘学的进一步发展提供帮助。

1953

浅谈新疆地区古籍的保护[J]/张淑平. --新疆社科信息,2011,02:11 – 13

本文分析了新疆古籍保护工作中存在的问题,阐述古籍保护的紧迫性,分析古籍保护要从保护理念上加以重视,介绍了古籍保护的方式,最后提出做好新疆吉籍保护工作的对策。

1954

浅谈信息化引领中医药现代化的发展[J]/王晓鹏,周家霁,姜朋媛,申宽,杨韬. --科技创新导报,2014,22:232

信息化使中医在临床诊疗、教学自学、科研创新、文献古籍数字化等的现代化发展中发挥出重要的作用,成为中医药发展新的切入点及提升点。该文基于科技信息化探讨中医药的现代化发展。

1955

浅谈医古文教学中创新思维的培养[J]/张暖,张弘. --河北中医药学报,2012,03:47

当前,医古文教学在各大中医院校中不断彰显着不同于其他学科的特殊作用。医古文是一门重要的中医基础课,是学医、从医之人开启中医宝库的一把钥匙。然而以往医古文的教学目的主要定位在提高学生阅读中医古籍文献的能力,为后续的学习打好语言基础和必备的文化基础这一方面上。

1956

浅谈彝文古籍收集整理面临的问题及人才培养的紧迫性[J]/文启扬. --科教文汇(上旬),2014,09:125 – 126

彝文古籍是彝族历史文化发展的结晶,具有政治、经济、哲学、宗教、历史、文学等方面的研究价值,是彝学研究的主要文献来源。但近几年来,彝文翻译人才越来越稀少,彝文古籍的收集整理和翻译工作面临很大困难,培养彝文古籍翻译人才已经刻不容缓。

1957

浅谈彝族文献研究与开发现状[J]/吉木次初. --青年文学家,2012,10:204

彝族文献是彝族文化的重要组成部分。本文对比过去彝族文献的研究与开发,简要分析现今彝族文献的研究与开发情况。

1958

浅谈《艺林汇考饮食篇》之文献研究[A]/衣兰杰. --中华中医药学会医史文献分会、山东中医药大学中医文献研究所.中华中医药学会第十五次中医医史文献学术年会论文集[C],2013

本文从梳理版本源流、考证作者生平和探讨学术价值三方面对该书进行了系统的总结和研究,以期为饮食方面的考证和研究提供依据。在研究过程中,笔者发现了本书版本流传存在的问题，具有一定的文献学意义和学术参考价值。

1959

浅谈在新疆收藏的少数民族古籍文献[J]/阿不都热合曼·巴克.--新疆大学学报（哲学社会科学维文版），2012，04：128－136

阐述对少数民族古籍文献的科学含义、类别，内容保护保存方式和利用上进行的研究。

1960

浅谈赵嘉福先生的碑刻技艺——以重庆图书馆旧藏双钩本《瘗鹤铭》刻碑为例[A]/许彤.--国家古籍保护中心、天津市古籍保护中心编.融摄与传习——文献保护及修复研究[C]，北京：中华书局，2015

本文以赵先生对《瘗鹤铭》的刻碑为例，谈谈作者对赵先生高超碑刻技艺的粗浅认识，包括赵嘉福老师在碑刻方面的主要成就、赵嘉福老师与重庆图书馆之缘、《瘗鹤铭》的碑帖制作过程等。

1961

浅谈浙江省高校图书馆馆藏古籍资源数字化建设及其意义[J]/孙巧云.--浙江高校图书情报工作，2012，04：28－32＋54

浙江省高校图书馆馆藏古籍资源陆续实现数字化，古籍数字化给各学科的学术研究带来了发展契机，同时，也存在许多问题。各高校在馆藏古籍数字化的过程中，应趋利避害，充分利用古籍数字化的高效平台，使浙江省丰富的古籍资源得到充分挖掘与有效利用。

1962

浅谈"中国佛教典籍选刊"[J]/朱立峰.--古籍整理出版情况简报（总524期），2014，10：8－15

本文从四个方面论述"中国佛教典籍选刊"情况，总结了其学术价值。

1963

浅谈中国古籍和古史书[J]/王永祥.--古籍整理出版情况简报（总527期），2015，01：28－33

本文通过对中国古籍和古史书的对比研究，阐述了作者的研究心得。

1964

浅谈中国古籍装帧的分期与形式[J]/赵红芳.--科技信息，2013，02：480－481

中华古籍的装帧因不同文字载体、书写材料、书籍制作等原因兴起、发展并走向成熟，本文将其划分为萌芽期、发展期、成熟期三个阶段，进而阐释古籍装帧形式的演进。

1965

浅谈中国古籍资源数字化的进展与任务[J]/范春莉.--才智，2015，29：320

本文从各个方面总结了中国古籍数字化的特点，以及中国在古籍数字化方面所取得的进步，在面向未来的同时提出了新的挑战和任务。

1966

浅谈《中华古籍书目·山东卷》[J]/裴文玲.--图书馆工作，2011，03：22－23

作者以参与《中华古籍书目·山东卷》的工作实践，对本地古籍保护工作，特别是《中华古籍书目·山东卷》的编制工作提出建议。

1967

浅谈中医多来源证据特点及其评析方法[A]/吴大嵘.--中国中西医结合学会循证医学专业委员会.第八届中医/中西医结合循证医学方法研讨会会议材料[C]，2014

医学临床实践需要证据为决策提供参考，中医学也不例外。可以作为证据来源的医学信息包括临床试验、临床经验、专家知识/意见（书面或口头）、既往病案的统计资料医学文献以及古籍文献等。只是有些信息可以直接构成证据，比如临床试验、不良反应监测的结果；有些则需要经过专业团队采用科学方法加工后才可以成为证据。中医古籍及近现代名医经验是中医传承过程中的核心内容。

1968

浅谈中医古籍的发展、整理和利用[J]/张陶.--中共贵州省委党校学报，2011，06：124－126

本文介绍了中医古籍的起源、发展以及历来对中医古籍的整理，结合现代社会的发展,阐述了怎样才能充分利用中医古籍文献为人类社会的发展做出更大的贡献。

1969

浅谈中医古籍的修复与保护[**J**]/姚晨刚. --商情,2015,40

本文以《药性粗评》一书的修复、保护为例,阐述了古籍修复与保护的技术、过程、措施与意义。

1970

浅谈中医古籍中的军事医学专著[**A**]/罗荣庆,张梅. --中华中医药学会医史文献分会、山东中医药大学中医文献研究所. 中华中医药学会第十五次中医医史文献学术年会论文集[C],2013

我国中医典籍浩如烟海。虽然中医古籍中军事医学专著存世极少,但也不乏力作。了解中医古籍中的军事医学专著,对于研究中国军事医学史具有重要的价值和意义。

1971

浅谈中医古籍中类方类药的整理研究[**J**]/郭智江,邓亮,赵晔. --中医文献杂志,2013,05:14 – 15

本文采用姜春华、章次公两位中医名家的方法,以《外台秘要》和《临证指南医案》为例,介绍了学习中医古籍中临床经验的方法,希望对大家学习古医籍有所启发。

1972

浅谈中医药院校的古籍保护及利用研究——以江西中医药大学图书馆为例[**A**]/江西中医药大学图书馆. --中华中医药学会. 全国中医药图书信息学术会议暨第十届中医药院校图书馆馆长会议论文集[C],2013

本文基于中医药古籍的保护和利用两大方面,展开讨论。其中涉及的一些具体的工作,以江西中医药大学为例。最后,对中医药古籍保护与利用工作进行总结和展望。

1973

浅析常温常态下纸质文献的管理[**A**]/杨文龙. --国家古籍保护中心编. 古籍保护研究(第一辑)[C],郑州:大象出版社,2015

本文对中小型图书馆的文献收藏与保护提出了一些常规化管理的措施,尤其对温度、湿度的控制环节进行了详细论述。

1974

浅析档案文献遗产信息的濒危划分[**J**]/姚坤. --黑龙江档案,2013,02:97

由于档案文献遗产的信息价值在某历史时期对主体有用性不同,而且各档案馆对档案文献遗产客体信息的主观认知程度也不尽相同,因而对档案文献遗产信息濒危的衡量相对来说比较复杂。

1975

浅析道法诸经词汇研究现状及其语料价值[**J**]/牛尚鹏. --中国城市经济,2011,18:271 + 273

道法诸经是道经的一个重要组成部分,它在词语注释、辞书编纂、古籍整理等方面都有着重要的研究价值和意义。然而目前学术界对其重视不够,特别是从语言学的角度对其措意不多,因此亟待加强此方面的研究。

1976

浅析地市级图书馆的古籍数字化工作[**A**]/葛智星. --全国中小型公共图书馆联合会. 全国中小型公共图书馆联合会 2014 年研讨会论文集[C],2014

本文论述了古籍数字化的必要性,分析了地市级图书馆古籍数字化的现状及古籍数字化建设中存在的问题,提出了相应对策。

1977

浅析高校图书馆档案文献的利用——以首都师范大学图书馆为例[**J**]/吴雪梅. --北京档案,2011,11:35 – 36

高校图书馆中藏有丰富的档案类文献,原始的古籍档案、各时期出版的档案文献汇编等等,蕴涵着丰富的科学、人文价值。档案类书籍的入藏量日益增长,而利用率却不高,本文分析了造成这种局面的原因并提出了加强档案文献利用的具体措施。

1978

浅析古籍保存与保护[**J**]/董润洁. --科技致富向导,2015,09:261

本文介绍古籍基本知识与分类,并从温湿度、光照、空气污染、有害微生物等方面探索影响古籍保护的因素及应对措施。

1979

浅析古籍的版本［J］/王天琦. --中华少年，2015，22：171

古籍版本，是指古籍在生产、流通过程中形成的不同本子，即"同书异本"。查阅古籍版本对于整理古代文化遗产，读书治学都有重要意义。本文从古籍的版本类型、善本的重要性、古籍版本术语三个方面介绍古籍的版本知识。

1980

浅析古籍的破损原因及防护措施［J］/胡葵花. --科技视界，2013，16：179

本文从古籍具有重要历史文化价值出发，浅析在自然和人为因素影响下逐渐老化、损毁乃至无法利用的原因，研究提出保护对策和防护措施。

1981

浅析古籍价值［J］/梁爱民. --科技情报开发与经济，2012，13：11 – 13

古籍保护工作的重要性缘于古籍具有的重要价值。本文从宏观视角论述了古籍的价值，重点论述了古籍的普遍价值，分别阐述了古籍的文物价值、文献价值及艺术价值，对于古籍的收藏价值也给予了恰当评价。

1982

浅析古籍数字化建设的组织模式——以哈佛燕京图书馆中文古籍数字化项目为例［J］/吴茗. --数字图书馆论坛，2012，03：42 – 45

针对目前古籍数字化存在的问题，以哈佛燕京图书馆中文古籍数字化项目为研究实例，通过其数字化加工方式、数字化过程、参数选择等方面的具体实践，重点对图像和元数据的数字化建设和组织进行分析和探讨，为古籍数字化标准规范的建设提供借鉴和参考。

1983

浅析古籍文献虫害的防治［J］/李会敏. --经济研究导刊，2015，13：299 – 300

本文分析造成古籍虫害发生的各种因素，并提出提高防虫意识、制定防虫制度、采取有效杀虫方法等措施，以杜绝虫害发生、达到保护古籍的目的。

1984

浅析古籍原生性保护［J］/张秀华. --科技情报开发与经济，2012，16：15 – 16

本文介绍了我国古籍保护的现状，阐述了古籍保护中的原生性保护，提出了古籍保护中应注重原生性保护和再生性保护相结合的原则。

1985

浅析《刘涓子鬼遗方》的学术贡献［J］/杨恩品. --云南中医学院学报，2013，03：79 – 81

《刘涓子鬼遗方》是我国现存第一部外科学专著，是南北朝以前最重要的外科学术文献。全书内容丰富、特色鲜明，蕴含丰富的临床和实践价值。认真研读原著，汲取其精华，对今天中医外科临床实践有重要指导作用。

1986

浅析破损古籍修复工作［J］/傅晓岚. --科技情报开发与经济，2011，24：59 – 61

本文分析了破损古籍修复工作的重要性和必要性，指出古籍修复工作中存在的问题，并提出解决问题的方法和策略。

1987

浅析少数民族文字古籍与汉文古籍修复的异同［J］/沈峥. --图书馆工作与研究，2011，06：61 – 63

古籍修复是古籍保护的重要手段，但由于少数民族文字古籍与汉文古籍存在差异，修复时应该区别对待。本文从修复原则、方案、档案、选材、修复手段、装帧等方面切入，探究这两种古籍修复的异同，以提高修复质量。

1988

浅析图书馆古籍附属信息的保护工作［J］/张利. --四川图书馆学报，2013，02：86 – 88

古代文献历经时代变迁，部分典籍出现了散佚、残卷，需要加以合理化保护，在加大力度进行古籍主体保护的同时，亦应增强古籍附属信息保护意识，采取有效方式加强古籍附属信息的保护工作。本文分析了古籍附属信息的重要价值,亦探讨了古籍附属信息的保护策略。

1989

浅析图书馆古籍书库科学化管理模式的构建[J]/张贺南.--科技情报开发与经济,2013,02:93-95

本文提出了古籍保护重在书库管理的观点,分析了科学化书库管理的基本要求,探讨了科学化管理模式的构建。

1990

浅析图书馆馆藏古籍的保护[J]/司立新.--黑龙江档案,2013,03:159

本文从思想上认识到古籍保护工作的重要性、硬件设施入手加强古籍保护工作、技术环节着眼做好古籍保护工作介绍图书馆馆藏古籍的保护工作。

1991

浅析县级公共图书馆古籍数字化建设工作[J]/陈晓红.--新课程(下),2015,09:182+184

古籍数字化是图书馆现代化的重要组成部分,是古籍保护和利用工作的有效途径。文章浅析古籍数字化的重要性和地方图书馆古籍数字化建设的现状,并就古籍数字化建设工作提出一些粗浅的想法。

1992

浅析信息社会背景下彝文古籍的保护与利用——彝文古籍数字化[J]/吉木友色.--科技资讯,2012,05:226

文章概述了彝文古籍数字化的含义,介绍了彝文古籍翻译整理现状,并提出了保护彝文古籍的新举措,最后论述了彝文古籍数字化的意义。

1993

浅析云南少数民族古籍文献[J]/莫春燕.--科技风,2015,06:197

本文阐述了云南少数民族古籍文献的概念、记录载体、内容及历史价值。从民族古籍保存现状入手,提出当前亟待解决的问题和民族古籍的保护方案。

1994

浅析云南少数民族古籍文献的修复[J]/施

济颖.--科技与创新,2014,02:98-99

本文以修复云南省图书馆馆藏彝文古籍《记更脑早》的实践为例,简述了少数民族古籍文献的基本修复方法。

1995

浅析中医古籍图书特点及检阅困难的原因[J]/黄寅焱.--科技创新与应用,2012,13:282

本文就古籍图书的特点及其检阅困难的原因进行综述。

1996

浅析宗教美学影响下的维吾尔文古籍版式艺术[J]/任文杰.--南京艺术学院学报:美术与设计版,2012,05:106-108

维吾尔族在历史上曾创造出灿烂的文化,其古籍的装帧形态、版式艺术、材料、技术等都有值得深入挖掘的文化信息。18至19世纪的维吾尔文古籍版式普遍存在左右页面对称、线框网格分割版面与动态斜排文字段落、空白与密集结合的构图形式等特征。这些特征不仅与维吾尔族全民信仰的伊斯兰教美学思想相符,也体现出该族群在宗教影响下所形成的独特美学观。

1997

浅议8S管理模式在古籍保护工作中的必要性[J]/程秀珍.--中国科教创新导刊,2013,20:113-114

本文在6S管理的基础上,结合古籍保护的特殊性,提出将8S管理应用于图书管理的管理理念,并指出了具体实施途径。

1998

浅议改革开放以来古籍整理出版的新成就[J]/李文斌,李文遴.--科技情报开发与经济,2011,07:5-7

本文指出新中国成立以来我国的古籍整理与出版呈现出新的气象,尤其是改革开放30年来,古籍整理与出版事业蓬勃发展,古籍出版物在数量、质量、品种等方面都有新的突破,促进了我国优秀传统文化的继承与发展。

1999

浅议高校图书馆古籍的典藏与流通[J]/刘红,李文遴.--科技情报开发与经济,2011,02:

17 – 19

本文阐述线装古籍的历史发展、定位,以及典藏史和相关知识,探讨了高校图书馆线装古籍的管理保护和技术创新。

2000

浅议高校图书馆古籍修复人员的职业素养[J]/史宝友,吕奕炜,韩赫宇.--科技情报开发与经济,2014,08:41 – 43

本文简述了古籍修复的理念与存在的问题,探讨了古籍修复人员价值观的自我认定以及古籍修复人员应具备的素质,提出了加强古籍修复人才队伍建设的建议。

2001

浅议公共图书馆古籍普查工作中的几种误区[J]/娄明辉.--四川图书馆学报,2011,05:62 – 64

本文论述了古籍普查工作中可能出现的几种误区,包括忽视古籍文献的整理开发、求快与观望心理、忽视人才培养及对于新善本的普查等,提出避免这些误区的思路。

2002

浅议古籍虫蛀发生原因及其防治措施[J]/王枫.--农业图书情报学刊,2011,05:133 – 135

本文分析探讨了古籍文献发生虫蛀的原因及其防治措施。

2003

浅议古籍普查平台的使用[J]/王俊红.--财经界(学术版),2012,04:271 – 272

本文介绍古籍普查平台各项登记、分类、定级、上传书影、完成著录、提交数据等操作实践方法。

2004

浅议古籍数字化建设中的学科分类与古籍专题库建设[A]/李桂荣.--首都师范大学电子文献研究所、中国诗歌研究中心、国学传播中心、国学网.第三届中国古籍数字化国际学术研讨会论文集[C],北京:五洲传播出版社,2011

本文梳理、分析了中国古籍数字化研究中涉及的分类概念,区别了古籍文献分类与数字化过程中学科分类的概念,阐述了二者

各自的内涵和意义,从理论探索和实践需求的角度,提出了古籍专题库建设的原则和要求。

2005

浅议古籍修复人才队伍建设[J]/汤印华.--科技情报开发与经济,2011,32:86 – 89

本文介绍了建立古籍修复人才队伍的紧迫性,阐述了古籍修复人才应具备的素质,提出了古籍修复人才队伍的培养模式。

2006

浅议古籍阅览室读者服务的完善[A]/杨楠楠.--北京大学图书馆.北京大学图书馆第十一届五四科学讨论会论文集[C],2013

由于古籍文献的特殊性,目前图书馆的古籍读者服务大多仍具有近程实现、手续复杂、限制权限以及有偿服务等特征。本文就此提出建议,即根据古籍文献的特点和读者需求,从基础服务的细节着手,拓展服务广度和深度,使读者获得更便捷、智能化以及人性化的古籍文献服务,进而实现古籍保护和提高读者满意度的双赢目的。

2007

浅议基层图书馆、档案馆的灾害防护工作[J]/吕秀萍.--档案管理,2014,04:86 – 87

本文介绍基层图书馆档案馆灾害危害及原因,提出灾害防护的方法措施及重要保障。

2008

浅议纪昀编辑思想与《四库全书》[J]/马文礼.--科技信息,2011,28:152

《四库全书》的总纂官为纪昀,总揽纂修全局事宜,于"繁简不一,条理纷繁"之中,"撮举大纲","斟酌综核"。经纪昀"笔削考校,一手删定"的编纂,原来行文风格不尽相同、评说有失偏颇的分纂稿"无不灿然可观"。

2009

浅议《脉经直指》版本考订及学术特色[J]/周卫,李文林,余芝,曾莉.--中国中医基础医学杂志,2013,06:621 – 622

脉学理论历经几千年发展至清代已日臻完善。本文首次对明代医家方谷撰写《脉经直指》进行了系统研究,包括《脉经直指》主要

内容及成书背景、学术特色及其版本考订,为现代临床脉诊研究及应用提供理论基础和临床借鉴。

2010

浅议明清中医古籍丛书的整理研究思路 [A]/黄晓华. --中华中医药学会医史文献分会、山东中医药大学中医文献研究所. 中华中医药学会第十五次中医医史文献学术年会论文集[C],2013

对明清中医古籍丛书的整理利用研究,主要是从文献学的角度去探究明清中医古籍丛书的汇编源流、子目原书的刊行情况以及近现代的研究情况,有如下思路:挖掘序跋在中医古籍丛书研究中的价值,重视丛书子目原书单行情况的研究,整合明清中医古籍丛书的近现代整理利用现状。

2011

浅议目前图书馆古籍编目工作的几个问题 [J]/郑晓霞. --晋图学刊,2015,04:63 – 66

古籍作为图书馆藏书中的特殊成员,在编目中遵循独立的流程与原则。随着目前各图书馆古籍收藏类型的丰富、书目形式由纸本向计算机机读的转变,以及整个社会层面古籍保护意识的加强,编目工作也出现了一些与传统原则不相适应的问题,需要在具体工作中加以关注。

2012

浅议图书馆古籍藏书的保护与利用 [A]/肖莉. --北京科学技术情报学会. 北京科学技术情报学会2014年学术年会论文集[C],2015

古籍藏书文献价值极高,由于诸多原因,古籍保护存在不少突出问题。古籍藏书自身的难懂性、珍贵性以及管理方式的落后,造成了它的利用率极为低下。图书馆应多渠道改善条件,改变现状,加强对古籍藏书的管理,加强古籍保护与提高古籍利用效率。

2013

浅议县级公共图书馆古籍保护工作 [J]/魏焕升. --城市建设理论研究(电子版),2014,35:1558

本文探讨县级公共图书馆的古籍保护工作,提升珍贵古籍的保护环境和条件,利用现代科技,加强对基层珍贵古籍的数字化加工,采用数字化技术对本地区珍贵史料进行抢救性修复和保护,充分发挥并展现古籍的艺术价值、学术价值、文化价值以及文物价值。

2014

浅议中医古籍数字化 [J]/陈素美. --中国中医基础医学杂志,2013,09:1094 – 1095

中医古籍数字化不论是基础保护、数字化加工,还是深层次研究和开发利用,都还有大量的工作要做。文章结合中医古籍数字化的现状,阐述中医古籍数字化的必要性,针对存在的问题提出具体的解决措施,并对中医古籍数字化的未来进行了展望。

2015

浅议中医院校古籍的保护与利用 [A]/芮芸. --中华中医药学会. 第八届中医药院校图书馆馆长会论文集[C],2011

本文以上海中医药大学的古籍保护工作为例,浅议中医院校保护和利用古籍的现状,并结合工作中面临的问题,提出对古籍保护与利用的展望。

2016

浅议准新善本的整理与保护 [J]/张桂元. --图书馆学研究,2015,13:65 – 67

本文通过建议延后时间、扩充内容提出准新善本概念并加以说明。对准新善本整理、收集强调要遵循五个价值标准和三个基本方向,对准新善本的保护修复和再生利用强调要纳入古籍保护范围、改善藏书库房环境、适度的开放、深入研究出版。

2017

抢救一个民族的文化记忆——写在《红河彝族文化遗产古籍典藏》出版之际 [J]/宗侣,张平慧. --大家,2011,14:11 – 12

云南哀牢山区和红河流域的彝族聚居区留下卷帙浩繁的彝族文献典籍。这些典籍经过整理,以《红河彝族文化遗产古籍典藏》大型丛书的方式出版,是抢救保护彝族文化遗产的成功探索,为各少数民族文化遗产的抢救保护提供了有益借鉴。

2018

抢救整理《菩日文献》的意义及保护对策刍议[J]/卓嘎.--西藏大学学报(社会科学版),2012,01:66－69

文章从《菩日文献》的价值出发,阐述了保护古籍文献对于继承藏民族珍贵文化遗产、弘扬藏民族优秀传统文化、促进地方经济建设与社会发展的意义。

2019

巧用古籍版本差异赏析诗歌语言[J]/郭跃辉.--语文月刊,2012,02:28－30

所谓的"古籍版本"指的是古籍在传抄、刻印过程中出现舛误或差异从而形成不同的本子。教材依据的版本不同,它所引用的古诗词或者古文也会有相异之处。

2020

《钦定国史忠义传》版本研究[J]/宋书兰.--图书馆工作与研究,2013,08:90－92

本文对烟台图书馆藏珍贵古籍《钦定国史忠义传》进行研究,明确其全帙卷数、版本及传承情况和著录瑕疵等,通过比勘《国史忠义传》《清国史》等书,进一步确定《钦定国史忠义传》的文献价值。

2021

《钦定四库全书总目》(经部)校误[J]/陈果.--古典文献研究,2014,02:254－259

《四库全书总目》是古代目录学的集大成之作,一直被视为读书治学之工具,近代以来,学者们不断对其进行考辨校订,以期至于尽善。

2022

《秦晋豫新出墓志搜佚》初唐墓志整理与研究[D]/邓艳平.--西南大学,2015

《秦晋豫新出墓志搜佚》是由赵君平和赵文成两位先生编纂、于2012年出版的碑志图版集。作者通过对其中初唐墓志的整理与研究,作成本文。

2023

《秦晋豫新出墓志搜佚》(东汉至隋)墓志研究[D]/刘新晖.--西南大学,2015

《秦晋豫新出墓志搜佚》是由赵君平和赵文成两位先生编纂、于2012年出版的碑志图版集。本文着重参考该书中东汉至隋一段墓志,展开研究。

2024

《秦晋豫新出墓志搜佚》晚唐墓志整理与研究[D]/周玲.--西南大学,2015

《秦晋豫新出墓志搜佚》是由赵君平和赵文成两位先生编纂、于2012年出版的碑志图版集。本文以该书中晚唐墓志为凭依,进行学术探讨。

2025

青海民族口碑古籍的挖掘与保护[J]/王喜梅.--群文天地,2015,04:84－86,89

民族古籍的保护是古籍开发与利用的第一步,没有保护,古籍事业无法发展。保护是为了更好地使用和开发,使用和开发则使民族古籍保护更加完善和长久。不同的保护和开发形式也会使古籍再生,保护是手段,开发和使用才是真正的目的。

2026

青海民族口碑古籍开发与非物质文化遗产保护[J]/王喜梅.--求实,2014,S1:298－300

少数民族口碑古籍是各民族无文字历史时期的经验总结成果,是非物质文化遗产的重要组成部分,因此应健全和完善少数民族口碑古籍保护机制,加强民族古籍的开发利用,建设中华民族共有的精神家园。

2027

《青邱高季迪先生诗集》版本辨析——古籍中版印差异现象例举[J]/杨芬.--图书与情报,2012,02:141－145＋1

古代雕版刻书,书版流传经多次刷印,不同印本间往往会出现文字内容上的差异。本文以北京大学图书馆藏《青邱高季迪先生诗集》为例,考订此书的版印渊源,辨析不同版印各自的版本特征,从而阐发古籍版刻之"同版不同印"问题,以期引起学界的重视。

2028

《青山集》与《青山续集》四库提要辨正[J]/罗凌.--三峡大学学报(人文社会科学版),2013,05:53－55＋61

本文试图对《青山集》与《青山续集》两篇提要作具体而微的辨正,以补四库提要撰著之疏失,并从中透视四库馆臣于提要撰写的态度,以及四库提要编写过程中难以回避的监管不力状况。

2029

清朝《黄帝内经》古籍版本研究概况[J]/刘衡,赵博. --湖南中医杂志,2015,03:143 – 145

本位归纳总结清朝《黄帝内经》版本研究概况,厘清《内经》传本的原貌。对清朝《内经》各种版本进行收集和整理,利用电子技术手段建立数据库,有利于还原清朝《内经》古籍版本的原貌。

2030

清朝前中期仕人的生态思想——以《清经世文编》为中心[J]/仲亚东. --北京林业大学学报(社会科学版),2012,03:1 – 7

以《清经世文编》为中心,试图探究清朝前中期仕人的生态思想。

2031

清朝文化政策与《四库全书》的编纂[J]/刘冲. --赤峰学院学报(汉文哲学社会科学版),2012,09:8 – 9

为了稳定统治,满洲贵族对众多汉族和其他少数民族施以强制统治,反映在文化政策上,便是实施欺愚笼络和民族高压政策,并借编纂《四库全书》实现"寓禁于征",查禁销毁大量文献典籍。尽管如此,清朝编纂的《四库全书》仍具有很高的学术价值。

2032

清初古籍《大题汇删观》考述[J]/李俊. --中华文化论坛,2014,09:169 – 172

本文根据《大题汇删观·两孟、中庸》两卷古籍,详细考述了古籍的名称、作者、成书年代、数量、主要内容、版本等问题。此外,对于古籍的创作背景、由古籍名称而引出的"大小题"之辩两个问题展开简要讨论。

2033

清词整理研究的新进境——论《全清词·雍乾卷》[J]/陈昌强. --南京大学学报(哲学人文科学社会科学版),2013,05:148 – 156

《全清词·雍乾卷》是清词整理研究中最新的重要断代成果。该书全景式展示清代雍正、乾隆时期词坛风貌,全面呈现该时期各类词人群体及其创作,以丰富的文献证据纠正学界此前一直存在的一些错误认识,并载录了大量尚未被关注或者被忽视的作品,充分展现了雍乾词坛的丰富内涵。

2034

清代版本学史稿[D]/江曦. --山东大学,2011

清代考据学、藏书、刻书的兴盛,为版本学的发展提供了重要契机和基础,使之成为与目录学、校勘学并立的一门独立的学问。清人通过编写版本目录和善本书志,撰写题跋、札记,摹刻书影等形式记录版本学研究成果。清人以校勘是否精审作为判断版本优劣的第一标准,同时看重版本的文物价值。

2035

清代藏书家钱曾的《读书敏求记》与治学补缀[J]/周志刚. --兰台世界,2014,32:150 – 151

清代钱曾所著的《读书敏求记》是我国古代目录学的经典之作,在古籍版本学上具有很多独创之处,至今在我国目录学史上都具有重要研究价值。本文将会对钱曾的《读书敏求记》及其治学做一详细探讨。

2036

清代藏书巨擘杨以增[J]/刘香菊. --科技情报开发与经济,2014,13:47 – 49

清代藏书巨擘杨以增以其深厚文化素养和多地任官的经历,广搜珍本古籍,修建了四大藏书楼之一的海源阁,对保存和弘扬中国传统文化作出重大贡献。

2037

清代词话补目[J]/江合友. --图书馆理论与实践,2013,01:60 – 62

谭新红《清词话考述》著录清词话总数多达356种,相当完备。本文于清词话书目续有所得,确定存世者24种,仅见著录、存佚未知者16种,凡40种。每一种皆具书名、卷次、著者及其籍贯、存世版本和馆藏(存佚未知者除外)、著录依据等,希望对治词学者有所助益。

2038

《清代档案史料选编》与档案文献的"二次整理"[J]/金良年. --古籍整理出版情况简报(总528期),2015,02:18-21

本文论述了作者对《清代档案史料选编》与档案文献整理项目的设想及整理意义的理解。

2039

清代东北流人方志文献研究[D]/马丽. --东北师范大学,2013

本文在搜集清代东北流人资料和论据考证等方面做出了积极努力,并尝试从历史文献学的角度、文献整理研究的角度、对方志文献的衍生问题继续探究三个方面有所突破与创新。

2040

清代福州私家藏书特点和思想探析[J]/郑惠玲. --山西档案,2015,06:148-150

清代是福州私家藏书的鼎盛时期,藏书家数量多,藏书规模大、质量高。本文从保存、利用和流传古籍文献、地方文献出发,探析了清代福州私家藏书的特点、藏书家藏以致用和重地方文献的藏书思想。

2041

清代各省奏缴请毁书籍汇考——"四库禁书"研究札记之一[J]/宁侠. --阴山学刊,2012,01:21-26+59

从乾隆三十九年(1774)至四十四年(1779),呈缴未出现持续上升趋势,而是一路波折;四十四年是地方缴送请毁书籍的高潮,此后呈书数量持续下降,此结果恰与四库禁书期间乾隆推动和纂修《四库全书》的进程相符。

2042

清代官修纪传体国史史料价值探微[J]/崔军伟. --史学史研究,2012,03:44-48

纪传体国史纂修是清代官修史学的重要组成部分。纪传体清国史是清代人物传记之渊薮、典章制度之总结、民国初年所修《清史稿》的重要史源,并可校补《清史稿》舛误。从整体上看,尊重历史、秉笔直书仍然是清国史纂修的主流。

2043

清代管学文献研究[D]/郝继东. --东北师范大学,2012

《管子》以"经世致用"之实大得清代学者青睐。从文字训诂到义理阐释,从版本校勘到辨伪辑佚,研究成果全面而卓著。从历时角度看,《管子》研究在清朝的不同时期表现出迥异的特点。

2044

清代广东按察使司的《六房须知册》[J]/许起山,罗志欢. --历史档案,2015,03:137-139

暨南大学图书馆所藏古籍《六房须知册》,为清代广东按察使司的内部档案,记录了广东按察使司内部运转情况。此档案对研究地方史事有史料价值,且鲜见报章刊载。

2045

清代杭州爱日轩刻出考——兼补《中国古籍总目》之失[J]/彭喜双,陈东辉. --中国典籍与文化,2015,03:128-135

爱日轩乃清代杭州书坊中最为引人注目者。本文通过调查爱日轩所刊刻之书籍,考察爱日轩的著名写刻工和主人,详细论述前人对爱日轩刻书之评价,并探讨爱日轩与一般书坊之差异。同时,就爱日轩所刻之书籍,对《中国古籍总目》之疏漏略作补正。

2046

清代后期中医药古籍修复的体会与思考[J]/史宝友. --天津中医药大学学报,2011,04:205-206

本文针对清代后期中医药古籍修复过程中发现的问题进行具体分析,并结合修复工作实践,以所修复的中医药古籍为例,根据自身条件,采用切实可行、安全稳妥的修复方法和材料,以恢复其文献价值,实现文献传承。

2047

清代禁书举隅[J]/翟艳芳. --图书馆学刊,2013,09:118-121

清代禁书尤其是在康雍乾三朝,规模之大、所涉禁书种类之多、销毁书籍数量之巨难以尽数。从清末禁书目录的刊刻说起,选取全毁、抽毁的四部古籍探讨被禁书籍的成书背景、内容提要、禁毁原因等。

2048

《〈清代经世文全编〉目录索引》出版说明[**J**]/王永华,翦安.--中国索引,2012,01:46-47

本文为《〈清代经世文全编〉目录索引》的出版说明,分别介绍了四种目录索引的编制方法和编制过程。

2049

《清代经世文全编》浅说[**J**]/王永华.--古籍整理出版情况简报(总499期),2012,09:14-18

本文介绍了由南开大学来新夏教授主持编纂、2010年由北京学苑出版社正式出版的《清代经世文全编》。该书具有文字浩繁、名家荟萃特点,文章内容大多深入浅出、探赜剖微,与时代脉搏相契合,体现了经世致用的文风。

2050

清代连城四堡书坊堂号考究[**A**]/黄青松.--福建省图书馆学会.福建省图书馆学会2012年学术年会论文集[C],2012

本文对连城四堡书坊堂号及现存古书籍中连城四堡"汀郡版"版本进行考究,为中国古籍雕版印刷史和古籍版本研究提供一些参考。

2051

清代宁夏籍湖广提督俞益谟《青铜自考》版本论略——兼论台湾抄本的价值[**J**]/田富军.--图书馆理论与实践,2012,11:93-97+107

清代宁夏籍湖广提督俞益谟别集《青铜自考》传世现有四种版本:北大刻本、中科院刻本、北大抄本和台湾抄本。相比较而言,北大刻本最早,中科院刻本最精,北大抄本最全,可以弥补刻本之不足,台湾抄本以其文物价值高,且后补内容可以参校北大抄本而依然有其可贵之处。

2052

清代乾嘉校勘训诂大家王念孙校勘古籍成就[**J**]/王玲玲.--兰台世界,2014,35:147-148

本文论述了清代乾嘉校勘训诂大家王念孙对古典文献整理的成就、对后人从事校勘工作的影响,以及对我国古典文学发展的重要作用,以期对校勘思想、校勘方法有较为全面的认识。

2053

《清代人物生卒年表》江苏书院人物订补[**J**]/鲁小俊.--江海学刊,2015,01:83

江庆柏先生编著的《清代人物生卒年表》为清人疑年录的集大成之作,嘉惠学林,厥功甚伟。其中也偶有疏忽和遗漏,兹就若干江苏书院人物予以订补。

2054

清代山东地区女诗人著作知见录——《历代妇女著作考》订补[**J**]/高春花.--湖北社会科学,2013,10:126-129

本文以山东地区的闺秀著作为切口,结合所见古籍对清代山东地区女诗人的著作一一梳理,重点交代诗集的著录情况、卷数以及序跋等相关情况。每位女诗人均附有小传,并按年代排序,有助于全面了解清代山东地区女诗人的著作概貌,并对《历代妇女著作考》中的相关著录进行订补。

2055

清代山东刻书史[**D**]/唐桂艳.--山东大学,2011

我国是最早发明印刷术的国家,作为圣人之乡的山东至今没有一部山东刻书史,该学位论文基于这样的原因而撰写。本文仅探讨了清代部分,并兼及明代与民国,希望对弥补这一缺憾尽力。

2056

清代山西医家冯晋台《妇科採珍》文献研究[**D**]/翟春涛.--山西中医学院,2013

《妇科採珍》是冯氏生平所学医术及其临证诊疗经验的结晶。书前有奉直大夫甘肃署宁州事冯裕定叙、文林郎安定县知县陈瑞序及冯晋台自序,其后为目录。正文分为调经篇、胎前篇、临产篇、产后篇、胎产针灸图说、刺杂症十二井穴刺法六部分。

2057

清代四库馆臣的辑佚成就[**J**]/李慧慧.--廊

坊师范学院学报(社会科学版),2011,05:72－76

针对有清一代四库馆臣辑佚之学的缘起、过程、成就与不足进行梳理、分析和总结,探讨主要辑佚大家的辑佚思想、成就、方法等,可以更好地认识清代辑佚这一学术活动发展、繁兴的历程及其对学术研究和文化发展的重要意义。

2058

清代医家王鉴庵生平及著作新识——兼论中医抄本的学术价值[A]/张苇航.--中华中医药学会医史文献分会、庆阳市岐黄文化研究会汇编.中国庆阳2011岐黄文化暨中华中医药学会医史文献分会学术会论文集[C],2011

王鉴庵为清代乾隆年间医家,本文介绍其晚年撰写的稿本《温热病论》六册系列丛书,指出书中提出的"温病四经相因说",具有较完整的理论框架与实践指导意义。

2059

清代在扬州刊刻的三部古籍巨著[J]/魏怡勤.--江苏地方志,2011,05:27－29

扬州的刻书印刷业有着悠久的历史,有据可考的唐、宋以至元、明各朝代均有不同程度的发展。到清代,随着盐商的崛起,经济的繁荣,扬州发展成为全国重要的经济和文化中心城市之一。

2060

清代中文善本古籍中所钤纸厂印记研究[J]/张宝三.--台大中文学报(在台湾地区发表),2012,39:213－215＋217－246

本文以清初至乾隆间之刻本及稿、抄本作为主要研究对象,兼及部分嘉庆、道光间之抄本,拟对此时期古籍中所钤之纸厂印记加以研究。

2061

清代子弟书之源流嬗变考略[J]/昝红宇.--山西煤炭管理干部学院学报,2011,02:81－84

本文追源溯流,概述了八旗子弟们初期创编说唱子弟书的盛况及其后来的发展情形,以期从文献的角度形成对子弟书源流嬗变的系统认识,力求对这种特殊的文化现象做出理性的阐释研究,希望从中寻找一种新理念、新启迪,为我们民族说唱文学的传承与振兴提供参考借鉴。

2062

清宫古籍的特色保护与利用[J]/朱赛虹.--出版广角,2015,04:105－107

文章在简述故宫博物院的清宫古籍藏书分类与古籍保护特点基础上,概括介绍了故宫博物院在古籍保护与利用的三个重要历史阶段,并就这三个历史阶段的重要工作与取得的成就进行探讨,对民众乃至学者研究故宫博物院的清宫古籍有重要意义。

2063

清宫善本装具的金属镶嵌装饰工艺[J]/孙鸥.--故宫文物月刊(在台湾地区发表),2015,386:16－24

(阙如)。

2064

清宫"天禄琳琅"遗书流寓日本考[A]/刘蔷.--故宫博物院故宫学研究所.宫廷典籍与东亚文化交流国际学术研讨会论文集[C],2013

"天禄琳琅"为清代乾嘉时期皇家善本特藏,所收皆一流善本,如今分散于海内外公私藏家。本文就日本所藏部分进行探讨,备述其辗转流传始末,并以叙录形式揭示其版本及研究价值。

2065

清宫遗存孤本医籍考[J]/李士娟.--中国中医基础医学杂志,2012,12:1298－1300＋1308

本文拟对清宫遗存的孤本医籍依不同版本类型及刊刻、缮写内容,分析医籍的流传状况,考证其版本所具有的学术价值及文物收藏价值。

2066

清光绪桃源县志校注[M]/梁颂成注译.--长沙:中南大学出版社,2013

本书属于原创性古籍整理著作,全书约140万字。所依据的整理底本,为"光绪十八年续修本衙(桃源县衙门)藏版"。该志正文分十七卷，十二门六十目，为桃源十一修县志。

2067

清华简《周公之琴舞》集释[D]/孙永凤. --吉林大学,2015

本文依托相关的出土文献及传世文献，利用古文字学、文献学、训诂学等相关学科的方法进行分析、研究，以期在前贤的研究成果之外有所发现。

2068

清康熙内府精写本修复[J]/郭金芳. --艺术市场,2013,19:60 – 61

本文介绍清康熙时期精写本《借根方算法》的修复实践。作者先根据古籍的破损情况制定初步修复计划，然后从绢质书衣、书签的染色、清洗去污和包角修复三方面入手，对其进行了修补。

2069

清末民初中国外流古籍回归概述[J]/冯方. --古籍整理研究学刊,2012,06:30 – 33

本文简要叙述了有识之士热爱祖国传统文化，为保护祖先们留下的文化遗产做出巨大贡献，使外流古籍得以回归中土，为学者们研究提供尽可能完备的资料，同时也激励炎黄子孙在此基础上做出各自的贡献。

2070

清末儒医林珮琴生平著作考[J]/李君. --中医文献杂志,2011,05:26 – 28

林珮琴乃清末江苏丹阳儒医，本文据实地调研及文献考证，从其出身家境、从医经历、撰书济世、著作流传的过程，及其墓碑和后人等方面，对林氏生平进行了挖掘、梳理和补充，希望有益于医家济世精神的弘扬和对其学术思想、特色的深入研究。

2071

清末中美文化交流的见证,故宫博物院藏珍贵英文古籍[A]/袁理. --故宫博物院故宫学研究所. 宫廷典籍与东亚文化交流国际学术研讨会论文集[C],2013

清光绪年间，中国与欧美各国的文化交流日益频繁，美国经由外交部或者光绪末年成立的"中美换书处"呈递给中国政府的出版物非常多, *The Bishop collection*: *Investigations and studies in Jade* 便是其中之一。本文介绍了该书的编纂缘起、价值、藏存情况，从清末中美书籍交换事探析该书的来源。

2072

清内府抄本医书举要[J]/王大忠. --亚太传统医药,2013,05:70 – 71

故宫博物院图书馆所藏古代医药图书，大多上承清内府藏本精华，内容涵盖病理诊治、本草药典、医方秘方等，藏品堪称丰富齐备。本文仅就馆藏流传极少的几种清代内府抄本医书略做表述，以期对宫廷医学及中医古籍的开发与研究有所裨益。

2073

《清平山堂话本校注》出版[J]/何可. --古籍整理出版情况简报(总 502 期),2012,12:19 – 23

本文对中华书局 2012 年出版的《清平山堂话本校注》五大特点进行了说明与分析：一、校勘精审；二、注释恰当，征引富赡；三、研究精深；四、收录资料全面精到；五、行文精炼、言简意赅。

2074

清其他藏书楼寻常巷陌有遗卷[J]/阿娇. --中华民居(上旬),2014,04:53 – 58

文章介绍了五家私人藏书楼的建筑、藏书和历史遭遇，分别是五桂楼、富厚堂、过云楼、书隐楼、宜稼堂。

2075

《清人别集总目》订补[J]/姚金笛. --西南交通大学学报(社会科学版),2013,05:53 – 57

《清人别集总目》是一部全面著录现存清代诗文别集的大型工具书，为研究者提供了较准确、可靠的文献资源信息和检索途径。但该书也存在人物传记有误、书名著录错误、作者姓名错讹、总集误为别集、版本信息错误等著录失当纰缪之处，须加以辨订和修正。

2076

《清人别集总目》校订[J]/李淑燕. --图书

馆工作与研究,2013,01:87 - 89 + 128

《清人别集总目》著录清人别集约四万部,内容丰富,校订精良,具有极高的学术价值。书中详列版本和馆藏,并附作者生平,是研究清人别集不可或缺的优秀目录学之作。然而,由于涉及甚广,在编写过程中也偶有疏漏之处。

2077

清人蒋鹿潭词祛伪与辑佚[J]/刘勇刚. --词学,2011,02:330 - 332

作者经过一番考证,确认《沁园春·赋二字》《沁园春·赋三字》不是清词人蒋鹿潭的作品,另外《菩萨蛮·秋夜舟次》为蒋鹿潭的佚词。

2078

清人整理古籍的特色及对高校图书馆图书整理工作的启示[J]/张秀峰. --甘肃广播电视大学学报,2011,02:78 - 80

本文指出从清儒整理古籍的学术实践中,其治学的精神、态度和方法渗透其中,在目前高校图书馆整理图书工作中,我们应该认真清理清儒整理古籍的经验和精华,以期古为今用。

2079

清人注释《诗经·秦风》之研究[D]/彭昼. --青海师范大学,2011

本文将《续修四库全书》中收录的清人《诗经》著述中注释《秦风》部分作为研究对象,通过系统梳理清人有关《诗经·秦风》所著义理和考据内容的注释,分析了《诗经》义理之学在《四库全书》成书之后至清末期间的研究状况和阶段性成果。

2080

清圣祖"康熙三十三年六月上谕"异文现象初探[J]/胡玉冰. --古籍整理研究学刊,2013,03:9 - 12

《中国少数民族古籍总目提要·回族卷·铭刻》著录的康熙上谕版本有3种,加上清代马注《清真指南》及当代学者著作中提供的资料,笔者所见康熙三十三年(1694)上谕的版本至少有6种。各本间存在诸多异文现象,部分异文歧义较大。对此类异文现象的研究,有助于对文献内容的正确理解。

2081

《清史稿·艺文志》及《补编》、《拾遗》之子部小说著录研究[D]/郑诗傧. --华中师范大学,2014

本论文主要研究《清史稿·艺文志》及《清史稿·艺文志补编》《清史稿·艺文志拾遗》著录之子部文言小说,属于小说目录学研究范畴,旨在从"三志",即上述三部史志目录著录子部小说的研究来探讨清代文言小说的问题。

2082

《清史列传·儒林传》续考[J]/陈鸿森. --中国典籍与文化,2012,01:73 - 85

《清史列传·儒林传》四卷,各传精粗不一,其中不无记事、年月等错误。然而,该书许多人物传记在《清史稿·儒林传》中未见收录,记事也较《清史稿》更为详细,所以,有关学者考论清代学术人物,仍多参考本书。本文为作者《〈清史列传·儒林传〉考证》一文的续篇。

2083

清武英殿活字印聚珍版书及其影响[A]/徐忆农. --故宫博物院编. 第一届清宫典籍国际研讨会论文集[C],北京:故宫出版社,2013

本文对清代武英殿聚珍版书诞生始末及其流通传世情况进行简略回顾,着重梳理聚珍版书与活字印刷术之间的关系,认为聚珍版书虽然展现出中国历代活字印刷术多彩风貌,并带动民间活字印刷术的运用与推广,但也预示了传统活字印刷术由盛转衰的必然趋势。

2084

清修《四库全书》陕西巡抚采进本研究[J]/史志龙. --河南图书馆学刊,2012,04:137 - 140

乾隆纂修《四库全书》期间,在全国范围内征集图书典籍。陕西先后两次呈进书籍102 种,其中被《四库全书》著录8 种,存目70 种。陕西巡抚采进本具有鲜明的地域性特点,展示了陕西的地方文化成就。

2085

(清)张英辑《渊鉴类函》[J]/王金寿.--兰州文理学院学报(社会科学版),2015,06:2＋135

本文是对清张英辑《渊鉴类函》进行的系统解题介绍,通篇论及其成书过程、体例和版本价值。

2086

取精用宏 所成必美——《鲍廷博藏书与刻书研究》读后[J]/姜胜.--淮北师范大学学报(哲学社会科学版),2013,01:195－196

周生杰博士近年来从事古籍整理事业,勤勤恳恳,笔耕不辍,发表、出版了多篇(部)论文和著作。他勇于前途之开拓,近年来,又把重心放在安徽文献的整理和研究上,精进不息,并取得可观的成绩。

2087

《全北魏东魏西魏文补遗》出版[J]/李郁.--古籍整理出版情况简报(总486期),2011,08:27－30

本文对三秦出版社《全北魏东魏西魏文补遗》(2010年版)之文献历史、内容特点、出版意义进行了评述分析。

2088

全编辑——古籍编辑理念新探讨[J]/黄俊棚.--编辑之友,2013,07:72－74

本文指出古籍全编辑理念的思维要点:编辑战略的灵活性、创造性的读者和社会导向思维、古籍出版资源的开发与占有及竞争编辑思维,同时提出,建立全编辑理念的古籍编辑机构,只有关注读者,才能更好辨别新的机会和建立具有长远意义的出版战略方案。

2089

全国古籍普查登记工作实践与思考[J]/洪琰,王沛.--国家图书馆学刊,2014,05:12－17

本文指出全国古籍普查登记工作在开展过程中,国家古籍保护中心调整著录项目,转变工作机制,与文物普查互相借力,各地涌现出因地制宜的创新实践。全国古籍登记平台相较其他数据库功能有所创新,著录项目完备,强调书影上传,支持多种途径创建数据。

2090

全国古籍普查登记目录·重庆市三十三家收藏单位古籍普查登记目录[M]/本书编委会.--北京:国家图书馆出版社,2014

重庆市于2007年开始在全市范围内组织开展古籍普查工作,本书就是以古籍普查的成果为基础出版的,呈现给大家的是重庆市36家古籍收藏单位中的33家单位的10196条古籍数据,主要涉及部分高校和公共图书馆,其中重庆图书馆、重庆市北碚区图书馆、西南大学图书馆的古籍需要另行出版,没有在该书中体现。该书基本上理清了上述单位古籍的藏量与种类,时限是按1911年前来划分的,内容包括经、史、子、集、类丛五部,时间从唐至清晚期,版本形式包括抄、刻、写、套印、活字、石印本等,其中不乏一些需要重点保护与重视的善本古籍。

2091

全国古籍普查登记目录·福建省图书馆古籍普查登记目录[M]/福建省图书馆编.--北京:国家图书馆出版社,2015

本书系福建省图书馆的古籍普查登记目录,共收录15546条馆藏古籍数据,凡宣统三年(1911)以前的写本、刻本、活字本、抄本、稿本,皆在收录之列。著录项目有普查编号、索书号、题名卷数、著者、版本、册数、存卷等内容。本目录后附书名笔画索引,方便读者使用。

2092

全国古籍普查登记目录·国家图书馆古籍普查登记目录[M]/国家图书馆编.--北京:国家图书馆出版社,2015

本书系国家图书馆的古籍普查登记目录,收录馆藏民国以前的古籍13万余种,刻本、活字本、抄本、稿本等皆在收录之列。著录项目包括普查编号、索书号、题名卷数、著者、版本、册数、存卷等内容,并编制书名笔画索引,以便检索。

2093

全国古籍普查登记目录·河南大学图书馆古籍普查登记目录[M]/河南大学图书馆

编. --北京:国家图书馆出版社,2014

本书系河南大学图书馆的古籍普查登记目录,收录馆藏古籍6400余种,凡宣统三年以前的写本、刻本、活字本、抄本、稿本,皆在收录之列。著录项目有普查编号、索书号、题名卷数、著者、版本、册数、存卷等内容。本目录后附书名笔画索引,方便读者使用。

2094

全国古籍普查登记目录·黑龙江省图书馆古籍普查登记目录[M]/黑龙江省图书馆编. --北京:国家图书馆出版社,2014

本书系黑龙江省图书馆的古籍普查登记目录,收录馆藏古籍5300余种,凡宣统三年以前的写本、刻本、活字本、抄本、稿本,皆在收录之列。著录项目有普查编号、索书号、题名卷数、著者、版本、册数、存卷等内容。本目录后附书名笔画索引,方便读者使用。

2095

全国古籍普查登记目录·湖南省社会科学院图书馆古籍普查登记目录[M]/湖南省社会科学院图书馆编. --北京:国家图书馆出版社,2014

本书共收录湖南省社会科学院图书馆馆藏1911年以前的古籍数据5521条,按照馆藏古籍经史子集丛的分类及其索书号的自然次序(由小到大)进行编制和编排,遵照《全国古籍普查登记手册》要求,登记每部古籍的基本项目,有索书号、题名卷数、著者(含著作方式)、版本、册数、存缺卷数等。

2096

全国古籍普查登记目录·湖南图书馆古籍普查登记目录[M]/湖南图书馆编. --北京:国家图书馆出版社,2014

本书是湖南图书馆所藏古籍的普查登记目录,也是湖南图书馆对馆藏古籍进行编目整理的成果展示。收录条目35000余条,著录款目包括书名、卷数、作者、版本、册数、存卷、普查号、索书号等,全面、准确地展示馆藏古籍信息,对读者了解、使用馆藏古籍大有裨益。

2097

全国古籍普查登记目录·江苏省常州市图书馆古籍普查登记目录[M]/江苏省常州市图书馆. --北京:国家图书馆出版社,2015

本书系常州市图书馆的古籍普查登记目录,收录馆藏古籍5500余种,凡宣统三年以前的写本、刻本、活字本、抄本、稿本,皆在收录之列。著录项目有普查编号、索书号、题名卷数、著者、版本、册数、存卷等内容。本目录后附书名笔画索引,方便读者使用。

2098

全国古籍普查登记目录·江苏省金陵图书馆等六家收藏单位古籍普查登记目录[M]/江苏省金陵图书馆编. --北京:国家图书馆出版社,2015

本书系江苏省金陵图书馆等六家收藏单位的古籍普查登记目录,收录馆藏古籍6000余种,凡宣统三年以前的写本、刻本、活字本、抄本、稿本,皆在收录之列。著录项目有普查编号、索书号、题名卷数、著者、版本、册数、存卷等内容。本目录后附书名笔画索引,方便读者使用。

2099

全国古籍普查登记目录·江苏省徐州市图书馆古籍普查登记目录[M]/江苏省徐州市图书馆编. --北京:国家图书馆出版社,2014

本书系徐州市图书馆的古籍普查登记目录,收录馆藏古籍近5000种,凡宣统三年以前的写本、刻本、活字本、抄本、稿本,皆在收录之列。著录项目有普查编号、索书号、题名卷数、著者、版本、册数、存卷等内容。本目录后附书名笔画索引,方便读者使用。

2100

全国古籍普查登记目录·南开大学图书馆古籍普查登记目录[M]/南开大学图书馆编. --北京:国家图书馆出版社,2014

本书是南开大学图书馆的古籍普查登记目录,收录馆藏1911年以前的印本、刻本、活字本、抄本、稿本等古籍一万余种。著录款目有普查登记编号、索书号、古籍分类、题名卷数、著者、版本、册数、存卷等内容。本目录后附书名笔画索引,方便读者使用。

2101

全国古籍普查登记目录·内蒙古自治区图书馆古籍普查登记目录[M]/内蒙古自治区图书馆编. --北京:国家图书馆出版社,2015

本书系内蒙古图书馆的古籍普查登记目录,收录馆藏古籍5300余种,凡宣统三年以前的写本、刻本、活字本、抄本、稿本,皆在收录之列。著录项目有普查编号、索书号、题名卷数、著者、版本、册数、存卷等内容。本目录后附书名笔画索引,方便读者使用。

2102

全国古籍普查登记目录·青海省图书馆古籍普查登记目录[M]/青海省图书馆编. --北京:国家图书馆出版社,2014

本书系青海省图书馆的古籍普查登记目录,收录馆藏1911年以前的印本、刻本、活字本、抄本、稿本等古籍5000余种。

2103

全国古籍普查登记目录·山东省烟台图书馆等十六家收藏单位古籍普查登记目录[M]/山东省烟台图书馆编. --北京:国家图书馆出版社,2015

此书汇集了烟台市16家古籍收藏单位的7147条古籍数据。其中,烟台图书馆3603条,慕湘藏书馆1797条、莱阳市图书馆670条、栖霞市图书馆350条、蓬莱市图书馆209条、海阳市图书馆145条、莱州市图书馆107条、鲁东大学图书馆108条、龙口市图书馆57条、烟台市博物馆45条、牟平区博物馆17条、烟台职业学院图书馆12条、招远市图书馆11条、福山区图书馆7条、海阳市博物馆5条、牟平区图书馆4条。

2104

全国古籍普查登记目录·陕西省图书馆古籍普查登记目录[M]/陕西省图书馆编. --北京:国家图书馆出版社,2014

本书系陕西省图书馆的古籍普查登记目录,收录馆藏古籍20529条,1911年以前的写本、刻本、活字本、抄本、稿本,皆在收录之列。著录项目有普查编号、索书号、题名卷数、著者、版本、册数、存卷、行款等内容。本目录后附书名笔画索引,方便读者使用。

2105

全国古籍普查登记目录·首都图书馆古籍普查登记目录[M]/首都图书馆编. --北京:国家图书馆出版社,2014

本书系首都图书馆的古籍普查登记目录,收录馆藏古籍5300余种,凡宣统三年以前的写本、刻本、活字本、抄本、稿本,皆在收录之列。著录项目有普查编号、索书号、题名卷数、著者、版本、册数、存卷等内容。本目录后附书名笔画索引,方便读者使用。

2106

全国古籍普查登记目录·天津市十九家收藏单位古籍普查登记目录[M]/本书编委会编. --北京:国家图书馆出版社,2015

本书汇集天津地区19馆普查目录共17374条,天津市南开区图书馆218条,天津市和平区图书馆242条,天津市河东区图书馆310条,天津市红桥区图书馆25条,天津市武清区图书馆248条,天津市塘沽区图书馆1006条,天津师范大学图书馆5807条,天津市委党校图书馆415条,天津市医学科学技术信息研究所图书馆380条,天津医学高等专科学校图书馆947条,天津中医药大学图书馆1870条,天津大学图书馆20条,天津市社会科学院图书馆2538条,天津博物馆2773条,天津中医药大学第一附属医院图书馆469条,元明清天妃宫遗址博物馆58条,天津市千牛山庄48条,蠹斋12条,宝林斋59条。

2107

全国古籍普查登记目录·天津图书馆古籍普查登记目录[M]/天津图书馆编. --北京:国家图书馆出版社,2014

本书系天津图书馆的古籍普查登记目录,成书全三册,收录馆藏1911年以前具有中国古典装帧形式的古籍,约31822种,310000余册,规模庞大。著录项目包括普查号、题名卷数、作者、版本、存卷、册数、行款诸项。书后附有书名笔画索引,便于读者使用。

2108

全国古籍普查登记目录·中国中医科学院图书馆古籍普查登记目录［M］/刘培生,李鸿涛编. --北京:国家图书馆出版社,2014

本书系中国中医科学院图书馆的古籍普查登记目录,收录馆藏 1911 年以前的印本、刻本、活字本、抄本、稿本等古籍 6000 余种。著录款目有普查登记编号、索书号、古籍分类、题名卷数、著者、版本、册数、存卷等内容。本目录后附书名笔画索引,方便读者使用。

2109

全国古籍普查平台丛书著录经验谈——以海南师范大学图书馆为例［J］/李敏. --高校图书馆工作,2013,06:50 – 52

本文从丛书的分类、丛书题名的著录、丛书子目题名的著录、丛书版本的确定与著录、丛书装帧方面的问题及著录、丛书零种的鉴别及著录举例论述了在全国古籍普查平台中进行丛书著录的几点经验。

2110

"全国古籍普查平台"古籍定级浅谈［J］/甘沛. --河南图书馆学刊,2015,08:74 – 76

本文通过《古籍定级标准》与全国古籍普查平台中古籍定级标准的比较,指出古籍定级的原则及定级时如何把握,分析丛书及零种的定级,提出全国古籍普查平台中古籍定级遇到的问题及建议。

2111

全国古籍普查平台使用中的若干问题［J］/王俊红. --河南图书馆学刊,2011,06:29 – 31

笔者通过使用,论述了全国古籍普查平台的各项登记、分类、定级、上传书影、完成著录、提交数据等操作实践方法。

2112

全国古籍普查与保护工作——太原市图书馆古籍综述［J］/张丽. --农业图书情报学刊,2011,07:156 – 158

本文介绍太原市图书馆古籍普查的情况,并结合太原市图书馆古籍文献的现状提出建议与补救措施。

2113

全国图书馆缩微文献复制中心大事记［J］/全国图书馆缩微文献复制中心. --数字与缩微影像,2014,04:11 – 14

全国图书馆文献缩微复制中心于 1985 年成立。其主要工作职责是制定全国公共图书馆文献缩微规划,组织并协调全国公共图书馆开展对馆藏古旧文献和其他需要长期保存文献的抢救工作。本文记叙了从 1981 年 4 月至 2014 年 11 月 30 余年间,围绕中心发生的一系列值得纪念的大事。

2114

《全辽金文》校点补正［J］/周阿根. --江海学刊,2013,06:120

《全辽金文》(全三册)由山西大学阎凤梧教授等编。该书汇集所见辽金两代之文献,对辽、金文学乃至中国古代文学的整体研究,特别是对学科基础薄弱的少数民族古代文学的研究有着重要意义。该书最突出的特点是"广搜博取,资料完备",于辽金历史文化研究功莫大焉。

2115

全媒体时代图书馆缩微工作的处境和发展对策——以湖南图书馆为例［J］/彭日红,徐志. --数字与缩微影像,2014,02:28 – 30

全媒体时代背景下,图书馆的缩微事业迎来一个转型的机遇。图书馆要正视缩微工作面临的挑战,努力提高缩微资源的保障率和利用率,充分发掘缩微技术优势,广泛参与文献资源开发的市场化进程,促进图书馆缩微工作和服务的转型。

2116

《全宋诗》补遗 36 则［J］/徐波. --古籍整理研究学刊,2014,03:44 – 47

笔者在方志、类书等古籍中拾得北宋种放、真宗、仁宗、祖无择、石延年、孙复等 21 位作者 32 首佚诗和 4 则佚句。这些诗歌也不见于其他辑补《全宋诗》的文章中,因此对于补《全宋诗》之阙具有一定的意义。

2117

全唐诗文整理与古籍人才培养［N］/陈尚

君.--文汇报,2013 - 11 - 11011

本文专论清编全唐诗文的成就与缺失今人研究唐代诗文,主要还是利用清编《全唐诗》和《全唐文》。

2118

《全唐文补遗》(第六辑)校补[J]/白艳章.--河北北方学院学报(社会科学版),2015,03

《全唐文补遗》汇聚了近年来新发现的唐代墓志、石幢等碑刻文献资料,为研究唐五代语言、文字、历史文化等提供了宝贵的史料。笔者研读了《全唐文补遗》(第六辑),发现其文字释读方面偶有疏误,影响其实用价值,故对释文进行校补。

2119

《全唐文补遗》(第八辑)文字校勘商兑[J]/邓艳平,罗顺.--重庆第二师范学院学报,2014,04:48 - 50

笔者研读了《全唐文补遗》(第八辑),并就其文字校勘提出商榷意见,以期对于石刻文献等古籍的整理与研究有所裨益。

2120

《全幼心鉴》的版本考证与学术思想[A]/王尊旺,蔡鸿新.--中华医学会医史学分会编.中华医学会医史学分会第十四届一次学术年会论文集[C],2014

本文对《全幼心鉴》版本进行了考证、比较与分析,并总结出了《全幼心鉴》体现出寇平重视医德培养、强调护养重于调治、强调脾胃调和、强调辨证施治的学术思想。

2121

《全元诗》张雨诗集整理评议[J]/彭万隆.--江淮论坛,2014,05:155 - 160

本文以《全元诗》本张雨诗集为中心,从广备众本、比勘同异、底本选择、具体的校勘实践等方面分析评议,探讨总结《全元诗》在整理过程中出现的经验与不足,为日后改进提出可行性建议。

2122

《全元文》补遗四篇[J]/谭平.--重庆科技学院学报(社会科学版),2013,05:102 - 104

《全元文》是近年来文献整理与研究的一项重大成果,但由于典籍浩瀚,不能无所疏漏。笔者在石刻史料中发现其遗漏的几篇散文,胪列于下,冀请方家指教。

2123

《全元文》补遗四篇[J]/赵鹏翔.--语文知识,2013,02:92 - 94

《全元文》是古籍整理的一项重要成果,但因工程浩大,难免有所疏漏。笔者在翻检地方文献之时,得《全元文》失收文四篇,其中墓志两篇,碑文两篇。

2124

《全元文》失收墓志七篇补遗[J]/崔瑞萍.--古籍整理研究学刊,2011,01:42 - 44

《全元文》是近年来古籍整理的一项辉煌成果,但因工程浩大,难免有所疏漏。本文从《山左冢墓遗文》《古志石华》《台州金石录》《句容金石记》《越中金石记》《吴中冢墓遗文》中辑得其失收墓志7篇。

2125

《全元文》赵孟頫卷补校百例[J]/左鹏.--古籍整理研究学刊,2011,03:51 - 56

本文对《全元文》赵孟頫卷进行补校,择取讹脱衍倒、标点失当等问题一百例以呈大方。文中多有利用现存赵孟頫书画校正之处,并提出古籍整理要重视传世书画的利用等建议。

2126

《群芳谱》与《本草纲目》渊源初探[J]/付美洪,胡晓峰.--中医文献杂志,2014,02:36 - 38

《群芳谱》是中国明代介绍栽培植物的一部内容丰富的谱录,其中蕴含大量医药学内容。本文通过其与《本草纲目》的对比研究,证实其医药内容主要来源于《本草纲目》,间有少量其他医书内容或作者发明。

2127

群书校补[M]/萧旭著.--扬州:广陵书社,2011

本书内容包括马王堆帛书四种《经法》校补、银雀山汉简《孙膑兵法》校补、《说苑》校补、《后汉纪》校补、《世说新语》校补等。

2128

《群书治要》保存的散佚诸子文献研究

[**D**]/杨春燕. --天津师范大学,2015

本文从保存在《群书治要》这部书中节录的 14 部散佚诸子文献部分入手,对典籍进行文献研究以及分析散佚诸子文献对平安时期日本汉学家的影响。

R

2129

让法治建设推动少数民族古籍保护与传承
[N]/郭俊,吴正彪.--贵州民族报,2014 –
12 – 08A03

当前,我国正实施文化强国战略,提出
"建设优秀传统文化传承体系,弘扬中华优秀
传统文化"。而少数民族古籍作为中华传统
文化的重要载体,对其进行抢救、保护、搜集、
翻译、整理、出版和研究是我国实现文化国强
的一项重要工作。

2130

让远古记忆鲜活重现[N]/刘翠翠,刘长远,
董云平.--黑龙江日报,2013 – 04 – 26012

一本本古籍记载着一段段久远的历史,
承载着厚重的文明记忆,他们如同睿智的老
者为后人们揭示了人生百态。但是,时光流
逝,很多古籍已经"伤痕累累"。本文探讨如
何治愈、抚平这些"伤痕",让破损的古籍重放
光彩。

2131

人才培养和队伍建设是少数民族古籍事业
的长期任务[J]/冯秋菊.--广西民族研究,
2013,02:114 – 119

新时期少数民族古籍事业向纵深发展,
依然需要更多专业人才。通过多种渠道和方
式,加强人才培养和队伍建设,是少数民族古
籍事业的长期任务。

2132

人民史观一脉传——从老庄诸子和《四库
全书》说起[J]/孙中原.--商丘师范学院学
报,2013,02:1 – 5

老庄诸子思想中具有比较丰富的民本人
本意识和人民史观的意涵,是总结历史和现
实经验的理论借鉴。现代的人本理念是传统
民本人本思潮的继承、蜕变、转型和超越,具

有更加广泛合理的普世价值。

2133

仁化县图书馆古籍的现状与保护[J]/饶惠
莲.--科技传播,2014,13:17 – 18

本文首先对仁化县图书馆现状和发展意
义进行阐述,提出保护古籍的重要意义,之后
重点介绍了仁化县图书馆古籍的现状和保护
中存在的问题,最后提出三点保护古籍的建
议,希望能够为仁化县图书馆古籍保护工作
提供帮助。

2134

《仁术便览》作者考[J]/崔利锐,郭瑞华,王全
利.--世界中西医结合杂志,2013,06:547 – 548

《仁术便览》是明代的一部综合性方书。
该书以小而全、简而要为特点,然而关于其作
者却始终存在争议。作者通过考查文献出处
及版本,分析该书作者归属。

2135

《仁斋直指方论》版本初探[J]/程新.--图
书馆学刊,2015,05:114 – 117

《仁斋直指方论》是南宋福建名医杨士瀛
的代表作,经明代朱崇正增补后名为《仁斋直
指附遗方论》,是我国现存较早的方论紧密结
合的医著之一。本文根据有关文献记载和所
见实物,对其存世版本按国别及形成方式进
行了初步梳理。

2136

任重道远 砥砺前行——湖南少数民族古籍
保护的困境及发展方向[J]/梁先学.--民族论
坛,2012,06:31 – 32

介绍湖南省近年来开展少数民族古籍文
献保护的情况:抢救、搜集各民族古籍资料
300 余种,计 8000 余万字;整理、出版各民族
珍贵古籍 200 余部,计 5000 余万字;对现存各
民族古籍体制、内容、流传及存藏状况进行清

理登录;完成《中国少数民族古籍总目提要》湖南土家族、苗族、侗族、白族、回族等分卷的编纂出版。提出湖南少数民族古籍保护还存在的困境和发展方向。

2137

日本藏广西旧方志考[J]/蓝凌云.--广西地方志,2013,04:40-43

本文统计了92所日本主要中文古籍收藏机构所藏广西方志,在对其时代、地域、收藏地点进行系统地比较分析后,考察日本所藏广西方志及其流传情况,可为广西方志研究提供重要的线索和史料,亦可为广西方志的版本考订与校正提供丰富的资料,具有重要的意义和价值。

2138

《日本藏西夏文文献》出版[J]/朱立峰.--古籍整理出版情况简报(总484期),2011,06:19-22

中华书局2010年版的《日本藏西夏文文献》是继英、法、俄、中等国西夏文文献全面面世后的又一个重要成果。本文对该书内容、资料历史、成书过程、版本特点和出版意义进行了简要评述。

2139

《日本典籍清人序跋集》出版[J]/马培洁.--古籍整理出版情况简报(总483期),2011,05:25-29

《日本典籍清人序跋集》是域外汉籍研究领域涌现的最新成果之一,本文作者对该书2010年上海辞书出版社版本的三大特点进行了总结与分析。

2140

日本各地收藏中医古籍的图书馆[A]/梁永宣.--中华中医药学会.全国中医药图书信息学术会议暨第十届中医药院校图书馆馆长会议论文集[C],2013

1995年至2008年期间,笔者多次赴日本从事医学史和文献研究,从中前往多家日本公立、私立图书馆和文库等藏书机构,对中医古籍在日本的收藏状况,有了较为清晰的了解。本文仅就日本各地收藏中医古籍的图书馆的重要之处作简单介绍。

2141

日本各地收藏中医古籍的图书馆(一)——宫内廷书陵部[J]/梁永宣.--世界中西医结合杂志,2013,01:92-93

宫内廷书陵部主要管理日本皇室所藏图书以及与皇陵相关的事务,其收藏的珍贵书籍中包括不少中国古医籍。本文介绍了宫内廷书陵部收藏中医古籍的情况。

2142

日本各地收藏中医古籍的图书馆(二)——国立公文书馆内阁文库[J]/梁永宣.--世界中西医结合杂志,2013,03:313-314

日本国立公文书馆内阁文库是日本国家级档案馆,本文介绍了该馆收藏中医古籍情况。

2143

日本各地收藏中医古籍的图书馆(三)——静嘉堂文库[J]/梁永宣.--世界中西医结合杂志,2013,05:519-520

静嘉堂文库属于三菱财团,由图书馆和美术馆两部分组成。文库与中国清末藏书家陆心源有直接关系,其中内容最丰富的是宋元古本文库。本文介绍了该馆收藏中医古籍情况。

2144

日本各地收藏中医古籍的图书馆(四)——杏雨书屋[J]/梁永宣.--世界中西医结合杂志,2013,07:742-743

日本杏雨书屋以本草医学为中心,管理方式比较温馨,藏书极其珍贵,包括敦煌遗书700余件。书屋对自身收藏书籍的知识版权管理严格,还会支持学术活动。本文介绍了该馆收藏中医古籍情况。

2145

日本各地收藏中医古籍的图书馆(五)——京都大学[J]/梁永宣.--世界中西医结合杂志,2013,11:1173-1174

京都大学的图书馆古籍电子化服务在日本遥遥领先。本文介绍了该馆收藏中医古籍情况。

2146

日本各地收藏中医古籍的图书馆（六）——东京大学[J]/梁永宣.--世界中西医结合杂志,2013,12:1278-1279

东京大学图书馆包括总馆及60余个系所分馆,拥有庞大的电子数据库,其东亚文化研究机构非常著名,提供医学典籍的收藏和阅览。本文介绍了该馆收藏中医古籍情况。

2147

日本各地收藏中医古籍的图书馆（七）——早稻田大学[J]/梁永宣.--世界中西医结合杂志,2014,02:196-197

早稻田大学图书馆的最大特色是"古典籍综合数据库",该数据库全部公开。1991年该馆编纂出版了《早稻田大学图书馆所藏汉籍分类目录》,可从多角度检索汉医籍。本文介绍了该馆收藏中医古籍情况。

2148

日本各地收藏中医古籍的图书馆（八）——蓬左文库[J]/梁永宣.--世界中西医结合杂志,2014,04:441-442+445

蓬左文库是名古屋的一家图书馆,其名字富有中国文化特色。文库以藏书丰富而著称,主要以尾张德川家的旧藏书为核心,其中7种书籍被命名为"日本国宝"。本文介绍了该馆收藏中医古籍情况。

2149

日本《古典籍、古文书、西洋珍本等的数字化指导方针》标准解读[J]/建欣茹,张文亮.--图书馆学研究,2015,24:14-20

日本国立国会图书馆对古籍数字化相当重视。随着大量古籍被数字化并在网上公开,相应的数字化处理流程标准也应运而生。其中《古典籍、古文书、西洋珍本等的数字化指导方针V1.0.1.0》颇具代表性。本文从其制作背景及意义、内容等解读的基础上进行评价,探讨其对我国古籍数字化工作中的启示。

2150

日本汉籍数字化的整合——以"全国汉籍——日本所藏中文古籍数据库"为例[J]/董强,张敏.--科技与出版,2011,09:73-76

本文以"全国汉籍——日本所藏中文古籍数据库"为例,介绍了日本汉籍整理、编目以及数字化工作,使日本国内较为分散的汉籍数据库整合为有机的统一体,对汉籍数字化研发与技术革新具有重要的实践意义。

2151

日本静嘉堂所藏毛钞本[J]/苏晓君.--中国典籍与文化,2015,04:92-98

日本静嘉堂文库藏有毛抄本29种43册,种数占如今已知毛抄本十分之一强,均为珍稀孤本,陆心源《皕宋楼藏书志》曾著录其中28种。本文据日本所藏中文古籍数据库中静嘉堂文库所藏著录,引用前人旧书目记录,着重于版本特征做简要介绍与补充。

2152

"日本《论语》古钞本综合研究"丛书出版[J]/刘玉才.--古籍整理出版情况简报(总531期),2015,05:18-25

本文介绍了"日本《论语》古钞本综合研究"丛书出版的前因后果,说明出版目的在于反映日本传抄汉籍文献学研究进展,为《论语》研究提供珍贵资料,促进相关研究领域的发展。

2153

日本内阁文库藏《清平山堂话本》俗字研究[D]/王莉.--上海师范大学,2011

本文在对《清平山堂话本》中出现俗字进行整理分析的基础上,力图厘清这些俗字字形演变的过程,同时在整理这些俗字的过程中也为读者提供了一些辨识古籍文献中俗字的方法;此外通过探讨《清平山堂话本》三家校勘本存在异议的俗字,对一些俗字提出了自己的不成熟的想法。

2154

日本收藏的我国古籍数字化开放获取文献资源研究[J]/彭聪.--办公室业务,2014,19:262-263

从我国古籍流失海外及国外收藏状况,及日本国会图书馆、双红堂文库全文影像资料库、汉籍善本影像数据库和早稻田大学图书馆等机构收藏的我国古籍文献资源方面,对日本收藏的我国古籍数字化开放获取文献资源进行了研究。

2155

日本四大乐书引汉籍研究[D]/陈鹏. --四川师范大学,2014

《教训抄》(1233)、《续教训抄》(1322以前)、《体源钞》(1512)、《乐家录》(1690)是日本历史上最重要的四种乐书,其资料来源十分丰富。本文认为,这些文献不仅大量征引日本古代文献,而且广泛引用了中国古籍(即汉籍)。对其中所引汉籍部分进行统计与考察,具有重要意义。

2156

日本所藏稀见明词辑补(一)[J]/周明初,彭志. --阅江学刊,2013,03:116 – 121

日藏汉籍在中华古籍明词辑补和研究中作用重要。本文将从日本所藏中国珍稀古籍中搜采到的稀见明词陆续整理刊布。此为第一部分,出自《新镌六院女史清流北调词曲》。

2157

日本所藏稀见明词续补[J]/周明初,彭志. --南京师范大学文学院学报,2014,02:173 – 179

日本各大图书馆所藏明人别集中,有一部分是国内稀见的珍稀本古籍。其中所见明词,有助于《全明词》的辑补和重编。

2158

日本尊经阁文库藏宋本《世说新语》考辨[J]/潘建国. --中国典籍与文化,2012,01:86 – 97

论文从避讳及刻工入手,钩稽相关文献史料,对尊本《世说新语》及所附汪藻《叙录》的刊印地区和时间,作出了最新探考,还梳理了董弅与汪藻之间的交游关系,指出汪氏《叙录》对于董弅校刻《世说新语》具有重要影响。

2159

日藏江户抄本《伤寒正宗》述略[J]/尹笑丹,徐江雁. --中医学报,2012,06:676 – 678

本文运用文献考证法,着重探讨日藏江户抄本《伤寒正宗》的文献价值,对《伤寒正宗》一书相关文献进行梳理。

2160

日藏文澜阁《四库全书》残本四种之发现[J]/张春国. --江海学刊,2014,06:191

文澜阁《四库全书》因遭太平天国战乱而散佚,丁氏兄弟收回八千余册,其余多数或被毁,或流入他人之手,经百余年递传,一些原写本之散卷零本今见于各地图书馆。笔者发现日本国立国会图书馆所藏《四库全书》残本四种乃文澜阁写本,未为人悉。

2161

日、韩古医籍的保存现状及其发掘利用的意义[A]/肖永芝,张丽君,李春梅等. --中国中医科学院中国医史文献研究所. 中日韩医学文献交流学术研讨会论文集[C],2011

本文通过对日本、韩国现存传统医籍品种、数量、成书年代等的分析统计,探讨日、韩古医籍的形成流变、特色价值、保存现状及发掘利用的意义及可行性等。

2162

日、韩佚存汉籍影印、整理与研究状况述评——以《游仙窟》、《笑苑千金》、《笑海丛珠》、《型世言》为主[J]/王国良. --(在台湾地区发表),2015,02:13 – 34

本文以传奇小说《游仙窟》、笑话集《笑苑千金》《笑海丛珠》、话本小说集《型世言》四种为例,就其近现代以来海峡两岸的影印、整理及研究情况略做介绍述评。

2163

日校青编三百行,不辞长作古籍人——周春健教授的学思历程[J]/陈韦哲. --国文天地(在台湾地区发表),2013,06:88 – 93

本文回顾了周春健教授的学思历程。

2164

日思误书,更是一适——古籍目录图书常见错误类型辨析[J]/王爱亭,崔晓新. --图书馆建设,2015,08:95 – 97

古籍书目常见的著录错误主要有书名错误、作者错误、朝代错误、籍贯错误、年号错误、版本错误、误一书为二书、重复著录等。本文归纳分析古籍书目常见的错误类型,分析其致误原因。

2165

日损益斋古今体诗校注[M]/（清）马疏撰.--天津:天津古籍出版社,2014

本书是对清代嘉庆、道光年间甘肃著名文学家马疏《日损益斋古今体诗》的校注,共分18卷,总共收诗1300余首,内容包括农事诗、题画诗、赠答诗等。本书以咸丰八年（1858）刻本为底本进行了标点、校勘、注释。

2166

《日知录校释》校注本识误[J]/孙文泱.--古籍整理出版情况简报（总527期）,2015,01:22-26

本文通过对《日知录校释》校注本的条分缕析,指出其存在的谬误。

2167

《容斋随笔》编纂体例及再版策略[J]/张昌红.--江西教育学院学报,2014,01:132-135

《容斋随笔》具有极高的史料价值与学术价值。其编纂体例取材广泛、简洁精要、重视考据;而以时间为序,对材料不加分类的编排方法则是体例上的一个瑕疵,再版时应采取对现有目录重新分类、增加类目说明等策略予以规避。

2168

融摄与传习——文献保护及修复研究[C]/国家古籍保护中心,天津市古籍保护中心编.--北京:中华书局,2015

本书汇编了"第一期全国古籍修复技术与工作管理研修班""全国古籍修复技艺传习研讨会"（天津）上发表的论文,包括薪火传递、管理研修、技艺探微、经验交流等部分。

2169

如此四库:馆臣擅改文献举隅——以《续宋编年中兴资治通鉴》为个案[J]/王瑞来.--历史文献研究,2014,02:222-246

文章通过对《四库全书》本错误的逐条分析,对四库馆臣的学术水准和《四库全书》本的可信度提出质疑。

2170

如何解决古籍修复中遇到的问题——结合在山东图书馆进行的古籍修复加以论述[A]/

刘彬.--吉林省博物院编.耕耘录:吉林省博物院学术文集2012-2013[C],长春:吉林人民出版社,2014

本文结合在山东图书馆进行的古籍修复工作,主要对不同损坏程度、脏污程度等难于修复的古籍在修复过程中应注意的几个问题作一简要论述。

2171

如何收藏古籍善本[J]/吕佳静.--收藏投资导刊,2013,03:68-71

《收藏投资导刊》与政协华宝斋举办"墨韵纸香话古籍"活动,知名古籍收藏家韦力从学术、艺术、文献等价值维度对古籍善本的收藏进行了详细的讲解,给古籍藏书爱好者提出了一些切实的收藏投资建议。

2172

如何在智慧博物馆中发挥古籍图书的作用——吉林省博物院古籍整理[J]/王洋.--鸭绿江（下半月）,2015,12:210

以吉林省博物院在建设智慧博物馆中古籍整理工作实际为例,阐述了博物馆的古籍保护和古籍利用等相关问题。

2173

儒学与古典学评论（第1辑）[C]/柯小刚主编.--上海:上海人民出版社,2012

《儒学与古典学评论（第1辑）》为当代学人关于儒学经典的解读与研究文章的合集,共分为经子义疏、经史源流、义理发明、政教发微、家国天下、对话讨论、诗文笺注、文献考据、西学原本九个部分。

2174

儒学与古典学评论（第2辑）[C]/曾亦主编.--上海:上海人民出版社,2013

本书是关于古代儒学经典与西方古典学著作的论文合集。全书分为思想争鸣、经学研究、西学译介、古籍整理、学术札记、书刊评论六个部分。

2175

儒学与古典学评论（第3辑）[C]/陈畅主编.--上海:上海世纪出版集团,2014

陈畅主编的这本《儒学与古典学评论（第

3 辑)》分为经子义疏、义理发明、古典艺术、诗义发微、经学研究、现代新儒学研究、西学源流、古籍整理八个部分。

2176

"儒藏"三问——四川大学古籍整理研究所30 华诞感言 [J]/黄玉顺. --当代儒学,2014,01：196 - 208

在四川大学古籍整理研究所成立 30 周年之际,本文作者以"'儒藏'三问"为题,就"川大《儒藏》"所阐发的感想。

2177

入选《国家珍贵古籍名录》的水书古籍概述[J]/蒙耀远. --贵图学刊,2012,01：62 - 66 + 55

本文主要介绍前四批申报入选名录的 69 部水书古籍基本概况,对申报存在的问题提出建议,并就入选的水书古籍的进一步抢救与保护、翻译与研究提出切实可行的建设性意见。

2178

阮刻《孟子注疏》校勘记 [D]/魏庆彬. --南京师范大学,2013

阮刻《孟子注疏》是阮元刻《十三经注疏》的一部分,是文史工作者的常用参考书。自十三经注疏汇刻以来,阮刻本号称善本,多为学者称引。本文以阮刻《孟子注疏》为主要研究对象,以求阮刻《孟子注疏》诸板本间异同,并在此基础上更正阮刻之误。

2179

阮刻十三经注疏版本初探[J]/魏庆彬. --文教资料,2012,26：163 - 165

阮刻《十三经注疏附校勘记》是经学研究的重要文献。该书自问世以来,刻印不绝,出现了各种版本。本文在诸多版本的基础上,考究源流,初步提出自己的看法。

2180

阮元《周礼注疏校勘记》探析 [D]/唐田恬. --北京大学,2013

本文以《续修四库全书》影印的文选楼本《周礼注疏校勘记》为基本依据,主要分析《校勘记》的体例、内容、使用校本、引用文献(含经说)、校勘理念等方面内容,并与南昌府学本进行对校,辅以阮元《校勘记》前后重要的《十三经注疏》校勘文献,讨论阮元《十三经注疏校勘记》的影响。

S

2181

萨班《乐论》有感[J]/孙煜.--北方音乐，2014，12：38

文章简要介绍了萨迦班钦·贡噶坚参其人，并分章节阐述了对其作品《乐论》的看法。

2182

三部宋刻《增修互注礼部韵略》的版本考论[J]/赵嘉.--古籍整理研究学刊，2015，02：28－32

现存宋刻《增修互注礼部韵略》共有三部，本文依据这三部宋刻所编写的古籍版本图录及相关的书目题跋记载，通过分析，得出上海图书馆藏本和原藏国立北平图书馆藏本为同一版本的结论。

2183

《三辅决录》考论与佚文拾遗[J]/魏代富，边思羽.--兰州文理学院学报（社会科学版），2015，02：98－103

赵岐《三辅决录》为中国最早的杂传作品，主要收录三辅地区从汉光武帝至赵岐之前已卒人物，和此地区的名物。晋挚虞为之作注，其后正文、注文并行，古籍中引用往往混淆。该书亡于宋元之际，清辑佚者有王绍兰、姚东升、茆泮林、黄奭、张澍等，以张澍辑本最流行，其中亦有未辑、妄辑、误辑、正注文不分等问题。

2184

《三国演义》上海残叶研究[A]/周文业.--首都师范大学、中国传统文化数字化研究中心.第十届中国古代小说、戏曲文献与数字化研讨会会议手册、论文集[C]，2011

本文介绍了《三国演义》朝鲜翻刻本与上海残叶关系的研究状况，将上海残叶和其他版本进行了比对分析，总结出版本整理中文字的差异是由三种修订方法产生的，提出上海残叶在《三国演义》版本演化中的位置。

2185

《三国演义》在明清时期的传播与影响研究[D]/黄晋.--东北师范大学，2012

本文在参详辑录大量相关古籍文献资料的基础上，借鉴西方传播学对《三国演义》在明清时期的流传版本、传播渠道、接受和反馈情况、传播影响等进行了考证研究，特别是对流传的诸多版本、传播影响等相关文献进行了详尽研究和梳理剖析。

2186

三十年代《大公报·图书副刊》古籍整理与研究内容初探[J]/刘桂芳.--图书馆理论与实践，2014，10：80－83

本文阐释30年代《大公报·图书副刊》作为一种媒质在对中国古代典籍的整理研究工作中所做出的积极贡献，反映了当时文献整理与学术研究领域的新焦点与新成果，具有研究与借鉴意义。

2187

《三十三种清代传记综合引得》再造方法简述[J]/王永华.--图书馆工作与研究，2012，06：92－94

本文介绍了对《三十三种清代传记综合引得》重新编制的方法。详细叙述了利用计算机编排及制版技术，变"中国字庋撷法"编排为常用的"四角号码检字法"编排的过程，并列举了原引得由于手工编制而出现的各种问题。

2188

三十载光阴辛勤耕耘 打造民族与宗教研究核心基地——纪念黑龙江省民族研究所建所30周年[J]/龙岩.--黑龙江民族丛刊，2013，04：2＋199

文章介绍了黑龙江省民族研究所的组织

结构、科研成就、研究队伍、承担的课题、学术成果等。

2189

三维定位法在中小图书馆图书排架中的实践与运用——以湖州师范学院图书馆古籍部为例[J]/张银龙.--浙江高校图书情报工作,2012,05:51-54

以《中图法》为依据的图书分类排架方法,在目前社会高速运转情况下,已显现不能适应实际需求的各种情形。图书馆的图书排架需要一种能够适合时代需要、既可便捷地寻得图书又能更加方便管理的新方法。本文以湖州师范学院图书馆古籍部为例,介绍了三维定位法在中小图书馆图书排架中的实践与运用。

2190

三维交点编目法在中小馆古籍整理图书排架中的实践与运用——以湖州师范学院图书馆古籍藏书室为例[J]/张银龙.--湖州师范学院学报,2013,02:118-121

本文以湖州师范学院图书馆古籍藏书室为例指出,在新时代中以中图法为依据的图书分类排架方法已不能适应信息时代快速运转之需求。图书馆图书排架需要一种新方法,既可快速地寻得图书,又能方便管理。三维交点编目法正是在图书排架实践基础上产生的新式图书排架方法。

2191

三峡大学图书馆古籍善本举要[J]/黄河.--三峡论坛(三峡文学理论版),2013,02:25-28

三峡大学图书馆是湖北省古籍重点保护单位,收藏有明清古籍约四百种,其中善本书数十种。善本中以史部书居多,主要有南监本《二十一史》八种、北监本《二十一史》四种和汲古阁本《十七史》十五种,颇具代表性。故分别揭示其版本源流,对其版本价值略加评述。

2192

三种常用古籍全文数据库的比较与分析[J]/崇静.--阜阳师范学院学报(社会科学版),2011,04:152-154

本文比较分析《国学宝典》《瀚堂典藏》《中国基本古籍库》三种常用大型古籍全文数据库收录文献、检索功能和阅读功能,以期帮助信息检索人员和科研人员整体掌握数据库的各自特点,提高利用针对性与效率。

2193

三种常用古籍修复用竹纸性能的比较[J]/马灯翠,王金玉.--纸和造纸,2013,06:38-40

本文对3种常用古籍修复用竹纸进行了白度、抗张强度、耐折度及人工加速老化等实验,表明贵州苦竹纸的机械强度与耐久性等性能表现较优,奉化竹纸较轻薄。

2194

三种《一切经音义》医学名物词研究[D]/李翠华.--北京中医药大学,2013

本文以三种《一切经音义》的文献语言材料为依据,参考传世古医籍以及各类辞书文献,借鉴前辈学者的研究方法和成果,对文中的医学名物词进行研究,对部分医学名物词进行考释,补充和纠正了辞书中部分医学名物词及其释义,揭示佛经文献中的医学价值。

2195

三种中医古籍专题数据库建设模式[J]/丁侃,王凤兰,张丽君.--辽宁中医杂志,2014,07:1322-1324

文章总结了中医古籍专题数据库建设的定制加工、简单协作、深度合作三种模式,对每一种模式的建设模式、角色分工、数据库主要功能进行了详细介绍,并分析各模式下的经典案例,展示了古籍专题数据库建设发展的过程,并对其中存在的一些问题进行了梳理。

2196

散落民间古籍的整理与研究刍议[J]/姜源.--福建图书馆理论与实践,2013,01:60-62

本文介绍散落民间古籍的种类及其价值、散落民间古籍普查的方法与手段,指出古籍普查工作取得的成效、古籍保护工作中遇到的问题,提出民间古籍的保护对策与措施。

2197

山东博物馆藏敦煌遗书叙录[J]/于芹. --敦煌研究,2012,05:59 - 69 + 132 - 133

山东博物馆收藏有敦煌莫高窟藏经洞所出敦煌写本65件,大多为写经,也有社会文书,其中有十件已经列为国家珍贵古籍。

2198

山东大学图书馆古籍保护的现状与展望[J]/仲蕾. --经济技术协作信息,2013,29:32 - 33

本文论述了山东大学图书馆特藏部古籍管理科学化、书库现代化和阅览终端网络化的工作,并展望了建立古籍保护人才培养基地和古籍保护实验室的具体规划。

2199

山东地方文献整理的里程碑——评《山东文献集成》[J]/班龙门. --山东图书馆学刊,2012,01:91 - 94

本文指出《山东文献集成》对山东地方文献做了一次大规模、有系统的搜集调查,抢救了一大批珍贵文献,为相关学术研究提供了丰富的原始资料,体例完善、考订精审、底本优良、编排系统,是地方文献整理的典范,是古籍整理的重要学术成果。

2200

山东省公共图书馆古籍地方文献开放获取资源研究[J]/郭红娟. --图书馆学刊,2015,11:68 - 70

本文从古籍地方文献资源及其保护,古籍地方文献资源开放获取的建设方法,开放获取的古籍、地方志和家谱来源等方面,对山东省公共图书馆古籍地方文献开放获取资源加以研究。

2201

山东省古籍保护工作现状分析与战略对策研究[J]/李勇慧. --人文天下,2015,07:71 - 76

山东省古籍保护工作在各级政府和全社会的共同努力下,逐步摸清了全省家底,并在原生态保护、再生性保护方面,取得了显著成绩,多项管理措施与保护方法在全国得到推广。本文介绍山东省古籍保护取得的成绩,存在问题及原因分析,战略构想与发展对策。

2202

山东省图书馆藏海源阁医籍考述[J]/满雪,刘更生. --中医文献杂志,2015,01:65 - 68

本文通过梳理山东省图书馆海源阁医籍的入藏经过,参照《山东省图书馆馆藏海源阁书目》著录,按《中国中医古籍总目》所收医籍范围,并结合实地考察,发现山东省图书馆藏海源阁医籍19种,为古医籍版本研究提供重要参考价值。

2203

《山东文献集成》圆满竣工[J]/江曦,杜泽逊. --古籍整理出版情况简报(总492期),2012,02:24 - 29

本文对耗时七年、规模达到200册之巨的《山东文献集成》进行了品评,指出其在珍本保护、学术研究、校勘考证和文化史地位四大方面的所取得的成就。

2204

《山海经》古籍版本考察——兼论《山海经》非全经注本[J]/张步天. --福建师大福清分校学报,2013,03:1 - 4

《山海经》是以经、注合刊本的形式流传的,因此,考察《山海经》版本可以按不同注家的版本作出分类介绍;因为有《山海经》部分经文的大型注本,也可按全经注本、非全经注本作出分类介绍。

2205

《山海经》中的东夷古史与传说[D]/张永圣. --山东师范大学,2014

《山海经》自古以来号称奇书,东夷文化在我国古代文明发展历程中具有与西方夏文化等同的重要地位,是古代文明起源之一。虽然先秦文献中鲜见关于东夷文化的资料,但《山海经》一书却保存了大量东夷文化与古史传说的材料。这些材料对于我们了解东夷族的文化习俗和古史世系有着重要的学术价值。

2206

山人与出版:俞安期生平、著述与刻书活动考[J]/何朝晖. --古典文献研究,2012,00:369 - 393

嘉靖以后,山人作为士人扮演的一种新

的社会角色活跃起来,到万历年间成为一个引人注目的社会群体。与此同时,商业出版在晚明的蓬勃兴起,为士人提供了新的谋生途径和施展才华的舞台。

2207

山西师范大学图书馆古籍善本书目[M]/杨艳燕编. --北京:国家图书馆出版社,2011

本书收录山西师范大学图书馆古籍善本773部10855册,按经、史、子、集、类丛五部分类,书后附索引,书前有插图。

2208

山西医家冯晋台《妇科採珍》研究述略[J]/翟春涛,穆俊霞. --山西中医学院学报,2013,06:9-11

《妇科採珍》是清代乾嘉年间山西代州人冯晋台所著。通过研究,本文认为冯氏出身儒宦世家,编撰《妇科採珍》用以体现仁爱为怀、济世活人。该书精辟论述了妇科经、胎、产病症,是一部理、法、方、药具备的妇科专著,是冯氏妇产科临证经验的荟萃。

2209

陕西古籍资源对发展文化强省的价值[J]/李巍. --陕西广播电视大学学报,2012,01:40-42

本文从研究陕西古籍资源的史料价值、文学价值和应用价值入手,深入探讨了陕西古籍资源所蕴含的价值,对于提升陕西的文化品位,建设文化强省,发展地方经济,提供重要的历史借鉴。

2210

陕西历史博物馆藏古籍善本赏析[J]/杨亚娣,刘莉,张维慎. --苏州文博论丛,2013,00:132-136

陕西历史博物馆的古籍约有40种左右,主要为张立先生捐赠。我们对其中的三种古籍善本进行了赏析,指出其作者、版本、版刻时间、书籍内容及主要价值。

2211

陕西省档案与古文献保护三项创新成果通过鉴定[J]/单晓娟,张开颜. --陕西档案,2013,05:7

陕西省档案保护科学研究所、陕西师范大学历史文化遗产保护教育部工程研究中心研发的环保型档案及文化典籍防灾耐久特藏装具、酸化糟朽纸质档案与古文献纯棉丝网常温加固脱酸关键技术研究、修复过程中档案与古文献易损原貌预加固及防损保护研究三项创新成果通过鉴定。

2212

陕西省古籍普查现状及加快普查进度对策研究[J]/侯蔼奇. --情报杂志,2011,S2:157-159

2008年陕西省古籍保护工作启动以来,由于一些古籍收藏单位对古籍普查工作认识不足,加之跨系统普查有难度、资金不到位、从业人员偏少等诸多原因,导致普查工作进展缓慢。本文针对陕西省古籍保护工作现状,指出加快普查进度的应对办法。

2213

陕西省历史文化资源整合研究[J]/何炳武,王永莉. --长安大学学报(社会科学版),2011,01:16-21

本文在阐述陕西省进行历史文化资源整合研究之现实意义的基础上,给出整合研究的具体路径:在保护的基础上,充分规划、开发现有文物遗迹;组织有关专家整理、修复、校注珍贵古籍;普查省内民间非物质文化遗产;加强地域特色文化宣传等。

2214

陕西省图书馆藏古籍中李岳瑞、李寿璜父子题跋八则[J]/郎菁. --文献,2013,02:95-102

本文是对陕西省图书馆李岳瑞藏书的研究,详尽论及了李岳瑞的六则和李寿璜的两则题跋。分别为:御定对数表二卷、度数表一卷、列子八卷、七十家赋钞六卷、辑古算经细草三卷、润泉日记三卷、山海经十八卷、二十家子书二十九卷、柳文四十三卷、别集二卷、外集二卷。

2215

陕西所藏四库进呈本考略[J]/郎菁. --图书馆杂志,2014,09:90-96

在《陕西省第一批珍贵古籍名录》的申报审核中,发现了13种四库进呈本包括四库底本。经考证,多数都为四库底本,颇为珍贵。

2216

《陕西通志》出版[J]/张沛.--古籍整理出版情况简报(总 499 期),2012,09:28 – 30

本文介绍了《陕西通志》内容丰富,图文并茂;范围涵盖西北大部地区,不限于今之陕西的特点,并对它的学术价值给予高度评价。

2217

善本古籍佛典数位化管窥——以 CBETA 电子佛典(集成)为例[J]/释法幢(谢馨后).--北京大学研究生学志,2013,Z1:104 – 115

本文旨在管窥善本古籍佛典的数字内容建构与应用,以一项台湾数字典藏计划所建置之善本古籍数字资源为例,分享一套可通用于国际间汉文电子文献作业规范与工作流程指南。进而从评析佛典数字化的整体作业现况,提出古籍数字化的问题反思,并以近代台湾佛学数位典藏发展,呈现汉籍数字化内容建构模式与参考范例。

2218

善本留真·古籍复刻系列一:嘉定本《金刚般若波罗蜜经》[J]/张围东,黄文德.--"全国"新书资讯月刊(在台湾地区发表),2013,174:29 – 35

本文介绍了《善本留真·古籍复刻系列》丛书的成书经过、特点和出版意义,并对其中嘉定本《金刚般若波罗蜜经》的影印新版本进行了简要评述。

2219

善本留真·古籍复刻系列二:嘉定本《注东坡先生诗》复刻始末[J]/俞小明.--"全国"新书资讯月刊(在台湾地区发表),2013,178:14 – 24

本文从《注东坡先生诗》的版本留传和现存状况、嘉定本《注东坡先生诗》的刊印经过和递藏源流、题跋赏析等方面,概述嘉定本《注东坡先生诗》复刻始末。

2220

善本留真·古籍复刻系列三:《台湾珍藏善本丛刊·古钞本明代诗文集》[J]/张围东.--"全国"新书资讯月刊(在台湾地区发表),2013,180:13 – 23

本文分缘起、藏品题解、史料价值三个部分,简要评述了《台湾珍藏善本丛刊 古钞本明代诗文集》12 册的收录内容、版本特点和影印出版的意义。

2221

善本留真·古籍复刻系列四:《希古堂珍藏秘籍》[J]/张围东.--"全国"新书资讯月刊(在台湾地区发表),2014,183:13 – 27

本文对《希古堂珍藏秘籍》的收录情况、版本特点和出版意义进行了论述。

2222

善本留真·古籍复刻系列五:《子海珍本编·台湾卷》[J]/张围东.--"全国"新书资讯月刊(在台湾地区发表),2014,187:37 – 48

《子海珍本编:台湾卷》中子部古籍精选辑印共计 20 种,本文为其收录情况概述。

2223

善本留真·古籍复刻系列六:《台湾珍藏善本丛刊·古钞本清代诗文集初辑》[J]/张围东.--"全国"新书资讯月刊(在台湾地区发表),2015,204:32 – 42

本文为《台湾珍藏善本丛刊·古钞本清代诗文集初辑》收录情况概述。

2224

"善本""新善本"与历史文献的普查和保护[J]/李晓宁.--陕西档案,2012,06:49 – 50

在已有的论著中,关于"善本""新善本"的说法比较混乱,并由此引起了对于历史文献普查和保护的诸多歧见,本文对相关概念加以澄清和厘正,提议今后不再使用"新善本"一词。

2225

善本与清本[J]/彭邦明.--四川图书馆学报,2011,02:90 – 94

文章就清版善本的选择问题从这两个方面谈谈自己的意见,以求方家一哂。

2226

《伤寒六经辨证治法》版本考[J]/姜枫,张荣欣,蔡永敏.--中医研究,2015,04:57 – 59

本文以《中国中医古籍总目》记载版本目录为线索,对清代医家沈明宗编著的《伤寒六经辨证治法》现存版本进行考证。通过实地考察、比较书影和内容等方法,对《伤寒六经辨证治法》的版本进行考证。

2227

《伤寒论辨证广注》及其学术成就[J]/王振亮. --光明中医,2014,08:1594 - 1596

《伤寒论辨证广注》是《伤寒论》注家中颇为优秀注本之一。撰著者为汪琥。其先从儒学,后改业医,对《伤寒论》研究有素,博览前人关于《伤寒论》的各种著作,于康熙年间撰成了《伤寒论辨证广注》一书。

2228

《伤寒五法》版本考略[J]/高雨. --中医文献杂志,2011,06:10 - 12

本文通过文献调查,运用目录学、版本学等文献学方法,详细考辨了《伤寒五法》的作者,分析了《伤寒五法》的异名同书与同名异书现象,整理了《伤寒五法》的版本系统。

2229

《伤寒缵论》版本源流考[A]/李淑燕,付笑萍. --中华中医药学会. 第二十一次中医经典文本及医古文研究学术交流会论文集[C],2012

康熙年间,著名医家张璐著《伤寒缵论》一书。本文介绍了该书的康熙刻本、日本文化元年刻本、未知年代刻本、清抄本、铅印本、石印本、现代排印本。

2230

《伤科汇纂》文献学研究[J]/肖卓. --中医文献杂志,2014,06:19 - 22

作者从鉴定版本入手,仔细比对中山大学稿本、北大抄本与1962年人民卫生出版社本三者之间的异同,补充了现有通行本之缺失,并介绍了该书成书过程及全书所具有的特点,从一个侧面证实该书所具有的现实意义。

2231

商丘古籍与民国文献资源保护利用对策[J]/孟晗. --河北科技图苑,2014,04:48 - 51

商丘古籍与民国文献资源是中华民族宝贵的精神财富。面对藏书条件差、专业人才匮乏、藏用矛盾突出的现实状况,应提高认识,进行认真普查,引进、培养人才,联合建设特藏书库,开展再生保护和利用等,积极推进文献资源共建共享。

2232

商丘师范学院图书馆古籍特藏工作的实践与思考[J]/孟晗. --内蒙古科技与经济,2011,16:122 - 125

本文介绍了商丘师范学院图书馆特藏部成立四年来,配合全国古籍普查,着力推进古籍整理与保护所取得的成绩和今后的发展思考。

2233

上古医书文献及研究概况综述[J]/王前. --南昌教育学院学报,2012,09:34 + 36

本文通过对上古医书文献及其研究概况进行考察分析,可以看出,从语言文字角度对上古医书文献的研究取得了很高的成就,这些研究成果值得我们学习借鉴。但同时由于年代等多方面原因的局限,这些研究成果中也存在一些局限与偏颇之处,因此上古医书文献中还有很多值得我们深入研究的内容。

2234

上海古籍版《西溪秋雪庵志》整理本举正[J]/周录祥. --图书馆杂志,2014,07:93 - 97

民国周庆云撰《西溪秋雪庵志》是研究杭州西溪秋雪庵史和杭州佛教史,以及西溪历史、地理、文化的重要材料,上海古籍出版社《清波小志(外八种)》中收入了该志的整理本,标点、文字方面存在一些问题,需要校正。

2235

上海古籍出版社承担《2011 - 2020 年国家古籍整理出版规划》阶段性成果综述[J]/吕健. --古籍整理出版情况简报(总531 期),2015,05:21 - 25

本文综述了上海古籍出版社承担《2011 - 2020 年国家古籍整理出版规划》所取得的阶段性成果:至2014 年底,已有12 个项目全部完成,13 个项目部分完成。

2236

上海师范大学古籍整理研究所成立 30 周年巡礼[J]/作者不详. --上海师范大学学报(哲学社会科学版),2014,02:2 + 153

本文介绍了上海师范大学古籍整理研究所的一些具体情况,并概括了其成立 30 年来取得的一些成绩。

2237

上海师范大学图书馆藏明赵均影宋钞本《古文苑》述略[J]/孙麒. --上海高校图书情报工作研究,2013,04:53 – 55

明末赵均影宋抄本《古文苑》,以流传绝少之宋刻九卷本为底本,覆写精妙,批校谨严,完整保留宋本原貌,至为宝贵,且抄成后经毛氏汲古阁、汪氏艺芸书舍、瞿氏铁琴铜剑楼及张元济先生等递藏,流传有绪,具有极高艺术价值与学术价值,入选第一批《国家珍贵古籍名录》。

2238

上海图书馆藏善本杜集题跋汇析[J]/汪政. --图书馆理论与实践,2015,10:63 – 67

将上海图书馆珍藏古籍善本杜集中的题跋加以汇录,分析其中蕴含的文献学、文学价值,以供杜甫研究者参考利用。

2239

上海图书馆馆藏针灸医籍书目现况梳理[J]/张馥晴,邢守兰,纪军. --中医文献杂志,2014,05:1 – 3

本文以 2007 年出版的《中国中医古籍总目》以及 1991 年出版的《全国中医图书联合目录》为基础,限定馆藏范围为上海图书馆,手工检索排筛先秦至民国时期所有针灸专著,去除重复,整理统一后,前往实地考察,对所有可借阅书目作出评价,对比所得结果,梳理馆藏现况。

2240

上海图书馆所藏《吴越春秋》善本可解《四库提要》难懂之谜[J]/张觉,黄吉辉. --图书馆杂志,2014,07:90 – 92

本文依据上海图书馆所藏善本,解除国家图书馆所藏大德本序出于徐天祜之手之疑。

2241

上海中医药大学图书信息中心藏明赵开美本《仲景全书》述略[J]/王枫. --上海高校图书情报工作研究,2014,01:60 – 62 + 2

明代赵开美本《仲景全书》,因其汇编入北宋元祐三年(1088)刊行的小字本《伤寒论》而受到重视。此版本是研究伤寒学不可替代的文献资料。赵开美精于校雠,使该书兼具极高的学术价值与艺术价值,入选第二批《国家珍贵古籍名录》。

2242

上图藏《办理四库全书历次圣谕》考略[J]/史广超. --兰台世界,2013,11:133 – 134

上海图书馆藏《办理四库全书历次圣谕》是四库馆臣抄录的纂修四库全书档案。部分内容为此抄本独有,对《四库全书》研究有重要补苴价值。

2243

《尚书大传》称名考[J]/杨杰. --古籍整理研究学刊,2014,01:106 – 108

《尚书大传》是西汉初期伏生学派说释《尚书》的记录。本文根据汉代的文献记载、书目著录以及称引用名等考证,该书初名为"传"而非"大传","尚书大传"名始出东汉之初。厘清此问题,对于经学、训诂学、古籍整理等研究不无裨益。

2244

少数民族古籍保护建设探析[J]/何湘君. --黑龙江史志,2014,15:75 – 76

长期以来,人们对少数民族古籍的保护、开发和研究一直落后于汉文古籍,以至于一些文献处于随时消亡的可能。本文试图从国家层面上的制度、中外合作交流、人才培养建设以及具体到古籍物件上的保护方法、措施等方面提出一些对策,以供探讨。

2245

少数民族古籍的数字化传播[J]/朱宗晓,王江晴,田微,刘赛,程立,孙阳光,何红一. --图书馆建设,2013,03:23 – 26 + 29

按照马斯洛需求理论中人类对于审美和

求知的需要,少数民族古籍数字化传播策略可分为"载体还原、场景重现、文化传承"3个层次。目前该传播策略已在美国国会图书馆馆藏瑶族文献《评皇券牒过山榜》和江永"女书"的数字化传播和保护中得到应用。

2246

少数民族古籍工作功在当代、利在千秋——专访湖南省民委副主任田代武[J]/李立.--民族论坛,2012,11:29-30

在本访谈中,湖南省民委副主任田代武介绍了湖南少数民族古籍的定义和分类,论述了对其进行保护和抢救的意义,历数了湖南少数民族古籍工作取得的进展,介绍了今后的总体目标,并阐述了"十二五"期间的主要任务。

2247

少数民族古籍开发利用新探[J]/杨萌.--云南图书馆,2011,03:78-79

文章分析了少数民族古籍保护和开发利用的现状,针对存在的问题,提出开发利用具体措施和对策以及手段和方法。

2248

少数民族古籍文献的修复与保护[J]/梁燕霞.--内蒙古民族大学学报(社会科学版),2013,02:31-32

少数民族古籍流失损坏情况严重,保护工作刻不容缓。文章论述了少数民族古籍文献的保护问题,包括对破损古籍进行修补装帧的辅助性保护以及利用现代技术对古籍文献进行再生性保护。

2249

少数民族文献资源制作动漫摘要研究[J]/陆光华,李纪英.--科技情报开发与经济,2013,01:149-151

本文以贵州少数民族文献资源为案例,介绍了少数民族文献资源制作动漫摘要涉及范围及数据库建设构想。

2250

少数民族文字古籍保障体系建设探析[J]/杨梅.--云南图书馆,2011,04:57-60

本文从要有法律法规约束,政府和社会共同重视、培养一大批民文古籍人才,采取一系列保护措施等方面,综述如何建设少数民族古籍文献资源保障体系。

2251

少数民族文字古籍定级标准研究[J]/丛冬梅.--图书馆学刊,2014,01:20-22

本文立足实际,针对制定《新疆少数民族文字古籍定级标准》(以下简称《标准》)的重要性和必要性、制定的依据和论证经过及"标准"的可操作性等方面,集合新疆各学科专家的智慧及见解,进行探讨研究。

2252

少数民族文字文献对中国古典文献学的发展[J]/陈棣芳.--甘肃联合大学学报(社会科学版),2013,02:68-72

古典文献学的研究对象限于汉文文献。20世纪80年代以来,民族文献的整理深度和广度不断拓展,民族文字文献特有的内容和形式对古典文献学形成挑战,要求发展、完善既有的范式。民族文献从形态学、目录学等方面丰富了古典文献学的内容。

2253

少数民族医药古籍文献的界定及其特点研究[J]/罗艳秋,徐士奎,刘虹,李杰.--云南中医学院学报,2013,05:58-61

对少数民族医药古籍文献的概念进行了界定,并提出年代久远、底数不清,分布流散、流失严重,分类简单、系统性差,保存简陋、传承保守,文字古奥、寓意精深,载体丰富、装帧多样,辗转抄录、版本众多等特点。

2254

少数民族医药古籍文献分类体系构建研究(上)——对民族医药古籍文献概念及其传统分类方法的解析[J]/罗艳秋,徐士奎,郑进.--中医学报,2014,11:1697-1700

民族医药文献传统分类方法不能适应当前民族医药古籍文献发展步伐与整体规划的要求,本文谈论其三种主要表现,最后得出结论:兼顾民族医药古籍文献的共性和个性,制定统一的分类标准是民族医药古籍文献分类整理研究工作的首要任务。

2255

少数民族医药古籍文献分类体系构建研究（下）——民族医药古籍文献的分类体系研究[J]/罗艳秋,徐士奎,郑进. --中医学报,2014,12:1851 – 1854

本文根据民族医药古籍文献内涵外延的解析及其传统分类方法的研究,结合民族医药的学科特点和民族医药古籍文献的工作需要,对民族医药古籍文献类型进行归纳和划分,列出一级、二级、三级、四级四个层次的分类体系简表,供研究者参考。

2256

邵晋涵分纂稿与《四库全书总目》之比较研究[J]/潘胜强. --图书馆工作与研究,2014,01:73 – 77

清代学者邵晋涵在《四库全书》的纂修期间所撰"分纂稿"与《四库全书总目》有同有异,而造成这种状况的原因也是多方面的。本文通过对二者的比较,可以使我们对《四库全书》的编修过程、乾隆后期的学术情形,乃至当时的某些政治状况等都有更加深入的认识和理解。

2257

畲族契约文书现存状况及其研究路径[J]/朱忠飞. --贵州民族研究,2015,08:128 – 132

畲族契约文书的研究,应该立足于田野调查,在系统搜集、整理的基础上,结合其他历史文献对明清以来畲族的社会、经济、家庭、婚姻、性别、礼俗进行重新解释,并把这些契约文书放到闽东、浙南区域历史发展脉络下,最终达到重新理解、书写畲族史的目的。

2258

设计中的起承转合——宁波天一阁博物馆古籍库房扩建设计[J]/胡慧峰,钱晨,姚冬晖. --建筑学报,2012,06:90 – 91

宁波天一阁为我国现存历史最悠久,也是亚洲最古老的私家藏书楼。本文介绍了天一阁博物馆古籍库房的扩建设计,起、承、转、合的建构逻辑是其扩建设计的指导思想。

2259

设以春秋素臣例,足称中尉继功人——论戴震的文献学贡献[J]/王天彤. --作家,2012,06:169 – 170

本文论述了戴震对古代音韵的整理与总结、提出古韵二十五部之说、积极从事古代典籍的整理等在文献学方面的巨大贡献。

2260

《摄生总论》与《摄生众妙方》关系考[J]/李玉清. --中医文献杂志,2012,05:14 – 15

《摄生总论》《摄生众妙方》均署名明代张时彻撰,经作者考察,《摄生总论》是在《摄生众妙方》的基础上增加一卷而成。著录"明张时彻撰,清王梅补刻"较为妥当。

2261

身历十六省著书二百卷[N]/吴迪. --中华读书报,2014 – 12 – 17015

缪荃孙在从事古籍文献整理的过程中,留下了大量的整理成果和整理纪录。这些成果是我们今天了解有关文献及其相关问题的最重要指南,也为我们从事古籍整理与研究工作提供了非常有益的启示和典范。

2262

沈兼士与《四库全书》[J]/陆杏清. --文史春秋,2014,02:64

本文考证沈兼士与《四库全书》编纂之间的关系。

2263

《沈芊绿医案》校注刬记[A]/张星,李亚军. --中华中医药学会. 第二十一次中医经典文本及医古文研究学术交流会论文集[C],2012

《沈芊绿医案》一书由中央财政支持立项整理出版,对其版本与内容进行了认真考证,认为该书确为沈金鳌先生手记。在校注过程中,主要对其版本进行了考证,对文本内容进行了细致校勘,并对有关疑难字词及所用典故等进行了注释,使其更具科学性与实用性。

2264

沈亚之文集的三个本子[J]/顾农. --古籍整

理出版情况简报(总486期),2011,08:2-11

本文对唐代文人沈亚之的三个版本文集(鲁迅校本,林辰、陈建根校本,肖占鹏、李勃洋校本)各自的特点和之间的不同与联系进行了比较与分析。

2265

沈阳故宫博物院所藏古籍中的满文书籍[J]/李梅.--沈阳故宫博物院院刊,2012,00:173-178

作者参与了沈阳故宫的古籍整理和登记工作,在整理工作中对相关古籍有了更为详尽的了解,对原有的版本不清等问题有了新的认识,将其中满文古籍整理的研究成果总结成文。

2266

沈阳故宫文溯阁《四库全书》的历险记[J]/来辰.--文史月刊,2011,12:26

文章以时间为顺序,回顾了文溯阁《四库全书》在北京、沈阳、甘肃等地迁移的经历。

2267

沈阳故宫文溯阁《四库全书》辗转流传记略[J]/武斌.--沈阳故宫博物院院刊,2013,00:82-96

文章追溯了《四库全书》入藏文溯阁、进京与复归、"新阁"与书阁分离、书与阁再离别、甘肃尽心保管辽宁请求还回全书的全过程。

2268

沈知方、沈仲涛旧藏古籍五种[J]/舒和新.--图书馆研究与工作,2012,01:73-76

沈知方、沈仲涛都是民国时期著名藏书家。皖西学院图书馆收藏有曾为两人旧藏的宋衢州州学刻元明递修本《三国志》、明刊本《重刊许氏说文解字五音韵谱》、明万历凌濛初刻朱墨套印本《王摩诘诗集》和《李长吉歌诗》、明翻刻本《欧阳文忠公文钞》五部古籍珍本。

2269

审读古籍整理书稿的通常做法[J]/熊国祯.--古籍整理出版情况简报(总484期),2011,06:2-8

本文为中华书局原副总编辑熊国祯先生的《略谈古籍编辑的素养》一文的节选。原文作者就年轻编辑在审读古籍书稿时遇到的问题进行总结,并提出五大要求。

2270

审其义例 破卷立篇——戴震自刻《分篇水经注》整理刍议[J]/彭君华.--古籍整理出版情况简报(总536期),2015,10:7-17

作者通过大量文本研究后认为,《水经注》戴震自刻版本强于武英殿聚珍版本,本文从增、删、改、乙四方面通过举例以具体说明。

2271

《升庵文集》版本源流考[J]/王永波.--古籍整理研究学刊,2012,06:34-39

本文从目录版本学入手,对明代杨慎《升庵文集》的版本源流进行了考证。文章梳理了明清以来刊刻《升庵文集》的版本演变,考订各本的承传源流,分析异同,可资参考。

2272

省级古籍保护工作模式研究——以山东省为例[J]/王珂.--人文天下,2015,10:80-82

本文从打造纵横联动的工作体系、探索丰富多样的工作方法、构建五位一体工作模式介绍了山东省古籍保护工作模式。

2273

师生之谊 历历在目——兼析《古籍宋元刊工姓名索引》的学术性、资料性、实用性[J]/罗伟国.--中国索引,2012,03:24-25

本文作者在王肇文先生的《古籍宋元刊工姓名索引》再版之际,于序言中回顾了该书的出版缘起,及与王肇文先生的若干相交往事。

2274

湿地文献流传问题与对策[J]/梁树柏.--南水北调与水利科技,2013,B02:146-148

本文列举文献流传的三个经典案例,提出湿地文献流传的七方面问题及对策,指出研究湿地文献,发展湿地学和文献学,对缓解水环境生态问题,助益良多。

2275

"十三五"期间加强新疆古籍保护工作的设想[J]/艾尔肯·买买提. --图书馆研究,2015,04:36 - 38

本文系统总结了"十二五"期间新疆古籍保护工作取得的成绩,剖析了存在的问题,从充分发挥自治区古籍保护中心的职能作用、全面开展古籍普查征集工作等六个方面,提出了做好"十三五"期间新疆古籍保护工作的设想。

2276

《十四经发挥》的源流考究及其学术价值[D]/何婉宁. --广州中医药大学,2013

本论文梳理出滑寿个人生平及其成就,整理出《十四经发挥》的成书背景以及其源流,归纳出《十四经发挥》的学术思想及其对后世的影响,总结归纳出奇经八脉尤其是任督二脉理论在临床的应用,提出了宣肺健脾以行气等结果。

2277

《石初集》版本源流考辨[J]/施贤明,张欣. --民俗典籍文字研究,2013,01:198 - 207 + 217

今传《石初集》十卷乃晏璧编辑其师周霆震乱离诸作而成,原名《海桑梦语》。该集曾以单行本、丛书本等形态流传:前者包括成化刻本、隆庆刻本,以及以之为底本的清抄本等;后者包括《存存稿》本、《豫章丛书》本、《四库全书》本等。

2278

石印术和石印书报研究[J]/李静,王燕. --兰台世界,2013,28:106 - 107

石印技术在我国近代出版史上得到广泛应用,对于近代大量书籍以及画报等出版物的印刷具有很重要的推进作用。本文对中国近代石印术及石印书报的发展进行简要论述。

2279

实现吉林省古籍资源共享的思考[J]/张丹. --现代情报,2013,12:170 - 172

文章针对吉林省古籍资源建设的实际情况,通过探讨古籍资源共享的发展策略、构建模式及措施方法,提出打造吉林省古籍文献资源共享平台的初步构想。

2280

实学思潮与《四库全书总目》的小说观[J]/张泓. --浙江旅游职业学院学报,2015,02:50 - 54

《四库全书总目》把小说列入子部,其小说观体现为两个方面:首先,小说的地位很低;其次,小说要有社会功用。

2281

史海钩沉话古籍——郑州图书馆馆藏古籍珍本[J]/牛伟,王爱华. --中原文物,2012,04:94 - 97 + 107

本文对郑州图书馆馆藏几部珍贵古籍进行介绍,并就这些古籍所涉及的相关问题进行简要说明。

2282

史料、视界与学科建设——《中国荒政书集成》出版座谈会综述[J]/李光伟. --清史研究,2012,01:153 - 156

文章介绍了《中国荒政书集成》的编纂缘起,论述了这部书的学术价值与现实意义,阐述了怎样利用本书推进灾荒史研究与学科建设,发挥积极的社会效应。

2283

史志目录最大规模的编纂与整理[N]/张云. --中华读书报,2014 - 12 - 10015

典籍是文化的主要载体,目录则是学术之海的一盏灯塔,指引我们在瀚如烟海的典籍中别择去取,探寻正确的研究路向。如果想要了解一个时期的研究风气,甚而是一个朝代的学术状况,最可行的办法就是把某一时期的作品汇集起来。

2284

世界数字图书馆古籍珍品选介系列——太平天国出版品[J]/俞小明,阮静玲. --"全国"新书资讯月刊(在台湾地区发表),2013,173:17 - 25

本文详细介绍世界数字图书馆馆藏唯一一部太平天国出版品《钦定英杰归真》,并兼及美国国会图书馆的9部太平天国馆藏。

2285

世界最大图书馆的中文善本书[J]/范邦瑾.--博览群书,2012,08:42-45

20世纪40年代,王重民受邀到美国国会图书馆鉴定整理馆藏中文古籍,其成果汇集成《美国国会图书馆馆藏中国善本书录》一书。2005年,本文作者应邀参加国会图书馆中文善本数字化整理项目,将王重民未提及的善本古籍继续整理,以《续录》的形式出版。

2286

试论RFID技术在古籍典藏与借阅中的运用[A]/姚捷.--中华中医药学会.第八届中医药院校图书馆馆长会论文集[C],2011

本文论述RFID技术在古籍的典藏与借阅工作中的运用,提出图书馆员的道德责任感是将RFID技术成功运用于古籍保护的关键。

2287

试论传统目录学在明代的发展[J]/张澄.--新闻世界,2011,07:310-311

古籍文献作为中国文化的重要载体,对中国文化的传承与演进极其重要。古籍文献的产生、传播与继承,随着年月及数目的积累,形成了中国文化的深厚底蕴,塑造了华夏民族的精神世界,夯实了炎黄子孙的文化认同。

2288

试论傣医药文献的文献目录学研究[J]/戴翥.--中国民族医药杂志,2012,11:64-67

简述傣医药古籍文献的整理与发掘成果,介绍傣医药文献编目研究概况,分析影响傣医药文献目录工作的原因,探讨运用民族文献学研究方法开展傣医药文献目录学研究的任务和意义,提出建设少数民族医药文献学学科的思考。

2289

试论滇越瑶族文献古籍主要内容及其保护与开发——兼论抢救保护瑶族"道公"祭司文化[J]/龙俣贵.--红河学院学报,2012,03:6-11

瑶族为滇越边境地区的土著民族之一,在漫长的历史发展进程中,不仅创造了自己的语言,而且借用汉字翻译成瑶语记载了本民族的优秀传统文化,曾撰写了本民族文献古籍。其内容涉及瑶族社会历史、语言文字等各个领域。

2290

试论丁文江整理《徐霞客游记》的成就[J]/陈冬冬.--地质学刊,2011,01:109-112

本文主要论述了丁文江整理徐霞客游记的成就,其在"广列众本,考证源流,精选底本""依据文献,考定篇目""重新分卷,以便检索""广泛参考前人成果""多人合作,从事标点、校对"5个方面,均有比较突出的成就。

2291

试论杜定友对四库分类法的批判[J]/杨恒平.--河南图书馆学刊,2011,01:137-139

杜定友先生所著的《校雠新义》对四库分类法进行了批判,认为四库分类法囿于成见,经无定义,子不成家,史不以时,集而无物,但他并未完全否定四库分类法,主张新的统一分类法必须考虑到中国古籍的特殊性,对四库分类法加以改造,使之更合乎图书分类的实际情况。

2292

试论佛教典籍的诠译、整理与保护[J]/心澄.--法音,2012,08:38-43

本文结合教内实际和参学过程中的见闻,就佛典的诠释、整理和保护问题,谈一些粗浅的感受和思考。

2293

试论高校古籍室特征及相应管理措施[J]/丁登花.--科技情报开发与经济,2013,04:25-27

高校图书馆古籍特藏室具有使用率高和需要不断更新两大特征,可通过建立新版古籍库和搭建古籍资源公共平台两个途径更新、充实其文献资料,提高古籍使用率。

2294

试论高校图书馆古籍部的学科馆员服务[J]/宗瑞冰.--上饶师范学院学报,2013,01:109-112

随着科研的深入发展,开展高层次的学

科馆员服务成为高校图书馆发展的大趋势。目前很多高校的古籍阅览窗口并未设专门的学科馆员,而是咨询馆员。本文结合工作实际,就高校图书馆古籍阅览室开展学科馆员服务工作提供几点经验和建议。

2295

试论高校图书馆古籍信息咨询服务的新思路[J]/张华艳,乔敏.--图书馆工作与研究,2012,04:92-95

本文根据工作经验提出古籍信息服务新思路:广泛收集、整合网络免费古籍电子资源;做好读者咨询记录,根据需求建立专题资源库;利用网络信息技术与同行、专家进行交流,帮助读者咨询;积极参与研究课题,为读者提供定题深层次服务。

2296

试论高校图书馆民族文献研究部对员工素质的要求[J]/朱怡钧.--黑龙江史志,2013,13:196

本文从学术性与服务性的角度,分析了高校图书馆民族文献研究部对员工素质的要求,并就如何提高民族文献研究部员工素质进行了具体的阐述与探讨。

2297

试论公共图书馆的古籍保护和修复工作[J]/石小青.--博览群书·教育,2015,04:页码不详

本文就我国公共图书馆的古籍保护和修复工作现状进行研究分析,找出存在问题,并且针对性提出解决措施,以期为我国古籍保护和修复工作进行提供理论参考。

2298

试论古代目录学在学术研究中的作用[J]/林建森.--青春岁月,2014,23:22

古代目录学在学术研究中具有重要作用。本文综合历代学者研究目录学的成果,归纳了古代目录学的三大作用:读书治学之门径、"辨章学术、考镜源流"之工具、古籍整理之依据。

2399

试论古典文献学的现代意义[J]/李雪梅.--

图书馆学研究,2011,13:5-8

作为一门交叉学科,文献学是图书情报领域的一个重要研究方向,对于现代图书馆的理论研究与实践工作具有指导意义。作为传统学科的古典文献学领域,应该注意现代技术和新趋势的走向,方能开拓出新视野和新领域。

2300

试论古籍版本数据库的建设[A]/葛怀东.--首都师范大学电子文献研究所、中国诗歌研究中心、国学传播中心、国学网·第三届中国古籍数字化国际学术研讨会论文集[C],2011

本文以全国古籍普查工作的开展为契机,分析了当前建设古籍版本数据库的重要意义,提出了古籍版本数据库建设的内容及建设原则,并列举了相关古籍版本数据库建设的阶段成果。

2301

试论古籍版式中的鱼尾及其在版本鉴定中的功能[J]/向辉.--版本目录学研究,2015,00:581-593

古籍版式是古籍样式中最为直观的表征,可以用作鉴定的依据,鱼尾即其中细微的一点。

2302

试论古籍藏书钤印的"三性"价值——以吉林省社会科学院图书馆古籍善本藏书钤印为例[J]/初丽,宁勇.--通化师范学院学报,2014,05:71-74

以吉林省社会科学院图书馆古籍善本藏书钤印为例,介绍古籍藏书钤印的历史文物性、学术资料性、艺术代表性三性价值。

2303

试论古籍封面页的源流和作用[J]/袁静,王美英.--高校图书馆工作,2015,03:42-45

古籍封面页历来被冠以不同的名称,用法较多。本文在给古籍封面页名称重新定义的基础上,分析古籍封面页的形成源流,探讨古籍封面页在版本鉴定中的作用,以期为进一步的研究提供线索和依据。

2304

试论古籍目录在地方古代文献收集中的作用[J]/闫毅. --重庆图情研究,2012,02:21-23

本文通过以古籍文献收集的具体事例说明古籍目录对地方古代文献收集之重要,同时针对性地对有关目录的适用范围作简要说明。

2305

试论古籍普查与保护视野下古籍工作的转变[J]/娄明辉. --图书馆理论与实践,2011,06:12-13

古籍普查与保护工作开展以来,古籍文献的整理开发利用、人才的培养与交流、古籍修复以及古籍保护网站和blog的建立等方面都发生了新的转变,研究这些新的变化,才能更好地开展古籍普查工作,促进古籍文献的保护。

2306

试论古籍书志及其特点[J]/骆伟. --山东图书馆学刊,2011,01:90-92+98

综论古籍书志的源流、学者观点及探讨其特点,目的是弘扬我国目录学优良传统,为当代编撰古籍书志抛砖引玉。

2307

试论古籍数字化背景下专业出版社的地位[J]/郑蓉,张磊. --中央民族大学学报(自然科学版),2015,02:46-49

本文对当前专业出版社在古籍数字化出版中的地位问题以及如何实现其应有的主体地位等方面进行论述,以期对出版从业者提供工作思路。

2308

试论古籍置放方式对古籍保护的利弊影响[J]/王小江. --管理观察,2011,24:139-139

古籍典藏中的置放问题是古籍保护的一个重要方面,对于古籍保存的作用不可小觑。基于此,著者尝试以古籍开本形制与古籍置放的关系这一角度来谈谈古籍保护的利弊。

2309

试论古籍装帧设计中的禅境[J]/姚文婷,赵娟. --中国包装工业,2015,06:33

本文主要探讨传统文化下禅境在古籍装帧设计中的表现,并对现代语境下书籍装帧中禅境的发展进行分析。

2310

试论简牍数字化的规范问题[J]/苏卫国,王文涛. --鲁东大学学报(哲学社会科学版),2012,03:55-60

讨论简牍数字化规范问题,需要参考古籍数字化规范的经验与教训,并总结传统简牍出土整理的规律,同时充分检讨现行简牍数字化规范的优劣。在此基础上,简牍学界应主动跟进信息化的总体趋势,推动以元数据标准制定为核心的数字化规范的形成。

2311

试论《脉微》在脉学上的学术价值及其影响[J]/张工彧,李婕,陶承志. --江苏中医药,2012,08:60-61

《脉微》又名《脉要精微》,但序言卷首作《脉微》小序,故以此名为准。本文试图通过对《脉微》的分析,探讨其在脉学上的学术价值及其影响。

2312

试论民国时期古籍版本学的成就[J]/杨钢. --图书馆理论与实践,2011,06:105-108

本文从古籍版本学理论、古籍版本学实践、古籍版本学家三个方面论述了民国时期古籍版本学的成就。明确了民国时期古籍版本学在整个古籍版本学史上的重要地位。

2313

试论民族古籍普查及保护工作的几点思考[A]/玉孜曼. --民族文化宫博物馆编. 中国民族文博(第四辑)[C],沈阳:辽宁民族出版社,2011

本文对限制新疆少数民族古籍保护工作的原因有所介绍,如专业人才缺乏、保护条件不足等,对此地区的古籍普查保护工作新进展进行了浅析。

2314

试论普洱少数民族地区图书馆古籍文献的保护与利用[J]/段萍,吴勇聪. --云南图书馆,2013,04:80-82

本文分析了普洱市普洱市少数民族地区古籍文献资源现状,并对古籍保护的方法和古籍的利用提出了可行性建议。

2315

试论钱基博的文献学研究与贡献[J]/傅宏星. --华中师范大学学报(人文社会科学版),2014,02:140 – 147

文章以钱基博先生的教学实践为背景,分别从目录学、版本学、校勘学三个方面展开论述,重新评价了他在中国文献学史上的卓越贡献。

2316

试论如何加强图书馆古籍保护和利用[J]/徐伟萍. --黑龙江史志,2012,14:75 – 77

本文结合近些年齐齐哈尔市图书馆古籍保护所取得的成绩,试论古籍保护工作的重要意义。

2317

试论少数民族古籍之抢救和保护[J]/姚炳烈. --贵州档案,2011,02:24 – 27

本文从提高认识、明确指导思想、突出重点、加强宣传等方面,讨论少数民族古籍的抢救与保护。

2318

试论手抄本藏文大藏经《甘珠尔》的价值与开发研究[J]/卓玛吉. --丝绸之路,2015,18:39 – 40

本文介绍了手抄本大藏经《甘珠尔》的概况、装帧形式、编排体例、特色与价值,主要阐述了《甘珠尔》的收藏经过。在此基础上提出了网络环境下手抄本藏文大藏经《甘珠尔》的开发利用与研究策略。

2319

试论《四库全书》的编纂及其盐文献[J]/李树民. --盐业史研究,2012,04:55 – 63

《四库全书》采进书多来自盐区藏书家,大量的盐文化圈学者也参与了该书的编纂,它应该最能反映当时的盐文化成果。《四库全书总目》的提要收录了盐政、盐史等盐文献的介绍,但其中的盐业科技、管理等文献不够丰富。

2320

试论《四库全书考证》的学术价值[J]/何灿. --图书馆工作与研究,2013,06:80 – 83 + 87

《四库全书考证》是编纂《四库全书》过程中产生的衍生品,是四库馆臣在校理四库全书时所作的校勘和考证成果的汇集,在四库学、校勘学、考据学、版本学等方面都有极大的学术价值,值得学人进行深入研究。

2321

试论《四库全书总目》诗学批评的特色[J]/门庭. --图书馆工作与研究,2011,03:85 – 87

《四库全书总目》集部诗词类提要是一部颇具规模的诗学批评史纲,在对先秦以来的诗学论著和诗词作品的介绍和评议中,充分体现出直观式、点悟式、摘句式和比较式的诗学批评特色。本文试对此作一简要论述。

2322

试论缩微技术在图书馆古籍保护中的重要作用[J]/宋群. --科技情报开发与经济,2013,10:25 – 26

本文介绍了缩微技术的发展沿革,分析了图书馆应用缩微技术保护古籍的优势以及面临的困境,提出了图书馆应用缩微技术保护古籍的建议与措施。

2323

试论图书馆对其所藏古籍的权利和义务[J]/姚伯岳. --山东图书馆学刊,2014,06:1 – 4

本文从物权法的角度进行分析,认为图书馆对其所藏古籍所享有的权利既不是所有权,也不是版权,而仅是一种权利有限的占有权。图书馆所藏的古籍文献,是国家财产,为全民所有,也应该为全民所用。当前馆藏古籍底本费收取、馆藏古籍复本交换等问题应该尽快得到妥善解决。

2324

试论图书馆古籍保护的历史机遇[J]/邓忠祥. --办公室业务,2013,09:128

本文从中华古籍遗产的概貌和古籍保护的严峻形势出发,根据"中华古籍保护计划"开展后全国古籍保护的新形势和新任务,阐述图书馆古籍保护工作的历史机遇。

2325

试论图书馆古籍修复工作存在的问题[J]/
张晓熹. --科技信息,2011,03:626

本文指出图书馆在古籍修复工作中存在的人员、投入、古籍修复档案建立、职业准入制度和行业标准的建立问题。

2326

试论文献整理在中医优势病种研究中的作用[J]/江凌圳,王英. --中医文献杂志,2012,04:18 – 19

中医在治疗一些疾病方面具有得天独厚的优势,形成特有的优势病种,是目前中医药研究的热点之一。文献整理研究工作,既可以为中医优势病种研究提供病种的依据,又有助于挖掘中医优势病种的特色疗法,应用于临床,对提高临床疗效有重要的作用。

2327

试论无线射频识别技术在中医古籍典藏与借阅中的运用[J]/姚捷. --上海中医药大学学报,2013,06:90 – 92

本文针对古籍保护工作中存在的问题,提倡推广运用无线射频识别 RFID 技术;指出超高频标签技术可有效地加强古籍的保护和安全管理,又可规避目前 RFID 技术本身存在的一些劣势,同时强调图书馆员的道德责任感也是将 RFID 技术成功运用于古籍保护的关键。

2328

试论湘西文化影响下的民族地方文献形成及分布[J]/殷黎. --新世纪图书馆,2011,11:29 – 31

论文论述湘西文化以及湘西民族地方文献的形成和分布,分唐宋、元明清及民国、新中国成立后三个时期分别阐述民族地方文献的形成;综合分析民族文献的分布。

2329

试论序跋在中医古籍丛书研究中的价值[J]/黄晓华. --中医药文化,2012,06:26 – 29

中医古籍丛书的整理,关键在于理清丛书子目源流、汇编思想、编撰体例、学术渊源及版本情况等,而序跋承载的大量信息在其中显示了不可忽略的价值。本文从三个方面探讨序跋在中医古籍丛书研究中的作用,以期能为读者研究提供线索。

2330

试论藏传佛教寺院文献典籍的传承和保护[J]/卓尕措. --青海民族大学学报(社会科学版),2012,04:146 – 148

藏族传统文化的学习和传承基本上都在寺院,寺院不仅承担了文化教育传承的功能,而且还为后世保存了极为丰富的文献典籍。本文就藏传佛教寺院典籍的传承和保护问题作了分析。

2331

试论中医古籍图像与学术传承的关系[J]/胡晓峰,孙清伟. --中医文献杂志,2013,02:32 – 34

中医古籍中的图像是中医文献的重要内容,与中医学术传承密切相关。本文分别从图像与文字、学术传承、中医学术传承的关系,以及图像对中医学术传承的作用等方面论述了中医古籍图像与学术传承的关系。

2332

试述《农政全书校注》的整理成就[J]/金良年. --古籍整理出版情况简报(总 523 期),2014,09:3 – 6

本文从引用文献、校勘方法以及《校注》中的注释等方面论述了《农政全书校注》的整理成就。

2333

试述中医本草古籍图像种类[J]/孙清伟,胡晓峰. --中医文献杂志,2014,02:13 – 16

中医本草古籍图像数量巨大、种类丰富,初步分为药物图、诊断图、经穴图、脏腑图、部位图、理论图、养生图、符咒图、人物图等 9 类。其中,药物图是中医本草古籍图像的主体,数量最多,可分为药物形态图、药物炮制图和药物关联图。

2334

试述中医古籍文献数字化中叙词表的构建[J]/许雯,柳长华,顾漫. --国际中医中药杂志,2015,01:1 – 3

中医古籍叙词表的构建在古代中医药资

源描述、智能检索和知识发现中起着至关重要的作用。本文从中医古籍叙词表的构建思路、方案、相关体系构建 3 个方面探讨了构建中医古籍叙词表的必要性，及其在构建过程中需要注意的问题。

2335

试谈宁夏医科大学图书馆中医古籍整理与保护工作［J］／张丽. --图书馆理论与实践，2011,12:81 - 83

笔者借开展全国古籍普查工作之机，通过工作实践，对宁夏医科大学图书馆现存中医古籍的整理及保护工作的现状进行分析、思考，并对改进中医古籍整理及保护工作提出建议。

2336

试谈支格阿鲁相关古籍文献及其它的收集整理［J］／洛边木果，罗边伍各. --楚雄师范学院学报，2015,01:65 - 70

远古彝族英雄支格阿鲁相关历史、谱牒、史诗文本、神话故事等文献及其他古迹文化的收集整理已有进展，但亟待进一步努力，应整合各地区支格阿鲁史诗版本，做好影像手段和相关文物古迹的搜集整理。

2337

试析高校图书馆古籍文献的保护［J］／高凤春. --中国科技信息，2013,08:173

本文从全面开展古籍普查工作、加强对破损古籍的修复工作、加强原件保护和利用资源的再造、加强古籍的日常保护、加强对专业古籍管理团队的建设几个方面阐述了如何妥善地保护高校图书馆馆藏古籍。

2338

试析辽代《龙龛手镜》的价值［J］／黄文博. --赤峰学院学报（汉文哲学社会科学版），2013,07:19 - 21

《龙龛手镜》为辽代僧人行均所作，全书共四卷，由于未被收入大藏经而刻本稀见，抄本殊鲜。虽然传世量少，但其在字书发展史、俗文字学、古籍整理、音韵、词汇研究、敦煌学研究、中外文化交流史等方面具有重要价值。

2339

试析山西省古籍普查与保护［J］／米丰慧. --卷宗，2011,09:32 - 32

山西是文物大省，但历经时代变迁、岁月磨砺，现存典籍整体状况不容乐观。本文针对山西实际情况，对于古籍普查与保护现状进行一些探索，并提出相关建议。

2340

试析我国古籍数字化出版之主体博弈［J］／王宏. --出版发行研究，2013,09:80 - 82

在古籍数字出版领域，存在图书出版社、数字技术提供商和图书馆（或学校、研究团体）三方主体，三方各拥资源、各具优势，却又相互依存、相互作用。最终这三方将成为古籍数字化出版的联合主体，形成以数字出版转型后的图书出版社为主导的全方位互动合作。

2341

试析彝族古籍的保护［J］／苏俊. --才智，2013,28:231

彝族在漫长的岁月中为我们留下了许多珍贵的古籍文献，然而随着时间的流逝，越来越多的彝族古籍正在遭受着来自自然及人为等方面的损毁，不少珍贵的彝族古籍正面临着失传的危险。文章就彝族古籍留存的特殊性，对其进行针对性保护做一初步探析。

2342

适应未来发展的古籍修复理念及方法［J］／赵小尊，田育星. --陕西档案，2013,01:47

本文论述了古籍修复理念及原则，包括科学性原则、原真性原则、最小干预原则和可辨识及可逆性原则，并详细介绍了古籍修复准备和整修等阶段的方法。

2343

释比经典中古羌蜀羊猪铁交易考释［J］／赵曦，赵洋. --文史杂志，2013,06:32 - 34

聚居四川西部岷、涪江上游的羌族是我国最古老的民族之一。古羌所在地望，也是《蜀王本纪》谓蜀王所居地，即所谓蚕丛始居岷山石室。古羌、蜀均无文字。经过各个方面前后 20 多年的共同努力，2008 年四川少数民族古籍整理办公室出版了《羌族释比经典》,含 500 余部经典。

2344

《释氏要览》引书研究[D]/刘沛.--华中科技大学,2013

《释氏要览》是北宋高僧道诚编撰的一部小型佛教类书,内容主要涉及一些佛教基本常识,后世将它与南宋法云的《翻译名义集》、明代圆瀞的《教乘法数》合称为"佛学三书",为初入法门者的必读之作。

2345

收藏拉祜:一个少数民族研究文献的案例[A]/李国庆.--中国高校人文社会科学文献中心管理中心、兰州大学.第二届中美高校图书馆合作发展论坛论文集[C],2013

本文以兰州大学收藏拉祜族文献为例,对其民族文献展开研究。

2346

收文完备 校点精审——《鲁通甫集》辑校评[J]/许琰.--古籍整理出版情况简报(总488 期),2011,10:18 - 24

本文从古籍保护整理的角度,对 2011 年三秦出版社出版的《鲁通甫集》的成书历史、内容构成、主要特色、校勘工作和学术价值等进行了评点。

2347

手抄本《仁室秘机》的沧桑岁月——对一部明清遗珠外科古籍的探佚[J]/楼绍来.--中医文献杂志,2011,03:15 - 17

明清遗珠外科古籍《仁室秘机》,系手抄孤本,为了家技的保存和实际传承,未见诸各中医书目,推算距今留存已近 200 年。现存 16 卷目录:纲领、统治、众疾、部属、诸窍、内病、诸疮、痼疾、伤寒、妇女、保婴、痧痘、损伤、奇症、里症、杂症等门类,堪称门类齐全。该书图文并茂,基础理论与实践相结合,有研究价值,对于临床有可操作性和可借鉴意义。

2348

手民之误说《四库》[J]/王瑞来.--文史知识,2015,08:122 - 127

今以最近校勘之宋人刘时举所撰《续宋编年资治通鉴》为例,略加订正"手民之误"。

2349

守得"云"开见月明:云时代古籍出版创新[J]/韩亮,郎筠.--乐山师范学院学报,2015,09:134 - 140

传统古籍整理出版存在市场狭小、选题面窄、读者流失、营销薄弱等一系列问题。云时代出版为出版业带来了新的理念、新的模式、新的产业链、新的机遇,其古籍出版创新应在战略上建立用户数据库,组建产业联盟,战术上做到出版内容、形式的差异化,综合运用多种营销手法,实现衍生服务创新。

2350

守护笔尖下的千年文明[J]/卫小溪,侯君梅,雍薇,大霏,大河,萧奚.--世界遗产,2013,04:94 - 105

本文阐释了字画分开、区别对待的古字画修复理念和整旧如旧、不添一笔的古籍修复理念,分别介绍了清代"章氏"诰命四件修复工程和天津图书馆藏周叔弢珍贵敦煌文献修复研究项目,并以问答的形式记录了徐建华和杜伟生两位修复技艺项目传承人的从业经历和专业看法,最后论述了古籍修复和古字画修复面临的 5 个难题。

2351

守护文化:古籍图书专业人才现状调查[J]/林英.--中华文化论坛,2013,04:158 - 162

本文在分析全国古籍人才现状的基础上,以四川调查数据为例,昭示出古籍工作面临的现状和困难,由此提出古籍人才培养工作下一步重点应从制度、经费等方面入手,促进古籍保护工作更好开展。

2352

守望·传承·发展——古籍管理角色探析[A]/陈红秋.--福建省图书馆学会.福建省图书馆学会 2012 年学术年会论文集[C],2012

本文通过剖析古籍编目员、咨询馆员、宣传员、研究员等 6 大角色职能,论述了厦门市图书馆古籍工作人员为应对低读者量所采取的多种措施。

2353

守先待后,保藏国故——复旦大学图书馆古籍保护工作概述[J]/眭骏. --上海高校图书情报工作研究,2014,01:1-4

本文为复旦大学图书馆积极配合国家古籍保护计划,不断完善古籍部软硬件建设等相关工作情况的介绍。

2354

守先裕后——清代江南艺文家族文献建设述说[A]/丁小明,林章松. --倪莉、王蕾、沈津编.中文古籍整理与版本目录学国际学术研讨会论文集[C],桂林:广西师范大学出版社,2013

本文介绍了清代江南艺文家族文献建设之基础动力,论述了该文献整理过程,说明清代江南艺文家族文献建设的具体构成。

2355

首都图书馆古籍善本书目[M]/国家图书馆出版社编. --北京:国家图书馆出版社,2011

本书收录首都图书馆藏善本约6000种,按经、史、子、集、丛部分类,每种图书都著录书名、著者、出版者、出版地、出版时间、卷数等事项。

2356

首届少数民族古籍文献国际学术研讨会论文集[C]/黄建明编. --北京:民族出版社,2012

本书为"首届中国少数民族古籍文献国际学术研讨会"论文集,收录了本次会议来自俄罗斯、德国、法国、英国、土耳其、匈牙利、捷克、澳大利亚、蒙古国、日本、中国内地和港台地区等13个国家和地区50余位专家学者的论文。

2357

《狩缅纪事》校注[D]/高国强. --云南大学,2011

本文前言部分对《狩缅纪事》一书的作者、主要内容、成书与流传、史料价值等作了系统的分析研究;校注(正文)部分则在前人基础上,对该书进行了标点、校勘、补充、注释和考证,希望能最大限度恢复该书原貌,并为读者认识和利用该书提供方便。

2358

书册风雅 古本丹青——元明递修《玉海》书口彩绘本珍赏[J]/李欣宇. --收藏,2011,06:86-88

文章介绍了《玉海》的成书、版本演变、别致典雅的特点,并介绍了其在近代的流传过程。

2359

书法文献学知识对青年图书馆员专业提升的重要意义[J]/王广瑞. --吉林省教育学院学报(上旬),2014,12:58-60

本文介绍书法文献学的基础知识,对涉及书法文献学知识的工作实践举例,指出青年图书馆员学习书法文献学知识的方法和途径。

2360

书画典籍进宫之路:谁都逃不过乾隆爷的手掌心[J]/黄薇. --国家人文历史,2015,15:46-53

清朝内府收藏有继承前朝、民间采买与臣子进贡等方式,也有抄家所得,还有些是画院、翰墨与皇亲自产的。因为收集了大量的书画真品,乾隆帝才能组织编纂《四库全书》《天禄琳琅》《石渠宝笈》等重大文化工程。

2361

书籍装帧设计——中国古籍装帧艺术的现代表现[J]/温子涵. --艺术时尚:理论版,2014,03:98

本文简要介绍了中国古籍装帧艺术的发展过程,把古籍装帧与现代书籍装帧进行比较,阐明古籍装帧对现代书籍装帧的重要意义。

2362

书经存案 翻印必究——古籍牌记略谈[J]/卢雪燕. --故宫文物月刊(在台湾地区发表),2011,337:14-23

(阙如)。

2363

书林录略增新著——《"国立"台湾大学图书馆增订善本书目》评介[J]/赵飞鹏. --"全国"新书资讯月刊(在台湾地区发表),2012,167:14-17

本文是对《"国立"台湾大学图书馆增订善本书目》版本特点和学术成就的评介。

2364

《书林清话》研究论著目录[J]/彭喜双,陈东辉.--中国索引,2015,02:40-44

本目录包括中国大陆、台湾以及日本等地《书林清话》相关研究著作,硕博士学位论文,著作和硕博士学位论文中的相关部分,期刊、论文集和会议论文,网络文章五个部分。时间下限为2013年12月。

2365

书林之盛,图苑之幸——评《新中国古籍整理图书总目录》[J]/李娜华,曾主陶.--高校图书馆工作,2011,05:84-86

本文介绍了《新中国古籍整理图书总目录》类目设置和著录图书,并分析该目录的特点,对该目录给予客观评价。

2366

书目答问汇补[M]/(清)张之洞撰;韦力,李国庆,来新夏编.--北京:中华书局,2011

本书汇集诸家校本(含校刻本、批校本及校语),增补张之洞的《书目答问》。选用清光绪五年(1879)贵阳校刻本作为底本,先录贵阳本正文,次列诸家校语。此外,还编制综合索引,对《书目答问汇补》正文及附录中之书名、作者进行检索。

2367

《书目答问》与《四库全书总目》之比较研究[J]/胡文生.--河南社会科学,2012,07:81-84+108

通过《书目答问》与《四库全书总目》的比较,能够清晰把握中国传统学术现代转型的具体内涵。

2368

书目题跋丛书·藏园群书校勘跋识录[M]/傅增湘撰,王菡整理.--北京:中华书局,2012

本书以收集晚清以来重要、实用、稀见的,尤其是不曾刊行的书目题跋为主,同时适当兼收晚清以前重要题跋专书的整理本或名家增订本、批注本。

2369

《蜀鉴》版本源流考[J]/林英.--中华文化论坛,2015,06:41-44

南宋郭允蹈之《蜀鉴》由于其专记蜀事,包括四川周边地区的历史,具有极高的史学及军事地理研究价值,历来为研究者所重。本文立足其版刻源流,整理自宋迄今著者著录的变化、版本流传的变迁,以馈学者参考。

2370

《蜀语》称谓词条考释[J]/谢晓薇.--时代文学(下半月),2015,03:114-115

我国现存的第一部"断域为书"的方言词典《蜀语》较为完备地记录了当时的蜀方言,对其研究有助于现代四川方言研究。本文选取书中5个有关称谓的典型代表词条,通过古籍文献探求语源,从而确定这些字的本字,并对其在现代蜀方言的存在、运用情况进行说明。

2371

《蜀语》称谓词条续考[J]/谢晓薇.--时代文学(下半月),2015,05:38-39

我国现存的第一部"断域为书"的方言词典《蜀语》较为完备地记录了当时的蜀方言,对其研究有助于现代四川方言研究。文章选取书中称谓词条的余下4个,通过古籍文献探求语源,从而确定这些字的本字,并对其在现代蜀方言的存在、运用情况进行说明。

2372

树立精品意识 开创古籍整理出版新局面[N]/施秀萍.--甘肃日报,2013-03-26003

古籍以文字形式直接记载了光辉灿烂的华夏文明,反映了丰富多彩的民族文化,是华夏文明传承发展的重要载体。做好古籍整理出版,推动华夏文明传承创新区和文化大省建设,是新闻出版业责无旁贷的职责。

2373

数据库在傅山医学文献研究中的应用[J]/温静,穆俊霞,杨继红.--山西中医学院学报,2012,02:2-4

傅山在山西地方医学中占有重要的地位,山西有众多的傅山研究者。建设有特色的傅山医学文献数据库是必要的,可实现对傅山医学文献资源的保护,完善地方中医药信息化平台建设,促进傅山文化的对外发展。

2374

数字出版产业的历史文化承载——以近现代文献资料的数字化开发管理为例[J]/李倩.--编辑之友,2013,06:88-90

鉴于近现代文献资料的珍贵性及其被忽视的现状,文章以近现代文献资料的数字出版和保护为例,阐述数字出版内容的开发、管理路径和历史文化承载意义,对于保护近现代文献资料、丰富数字出版内容、促进数字出版产业发展有一定的作用。

2375

数字出版机构与图书馆合作策略研究[D]/张丽媛.--黑龙江大学,2013

本文指出数字出版机构与传统出版单位的区别、相互融合的发展趋势以及与图书馆的合作策略,探讨了侵权问题出现的原因、表现方式,指出未来版权法发展的方向,提出古籍数字版权合作可行性的设想。

2376

数字档案转存缩微胶片技术应用——古籍抢救和保护[J]/马跃福.--数字与缩微影像,2015,04:15-17

数字档案转存缩微胶片技术为迄今最为成熟的档案文献资料全文真迹存储技术之一。本文以江苏省档案馆数字档案转存缩微胶片工作为例,介绍了工作流程、数据准备、质量监控、安全管理、提供应用等实践经验,提出将数字档案转存缩微胶片技术应用于古籍抢救和保护。

2377

数字古籍"版本"商榷[J]/刘冰,李广龙.--河北科技图苑,2012,05:91-93

数字古籍的"版本"问题是一个值得探讨的学术问题,更是一个有待商榷的"技术"问题。数字古籍的"版本",除了古籍版本本身的实体差异之外,实质上就是古籍被数字化之后所形成的不同格式、不同存在模式和不同实现方式之间的差异,以及相同模式之间

的异同和优劣。

2378

数字古籍修复档案的实践及思考——以天津图书馆为例[J]/万群.--图书馆工作与研究,2013,01:84-86

本文根据国内图书馆古籍修复档案工作实际情况,分析了古籍保护与修复学科领域的专业特征,进而以天津图书馆古籍修复档案建设工作为例,提出创建特色古籍修复档案数据库的方法。

2379

数字化:古籍保护新途径[N]/龙江莉.--云南日报,2012-03-09010

少数民族古籍是中华古籍文化遗产中的重要组成部分,弘扬少数民族优秀传统文化,抢救保护少数民族古籍已成为云南建设民族文化强省的重要工程之一。

2380

数字化古籍对古籍整理与研究的影响[J]/陈爱志.--中华医学图书情报杂志,2011,01:18-20

本文从数字化古籍是古籍整理与研究的基础保证展开论述,阐述了数字化古籍激起古籍整理与研究的新一轮高潮,分析了数字化古籍对古籍目录发展与版本研究的影响。

2381

数字化古籍利用策略研究[J]/方敏.--高校图书情报论坛,2012,02:1-3+21

从传统的管理理念、数字化古籍本身的障碍、用户信息需求方式极端化表现三个方面分析了数字化古籍利用过程中存在的问题,并从加强国家统筹管理、注重复合型人才培养和转变思想观念三方面提出相应的改进策略。

2382

数字化古籍是古籍吗?[J]/牛红广.--兰台世界,2013,23:41-42

数字化古籍又称电子古籍,是计算机信息技术环境下古籍整理数字化成果的存在形式,并不是传统意义上的古籍类型,但数字化古籍这一名称已成为古籍整理数字化成果的

习惯性描述。

2383

数字化过程中的古籍保护问题——"明别集丛刊"项目的工作体会[J]/栾伟平.--大学图书馆学报,2013,03:84-86+121

作者在"明别集丛刊"项目工作中,认识到数字化过程中的古籍保护问题,主要有甄选好底本、选择合适的扫描仪器、采用合适的扫描模式,以及采取合适的图像处理方式,等等。

2384

数字化和古籍日常工作杂谈[A]/马志立.--中国档案学会、中国文献影像技术协会编.2014年海峡两岸档案暨缩微学术交流会论文集[C],北京:中国档案学会、中国文献影像技术协会,2014

本文认为古籍出版物及其阅览与读者息息相关,而书影和图录则有助于编目人员判断既定古籍的版本。作者从古籍出版、古籍阅览、古籍编目三个方面叙述了自己的体会。

2385

数字化生存下的历史文化资源保护与开发研究——以陕西为中心[D]/赵东.--山东大学,2014

本文以历史文化资源极大丰富的陕西省为中心,对数字化方式的历史文化资源保护与开发进行研究,对历史文化资源进行了阐释界定,揭示了当前历史文化资源保护与开发所存在的矛盾,探讨了历史文化资源数字化保护与开发的基础理论。

2386

数字化时代档案与古籍管理互鉴研究[J]/马秀峰.--兰台世界,2012,17:37-38

档案和古籍同出一源,本文通过对两者管理的比较分析,阐释了古籍管理与档案管理中的互鉴内容,并提出规范化管理的建议。

2387

数字化时代的古籍保护策略探索[J]/陈金,杨艳红,赵士斌,吴霆.--产业与科技论坛,2015,13:241-242

本文从古籍的分类与概况、保护历史与现状、古籍数字化的基本概念和数字化时代的古籍保护方法等方面,简要论述了数字化时代下古籍的保护策略。

2388

数字化时代的古籍整理[J]/方广锠.--(在台湾地区发表),2015,02:1-12

本文介绍人机互动古籍整理数字化新技术。

2389

数字化图书编辑中有关中医古籍文献的现代适用[J]/王益军.--中国中医基础医学杂志,2014,01:120-121

本文探讨现代图书编辑的内涵与技术革新、中医图书数字化编辑的重点技术选择、数字化图书编辑中中医古籍文献的价值与应用,以求对数字化图书编辑中中医古籍文献的现代适用性问题加以系统的论述。

2390

数字化中医古籍知识服务的探索与实践[J]/李兵,张华敏,符永弛,李鸿涛,孙海舒,王蕊,李斌,张伟娜.--中国数字医学,2011,01:49-51

文章探讨了如何实现古籍文献信息的知识服务,从中医古籍文献的数字化、支持服务及语义关联三方面对中医古籍文献的知识服务进行探索,引入本体理论,探索构建基于本体的中医古籍知识库,进而实现中医古籍文献由资源服务向知识服务的转变。

2391

数字环境下古籍整理范式的传承与拓新[J]/李明杰.--中国图书馆学报,2015,05:99-110

随着现代信息技术在古籍整理中的深度应用,衍生出一种新的范式类型——古籍知识的数据化整理,即不仅把数字化古籍看作古籍整理的结果,更把它作为下一步古籍整理的数据和素材。新范式将对数字古籍整理和人文社会科学研究方法带来深刻的影响。

2392

数字环境下图书馆的古籍整理与保护[J]/费愉庆.--新世纪图书馆,2014,05:23-26

论文阐述图书馆馆藏古籍的特征及其数

字化的必要性,列举了图书馆古籍数字化及其组织与检索的方法,论述了数字环境下图书馆古籍保护的举措,如制定数字加工处理标准,研发古籍检索与管理系统,大力推进古籍的合作编目等。

2393

数字技术助力古籍复制保护[J]/王赫. --丝网印刷,2014,09:32 - 37

本文从完整性、真实性的角度阐述运用数字技术加强对中华古籍的保护,更契合中华古籍保护和开发的双重需要,有利于中华文化的传承。

2394

数字内容产业背景下的江苏古籍数字资源建设[J]/葛怀东. --新世纪图书馆,2015,09:47 - 50

论文着眼于当前数字内容产业的发展状况以及古籍数字资源建设的新机遇,在介绍江苏省古籍数字资源建设的基础上,有针对性地提出数字内容产业背景下江苏古籍数字资源开发的策略。

2395

"数字人文"内涵与古籍数字化的深度开发[J]/范佳. --图书馆学研究,2013,03:29 - 32

"数字人文"是当代信息技术与人文研究融合而形成的一个新兴研究领域。作为数字图书馆建设重要组成部分的古籍数字化工作,应该充分利用数字人文研究成果,从文本挖掘、GIS 技术、文本可视化和古籍语料库四个方面进行古籍数字化的深度开发。

2396

数字人文:人文学科范式转变新思路[N]/杨敏. --中国社会科学报,2013 - 06 - 24A04

虽然数字技术的应用丰富了学者的研究方法,但不是所有问题都应"数字化解决",数字方法的使用应该遵循因地制宜、量体裁衣的原则。近年来,欧美学界涌现出许多古籍数字化、文献数据库建设等数字人文领域的新项目。

2397

数字时代高校图书馆古籍版本鉴定工作的新设想[J]/付莉. --山东图书馆学刊,2014,04:81 - 83

在完善版本目录和建立书影库的基础上,古籍版本鉴定成果经过整合与共享,可以让用户方便地获取需要的古籍版本信息。高校图书馆面对的读者比较专业,与科研教学的关系更加紧密。因此,高校古籍工作者应利用数字技术为读者提供更加准确的古籍版本信息。

2398

数字时代高校图书馆古籍资源建设——以苏州大学图书馆为例[J]/张敏. --宿州学院学报,2011,08:97 - 99

本文以苏州大学图书馆古籍资源现状和古籍资源建设原则为例,探讨如何将多元化的古籍文献资源融为一体,提出重视原本古籍、影印古籍和电子古籍文献三者的协调互补,开拓新的古籍资源获取方式,开展读者分析培训及跟踪调查活动,加强古籍资源采访团队建设等建议。

2399

数字时代海外中华古籍的回归[J]/张敏,董强. --图书馆建设,2011,09:38 - 40 + 44

传统的古籍回归形式,如实物回归、出版形式回归、影像式回归,在数字时代得到了更好的传承。海内外各收藏机构通过创建古籍数据库、采取信息共享等方式,形成了迥异于传统的新回归模式,为新时期古籍整理与保护工作提供了有益的借鉴。

2400

数字时代中国古典文献学人才培养论[J]/苗贵松,苗地. --科技创业月刊,2015,12:87 - 90

本文在中国古典文献学专业分布、学位授予、研究机构和重点学科统计基础上,结合研究文献和统计报告,考察了中国古典文献学专业博、硕士研究生招生简章、培养计划及本科专业课程,提出分层、分型、联合的"二分一联"三维人才培养方案。

2401

数字图书馆古籍文献资源库建设的思考[J]/石梅. --数字与缩微影像,2012,04:19 - 23

古籍文献资源库建设是数字图书馆文献资源库建设战略的重要组成部分。本文指出应当按照"统一规划、统一标准、合作共建、资源共享"的原则,利用前期成果加速推进现阶段我国古籍文献资源库建设。

2402

数字图书馆建设中的古籍数字化探讨[J]/庄舒蓉. --武汉职业技术学院学报,2012,05:89 – 91 + 94

通过介绍数字化古籍的影像处理、全文资料库建置、机读编目制作、索引编制及网络古籍资源检索等方式,分析古籍数字化过程中存在的影像标准化、古籍应用系统、古籍合作编目、Metadata 及网络古籍资源利用等问题,阐明了古籍数字化及建立有效管理机制的重要意义。

2403

数字图书馆进程中的古籍数字化发展现状研究[J]/徐变云. --图书情报研究,2012,03:44 – 46 + 61

本文结合数字图书馆的相关理论,总结古籍数字化的丰硕成果;指出古籍数字化存在资源重复建设、数字化格式繁多、数字产品价格昂贵等问题;探索我国古籍数字化的发展趋势;指出古籍数字化技术和相关政策法规将会更加完善。

2404

数字图书馆与古籍保护工作[A]/姚捷. --中华中医药学会. 全国中医药图书信息学术会议暨第十届中医药院校图书馆馆长会议论文集[C],2013

本文从基于 RFID 技术的古籍典藏工作和基于知识产权保护和读者方便利用相结合的古籍数字化工作两个方面,介绍了上海中医药大学近年来的相关工作及体会。

2405

数字图书馆与古籍整理的研究[J]/楚玉华. --鸭绿江(下半月),2015,10:262

本文从数字图书馆和传统图书馆管理模式研究出发,探讨了图书馆数字化进程中古籍数字化的意义和相关问题,以期找寻从传统型到数字化两者之间更加契合的关系。

2406

数字文献学的概念与问题[J]/杨清虎. --黑龙江史志,2013,13:203

数字文献学是对传统文献的加工、处理、传播等环节研究的一门新兴综合交叉学科。文献数字化的研究,至今还未形成统一的认识,存在学科界限模糊、人才匮乏等问题。

2407

水书的研究现状及申报《国家珍贵古籍名录》述略[J]/陈琳. --贵州文史丛刊,2011,01:107 – 110

本文介绍贵州水族独有的水书传世、抢救、保护及研究概况,简述古籍保护与贵州省《名录》申报工作,提出《名录》申报中应注意的几个问题。

2408

水书文本整理问题初探[J]/林香,代世萤,张振江. --文化遗产,2013,01:102 – 109

水书在水族民间依靠个人私下手抄传承,进行水书文本整理时应精当地选择底本并仔细校勘,仔细选择水书用字并标注其确切的读音及其性质,精心设计注解体例并详加注释说明水书的内在文化逻辑。

2409

水族铭刻类古籍搜集整理架构述略[J]/蒙耀远. --广西民族师范学院学报,2013,06:15 – 18

铭刻类古籍是前人留下的宝贵文化遗产。当前有的石刻剥蚀严重,或受到人为破坏,铭刻古籍逐渐减少。要将这些文化内涵丰富、民族特色独特的古籍做到古为今用,当务之急就是对其进行搜集整理,拿出翔实的一手资料进行研究、开发利用。

2410

顺序流与流水线两种工作模式在数字存档文献整理工作中的应用[J]/何彦平. --数字与缩微影像,2015,02:7 – 9

文献整理工作是数字存档技术的基础环节,关系到数字存档文献信息的质量和工作效率。数字存档的文献整理工作存在很多特点,需要对其工作模式进行研究。本文从实际出发,验证了顺序流和流水线两种工作模式,在操作人员不同的情况下,收到不同的效果。

2411

说古籍——古籍的年代、范围[J]/李先耕. --历史文献研究,2014,02:3-9

本文首先界定了古籍的定义,指出其与文献、档案的异同,并对其年代提出了自己的看法。文章指出,古籍的上限要超越先秦诸子私学产生的年代直至夏商周三代简帛使用的年代,而其下限一般是"五四"之前,但也可以延长至民国时期用文言文书写并具有传统著述样式的书籍。

2412

《说文解字》阅读检索软件的开发[J]/胡佳佳. --软件,2011,02:9-13+48

以MSAccess作为底层数据库管理系统,采用Delphi开发工具,设计并开发的Windows操作系统下使用的《说文解字》阅读检索软件,包括开卷浏览、部首概况、逐字点读和全文检索四个模块,以便从不同角度满足研究者的阅读和检索需求。

2413

《说文》丧葬类古文字考释[D]/胡虹. --江西师范大学,2013

本文以《说文》丧葬类字为研究对象,试图通过对丧葬类字在甲骨文、金文和小篆时期的不同形体进行对比,并结合古籍文献中的例证,对其进行考释研究。

2414

斯坦福大学东亚图书馆及其地方志、地方文献的典藏和利用[A]/邵东方,薛昭慧. --中国地方志指导小组办公室、中国地方志协会、宁波市人民政府地方志办公室编. 首届中国地方志学术年会方志文献国际学术研讨会论文集[C],北京:中华书局,2012

本文介绍了斯坦福大学图书馆及其东亚图书馆的发展,及其地方志、地方文献的典藏和利用情况。

2415

《四部丛刊》编纂考略[J]/崔建利,王云. --山东图书馆学刊,2011,06:102-103

《四部丛刊》是张元济主持商务印书馆时编辑出版的大型古籍丛书之一。该书全部采用善本影印,对古籍版本的流传及保存具有重要意义。本文以翔实资料对《四部丛刊》的出版过程作了简要考证。

2416

"四部"释义:对古籍整理中一个常见错误的辨正[J]/葛志伟. --新世纪图书馆,2014,04:65-67

晋人荀勖始创图书"四部分类法",与构成"五经四部"专有名词的"四部"在内涵上并不一致。后者是指汉代六艺中《乐》《论语》《孝经》《小学》四类书籍,然而在当前古籍整理中,学者们却习惯于用荀勖所分之四部书籍来解释。事实上是一种误解,兹予以辨正。

2417

《四部医典》入选中国档案文献遗产名录[J]/魏敏. --中医药管理杂志,2015,10:47

本文为由西藏自治区申报的《四部医典》(金汁手写版和16-18世纪木刻版)入选第四批《中国档案文献遗产名录》的情况介绍及意义。

2418

四川古籍保护之现状与思考[J]/林英. --文史杂志,2011,01:26-28

本文介绍四川省古籍保存条件较差、古籍修复工作滞后、古籍保护专业人才匮乏的现状,提出古籍保护经费须纳入地方财政预算、培养人才、加强古籍修复、加强社会宣传等思考。

2419

四川古籍珍品名录[M]/李忠昊主编. --成都:四川大学出版社,2012

本书将散存在四川各个图书馆的古籍善本收集起来,摄成书影,作成提要,加以编排,以全面反应四川省古籍的收藏和使用情况。

2420

《四川科技古文献题录数据库》著录数据校

改举隅——以古籍普查平台为例［J］/何芳. --四川图书馆学报,2014,06:67 - 70

本文针对《四川科技古文献题录数据库》著录数据中存在的一些常见问题的审核校改举例分析说明,以期对数据审核工作有所裨益。

2421

四川省民族医药古籍发掘整理的现状调查及分析［J］/俞佳,张艺,德洛,张丹,刘继林,邓都. --世界科学技术 – 中医药现代化,2013,06:1359 - 1363

本文采用问卷、访谈、文献等研究方法,从文献的资源调查、发掘整理等方面阐述四川省民族医药古籍文献研究现状。根据四川省藏医药、彝医药、羌医药的现状差异,指出民族医药发展忽略文献研究等问题,并有针对性地提出了如何保护与利用四川省民族医药古籍文献的建议。

2422

四川现存科技古籍文献调研分析［J］/罗涵亓,林英. --四川图书馆学报,2015,05:79 - 83

本文对古代科技类文献在文献资料中的分布情况进行简要概述,并对四川现存科技古文献提交数据进行统计分析。

2423

《四库》北宋别集所见书法文献整理［D］/孙东明. --吉林大学,2014

《景印文渊阁四库全书》集部宋人别集中,存有大量的书法文献,这些文献涉及书法的各个领域。通过整理北宋别集中的书法文献,我们可以了解到宋初的书法状况及其形成原因。大量的书法文献不仅是重要的史料,同时也是对书法理论、书法史研究的重要补充。

2424

四库本曹彦约《昌谷集》误收诗文考［J］/尹波. --文献,2014,04:12 - 17

本文对四库本曹彦约《昌谷集》误收诗文进行了对比考据,内容翔实,论据充分,令人信服。

2425

四库本与荟要本《经典释文》的差异及其价值［J］/毕谦琦. --语言研究集刊,2014,01:231 - 248 + 320

本文通过比勘发现,四库本与荟要本《经典释文》有着重要的价值,表现在:一、二者对底本做了大量的校勘,绝不是简单誊录。二、荟要本和四库本有不少差异,荟要本更忠实于底本。三、二者的校勘有较高的参考价值。

2426

四库本《玉篇》版本考［J］/冯先思. --图书馆杂志,2015,08:104 - 107 + 112

本文通过校勘,认为四库诸本所收《玉篇》底本为棟亭本,但是荟要本、文津阁本又经过校勘,增补了泽存堂本的内容。四库诸本经过学者校勘,各个校勘程度不同,有些校勘是校好之后再行缮写,而有些可能是直接在原本增删。

2427

四库撤出本周亮工《印人传》探赜［J］/秦蓁. --史林,2014,06:68 - 72 + 181

《四库全书》原收入周亮工《印人传》,后遭撤出,今北京故宫博物院图书馆藏有至少两部。本文以一种撤出本为线索,叙其撤出之原委,撤出书之处理及存佚情况,并解读其与所据底本之异同,从纂修过程中文本修改的复杂方式,窥见当时文化控制之细节。

2428

"四库分类法"和《中图法》对古籍文献分类的局限与关联探讨［J］/王雪荻,潘薇. --四川图书馆学报,2014,01:80 - 83

本文就"四库分类法"和《中图法》划分古籍文献的关联性及各自局限性进行探讨,试建立二者的对应关系,为古籍文献的统一分类提供依据。

2429

《四库分类法》与《中国图书馆分类法》比较研究［J］/邓维维. --情报探索,2014,11:127 - 131

本文根据图书分类工作实践,从历史沿革、列类原则、标记符号、类目设置等方面对《四库分类法》与《中国图书馆分类法》(第五版)进行了比较研究,总结了两部分类法之间的相同与差异,提出相关建议。

2430

四库馆臣的杜诗学观念[J]/张娇.--剑南文学(经典教苑),2013,03:74-75

《四库全书》所收录的杜集以及四库馆臣撰写的《四库全书总目提要》,在杜诗学史上占有重要地位,对杜诗学的发展意义重大。对其考察,可探讨出四库馆臣的杜诗学观念。

2431

四库馆臣对《皇览》的考辨得失[J]/戴建国.--图书情报工作网刊,2012,08:56-60

本文针对四库馆臣对《皇览》的考辨,分析其得失:类书起源于《皇览》,是为至语;但对《皇览》最初归属的部类考辨不够。指出作为类书之祖的《皇览》,编于曹魏时代,最初归属丙部的皇览簿。

2432

四库馆臣对李白《胡无人》的改动及其效果[J]/张佩.--文献,2011,02:198-201

李白《胡无人》是一首描写汉家将士出征,同胡兵展开激战的战歌。本文重点研究四库馆臣对该诗歌在编纂过程中的改动,分析其改动效果,对当代李白诗学研究、四库研究都有极大的参考价值。

2433

四库馆臣辑佚宋人笔记的成就——以辑佚《永乐大典》所载宋人笔记为例[J]/赵龙.--图书馆理论与实践,2012,09:45-48+66

编纂《四库全书》时,四库馆臣从《永乐大典》中辑录了37种宋人笔记,多是旧本久佚或湮没不传者,或可补史传之阙、于考证有益者。此外,还对宋人笔记做了大量的校正工作,为后人的深入整理与研究打下了坚实的基础。

2434

四库馆臣论西学——文明碰撞与冲突下的抉择[J]/陈晓华.--传承,2012,07:54

在传统儒家礼义道德下成长起来的四库馆臣面对中西文明碰撞冲突、西学走入各阶层的事实,以及乾隆希冀总结西学来确立西学导向的意志,采取"节取其技能,禁传其学术"的方针,即否定西学的学理,采纳西方的科技,并认为西学本源自中学。

2435

四库馆臣《明文衡·提要》思辨[J]/郭玉.--三门峡职业技术学院学报,2014,02:89-92

本文对《明文衡·提要》的谬误进行辨析,其中包括,《明文衡》是一百卷,四库馆臣或言九十八卷,或言一百卷,所言抵触,在于失审。《明文衡》文体四十类,四库馆臣谓三十八类,原因在于抽删了"檄",漏掉了"议",等等。

2436

四库馆臣评价唐庚之考辨[J]/李厚琼.--内江师范学院学报,2015,09:39-46

《四库全书总目》在评价唐庚及其与苏轼、苏辙关系上,颇多失实之处。本文以为,唐庚尽管对张商英执弟子之礼,但其政治主张有其独立品格,文艺思想紧随苏轼,是苏轼身后力扛元祐文学旗帜的重要作家。

2437

四库馆臣所言《大学衍义》成书时间申论[J]/李昇.--四川师范大学学报(社会科学版),2014,06:114-118

《大学衍义》是南宋著名理学家真德秀编纂的一部重要理学著作,但其成书时间却有三种不同说法,其中以四库馆臣提出的宋理宗绍定二年(1229)说最为可信,但馆臣未深入论说,故作此文以辨是非。

2438

四库馆臣研究[D]/菅广慧.--首都师范大学,2011

四库馆臣通过层层选拔才得以入馆修书,使许多散失亡佚的古书得以重新复出,残缺脱误的典籍得以校勘整理。他们的工作既为后世留下了许多可资借鉴的成果,又为我们今天批判地继承传统文化遗产提供了便利。

2439

四库馆开、闭馆时间考[J]/张升.--图书馆杂志,2011,12:74-78

《四库全书》清乾隆三十八年(1773)二月二十一日正式开始编修,稍后四库馆开馆;前四部《四库》清乾隆四十九年(1784)十一月修成,随后四库馆闭馆。四库馆是为前四部《四库》而设的,前四部《四库》修成即撤馆。

2440

四库馆私家抄校书考略[J]/杨洪升.--文献,2013,01:56-75

文章以《四库全书》抄校馆书考开篇,探讨抄校馆书的途径与方式,分析抄校本的特点与价值,并论述了抄校馆书的意义。

2441

四库馆中的江苏学人[J]/臧其猛.--江苏地方志,2014,01:38-42

本文通过对四库馆中的江苏籍学人的梳理,力求展示江苏学子在四库编纂中所作出的贡献和成绩。

2442

四库集部分类与经学价值观[J]/关万维.--深圳大学学报(人文社会科学版),2012,04:120-124

经学对四部分类法产生过重要影响。从文献学角度分析经学价值观在集部分类的影响,其表现是不同的,如集部分类法的二元性、对楚辞单立一类原因的分析、四库馆臣对宋元词曲的轻蔑充满着政治功利主义思想等,这些都或隐或显地呈现出经学价值观的影响。

2443

四库辑本《直斋书录解题》评述[J]/张守卫.--图书馆理论与实践,2012,06:33-38

四库辑本《直斋书录解题》是清修《四库全书》时,四库馆臣从《永乐大典》中辑出,并详加考核,纠谬补阙,胪列异同而辑修成的,对保存和传播《直斋书录解题》起了极大的作用。但囿于所见,亦存在辑佚未尽,考订未尽允当之缺陷。

2444

《四库简目》文渊阁、文津阁两钞本异同优劣小考——以经部为例[J]/周录祥.--图书馆理论与实践,2013,04:75-79

《四库全书简明目录》是重要的古典目录学著作。学界目前对《简目》文渊阁抄本、文津阁抄本缺乏应有的研究。通过比勘,可发现两个版本为同一系统,相似颇多,而津抄本文字讹误较多,价值不如渊抄本,但皆可校正通行本《简目》的许多讹误。

2445

四库禁书的研究史回顾(1883-2010年)[J]/宁侠.--阴山学刊,2011,06:27-33+1

四库禁书乃乾隆朝纂修《四库全书》期间的禁书活动与所禁书籍之简称。本文回顾了百余年来在禁书书目汇辑、禁书活动过程、禁书期间文字狱、禁毁书等方面的研究成果,提出现代研究还需充分解读档案材料,转换视角,进一步研究禁书原因、"禁书"概念、禁书过程。

2446

四库缥缃万卷书[M]/张子文编.--台北:台湾汉学研究中心(台湾地区),2012

"缥缃"二字原是古代包书的绢帛,引申为珍贵书籍之义。本书介绍了台湾汉学研究中心藏书中与四库全书相关的珍贵古籍,约计140种。全书分为各省疆吏进呈本、四库底本、四库正本或初写本、文澜阁四库全书本、传抄四库全书本5类,并附有彩色书影。

2447

四库七阁清代馆藏典范之作[J]/拉雅.--中华民居(上旬),2014,04:31-39

本文追溯《四库全书》七阁存藏的历史。

2448

《四库全书》版本调换问题的新例证——基于《四库全书初次进呈存目》的探究[J]/马君毅,赵望秦.--学术探索,2015,03:92-96

在《四库全书》的编纂过程中,有些先被著录入《四库全书》并由四库馆臣撰写提要的图书,后来发现了同书的更好版本,进而调换,本文以此为基础展开论述。

2449

《四库全书》背后的故事[J]/曹巍,周中梁.--中国图书评论,2013,11:107-109

本文介绍《四库全书馆研究》的内容,讲

述《四库全书》背后鲜为人知的故事,包括四库馆设在何处,馆臣如何上班,如何分工等,还发掘了四库馆背后的多种现象,以及运作过程中存在的诸多复杂变数。

2450

《四库全书》本《诚意伯文集》底本考——以文渊阁本、文津阁本、荟要本为例[J]/张春国,江庆柏. --图书馆杂志,2014,11:82 – 86 + 75

通过对《四库全书》本《诚意伯文集》与该书现存其他版本进行校勘,分别从《四库全书》本《诚意伯文集》之底本来源等四个方面讨论,发现《四库全书》本之底本为正德本而非成化本。

2451

《四库全书》本宋曹彦约《昌谷集》误收陆游文[J]/王政. --文献,2013,02:191

《四库全书》"别集类"宋曹彦约《昌谷集》卷七收《与尉论捕盗书》一文。此文实为陆游文。

2452

《四库全书》本《唐才子传》考略[J]/史广超. --郑州航空工业管理学院学报(社会科学版),2012,02:1 – 4

《四库全书》本《唐才子传》是四库馆臣以《永乐大典》"事韵""姓氏"中文字缀合而成的。与《永乐大典》原文及元刊本相校,《四库全书》本在体例和文字方面均有改动,但其中异文对《唐才子传》校勘的价值不大。

2453

《四库全书》本《艺文类聚》考论——以文渊阁本与文津阁本为例[J]/孙麒. --图书情报工作,2011,07:142 – 146

通过对《四库全书》本《艺文类聚》与该书现存其他版本进行校勘,发现《四库全书》本之底本为原藏内府之明万历十五年(1587)王元贞刻本。底本进呈之时已经过校勘加工,文渊阁本、文津阁本在誊录过程中,均再次经过校订与复核。

2454

《四库全书》编录小说的几个隐在原则[J]/何春根. --九江学院学报(社会科学版),2015,

01:40 – 44 + 51

四库馆臣在编纂《四库全书》时,对小说的去取非常严格。大体遵循了四个原则,即崇真斥伪、贵古贱今、尚雅去鄙和选精去粗。

2455

《四库全书》编修中的助校现象[J]/张升. --编辑之友,2011,10:105 – 106

助校,是指代人校勘。清乾隆年间开四库全书馆,吸引全国许多士子来北京投机,而馆臣乘机延致士子于家中以助校勘。馆臣得士子襄助,而士子亦得间接参与修书之事,双方各得其宜。助校的工作,不只是校书,还包括编辑、整理、考证、誊录等。

2456

《四库全书》编撰方法初探[J]/张进英. --兰台世界,2013,20:154 – 155

本文对《四库全书》的编撰方法做初步探讨,以期得出政府主导这一方法的合理性。

2457

《四库全书》编纂的起因[J]/姜琳. --文学教育(中),2011,05:117

《四库全书》是乾隆皇帝亲自组织编纂的一部丛书。1772 年开始,经十年编成。丛书分经、史、子、集四部,装订成 36000 余册,保存了丰富的文献资料。这部典籍的编写与当时的政治、经济、文化等各方面的政策有关。

2458

《四库全书》不收《聊斋志异》考析[J]/贺根民. --蒲松龄研究,2011,02:32 – 39

《四库全书》是国家文化政策的具象折射,反映乾嘉时期黜虚尚实的学术风气。本文考析了托志幽冥的《聊斋志异》未被收录《四库全书》的原因。

2459

《四库全书》残本《庐山记》的文献价值[J]/李勤合,滑红彬. --图书馆杂志,2014,03:109 – 112

本文认为《四库全书》残本《庐山记》相较日藏宋本《庐山记》五卷足本,虽然内容不全,但因为它有自己的独立可靠来源,因而具有重要的文献辑佚和校勘价值。

2460

《四库全书》撤出本的出现及原因[J]/李士娟. --紫禁城,2013,09:131-142

《四库全书》撤出本是在《四库全书》已经编纂、缮抄数部并已分贮各阁之后,依然检查出有的书有"违碍字句",因此再行撤出或销毁。本文叙述《四库全书》及入藏七阁、撤出本撤出地点、各馆收藏情况,着重分析了这些书籍撤出原因。

2461

《四库全书》撤出本考辨[J]/李士娟. --中国典籍与文化,2011,01:78-83

四库全书撤出本是在《四库全书》已经编纂、缮抄数部并已分贮各阁之后,依然检查出有的书有"违碍字句",因此撤出或销毁,撤出书共十一种。本文就被撤出的周亮工五种书和吴其贞的一种书的撤出地点及撤出原因进行了分析探讨。

2462

《四库全书》撤出本中李清诸书被撤原因辨析[J]/李士娟. --故宫学刊,2015,01:366-377

《四库全书》再行撤出或销毁的书籍,共十一种,其中李清著作占四种。本文拟就李清这四种书籍的内容做一分析,探究撤毁的真正原因,这一点对研究《四库全书》的编纂、禁书及重检等都有重要意义。

2463

《四库全书初次进呈存目》再探——兼谈《四库全书总目》的早期编纂史[J]/刘浦江. --中华文史论丛,2014,03:295-330+397-398

本文主要利用四库档案文献探讨此书之来历及编纂成稿时间。在此基础上,通过考察该稿本与提要分纂稿的关系,进而分析两种四库进呈本提要稿以及翁方纲手稿中保留的两份校阅单,对于《总目》早期编纂史获得了若干新的认识。

2464

《四库全书》的编纂与影印之我见[A]/肖东发,周悦. --故宫博物院故宫学研究所.宫廷典籍与东亚文化交流国际学术研讨会论文集[C],2013

本文指出在已经有电子版、光盘版和网络版《四库全书》的情况下,多家出版社还要重复影印这部大书无疑是一种浪费,而20世纪30年代商务印书馆精选确有价值的"罕见本",发行《四库全书珍本》的态度和做法值得提倡。

2465

《四库全书》的历史考证研究[J]/刘文红. --兰台世界,2014,17:158-159

本文主要从《四库全书》产生的背景、纂修经过、历史考证研究、主要内容、意义及历史地位等五个方面来对其进行研究,为《四库全书》的更深研究及交流作进一步的补充。

2466

《四库全书》的誊录[J]/陈佳. --中国书法,2013,04:191-193

本文介绍了编撰《四库全书》中的誊录工作。

2467

《四库全书》阁本所据底本考[J]/张春国. --图书馆工作与研究,2015,05:76-81

本文以六种明别集为例,探讨了《四库全书》七阁本所据是否同一底本问题,得出结论:现存四库底本情况复杂,需个别讨论;有些底本乃抄补文渊本而成的新底本;阁本与阁本之差异也可能源于所据底本不同等等。

2468

《四库全书》古今谈[J]/北风. --炎黄纵横,2013,03:52-53

文章介绍了《四库全书》的内容、分类、收藏情况,然后回顾了文溯阁《四库全书》的坎坷经历,最后抒发了阅览到电子版《四库全书》的感慨。

2469

《四库全书》官员献书群体考略[J]/吴元. --图书馆工作与研究,2015,03:70-75

私人进呈本是纂修《四库全书》的主要来源之一。本文对《四库全书》官员献书群体作更为细致的划分,有助于我们更好的看待征书令下社会各阶层的反应。

2470

四库全书馆研究[J]/张升.--中国图书评论,2012,04:130

本书为系统研究清朝四库全书馆的论著。在继承前人研究的基础上,进一步发掘、分析相关文献资料,对四库全书馆研究中的难点、重点问题进行了深入研究。

2471

四库全书馆中的山东士子[J]/菅广慧.--首都师范大学学报(社会科学版),2011,S1:116-119

在《四库全书》纂修过程中,有360人在四库馆中任职,其中包括一部分山东人,如刘统勋、刘墉父子,窦光鼐、窦如翼父子以及周永年等,他们从不同方面为《四库全书》的纂修做出了相应的贡献。

2472

《四库全书》和琉璃厂的兴衰[J]/智效民.--中国新闻周刊,2011,35:82

乾隆皇帝为了编纂《四库全书》,下令征集天下图书,于是全国各地书商纷纷携带书籍来到琉璃厂售卖,琉璃厂进入鼎盛时代。琉璃厂的兴衰也反映了中国文化的命运。

2473

《四库全书》和《四库全书目录新编》[J]/刘树桢,张金龙,张燕娥.--沧州师范学院学报,2015,02:30-34

文章第一部分追溯《四库全书》的编纂缘起和经过,第二部分介绍《四库全书目录新编》所做的工作,包括变经、史、子、集四部为文化、思想、政法、科技四编,加强对收入各书作者的介绍、对部分收入之书的评介做改写和充实,更正因避讳而更改的人名、书名等。

2474

《四库全书荟要》史部提要考订[J]/王婷.--新世纪图书馆,2014,10:77-79

论文以史部提要为例,将《荟要提要》与它本《四库全书》提要作一综合比对,以《荟要提要》证《四库全书》提要之误,也以《四库全书》提要证《荟要提要》之误。

2475

《四库全书荟要提要》与《四库全书总目》学术立场差异考论[J]/江庆柏.--文史哲,2012,06:136-141

《四库全书荟要提要》与《四库全书总目》在学术立场上存在许多差异,在纂修思想上也存在很大差异。《总目》对汉学过度颂扬,对宋学相应贬抑,有个观念演化逐步强化的过程。分析《荟要提要》与《总目》的差异,可以更好地从发展的角度来研究《四库全书总目》。

2476

《四库全书荟要》与《四库全书》所采通志堂本书目比较分析[J]/吴婷.--语文学刊,2012,21:5-6+14

《四库全书荟要》采《通志堂经解》本图书达96种,《四库全书》中同名书的版本项只著录其来源,二者底本是否为同一版本值得关注。本文通过比勘校对,对《四库全书》中同名书的版本情况作一说明。

2477

《四库全书荟要》与《四库全书》所采《永乐大典》本书目比较分析[J]/吴婷.--文教资料,2012,26:151-153

《永乐大典》的辑佚在清修"四库"工程中占很高的地位。"《永乐大典》本"是《全书》版本选择的一个特点,《荟要》作为精选本亦不例外。然而二者在同书的版本使用中却出现不同的著录情况。兹据"《永乐大典》本"的采用情况试作一分析。

2478

《四库全书荟要总目提要》研究[D]/吴婷.--南京师范大学,2013

本文主要通过《荟要总目提要》与《总目》的比较,试图探讨其性质及特点,讨论《荟要》选书的原则,具体分析了"通志堂本"图书的采录,并对二者图书版本著录情况作一分析。

2479

《四库全书简明目录》经部易、书、诗、礼四类订误[J]/胡露.--图书馆理论与实践,2014,01:54-57

《四库全书简明目录》充分吸收了《四库全书总目》的精华,是重要的古典目录学著作。学界一般认为其体例简明，几乎无瑕可指，实际其文字也存在许多问题。本文根据其文渊阁、文津阁两抄本、《四库全书总目》及四库所收书，订正其经部易、书、诗、礼四类的各种讹误。

2480

《四库全书》焦公资料集录——兼谈《四库全书》及类书的使用[J]/汤水源. --图书情报研究,2013,03:54 – 61

本文以"焦公资料搜集"为例，详细列举搜集到的原始与引用资料，介绍《四库全书》及类书的编制体系及使用，并论及读书治学方法和读者服务技巧。

2481

四库全书今何在[J]/麦子. --今日民航,2012,10:93 – 96 + 92

《四库全书》涵盖了18世纪中期以前中国文化的基本典籍。历经200多年的时代变迁，七部《四库全书》现在仅留存下三部半，珍藏于台北"故宫博物院"的文渊阁本是《四库全书》的第一部完成本。

2482

《四库全书》经部宋人易书十种底本考[J]/杨洪升. --图书馆杂志,2012,09:89 – 94

《四库全书》对我国传统学术影响广泛而深远，考证出其所收录各书的底本是客观认识、深入研究、合理利用该书的前提条件。本文兹择其经部所收宋人易书十种求教于方家。

2483

《四库全书》经部文献中的伏羲史料考辨[D]/漆晓勤. --西北师范大学,2014

本文以文渊阁本《四库全书》为主要资料来源，对经部文献中涉及伏羲的一些史料进行了详细的考辨，并以考古实物为佐证。

2484

《四库全书》经部易书七种底本考[J]/杨洪升. --图书馆杂志,2011,01:76 – 79

《四库全书》对我国传统学术影响广泛而深远，考证出其所收录各书的底本是客观认识、深入研究、合理利用该书的前提条件。笔者择出经部先唐易书七种，求教于方家。

2485

《四库全书》拒收《聊斋志异》原因探析[J]/韩田鹿,马肖燕. --三峡大学学报（人文社会科学版）,2011,01:34 – 37

本文从清代的文化政策、纪昀的个人原因以及编纂《四库全书》目的和采书标准三个方面来分析评述了《四库全书》不收《聊斋志异》的原因。

2486

《四库全书考证》的成书及主要内容[J]/张升. --史学史研究,2011,01:111 – 118

《四库全书考证》是汇编、加工黄签而成的。其所收的考订，既包括讹、衍、阙、倒置等一般问题的校正，也包括史实、观点等的校正。尽管相对于《四库》书的所有考订而言，《四库全书考证》所收很有限，但其文献价值应该得到充分的肯定。

2487

《四库全书》两百年沉浮跌宕[J]/吕济民. --东方收藏,2013,04:93 – 94

文章介绍《四库全书》的编纂背景、内容、设计、版本情况等，以及七个版本各自的遭遇和目前的保护利用状况。

2488

《四库全书目录新编》序[J]/何香久. --沧州师范学院学报,2014,04:126 – 128

文章先介绍《四库全书总目提要》的编纂缘起、其成书经历的三种形态、《总目》的分类原则以及存在的若干问题，然后对《四库全书目录新编》的长处进行了评介。

2489

四库全书清人别集纂修研究[D]/陈恒舒. --北京大学,2013

本文讨论《四库全书》纂修期间清人别集的采进、禁毁、别择、编校、删改以及拟定提要等一系列问题，并从中透视《四库全书》纂修研究中一些尚未厘清的问题，同时通过清人别集来重新审视《四库全书》的价值与缺陷，希望借此推动"四库学"的发展。

2490

《四库全书》史部未著录之陶宗仪著述考辨

[J]/余兰兰. --学术论坛,2012,08:85 - 89

《四库全书》共收录陶宗仪著述八种,其中史部著录两种。另有五种署名为陶宗仪的史类著述不见于《四库全书》史部著录而见于他书记载。通过考辨可以发现,这五种著述中的两种具有重要的史料价值,今存多种版本;一种已亡佚;一种非其著述;还有一种无法确考。

2491

《四库全书》始作俑于康熙[J]/叶薇. --现代语文(学术综合版),2013,05:30 - 31

《四库全书》纂修的缘起可追溯到康熙早年,有相关文献记载为证,反映了清代统治者一以贯之的文化政策。

2492

《四库全书》书前提要比对系统设计[J]/周生龙,吴相锦. --图书馆工作与研究,2015,06:26 - 28

本文以《四库全书》书前提要为背景,提出了比对系统设计方法和算法实现。比对系统在实现电子化的基础上,能为研究者提供快捷方便的图像信息定位、图像信息关联以及书前提要图像的处理,为提要研究提供方便有效的比对工具。

2493

《四库全书》所存《原本广韵》成书来源考[J]/刘芹. --中国典籍与文化,2013,04:84 - 89

本文通过《原本广韵》与《重修广韵》《覆元泰定本广韵》比较研究,考证《四库全书》所存《原本广韵》成书晚于《重修广韵》,来源于明内府刊版删削,最早所据底本可溯至元元贞乙未明德堂本。

2494

四库全书所收《玉台新咏》底本非宋本考[J]/傅刚. --中国典籍与文化,2013,02:83 - 91

《四库全书》所收《玉台新咏》向称宋本。本文通过比勘,认为这部号称宋本的《玉台新咏》,实为明末赵均覆宋本。本文还提出,凡在《玉台新咏考异》中称"宋本"者,大多与赵本特征符合,而不合陈玉父本。

2495

《四库全书》所载岳飞墓庙资料研究[D]/陈艳云. --南昌大学,2014

《四库全书》的纂修建立在历代文献积累的基础上,堪称"千古巨制,文化渊薮",因此研究岳飞墓庙资料在其中的分布情况非常必要。

2496

四库全书琐谈[J]/陈四益. --贵州文史丛刊,2013,03:11 - 18

本文以新的视角、新的理念对清代编纂《四库全书》的目的、成立的机构、人员,所选经典的收集、删削、篡改进行评述,以及历代有识之士对这部巨著的评价,为读者提供了新的思考。

2497

《四库全书》提要比较研究[D]/王婷. --南京师范大学,2014

本文主要比较《四库全书》史部九种提要之间的差异。

2498

《四库全书》提要比较研究的回顾与考略[J]/王婷. --图书馆研究与工作,2013,03:65 - 69

《四库全书》提要稿包括分纂稿、汇总稿、书前提要和《总目》提要四大类。文章将前人对《四库全书》提要的比较研究作一回顾,分为专书研究、论文研究以及台湾、海外关于《四库全书》提要的研究,对如何进一步深入《四库全书》提要比较研究,提出自己的看法。

2499

《四库全书》提要稿之比对研究——以《汉书》为例[J]/王婷. --文教资料,2012,26:148 - 150

本文从《四库全书》诸本提要稿中辑出有关《汉书》的提要,按照先后顺序将不同之处罗列出来,并按照《汉书》书名、卷数、内容、诸人评价等一一比对,从而对《四库全书》提要稿的综合研究作一浅论。

2500

《四库全书》提要关于王学及王学批评的比较研究[J]/鲁秀梅. --文教资料,2013,31:100 - 102

本文经过比较,认为清初统治者最终摒

弃王阳明心学，选择了独尊朱熹理学，因此《四库全书》对于王阳明及王学的批评是一以贯之的。然而，通过对各提要的比较可以发现，其表现程度不一，且《简明目录》对于王阳明及其学术的评价较为中正。

2501

《四库全书》西学收录状况对中国史料学的影响[J]/陶继波，崔思朋，董昊.--哈尔滨师范大学社会科学学报,2014,04:166-168

《四库全书》分经、史、子、集四大类，囊括当时几乎所有的著作。编订此书虽存在统治者维护统治、消除反对思想等目的，但不能忽视其历史价值。文章结合《四库全书》与西学关系进行研究，通过书中关于西学的记录看其对中国史料学的影响。

2502

《四库全书》研究资源数据库建设概况[J]/李芬林.--甘肃科技,2013,19:105-106+29

"《四库全书》研究资源数据库"以数据库形式全面反映《四库全书》及相关研究资源，在国内尚属首次。本文论述了该数据库的建设基础、历史背景、建设原则、类目设置以及该数据库对建设甘肃文化大省的重大意义。

2503

《四库全书·医家类》的几个问题[J]/杨东方，刘平，周明鉴.--安徽中医学院学报,2011,02:13-16

四库本医学典籍已多次被整理出版，但《四库全书·医家类》仍存在以下问题：收录医书存在遗珠之憾，《脉经》等经典著作没有入选；收录的部分版本值得商榷；部分《永乐大典》本属于误辑，《苏沈良方》等医学原本仍然存世。

2504

《四库全书·医家类》各代医籍分布情况及其成因[J]/杨东方，黄作阵，周明鉴，科尔沁夫.--辽宁中医药大学学报,2012,02:34-36

《四库全书·医家类》收入医书97种，但各代医籍数量差距很大，如宋代医学典籍著录多达24种，而医籍总量更多的明代才著录23种，说明各代医籍的分布情况并不是简单

的数字问题，而是隐藏着馆臣的学术观点及政治考量，值得深入研究。

2505

《四库全书·医家类》与四库学研究[J]/杨东方.--贵州文史丛刊,2013,01:14-17

医家类位居《四库全书》子部十四家的第五位，地位获得极大提高。有鉴于此，对医家类全面系统地研究具有重要的学术意义，可以弥补宏观笼统研究《四库全书》之遗漏，补充、细化，甚至改写宏观四库学的某些结论。

2506

《四库全书》易类书前提要优长处举证[J]/葛焕礼，王娟.--山东图书馆学刊,2013,04:100-105

本文在系统比勘中华书局本《四库全书总目·易类》和相应文渊阁本书前提要的基础上，录列书前提要优长处多则，并作辨证，以见《总目》之误。经统计，两种《易》类提要差异间所呈现之正误状况，亦略可确知。

2507

四库全书余韵[A]/汪家熔.--故宫博物院故宫学研究所.宫廷典籍与东亚文化交流国际学术研讨会论文集[C],2013

介绍明代皇帝朱棣编纂《永乐大典》及清代乾隆皇帝弘历编纂《四库全书》的相关史实，以及《四库全书》成书后馆藏情况及珍品。

2508

《四库全书》与藏书阁[J]/王春江.--审计月刊,2014,05:52

耗时12年，用纸6000刀、楠木函盒6144个，原大原样原色复制品文津阁本《四库全书》，在扬州天宁寺文汇阁向公众免费开放。

2509

《四库全书》与集部注本[J]/周金标.--淮阴师范学院学报（哲学社会科学版）,2011,05:657-662

《四库全书》收录一百多部集部注本，通过考察可以探寻其收录和著录的大致准则，亦可窥见学术发展的概况和一时的文学风尚。《四库提要》对集部注本的批评，包含丰富的注释学思想，至今仍有现实意义；而其苛

评、误评也反映了乾嘉学者的学术缺陷和不足。

2510

《四库全书》与四部分类浅论[J]/罗严珍. --襄樊职业技术学院学报,2011,03:135 - 137

本文介绍中国古代图书分类的源流与四部分类的形成,并从《四库全书》编撰的背景与原因、编撰规模庞大、编撰质量与学术价值、《四库全书总目》在目录学方面的巨大成就等方面阐述《四库全书》是中国古代四部分类法之集大成。

2511

《四库全书》与文化闭关探析[J]/蔡怀舜. --江苏教育学院学报(社会科学),2011,04:96 - 100 + 141

本文从《四库全书》角度,对乾隆禁教、修书在整顿中国文化思想方面以及《四库全书》的问世对中国文化流向的影响进行论述,阐明它是乾隆闭关政策在中国文化领域的产物,从而对《四库全书》作出新的认识。

2512

《四库全书》与文化管理思想[J]/付宝新,陈学平,王忠伟. --辽宁科技大学学报,2015,S1:220 - 234

本文阐明了《四库全书》这部历史巨著文化意义重大,其撰写过程体现了统治者的文化管理思想,编纂过程历往十年,涉及人员数千,书籍内容丰富,卷帙浩繁,历史影响巨大。其编纂、流转、保护的历史经验值得今人借鉴。

2513

《四库全书》与扬州马氏[J]/刘勇. --档案与建设,2014,04:40 - 42

本文通过乾隆三十八年(1773)有关编纂《四库全书》的 9 份折件,试图分析清代扬州地方官员、商人特别是马氏家族对该书编纂作出的重要贡献。

2514

《四库全书》与浙江士人[J]/吴育良. --兰台世界,2013,04:112 - 113

本文介绍了浙江士人在《四库全书》编纂、献书、补书、护书中作出的贡献。

2515

《四库全书》寓禁于修与清代戏剧禁毁[J]/乔丽. --浙江艺术职业学院学报,2012,03:40 - 46

清代是戏曲最为繁盛的时期,也是戏曲遭到禁抑打击最为严酷的时期。乾隆皇帝借修纂《四库全书》寓禁于征、寓禁于修掀起了清代戏剧禁毁的高峰。这种有序组织、上下协作查禁戏曲的政府行为,给戏曲带来极大打击,但戏曲在如此酷烈的禁毁压力下依然向前发展。

2516

《四库全书》之西学文献著录研究[D]/郝君媛. --兰州大学,2014

明末清初中国正经历第一次西学东渐进程,这一历史过程在《四库全书》中亦有所体现,主要表现为四库馆臣对西学文献的收录及评价。通过研究《四库全书》对西学文献的收录情况,可以在一定程度上了解清代官方及学术界对西学的态度,从而更加深入的研究中国对外来文化的调试与汇通。

2517

《四库全书》中的女娲史料考辨[D]/左莹. --西北师范大学,2014

本文以《四库全书》所收文献典籍为范围,以女娲称谓及形象、女娲遗迹、女娲神话传说为切入点,全面梳理考辨有关女娲的资料。

2518

《四库全书》中的岐伯文献通考[J]/李良松. --中医研究,2011,03:71 - 76

《四库全书》论及岐伯之文献广泛涉及了岐伯的诸多方面。本文从岐伯 6 个部分进行论述。

2519

《四库全书》中的"永乐大典本"史籍卷次编排考[J]/潘胜强. --淮北师范大学学报(哲学社会科学版),2012,06:19 - 23

《四库全书》共收录 41 种《永乐大典》本史部佚书,这些佚书的原文多被割裂淆乱,其最初的篇目卷次也已遭变乱。四库馆臣对佚文加以整理编排,使之汇集成书并重新面世。

不过这些史书辑本的质量高下不一,卷次编排或优或劣,为古籍辑佚和整理提供了不少经验教训。

2520

《四库全书》——中国历史上一部规模最大的丛书[J]/丛冬梅. --西域图书馆论坛,2013,01:8

文章简要介绍了《四库全书》的编排和内容、七个版本的收藏情况、《四库全书》的价值,以及通用的两个底本。

2521

《四库全书》中科技文献与科技史料研究[D]/乔治. --辽宁大学,2013

本文从科技文献的角度对《四库全书》进行研究,按经、史、子、集四部分类法,分别对每部的相关文献进行总结、分析。通过对每子类中科技文献的总结,研究其相应的科技文化价值。

2522

《四库全书》中史部集部古籍伏羲史料考辨[D]/房伊宁. --西北师范大学,2014

本文旨在对《四库全书》史部与集部古籍中的伏羲相关史料进行考辨。通过史籍记载和后世学者对伏羲形象进行梳理,归纳出具有代表性的伏羲形象,并立足于史料归纳总结伏羲对人类的贡献,有选择地搜集《四库全书》中关于伏羲庙及祭祀的相关文献记载,来分析后世对伏羲的崇拜。

2523

《四库全书》著录古海盐先哲著述书目考[J]/范培华. --图书馆研究与工作,2013,03:70 – 71

海盐于秦王政二十五年(前222)置县,历代人才辈出,并有大量的著述传世,但大多古本图书已无从查找,唯《四库全书》中收录部分保存较好。文章对张元济图书馆收藏的《四库全书》考察,共有48位海盐先哲的著述收录其中,据此编为书目。

2524

《四库全书》子部儒家类提要考论[D]/鲁秀梅. --南京师范大学,2014

本文以子部儒家类为主要对象,对有关提要体现的思想特征作一综合考察,并比较分纂稿、《初目》、《荟要》提要、阁本提要、《总目》及《简明目录》之间的差异。

2525

《四库全书总目》案语的书目功能与学术价值[J]/毛瑞方. --文献,2011,02:50 – 55

《四库全书总目》案语数量众多,内容丰富,具有重要的书目功能与学术价值,应当引起学术界的重视。作者经过多年研究,总结了《四库全书总目》案语的四种书目功能和三大学术价值。

2526

《四库全书总目·百名家诗选提要》辨正[J]/黄浩然. --古籍整理研究学刊,2012,03:100 – 103

将《四库全书总目·百名家诗选提要》中的《百名家诗选》与现存《补石仓诗选》进行比较,发现前者是据后者的部分书板修改而成,且经手者很可能不是魏宪本人。尽管提要撰写者至少参阅过《百名家诗选》的两种印本,但没有注意辨析两部诗选之间的关系,致使提要出现了讹误。

2527

《四库全书总目》辨误六则[J]/杨洪升. --四川图书馆学报,2013,01:91 – 94

因各种局限,馆臣对《四库总目》收录一些书的版本未作深考,致使提要在考辨卷数、篇卷分合中出现了一些错误论断。兹举馆臣之误六条,除《汲古丛语》条系指《总目》失检外,余五条皆从版本角度辨其论断篇卷之失。

2528

《四库全书总目》别集类对朱彝尊学术成果的借鉴——以明代诗文集的考订问题为例[J]/史小军,潘林. --图书馆工作与研究,2013,10:79 – 84

清初学者朱彝尊著作中的学术观点、考据成果被《四库全书总目》别集类引证借鉴,用来考订明代诗文,主要体现在对诗文作家和作品收录、风格、版本等诸多方面的介绍评议。另外,对于朱彝尊作品中舛误、疑惑之处,《总目》别集类给予纠正、解答。

2529

《四库全书总目》补证一则[J]/李成晴.--江海学刊,2015,02:116

本文为《四库全书总目》卷一三八《卓氏藻林提要》所作补正。

2530

《四库全书总目·楚辞类小序》考释[J]/唐玲.--历史文献研究,2014,01:338－345

本文认为《四库全书总目·楚辞类小序》位于集部之首,具有极高的学术价值与指导意义。馆臣将《楚辞》的结集、名称、流传、在目录学中的归类,以及东汉以来历代楚辞类作品的特点、代表作等进行了高度的提炼和概括,基本厘清了楚辞类作品的变化趋势。然而,该序也存在轻微的不足之处。

2531

《四库全书总目》存目宁夏地区作者考辨——以《周易汇解衷翼》、《愚斋反经录》为例[J]/靳希.--齐齐哈尔师范高等专科学校学报,2013,02:76－78

《四库全书总目》存目中宁夏地区作者包括许体元和谢王宠。与《四库全书总目》对校发现"王宠"应为"谢王宠","谢"字为脱文;作者生平考证出两位作者的官职、作为等生平资料;还有其他若干考证结果,一一在文中列出。

2532

《四库全书总目》存目提要校勘记几则[J]/顾怡.--文教资料,2014,31:41－43

本文以中华书局 1965 年影印出版的浙江杭州刻本《四库全书总目》为底本,并参考武英殿本《总目》,通过与《四库全书存目丛书》所收版本的存目书的比较研究,找出《总目》清代别集存目提要中存在的书名、卷数、作者及内容方面的误和疏漏之处几则。

2533

《四库全书总目》的经学思想探原——以《四库全书总目》提要与分纂稿比较为中心[J]/赵涛.--图书情报工作,2014,03:140－145

本文以《四库全书总目》提要与分纂稿比较为中心探究四库全书总目的经学思想。

2534

《四库全书总目》的拟议变化文学思想探析——以《四库全书总目》提要与分纂稿比较为中心[J]/赵涛.--图书馆工作与研究,2014,08:81－83

《四库全书总目》集部提要与其纂修官撰写的分纂稿之间的差异,表现了《总目》以"拟议中自有变化"作为开展文学批评的标准,并对一味"拟议"与专任"变化"的极端思潮进行彻底批判,提出了新的文论思想。

2535

《四库全书总目》的前七子批评研究[J]/李雁雪.--名作欣赏,2015,08:79－80

本文以《四库全书总目》的前七子批评为对象,在清乾隆一朝的官方对前七子复古派的评价思想和立场的视野下,结合民间文人的明代中期诗学观,对《四库全书总目》的前七子批评进行研究。

2536

《四库全书总目》的缘情文学思想探析——以其集部提要与分纂稿比较为中心[J]/赵涛.--河南大学学报(社会科学版),2015,01:118－123

本文以《四库全书总目》集部提要与分纂稿比较为中心,对其缘情文学进行思想探析。

2537

《四库全书总目》的诸子学思想探析——以其子部提要与分纂稿比较为中心[J]/赵涛.--图书情报工作,2014,17:143－148

本文以四库全书总目提要与分纂稿比较为中心探究四库全书总目的经学思想。

2538

《四库全书总目》的子目源流与归类得失——以史部地理类为例[J]/沈志富.--图书馆工作与研究,2015,04:76－79

文章以史部地理类为例,考察了《四库全书总目》子目设置的几种常见类型及其分类源流,指出《总目》三级类目的设置与完善受到了历代官私目录以及四库馆臣的学术认知与编纂理念等多重因素的影响。同时通过具体图书归类的案例客观探讨了《总目》细目分类的缺失。

2539

《四库全书总目》地理类研究［D］/赵晨.--首都师范大学,2013

本文就围绕《总目》的地理类展开,着重从地理类在历代目录书中类目设置的演变、提要文本的精进、参考文献的征引等方面进行系统地剖析。

2540

《四库全书总目》殿本与浙本差异研究［D］/梅爽.--南京大学,2013

本文以《总目》的子部提要为中心,对两本文字进行详细对校考订,并对其差异情形与异文成因进行细致整体的考察分析,以期清晰直观地呈现两本的区别以及优劣。

2541

《四库全书总目》订误一则［J］/赵振.--图书馆理论与实践,2013,12:66－69

本文意图厘清《国老闲谈》与《国老谈苑》之间的关系,并指出《四库全书总目》把二者视为同书异名之作,对《国老谈苑》的作者及有关内容也作出了一些错误的评判。

2542

《四库全书总目》对顾炎武的学术评价［J］/王培峰.--图书馆工作与研究,2013,06:77－79

《四库全书总目》认为顾炎武学问淹博、考证精详,频繁征引其说作为立论的基础。但对顾氏的经世致用之学,则颇有微词,反映出学术风气的嬗变。对顾氏在具体学术问题上的疏漏讹误,亦一一予以驳正,既反映出考证之学的精进,也反映出四库馆臣务求持平的求是学风。

2543

《四库全书总目》对明代学者胡应麟的误读与误判［J］/王嘉川.--历史档案,2012,01:99－105

本文通过列举例证,指出《四库全书总目》对明代学者胡应麟成果的一些误读与误判。

2544

《四库全书总目》对清代文学之批评［J］/付星星.--图书馆理论与实践,2012,08:34－37

《四库全书总目》以知人论世、推源溯流为主要的批评方法,同时注重表彰人格、彰善瘅恶,以清真雅正为文风准则,反对浮辞涂饰。以这些批评方法来观照清代文学,所得结论较为公允,应该为今日治清代文学史者所借鉴。

2545

《四库全书总目》对台阁体的文学批评特色［J］/史小军,潘林.--南昌大学学报（人文社会科学版）,2012,04:143－148

《四库全书总目》对明初台阁体的诗文作品评析颇具特色,大致呈现出主观裁夺、扬此抑彼、细分界限和显瑜掩瑕等几种方式,揭示了台阁体文风的内涵。《四库全书总目》对台阁体深刻的文学批评和认知程度为当今研究明初前百年文学提供了必不可少的依据和重要借鉴。

2546

《四库全书总目》对晚明诗风的评价——从《四库全书总目·集部》说起［J］/谭颖琳.--剑南文学（下半月）,2014,05:68－70

从《四库全书总目·集部》管窥《总目》对晚明诗风的评价。

2547

《四库全书总目》对《惜抱轩书录》采弃原因探析［J］/王飞.--皖西学院学报,2012,03:124－126

本文从清代目录学发展的整体状况和姚鼐个人的家学渊源、师承关系等几个方面分析《四库全书总目》对《惜抱轩书录》采弃的原因,旨在说明《惜抱轩书录》的学术价值和清代皖籍目录学家对目录学的贡献。

2548

《四库全书总目》集部楚辞类书目古籍的注释类型——以《四库全书》、《四库全书存目丛书》为材料依据［J］/赵宝靖.--广西职业技术学院学报,2013,01:70－75

《四库全书》和《四库全书存目丛书》集部

楚辞类收录了许多楚辞的注释性文献。本文从《四库全书总目》集部楚辞类书目入手,并以《四库全书》《四库全书存目丛书》集部楚辞类收录的文献为材料依据,考察古籍注释的各种类型。

2549

《四库全书总目·集部·词曲类》编撰散论[J]/许超杰.--中国韵文学刊,2012,02:72-77

通过比对文渊阁《四库全书》书前所附提要和其他书目"词曲类"部分,可以发现各种提要在顺序、字词、考证等方面多有差异。通过分析各种提要的差异,可以略窥《四库全书总目》的编撰、修订过程,了解《总目》对前期提要修订、重考的成果及产生的一些新问题。

2550

《四库全书总目·集部》存目补正十三则[J]/周录祥.--古籍研究,2013,02:160-166

《四库全书总目》存在许多疏漏,前辈学者对其考证、辨误,已卓有成绩,不过以上诸书及相关论文对《总目》存目书提要之讹误则补正较少。现就其集部楚辞类、别集类存目,再补正若干则。

2551

《四库全书总目》辑佚学发微[J]/郭国庆,罗丽萍.--安徽文学(下半月),2015,09:109-111

文章从辨析同书异名、解析佚书卷数、考证佚书作者、重视佚文校勘四个方面对《四库全书总目》的辑佚学进行分析,指出四库馆臣对考查佚书的流传存佚、还原佚书的旧貌以及佚文的收集都有很大帮助,对今天的辑佚实践仍具有较高的参考与借鉴价值。

2552

《四库全书总目》校补[J]/王爱亭.--图书情报知识,2014,03:76-79

编纂于清乾隆时期的《四库全书总目》二百卷,辨章学术,考镜源流,是我国传统目录学的集大成之作,一向为研治传统学问者所重,视之为治学门径。然因其规模宏大,书成众手,错漏之处在所难免,前辈学者已多所订正。本文即笔者于平日翻检研读过程所见其若干疏误及辨正。

2553

《四库全书总目》较《四库全书附存目录》书目增删及原因探析[J]/陈旭东.--山东图书馆学刊,2011,04:97-102

《四库全书总目》有而《四库全书附存目录》无者七种,《四库全书总目》无而《四库全书附存目录》有者三十四种,反映出《四库全书总目》成书过程某些原始的面貌,包括门类、次序的调整,收录书目的撤出与补入等,其原因大致有著录改为存目、存目改为著录、违碍撤毁等。

2554

《四库全书总目》金元明清医籍提要补正[A]/杨东方.--辽宁中医药大学.中华中医药学会第二十二届医古文学术研讨会论文集[C],2013

本文对《四库全书总目》金元明清医籍提要部分进行补正。

2555

《四库全书总目·锦里耆旧传》提要辨正[J]/李最欣.--泰山学院学报,2014,01:124-127

五代时后蜀国人勾延庆所著的《锦里耆旧传》一书,著录于《四库全书》"史部·载记类",其提要见于《四库全书总目》卷六十六。该则提要于作者名字、书的卷数、记事起讫等问题,颇多讹误,今依据笔者的研究心得予以辨正。

2556

《四库全书总目·经部》补正七则[A]/许超杰.--国家古籍保护中心编.古籍保护研究(第一辑)[C],郑州:大象出版社,2015

本文对《四库全书总目·经部》发现一些前人未发现的问题,并逐条列出、分析。

2557

《四库全书总目》纠谬——明别集提要五则[J]/何宗美.--成都师范学院学报,2014,07:8-12

《四库全书总目》很大程度上仍在建构当代学界的知识系统和观念系统中发挥着重要作用,而散见于该书中的各种谬误却屡见不鲜,此在明别集提要中尤为突出。本文纠谬明别集提要五则。

2558

《四库全书总目》卷首圣谕中的修书思想
[J]/关加福.--湖南科技学院学报,2013,05:
4-6

乾隆帝与群臣交流和探讨编修《四库全书》的原则、方法、旨归等而颁发的圣谕,其中所体现和渗透的"皇家学派"的文学思想,对从整体上把握和学习《四库全书》提供了极大的便利。

2559

《四库全书总目》考辨[J]/杜泽逊.--新世纪图书馆,2014,01:81-83+87

《四库提要》久为学者所重,间有疏误,前人订正之作亦颇为可观。今就子部小说家、释家、道家三类新见疑误40条辨订,以供参稽。

2560

《四库全书总目》考辨两则[J]/马梅玉,赵阳阳.--图书馆工作与研究,2013,11:84-86

本文对《四库全书总目》中《书史会要》与《书法离钩》两则提要进行考察,订正其中存在的错讹之处,解答提要的未释之疑。

2561

《四库全书总目》考辨札记六则[A]/何振作.--李玉英主编.新世纪江西文化十年(2001-2010)·艺海探真——论文论著选编[C],南昌:江西人民出版社,2011

本文兹于《四库全书总目》及先贤诸说之讹误疏失,略为考辨,札记之,得六则,以就教于方家学者。

2562

《四库全书总目》六种清诗总集提要补正[J]/朱则杰,徐苗苗.--厦门教育学院学报,2011,03:18-21

本文主要依据近年问世的《四库全书存目丛书》,对《四库全书总目》内六种清诗总集的条目做一些补正。

2563

《四库全书总目》论王渔洋诗学辨正[J]/门庭.--图书馆工作与研究,2014,05:84-86

《四库全书总目》既是中国古典目录巨制,又是一部文学批评史纲。惟规模浩大,不免疏误。如有的提要,或评论偏颇、论断有误;或主观臆测,泛而不切等。本文对此予以辨正。

2564

《四库全书总目》明代复古文学批评考论——以明"前、后七子"别集提要为例[J]/刘敬.--贵州社会科学,2014,02:147-150

本文以明前、后七子别集提要为例讨论《四库全书总目》明代复古文学批评。

2565

《四库全书总目》明代文学批评探析[J]/刘冰欣.--九江学院学报(社会科学版),2012,02:70-72

《四库全书总目》不仅是一部目录学著作,同时也是一部文学批评著作。它以目录提要的形式对有明一代文学进行比较全面的评论和考证,可以说是一部简明扼要的明代文学史。本文从人品与学术、因袭与创新两个方面探析其对明代文学的批评。

2566

《四库全书总目》明人别集版本阙误初探[J]/黄伟,张晓芝.--文艺评论,2013,12:104-109

《四库全书总目》明人别集提要大多涉及版本考辨。然由于种种主观和客观条件限制,馆臣对版本的考证多有失误。这些失误给《总目》利用者以及研究明人别集者以错误引导,本文针对其存在阙误进行分析。

2567

《四库全书总目》明人别集提要考辨——以《宋景濂未刻集提要》为例[J]/何宗美.--文艺研究,2012,02:49-58

本文以《宋景濂未刻集提要》为个案,重点考辨版本与文献、明代文人别集流传与明代制度等问题。通过考辨,暴露《总目》所存在的学术缺失以及四库馆臣对待明人和明代文学评价问题的偏颇,从而显示明人别集提要考辨非同寻常的意义,并探究"四库总目学"研究新的途径和范式。

2568

《四库全书总目》明人别集提要研究［D］/张晓芝.--西南大学,2015

《四库全书总目》明集提要存在诸多问题,既有史料错讹、文献误读、版本视野局限,又有思想观念上的偏颇。本文意在对史料文献之误进行清理,通过对史料的纠正完善分析《总目》思想与文学观念。

2569

《四库全书总目》明诗批评述论［J］/邓富华.--哈尔滨师范大学社会科学学报,2013,02:112 - 116

《四库全书总目》的明代诗歌批评理论,主要表现在:以"变"论史,宏观建构明诗演进历程;追源溯流,细致考察作家与流派的诗学渊源;折中前说,重新评估诗家与诗作;厌弃门户,表彰自能独立之诗人。但《总目》的部分观点也有局限性,需要加以辨别。

2570

《四库全书总目·内阁奏题稿》辨正［J］/夏勇.--图书馆工作与研究,2013,07:100 - 102

《四库全书总目》有关明人赵志皋撰《内阁奏题稿》的提要文字,颇有疏误之处。本文对此一一予以辨正。

2571

《四库全书总目》七子派批评研究——以七子派主体作家为核心［D］/刘敬.--西南大学,2011

本文通过《总目》七子派批评的文本分析,推动对《总目》明代复古文学批评的全景式考察,将文献研究与文学批评研究进行有实践意义的结合,对清代官方学术的"政治无意识"及其影响进行认识和反思,回顾了《总目》对后来学者在明代文学研究上的影响。

2572

《四库全书总目》善本观研究［D］/陈平.--吉林大学,2012

本文就提要中涉及的善本内容展开论述,以理清善本观的发展源流及清人善本观的具体特点。本文运用历史学的研究方法,将善本观的发展放在历史的长河中进行梳理,总结出清人善本观的具体内涵。

2573

《四库全书总目》商榷［J］/李正辉.--图书馆杂志,2014,05:110 - 113

《四库全书总目》是我国古代最大的一部官修目录,著录图书达万余种,领其事者,皆清代第一流学者。然是书卷帙浩繁,纪昀、戴震、邵晋涵诸贤或偶有疏漏,兹就发现若干可商者表而出之。

2574

《四库全书总目》时间之误举例［J］/胡露.--齐齐哈尔大学学报(哲学社会科学版),2014,04:134 - 136

本文力图揭示前人尚未言及《四库全书总目》时间方面存在的讹误,包括科第时间之误、任职时间之误、成书时间之误及其他错误。

2575

《四库全书总目》史部本体库的设计与构建［D］/郭建伟.--河北大学,2014

本文以《四库全书总目》为研究对象,探索相关古籍文献的推荐模式,为古籍汉字的研究提供便利,设计并构建了《四库全书总目》史部本体库。

2576

《四库全书总目》史部存目提要订补［J］/张学谦.--图书馆杂志,2013,05:100 - 103

本文对《四库全书总目》史部正史、编年、别史三类存目部分的讹阙进行了订补。

2577

《四库全书总目》史学思想研究——以其史部提要与分纂稿比较为中心［J］/赵涛.--史学月刊,2014,10:79 - 90

本文以其史部提要与分纂稿比较为中心,认为《四库全书总目》在开展规模宏大的史学批评时,凸显出内涵丰富的史学价值判断和史学思想理论,形成了系统的史学思想体系,标志着古代史学理论的成熟和完善。

2578

《四库全书总目》视野中的晚明小品文［J］/璩龙林,谢谦.--东南学术,2013,01:203 - 208

乾隆年间四库馆臣视野中的晚明小品文,有纤佻、芜杂、伪袭和浅陋等诸多积习,与时人的眼光判若霄壤。时代精神舛隔,士习学风异趣,是造成四库馆臣如此激烈批评的原因和背景,总体而言四库馆臣的批评虽然激烈,但不失中肯之处。

2579

《四库全书总目》四种词籍提要辨正[J]/夏令伟. --图书馆杂志,2011,11:92-94

《四库全书总目》关于晏殊、苏轼、黄庭坚、叶梦得四人的词籍提要存在一些论证、判断错误,本文经过分析,加以辨正。

2580

《四库全书总目》四种地域总集提要补正[J]/夏勇. --图书馆工作与研究,2015,08:65-68

关于《四库全书总目》历来颇有学者为之订补,但存在的问题仍有不少。本文面向该目所含《频阳四先生集》《金华诗粹》《吉州人文纪略》《丰阳人文纪略》4种地域性总集的提要,对其中存在的讹误缺漏进行考订。

2581

《四库全书总目》唐宋别集提要补正十五则[J]/胡露. --韩山师范学院学报,2015,04:105-108

《四库全书总目》由于种种原因,存在着诸多问题。前辈学者对其著录书提要的疏漏已多所纠正,而对存目书提要之讹误则补正较少。今对其集部别集类存目一(唐宋别集)的部分疏漏和讹误补正十五则。

2582

《四库全书总目提要》辨误:秀水陈忱与乌程陈忱[J]/刘玉杰. --语文知识,2012,04:101-102

清初浙北有两个陈忱:一个字遐心,号雁宕山樵,乌程(今湖州)人,是《水浒后传》的作者;另一个字用蘉,秀水(今嘉兴)人,是《读史随笔》的作者。一向被学人视为治学之门径的《四库全书总目提要》对此存在讹误。本文对此进行考辨。

2583

《四库全书总目提要》补正二则[J]/熊启靖. --内江师范学院学报,2012,09:30-33

《四库全书总目》为王栐《燕翼诒谋录》、费枢《廉吏传》所作《提要》颇有误漏,余嘉锡《四库提要补正》亦未之及,特作补正。

2584

《四库全书总目提要》校正十六则[J]/贾中华,李坚怀. --晋图学刊,2015,02:68-73

编纂于清乾隆时期的《四库全书总目》皇皇二百卷,其辨章学术、考镜源流,是我国传统目录学的集大成之作,研究者视之为治学门径。然因其规模宏大,书成众手,错漏之处在所难免,前辈学者已多所订正。本文即笔者于平日翻检研读过程所见其若干疏误及辨正。

2585

《四库全书总目提要·荆楚岁时记》条考证[J]/王莹. --长安大学学报(社会科学版),2013,04:111-114+124

本文采用文献学的基本方法对《四库全书总目提要·荆楚岁时记》进行逐句考证,完善该条的文献学背景。通过将《四库全书总目提要》中记载的内容与其他史料进行对勘,以期还原《四库全书总目提要·荆楚岁时记》一书的成书背景,并简考其流传。

2586

《四库全书总目提要》史部辨正十一则[J]/贾中华. --安徽科技学院学报,2015,03:106-111

《四库全书总目》是我国传统目录学的集大成之作,具有极高的学术价值。不过,由于工程浩大,四库馆臣疏于考证,错误难免。本文作者在地理类书目中发现若干前辈专家没有注意到的疏误,现略举几例,加以辨正。

2587

《四库全书总目提要·四六丛珠汇选》辨析[J]/陈旭东. --湖南科技学院学报,2012,02:18-20

《四六丛珠汇选》十卷,《四库全书总目》子部类书类存目、集部总集类存目均有著录,二则提要评价不尽相同,且有不实之处。同一著述而两处著录的疏漏,显然是由于编纂过程中标准不统一且经多人之手未能细致核对所致。

2588

《四库全书总目提要》文献辨伪学成就研究
[**J**]/佟大群. --明清论丛,2012,00:451 – 461

本文从辨伪规模、辨伪方法、辨伪理论三个方面,对《四库全书总目提要》的文献辨伪学成就进行探讨,首次揭示其文献辨伪理论的成熟。

2589

《四库全书总目提要·湘湖水利志》辩证[J]/
宫云维,陈淑蒂. --浙江学刊,2014,02:80 – 83

本文认为《湘湖水利志》是萧山湘湖历史上最重要的乡邦文献。从取材上看,《湘湖水利志》所依赖的"旧本"主要是顾冲著《萧山水利事迹》和魏骥著《萧山水利事述》。从文字上看,二《志》所录相同篇目内容亦大有不同。

2590

《四库全书总目提要》小说观探微[J]/曾军娥. --现代语文(学术综合版),2013,02:13 – 14

在《四库全书总目提要》里,小说与经史地位悬殊,只是作为治学所需资料,与正史相参,以资考证,持的是一种实用的"资料"性小说观。与以资考证的用途相比,寓劝诫、广见闻在实用性上要逊色数分,不过其功利性显而易见。

2591

《四库全书总目提要》与 20 世纪初期的文学史编纂[D]/温庆新. --湖南师范大学,2011

林传甲《中国文学史》大量征引《四库提要》作为编纂文学史之指导思想与编纂方法;黄人《中国文学史》对《四库提要》之批评理念及批评方法多有吸收。《四库提要》在中国文学史学史的建构初期极具重要性,循此思路为把握 20 世纪初期的文学史编纂情形的重要途径之一。

2592

《四库全书总目提要》与乾隆朝西学观[J]/
周仕敏. --广东技术师范学院学报,2012,02:99 – 104

《四库全书》仅收录了西学文献中很小的一部分,并且以科技著作居多。作为整部丛书的目录和提要,《四库全书总目提要》直观地体现了当时官方及主流学者的学术态度,当然也包括他们的西学观。这种西学观对学术的发展产生了具有影响性甚至决定性的作用。

2593

《四库全书总目提要》指误十三则[J]/贾中华. --图书馆建设,2014,11:92 – 95

清乾隆时期《四库全书总目提要》的编纂代表了我国古典目录学的最高成就,体现了叙录体目录的优点,为目录学的发展提供了良好范例。不过,由于四库馆臣众手难以统一,编纂时有错讹,如名、字、号讹误,籍贯疏误,仕履阙误,等等。

2594

《四库全书总目》王世贞文集提要辨正[J]/
魏宏远,贾飞. --文化与传播,2014,06:49 – 52

王世贞文集提要的撰写非常必要,《四库全书总目提要》虽在此方面做了一些工作,但鉴于王世贞作品的复杂性,难免会存在一些疏漏和不足,特别是在一些文集的卷数、版本、刊印者等方面的问题较为突出。

2595

《四库全书总目》未载四库馆《永乐大典》本辑佚书考[J]/史广超. --文艺评论,2011,02:132 – 136

清乾隆朝纂修《四库全书》时,从《永乐大典》中辑出大量佚书。其中部分辑本著录于《四库全书总目》;一些辑本《总目》著录,但未署"《永乐大典》本"。本文考证了《尚书全解》《大戴礼记》《春秋纲领》《道命录》《营造法式》《道德经》《雪坡集》《丹阳词》等八种。

2596

《四库全书总目》误引《郡斋读书志》订正十则[J]/黄嬿婉. --图书馆工作与研究,2011,05:83 – 85

《四库全书总目》在征引晁公武《郡斋读书志》过程中时有讹误。本文对《四库全书总目》征引过程中的十处错误加以订正。

2597

《四库全书总目》误引《直斋书录解题》订正

十七则［J］/黄嬿婉. --四川图书馆学报,2011,06:94 - 96

《四库全书总目》在征引南宋目录学家陈振孙所著《直斋书录解题》一书时有一些错误。文章对其中有误之处进行了辨析,共订正十七则。

2598

《四库全书总目·湘皋集》订误［J］/高进. --图书馆杂志,2012,12:97 + 113

《四库全书总目》卷一百七十五《别集类存目二》载"蒋冕字敬所"有误,其按语只为臆测,未经疏证,当为考订。

2599

《四库全书总目》"小说家类"价值发微［J］/张进德. --明清小说研究,2012,04:199 - 211

《四书全书总目》中"小说家类"的序文及提要文字,在小说文本、文献乃至于理论方面多有发明。提要考订作品性质、甄辨作者、卷数等因素,梳理作品故事来源,还阐发了小说创作的动机,论述了小说与时代的关系。在理论方面,对小说的文辞特点等给予了论述。

2600

《四库全书总目》"小说家类"匡误［J］/张进德. --河南大学学报(社会科学版),2015,02:1 - 5

《四库全书总目》"小说家类"的理论表述与作品提要有所疏漏,主要表现为:序文对小说虚妄性质的认知与提要对具体作品虚妄内容的指责,撰写提要时所持史家标准与序文阐述的小说标准的错位,以及收录、提要作品时概念含混及标准不一等等。

2601

《四库全书总目》"小说家类"序文发微［J］/张进德. --晋阳学刊,2012,01:124 - 130

《四库全书总目》"子部""小说家类"序文 200 余字,涉及小说多个方面的问题,具有不可忽视的价值。四库馆臣在继承并理性辨析前人观点的基础上,追溯了小说的起源,表达了他们对小说虚构性质的认知理念,对小说流派的辨析,及对小说价值功用的阐述。

2602

《四库全书总目》小学类提要汇校及研究［D］/李建清. --北京师范大学,2012

本文从校勘整理《四库全书总目》小学类提要文本着手,仔细比勘提要不同版本之间,以及《总目》形成过程中不同提要形态之间的差异,深入分析产生差异的原因,归纳小学类提要的主要内容和基本结构,总结其文献学成就,并揭示其在文献介绍方面存在的不足。

2603

《四库全书总目》易学述略［J］/袁江玉. --周易文化研究,2015,00:155 - 167

本文以为《总目》提出的"两派六宗说",大体揭示了两千余年中国古代易学发展的轨迹。对汉易和宋易的评论,不偏执一端,对各宗各派具体分析,考辨著作真伪、文本流传,既表彰其优点,又指出其缺陷,较为客观允当,直至今日对我们研究易学史仍具有重要的启发和借鉴意义。

2604

《四库全书总目》引《居易录》考误［J］/封树芬. --图书馆理论与实践,2014,06:63 - 66

《四库全书总目》内容繁复,出于众手,难免有些失误,学者已多有辨析。本文就《总目》征引王士禛《居易录》存在的一些失误作出辨析,凡 13 处。

2605

《四库全书总目》引用《直斋书录解题》原文例释［J］/常虹. --图书馆工作与研究,2011,08:81 - 82

本文就《四库全书总目》引用《直斋书录解题》原文情况进行了比对研究,发现绝大多数情况是不完整引用原文。笔者将其归为六种类型,并逐一举例进行了阐释。

2606

《四库全书总目》"永乐大典本"与《文渊阁四库全书》考［J］/罗琳,杨华. --中国典籍与文化,2012,03:94 - 97

《文渊阁四库全书》并没有全部著录从《永乐大典》中辑佚出的典籍。经过校勘《永乐大典》纂修兼分校官对这些典籍的"参校补入""补遗正误"等编辑,其中绝大部分成为《文渊阁四库全书》中的精华,四库馆臣"继绝存亡"之辑佚,功不可没。

2607

《四库全书总目》与《读书敏求记》[J]/江庆柏. --图书馆杂志,2012,03:75 – 79

《读书敏求记》是一部重要的解题目录,其中的每一部图书都撰写有提要。其提要著录图书版本,标明图书的次第完缺,叙述图书的源流演化,并有对图书或作者的评论。《四库全书总目》的编纂充分利用、吸收了《读书敏求记》的成果,也对《读书敏求记》有不少批评。

2608

《四库全书总目》与清前期《左传》文学评点[J]/庄丹. --西安建筑科技大学学报(社会科学版),2013,06:61 – 66

本文通过分析《四库全书总目》对《左传》及其评点的立场和评价,认识清前期《左传》文学评点由盛转衰的历史原因,从而进一步研究《四库全书总目》在清前期《左传》文学评点史上的重要地位与特殊价值。

2609

《四库全书总目》与《人间词话》词论之比较[J]/王美伟. --海南师范大学学报(社会科学版),2015,07:80 – 85

文章通过《四库全书总目》与《人间词话》的比较研究,力图呈现中国词学理论的演进历程。

2610

《四库全书总目》与文渊阁《四库全书》书前提要比勘研究[D]/王娟. --山东大学,2011

本文用档案文献学中的校勘研究方法,在详细比较、罗列《四库全书总目》"经部·易类"提要与相应《四库全书》书前提要之差别的基础上,统计、总结两者间差异的程度、形式等,形成对两种提要间差异的总结性认识,探寻造成两种提要存在如此众多差别的原因。

2611

《四库全书总目》元别集存目补正十五则[J]/胡露. --上饶师范学院学报,2014,01:25 – 29

前人针对《四库全书总目》所存在讹误、疏漏之订误补正,已卓有成就,但其中尚有许多问题未能揭示。《总目》元人别集存目也存在着不少讹误和疏漏,本文对《四库全书总目》元别集存目补正 15 则,希求学界指正。

2612

《四库全书总目》浙本与殿本差异研究[D]/陈婷婷. --南京大学,2012

本文专以《总目》的史部为中心,对浙本与殿本的差异问题进行一次全面细致的考察,主要采用传统文献学"竭泽而渔"的方法进行研究。

2613

《四库全书总目》正史类史学思想管窥[J]/郭淑娴. --安徽广播电视大学学报,2014,03:112 – 115

本文通过辨析,发现《四库全书总目》史部正史类提要中体现了四库馆臣丰富的史学思想,这些思想成为他们评价史书优劣的标准,如注重史书的考证,反对空疏议论;追求材料的精细详备;重视史书体例严谨与创新,等等。

2614

《四库全书总目》之《三楚新录》辨证[J]/贾连港. --山东图书馆学刊,2014,04:102 – 105

《三楚新录》是一部收入四库全书史部载记类的五代史史料,四库馆臣所作提要存在诸多不准确处,而学界对此却少有论述。本文就此问题展开论述。

2615

《四库全书总目》之《四书》批评[J]/赵永刚. --图书馆理论与实践,2011,12:55 – 58

《四库全书总目》共收两汉至乾隆中叶《四书》类研究著作 164 部,并对这些论著施以精审之批评,批郤导窾,品鉴得当,俨然一部简明的《四书》学史,有极高的学术参考价值。其汉宋兼采、宏收博取、不主一偏的《四书》学术批评方法,也应为今日学者借鉴。

2616

《四库全书总目》职官类本体模型构建探究

[J]/郭建伟. --情报探索,2014,04:84 - 87

本文借助 protégé 软件和本体理论,对《四库全书总目》史部的职官类进行本体构建,为《四库全书总目》史部的本体构建做一个试探性的研究,并以此对古籍数字资源所蕴含的多重信息进行尽可能充分地揭示和组织。

2617

《四库全书总目》中的安徽巡抚采进本和皖人著述[D]/张瑞芬. --兰州大学,2011

本文对《四库全书总目》中的安徽巡抚采进本和皖人著述,从诸多角度进行了量化分析与总结,力图从多方面展现《四库全书总目》中安徽巡抚采进本和皖人著述的全貌和特色。

2618

《四库全书总目》中的两个《文选》注本提要研究[J]/任永梅. --青春岁月,2012,02:13

《四库全书总目》共收录了《文选》的两个版本:《文选注》与《六臣注文选》,并对两注本从作者、版本等方面详加考证。本文从研究两注本的提要入手,归纳其提要的体例模式,体现其提要的特色。

2619

《四库全书总目》中的清代音乐思想[J]/邓婷. --江南大学学报(人文社会科学版),2013,03:112 - 116

通过《四库全书总目》中的乐书收录状况,分析清中期的乐书研究,包括其中乐书的分类及其分类背后所反映的官方音乐思想。具体体现为在礼乐思想中更重乐中礼的成分而忽视音乐本身的发展的现象,这与当时重乐律考据的实用之风以及重雅崇古的音乐思想密切相关。

2620

《四库全书总目》中的灾荒文献探析[J]/包春玉. --牡丹江师范学院学报(哲学社会科学版),2012,05:56 - 58

本文分类整理《四库全书总目》中著录的灾荒文献,有助于认识古代灾害应对思想的时代特点,同时也使得灾荒史研究在资料搜集方面呈现系统性。《总目》史部下设"邦计"类,灾荒文献在这一类的著录最为具体;集部中的灾荒文献最为零散,且现今的灾害史研究并未给予应有的重视。

2621

《四库全书总目》中记载音乐文献价值体现[J]/孙红. --时代文学(下半月),2012,05:224 - 225

本文以《四库全书总目》中的音乐记载为主线,揭示了古代音乐文献分布的情况,并对古代音乐文献的价值进行分析,指出古代音乐文献不仅是研究我国文明史不可或缺的资料,同时也是促进今天的经济、文化发展必须借鉴的宝贵文字载体。

2622

《四库全书总目》中《书》学著目的纂修思想[J]/宁夏江. --图书馆工作与研究,2011,02:86 - 89

《四库全书总目》对历代的《尚书》著述进行梳理,厘清了对伪孔传《古文尚书》的争论,批评借口"脱简"和"异文"肆意篡改古经,指出赝古伪作,称赞广稽博考、精核典赡的《书》学著述,贬斥固守偏执、空疏臆说等偏离经义的著述,体现出正本辨伪、尊古崇学的纂修思想。

2623

《四库全书总目》中宋代医籍提要补正[J]/杨东方,张戬,周明鉴. --中医学报,2014,07:1083 - 1086

《四库全书总目》问世后,后代学者莫不资其津逮,奉作指南。但其本身也存在一些错误。仅就宋代医籍而言,就有很多提要存在考证不精确、议论不公允的问题。本文对前人未曾考证或考论不确的13条提要进行了补正。

2624

《四库全书总目》中文学部分文献的文献综述[J]/叶晋良. --剑南文学(经典教苑),2012,05:38

由于中国古代文献资料纷繁复杂,文人墨客多为通才,文史哲划分并不明晰,因此《四库全书》中的文学部分文献也散布于四部中。本文试图通过对总目提要的分析,对四库全书中文学部分文献进行概览。

2625

《四库全书总目》中总督、巡抚采进的书籍著录情况研究[J]/张小芹,卢紫微.--前沿,2013,20:162－163

《四库全书总目》是我国现存最大的一部丛书目录,书中按照我国古代传统的四类分类方法,将图书分为经、史、子、集四部。就采进的书籍情况看,各总督、巡抚采进的书籍记录情况也存在很大差异。本文将对各总督、巡抚采进的书籍进行分析,并从中发现其特点及成因。

2626

《四库全书总目》著录《读书敏求记》提要条辨[J]/王叶迟.--中北大学学报(社会科学版),2014,06:107－111

本文以为《读书敏求记》著录不当之原因,多是因钱曾未详考其所著录之书本末而妄下己意所致,亦可以得出《四库全书总目》对此书的评价大致准确。《四库全书总目》对此书的批评,有助于更加客观地认识此书的文献价值。

2627

《四库全书总目》著录明代回族人物著述考[D]/樊丽静.--宁夏大学,2011

本文以《四库全书总目》所著录的明代回族人物著述为重点,查找了上海图书馆主编的《中国丛书综录》等目录书,对明代回族人物著述进行统一普查、整理之后,选取6人7种著述作为研究对象,对其进行文献学的梳理和研究,以期对《四库全书总目》中著录的明代回族古籍有一全面的认识和了解。

2628

《四库全书总目》著录西域文献研究[D]/王红.--新疆大学,2013

本文试图以《四库全书总目》为切入点,重点从目录学的角度对其中所收录的西域文献提要做粗浅的研究。

2629

《四库全书总目》子部释家类之《广弘明集》

条辨正[J]/刘林魁.--图书馆工作与研究,2011,10:90－94

《四库全书总目》之《广弘明集》条,对道宣节录文献之真实性有揣测不实之评述。本文参照《魏书·释老志》以及《广弘明集》之编纂体例,辨正《四库全书总目》之失误。

2630

《四库全书总目》子部术数类著目纂修疏略及其原因分析[J]/宁夏江.--图书馆工作与研究,2013,11:87－89＋123

本文考察《四库全书总目》子部术数类著目的纂修的错误,分析造成错漏的主客观原因。

2631

《四库全书总目》子部艺术类、谱录类校正[J]/魏小虎.--上海博物馆集刊,2012,00:491－505

本文以《四库全书总目》子部艺术类、谱录类为例,逐条校勘浙本与殿本的异文,并以所得统计数字作为辨析两个版本优劣的可靠佐证。

2632

《四库全书总目·子部·杂家类》研究[D]/崔洁.--首都师范大学,2014

本文对《四库全书总目·子部·杂家类》进行专题研究,以期能梳理出其全貌。首先从学术史的角度梳理了清代之前的重要目录书中杂家类演变发展的情况,随之重点分析了《四库全书总目·子部·杂家类》的由来及其中所体现的创新。

2633

《四库全书总目·子部》庄学著述析论[J]/刘海涛.--诸子学刊,2011,01:193－207

《四库全书总目》是我国目录学的集大成之作。全书著录各类书籍一万余种,其中在子部,《四库全书总目》著录了从晋代至清前中期的33种庄学著述。这些庄学著述的著录,体现了四库馆臣存道家、杂家之书以"旁资参考""可为鉴戒"的观念。

2634

《四库全书》纂修的体例对藏书用书的贡献

[J]/汤宪振.--河南图书馆学刊,2013,09：136－137

文章阐述《四库全书》纂修采用的体例,分析论述了《四库全书》纂修的体例对藏书用书的贡献。

2635

《四库全书》纂修官数量考[J]/张升.--图书馆理论与实践,2011,11:37－40

笔者考证发现22人在"纂修官"职名表中著录为其他馆职,10人未予著录。这种显性遗漏体现了职名表失收的严重性,而隐性遗漏体现了四库馆兼职、馆职变化的普遍性,体现了四库馆动态变化的特征。

2636

《四库全书》纂修过程中江苏进呈书种类数量考[J]/臧其猛.--江苏地方志,2012,06:56－59

江苏向来人文鼎盛,文献典籍流传丰富。本文考证在《四库全书》编纂过程中,江苏进呈文献的数量种类在全国各省中位列第一,为《四库全书》的编纂做出了卓越的贡献。

2637

《四库全书》纂修中的校勘成就[D]/何灿.--山东大学,2014

本文选取了《四库全书考证》中的《礼记注疏考证》作个案研究,将《礼记注疏考证》与阮元《礼记注疏校勘记》加以比较,分析二者的得失,以期加深对整部《考证》的认识。

2638

四库私人献书补遗——以《纂修四库全书档案》为据[J]/吴元.--福建论坛(人文社会科学版),2014,10:109－113

本文以《纂修四库全书档案》为主,在已有研究的基础上,对私人献书进行了系统梳理和补充,发现了关于私人进呈的新信息,扩大了对私人献书的群体的了解,有助于对四库献书家群体作更为细致的划分。

2639

四库唐人别集与《唐集叙录》比较研究[J]/张亭.--凯里学院学报,2014,01:110－113

本文比较《四库全书》所收唐人别集和万曼《唐集叙录》对唐人文集的著录在内容及数量上的差别,意图探寻其背后存在的主客观原因。

2640

《四库提要》辨证三则[J]/李圣华.--中国典籍与文化,2012,03:141－145

提要是一种重要的学术研究体式,《四库全书总目》《续修四库总目提要》《四库全书总目提要补正》《四库提要辨证》《四库提要订误》等都具有很高的学术价值;文献考证实难,其可补正者尚多;后出的《四库提要订误》亦时有误。

2641

《四库提要辨证》"小学类"商补[J]/杨剑桥.--河南大学学报(社会科学版),2011,01:133－138

余嘉锡先生的《四库辨证》是一部名著,但是用今天的眼光来看,此书不免有一些可议可补之处。笔者就小学类若干条目,包括小学类小序、匡谬正俗、五经文字、重修广韵等略作讨论和补充。

2642

《四库提要辨证》研究[D]/安学勇.--兰州大学,2011

该文分别从四库学、考据学与史学史等视角,对《四库提要辨证》中的学术思想进行了研究。

2643

四库提要订正两则[J]/赵阳阳.--图书馆工作与研究,2012,05:77－79

本文对《四库全书总目》中两则提要进行考察,订正其中存在的错讹之处。

2644

四库提要《两汉诏令》订误[J]/张润中.--昆明学院学报,2014,02:95－97

本文对《四库全书总目提要》史部诏令奏议类《两汉诏令》条提及临安人洪咨夔生平著述予以辨析。另外,对四库全书《两汉诏令》所据版本,也一并讨论。

2645

四库提要零笺[J]/赵阳阳.--文献,2012,

03∶18 – 21

《四库全书总目》的提要成于众家,难免智者千虑之失,后来学者为之考辨订补者颇多,尤以余嘉锡、胡玉缙、崔富章、李裕民四先生为最。本文试就《四库全书总目》中有关书学的三则提要进行考辨,订正其疏失之处,解答其未释之疑。

2646

《四库提要·书集传》考辨[J]/王春林.--兰台世界,2013,03∶43 – 44

《四库提要》对后世影响极大,当代也有许多学者直接援引其观点作为论据。本论文旨在针对其中疏误之处加以考辨,还一个客观历史的《书集传》文本原貌。

2647

《四库提要》易类补正[J]/陈伟文.--周易研究,2011,05∶44 – 47

《四库提要》是中国古典目录学史上的经典著作,具有极高的学术价值。本文对其易类17条提要的谬误进行了补正。

2648

四库提要源流管窥——以陈思《小字录》为例[J]/刘浦江.--文献,2014,05∶3 – 13

本文以陈思《小字录》为例探索四库提要源流。

2649

《四库提要》之《河岳英灵集》探析[J]/项璇.--南昌教育学院学报,2012,10∶29 – 30

本文主要结合相关史料与工具书从《四库提要》之《河岳英灵集》文本出发分析作者、书名、职官、卷数、篇数、收录诗人、版本问题、书籍评价有关内容,并提出有待考证的问题,以期为相关研究提供借鉴,共同探讨。

2650

四库提要中"八书"、"二史"的提要比对探究[J]/王婷.--文教资料,2013,29∶56 – 58

本文通过将四库提要中"八书""二史"的诸本提要进行比对,发现其内容彼此间存在参照关系,发掘出"八书""二史"中的承袭关系;最后对"八书""二史"中提要所述的讹误之处进行订误。

2651

四库提要诸本分析——以《四库全书总目》本为优[J]/崔富章.--文献,2012,03∶3 – 17

《四库全书》提要和《四库全书总目》提要虽然都出自总纂官之手,但大不相同。本文论述了两书不尽相同的原因以及谁能代表最高水平。

2652

四库提要总叙札记——兼读《四库提要叙讲疏》[J]/张京华.--孔子学刊,2012,00∶90 – 103 + 9

作者读了《四库提要叙讲疏》之后,针对经、史、子、集各部作了《总叙》,聊以作答。

2653

四库学文献的基本类型[J]/江庆柏.--中国典籍与文化,2014,03∶10 – 17

本文认为在《四库全书》的编纂过程中形成的四库学文献,可分为进呈文献、档案文献、提要文献、库本文献、禁毁文献五种基本类型。各类文献有各自独特的价值。对四库学文献的分类,有助于更好地把握各类文献自身的特点,也有助于更好地研究《四库全书》编纂过程中学术思想的演化过程。

2654

四库学研究史上的重要工具书——评《四库全书研究论文篇目索引》[J]/彭喜双,陈东辉.--图书馆工作与研究,2014,04∶98 – 100

甘肃省图书馆、天津图书馆合编的《四库全书研究论文篇目索引(1908 – 2010)》,对于四库学及相关学科的研究具有重要参考价值。该书有三大特色:一、收录完备;二、著录了一批稀见论文;三、编排合理,著录规范,附录详备。

2655

四库学与故宫学[J]/章宏伟.--云梦学刊,2011,06∶24 – 25

本文是作者参加《四库电子字典》编纂启动仪式上的讲话。文中提出两个观点,一是早在四库开馆的次年,乾隆帝就开始筹划《四库全书》的贮藏;二是现在学界刻意强调乾隆修《四库全书》是"寓禁于征",可能与事实有很大的出入。

2656

"四库学"之百年史——跋《四库全书研究论文篇目索引》[J]/杨洪升.--图书馆工作与研究,2014,06:79-81

《四库全书研究论文篇目索引》收录百年间有关《四库》及相关领域的文章篇目5000余条,是至今搜集最为完备的"四库学"研究文章索引,不仅便于学者检索利用,且勾勒出了百年间"四库学"发展史,可给研究者诸多启示。

2657

《四库》元人文集提要十五种考证[J]/杜春雷.--古籍研究,2013,02:151-159

《四库全书总目》中每篇皆钩玄提要,撮述旨意,既有细微之考证,又有宏观之敞论。近代以来,对《总目》进行辨误、考证的成果层出不穷,取得了可观的成绩。本文在已有研究基础之上,对尚未见有涉及的《总目》元人文集提要15种进行考证,希望有助于《总目》的进一步研究。

2658

《四库总目》辨误一则——《吴越春秋》提要考辨[J]/赵嘉.--社会科学论坛,2015,02:106-111

本文就目前所见资料加以整理,对《总目》所用《吴越春秋》做版本、内容两方面的考辨。

2659

四库总目词曲批评方法考述[J]/王玫.--长沙民政职业技术学院学报,2013,01:127-131

《四库全书总目》运用源流批评、比较批评、纪事批评等批评方法,拓展了词曲批评的方法和视野。从总体观之,《总目》词曲批评成就大于不足,在以词曲为代表的通俗文学的批评史上具有重要地位。

2660

《四库总目》卷首"圣谕"学术价值研究[J]/时永乐,智延娜.--图书馆工作与研究,2012,08:78-82

《四库全书总目》卷首所载乾隆帝在编修《四库全书》前后的"圣谕"颇具学术价值,可以借此考知当时搜访图书所采取的一系列措施。《四库全书》之名由乾隆亲自确定,他还直接降旨编纂了《四库总目》等多种书目和丛书,为研究《四库》的删改情况提供了第一手资料。

2661

《四库总目提要》订正[J]/顾宏义.--中华文史论丛,2012,02:200

文章对《四库总目提要》中的"刘敏士尝刻于浙右漕司"一句讹误进行了订正。

2662

《四库总目提要》方志思想述论[J]/董海春.--安徽广播电视大学学报,2014,04:106-109

《四库总目提要》史部地理类中"都会郡县"及其存目收录了古代各府州县地方志,内容丰富,记录了各地区的地理物产、风土人情。《提要》中四库馆臣对于古代历来都会郡县的梳理、品评及归类,体现出了四库馆臣对于方志编纂的认识,也能够反映出当时学术界主流思想。

2663

《四库总目提要·刘子》辨误[J]/陈志平.--兰台世界,2012,18:59-60

《四库总目提要》子部《刘子提要》存在诸多问题,虽有余嘉锡《四库提要辩证》曾经辨析,但仍有考究余地。本文择其十条,逐一辨析。

2664

《四库总目提要》中《诗》学研究浅析[J]/陈正一.--经营管理者,2012,09:354

《总目》诗类部分对历代《诗经》研究的著作做了整理批评,从中不但能够了解《诗》学研究的发展脉络,也能体会到《总目》《诗》学研究的思想、态度和对之后学术发展起到的作用。

2665

四书私存[M]/(明)季本撰;朱湘钰点校;钟彩钧校订.--台北:"中央研究院"中国文哲研究所(台湾地区),2013

《四书私存》是浙中王门学者季彭山致仕后的作品,撰于世宗嘉靖年间。全书凡37卷,在明代已刊刻传世,然曾一度散佚。今以北京国家图书馆藏本为底本,参以上海华东师大图书馆藏本,进行点校。

2666

四问《十三经注疏》汇校、点校[N]/吴昂.--中华读书报,2012 - 03 - 28005

就古代典籍对社会文化的影响而言,"十三经"的影响超过任何古代典籍。由学术界、出版界通力合作,完成《十三经注疏》的汇校、点校,出版一部"十三经"现代通行本,是适逢其时的学术文化盛事。

2667

《松窗杂录》校勘拾遗[J]/郭小丽.--遵义师范学院学报,2013,02:36 - 38

唐代笔记小说《松窗杂录》经上海古籍出版社排印付样,因所据版本有限,存在不少讹误。笔者搜罗《类说》《绀珠集》《说郛》《历代小史》《顾氏文房小说》《奇晋斋丛书》《唐人小说》《四库全书》诸本,参考多种诗文集、笔记、类书,加以校勘。

2668

宋版经籍的系统考察——读张丽娟教授《宋代经书注疏刊刻研究》[J]/蔡浚廷.--国文天地(在台湾地区发表),2015,04:123 - 126

(阙如)。

2669

宋版书之鉴别[J]/刘芙蓉.--河南图书馆学刊,2014,11:136 - 137

文章从古籍整理角度对宋版书的刻书、板式、纸张、鉴定等方面进行了阐释,探讨了宋代古籍鉴别的一般规律和基本方法。对从事宋代古籍的研究和鉴定者具有一定的参考价值。

2670

《宋本杜工部集》版本源流考辨[J]/赵睿才.--图书馆杂志,2013,03:83 - 88

《宋本杜工部集》是后来所刊行的各种杜集的祖本。可是它驳杂异常,是多个版本的合成体。本文通过宋本杜工部集各个版本的比较,力图考辨其版本间差异及优劣。

2671

宋本《晦庵先生朱文公语录》研究[D]/潘牧天.--上海师范大学,2013

《朱子语类》是宋代大儒朱熹与其门人弟子讲学问答的实录,集中体现了朱熹的理学思想,且反映了宋代的社会、经济、文化概貌。《晦庵先生朱文公语录》即《池录》,是最早的朱子语录编本之一。本文在《池录》与《朱子语类》全面校勘基础上,对其进行了版本与语言的考探。

2672

宋本《三国志》通假字浅论[D]/胡寒.--复旦大学,2012

本文以宋本《三国志》通假字为研究封象,调查汇总了宋本《三国志》中传承先秦两汉及中古新出的通假字用例;尝试收集整理宋本《三国志》中的专名通假字;尚无定论,但出现频率较高的一部分通假字存录待考。

2673

宋代笔记训诂资料研究[D]/李欢欢.--湖南师范大学,2015

本文介绍了宋代笔记的研究价值和研究意义、宋代笔记训诂研究的现状和研究方法、宋代笔记的训诂内容、资料的驯诂方法、宋代笔记对《汉语大词典》的补正以及宋代笔记训诂资料的错误和不足。

2674

宋代笔记在《全宋词》编纂中的史料价值[D]/宋娟.--吉林大学,2012

本文以中华书局1999年简体横排增补本《全宋词》为考察对象,对《全宋词》辑佚、校勘、考证等具体情况逐人、逐首、逐句进行数量统计,据此对《全宋词》利用宋代笔记的具体情况作以定量分析,从中考察宋代笔记在其编纂中的史料价值。

2675

宋代雕版书籍类型学研究及量化分析[D]/郑曼.--河北大学,2011

本文以《中国印刷史》一书为依据,通过对书中"宋代刻本内容"的梳理,检索、筛选出有史可考的宋代刻本进行数量统计,并按照传统的"四部"分类法和现代的中图分类法对宋代刻本进行分类统计与量化分析,总结出宋代图书印刷事业的相关结论。

2676

宋代方剂名著《太平惠民和剂局方》浅析[J]/
吴承艳.--时珍国医国药,2012,12:3088 - 3089

《太平惠民和剂局方》是中国历史上第一部由政府颁布的成方药典,但是,在中医界尤其是金元时期也有一些医家存有一些偏见而被竭力攻击,因而低估了该书的价值。本文通过对该书学术特点的浅析,以期对《局方》有客观的认识与合理的评析。

2677

宋代校勘学名著《九经三传沿革例》[J]/葛鹏.--文学教育(中),2014,03:28

成书于南宋的《九经三传沿革例》是中国古籍整理史上的名著。书中提出了一系列有价值的校勘原则,并总结相关的校勘方法和经验,其中很多内容对于当前古籍整理都有借鉴意义。

2678

《宋代经书注疏刊刻研究》序[J]/孙钦善.--古籍整理研究学刊,2013,01:1 - 2

本文是《宋代经书注疏刊刻研究》的序,作者介绍了原书作者的主要成就,分析了其取得突出成果的原因,并对此书进行了推介。

2679

《宋代日记丛编》、《金元日记丛编》整理出版情况简述[J]/梁健民.--古籍整理出版情况简报(总533期),2015,07:12 - 16

本文回顾了《宋代日记丛编》《金元日记丛编》整理编辑过程,简要介绍了两部丛书的相关情况。

2680

宋代书籍出版史研究[D]/田建平.--河北大学,2012

本论文借鉴并采用诸如计量史学、书籍史、阅读史、心灵史、比较史学、文化史等史学理论及方法,对宋代书籍出版业作出系统、全面、深入的历史研究与解读,揭示其物质、技术及社会、政治、经济、教育、文化诸层面之意义。

2681

宋代书目文献整理的新创获——古籍整理出版专项经费资助项目《玉海艺文校证》出版[J]/林日波.--古籍整理出版情况简报(总523期),2014,09:16 - 21

本文介绍了《玉海艺文校证》的编辑整理出版过程,认为该项目是宋代书目文献整理的新创获。

2682

宋代蜀文辑存校补[M]/傅增湘原辑.--重庆:重庆大学出版社,2014

本书整理和增补的对象《宋代蜀文辑存》一书,主要工作包括校点、辑补,并新编《宋代蜀文篇目分类索引》。重点考察宋代蜀文的基本内容,进行初步的归类研究,并将视野延伸到蜀学研究的范畴,探讨宋代蜀文对蜀学研究的重要参考价值。

2683

宋代唐集序跋的校勘学意义[J]/刘冰欣.--唐山学院学报,2014,02:63 - 68 +75

校勘学在宋代成为一门独立的学问。宋人撰写的唐集序跋,为校勘学研究提供了广博而可靠的文献资料,其中宋人校勘唐集时所体现的素质、方法和原则,代表了宋人校勘唐集的水平。

2684

宋代文献整理的典范佳作——《续宋中兴编年资治通鉴》出版[J]/范学辉.--古籍整理出版情况简报(总529期),2015,03:2 - 4

本文对近年来宋代文献整理重要成果《续宋中兴编年资治通鉴》的成书始末、学术价值作了阐述。

2685

宋代中医古籍整理研究的特点[J]/付艾妮.--中华医学图书情报杂志,2013,01:54 - 56

本文从宋代设立整理医籍机构、遴选校理人才、校勘方法等方面,论述了宋代中医古籍整理的特点。

2686

宋范浚《香溪集》版本源流考[J]/张剑.--文献,2013,01:16 - 22

范浚(1102 – 1151),字茂明,世称香溪先生,婺州兰溪(今浙江兰溪)人。他为世人留下了22卷的《香溪集》,朱熹取其《心箴》入所纂《孟子集注》,范浚由是知名。本文就其著作《香溪集》之版本源流进行考据。

2687

宋会要辑稿[M]/刘琳点校. --上海:上海古籍出版社,2014

《宋会要辑稿》是清代嘉庆年间由徐松从《永乐大典》中辑出的宋代官修《会要》之文。全书366卷,分为帝系、后妃、乐、礼、舆服等17门。内容丰富,卷帙浩大。现经四川大学古籍研究所的专家历经数十年点校整理,成为可供学者利用之书。

2688

《宋会要辑稿》整理序言[J]/刘琳. --宋代文化研究,2014,00:80 – 109

文章首先介绍了《宋会要辑稿》校点整理的缘起,然后回顾了历代辑录、整理和研究《宋会要》的情况,之后探讨了《永乐大典》所收的《宋会要》底本,最后详细阐述了本书校勘的重点,包括年月日纠正、行款改正等。

2689

宋监本《论语集解》版本研究[A]/秦跃宇. --扬州大学、中国人民大学.2013·国际经学与文学学术研讨会会议论文集[C],2013

"宋监本"《论语集解》往往被误当做北宋国子监刻本,本文通过考察确定其是南宋中期福建刘氏天香书院私刻本。同时,经过比勘,确定该本非是延自六朝至北宋以来单集解本系统流传的《论语集解》翻刻本,然亦有其自身特别的版本价值。

2690

宋校本《千金要方》增补文献初考[J]/王莉媛,曾凤. --湖南中医药大学学报,2015,04:30 – 32

本文通过《千金要方》宋校本与《新雕孙真人千金方》的对校研究,发现宋人整理《千金要方》时增补了大量新文献,此为考察宋人整理中医古籍的原则与方法提供一定的参考。

2691

宋(金)古籍版本特点及鉴别[J]/陆三强. --艺术品鉴,2012,02:70 – 75

本文从字体、板式、纸张、序跋、避讳、刻工等方面介绍了宋(金)古籍版本特点及鉴别,为古籍保护及古籍研究者带来新的思考。

2692

宋刻本《晦庵先生语录大纲领》研究[D]/陈佳燕. --上海师范大学,2014

《朱子语类》从最初各家所记"语录"到汇编为"语类",其中各本异文错综复杂,迄今未作全面校勘。本文对目前市面通行的《朱子语类》各版本进行填补与纠正,为准确理解《朱子语类》扫清障碍,同时对一系列手部动作字词的举例也有助于辞书在词条、义项、书证、释义等四个方面的编纂和修订。

2693

宋刻十行本《尔雅注》版本源流考[J]/蒋鹏翔. --图书馆杂志,2011,07:91 – 95

本文调查了上海图书馆、北京大学图书馆收藏的宋刻十行本《尔雅注》的各种衍生版本,通过比较刻工姓名、行款字体及文字内容,参证相关文献,对这一系统中各种版本的先后顺序及传承关系进行了梳理。

2694

《宋濂全集》(新编本)文献辑佚价值[J]/李圣华. --博览群书,2014,09:63 – 66

黄灵庚先生辑校的新编《宋濂全集》在三方面取得全新的突破:一是内容的新,"新编"收录2107篇,其中626篇属新辑佚补录的内容。二是校勘的新,"新编"重定底本,参酌十余种版本详作校勘,订正"旧编"大量讹误,校勘记颇具价值。三是体例的新。

2695

宋辽金元方志辑佚[M]/刘纬毅. --上海:上海古籍出版社,2011

本书收录宋、辽、金、元亡佚方志1088种。其中宋志795种,辽志4种,金志28种,元志179种,宋金志31种,金元志21种,宋元志4种。由于佚志分散于类书、史书、地志、别集中,故较有资料价值。

2696

宋荦、莫棠、叶德辉诸名家古籍善本题跋辑录[J]/杨艳燕.--晋图学刊,2012,02:76－79

山西师范大学图书馆入藏的善本古籍中不乏批校题跋本,笔者从中选出10部名家所撰的古籍题跋进行辑考,期望于鉴定古籍版本及考据文化史等方面研究提供助益。

2697

宋明雕刻本字体演变研究——宋体字发展探寻[D]/张孜颖.--湖南师范大学,2015

本文从设计学的角度,通过对这宋明两个时期政治、经济、文化、技术等因素的全面研究,结合书法学、历史学、考古学、文字学、出版学等相关学科的研究成果,力图得出清晰、客观、全面的宋体字发展脉络。

2698

宋明时期《黄帝内经》古籍传本整理及数据库建设[D]/高程熙.--贵阳中医学院,2013

本文系统整理了宋明时期的《黄帝内经》古籍传本,确立了《内经》相关古籍传本书目和撰写著录,并建设了宋明时期《黄帝内经》古籍传本数据库。

2699

宋人校订《千金要方》脉论考证[A]/马红治,曾凤.--中华中医药学会医古文分会.第二十三次全国医古文研究学术交流会论文集[C],南宁:广西中医药大学,2014

本文通过对宋本《千金要方》与《新雕孙真人千金方》书中"说脉篇"的逐字对校,发现宋人对《千金要方》原书的脉论文献进行了较大规模的调整改动,分析总结其特点。

2700

宋人以《千金要方》校补《脉经》考证[J]/田润平,曾凤.--南京中医药大学学报(社会科学版),2014,04:234－236

本文依据保存唐代写本原貌的《新雕孙真人千金方》,全面考证宋人如何以《千金要方》校补《脉经》,为探讨宋人整理中医古籍的原则与方法、考察唐宋之交脉学理论的转变,以及重新评价宋人在传统医学史上的地位提供一定的参考。

2701

《宋人佚简》若干问题研究[D]/毛永娟.--河北师范大学,2012

本文对目前学术界关于《宋人佚简》的研究现状进行了介绍和分析,并阐明选题意义和文章结构;对前四卷中涉及向沟、周彦、查龠和张运四人的数通书简中存在的错简问题,进行了重新连缀和复原;对前四卷中非书信文本书简的性质进行了重新判定;对所见"则例"文书性质和宋代商税制度进行研究。

2702

宋绍定三年钱塘俞宅书塾刻本《乖崖张公语录》[N]/徐忆农.--光明日报,2013－07－02013

南京图书馆藏宋绍定三年(1230)钱塘俞宅书塾刻本《乖崖张公语录》二卷,原为苏州顾氏过云楼藏书,已入选《国家珍贵古籍名录》。此书由北宋名臣张咏门人李畋编纂,主要记载张咏治蜀期间可以垂于后世的言行。张咏语录目前存世宋版有两种系统,一为张咏文集所收"语录"卷,一为单行本,二者相较,单行本记事更为详备而有序。

2703

《宋史·礼志》史料辨析与考订——基于对《宋史礼志辨证》的解读[J]/张志云.--延安大学学报(社会科学版),2015,04:113－115

《宋史礼志辨证》一书逐条辨析《宋史·礼志》史料之来源、正误、剪裁得失,同时亦对相关典籍记载的错失加以辨证,为学者研究宋代礼制提供更为可靠的史料依据。

2704

《宋书》点校商兑[J]/周典富.--古汉语研究,2014,01:62－66

点校本《宋书》和《宋书校议》在《宋书》的标点、校勘方面均付出了大量辛勤的劳动。前者为我们提供了一个《宋书》的新式排印本,同时也扫除了《宋书》中的一些阅读障碍;后者不仅纠正了点校本在标点、校勘方面的讹误,还提出了不少有参考价值的意见。

2705

《宋书》异文研究[D]/周典富.--复旦大

学,2013

本文在总结已有异文研究成果的基础上,增补《宋书》及相关文献早期版本的异文,归纳出异文系统由版本异文、节引或改编《宋书》的异文以及名家理校过程中产生的异文三个分支组成。

2706

宋蜀刻本《李太白文集》考述[J]/赵望秦.--陕西师范大学学报(哲学社会科学版),2014,03:140 – 143

今存宋蜀刻本《李太白文集》37卷,古今版本目录学家多误以为北宋时刻印。以新发现的文献资料为依据,再结合鉴定古籍版本的传统方法,可得出确切结论:此本的刻印时间为宋高宗绍兴年间中期。

2707

宋蜀刻本《孟浩然诗集》考述[J]/王永波.--江西师范大学学报(哲学社会科学版),2015,02:54 – 59

本文根据宋人的各种文献记载考察入手,再结合鉴定古籍版本所使用的避讳等方法,进行多重论证,得出宋蜀刻本的刻印时间应该在北宋中叶即宋英宗时期的结论。

2708

宋蜀刻《唐六十家集》版本新探[D]/李明霞.--华东师范大学,2012

本文探讨《唐六十家集》的刊刻面貌,了解这套丛书的版本性质,进而揭示宋代四川地区雕版事业的发展状况,阐释书籍收藏流传过程所蕴含的文化现象及意义,也为唐人集的研究者和读者提供更为准确的版本。

2709

宋"四大书"编纂出版与流传[M]/张围东著.--台北:渤海堂(台湾地区),2013

(阙如)。

2710

《宋文宪公全集》(四库备要本)目录正误[J]/谢其祥.--广西师范学院学报(哲学社会科学版),2011,02:154 – 156

《宋文宪公全集》(四库备要本)的卷二、卷三、卷六目录上存在比较多的错误。一是目录的顺序有误,卷三放在了卷六之后、卷七之前;二是目录与书中标题不一致;三是卷二、卷三、卷六中的篇目互相混乱。出错的原因可能是社会动乱以及竞争赶工所致。

2711

《宋元明清精刻善本书影集锦》——顾廷龙、潘景郑等题跋述略[J]/仇家京.--图书馆理论与实践,2013,11:102 – 105

20世纪80年代初,顾廷龙、潘景郑等曾为馆藏《宋元明清精刻善本书影集锦》一书题诗、题跋,所涉书影缘起、藏书掌故、版本校勘等。笔者通过对此书的形制、收藏情况与题跋进行梳理,并探究诸跋文所承载的藏书思想与识书、护书理念,以期对当今的古籍工作有所启发与裨益。

2712

宋元明清目录书所载亡佚中医古籍研究[D]/于雷.--北京中医药大学,2014

本研究描述了宋以来亡佚中医古籍的概貌,借助古代目录书中提要、题跋等内容为线索,全面考察并尝试确定宋以来亡佚中医古籍,最终整理成宋以来亡佚古医籍书目,归纳出中医古籍亡佚的主要形式并论述典型例证。

2713

宋元明时期《黄帝内经》古籍传本整理研究[J]/赵博,高程熙,刘森林,罗寰,郭宪立,罗莉.--贵阳中医学院学报,2015,06:1 – 8

本文通过史志考证法、丛书类书考证法、相关医学文献考证法和国外典藏文献考证法,对宋元明时期《内经》传本书目进行收集整理。

2714

宋元时期广东刻书[J]/林子雄.--图书馆论坛,2015,12:116 – 123 + 145

宋元时期广东出版的图书幸存至今者屈指可数,研究文章风毛麟角。本文从地方志书及各类古籍文献中搜集宋元时期广东刻书资料,力图比较全面客观地反映宋元时期广东官刻书籍和私刻书籍的名称数量、编纂过程、版刻风格及刻工情况。

2715

宋元时期宁波绘画文献的整理、保护与利用策略［J］/孙婷.--科技情报开发与经济，2014，16：155－157＋160

本文运用文献调查法，对宋元时期宁波绘画文献进行系统梳理，阐述宋元时期宁波画作的收藏现状，提出对绘画古籍的保护利用策略。

2716

宋元遗珍回归故里 化身千万以享国人——"国外所藏汉籍善本丛刊"编辑散记［J］/王剑.--古籍整理出版情况简报（总529期），2015，03：11－15

本文简述了"国外所藏汉籍善本丛刊"编辑始末，强调宋元古籍以另一种形式回归故里是很有意义的。

2717

《宋元以来俗字谱》正楷字头构件指误——古籍整理札记之一［J］/何丽平.--汉字文化，2012，06：59－61

本文是作者从事古籍整理的研究所得，拟主要就《俗字谱》一书中正楷字头构件的写法问题，略陈管见，也附带谈谈相关的问题。

2718

《宋元以来俗字谱》正楷字头笔画指误——古籍整理札记之二［J］/何丽平.--汉字文化，2013，01：74－76

笔者发现《宋元以来俗字谱》在正楷字头笔画方面存在一些问题，辑录出来并略作说明。

2719

苏州博物馆藏古籍善本［M］/苏州博物馆编著.--北京：文物出版社，2012

本书介绍了苏州博物馆珍藏的善本古籍，其中有唐宋写本佛经卷，宋元明清善本书籍及大量稿本，反映了苏州地区深厚的文化积淀和底蕴。

2720

苏州博物馆藏古籍善本大观［J］/徐刚城.--收藏，2014，09：36－43

文章介绍了苏州博物馆藏古籍善本，其中比较有代表性的有佛教经卷，宋刻元椠，明代刊本，稿、抄、校本等。

2721

苏州大学图书馆馆藏黄裳藏书题跋甄录［J］/张若雅.--晋图学刊，2014，01：52－55

从苏州大学图书馆馆藏数十种黄裳藏书中，甄别选录集部古籍题跋九种并加以浅释。所录诸条多是首次发表，对研究黄裳藏书题跋和藏书理念以及明清集部古籍多有帮助。

2722

苏州图书馆藏古籍善本提要（子部）［M］/苏州图书馆编.--杭州：西泠印社出版社，2012

本书为苏州图书馆藏古籍善本子部提要。本书的出版，将对研究苏州的历史和文化提供有力的支撑，是本馆古籍保护的重要成果。

2723

俗文学、满学与敦煌学家关德栋先生［J］/叶涛.--文史哲，2011，05：82－87

本文介绍了俗文学、满学与敦煌学家关德栋先生本人及其研究成果。其俗文学研究成果是搜集编纂古籍文献资料，他在沈阳博物院翻译的《满文老档》辑录了"满文档成语"，他还是20世纪40年代国内研究敦煌文献和为数不多的研究梵、巴文典籍的著名学者。

2724

俗字简说——古籍整理札记之三［J］/何丽平.--语文学刊：高等教育版，2012，08：53－54

俗字是同一书体系统内与正字相对的流行于民间的汉字。异体字、古体字、方言字、通假字、错别字的内涵及使用条件都不同于俗字，它们都不宜全部或部分地归属于俗字。代替符号根本不具备字的资格，更不会是俗字。

2725

《素问》金刻本研究［A］/钱超尘.--中华中医药学会医史文献分会、庆阳市岐黄文化研究会汇编.中国庆阳2011岐黄文化暨中华中医药学会医史文献分会学术会论文集［C］，2011

本文从版本承传、版本特点、释音绝异、素问遗篇等方面,对《素问》金刻本进行了研究。

2726

粟特文古籍的整理研究[J]/甘大明.--四川图书馆学报,2014,02:89-91

本文简述国内外粟特文古籍的发现与收藏情况,并结合近年来国内外有关专家的研究成果,总结对比国内外粟特文古籍的整理研究状况。在此基础上,提出对今后研究的展望和建议。

2727

《隋书·经籍志》研究[D]/杜云虹.--山东大学,2012

本文从目录学、学术史角度对《隋志》进行研究探讨,通过《汉志》与《隋志》各类小序以及所著录书籍的比较,详细论述了各学科自汉至隋的发展历史,探讨《隋志》在"辨章学术,考镜源流"方面起到的巨大作用。

2728

隋唐时期典籍的编纂及分类思想研究[J]/杨娅萍.--时代教育,2014,03:224

中国古典文献学源远流长,主要的四个发展时期中,隋唐时期的典籍发展在类别的广泛性、思想的丰富性上最为突出,流传下来的典籍数量庞大,具有很强的研究价值。

2729

孙殿起及其《贩书偶记》、《贩书偶记续编》对中医学的贡献[J]/姜枫,张荣欣.--中医研究,2013,04:60-62

孙殿起为近代藏书家、版本目录学家,其著作《贩书偶记》《贩书偶记续编》为清代、辛亥革命前后的图书总目,收录清代、辛亥革命前后的中医学著作747种,反映了清代、辛亥革命前后的中医学学科发展和著述概貌。

2730

孙思邈《千金要方》、《千金翼方》与张仲景《金匮要略方》之关系研究[A]/梁永宣.--国家中医药管理局、陕西省人民政府.孙思邈中医药文化高层论坛论文集[C],2011

本文以目前流传的孙思邈三种著作为基础,与北京大学所藏的张仲景最古本元邓珍本《新编金匮方论》之间进行文字比较,分析了孙思邈书中引用的仲景相关文字,重新解释了"江南诸师秘仲景药方不传"含义。

2731

孙毓修版本目录学著述研究[D]/乐怡.--复旦大学,2011

本文选取目前所见的孙毓修十余种版本目录学著述,通过对内容、体例的分析,展现孙氏在版本学、目录学领域所进行研究之深度,也通过对这些著述产生的背景及撰写过程的考证梳理,对相关问题进行研究。

2732

缩微复制:30年记录15万种珍贵典籍[N]/杜羽.--光明日报,2014-12-11009

数字时代,我们还需要胶片吗?缩微人这样回答:能够保存500年以上的胶片,稳定性好、安全性强,在文献资源长期保存领域的作用不可替代。30年来,全国图书馆文献缩微复制中心及其25家成员馆共通过缩微技术拍摄珍贵典籍近15万种、6700余万拍。

2733

缩微古籍标版制作管理与实践[J]/张伟丽.--图书馆理论与实践,2012,09:49-51

本文通过缩微古籍标版制作详例,对特殊古籍著录情况进行了分析,并对如何管理古籍缩微标版做了初步探讨。

2734

缩微技术在古籍善本保存与应用中的作用[J]/吴小溪.--卷宗,2014,08

本文从传统缩微复制技术与现代缩微数字化技术两个角度分析缩微技术在古籍善本长期保存与有效应用中所起的重要作用。

2735

缩微技术在数字资源长期保存中的作用[J]/齐淑珍,张阳.--现代情报,2013,06:151-153

数字资源的长期保存问题越来越受到关注,而此前经常使用的迁徙法和仿真技术在实际应用中存在诸多局限性和不稳定性。数字缩微技术的出现使得数字资源依托缩微载体实现长期保存成为可能,也开辟了数字资源长期保存的新篇章。

2736

缩微技术在我国图书馆的应用研究[J]/宋群,宋凌凌. --图书馆建设,2012,11:91－93

缩微技术在我国的利用与发达国家有一定的差距,主要制约因素为数字化技术发展的冲击和图书馆特点的局限性。在未来的发展中,缩微技术仍是文献长期保存的第一选择,图书馆应有组织、有规划地实现缩微资源的数字化工作,加强宣传,提高缩微文献的知晓率。

2737

缩微往事　寄望未来——纪念全国公共图书馆文献抢救 30 年[J]/李健. --数字与缩微影像,2014,04:8－10

文章追溯全国图书馆文献缩微复制中心成立的经过,介绍了国家专项经费对这项事业的促进作用,历数了实施文献抢救计划的组织者和参与者,以及公共图书馆界全力支持和团结协作的情况。

2738

缩微文献数字化的展望[J]/白俊龙. --内蒙古民族大学学报（社会科学版）,2015,02:119－121

缩微技术以其体积小、密度高、节约贮存空间、确保文献的连续性等优势,解决了当今图书资料有效保存的难题。当前在信息数字化浪潮中,缩微技术和数字化技术相互依存、优势互补,将成为推动图书馆现代化建设的重要途径。

2739

琐谈古籍修复工作[J]/杨敏仙. --云南图书馆,2012,03:75－77

文章对古籍修复技术的基本流程进行归纳;对古籍修复初学者在工作中可能遇到的一些情况予以概述;并有针对性地提出解决的办法与途径。

2740

他校时代的降临——e 时代汉语古籍校勘学探研[J]/苏芃. --中国典籍与文化,2012,02:14 – 23

随着汉语古籍数据库的研发和使用,如今他校资料的获取方式发生了巨大的改变,陈垣先生"古籍校勘四法"的具体应用可作重新检视。本文从一系列个案的校勘实例归纳证实:古籍数据库的开发,意味着一个他校时代的降临,相关的学术规范与选题策略也值得探讨与思考完善。

2741

台北大学"古典目录学研究主题数据库"的筹建及其展望[J]/杨果霖. --书目季刊(在台湾地区发表),2015,01:1 – 19

本文对台北大学建设"古典目录学研究主题数据库"过程进行回顾,并对其未来发展进行筹划。

2742

台北大学"古籍辨伪数据系统"的建置及其应用[J]/杨果霖. --古典文献与民俗艺术集刊(在台湾地区发表),2013,02:113 – 136

本文介绍"古籍辨伪数据系统"数据库的建置情况,并进一步分析数据库内容,期使学者能广泛利用这套数据库,以便于查考各种伪书数据,进而从事辨伪学的研究。

2743

台北"故宫博物院"的古籍展览与教育推广[J]/宋兆霖. --新世纪图书馆,2015,10:34 – 40

本文介绍了台北"故宫博物院""邻苏观海"古籍特展的内容梗概,及其教育推广的实例。该展览不仅侧重实物陈列,使游观者得以亲炙观海堂藏书之真善美盛,亦强调科技应用,以数字媒体呈现古籍内容,提升读者观览兴味。

2744

台北"故宫博物院"收藏方志述论[J]/卢雪燕. --故宫博物院院刊,2012,05:89 – 103 + 161

台北"故宫博物院"收藏有三千余种方志,本文依其来源为纲,梳理诸种方志之撰修时代及分布地区,发现这些方志具有四个特色:年代久远;明版量多,旧刊精抄兼备;宋、元撰修古方志多;地域范围广大。

2745

台北"故宫"古籍善本知多少[J]/彭治国. --优品,2012,12:304 – 307

文章介绍了台北"故宫"有代表性的古籍善本,包括《四库全书》、宋刻本、古籍与秘档,还有藏文大藏经、帝鉴图说、《永乐大典》等。

2746

台阁体审美范畴释论:以《四库全书总目》为中心[J]/何宗美. --西南大学学报(社会科学版),2014,01:96 – 106 + 175

本文以四库全书总目为例,讨论台阁体审美范畴。

2747

《台湾大学图书馆藏珍本东亚文献目录——中国古籍篇》评介[J]/赵飞鹏. --"全国"新书资讯月刊(在台湾地区发表),2015,202:29 – 33

本文为《台湾大学图书馆藏珍本东亚文献目录——中国古籍篇》评介。该书分为经、史、子、集、丛五部,各部之下再酌分类目。凡馆藏乾隆六十年(1795)以前(含六十年)之刻本、活字印本、抄本、稿本等,皆予收录。著录参用《中国古籍善本书目》之体例。

2748

台湾地区善本古籍联合目录[M]/台湾汉学研究中心. --台北:台湾汉学研究中心(台湾地区),2012

本书为台湾地区善本古籍联合目录。

2749

台湾地区数位典藏计划对现阶段大陆古籍数字化项目的启示[J]/葛怀东. --四川图书馆学报,2014,02:95 – 97

文章在介绍台湾地区"数位典藏计划"进展的基础上,从项目规划、分工协作、标准规范、发布平台建设等四个方面阐述了对大陆地区古籍数字资源库建设的借鉴意义。

2750

台湾师大图书馆镇馆之宝:翁方纲《翁批杜诗》稿本校释[M]/(清)翁方纲著;赖贵三编. --台北:里仁书局(台湾地区),2011

《翁批杜诗》稿本校释是赖贵三教授多年整理研究的成果,不仅完整保存了稿本原貌,还对该文献进行了认真的校勘、注释整理。

2751

台湾书院"博雅——阅读古人生活美学古籍文献展"纪要[J]/黄文德,阮静玲. --"全国"新书资讯月刊(在台湾地区发表),2012,162:9 – 12

本文是对台湾书院"汉学书房"文献典藏与数字资源筹划情况的概述。

2752

台湾"中研院"文哲所的古籍整理[J]/林祥征. --闽台文化交流,2011,02:145 – 151

台湾有关方面重视古籍整理。1989 年 8 月,台湾"中研院"文哲所开始筹备,2002 得 7 月正式成立,把古代文化的研究和传播作为重要方向,其经学组在经学方面的整理作出重要贡献。

2753

太仓市档案馆积极开展古籍抢修工作[J]/邱武杰. --兰台世界,2012,31:96

日前,太仓市档案馆针对馆藏一批地方古籍文献年久日长、破损严重的情况,积极采取措施,组织相关技术人员对其进行抢救修复。

2754

太谷县图书馆馆藏古籍及保护工作概述[J]/韩丽花,赵谞炯. --山西档案,2014,06:23 – 26

太谷县图书馆是山西省首批 8 家省级古籍重点保护单位之一,馆藏古籍来自书院藏书、征集、名人及乡绅捐款。其中 5 部入选《国家珍贵古籍名录》,另 6 部入选《山西省珍贵古籍推荐名录》。近年来,太谷县图书馆为加强古籍保护工作做了积极有效的工作。

2755

太平路儒学刻本《前汉书》考论[J]/杨居让,刘艳. --山东图书馆学刊,2012,04:96 – 98

本文通过详细解读中国历代书目文献以及《钦定天禄琳琅书目》评鉴,纠正了太平路儒学《前汉书》是元大德九年(1305)刻本的历史错误。进而通过比对研究,论证了太平路儒学《前汉书》是南宋乾道年间刻元、明递修本。

2756

汰选与存全:宋濂文集的编刻整理[J]/慈波. --古籍整理出版情况简报(总 528 期),2015,02:14 – 18

本文介绍了宋濂文集的编刻整理情况,为当下古籍整理作出有益探索。

2757

《泰定养生主论》的文献学研究[D]/李珊丽. --南京中医药大学,2011

本课题以日本天保六年(1835)影抄明正德四年(1509)刊本《泰定养生主论》为研究本,以《素问》《伤寒论》《千金方》《三因方》《普济方》等为参校本,进行全书校注;对作者及传本、学术价值等作一介绍;并对书中疑难字词、典故进行考释;总结归纳文字变异情况。

2758

谈避讳字与古籍版本鉴定[J]/韩春平. --图书馆工作与研究,2014,03:69 – 71

本文介绍了避讳和避讳字基本情况,结合当前古籍普查工作实际,探讨了利用避讳字进行古籍版本鉴定的问题。

2759

谈抄本中医药古籍的欣赏与修复[J]/史宝友,刘妮波,王淼,韩赫宇. --中国中医药图书

情报杂志,2015,04:50-52

文章介绍了抄本中医药古籍的特色,包括毛装状态,古朴自然;纸墨精良,字迹佳妙;叙言完整,句读精当。在此基础上,提出抄本中医药古籍的修复应严格遵守古籍修复原则,保障古籍载体和文献信息安全,制定周密的修书预案,建立真实的修书档案,在修复过程中精益求精。

2760

谈高校图书馆对古籍文献的保护、开发与利用[J]/汪琳. --河北科技图苑,2011,04:50-52+42

本文指出高校图书馆保护、开发与利用古籍文献总体来说不太尽如人意,主要表现在重视不够、对古籍文献的保护手段简单。提出要完善古籍文献管理体制,提高服务水平;对古籍文献保护、开发与利用应当更多地采用科技手段。

2761

谈高校图书馆古籍文献的开发与利用[J]/史岩松. --河北科技图苑,2012,06:84-86

本文基于古籍文献的特殊性和高校图书馆目前的情况,分析了影响高校图书馆古籍开发利用的若干因素,论述了各高校馆对古籍文献的开发利用现状,指出了高校图书馆在古籍文献开发利用时应注意的一些问题。

2762

谈古代小说的出版问题[J]/张泓. --河北经贸大学学报(综合版),2014,02:19-21

21世纪初,在古代小说的出版过程中,出现了众多出版社纷纷出版名著的重复出版现象,导致严重的浪费。随着电子出版物的发展和人们阅读习惯的改变,近几年,名著的销量逐年递减。出版社在出版古代小说时,只有扩大出版范围以及树立精品意识,才能获得良好的出版效果。

2763

谈古籍校勘中版本的优劣与择取——以点校《对山集》为例[J]/余春柯. --甘肃联合大学学报(社会科学版),2013,05:82-86

文章在全面点校、整理《对山集》及多方求证的基础上,求实求真,指出各本的渊源及特征,为《对山集》的校勘提供科学依据,并依此来探讨古籍校勘时版本的择取问题。

2764

谈古籍书目索引编制过程中汉字繁简字体的转换工作[J]/王永华. --图书馆工作与研究,2013,S1:82-83+86

在古籍书目索引的编制过程中,采用繁体字著录。如果使用简化字著录,再转成繁体字,就会因少数汉字具有一简对多繁的现象出现错字;如果就用简化字编制,又出现需要造字等问题;同时,编制简化字四角号码索引,也会有与繁体字标码不同,准确性难以保证等问题。

2765

谈古籍修复与人才培养的新途径——以院校合作办学培养古籍修复人才为例[J]/张建国. --图书馆工作与研究,2015,07:91-94

本文分析了我国古籍修复人才培养之发展历史和现状,探讨了图书馆古籍保护中心与院校合作办学培养古籍保护与修复人才的可行性问题,以期推动我国古籍保护事业持续不断地开展。

2766

谈古籍整理出版中异体字的编辑处理问题[J]/李霜琴. --云梦学刊,2015,05:123-125

本文讨论了古籍整理出版中异体字的编辑处理方法:对于全同异体字,宜将不常见的、字形怪异的改为常见的规范字;部分异体字要注意针对其音义之间互有交叉又不能覆盖的特点予以区分对待,密切关注上下文语境,在尊重原稿的前提下予以规范处理;对于讹误异体字,要改回为正体字。

2767

谈古籍整理的使命感与责任心[J]/邓广铭. --古籍整理出版情况简报(总504期),2013,02:8-12

基于古籍整理的复杂性、困难性等问题,作者强调了整理者必须具有强烈的使命感与责任心,方能做好工作。

2768

谈古籍种类及保护——以云和县图书馆为例[J]/陈丽红.--内蒙古科技与经济,2012,04:135

本文介绍浙江省云和县图书馆收藏的古籍种类、古籍保护存在的问题,以及古籍保护的方法。

2769

谈古琴谱的修复[J]/林风.--福建图书馆理论与实践,2013,01:26 – 27

笔者以修复《自远堂琴谱》为例,针对在修复过程中发现的问题进行分析,提出应根据现有条件,采用安全稳妥、切实可行的修复方法和材料对古琴谱进行修复。

2770

谈计算机在古籍整理中的应用[J]/张莹.--辽宁师专学报(社会科学版),2014,03:135 – 136

本文从古籍整理计算机化和古籍保存数字化两个方面阐述了计算机技术在古籍整理过程中的应用价值。介绍了古籍整理过程中使用计算机技术进行标点符号标注、语法错误勘误、笺注批注添加等过程以及古籍数字资料库建设,对数字革命下古籍整理保护的思路进行论述。

2771

谈济宁市古籍文献保护整理工作[A]/黄银萍.--国家古籍保护中心编.古籍保护研究(第一辑)[C],郑州:大象出版社,2015

本文介绍济宁市古籍文献整理工作概况和目前为止取得的成绩,提出对古籍整理工作中反映出的四点问题及其建议。

2772

谈利用藏书印鉴别古籍版本[J]/乔敏.--才智,2011,13:200

依据藏书印可推断古籍的大体版刻年代,考查书的递藏源流,借鉴藏书家的鉴定结果,故藏书印成为鉴别古籍版本的重要依据。

2773

谈《明别集版本志》的成书与特色[J]/贾卫民.--书品,2015,03:101 – 107

作者参与《明别集版本志》整理出版工作。本文叙述了此书的编撰经过及著作特色。

2774

谈如何加强古籍修复队伍建设[J]/黄银萍.--四川图书馆学报,2015,04:57 – 59

本文浅谈了古籍修复工作的现状,分析古籍修复工作的必要性和重要性,提出通过挖掘人才、培养人才、留住人才,如何采取更有力的措施优化古籍修复人才机制等方面阐述了加强古籍修复人才队伍建设。

2775

谈书帖本的文献版本价值[J]/黄权才.--图书馆界,2012,01:35 – 37 + 50

本文提出在文献学版本体系中增加"书帖本",并以5种书法墨迹为例证明了书帖本具有独特的稿本价值。从书法墨迹中辑录出补《全宋诗》14 首,整合《全宋诗》1 首,校勘《全宋诗》5 首。

2776

谈《四库全书总目》对宋人笔记的著录[J]/赵龙.--图书馆工作与研究,2013,05:126 – 128

《四库全书总目》对宋人笔记的著录有着严格的考量,推崇"广见闻""资考证""裨劝戒"和"说部之佳本"。《四库全书总目》对宋人笔记的作者及版本源流作细致的考证,以严谨的学术精神发公允议论之声,由此可窥探出四库馆臣乃至清初士人对宋人笔记的认知。

2777

谈谈古籍批校题跋的整理与研究[A]/张廷银.--倪莉、王蕾、沈津编.中文古籍整理与版本目录学国际学术研讨会论文集[C],桂林:广西师范大学出版社,2013

本文论述了古籍批校及题跋的文献意义、收藏单位在批校题跋整理中的作用,及其学者如何进行古籍批校题跋的整理研究。

2778

谈谈古籍修复中的浆糊[J]/龙李文.--云南文史,2011,03:72 – 74

本文从古籍修复工作中使用的重要工具——浆糊入手,谈论浆糊制作过程、使用方法等。

2779

谈谈历代序跋在古籍整理中的重要性［J］/冯惠民. --古籍整理出版情况简报（总489、490期），2011，11 - 12：37 - 49

本文以《职官分纪》《酒经》《宣和书谱》《省心杂言》《鹤年诗集》五部古籍经典为例，以小见大，分析了古籍整理过程中历代序跋的处理方法和要点。

2780

谈谈民国时期的石印古籍［J］/崔建利. --兰台世界，2015，34：167 - 169

石版印刷术是清末到民国年间流行的一种重要平版印刷术，依照制版工艺的先进程度，又可分为绘石制版与落石制版两个阶段。其中，落石制版中的照相石印术又被称为影印，是民国年间应用最为广泛的古籍出版印刷方式之一。

2781

谈谈"十三五"时期"中华古籍保护计划"的规划设想［A］/张志清. --国家古籍保护中心编. 古籍保护研究（第一辑）［C］，郑州：大象出版社，2015

本文对"中华古籍保护计划"工作进行回顾，从完善古籍保护机制、推动古籍保护法规制度等八大方面阐述了"十三五"时期"中华古籍保护计划"的规划设想，对未来的中华古籍保护工作进行展望。

2782

谈谈图书中的古籍著录［J］/来雅苓. --才智，2012，26：158 - 159

古籍是学术积淀的菁华，更是人类文明的瑰宝和数千年人类文明的结晶。这些珍贵典籍，不仅见证了五千年中华文明的历史，也维系了中华民族的文化根脉，在整个文化史上占有重要的地位，搞好古籍的整理与著录工作，充分发掘古代文化典籍，做到古为今用，是图书馆的一项重要工作。

2783

谈图书馆古籍保护工作的人才队伍建设［J］/马冠芳. --黑龙江史志，2013，21：201 - 202

本文通过分析古籍保护工作的内容和现状，来探索古籍保护和人才培养的途径。

2784

谈图书馆古籍线装书的收集整理和保护［J］/肖艳梅. --知识经济，2013，23：60

古籍作为保存、传承古代文化的重要载体，具有极高的文献收藏价值和使用价值。本文以泸州职业技术学院图书馆古籍线装书库为例，分析了古籍线装书收集整理过程中的各种障碍和对策，并介绍了如何做好线装书的保护和修补工作。

2785

谈图书馆古籍整理与数字化［A］/郑秀琴. --福建省图书馆学会. 福建省图书馆学会2011年学术年会论文集［C］，2011

本文阐述图书馆传统古籍保存方法的局限性以及古籍数字化的优越性，指出古籍数字化过程中应注意的问题并寻求解决的方法。

2786

谈拓展中医药古籍图像的深度研究［J］/杨德利，刘家瑛，亢力，尚文玲. --世界中医药，2012，03：253 - 254

近年来，基于国内外中医药知识需求服务工作的不断深入开展，我们在中医古籍图像利用与保护方面做了有益的尝试，挖掘、整合、获取、拓展古人长时间积累的经验，力争使其发挥出最大学术效用和社会效用。

2787

谈西夏科技文化中的医药学成就——兼论西夏文古籍中药方［J］/朱国祥. --云南图书馆，2013，01：74 - 77

论文从西夏人医学分工和治疗诊断等六个方面展现西夏医学药的成就，列举了西夏文古籍中五个药方，这些药方不仅是西夏医药文化中宝贵财富，也是中华多民族医药文化中的珍贵遗产。

2788

谈线装古籍的修复［J］/甘岚. --河南图书馆学刊，2014，04：65 - 67

科学规范是修复古籍的基本要求。线装作为中国古籍装帧的主要形式，其修复程序包括准备、修整和复原三大步骤。本文对这三个步骤的内容及方法进行论述，展示了科学和规范的操作过程。

2789

谈学术修订[J]/梁振祥.--语文学刊,2014,05:53-54

孔子修订《尚书》《诗经》等六经形成儒学的基础,刘歆修订《别录》成就《七略》,班固修订《七略》编撰《汉书·艺文志》,朱熹选取《大学》《中庸》《论语》《孟子》,修订成儒学的经典"四书"。本文简述了古代和当代几次重要学术修订活动,说明学术修订的必要性。

2790

谈珍贵信札的修复与保护[J]/施文岚.--图书馆,2011,04:135-136

本文介绍了《谭延闿手札》的基本内容、装帧特点、破损情况及修复过程。在此基础上,对湖南图书馆馆藏手札的修复与保护工作提出了若干建议。

2791

谈"中国科技典籍选刊"的整理实践与思考——以《王祯农书》为例[J]/孙显斌.--科学史通讯(在台湾地区发表),2015,39:176-180

本文以《王祯农书》的版本系统梳理为例,浅谈"中国科技典籍选刊"的整理方法与步骤。

2792

谈中华宗教古籍的保护与整理[J]/方广锠.--藏外佛教文献,2011,01:427-443

本文浅析中华宗教古籍兴衰,分析中华宗教古籍现状,提出对中华宗教书籍保护整理的展望。

2793

谈中小型图书馆古籍修复人才建设[A]/黄银萍.--全国中小型公共图书馆联合会、中国知网中国知识资源总库编委会.全国中小型公共图书馆联合会2015年研讨会会议论文集(三)[C],2015

本文通过挖掘人才、培养人才、留住人才,如何采取更有力的措施优化中小型图书馆古籍修复人才机制等方面,阐述了如何加强中小型图书馆古籍修复人才队伍建设。

2794

谈中医古籍《重广补注黄帝内经素问》版本考证的途径[J]/李晓艳.--黑龙江科技信息,2012,01:143

《黄帝内经》的成书以古代的解剖知识为基础,古代的哲学思想为指导,通过对生命现象的长期观察,以及医疗实践的反复验证,由感性到理性,由片断到综合,逐渐发展而成的。本文叙述《重广补注黄帝内经素问》版本考证的途径,以便大家交流。

2795

谈中医期刊论文中古籍参考文献的著录问题[J]/李丛.--江西中医学院学报,2011,01:75-77

本文研究分析了中医期刊古籍参考文献著录中存在的不著录和著录不当问题,提出一方面作者要认识到正确著录古籍参考文献的重要性,另一方面编者也要根据古籍引用的不同情况给出正确的指导。

2796

谭元春诗文集版本源流考[J]/雷莎.--武汉生物工程学院学报,2012,02:118-122

本文通过考察谭元春诗文集的各个版本,从相关文献入手,将目前可见的谭元春诗文集按时代分为明代单刻本和清代选本两个部分论述,对诸版本的授受源流、刊刻时代、具体面目进行说明,并比较其优劣异同。

2797

《檀弓》单篇别行现象论析[J]/张三夕,毋燕燕.--长江学术,2015,01:103-111

通过梳理和考察历代《檀弓》的单篇别行文本及其广泛流传的原因,发现《檀弓》所载的古代丧葬礼仪,在弘扬孝文化和维护社会政治稳定方面发挥了积极作用。

2798

《镡津文集》版本源流考述[J]/蒋艳萍.--南阳理工学院学报,2013,02:50-53

《镡津文集》是北宋著名僧人契嵩的别集,自问世以来,其祖本、元刊本残本、明弘治本、清代等刻本相继流传。祝尚书先生虽于

《宋人别集叙录》中对它的版本进行了整理，但却没对其各时代的流传情况进行细致的考察，其他关于《鐔津文集》的研究亦有缺漏。本文通过对《鐔津文集》编刻的考察，全面分析其别集对后世的影响。

2799

探讨古籍保护与开发的策略以及建议[J]/冯曙红.--新教育时代电子杂志（教师版），2014,17

本文针对我国的古籍保护和开发工作进行深入探究，并给出可行性策略和建议。

2800

探讨古籍整理、出版及其具体方法[J]/阿布都肉苏力·克其克阿洪.--新疆大学学报（哲学社会科学维文版），2012,01:111－117

本文探讨了古籍中的善本与孤本的鉴别方法，有较高参考价值的其他古籍的分类方法及其工作步骤，整理出版古籍工作中需要注意的问题。

2801

探析古籍文献的保护与开发利用[J]/祁晓敏.--理论观察，2011,01:124－125

本文论述保护好古籍文献对其开发和利用的重要意义，指出古籍文献在现代社会生活中的地位和作用，以及目前图书馆古籍文献开发与利用中存在的主要问题，提出加强图书馆馆藏古籍开发与利用的对策。

2802

探析中医古籍文献的信息特征[J]/裴丽，王春颖.--黑龙江史志，2014,18:123－124

本文通过对《全国图书联合目录》分类目录的中医图书类目论述与分析，指出了中医基础理论学科、临床学科、方书类、药书类、医案医话医论类古代文献分类目录未能充分揭示中医古籍的信息内容，其产生原因是中医古籍一书中含有多学科内容。

2803

唐常建《题破山寺后禅院》异文考[A]/徐忆农.--北京大学国学研究院.版本目录学研究（第三辑）[C]，北京：国家图书馆出版社，2012

唐代常建《题破山寺后禅院》一诗仅四十字，但从现存最早的宋刻本至新近出版的整理校注本看，有不少异文存在，综合统计多达20余字。因此，文献保护必须将延缓性与再生性措施相结合，同时需要选择善本整理为可靠定本再出版印行。

2804

唐代方剂文献异文研究[D]/张瑾.--南京中医药大学，2011

本文以《千金要方》为中心延展，对《千金要方》同《千金翼方》《外台秘要方》《医心方》《诸病源候论》等书医籍中的医方和医论中的异文进行搜集、整理、归纳，将个案研究和系统研究相结合，对异文在方剂文献整理中的作用进行探讨。

2805

唐代墓志所见关中乡里词语研究[D]/陈玲.--西南大学，2014

乡里词语包含了乡村聚落命名时期的文化痕迹，可用来探求区域地名的发展变化及其自然或人文环境。唐代墓志形制大备，载有志主出生、卒葬地的墓志材料作为出土文献，具有真实可靠性，且数量众多，为我们研究古代乡里词语提供了十分重要的史料。

2806

唐代书籍装帧中旋风装艺术风格演变钩沉[J]/严西育.--兰台世界，2015,15:122－123

本文介绍书籍装帧形式旋风装，指出旋风装的演变和发展。

2807

《唐会要》勘误札记[J]/程霞.--古籍整理研究学刊，2012,01:38－43

《唐会要》作为现存最早的会要体史书，是研究唐史的重要典籍。而目前通行的上海古籍版仍存在诸多问题，笔者参照唐史研究的其他相关文献，仅就2006年新1版上海古籍点校本《唐会要》中所见错误进行校勘。

2808

唐律疏义新注[J]/钱大群.--南京师大学报（社会科学版），2014,01:2

本文简单介绍《唐律疏义新注》的内容、

编排和价值。

2809

《唐女郎鱼玄机诗》版本源流考［J］/丁延峰. --中华文史论丛,2012,01:331－359＋399

约刻于南宋中晚期的临安陈氏书棚本《唐女郎鱼玄机诗》是至今保存下来的唯一宋刻本。诸本中,以书棚本为最佳,流行最广。其仿刻本中,以清沈恕、沈慈刻本,江标刻本最为逼真。对其版本的源流梳理和优劣比勘,对校注《鱼集》都有重要的参考价值。

2810

《唐前诸帝诗文校注》序［J］/曾枣庄. --宜宾学院学报,2011,04:1－5

文章提出秦至隋是中国历史和文学的重要发展阶段,然后逐一阐述了自秦至南北朝各朝皇帝对文学的贡献以及相关的文学作品,最后指出《唐前诸帝诗文校注》的学术价值在于笺注。

2811

唐容川医学全书［M］/王咪咪,李林主编. --北京:中国中医药出版社,2015

本全书主要收集了唐容川的现存著作共8种,包括《中西汇通医经精义》《血证论》《伤寒论浅注补正》《本草问答》等等。本书集古籍整理与现代研究于一体,是一部颇有学术价值的医籍,可供中医临床工作者及中医院校学生和自学中医者参阅。

2812

《唐诗品汇》版本考［J］/张秀玉. --古籍研究,2013,02:69－70

《唐诗品汇》为明初高棅所辑唐诗选本,收诗共六千多首,在明代唐诗选本中影响巨大。此书将所选唐诗分五古、五律、七古、七律、五绝、七绝六体,每一种诗体下又各分正始、正宗、大家、名家、羽翼、正变六种,列所选诗作及评语。

2813

唐诗:中国文学最耀眼的明珠——论《全唐五代诗》出版的意义［J］/文博. --出版参考,2014,19:39＋31

文章首先简要介绍了《全唐诗》在中国文学史上的重要地位,然后梳理了《全唐诗》编撰留下的一些遗憾,在此基础上介绍了《全唐五代诗》的特色与超越之处,最后强调了《全唐五代诗》的出版意义。

2814

《唐史史料学》读后与补遗［J］/国新磊. --黑龙江史志,2015,03:158＋160

上海书店出版社出版了黄永年先生的《唐史史料学》,是唐史研究的必备工具书。黄先生昔年受业于吕思勉、顾颉刚等先生,学有渊源。黄先生主要从事于唐史研究,参与了中国现代古典文献学科体系的创立,堪称古文献学一代大家。

2815

唐宋类书引《国语》研究［D］/郭万青. --南京师范大学,2013

本文以编纂时间为顺序,顺次考察八部类书征引《国语》的基本情况,希望对各类书和《国语》的进一步整理与研究有所帮助。

2816

唐寅的藏书［J］/李军. --中华书画家,2014,11:122－124

本文叙述介绍了作者对唐寅藏书的研究。

2817

《唐韵》与《广韵》"训异义同"用例的比较研究［J］/药丽霞. --沧州师范学院学报,2012,02:48－50＋84

本文通过对《唐韵》与《广韵》"训异义同"用例的比较和分析,为中古时期的词汇学史、词义学、训诂学和古籍整理等方面的研究提供参考。

2818

特殊文献与特殊载体文献现状及修复［J］/解说,丛中笑. --科技情报开发与经济,2014,03:32－34

本文介绍了辽宁省图书馆特殊文献与特殊载体文献的收藏情况。这些文献大都处于破损状况,亟待修复,但因情况复杂,修复工作未能开展。随着这部分文献价值的提升,其保护与修复工作应引起重视。

2819

提高对文献学的重视[N]/黄仕忠. --社会科学报,2011 - 06 - 16005

近十年来,国家与地方对传统文献的整理与研究的投入大幅增加,古籍整理与研究的成果迭现,表面上呈现出一派繁荣的景象,但实际上,古籍整理的质量整体下滑,古典文献学学科发展面临窘境。这两种现象构成了巨大的反差。

2820

提高文物古籍修复专业学生历史素养的教学实践[J]/赵晓菊. --中学课程辅导:教师教育,2014,14:33 - 34

历史课在高职文物古籍修复专业教学中属文化基础课,如何更好地发挥其的作用,提高学生的历史素养,为今后的专业学习和工作打下坚实的基础,是职业学校历史课教师要努力探索的重要问题。

2821

提高中小型图书馆古籍普查工作质量与效率的对策[J]/孙浩. --科技情报开发与经济,2014,16:32 - 33 + 39

本文介绍了中小型图书馆古籍保护现状,探讨了中小型图书馆做好古籍普查工作的具体措施,提出了中小型图书馆在开展古籍普查与整理工作中应注意的问题。

2822

提升公共图书馆古籍保护质量的策略[J]/郭培忠. --图书馆学刊,2012,08:23 - 24

本文在分析我国古籍保护与利用现状的基础上,就提高古籍保护现状的措施进行深入分析,以期为我国公共图书馆古籍保护工作的发展提供借鉴。

2823

天津藏书家刘明阳藏书考略[J]/刘二苓. --科教文汇(上旬),2013,02:189 + 200

天津近现代著名藏书家刘明阳,以收藏明刻罕传史料书见长。经考,目前所知刘氏藏书下限为民国二十五年(1936)。

2824

天津藏书家刘明阳藏书录——古籍整理记事(一)[J]/刘二苓,张岚. --安徽文学(下半月),2011,02:233

本文以古籍整理记事的方式,从刘明阳简介、馆藏刘明阳藏书、刘氏藏书印三个方面对天津藏书家刘明阳进行介绍。

2825

天津藏书家刘明阳藏书叙录——古籍整理记事(二)[J]/刘二苓. --安徽文学(下半月),2013,02:6 + 70

刘明阳为近现代天津著名藏书家,藏书以明刻罕传史料书为收藏重点。是文从题名卷数、版本、版式、藏书印、批校题跋等角度对刘氏藏书逐一叙录。

2826

天津地区古医籍学科分布特色研究[J]/刘毅,曹亭,谢敬. --图书馆工作与研究,2013,07:90 - 92

本文通过对天津地区中医古籍的整理、数字化分析,揭示中医古籍在中医学科中的分布特色,探讨中医古籍文献对学科发展的支撑和保障。

2827

天津地区馆藏珍贵古籍图录[M]/天津图书馆,天津市古籍保护中心编. --北京:国家图书馆出版社,2012

本书收录天津地区各藏书机构入选国务院公布的"第一、二、三批国家珍贵古籍名录"的珍贵古籍303种,每种均以图版和说明文字。既是天津地区古籍收藏精华的集中体现,也是该地区古籍保护工作所取得的重要阶段性成果。

2828

天津馆藏善本《闻见录》修复记[A]/赵海云. --国家古籍保护中心、天津市古籍保护中心编. 融摄与传习——文献保护及修复研究[C],北京:中华书局,2015

本文介绍了作者参加对天津馆藏善本《闻见录》的修复的情况,包括基本概况、详细记录、修复历史、修复过程、一点心得等情况。

2829

天津市古籍保护中心软硬件建设及管理工

作概说[A]/张建国.--国家古籍保护中心、天津市古籍保护中心编.融摄与传习——文献保护及修复研究[C],北京:中华书局,2015

本文概述了天津市古籍保护中心软硬件建设及管理工作,包括各工作区域功能介绍、各工作区域硬件建设与管理、各工作区域软件建设与管理等情况。

2830

天津市和平区图书馆藏古籍图录[M]/天津市和平区图书馆编.--北京:国家图书馆出版社,2015

本书收入天津市和平区图书馆所藏民国以前的线装古籍200多种,全面反映了该馆古籍藏书的面貌,是和平区古籍保护的重要成果,对展示、保护和利用该馆古籍,都有积极的作用。每种古籍配一二幅彩色书影,并有精准的文字性著录,是一册很好的参考工具书。

2831

天津图书馆藏《四库全书总目》残稿文献价值探讨[J]/孙连青.--图书馆工作与研究,2013,08:96-98

本文介绍了天津图书馆珍藏《四库全书总目》残存稿本的基本情况,并对这部残稿在四库学研究方面所具有的文献价值进行了论述。

2832

天津图书馆古籍保护中心实验室简介[A]/高学淼.--国家古籍保护中心、天津市古籍保护中心编.融摄与传习——文献保护及修复研究[C],北京:中华书局,2015

本文简要介绍了天津图书馆古籍保护中心实验室,使读者对实验室有一个大致的了解。

2833

天津图书馆古籍修复材料库的建库思路及其规范管理[A]/索淼淼.--国家古籍保护中心、天津市古籍保护中心编.融摄与传习——文献保护及修复研究[C],北京:中华书局,2015

本文简要介绍了天津图书馆古籍修复材料库的建库思路及其规范管理的情况,包括

古籍修复纸张存储库的建立,古籍修复工具材料库的建立,纸库、工具材料库的管理与应用,纸库、工具材料库在首期研修班广泛应用等情况。

2834

天津图书馆馆藏抄本《北海集》考述[J]/孙连青.--图书馆工作与研究,2012,03:82-84

本文对天津图书馆馆藏抄本《北海集》的基本情况、内容结构、著者及现存版本状况进行客观的描述,以期让更多人了解其独特的文献价值。

2835

天津图书馆馆藏古籍题跋选录[J]/孙连青.--图书馆工作与研究,2013,S1:84-86

本文介绍了天津图书馆馆藏古籍书中从未刊出过的题跋12篇,包括藏书家周叔弢先生、教育家严范孙先生,还有津门金石学家王襄先生的题跋等,为研究藏书家及古籍版本学提供了第一手资料。

2836

《天禄琳琅书目》点校拾零[J]/王晓静.--图书馆理论与实践,2013,07:52-55

《天禄琳琅书目》作为我国古代目录学史上的版本解题目录,深深影响着清代中叶以后公私藏书目录的走向。上海古籍出版社点校本的问世,方便了学界对其的研究和利用,然此本在文字、标点、断句上仍未尽善,本文略加校正。

2837

《天禄琳琅书目》考辨古籍版本方法述评[J]/杨果霖.--(在台湾地区发表),2012,01:23-50

本文尝试整理于敏中等人鉴定版本的方法,并且评议其整理天禄琳琅藏书的得失,期使读者了解于氏诸人的学术表现,也能明白《天禄琳琅书目》的学术价值,更能深入认识乾隆时期版本学的发展。

2838

天然脱酸剂在档案文件脱酸中的应用[J]/天然脱酸剂在档案文件脱酸中的应用项目课题组.--中国档案,2014,08:60-61

本文介绍天然脱酸剂在档案文件脱酸应用的成果介绍、成果鉴定意见和推广应用前景。

2839

天一阁:藏书建设开新篇[J]/王丽萍.--科技创新导报,2013,15:250

天一阁是我国历史上著名的保存完好的私人藏书楼,文章从藏书建设、古籍保护、古籍修复、古籍利用,尤其是馆藏文献的整理出版与数字化建设等方面简要论述、展示了天一阁博物馆在文献资源建设与开发上的不凡成就。

2840

天一阁古籍数字化建设研究[J]/任红辉.--东方博物,2012,04:124－127

古籍数字化是古籍再生性保护的重要手段,能有效实现古籍原件保护、开发利用及文献传播的完美结合。本文以天一阁古籍数字化建设为例,阐述了其建设概况、实现方式和功能特点,并针对项目建设中出现的标准规范及经费保障等问题给出了建议。

2841

天一阁古籍数字化实践及思考[J]/任红辉.--四川图书馆学报,2012,01:51－53

古籍数字化是化解古籍保护与利用之间矛盾的有效手段。文章从实践出发,对古籍扫描、全文转换、资源展示等具体过程作了梳理,阐述了操作规范、技术标准、人员要求对质量控制的影响。

2842

天一阁历史档案与相关史料开发研究[D]/张紫艺.--云南大学,2011

本文把天一阁历史档案和相关史料并列作为研究对象,发掘天一阁历史档案和相关史料的特色和价值,分析历史档案和相关史料古为今用、藏以致用的现实意义,调查历史档案和相关史料开发的现实状况,思考当前存在问题的对策。

2843

天一阁善本古籍《释名》修复实例[J]/李贤慧,曹明.--浙江档案,2013,04:54－55

本文以天一阁善本古籍《释名》的修复为例,详细介绍了纸张检测、配纸和修复工作各个步骤。其中配纸包括白度颜色的选择、厚度选择、纸张酸碱度比较和补纸机械强度比较,修复步骤包括拆解、分揭、清洗、修补、平整和复原。

2844

天一阁与《四库全书》关系谫论[J]/王静.--中国国家博物馆馆刊,2012,10:139－145

天一阁与《四库全书》之间有着密切关系,主要表现在三个方面:一是天一阁进呈图书对编纂《四库全书》的贡献,二是四库七阁对天一阁命名方式的承袭,三是四库七阁对天一阁建筑形制的借鉴。本文试对这两者的关系做一梳理和评论。

2845

天章觅踪——古籍整理新论[M]/黄建年著.--芜湖:安徽师范大学出版社,2011

本书系南京财经大学图书馆黄建年教授几十年对古籍建议研究的结晶,以古籍整理为主线,依次发掘佛教、家谱方面的资料信息,紧紧抓住农村这个大依托,阐述自己的研究心得,综述专家的研究经验,指导读者从事相关探索。本书学术性强,是古籍整理方面的前沿专著。

2846

《天中记》版本源流考略[J]/朱仙林.--图书馆杂志,2014,07:98－107

《天中记》曾多次刊刻,据记载有五十卷本及六十卷本两种。屠隆校本因在陈耀文去世后的明万历三十七年(1609)被翻刻,又因校勘后收入《四库全书》,故为人熟知。但实际情况是,陈龙光校本不仅比屠隆校本早,且文字错讹更少,版本价值更高,更值得重视。

2847

田东壮族古歌《阳高》文本研究[D]/周秋玉.--广西民族大学,2014

本研究以田东壮族古歌《阳高》为语料,重构文献,研读文本,结合语言学相关知识对文本中的古壮字进行分析,考察右江河谷一带壮语方言和词汇的特点,探究歌本所蕴含的文化内涵和艺术特色。

2848

同版不同印与同印不同版[J]/蒋鹏翔. --图书馆杂志,2013,07:101－104＋112

古籍印本是相对版本而言更为明确的实物化概念,它与版本构成辩证统一的关系。本文从正文、形制、体例等版本特征的变更和内封抽换、多家出版、旁证错乱缺失等各个角度对此问题进行了分析。

2849

同书不同索书号——谈善本古籍在提取中的难题及其解决方案[J]/刘玉芬. --当代图书馆,2012,04:51－53

本文从索号的重要性谈到目前善本古籍索书号的表现形式及存在问题,包括读者与内部工作人员遇到的困惑与难题,最后论及善本古籍数字化书目信息资源整合的必要性与解决途径。

2850

同文书局与石印古籍[J]/左建. --兰台世界,2013,13:144

石印是一种平版印刷法。同文书局是中国第一家自己创办的石印书局。引进这种技术后,出版速度与质量大为提高,有利于文化普及,其中受益最大的是古书与图画的影印。

2851

《彤园妇科》版本考[J]/江凌圳. --中医文献杂志,2012,06:6－7

《彤园妇科》,妇产科著作。六卷,清郑玉坛(彤园)撰,约成书于乾隆六十年(1795),系《郑氏彤园医书四种》之一。目前有两个版本,一是清嘉庆二年(1797)刻本,二是清光绪二十五年(1899)长沙述古书局木活字本。

2852

透视蒙医药:以古籍抒写历史——解读内蒙古蒙医药博物馆《馆藏古籍文献图解》[J]/程立新,额尔德木图,娜仁朝格图. --内蒙古医学院学报,2012,03:239－246

论文对内蒙古蒙医药博物馆《馆藏古籍文献图解》进行了评析,阐述了《图解》所辑录内容的文献特征,重点评介了对蒙医药发展影响较大的蒙医药、阿俞吠陀医学及藏医学文献著作39部。

2853

图书版本学及其应用[J]/陈永萍. --情报探索,2014,12:128－132

本文介绍了版本学的概念、研究对象及范围、与相关学科关系。

2854

图书馆藏古籍善本书普查研析——以宁夏大学图书馆藏古籍善本为例[J]/张宁玉,刘志军. --图书馆理论与实践,2012,12:81－83

本文在宁夏大学图书馆以前所整理卡片的基础上,对该馆所藏古籍善本进行了一次较为细致的整理,指出了卡片整理上存在的若干问题,并针对问题进行比较梳理。

2855

图书馆传承中华文化典籍创新工作研究[J]/黄玲. --科技展望,2015,29:234＋236

本文论述图书馆工作者肩负保护、开发、传承、利用中华古籍的重要使命,探讨图书馆适应新常态、新形势、新要求,传承中华文化典籍文化创新工作的理论意义和现实意义。

2856

图书馆地方古籍文献工作研究的基本路径选择——以湛江师范学院图书馆所藏三陈文献研究为例[J]/杨战朋. --贵图学刊,2013,04:39－40

本文针对当前高校地方古籍文献研究中重文化研究、轻文献工作的现象,指出图书馆应加强古籍文献工作研究,科学设计文献工作的路径,并将这种研究转化为学术成果。

2857

图书馆典藏纳西族非物质文化遗产文献的对策[J]/刘娟. --科技情报开发与经济,2014,12:84－86

阐述非物质文化遗产的特点和保护非物质文化遗产的意义,分析了图书馆在保护非物质文化遗产中的作用,提出了图书馆在典藏纳西族非物质文化遗产文献中应采取的对策。

2858

图书馆古籍保护工作的难点与对策研究[J]/古海峰.--科学与财富,2015,07

本文结合实际,指出梧州市图书馆在古籍管理与保护中存在的问题,并从争取资金支持、改善古籍保存条件、制订培训规划,培养储备技术人才几个方面介绍如何改变中小型图书馆古籍保护现状。

2859

图书馆古籍保护工作的探索与实践——以齐齐哈尔市图书馆为例[J]/祁晓敏.--黑龙江史志,2011,01:54-55

本文着重介绍了齐齐哈尔市图书馆的馆藏古籍构成体系以及争取专项资金支持、加强古籍专业人才培养、选用先进设备、建立健全古籍保护制度等古籍保护工作的具体措施。

2860

图书馆古籍保护工作现状和存在的问题[J]/闫实.--学园(教育科研),2012,05:181-183

本文阐述了古籍保护工作的重要性,对图书馆古籍保护及修复的现状作了分析,对一些问题提出了建设性的意见,并指出培养合格的古籍修复人员应成为古籍保护工作的当务之急。

2861

图书馆古籍保护工作现状和存在的问题[J]/乔纪娟.--内蒙古图书馆工作,2013,01:60-62

从我国图书馆古籍保护工作的现状出发,挖掘其存在的问题,提出一些改进措施。

2862

图书馆古籍保护利用的探索与实践——以长春图书馆为例[J]/张英华.--科技情报开发与经济,2011,03:82-85

本文以长春图书馆为例,从古籍文献整理、书库设施改善、古籍书库管理、古籍保护经费投入、古籍文献宣传、古籍管理人才培养等方面,详细介绍图书馆古籍保护利用做法,探讨古籍保护利用需要改进的方面。

2863

图书馆古籍编目[M]/北京大学图书馆学系,武汉大学图书馆学系编著.--北京:国家图书馆出版社,2013

本书共分为六章,主要内容包括:古籍著录、著录事项的分析与著录要求、古籍版本、《四库全书总目》类目解析、古籍分类等。

2864

图书馆古籍编目工作若干问题探讨[J]/张显慧.--河南图书馆学刊,2015,07:55-56

本文指出利用现代计算机网络技术对古籍进行编目并建立数据库,不仅为读者查询提供了方便,还为进一步整理古籍、进行全国范围的古籍普查做了准备,有利于古籍保护工作的顺利进行。

2865

图书馆古籍藏与用的思考[J]/李文遵,刘红.--四川图书馆学报,2012,04:91-93

随着科学技术迅猛发展,古籍藏与用的矛盾逐步得到改善,但是怎样更好地实施"保护为主、抢救第一、合理利用、加强管理"是当今乃至今后图书馆业的重要课题。

2866

图书馆古籍的收藏和服务[J]/李亚红.--科技情报开发与经济,2012,14:26-27

本文简要分析了古籍收藏的现状,结合古籍收藏和服务的需求,探讨了图书馆在古籍收藏(收藏特色化、合理扩大收藏和深度开发收藏)和古籍服务(完善服务制度、普及古籍基础知识和开展古籍知识服务)两方面应采取的措施。

2867

图书馆古籍工作与文献学研究[J]/张晓红.--晋图学刊,2015,05:60-63

古籍研究属于文献学范畴,古籍版本鉴定、著录、分类、保护等均与文献学关联。图书馆古籍工作者多具有一定的文献学知识背景,有能力从事相关研究并促进图书馆古籍工作的开展。

2868

图书馆古籍管理策略[J]/李兴伟.--科教导刊,2014,09

作为图书馆古籍管理员,要关注古籍的

文献价值以及文化研究价值,建立古籍管理制度,做好古籍保护工作。在这个基础上要有效解决图书馆古籍开发中存在的问题,加强古籍管理,做好古籍馆藏流通工作,让古籍发挥出真正的价值。

2869

图书馆古籍管理与保护工作初探[J]/李鹏连.--高校图书馆工作,2011,05:95-96

本文以湖南师范大学图书馆为个案,从加强库房、古籍阅览中的管理和保护以及古籍修复三方面来探讨图书馆古籍保护和管理所应采取的措施。

2870

图书馆古籍管理与保护工作探析[J]/马晓丽.--科技与企业,2013,21:71

本文就图书馆古籍阅览中的管理与保护工作,库房中的管理与保护工作,以及对古旧书籍的修复工作进行了论述。

2871

图书馆古籍普查工作的实践与探索——以长春图书馆为例[J]/孙玲.--科技情报开发与经济,2013,03:88-90

本文阐述了古籍普查与保护工作的重要意义,介绍了长春图书馆古籍文献的藏存情况和古籍普查工作的进展情况,并对进一步搞好古籍普查工作进行了一些有益的探索。

2872

图书馆古籍普查工作实践经验谈——以贵州省图书馆为例[J]/黄琴.--理论与当代,2014,06:31-32

本文以贵州省图书馆为例,论述了开展全国古籍普查工作的实践经验。

2873

图书馆古籍数字化保护平台的构建[J]/郭春凤.--图书馆学刊,2012,12:49-51

本文阐述加强图书馆古籍保护必要性,数字时代图书馆古籍的保护原则,重点提出了构建图书馆古籍数字化保护平台的几点策略。

2874

图书馆古籍数字化的研究与应用[J]/周升川.--青春岁月,2015,01:238-240+237

本文通过调研查明图书馆古籍数字化建设中存在的实际问题,结合国内外各大图书馆的成功案例、图书馆特性和共性的对比,对数字化过程中古籍数字化的基本构架进行分解,并寻求创新方案,以期对我国古籍数字化进程起到积极的推动作用。

2875

图书馆古籍数字化管理研究[J]/周均海.--大江周刊:论坛,2012,01:23

在现代科学技术飞速进步和发展的今天,图书馆馆藏古籍管理作业形态和工作流程发生着与时俱进的变化。本文讨论了图书馆古籍数字化管理的相关话题。

2876

图书馆古籍数字化交流模式的构建[J]/许琼.--图书馆学刊,2011,03:51-52

本文从图书馆中文古籍数字化交流的意义入手,探讨图书馆古籍数字化交流存在的问题,阐述古籍全文数据库的理想实现模式,着重研究数字信息服务的模式构建。从运营机制、资源建设等方面详细论述现代数字信息服务的发展模式,提出一个可供参考的构建方案。

2877

图书馆古籍数字化现状分析与对策研究[J]/李虹.--知识经济,2014,16:61-62

本文从古籍数字化的内涵入手,通过对图书馆古籍数字化的现状进行分析,研究了古籍数字化过程中存在的问题,并提出了几点解决相关问题的对策。

2878

图书馆古籍数字资料库建设与质量评价新论——以资料库建设与语文词典编纂的结合为例[J]/王丽英,王东海.--图书馆理论与实践,2011,02:1-5+27

文章以语文词典的编纂为例,探讨古籍数字资料库的建设和质量评价要求及基本原则:内容方面要满足语篇内容的主题类别、成书年代属性、语篇典型性、语体色彩、难易度五个方面的平衡性要求;服务性方面要满足主动检索、自动检索、辅助检索的功能需要。

2879

图书馆古籍数字资源整合研究[J]/萨蕾.--图书馆,2014,04:116-119

文章介绍图书馆馆藏古籍数字资源建设情况,分析其中存在的问题,提出在古籍数字资源整合中应加强对文本自动分析技术、知识本体的研究,构建古籍知识库,同时加强各方合作,改变多个发布平台造成的信息孤岛现象,实现对古籍数字资源的整合。

2880

图书馆古籍图书的保护与利用[J]/王小江.--现代情报,2011,08:151-153

本文从对古籍图书保护、利用的必要性入手,深入剖析现阶段在古籍保护和利用等方面存在的一些欠缺和在实际执行过程中所遇到的一些阻力,并结合作者自身工作实际,系统阐述作者更好保护、利用古籍图书方面的一些见解。

2881

图书馆古籍文献保护工作刍议[A]/李慧.--福建省图书馆学会.福建省图书馆学会2011年学术年会论文集[C],2011

本文论述古籍的传统保护措施以及利用现代技术对古籍进行再生性保护。

2882

图书馆古籍文献的管理与保护[J]/杨秀齐.--科技创新导报,2013,04:237

该文主要是针对当前图书馆古籍文献资料管理中存在的主要问题进行分析,对图书馆的古籍文献资料的管理提出合理建议。

2883

图书馆古籍文献普查工作存在的问题与应对措施[J]/蔡仕芳.--科技情报开发与经济,2014,11:114-115+118

本文阐述了图书馆古籍文献普查的意义,并根据目前图书馆古籍文献普查工作中存在的常见问题,提出了改善图书馆古籍文献普查工作的对策与建议。

2884

图书馆古籍文献普查与保护工作探析——以中共福建省委党校图书馆古籍普查平台著录为例[J]/刘爱华.--中共福建省委党校学报,2014,09:111-115

本文以中共福建省委党校图书馆古籍文献普查与保护为例,分析该馆古籍文献普查基本情况,对古籍普查平台著录信息进行分析,指出存在问题,并对图书馆今后如何做好古籍普查与保护工作提出建议。

2885

图书馆古籍修复人才需求与古籍修复人才就业需求[J]/钟小宇,钟东.--大学图书馆学报,2011,01:110-116+86

本文通过网络资料收集、对部分图书馆古籍修复师生的访谈调研和实地考察等方式,深入分析、挖掘出图书馆古籍修复人才需求与古籍修复人才就业需求矛盾背后的原因,并提出建议。

2886

图书馆古籍研究论文的统计分析[J]/吴大振.--泉州师范学院学报,2012,06:109-112

本文以CNKI作为数据来源,对1994-2011年图书馆古籍研究论文,从其论文年份分布、文献期刊分布、论文作者等方面进行统计分析,并从公共图书馆古籍、古籍保护与古籍数字化等4个重点研究主题进行简要阐述,从而探讨图书馆古籍研究的不足与展望。

2887

图书馆古籍整理开发工作管见[J]/戴立岩.--图书馆学刊,2011,12:123-124

本文论述图书馆古籍整理开发工作应该遵循的原则,简要介绍古籍文献整理开发的方法,同时指出图书馆古籍整理开发人员应该具备的基本素质和能力要求。

2888

图书馆古籍整理人才培养问题的思考[J]/王国强.--山东图书馆学刊,2011,05:11-13+24

本文从专业设置及培养目标的角度,分析了图书馆古籍整理与通常所理解的古籍整理的区别,讨论了图书馆古籍整理人才的培养问题。

2889

图书馆古籍专题文献整理工作探讨[J]/李莺莺. --图书馆界,2013,05:4－6

本文对图书馆古籍专题文献整理成果主要表现类型——出版成书及建成古籍专题文献数据库作了梳理分析,指出古籍专题文献整理对图书馆古籍工作发展的影响,并对今后工作提出建议。

2890

图书馆古籍专业人才培养之我见[A]/吕茹悦. --中国西部公共图书馆联合会. 中国西部公共图书馆联合会第二届(2015)年会暨学术讨论会会议论文集(一)[C],2015

本文针对我国古籍保护专业人才培养中存在的问题和遇到的困难进行分析和思考,在操作层面上提出一些相应的建议。

2891

图书馆古籍咨询服务工作要有创新[A]/程宪宇. --中国图书馆学会. 第23届全国十五城市公共图书馆工作研讨会论文集[C],2011

大连图书馆馆藏资源丰富,其中有善本1700余种2万余册,不乏海内外的孤本、稀见本,满铁资料、西文旧籍中的犹太文库、远东文库更是尚待开垦的处女地。本文仅就该馆古籍咨询服务如何强化特色服务、创新服务模式、提高服务质量做一些探讨。

2892

图书馆管理中古籍保护方法的探讨[J]/彭澍,刘卫华,李智珍. --管理观察,2013,24:160－161

本文介绍古籍的直接保护方法和间接保护(再生性保护)方法,并从环境温度、湿度、空气质量、光等方面探讨古籍保护与环境的关系。

2893

图书馆环境下古籍数字化管理的可行性浅析[J]/王延开. --佳木斯教育学院学报,2011,03:490

本文介绍图书馆环境下对古籍数字化管理的概念以及古籍进行数字化管理的必要性,论述了如何进行古籍数字化管理及古籍数字化管理的相关技术,为更好地保护古籍进行了学术讨论。

2894

图书馆特色古籍数据库建设的著作权研究[J]/赵江龙,赵江燕. --内蒙古科技与经济,2015,13:143－144

本文在我国现行的法律框架内,对图书馆特色古籍数据库建设与使用过程中涉及的著作权问题进行分析,并根据相关法规的适用性,提出图书馆特色古籍数据库著作权问题的解决策略。

2895

图书馆学视角下的《四库全书总目》凡例[J]/谢敬,杨木锐,韩赫宇. --河南图书馆学刊,2011,02:20－21

《四库全书总目·凡例》是《四库全书总目》卷首说明全书体例的文字。目前对"凡例"的研究主要停留在从文献学的视角对其注释。本文从图书馆学视角对"凡例"做初步探讨,以发挥其在图书馆工作中应有的作用。

2896

图书馆学视角下陶瓷古籍管理——以景德镇市图书馆为例[J]/冯少俊. --今日中国论坛,2013,21:316－317

本文结合在景德镇市图书馆从事多年陶瓷古籍文献管理工作的实践,重点阐述陶瓷古籍对中国陶瓷文化研究的重要意义,以及图书馆学视角下的陶瓷古籍文献的管理技巧。

2897

图书馆学五定律对古籍阅览室服务的启示[J]/罗荣. --学园,2014,08:190－191

本文结合古籍阅览室的工作实际,就如何在保护古籍的情况下,使读者能够充分地利用古籍,从而达到藏用并重的目的进行阐述。

2898

图书馆与地方古籍文献的整理出版——以广西桂林图书馆为例[J]/莫彬. --河南图书馆学刊,2014,06:83－85

本文以广西桂林图书馆从事整理出版地方古籍文献的实践为例说明,图书馆作为地方古籍文献重要的收藏机构,开展整理出版地方古籍文献的工作,有助于地方文化的建设,也有助于图书馆自身的建设与发展。

2899

图书馆在古籍回归中的责任意识[J]/王文凤. --图书馆理论与实践,2011,05:27-29

本文指出图书馆应利用国际图联大会等多种渠道,与外国图书馆积极建立友好交流合作关系,并组织、策划文献交换、古籍影印、珍本再造、古籍资源数字化等合作交流活动,担当起助力古籍回归应尽的义务与责任。

2900

图书情报学领域的国家社科基金资助的古籍保护项目分析[J]/陈福蓉,李建霞. --大学图书馆学报,2012,06:27-32

本文对古籍保护立项情况进行统计分析发现,图书情报学关于古籍保护研究的国家社科基金资助的项目的数量还较少,研究主题比较集中,地区分布极不均衡。图书情报学界应在进一步拓展古籍保护研究主题和范围的基础上,加强古籍保护抢救开发及实验技术等方面的研究和项目设置。

2901

图像增强技术在古籍图书电子化中的应用[J]/王婷婷,董超俊. --五邑大学学报(自然科学版),2015,01:26-29

为提高古籍图书电子化处理质量,本文综述了以带插图的书页和具有背景干扰的书页为处理对象,使用二值化法、直方图均衡法和对比度拉伸法对书页进行图像增强处理,并使用 Visual Studio 2010 软件和 Open CV 进行实验的结果。实验证明,带插图的古籍书页适合采用对比度拉伸法处理,带背景干扰的书页适合采用二值化法处理。

2902

吐鲁番出土中医药文书研究[D]/陈陟. --南京中医药大学,2014

本文通过目录类书籍对已知的吐鲁番出土中医药文书进行搜集,对部分医药文书的重新校注、新发现医药文书的初次校注、医药文书的研究讨论等,尽可能地完善吐鲁番出

土中医药文献体系,丰富吐鲁番学。

2903

吐鲁番出土砖志异体字研究[D]/刘光蓉. --西南大学,2012

作者对砖志中的异体字进行了研究,旨在丰富汉魏六朝和隋唐异体字库,亦能从中窥探当时的用字状况。

2904

推进公共图书馆古籍修复工作的思考——以福建省图书馆古籍修复为例[A]/郑泳. --福建省图书馆学会. 福建省图书馆学会 2013 年学术年会论文集[C],2013

本文以福建省图书馆古籍修复工作为例,从增加古籍修复资金投入、加大古籍修复人才引进与培养力度、加强古籍修复行业内的交流与学习等角度出发,提出全方位提升公共图书馆古籍修复能力,促进公共图书馆古籍修复工作发展,保护弘扬中华文化。

2905

推进"四库学"研究的重要举措——《四库全书研究论文篇目索引》序[J]/黄爱平. --图书与情报,2012,03:139-141

本文是《四库全书研究论文篇目索引》的序,介绍了 20 世纪以来学术界对《四库全书》的两次研究高潮,历数收藏单位、出版机构为保存和传播《四库全书》付出的努力,总结编纂四库学论著资料索引的重要意义。

2906

推拿按摩类中医古籍图像特点[J]/王光涛,刘学春. --中国医药指南,2012,05:208-209

推拿按摩类中医古籍中图像中,对经络腧穴图鲜有描绘,特别注重对儿科按摩诊断、特殊经络、和手法治疗图的绘制。

2907

拓宽古籍整理作品版权保护途径[N]/刘东进. --中国新闻出版报,2012-07-02005

本文介绍《著作权法》第三次修改与古籍整理作品版权保护的关系。听了各位专家对"古籍整理"概念的介绍,感觉古籍整理作品的创作手段和类型比较多样化,可以包括注释、整理、汇编、翻译等多种演绎作品。

W

2908

《外科百效全书》存世版本的系统初探[J]/
王缙,和中浚.--成都中医药大学学报,2012,
01:81-83

明末龚居中所著的《外科百效全书》存世
版本大陆地区共有15种。根据卷帙多少划
分,可分为四卷本与六卷本两大系统。其中
以锄经园本和致和堂本为最佳,可选为点校
整理的底本和主校本。通过版本的系统划分
和优劣对比,为本书的版本选择利用和整理
出版提供参考资料。

2909

《外科百效全书》存世版本的现状考察和研
究[J]/王缙,和中浚.--中华中医药学刊,
2013,03:516-518

本文通过实地调研和网络数据库检索等
途径考察了中国大陆、香港、台湾和日本等地
现存版本的馆藏情况,内容包括卷数考察、藏
书现状以及问题与思考3个方面,力争为本书
的整理利用以及版本著录方面提供有意义的
线索。

2910

《外科活人定本》考证[J]/张英强,刘川,张
川锋,张新芳.--成都中医药大学学报,2012,
03:92-93

《外科活人定本》为明龚居中专著,成书
于1630年左右。本文在现存最早刻本有清顺
治十八年(1661)辛丑冬月同年的三种刻本:
醉耕堂、天德堂和同德堂刻本的基础上,力图
考证《外科活人定本》。

2911

《外科秘授著要》版本及学术源流和价值考
[J]/王丽.--安徽中医学院学报,2012,05:5-7

本文通过对《外科秘授著要》的版本、作
者、成书时间、现有整理概况进行考证,认为

其作者为清代新安医家程让光,成书时间应
不晚于乾隆二十六年(1761)。《外科秘授著
要》在医学理论、医案和方剂上均对前人论著
有所借鉴,注重辨病论治和辨证论治相结合。

2912

《外科症治全生》版本体系研究[J]/王晓
宇,赵毅.--中医文献杂志,2012,05:16-18

本文对清代王洪绪《外科症治全生》的传
世版本作了梳理研究,将主要版本归纳为六
卷本、四卷本和不分卷本三大体系,并发现了
一批未被《中国中医古籍总目》收录的散落于
民间的稀见版本。

2913

《外治寿世方》释义[M]/周德生,喻嵘总主
编.--太原:山西科学技术出版社,2014

本书主要是针对临床中医各科医师在辨
证论治、用药配伍、禁用时间等问题,通过古
人的经验告诉读者在临床工作中,如何针对
各科疾病群的论治的方法和用药上的奇妙之
处,很有出版价值。《外治寿世方释义》由邹
存淦所著,供相关读者阅读参考。

2914

完美与遗憾——国家图书馆藏《晦庵先生
朱文公文集》的修复体会[A]/孟晓红,李
英.--国家古籍保护中心、天津市古籍保护中
心编.融摄与传习——文献保护及修复研究
[C],北京:中华书局,2015

本文介绍了国家图书馆藏《晦庵先生朱
文公文集》的修复体会,如基本情况、破损情
况、修复原则、修复材料、修复方案、修复过
程、修复结果、完美和遗憾——整部书的修复
情况等心得体会。

2915

晚清藏书家丁丙与寿松堂孙氏交游考[J]/
石祥.--图书情报工作,2011,S1:335-337+319

本文从藏书题跋真迹、诗文别集等文献中勾稽史料，考证晚清同治光绪年间杭州藏书家八千卷楼主人丁丙与寿松堂主人孙炳奎、孙峻父子的交游事迹，指出在双方的交游中，围绕古籍善本的传录馈赠、校勘考证等文献学学术活动始终居于核心，并通过考核史料，复原双方交游的大致面貌。

2916

晚清时期邹容《革命军》版本叙考录[J]/王兆辉,王祝康.--湖南广播电视大学学报,2013,03:30-33

本文通过对晚清时期邹容《革命军》版本的叙考，意在提高对《革命军》文献价值与思想内容的认识，以求厘清晚清古籍善本与民国新善本的历史演变进程，有利于把握晚清民国时期革命文献的历史发展规律。

2917

万历青浦县志存轶考证[J]/郝瑞平,王荟.--江苏地方志,2012,04:53-55

本文对万历《青浦县志》存佚状况进行梳理。

2918

《万历野获编》点校献疑[J]/杨继光.--江汉大学学报(人文科学版),2011,02:94-98

《万历野获编》收入中华书局《元明史料笔记丛刊》中的点校本存在较多错误。该文运用陈垣归纳的四种校勘方法，对《万历野获编》因不明语法或不明词义，或不明典库制度，或不明古书文例造成的错误进行了校勘。

2919

汪昂医学全书[M]/项长生主编.--北京:中国中医药出版社,2015

本书主要收录《黄帝内经素问灵枢类纂约注》《医方集解》《本草备要》《汤头歌诀》《经络歌诀》等等。本书集古籍整理与现代研究于一体，是一部颇有学术价值的医籍，可供中医临床工作者及中医院校学生和自学中医者参阅。

2920

汪绂《医林纂要探源》的整理研究[J]/王甜,江凌圳.--浙江中医药大学学报,2015,08:636-638+642

本文对清代名家汪绂及其著作《医林纂要探源》的作者、版本和主要内容进行了系统研究。汪绂细致严谨、引经据典、博采众长的治学理念和作风值得后世继承和发扬。

2921

汪氏振绮堂藏书、刻书考略[J]/张桂丽.--中国典籍与文化,2013,03:75-83

清代杭州府出现了一批以藏书、校书、刻书为主要学术活动的私人藏书家，振绮堂汪氏即是其中之一。汪氏斥资筑楼，购藏、抄校古籍，择其优者刊刻行世，其刻书活动从嘉庆九年(1804)延续到宣统二年(1910)。百余年间，汪氏一门六代之善守、善读、善刻，在士林较有影响，故有深入研究的价值。

2922

王弼《周易注》版本初探[J]/陈磊.--青年文学家,2012,07:199

王弼《周易注》的版本，据《中国古籍善本总目》著录，其宋刻本有三个本子，历经元、明、清，其版本不断演变发展。笔者依据所见版本，对王弼的《周易注》进行版本分析，探讨其版本特点。

2923

王伯岳先生谈中医古籍学习[J]/李荣辉.--中医儿科杂志,2012,05:12-14

本文对王伯岳先生指导学习中医古籍的方法进行了整理总结，归纳如下:一、在导师推荐基础上拟定书目，循序渐进地学习;二、过好"文字关"，择善本通读，注意校勘释疑;三、从学术思想、医疗经验、方药、医案等进行整理归纳，融会贯通;四、学以致用，发扬创新。

2924

王观国《学林》研究[D]/罗姬.--上海师范大学,2014

本文在用字和句读两方面分别对《学林》文本进行商讨，对《学林》中的词语进行研究分析，通过词语这样一个小窗口来展现王观国所生活时代的概貌，同时阐述了《学林》在古籍整理和辞书学上的价值。

2925

《王荆公唐百家诗选》版本源流考述[J]/陈斐. --南阳师范学院学报,2012,11:68 - 76 + 87

《王荆公唐百家诗选》从宋时起即有"分人本"和"分类本"两大版本系统流传,本文对此进行考述。

2926

王筠《说文句读补正》批注手稿拾遗[J]/吴有祥. --文献,2011,03:195 - 197

《说文句读》是王筠研治《说文》的代表作。本书是他去世前批注在《说文句读》初刻本上的《补正》文字,后由其子王彦侗刻成。笔者将王筠手书批注的补正文字与王彦侗刻本的《补正》作了对校,指出两处刻本《补正》未收录的稿本补正文字。笔者将这两处文字进行抄录并对未收录原因进行推测阐述。

2927

王利器的文献学思想研究[D]/张真. --山东大学,2011

笔者从古典文献学的角度,本着理论与实践并重的原则,首次对王利器的古文献学研究与古籍整理实践进行较为全面的清理总结,深入发掘并阐述了王利器在古籍整理方面的巨大成就,重点探讨了他的校勘、考据、诠释的思想方法及其文献史料观。

2928

王孟英医学全书[M]/盛增秀主编. --北京:中国中医药出版社,2015

本全书主要收集了王氏本人及其整理参注他人的著述凡20种,依次为《温热经纬》《随息居重订霍乱论》《随息居饮食谱》《王氏医案》《王氏医案续编》等,本书集古籍整理与现代研究于一体,是一部颇有学术价值的医籍。

2929

王鸣盛《蛾术编》中的《宋史》考评[J]/高远. --殷都学刊,2014,04:31 - 36

本文立足《蛾术编》中的《宋史》考评,认为其考评过程中,体现了王鸣盛重视古籍版本之辨别、从小学考证入手、考史方法讲究贯串与会通等思想。同时,分析王鸣盛研究《宋史》之成绩,以期学界加深对《蛾术编》的研究与开发。

2930

王念孙之训诂学研究[M]/刘精盛著. --长春:吉林大学出版社,2011

本书主要讨论了王念孙在训诂理论上的革新以及对其训诂方法的影响,重点研究了王念孙在《读书杂志》的校勘上、在同源词研究上的突出贡献和存在的一些问题。

2931

王绍曾先生与目录版本学研究[J]/杜泽逊. --文史哲,2011,05:55 - 59

王绍曾先生1930年入上海商务印书馆随张元济先生校勘《百衲本二十四史》,1932年至无锡国专图书馆后作《二十四史版本沿革考》,理清了"正史"版本源流,而《清史稿艺文志拾遗》最能代表先生的目录学成果,堪称史志目录编纂史和清代文献目录编纂史上的里程碑。

2932

《王阳明全集》"编校说明"中的版本问题[J]/蒋鹏翔. --图书馆杂志,2012,11:78 - 81

本文对上海古籍出版社出版的《王阳明全集》的"编校说明"版本方面的疏误,进行了补正,并进而总结了今后古籍整理工作应该注意的三个问题:正确认识古籍的体例和性质,对整理对象的版本源流及现状做好调查,慎重选择底本、校本并拟定合理的编校凡例。

2933

《王阳明全集》(新编本)出版[J]/关俊红. --古籍整理出版情况简报(总496期),2012,06:27 - 29

文章品评了浙江古籍出版社2011年出版的《王阳明全集》(新编本),对其古籍整理思路、辑录标准、版本特色和研究价值进行了分析。

2934

王阳明佚文辑考编年(增订版)[M]/束景南著. --上海:上海古籍出版社,2015

本书为作者《阳明佚文辑考编年》一书的增订版。原书共收录阳明佚文佚诗600余篇,散失语录 200 余篇,并对佚文佚诗辨其真伪,订其文字,定其著年。本书收录作者 2012 年新辑得的阳明佚诗佚文 70 余篇及语录若干,并对原书误辑失考之处,及文字疏漏之处予以修订。

2935

网络环境下白族家谱文献资源建设思考 [J]/丁丽珊. --科技信息,2013,05:220

本文分析了网络环境下白族家谱文献资源建设的意义、价值、途径及措施,探讨如何更有效地开发利用这一珍贵的民族古籍文献。

2936

网络环境下古籍数字化资源信息服务思考 [J]/徐金铸. --兰台世界,2012,35:34 – 35

文章通过对网络古籍信息资源的分析,阐述了利用网络古籍信息资源的重要性。只有对网络古籍信息资源优化整合,才能有效地开展现代信息服务,提高古籍的利用率,发挥网络资源在古籍普及和学术研究中的重要作用。

2937

网络环境下古籍文献资源的保护与利用 [J]/刘志军. --科技情报开发与经济,2014,22:25 – 26

本文针对古籍文献的历史文物特性,阐述为体现其自身价值并便于研究和使用,应利用网络信息技术对古籍文献资源进行开发、利用与保护,实现古籍文献资源的数字化,进而达到资源共享的目的。

2938

网络时代图书馆古籍版本鉴定新探[J]/刘劲节. --科技情报开发与经济,2013,18:111 – 113

文章阐述了网络在古籍版本鉴定中的作用,探讨了新媒体时代古籍版本的鉴定方法。

2939

望之俨然,即之也温——怀念田余庆先生 [J]/徐俊. --古籍整理出版情况简报(总 528 期),2015,02:31 – 33

本文通过作者对田余庆先生的几段回忆,阐述先生的学术态度,当为后人铭记与发扬。

2940

威海古籍与藏书谈——《威海市古籍联合目录》序[J]/王承略. --山东图书馆学刊,2014,02:97 – 98 + 107

威海市古籍庋藏宏富,市图书馆及文登、荣成、乳山图书馆均有大量收藏。以《守皖谳词》和《巡漳谳词》为代表的 69 种古籍入选《中国古籍善本书目》,18 种入选《国家珍贵古籍名录》。《威海市古籍联合目录》完成,为研究利用威海古籍打下了坚实的基础。

2941

为求知治学而读书藏书:时永乐的《墨香书影》[J]/马红亚. --山东图书馆学刊,2015,03:109 – 110

河北大学文学院教授时永乐先生的《墨香书影》正文分为"知人论学""书林尝脔"两辑,并附录有两篇"代编后记"。

2942

为中国戏剧史之研究再添砖瓦——《中国明清俗戏辑考》出版情况简介[J]/落馥香. --古籍整理出版情况简报(总 535 期),2015,09:7 – 10

本文介绍了三晋出版社 2014 年出版的《中国明清俗戏辑考》版本特色,并对该书对戏剧学术界的重要贡献作出评述。

2943

围绕胶东乡邦文化而开展的古籍普查保护工作——以烟台图书馆为例[A]/刘树伟. --国家古籍保护中心编. 古籍保护研究(第一辑)[C],郑州:大象出版社,2015

本文分析在古籍普查工作中开展乡邦文化整理研究的四个必要性,详细介绍烟台图书馆为保护胶东乡邦文化而进行的九项工作。

2944

维吾尔医古籍《体比充》及其医学价值[J]/库尔班江·乌布力. --新疆维吾尔医学专科学校学报(维吾尔文版),2011,01:109 – 112

维吾尔医古籍《体比充》(医学大全)是 18 世纪生活在和田的维吾尔医学家胡佳热依

木阿訇用察合台维吾尔语编写的著作。该著作介绍维吾尔医中多发病的认识、病因、症状、诊断方法以及治疗原则，以及使用生药与成药治疗方法，疾病的禁忌，部分成药的组成等内容，对研究古代维吾尔医学有重要价值，对当代临床治疗也有重要利用价值。

2945

维吾尔医药古籍资源网络检索平台的研发[J]/热甫哈提·赛买提,张舯领,玉苏甫买提努尔,阿布都热依木·阿布都克日木,斯拉甫·艾白.--生物技术世界,2015,11:237

维吾尔医药学古籍资源的整理是继承发扬维医药学的重要措施。为了适应现代社会人们对知识获取的需求,在重视传统古籍整理研究的基础上,需要运用信息科学技术对维吾尔医药古籍进行数字化建设,使维吾尔医药古籍中所蕴藏的丰富知识更好地服务于维医药临床、教学和科研等领域。

2946

维吾尔医药学古籍出版创新与突破[J]/哈斯亚提·依不拉音.--新疆新闻出版,2012,04:64-65

维吾尔医药学历史悠久,在药物治疗方面有不少独到之处,从古到今大量的医学典籍流传下来,并译成了多种文字,这些作品被作为重要医疗指南而被珍藏。本文阐述了维吾尔医药学古籍出版创新与突破的意义和方法。

2947

伪序跋的制作及其鉴别[J]/王国强.--图书馆论坛,2012,06:175-180

序跋具有较高的史料价值,存世古籍中有大量的伪序跋。序跋作伪是古籍文本和版本作伪的重要手段。文章讨论了古籍序跋作伪的原因、方法,从内容和形式两方面总结了对古籍伪序跋鉴别的方法。

2948

魏心一同志与安徽古籍整理出版[J]/诸伟奇.--古籍整理出版情况简报(总481期),2011,03:8-14

本文对魏心一同志在安徽古籍整理出版工作中的重大贡献进行了回顾,追忆了他在工作中的一系列动人事迹。

2949

魏源《皇朝经世文编》与图书编撰思想[J]/崔慧红.--河南图书馆学刊,2013,10:139-140

文章在分析魏源与《皇朝经世文编》渊源的基础上,着重论述该书中蕴含的图书编撰思想,以期对今天的图书编撰工作仍有借鉴作用。

2950

温故而知新:有感于张宗祥的馆藏古籍整理经验[J]/朱炜.--山东图书馆学刊,2013,01:108-109

本文介绍从张宗祥先生学习到的我国历史文献整理工作的五项基本原则:细读文献,深入书库、现存方志,资源共享、遗佚书稿,按图索骥、残编断章,一体珍惜、检校谬误,提取真知。

2951

《温热病指南集》若干问题考[J]/郭选贤,蔡永敏,张华锴.--中医杂志,2013,20:1790-1792

本文对《温热病指南集》是否为孤本、作者真实姓名、生活年代等问题进行了分析研究。

2952

文登于氏与宋刻《梅花喜神谱》[J]/宋书兰.--图书馆工作与研究,2013,S1:87-88

宋刻《梅花喜神谱》,是我国宋刻版画中的代表作。文登于氏在此书的戏剧性藏书中,展示了中国传统藏书文化的魅力与神韵。

2953

文化产业化背景下的古籍深度开发模式研究[J]/郑玉娟.--鸡西大学学报(综合版),2012,12:155-156

本文在分析古籍深度开发与文化产业相结合必要性的基础之上,探讨古籍深度开发的多种途径,并试图建立古籍开发与文化产业相结合的新模式,实现古籍文献资源向文化资本的转化,使古籍的价值真正得到利用。

2954

文化传承视域下民族古籍文献资源建设研

究——以恩施州土家族古籍为例［J］/王文兵. --图书馆工作与研究,2015,01:56－59

土家族古籍文献资源建设是民族文化遗产保护与传承的需要,是民族教育的需要,更是高校学术研究的需要。创新体制和模式,制定中长期规划,完善结构体系,细化措施和方法,借助现代技术手段,建立土家族古籍资源信息中心是必要的保护与开发利用策略。

2955

文化传承与重新发现——读《刘申叔遗书补遗》、《仪征刘申叔遗书》［J］/王华宝. --古籍整理出版情况简报(总530期),2015,04:13－20

本文从三方面谈了作者对《刘申叔遗书补遗》《仪征刘申叔遗书》两部书出版的认识,认为其为全面客观地研究刘师培提供了好的学术平台。

2956

文化建设中的古籍整理探讨［J］/梁振祥. --内蒙古图书馆工作,2014,01:16－18

本文从党和国家领导人重视古籍整理事业、应继续做好提要、向读者提供正确的古籍内容、古籍整理队伍亟待建设、用古代优秀的思想文化影响人五个方面,探讨文化建设中的古籍整理。

2957

文化企业古籍文献分类、索引与信息化的价格效应分析——以彝文文献为例［J］/秦晓莉. --企业经济,2014,07:160－163

本文指出在新时代,要充分挖掘彝文文献的文化价值,需要加强彝文文献编目索引本体研究,推进彝文文献编目索引规范化和特色化建设,大力推进彝文文献索引著录信息化查找,多渠道、全方位地进行馆藏图书信息化服务。研究发现文化企业信息化后,文献价格也会产生较大互动效应。

2958

文化视角下的古医籍书名命名规律探析［J］/万迎晖,吴国平,胡征. --作家,2011,02:145－146

中医古籍与中国传统文化的形成与发展息息相关。对古医籍命名方式的探析,不仅可以体现中医学术认识的深化和发展水平的提高,而且能够反映出中国传统文化所产生的重要影响。

2959

文化遗产数字化及其产业价值分析——基于新媒介载体下出版模式的思考［J］/闵祥鹏. --中国出版,2015,11:30－33

文化遗产的数字化符合出版的核心价值,其规模复制的特点也具备实现产业化开发的经济价值。文化遗产的数字化不仅有利于保护、传承与普及我国优秀文化资源,而且便于同新媒介结合,实现传统文化在世界范围的传播、推广与推介,可以有力地服务于我国文化强国建设。

2960

文津阁《四库全书》研究综述［J］/王颖,杜鹃. --河北民族师范学院学报,2012,01:45－49

文津阁《四库全书》自乾隆四十九年(1784)颁藏全书后,至今已经历二百余年。本文以综述的形式总结和回顾了文津阁《四库全书》的学术研究成果和方法。

2961

文津阁《四库全书》影印本MARC著录问题的一些探讨［J］/周秀芳. --科学大众(科学教育),2012,09:162

本文详细介绍了文津阁《四库全书》的由来及影印本出版的意义,并分析了在其使用过程中不便之处,提出了增加两个MARC字段,从而解决其在使用过程的检索不便问题。

2962

文津学志(第4辑)［C］/国家图书馆古籍馆编. --北京:国家图书馆出版社,2011

本书是国家图书馆善本特藏部所编有关图书馆理论研究的学术论文集。收入论文38篇,反映了相关领域最新研究成果。

2963

文津学志(第5辑)［C］/国家图书馆古籍馆编. --北京:国家图书馆出版社,2012

本书作为古籍馆的学术年刊,以拓宽中国传统文化研究的视域,积极推动学术界的国学研究为基本宗旨,着意登载古籍馆和中外学术界有关古籍善本特藏收藏、整理、保护、研究的最新成果,包括学术论文、藏品介绍、专题目录、书评、学者访谈、学术信息等。

2964

文津学志（第6辑）[C]/《文津学志》编委会编.--北京:国家图书馆出版社,2013

本书主要内容有纪念黄丕烈诞辰250周年、文献整理与版本研究、典籍史文献与研究、古籍纸张年代测定技术研究进展、江春藏书刻书考述、样式雷图文件人物称谓及制作时间考略、古籍纸张年代测定技术研究进展等。

2965

文津学志（第7辑）[C]/《文津学志》编委会编.--北京:国家图书馆出版社,2014

本书是国家图书馆所编学术年刊。收入文章近40篇,分为"纪念翁同龢逝世110周年专栏""文献整理与版本研究""典籍史文献与研究""馆藏文献整理与编目""历史地理与古地图研究""金石文献整理与研究""民语文献整理与研究""文史专记"等栏目。

2966

文津学志（第8辑）[C]/《文津学志》编委会编.--北京:国家图书馆出版社,2015

本书是国家图书馆《文津学志》编委会编辑出版的论文集,收入学术论文35篇,分为"纪念赵万里先生诞辰110周年""傅山批注文献整理""文献整理与版本研究""典籍史文献与研究""馆藏文献整理与编目"等栏目。

2967

文澜阁《四库全书》藏书楼建筑探析[J]/林祖藻.--图书馆研究与工作,2011,02:38－39

本文对文澜阁藏书楼的建筑渊源、建筑沿革、建筑特色进行了逐一探讨分析。

2968

文澜阁《四库全书》传抄本考述[J]/程惠新,高明.--图书馆工作与研究,2013,10:85－86＋106

文澜阁《四库全书》传抄本是指以文澜阁《四库全书》为底本而传抄的本子。本文从抄本的产生、类型、特点等几个方面对文澜阁传抄本作了考述。

2969

文澜阁《四库全书》的补钞及价值[J]/吴育良.--晋图学刊,2013,01:75－79

南三阁《四库全书》历经太平天国战争,仅文澜阁《四库全书》得以保存和流传下来,源于浙江士人发起的补抄。也正因补抄,文澜阁《四库全书》具有现存文渊阁、文溯阁、文津阁《四库全书》所没有的独特价值。

2970

文澜阁《四库全书》抗战苦旅线始末[J]/鲍志华.--图书与情报,2011,04:142－144＋2＋145

文章陈述了文澜阁《四库全书》抗日大转移及西迁过程,指出重建文澜阁《四库全书》抗战苦旅线的意义。

2971

文澜阁《四库全书》原本散见与鉴别[J]/童正伦.--图书馆研究与工作,2012,04:60－65

文澜阁《四库全书》被毁,零本散存各处。文章就所知见汇而披露,并就文澜阁《四库全书》本的鉴别作些介绍。

2972

文溯阁本四库全书《易图说》校勘研究[A]/汪受宽,安学勇.--中国历史文献研究会编.历史文献研究（总第32辑）[C],上海:华东师范大学出版社,2013

本文通过文溯阁本四库全书《易图说》与影印文渊阁本书对校,发现版本存在的差异,并分析造成这些差异的原因。

2973

文溯阁《四库全书》藏书馆安防监控系统设计[J]/周生龙,金颐.--情报探索,2013,08:88－89＋93

本文以文溯阁《四库全书》藏书馆安防监控工程为研究对象,分析该安防监控系统的原理,设计出适宜于藏书馆、档案馆等特殊存藏环境安防监控系统的基本实施方案。

2974

文溯阁《四库全书》成书时间考［J］/廖勇.--廊坊师范学院学报（社会科学版），2014，02:63－65＋69

关于文溯阁《四库全书》的抄成装订完成时间，学界众说纷纭，影响了对该书的研究和使用。本文通过考证《乾隆朝上谕档》《乾隆御制诗集》《清实录·高宗实录》《十朝东华录·东华续录》乾隆卷等相关记载，辨析其他几种说法不妥之处，确定其成书时间。

2975

文溯阁《四库全书》的多舛命运［J］/沈长庆.--学习博览，2014，07:28－29

本文追溯文溯阁《四库全书》传藏历史。

2976

《文溯阁四库全书提要》的出版与四库学提要文献的研究［J］/江庆柏.--古籍整理出版情况简报（总534期），2015，08:15－21

本文简述了《文溯阁四库全书提要》成书始末，指出其出版的重要学术意义。

2977

《文溯阁四库全书提要》史部提要辨证［D］/苑高磊.--兰州大学，2012

本文主要是对《文溯阁四库全书提要》史部提要进行辨证。导论论述本选题研究的缘由及其意义，概述本选题的研究现状以及本文的创新之处。正文分三部分：一、对《文溯阁提要》成书的介绍；二、对《文溯阁提要》史部提要的辨证；三、对《文溯阁提要》所存在的问题及原因分析。

2978

《文同全集编年校注》的文献价值——谨以此文缅怀胡问涛先生［J］/江云.--图书情报工作网刊，2012，12:52－55

《文同全集编年校注》以文同全集《丹渊集》为底本，在详细考订的基础上为之编年、作注，并细加校勘，具有多方面的文献价值：考证了《丹渊集》的命名，开创了文同研究的新局面，有辨伪存疑和校勘辑佚价值，有助于考查文同的交游与交往圈子，对研究墨竹画有重要价值等。

2979

文献版本可持续发展研究［A］/骆伟.--倪莉、王蕾、沈津编.中文古籍整理与版本目录学国际学术研讨会论文集［C］，桂林:广西师范大学出版社，2013

本文论述了新型文献版本的复杂性和多样性，简述了现代文献版本研究发展的特点。

2980

文献保护与国家级古籍保护实验室的建设和发展［J］/李婧，易晓辉.--新世纪图书馆，2012，03:77－79

论文详细介绍古籍保护实验室的建设与现状，并对实验室的未来进行展望和规划。

2981

文献典籍的自然灾害之厄运［J］/傅白云，彭菊媛.--兰台世界，2015，17:164－165

笔者通过大量的文献调查，分析自然灾害中文献典籍的受厄资料，同时对文献灾后的保护工作进行梳理，明确了加强文献、文物修复人才的培养是文献减灾的一个重要策略。

2982

文献计量学视角的中医药文献信息化研究现状探讨［J］/韩雅丽，付先军，张丰聪，李学博，王振国.--世界科学技术－中医药现代化，2015，03:427－433 文

运用文献计量学方法，从论文量年度变化、基金资助、载文期刊、研究机构、研究人员和研究内容6个方面，分析中医药文献信息化现状，探讨此领域研究热点、存在问题和发展趋势，为今后研究提供数据基础和科学依据。

2983

文献家周永年聚书校书刻书考略［J］/许慧娟，叶薇.--济南职业学院学报，2013，01:113－116

清代山东著名学者、藏书家周永年，一生与书结缘，为传承中华文化呕心沥血，执着地聚书、校书、刻书、辑书，为古籍编目、题识，对中华文化的传承，图书事业的开拓，做了巨大的不可磨灭的历史贡献。

2984

文献校勘方法［J］/陈静毅.--群文天地（下

半月),2011,05:62 - 62

文献经过传抄、刻印、排印等,会出现不少的错误,包括了写错字、漏掉文字、文字颠倒、次序混乱等多种类型,这些错误的存在往往容易误导读者,得出错误的结论,因此在做研究前,校勘是十分必要的。近人陈垣在其实践过程中总结了四种校勘方法,甚为简括,是学术界公认的古籍校勘的基本法则和学术规范。

2985

文献为本 结果开花——我在古籍整理领域内的一些活动[J]/周勋初.--古典文学知识,2014,01:3 - 12

本文叙述了全国高等院校古籍整理研究工作委员会副主任、国家古籍整理出版规划小组成员周勋初先生在古籍整理领域内的一些事迹。

2986

文献信息资源开发与研究丛书·少数民族科技古籍文献遗存研究[M]/陈海玉著.--北京:中国社会科学出版社,2015

本书系统整理了各少数民族遗存下来的天文历算、医药、手工业、农业、地理等方面的科技古籍文献遗存,对其科技文化价值作了简单介绍,并对其保护和开发利用工作进行了探讨研究。

2987

《文选》李善注的文献学价值[J]/杨波.--中州学刊,2013,12:165 - 167

本文通过对《晋纪总论》李善注主要征引书目的分析,可归纳出李善注文献学价值的三个层面:一是继承乃师衣钵,反映时代风尚;二是征引文献繁富,堪称"考证之资粮";三是注疏体例严谨,奠定《文选》学地位。

2988

《文选》李善注引《后汉书》《东观汉记》《晋书》考[D]/叶云霞.--华中师范大学,2014

本文包括《文选》及《文选注》的概述,和《文选注》的研究总论、引史部书籍的现状、亡佚史书的概述,以及本文的研究意义、研究内容、研究方法,对《文选》李善注引四家《后汉书》、《东观汉记》、四家《晋书》进行了考证。

2989

文学及文学思想演变的目录学审视——以《汉志》《隋志》《四库总目》之集部书目为中心[J]/汪泽.--安康学院学报,2015,01:40 - 45

本文认为,由《汉书·艺文志》《隋书·经籍志》《四库全书总目提要》的集部目录出发,可观测中国古代文学及文学思想的发展历程,提出由汉至清,中国文学及文学思想在总体走势上趋于进步的观点。

2990

文言复兴是古籍学者的民族大义[J]/邹然,刘贤忠.--中国古代散文研究论丛,2012,01:73 - 77

"文言"是华夏民族以往岁月通用的书面语体,是先民祖辈交流思想、抒发情感、叙述历史、传授经验等社会活动不可或缺的重要工具。其历史悠久,优胜良多,形成了简古精辟、典雅庄重的独到风格,承载着"小康""大同""仁义""民为邦本"等千年传统文明。本文认为文言复兴是思想活跃、语词雅正、学术发达、国运昌隆的标志之一,是古籍学者当仁不让、义不容辞的时代使命。

2991

文渊阁本《汉书》及《钦定四库全书考证·汉书考证》[J]/申奎.--文教资料,2014,30:70 - 71

乾隆三十八年(1773),《四库全书》开始纂修。文渊阁本《汉书》正是形成于此时。本文认为,《汉书》在底本的选择上,虽是以武英殿本为底本,但并不是对武英殿本的直接抄录。另外,汉书每卷末所附《钦定四库全书考证·汉书考证》,对于当代《汉书》研究具有重大价值。

2992

文渊阁《四库全书》本《柴氏四隐集》误收《白云庄》组诗辨正[J]/白效咏.--文史哲,2015,02:164

文渊阁《四库全书》本《柴氏四隐集》收有题为《白云庄》的组诗四首,系于柴望名下,这四首诗又见库本赵抃《清献集》。本文综合考察,当以作赵抃诗为是。

2993

文渊阁《四库全书》本《诚意伯文集》缺文成因考[J]/张春国.--中国典籍与文化,2015, 02:104 – 109

本文通过对文渊阁《四库全书》本《诚意伯文集》缺文成因探讨,得出结论:文渊阁本《诚意伯文集》底本为正德本而非成化本;通过文渊阁本《诚意伯文集》底本与各四库本仔细对勘,认为该本缺文完全由底本缺页而致,与朝廷忌讳等原因无关。

2994

文渊阁四库全书本《戒子通录》得失论[J]/刘喜涛.--西南科技大学学报(哲学社会科学版),2015,03:38 – 41

《戒子通录》是我国现存的第一部家训总集,摘引资料丰富,具有重要的文献价值和教育价值。但是由于现存《戒子通录》为辑佚本,也存在着内容编排凌乱、小注记载错误、节选内容错乱、字词改动较大等问题。

2995

文渊阁《四库全书》本《明史》研究[D]/史美珍.--山西大学,2012

本文介绍殿本及库本《明史》的纂修过程,并从本纪和列传的细节修改上对两者进行比较,认为经改修而成的库本《明史》,纠正了殿本《明史》存在的很多问题,总体学术水平明显高于原本。

2996

文渊阁《四库全书》本与中华书局点校本《史记》比勘札记[D]/郭林.--南京师范大学,2013

笔者将《史记考证》逐条与文渊阁本相对后,发现有很多文渊阁本根本没有改动。今笔者将文渊阁本与中华本《史记》通校,取其异文三百余条,望以脾益于《史记》校勘的进一步研究。

2997

文渊阁《四库全书》格架的形制与功能[J]/张兆平.--紫禁城,2014,S1:24 – 28

文渊阁的建筑及藏书情况多有论著,但对文渊阁存放藏书的格架则几乎未有论及。笔者结合实地考察,发现文渊阁格架在形制和功能方面具有独到之处,就此,本文即对文渊阁藏书格架的实际使用稍作探讨。

2998

《文渊阁四库全书》某些卷首首行误出"荟要"考[J]/李祚唐.--四川师范大学学报(社会科学版),2012,01:137 – 143

《文渊阁四库全书》中6种书籍33处卷首首叶首行出现"荟要"字样,是全书抄缮格式与其他书混淆的讹误。张子文在影印《文渊阁四库全书》时,根据整理书稿人员开具的"检核影印稿疑义单"加注按语,指明讹误。

2999

文渊阁《四库全书》史部提要与《四库全书总目》提要差异[J]/刘志扬.--黑龙江史志,2014,21:88 – 89

文渊阁《四库全书》史部提要与《四库全书总目》提要并非完全一致,其差异表现主要有体例不同、书名卷数不同、排序不一、评价不一。本文将其差异按成因进行分类,并进行简要分析。

3000

文渊阁《四库全书》异文四则考辨[J]/李海英,窦秀艳.--图书馆工作与研究,2015,03:67 – 69 + 75

自《四库全书》问世开始,订正《四库全书》抄写讹误,就成为四库学研究的主要内容之一。因此,《四库全书》的版本价值和史料价值亦颇受怀疑。《四库全书》异文是指今收入《四库全书》与四库中其他著作征引之文及今传世版本不同的文字。本文选取了四例异文进行了考辨。

3001

文渊阁、文津阁《四库全书》提要考校[D]/赵喜娟.--南京师范大学,2013

论文以文渊阁《四库全书》提要与文津阁《四库全书》提要为研究对象,将两阁本提要集部别集类进行对校,再以相关文献为参校本,研究二者的差异,同时,亦举正了文渊阁本、文津阁本提要中存在的讹误。

3002

文宗阁《四库全书》校勘史迹述略［J］/彭义. --科技情报开发与经济,2011,01:113 – 115

本文叙述了文宗阁《四库全书》从修缮到拨放镇江金山寺期间的 3 次校勘事件,并对汪中校勘文宗阁《四库全书》一事作了资料钩沉。

3003

问道中国书版收藏第一人［J］/孔夫子旧书网编辑. --收藏,2012,19:100 – 103

姜寻先生被誉为中国书版收藏第一人,他多年来以一己之力收集版片,并将它们展示出来,供大家分享。文章撷取对姜先生网络访谈的精华,记录了他对雕版博物馆、古代的雕版印刷以及古籍善本的一些独到见解。

3004

《翁方纲纂四库提要稿》"不应存目"书籍之标准浅论［J］/史志龙. --河南图书馆学刊,2014,09:128 – 131

《翁方纲纂四库提要稿》保存了翁方纲所撰要稿多达 1150 条。从翁氏对书籍的处理意见可以看出,其"不应存目"标准有八个方面:书非完帙、诬经非圣、庸俗之书、伪托之书、它书已存、释道之书、办书之体、词曲之书。

3005

《翁方纲纂四库提要稿》长编价值例说——以经部为中心［J］/许超杰. --保定学院学报,2014,06:

本文以经部为中心试论《翁方纲纂四库提要稿》长编价值。

3006

《翁方纲纂四库提要稿》研究［D］/许超杰. --河北大学,2013

《翁方纲纂四库提要稿》是翁方纲任职《四库全书》馆分纂官时所写的《四库全书总目》提要的初稿,共计千余则。《提要稿》对于研究《总目》编撰史、分纂稿与《总目》定稿之间的关系、分纂官与总纂官在《总目》编撰中各自所起的作用有重要价值。

3007

《〈翁方纲纂四库提要稿〉整理》校补［J］/史志龙. --河南图书馆学刊,2013,07:138 – 140

《翁方纲纂四库提要稿》手稿本,系用草体书写,加之卷帙浩繁,字迹多处漫漶,不利于研读与使用。整理本做了文字上的辨识与标点、内容上的重新编排、体例上的规范统一等基础性工作,为四库学的研究做出了贡献。但在书名、卷数、撰者等方面,略有瑕疵,尚需补正。

3008

《翁方纲纂四库提要稿》之提要类型及其判定依据试探［J］/许超杰. --图书馆研究与工作,2015,01:59 – 62

文章通过研究将《翁稿》分为初办提要稿、修改提要稿、覆校稿三类,并从《四库全书总目》著录标准、是否存目、二者文字差别、书籍版本、与《四库全书进书提要》之关系等五个方面进行考辨,提出了区分初办提要和修改提要的初步判定依据。

3009

翁藻与《医钞类编》［J］/陈稳根,崔为. --长春中医药大学学报,2013,04:748 – 749

《医钞类编》为清代翁藻编著的一部综合性医学类书。在校勘和研究中发现《医钞类编》具有很高的文献价值,可以了解翁藻及该时期中医学术的概况,对研究翁藻和鸦片战争之前中医学术状况有重要的意义。

3010

我的"医书"三十年——浅谈对古籍修复的认识［J］/金蓉. --上海文博论丛,2014,02:69 – 71

笔者以从事古籍修复工作多年的经历和实践,浅谈对古籍修复的若干认识。

3011

我国大陆地区古籍数字化发展探讨［J］/魏豫州,张梅. --河北科技图苑,2015,05

目前由于自然老化以及保护和利用不当,所存古籍正在加速消亡。古籍数字化是古籍保护与利用的重要途径,文章论述了我国大陆地区古籍数字化实践中存在的问题,并提出进一步发展古籍数字化的策略。

3012

我国当前古籍数字化研究中的选题概述

[J]/付鹏,贾文龙. --宋史研究论丛,2011,00：671 - 683

古籍数字化是新技术条件下史料整理的革命性转变,目前有成为独立学科的趋势。北京国学时代文化传播有限公司等公司逐渐成为大陆古籍数字化工作的中坚力量,一些数字图书馆方面的选题各具特色,近年来也有中医类、农史类、文献学方面的研究生论文以古籍数字化为题。

3013

我国高校中的古籍典藏方式和流通特点[J]/矫威. --兰台世界,2014,08：75 - 76

本文对我国图书馆中典藏的古籍类型和历史定位进行梳理,对其价值进行分析,针对我国高校图书馆古籍典藏现状和问题,提出完善管理方面的对策和建议。

3014

我国公共图书馆缩微文献利用探讨——以广东省立中山图书馆为例[J]/林少芳. --图书馆论坛,2011,03：148 - 151

本文根据我国公共图书馆缩微文献工作的管理实际,分析我国公共图书馆缩微文献的建设利用进程及其存在问题,探讨加强缩微文献利用的策略。

3015

我国古代文献整理中的功利性取向及其影响[J]/刘家书,杨婷. --重庆第二师范学院学报,2013,05：52 - 54 + 85

我国古代学者在进行古籍版本删定、意义诠释等有关的文献整理时都存在着很强的功利性取向,即在文献版本和解读方面有着超乎文献整理之外的现实功用。在带来学以致用的积极影响之外,有时会破坏古籍的文本或扭曲古籍原意,给我国古代文献的保存、整理和解读带来一些消极影响。

3016

我国古籍保护事业可持续发展思考[J]/陈红彦,刘家真. --中国图书馆学报,2012,02：107 - 116

为实现"十二五"期间我国古籍保护工作由外延式发展走向内涵式建设目标,本文建议：启动古籍保护事业的顶层设计；制定保护措施与财政优先支持政策；制定规划古籍再生性保护的格式变换策略；总结经验、分析问题、凝练知识；降低古籍保护中的风险,让有限的资金发挥更大的效益。

3017

我国古籍编纂源流述略[J]/戴立岩. --图书馆学刊,2012,12：129 - 130

本文概述我国历代古籍文献编纂成书的方法和途径,介绍历代古籍编纂工作的方法演变和发展源流。

3018

我国古籍、档案修复技术标准体系建设研究[J]/张美芳,陈敏. --图书馆论坛,2014,12：111 - 115

古籍、档案修复受技术水平、经验、设备、工作态度等影响,修复技术难统一,操作因人而异,质量难以控制。文章介绍古籍、档案修复技术标准现状,分析修复标准的适用性,并提出修复标准体系建设整体框架、内容和思路。

3019

我国古籍联合目录建设现状调查与对策研究[J]/李青枝. --情报探索,2011,02：30 - 34

本文从调研古籍联合目录建设现状入手,总结目前我国古籍联合目录的发展状况,指出古籍联合目录建设中存在的主要问题,并提出今后我国古籍联合目录的发展方向和具体措施等。

3020

我国古籍数字化标准体系建设刍议[J]/贺科伟. --科技与出版,2011,08：76 - 79

文章考察我国古籍数字化的发展现状,针对当前古籍数字化的标准化问题进行评析,并对古籍数字化标准体系以及古籍数字化的发展趋势等相关方面作了思考,最后提出展望与建议。

3021

我国古籍数字化标准体系现状调查及优化策略[J]/张文亮,尚奋宇. --国家图书馆学刊,2015,06：83 - 89

本文利用实地走访和网络调查的方法,

了解我国古籍数字化工程相关标准现状,发现现行标准存在制定不规范、体系不系统、内容不全面、原则不明确等问题,提出适应我国古籍数字化建设的标准体系框架,为我国古籍数字化标准的建设提出优化策略。

3022

我国古籍数字化发展策略探析[J]/钱律进. --中国科技信息,2012,09:98 + 106

本文介绍了我国古籍数字化的现状,并探讨了以古籍保护中心为主导、以国家专项资金为保障、以互联网为信息平台的古籍数字化发展策略。

3023

我国古籍数字化开放获取文献资源研究[J]/于新国. --福建图书馆理论与实践,2015,02:38 - 40

本文从我国古籍文献及其数字化开放获取资源、我国古籍流失海外及国外收藏状况、日本收藏的我国古籍数字化开放获取文献资源(包括东京大学东洋文化研究所和日本早稻田大学图书馆)等方面,对我国古籍数字化开放获取文献资源进行研究。

3024

我国古籍修复技术的发展[J]/何谋忠. --发展,2015,08:74 - 75

本文从我国古代修复技术开始萌芽到现代古籍修复技术的成熟,再到国家对古籍修复人才培训的重视进行了全面阐述,并对古籍修复的未来进行了展望。

3025

我国古籍修复研究现状分析[J]/许卫红. --四川图书馆学报,2011,04:84 - 88

本文对 1986 - 2010 年间"古籍修复"研究领域的文献进行统计,并针对文献主题、合著率和著者分布情况进行分析。

3026

我国古籍影印出版突出问题的研究和对策[J]/曹凤祥. --出版参考,2015,12:11 - 12

影印促进了我国古籍的广泛传播和利用,影印古籍在我国的文化界、学术界受到专家、学者的热烈欢迎。随着我国古籍影印技

术的发展,古籍影印出版的质量越来越受到重视。如何提高我国古籍影印出版的质量,是影印人员和编辑们需要认真思考和研究解决的一项重要课题。

3027

我国古籍、纸质文物与档案保护比较研究[J]/刘家真,廖茹. --中国图书馆学报,2012,04:88 - 98

本文通过对古籍、档案与文献形态的纸质文物三者保护的法制环境、保护工作的相关标准、保护工作发展趋势以及对保护内涵认知与保护策略选择等方面内容进行比较,提出相关建议。

3028

我国近代文物保护法制化进程研究[D]/李建. --山东大学,2015

本文讨论了促使我国文物保护法制化进程发展的因素,其中既有国内学术发展的内因,也有受国外思想及法规影响的外因;既是文物长期遭受流失和破坏的必然结果,也是在一系列突发事件推动下的应急措施。

3029

我国抗战时期古籍、图书损失略述[J]/庄虹,张冬林. --科学经济社会,2013,04:145 - 147

本文通过对抗战后期国民政府及学术机构有关我国境内古籍、图书被掠夺和损毁统计资料的爬梳,揭露了日本侵略者在中国历史上制造的难以弥补的文化灾难。

3030

我国图书馆古籍服务存在的难点及影响因素[J]/胡海鹰. --沧桑,2012,06:75 - 78

本文介绍图书馆古籍与古籍服务概要,提出影响图书馆古籍服务的理念、经济、行政因素,建设、目录编制、对外开放及馆藏难点,并提出古籍服务建议。

3031

我国图书馆古籍收藏与管理规章调查[J]/许晓霞. --大学图书馆学报,2011,04:31 - 38

本文通过对我国图书馆现有古籍工作规章的考察,了解我国图书馆古籍服务政策的总体情况。发现在缺乏法律和行业规范的背

景下,各图书馆的规章存在较大差异。然后尝试分析我国图书馆古籍服务政策中存在的问题及影响因素,建议如何以更好的方式来平衡古籍的收藏和服务。

3032

我国图书馆所藏稀见古籍出版现状分析与评价[J]/周红. --科技情报开发与经济,2014,06:3-6

本文分析了我国图书馆所藏稀见古籍(多卷册)的出版现状,阐述了我国图书馆所藏稀见古籍的收录标准和收录版本,提出了我国图书馆收藏稀见古籍出版的建议。

3033

我国文献保护与修复教育现状及特点剖析[J]/何祯. --图书馆,2013,06:92-94

本文从我国文献保护与修复教育的现状调查出发,剖析我国文献保护与修复教育呈现出教育内容注重补救性技术、相关教材内容偏重档案保护技术、专业教育体现区域性的特点。

3034

我国西部民族古籍的开发利用研究[J]/张新红. --贵州民族研究,2013,03:43-46

西部地区民族古籍是中华文明的重要组成部分,也是先人留给我们的宝贵财富。随着我国民族古籍开发利用的深入发展,西部地区民族古籍的开发利用工作在各方面都取得了可喜的成绩。基于创新开发利用体系的考虑,本文做了如下研究和探讨。

3035

我国已知最早的消经全译《古兰经》——《天方尊大真经中华明文注解》简介[J]/虎隆. --中国穆斯林,2012,03:15-18

笔者2005年在临夏调查回族古籍时,在州博物馆发现回族古籍《天方尊大真经中华明文注解》。在研读、翻译该译本序文、跋文和部分章节基础上,作者向读者简介了我国已知最早的消经全译《古兰经》——《天方尊大真经中华明文注解》。

3036

我省公共图书馆古籍保护工作初探[A]/郑泳. --福建省图书馆学会. 福建省图书馆学会2013年学术年会论文集[C],2013

本文以福建省图书馆古籍保护为例,对公共图书馆古籍保护的紧迫性及对策展开讨论,提出分步骤开展切实的保护工作,培养更多的古籍修复人才。

3037

我所了解的邱晓刚老师[A]/陈绪军. --国家古籍保护中心、天津市古籍保护中心编. 融摄与传习——文献保护及修复研究[C],北京:中华书局,2015

本文主要介绍了古籍修复界的邱晓刚老师的修复之路,包括师承名师,潜心钻研;发明纸浆补书方法,传道授业;推动古籍修复技术进入职业教育,奔走呼喊;为古籍修复人才的保护发声,效率入手;推广纸浆补书技术,孜孜以求、不断探索等过程。

3038

无酸纸质古籍函套的设计与制作[D]/马霄. --中南林业科技大学,2014

本文从保护古籍的角度出发,通过考察湖南省博物馆和湖南省图书馆现今函套的应用现状,分析传统函套在古籍保护中存在的不足之处,提出采用无酸纸用于馆藏函套制作的新思路。

3039

无锡籍学者对《四库全书》的突出贡献[J]/吴海发. --江南大学学报(人文社会科学版),2012,05:71-79

文章叙述了无锡籍学者撰人名录及其入选《四库全书》与《存目》的题录;诠释了无锡籍学者获取进士学衔名录,以及他们担任国家要职,例如宰相、兵部尚书、刑部尚书等的名录;论述了无锡籍学者入选《四库全书》著作的特色。

3040

无线传感网络监测系统在图书馆古籍保护领域的应用[J]/于亚瑞,石骏骧. --教育教学论坛,2013,47:115-116

本文论述了无线传感网络监测系统在图书馆古籍保护领域的应用,利用各种环境传感器多点监测古籍,同时通过无线数传方式将环境数据上传,达到实时监测古籍保存环境。

3041

吴鞠通与《四库全书·医家类》[J]/杨东方,刘平.--北京中医药大学学报,2012,10:661-663

文章叙述了吴鞠通与《四库全书》结缘的故事,论述《四库全书·医家类》的学术思想,探讨了《四库全书·医家类》的学术思想对吴鞠通的影响。

3042

吴梅集外题跋辑考[J]/胡永启.--文献,2015,06:175-178

吴梅是一代词曲大家,其所目验之书,一部分经其题跋,多被收入已出版的《吴梅全集》中。上海图书馆所藏古籍中存有吴梅题跋二则,为《吴梅全集》所失收。

3043

吴骞与《临安志》研究[J]/黄伟.--西南交通大学学报(社会科学版),2014,04:40-45

吴骞是清代著名徽州籍藏书家,一生藏书无数,曾建造拜经楼以藏书。《临安志》为吴骞藏书的精华。通过对《临安志》的收藏,吴骞与黄丕烈、陈鳣等人频繁往来,互相借鉴、诗文唱和。吴骞去世后,其所藏《临安志》开始流散并被递藏,现散落在不同图书馆。

3044

吴蔚《鱼玄机》、《大唐游侠》对古籍文本之承衍[J]/赵修霈.--东吴中文学报(在台湾地区发表),2015,29:267-295

本文从吴蔚《鱼玄机》《大唐游侠》的创作背景出发,分析其对古籍文本的传承。

3045

五年制高职教育模式契合"古籍修复人才培养"的论证研究[J]/王燕.--江苏科技信息(科技创业),2014,02:31

笔者依据多年古籍修复一线教学的实践和探索,通过比较分析,认为五年制高职教育人才培养模式与修复古籍人才培养有着高度的内在契合,更适于古籍修复人才的培养。

3046

五十年来彝文古籍整理翻译出版述要[J]/吉格阿加.--民族翻译,2011,02:31-35

本文简要叙述了彝文古籍的现状和云、贵、川三省彝文古籍整理、翻译出版的基本情况,以及半个多世纪以来彝文古籍彝译汉的主要成果。

3047

五种宫词总集版本源流考[J]/王育红.--文艺评论,2012,04:66-71

本文通过考察五家宫词流传、递补的过程,对其版本源流进行梳理。

3048

《武备志》中武术内容的整理及其价值的研究[D]/刘容.--首都体育学院,2013

通过对明代时期的一些军事论著和武术古籍等著作的整理分析,可得知明代时期中国武术的技术体系已基本成型,而且明代中后期由于要抵御沿海的日本倭寇,中日武术出现了一定技术交流和理论借鉴等,表明明代武术不仅在技术体系上趋于完备,而且在理论上同时也达到了一个相当高的水平。

3049

武威市博物馆古籍及其保护现状[J]/高辉.--陇右文博,2012,02:86-88

本文介绍了甘肃省武威市博物馆古籍及其保护现状。该馆现存四万多件藏品中,古籍约占三分之二,由汉文大藏经、藏文大藏经和其他图书三部分组成,汉文大藏经6300多册,藏文大藏经10万多页(藏文大藏经并未计入文物总数),其他图书19000多册。

3050

武威市凉州博物馆藏藏文古籍文献及其价值考评[J]/李万梅.--图书馆理论与实践,2012,06:95-97

本文根据武威凉州博物馆藏藏文古籍文献的题记、藏文书写字体、抄写颜料、抄写者供养人的民族成分等,在参与初步研究的基础上,对这批藏文古籍文献从产生的历史背景、基本内容、形成年代及学术价值等方面进行了考评和探讨。

X

3051

《西陂类稿》版本源流考[J]/刘万华.--河南师范大学学报(哲学社会科学版),2011,02:177－180

《西陂类稿》编辑成书以后,共有六种版本相继出现:清康熙五十年(1711)宋氏家刻本,清康熙间宋至等补刻本,文渊阁《四库全书》本,清光绪四年(1878)吴元炳重刻本,清抄本,民国六年(1917)宋氏重刊本等。

3052

西北边疆民族地区濒危汉文历史档案保护研究[J]/张玉祥,陈晓艳,杨洁明.--档案学研究,2015,04:119－123

由于自然、历史、人才、经济、体制和国外等因素的影响,西北边疆民族地区汉文历史档案面临着损失、流失和消亡等困境。应启动该地区濒危汉文历史档案的数字化保护工程,建立多元保护模式,完善流失海外的西北边疆汉文历史档案的征集与追索和共同研究机制等。

3053

西北大学图书馆藏善本古籍概述[J]/张芳梅,李文遴.--河南图书馆学刊,2011,04:134－135

本文从西北大学图书馆所收藏的诸多古籍中,精选部分并以《国家珍贵古籍名录》收录为主,介绍这些善本的载体形态、刻书概况、现存版本及影响等方面,旨在保护和宣传古籍,充分挖掘并发挥古籍文献的文化遗产作用。

3054

西北地区古籍数字化现状及标准化建设研究[J]/王海花,王睿.--农业图书情报学刊,2014,01:33－36

西北地区散落民间的众多文献及图书馆不当藏储的古籍,亟待发掘、整理和保护。本文阐述了西北地区文献搜集、利用的主要方法及原则,并对西北古籍数字化现状与不足进行了分析,以期为图书馆古籍数字化标准的建设发展及民族地方文化融通提供有益借鉴。

3055

西北地区图书馆藏古籍保护措施探究——以宁夏大学图书馆藏古籍为例[J]/刘志军.--农业图书情报学刊,2013,04:70－73

本文以宁夏大学图书馆藏古籍的现状及产生的原因为例,研究分析了高校图书馆藏古籍的保护措施和方法,为研究西北地区图书馆藏古籍的保护提供了实例。

3056

西北地区珍贵古籍聚英[J]/杨居让.--收藏,2014,15:158－162

陕西省文化厅牵头联合甘肃、宁夏、青海、新疆四省区文化厅和图书馆,在陕西西安共同举办"丝绸之路西北地区珍贵典籍展"。展览以展板文配图形式介绍丝绸之路,汇聚展出西北五省区珍贵古籍,并设立古籍修复保护演示区。

3057

西北民族大学图书馆特色馆藏——藏文古籍[J]/杨莉.--图书与情报,2013,04:141－144＋4＋145

西北民族大学图书馆收藏有新中国成立前写本、刻本藏文古籍1.5万种,这些典籍具有很高的文物价值、艺术价值和资料价值,是研究少数民族文化的重要参考资料。

3058

西部地区古籍保存现状及保护对策研究[J]/孙武秀.--农业网络信息,2012,09:51－53

本文以西部地区湘西土家族苗族自治州公共图书馆为例,从古籍保存的情况出发,分析了该地区古籍保存令人担忧的现状，提出古籍保护的对策。

3059

西部公共图书馆古籍工作的新契机[J]/卢文菊,胡江. --四川图书馆学报,2011,01:24 - 25

本文从实施"中华古籍保护计划"实际出发,结合自身工作实际,就西部公共图书馆古籍工作中存在的问题和困难进行分析,并提出了完善该项工作的措施建议。

3060

西部散存民族档案文献遗产集中保护研究[J]/华林,刘大巧,许宏晔. --档案学通讯,2014,05:36 - 39

本文认为应采取切实措施,将散存民族档案文献遗产进行集中保护,以更好地对这些珍贵的民族历史文化遗产进行保护与发掘利用。

3061

《西湖梦寻》校读札记[J]/张红. --太原理工大学学报(社会科学版),2014,02:73 - 76

《西湖梦寻》为明清时期著名文人张岱所著的史料笔记,中华书局、上海古籍出版社以马兴荣点校本为底本进行了排印。但参照《武林掌故丛编》所收《西湖梦寻》及《续修四库全书》所记录康熙本《西湖梦寻》,发现该点校本中存在文字形近讹误、文字音同讹误、衍文、脱文、标点误用等舛讹之处。

3062

西南地区图书馆古籍文献保护的现状分析[J]/程结晶,朱逊贤. --新世纪图书馆,2012,03:71 - 76

论文通过对西南地区古籍文献保护情况的现状调查,分析西南地区图书馆古籍文献保护过程中存在的相关问题,并针对性地提出了古籍文献保护的新思路。

3063

西南古籍研究(2010 年)[C]/林超民主编. --昆明:云南大学出版社,2011

本书是由云南省高等院校古籍研究工作委员会主办、云南大学西南古籍研究所承办,汇集云南古籍研究论文的年度文集。本年度

的论文集收入了30 余篇论文,主题涉及西南文献研究、史料整理、古籍评述等众多方面。

3064

西南古籍研究(2011 年)[C]/林超民主编. --昆明:云南大学出版社,2012

本书收录了《校勘记实例》《云南地方志叙录》《傈僳族古代史料汇编》《人类学视野下的白族历史文化研究》《唐宋时期凉山彝族历史的一些问题》《南诏与唐王朝使者往来的资料整理》等文章。

3065

西南民族大学金·史密斯藏学文献馆的建馆历程[J]/益西拉姆,刘勇,奔嘉. --民族学刊,2014,02:36 - 42 + 118

本论文对金·史密斯先生建立 TBRC 的具体情况、捐赠纸质文献给西南民族大学的事件、西南民族大学金·史密斯藏学文献馆建馆历程等内容进行梳理,以此来缅怀为藏文文献的保护工作付出一生的美国藏学家。

3066

西南民族大学图书馆古籍保护利用现状与规划[J]/阳广元. --图书情报工作,2013,S2:108 - 110

本文基于西南民族大学图书馆古籍保护利用实践,从古籍保护人员配置、古籍保护制度、古籍保存环境、古籍普查与编目、古籍修复及古籍管理与流通 6 个方面,总结古籍保护利用的现状,阐述古籍保护的未来规划。

3067

《西塘先生文集》版本源流考述——兼补《全宋文》二篇[J]/罗昌繁. --文艺评论,2013,04:127 - 129

《西塘先生文集》乃北宋著名士人郑侠的诗文集。郑侠(1041 - 1119),字介夫,福州福清(今属福建)人,与王安石、苏轼等多有交往。后人对于郑侠的印象,多与"流民图"与"王安石变法"分不开。

3068

《西游记》明代删节本的数字化研究初探[A]/周文业. --首都师范大学、中国传统文化数字化研究中心.第十届中国古代小说、戏曲文

献与数字化研讨会会议手册、论文集[C],2011

本文利用数字化技术,以明代删节本中的《唐僧西游记》为核心,对三种删节本做了全面、深入的研究。

3069

《西域闻见录》版本、作者及史料价值[J]/
张扬,余敏辉. --合肥师范学院学报,2013,01:74-81

《西域闻见录》是18世纪中叶由奉使西域的清朝官员七十一撰写的一部地方通志。它详细记载了当时新疆和中亚的自然风光、人文风情和重大历史事件始末,为近现代学者全面研究新疆提供了重要资料。

3070

西域遗珍——新疆历史文献暨古籍保护成果展图录[M]/国家图书馆、国家古籍保护中心编. --北京:国家图书馆出版社,2011

本书是国家图书馆举办的"新疆历史文献暨古籍保护成果展"的图录。全书分为先秦魏晋南北朝、隋唐五代、宋辽夏金元、明清四部分,收录有关新疆历史的珍贵古籍70多种共200多幅图。图录反映了新疆的历史和各民族文化,揭示了新疆古籍保护的巨大成就。

3071

西藏政治史研究的重要参考文献——《中国古代吏治文化文献集成》简介[J]/边吉. --中国藏学,2012,04:195

《中国古代吏治文化文献集成》第一编《历代官制》,于2012年由燕山出版社出版。全书文献典籍极为丰富,有关吏治文献典籍几乎尽数收罗其中。全书预计收录包括西藏等边疆民族地区在内的典籍五六百种,总计约8000万字。该书对西藏等边疆民族历史的研究也有重要的参考价值。

3072

昔字·如金——古籍与密档展的活字版教具[J]/林姿吟. --故宫文物月刊(在台湾地区发表),2013,364:110-120

(阙如)。

3073

浠水县博物馆藏珍贵古籍介绍[J]/叶映红,张华,万小忠. --江汉考古,2011,S1:112-116

文章概括介绍了浠水县博物馆藏古籍的四个特点,精选数部书籍,逐一进行介绍。

3074

稀见善本《资治通鉴大全》考辨[J]/朱凡. --图书馆杂志,2014,03:104-108

沈阳师范大学图书馆藏明刻本《资治通鉴大全》382卷,路进校辑并出版,为史学专科丛书。此书以时为纲记事为目,记载了中国古代上迄伏羲氏下至明崇祯元年以前近七千年的历史。目前在国内外未见有完整著录或存藏,具有重要的版本价值及历史文献价值。

3075

喜见《王荆文公诗笺注》点校本出版[J]/陈尚君. --古籍整理出版情况简报(总482期),2011,04:20-27

本文对上海古籍出版社的高克勤点校本宋代李壁的《王荆文公诗笺注》(2010年版)进行了评述,对该版本的优点进行了列举与分析。

3076

细说津逮楼[J]/杨英. --江苏地方志,2011,03:57-58

文章介绍津逮楼的历代收藏者、搜集整理文献的经过、刊刻书籍等功绩,以及后来的坎坷遭遇。

3077

厦门大学图书馆古籍保护利用的实践与探索[J]/王志双. --河北科技图苑,2013,02:50-52

本文概述了厦门大学图书馆古籍存藏及保护利用的现状,提出构筑资金保障、多渠道培养古籍修复人才和加强古籍数字化建设的举措,以期推动古籍保护事业的进一步发展。

3078

先秦两汉古籍国际学术研讨会论文集[C]/香港中文大学中国语言及文学系,中国文化研究所中国古籍研究中心主编. --北京:社会科学文献出版社,2011

本书收录通过评审的论文 27 篇，并刊载专题演讲权威学者复旦大学裘锡圭教授等论文，学术水平极高，展现先秦两汉古籍研究最新成果，将有助提升国际学术机构就先秦两汉古籍研究的素质和水平，进一步推动中国古代文献的研究工作。

3079

纤维组分对古籍纸质文献老化的影响[J]/李贤慧,贺宇红,王金玉,奚三彩,张溪文.--兰台世界,2013,26:93 - 94

本文分析古籍纸质文献保存过程中纤维素、半纤维素、木质素等纤维组分发生的化学反应,探讨古籍纸质文献老化的机理,为古籍纸质文献保存及保护提供依据。

3080

县级公共图书馆古籍保护工作初探[J]/杨毅.--重庆市情研究,2011,04:20 - 23

县级公共图书馆在收集、整理、修复和录入等古籍工作方面要充分利用自身优势,摸清家底,让保护古籍从县级公共图书馆做起,从而达到古籍资料准确再现的目的。

3081

县级公共图书馆古籍保护浅析[J]/颉莉霞.--文化产业,2015,09

本文以甘肃省甘谷县图书馆古籍保护为案例,对县级公共图书馆古籍保护工作的现状和存在的实际问题进行了分析梳理,并提出自己的看法和建议。

3082

县级公共图书馆古籍保护研究[J]/崔建华.--科技信息,2011,11:567 - 568

本文研究图书馆古籍保护的重要意义,分析县级公共图书馆古籍保护的现状,从自我收藏与寄存制度相结合、配置专门人员、多渠道筹集和投入资金、采用先进技术提出古籍资源保护工作的思考。

3083

县级公共图书馆古籍文献的管理与保护[J]/杜海锋.--中文信息,2015,09

本文指出古籍文献保护的必要性,针对凤翔县公共图书馆古籍文献存在的问题,提出相关管理与保护的途径。

3084

县级古籍保护工作的现状及其对策——以江西省兴国县为例[A]/吴定定.--江西省科学技术协会、江西省图书馆学会.第二届江西省科学技术协会学术年会第二十九分会场暨江西省图书馆学会 2012 学术年会论文集[C],2012

本文从江西省兴国县古籍保护工作现状入手,结合该县古籍普查及调研情况,分析县级古籍保护工作存在的主要问题和原因,提出做好县级古籍保护工作的方法与措施,以促进古籍的整理保护和研究利用工作。

3085

县级基层馆古籍保护刍议[J]/程秀珍,程秀花.--中国科教创新导刊,2012,26:251

本文根据笔者古籍整理工作经验,分析了目前县级基层馆古籍保护中存在的主要问题,提出了有关古籍保护的方法。

3086

县级图书馆古籍保护工作浅谈——以云和县图书馆为例[J]/潘丽敏.--内蒙古科技与经济,2014,04:113 - 114

本文以云和县图书馆为例,指出对于县图书馆的古籍保护工作,要认识重要性,了解古籍的来源及保存状况。针对古籍保护工作的一系列困难要采取科学有效的措施,加大宣传力度,有效利用古籍文献,确保县级图书馆古籍保护工作顺利进行。

3087

县级图书馆古籍普查工作存在问题与对策研究[J]/林蕴.--内蒙古科技与经济,2012,16:145 - 146

本文针对县级图书馆古籍普查工作,结合云和县图书馆古籍文献的现状及普查中存在问题提出了改善县级图书馆古籍普查工作的相应对策。

3088

县级图书馆古籍文献管理与开发利用的现状及对策——以建水县图书馆为例[J]/马秀锦.--云南图书馆,2014,03:76 - 77

本文通过对县级图书馆古籍文献的管理及开发利用的现状进行分析,提出古籍文献管理要改变"重藏轻用",树立藏用相结合的观念,才能更好地让古籍文献得到保护,从而更好地为读者服务。

3089

现存古代中医文献的海外分布概况[J]/杨继红,张凡,郝娟.--世界中西医结合杂志,2013,04:424－425

文章详细介绍了收藏于日本、美国、俄罗斯和其他国家的中医古代文献,包括其来源、数量和具体馆藏等。

3090

现存文渊阁四库全书本《戒子通录》的四种错误类型分析[J]/马泓波,王晓斌.--西北大学学报(哲学社会科学版),2013,04:152－155

现存文渊阁四库全书本《戒子通录》中的错误虽曾经四库馆臣说明、纠正,但仍存在作者张冠李戴、年代排序有误、节选文字不加标注、选录同一作者不同作品时体例混乱等情况。本文以列举的形式对此加以说明。

3091

现代版式分析在古籍版本鉴定中的应用方法[J]/俞佳迪,祖宇.--美术大观,2011,04:146－147

在古籍版本鉴定研究中,版本各要素均需掌握在手,不可有所偏废。在版式信息数据相对容易采集的今天,利用现代版式分析来进行古籍版本的鉴定,已经成为印刷史和版本学关注的一个新问题。

3092

现代版中医古籍目录(1949－2012)[M]/李成文,李建生,司富春主编.--北京:中国中医药出版社,2014

本书收录1949－2012年国内出版机构新出版的中医古籍3300余种,还收录了2种以上合集刊印的中医古籍340种。

3093

现代信息技术视野下的古籍文献信息表现形式研究——以《广州大典》为例[J]/黄燕.--新世纪图书馆,2015,11:44－47

《广州大典》的编撰工作,结合现代信息新技术的发展,利用360度全景仿真技术、增强现实技术、三维建模技术来表现古籍文献的内容,在不破坏原有文献的基础上,将艰涩的文言文、特定的文化背景、抽象的知识与生动的现实图像和三维模型相结合,调动了研究与开发者的积极性,对推动古籍文献的传播与应用有重要的作用。

3094

"现代"知识生产的另类途径——论早期商务印书馆的古籍整理[J]/董丽敏.--中国现代文学研究丛刊,2014,05:132－146

本文指出商务印书馆以古籍保存与传播为手段,通过建立涵芬楼——东方图书馆这一古籍公共平台,探索了不同于以往精英知识分子以维持文化世家文化资本为目标的自我封闭式的知识生产路径,推动了大众普及型的现代知识生产成为可能。

3095

现妙明心——历代佛教经典文献珍品特展图录[M]/俞小明编.--台北:台湾汉学研究中心(台湾地区),2012

本书为"现妙明心——历代佛教经典文献珍品特展"图录,选录台湾汉学研究中心及中华海峡两岸文化资产交流促进会两典藏单位之藏品,包括从南北朝至民国时期的历代佛教典籍珍本,分藏经、禅境两个范围,依出版顺序为文介绍。并邀香光尼众佛学院图书馆馆长释自衍撰写"佛经传播对中国文献发展的影响"一文作为导读。

3096

线装书古籍保护与利用对策研究[J]/白小蓉.--信息化建设,2015,12:19

本文就线装书古籍保护的重要性进行简要分析,指出现阶段线装书古籍保护与利用中存在的主要问题,提出相应的应对策略。

3097

相麓景萝稿[M]/纪健生著.--合肥:黄山书社,2013

本书主要内容包括:吴孟复先生学术传略、吴孟复先生和他的《古籍研究整理通论》、吴孟复诗学综论、吴孟复心目中的钱氏父子等。

3098

《香草续校书·内经素问》版本考述[J]/姚海燕. --中医文献杂志,2015,01:6-8

《香草续校书·内经素问》是晚清著名儒家学者于鬯校注医经的重要著作,向来受到研治《内经》者的重视。文章对该书存世各版本的详细情况及其源流关系作了考证梳理,可供中医古籍的学习研究者参考利用。

3099

香港中文大学中国古籍研究中心出土文献数据化研究之回顾与前瞻[J]/何志华. --"中国"文哲研究通讯(在台湾地区发表),2011,02:43-73

(阙如)。

3100

《香奁润色》评述[J]/刘筱玥,王旭东. --辽宁中医药大学学报,2012,04:55-56

《香奁润色》为明万历年间的出版家胡文焕所编纂,收录于《寿养丛书》。现存清抄本、日本江户抄本两个版本。为主要介绍美容美饰的方书。具有时代特征明显、内容涵盖面广、兼顾经带胎产、指导日常生活等学术特点。

3101

《香奁润色》文献与学术价值研究[D]/刘筱玥. --南京中医药大学,2012

本文通过传统文献学研究方法,考证了作者的生平与著述,探讨了当时的社会时代背景,追溯了该书的成书背景及著述起因;分析其版本传承与源流;进行全书训诂校勘研究;系统研究《香奁润色》的美容方剂,分析其用药特色;结合该书内容和体例论述该书的学术经验、学术价值、学术思想。

3102

襄阳市图书馆古籍保护与普查报告[J]/王治华. --科技风,2014,16:175

本文首次对襄阳市公共图书馆、档案馆的古籍收藏进行摸底普查,并对古籍保护利用情况进行调研,初步掌握各馆古籍收藏与保护情况,为建立襄阳市古籍综合信息数据库,编制《襄阳市图书馆古籍目录》打下基础。

3103

襄阳市图书馆古籍普查工作调查与思考[J]/杨敏,黄雪松. --襄阳职业技术学院学报,2015,04:12-14+26

本文指出襄阳市古籍保护需要从政策层面、资金保障、环境设施、开发利用和专业人才等方面加以研究,并切实提出相应的保护措施。

3104

向光清:桑植民族古籍的守望者[J]/梁懿. --民族论坛,2012,11:28

本文介绍了湖南省桑植县向光清先生,坚守民族文化、民族古籍的搜集、抢救、整理工作的事迹。

3105

萧雄《西疆杂述诗》版本研究[J]/李宁. --伊犁师范学院学报(社会科学版),2012,02:55-57

清代诗人萧雄的《西疆杂述诗》以诗体表述新疆的地理人文及军政建制,对于研究同光年间新疆历史颇具价值。该诗作的版本以其稿本为主,包含刻本及铅印本两大类。本文对其版本流传及其渊源进行了剖析。

3106

小儿变蒸古籍文献研究[D]/高宴梓. --中国中医科学院,2014

从我国现存最早的儿科古籍《颅囟经》开始,《脉经》《诸病源候论》《千金要方》,以及宋代的《小儿药证直诀》《幼幼新书》《全婴方论》及明清多种古医籍均有变蒸的载述,且内容相当丰富。现代学者虽涉猎变蒸多方面内容,但缺乏研究深度,尤其对古代文献梳理研究不足。

3107

小尔雅义证[M]/(清)胡承珙撰;石云孙校点. --合肥:黄山书社,2011

《小尔雅义证》主要以《小尔雅》为主要内容,分十四卷对其进行了详细介绍,让读者对《小尔雅》有更进一步的认识和了解,是一本价值极高的文学读物。本书由石云孙校点。

3108

小说价值标准的调整与虚构的合法化——以《四库全书总目》为例[J]/袁文春.--山西师大学报(社会科学版),2011,03:39-43

追求小说价值真实性标准的做法,在《四库全书总目》中被淡化甚至被巧妙地"置换"。纪昀据乾隆"实学"旨意,重新强调小说"神道设教"的用世价值,这使大量虚构性作品绕开真实性标准的检验而进入正统价值世界,从而获得一定限度的生存空间。

3109

《小学集成》元刻本及朝鲜翻元本研究[D]/金定炫.--复旦大学,2011

本文采用文献学的实证方法,考察传世的四种元刻何士信《小学集成》及其朝鲜翻元本的实物与文本面貌,辨析元刻《小学集成》注释的来源,通过校勘,考订这些版本之间的相互关系。

3110

小议高校图书馆古籍的保护与方法[J]/尹会红.--办公室业务,2015,03:95-96

本文就高校图书馆古籍文献管理与保护得不到充分重视这一问题进行阐述,分析与研究有关图书馆古籍管理的重点工作,提出建议。

3111

小议满文古籍修复实践——以辽宁省图书馆馆藏满文古籍修复为例[A]/王斌.--国家古籍保护中心、天津市古籍保护中心编.融摄与传习——文献保护及修复研究[C],北京:中华书局,2015

本文介绍对辽宁省图书馆馆藏满文古籍的修复情况,包括满文古籍的形成、辽宁省图书馆收藏满文古籍在全国占有重要位置、满文古籍与其他民族文字古籍的不同、满文古籍的修复方法、完善的检查制度等情况。

3112

小议善本与古籍定级问题[J]/蔡彦.--科技文献信息管理,2013,04:56-57

本文探讨古籍保护工作中善本的确定、古籍定级以及入选第四批《国家珍贵古籍名录》的特点,以期有利于古籍的保护和利用。

3113

小议《四库全书总目提要·子部·医家类》中关于金元四大家的论述[J]/刘涛,许凤秋.--大家健康(学术版),2014,04:50-51

《四库全书》中收录了97本中医药古籍,其中有一部分与"金元四大家"相关。纪昀在书录解题中有不少关于他们学术产生社会背景与师承渊源的论述,值得引起重视。

3114

《小字录》和《古贤小字录》版本考[J]/刘向东.--文献,2013,05:27-33

《古贤小字录》,明弘治十七年(1504)吴大有刻本,活字印本,无序跋。卷端首行题名"小字录",次行题"成忠郎缉熙殿国史实录院秘书省搜访陈思纂次",三行以下为正文;末页最后一行题"小字录"。《中国古籍善本书目》著录,中国国家图书馆收藏。

3115

晓庄学院馆藏古籍套印本八种[J]/丁晓.--古籍整理研究学刊,2011,06:45-48+37

套印本历久弥珍,晓庄学院馆藏线装书中有套印本八种,这是学校古籍收藏中的一大亮点。本文对八种古籍套印本版本、内容情况的介绍,是为了揭示、宣传特色馆藏,以便让更多的读者认识、了解和欣赏。

3116

写在《诚斋诗集笺证》出版之际[J]/薛瑞生.--古籍整理出版情况简报(总496期),2012,06:13-21

本文对《诚斋诗集笺证》在整理、校勘工作中的难点进行了详细的论述。

3117

写在《美国哈佛大学哈佛燕京图书馆藏中文善本书志》获中国出版政府奖之际[J]/任雅君.--古籍整理出版情况简报(总526期),2014,12:20-27

本文写在《美国哈佛大学哈佛燕京图书馆藏中文善本书志》获中国出版政府奖之际,重点阐述该书志出版的意义和价值。

3118

写在《张九成集》出版之际[J]/杨新勋.--古籍整理出版情况简报(总528期),2015,02:8-13

本文从四方面简要介绍了整理《张九成集》的主要工作。

3119

写在《中国古代武艺珍本丛编》(上辑)出版之际[J]/刘强.--全国新书目,2015,07:31-33

《中国古代武艺珍本丛编》由历史学家、武术家马明达主编,收录了散落于多家图书收藏和管理机构的古代武艺图籍约一百种,每本图书都包括内容概括、作者及版本流传情况,是挖掘和整理中国古代武艺文献的专著。

3120

写在《自庄严堪善本书影》出版之际[J]/程有庆.--古籍整理出版情况简报(总480期),2011,02:16-20

本文由《自庄严堪善本书影》入手,叙述了本书在编辑、出版过程中的轶事,并以小见大,展示了近代藏书大家周叔弢先生旧藏珍善古籍的重要成就。

3121

谢赫《古画品录》版本与校勘点滴[J]/蔡琪蕊,陈艳.--美术界,2014,08:85

《古画品录》是中国画史上具有深远影响的重要著作,但由于其年代久远,几经传抄与刊印,存在不少问题。本文就其中出现的一个文字勘误问题,收集整理了相关古籍与现今出版物,对这一文字勘误问题进行了分析。

3122

新安古医籍数据库建设初探[J]/邓勇,余守武,茆可人,王硕建,周家宏.--安徽中医学院学报,2013,04:19-21

随着新安医籍文献的整理工作从传统文献研究转向深层次挖掘,采用计算机信息技术对新安古医籍进行加工处理,建设新安古医籍数据库,进而对其文献进行揭示和利用。本文从数据库特色、结构与流程、数字化障碍及对策分析等方面对新安古医籍数据库的建

设进行探讨。

3123

新安古医籍文献征集工作探讨[A]/李玉侠.--中华中医药学会.第八届中医药院校图书馆馆长会论文集[C],2011

新安医学著作类别齐全,内容丰富,所包含之各类医籍,在以地区命名之中医学派中,堪称首富,学术理论造诣深,临床指导意义广,在国内有很大的影响。本文从对这种文献征集的目的和意义出发,阐述了征集工作的重要性,并对开展方式进行了探讨和可行性研究。

3124

新编古籍丛书影印出版的编辑规范问题——以国家图书馆出版社为例[J]/贾贵荣.--古籍整理出版情况简报(总492期),2012,02:2-6

本文就新编古籍丛书影印出版编辑工作中的一些规范性问题进行了介绍与分析。文章分为版本的选定和书名页的制作、新编古籍丛书的著作方式和著作权问题、撰写影印出版说明与编制目录索引的问题三部分。

3125

新编古籍目录体系中的佛寺志归类研究[J]/黄建年,陶茂芹.--图书情报知识,2012,05:82-88

佛寺志是一种特殊类型的地方志,具有重要的历史与文化价值。在新编普通古籍目录与方志目录体系中,佛寺志的归类不尽相同,为其中大多数目录收录,且归属于史部地理类专志;一半以上目录在其专志类目下为佛寺志设置寺观专类。

3126

新编临朐艺文志[D]/张淑芬.--山东大学,2011

《新编临朐杂文志》能够让我们借以认识临朐县两千年来的文化学术成就,因此,有一定的学术意义。

3127

新出汉学要籍选介:《和刻本中国古逸书丛刊》[J]/金程宇,陈尚君.--东华汉学(在台湾

地区发表),2012,16:253－295

本文为《和刻本中国古逸书丛刊》的介绍,该丛刊收书110种,为流传于日本的中国古佚书。各本据原书影印,并撰有解题,是近年新出域外汉籍最为珍贵的资料。

3128

《新雕孙真人千金方》刊刻年代考[J]/曾凤. --北京中医药大学学报,2011,05:306－308

《新雕孙真人千金方》为唐代孙思邈《千金要方》一个重要版本。全本仅存20卷(一至五、十一至十五、二十一至三十)。新雕本史籍无载,前无序后无跋。本文试图通过史料研析,对其《新雕孙真人千金方》刊刻年代进行推断。

3129

《新雕孙真人千金方》俗字特点初探[J]/段晓华,曾凤. --北京中医药大学学报,2013,09:592－594

《新雕孙真人千金方》为唐孙思邈《千金要方》另一重要版本。全本存20卷(一至五、十一至十五、二十一至三十)。该本史籍无载,清嘉庆四年(1799)被著名藏书家兼学者黄丕烈偶然发现,清光绪年间该本归于另一著名藏书家陆心源。

3130

新发现的《陈钟麟诗草》手稿本[J]/孔令彬. --红楼梦学刊,2014,02:109－120

笔者有幸在苏州市图书馆古籍部检索到一部《陈钟麟诗草》,并亲去访书。这虽然只是陈钟麟在广东粤秀书院任掌教时期的一小部分手稿,但对于了解陈钟麟的性情及其仕宦经历却有不小的帮助,尤其对于我们进一步了解《红楼梦传奇》这部早期红楼戏的创作出版情况也有一定的文献价值。

3131

新发现的至正刊本《宋史》残叶[J]/任文彪. --文献,2015,03:16－18

国家图书馆所藏0803号古籍善本被著录为《金史》"纪二十六",然实为至正刊《宋史》残叶,共十叶,分别为《宋史》卷二六《高宗纪六》叶二至十和卷六〇《天文志一三》叶四。

据此,可以校正百衲本及中华书局点校本《宋史》的某些错误。又《宋元书式》影印之《宋史》卷四九六《蛮夷传四》叶一亦为至正刊本。

3132

新发现钱大昕佚文《重刊明道二年〈国语〉序》考论[J]/孟国栋. --图书馆杂志,2012,03:95－96

由江苏古籍出版社出版的《嘉定钱大昕全集》是钱大昕逝世二百年来最为完善和精审的版本,但因钱氏著述宏富,故《全集》外,仍有散篇佚作。笔者于浙江图书馆所藏《士礼居黄氏丛书》(清嘉庆道光间吴县黄氏刊本)中发现一篇佚文,特为拈出,以补《全集》之阙。

3133

新公布之日藏古钞本《毛诗正义·小戎》、《蒹葭》残卷三种校录及研究[A]/石立善. --扬州大学、中国人民大学.2013·国际经学与文学学术研讨会会议论文集[C],2013

本文所论新公布之日本藏古钞本孔颖达《毛诗正义·小戎》《蒹葭》残卷三种,通过将抄本与傅世刊本详细比勘,得出结论。

3134

新见三篇张羲年《四库全书总目提要》分纂稿[J]/张梅秀,常志红. --晋图学刊,2011,05:76－79

清代《四库全书》的编纂离不开《四库全书总目提要》。提要分纂稿与总目提要,两者之间存在差别。这些差别对探讨当时全书及提要的编纂有着重要价值。但分撰稿传世无多,甚为研究者遗憾。本文介绍了总目协勘官张羲年所著《啜蔗全集》分纂提要稿三篇。

3135

新见宋刊刘仕隆宅本《钜宋广韵》刻年考辨[J]/刘明. --文物,2014,06:91－96

2011年春季拍卖会古籍善本专场曾拍出一册南宋麻沙镇南刘仕隆宅本《钜宋广韵》,系从日本购归,至2012年又重新拍出。但此书的刻年或认为是南宋中期,或认为属南宋宁宗或理宗绍定(1228－1233)年间,笔者不揣谫陋,略陈管见,就教于方家。

3136

新疆大学古籍数字图书馆系统的设计与实现[J]/赵剑锋.--福建电脑,2011,03:105-106

新疆大学古籍数字图书馆是新疆大学数字图书馆系统的重要组织部分,具有明显的地方特色,它完整地体现了新疆大学数字图书馆的建设与服务思想。本文从资源建设、标准规范、系统结构与服务建设等方面对新疆大学地方古籍数字图书馆进行全面介绍。

3137

新疆大学图书馆藏四库进呈本《莆阳黄御史集》考述[J]/高健.--图书馆杂志,2014,09:97-103

新疆大学所藏明万历十二年(1584)刻本《莆阳黄御史集》,是一部罕见的四库进呈本,为乾隆年间浙江藏书家汪启淑所献。本文从版本特征、所附题跋进行了概述,对四库系列书目所载该书情况进行分析考证,指出了四库所收底本的来源,并对该书的文献价值和流传进行初步探索。

3138

新疆地区古籍保护发展概述[J]/丛冬梅.--西域图书馆论坛,2012,03:1-4

本文以近几年新疆古籍保护所开展的各项工作为实践基础,论述了古籍保护的工作机制、名录申报、人才培养、书库建设、展览宣传等基本情况,结合实际分析了古籍保护工作存在的问题,并就今后开展工作谈了思路。

3139

新疆地区古籍保护工作的现状与思考[J]/申文涛,李华伟,丛冬梅.--河南图书馆学刊,2013,03:134-137

文章从新疆古籍保护的重要意义谈起,介绍了新疆古籍的存藏概况、在古籍保护方面国家的支持、本地区取得的成绩、存在的不足,在此基础上提出了新疆古籍保护工作进一步发展的规划设想。

3140

新疆高校图书馆古籍普查保护工作探析——以新疆师范高等专科学校(新疆教育学院)图书馆为例[J]/李双玲.--新疆教育学院学报,2015,01:115-117

本文以新疆师范高等专科学校(新疆教育学院)图书馆为例,利用第六次全国珍贵古籍名录申报的契机,对馆藏古籍申报前的准备工作、古籍的基本情况、整理过程进行了梳理,并提出了保护古籍的具体办法。

3141

新疆古籍保护工作的现状与发展远景[J]/丛冬梅.--新疆社科信息,2013,03:1-6

本文从国家的高度重视、认识的高度统一、组织保障、工作初见成效、分析不足、取得阶段性成果、规划发展远景等七个方面,概述新疆古籍保护工作的现状,分析了制约发展的因素,提出今后新疆古籍保护发展的思路及远景。

3142

新疆古籍文献资源数字化保护探析[J]/韩晶.--图书馆学刊,2015,11:59-61

从新疆古籍文献保护概况、各种保护方式、数字化保护方式、数字化保护进展、数字化开放获取资源、数字化开放获取资源的云端存储保护等方面,对新疆古籍文献资源数字化保护进行了探析。

3143

新疆少数民族古籍的保护与发展[J]/阿布都热扎克·沙依木,亚里坤·卡哈尔,朱一凡.--新疆社科信息,2012,03:1-5

本文介绍了新疆少数民族文字古籍的历史源流,就新疆少数民族古籍保护工作的现状作了回顾,并列举国家和新疆维吾尔自治区政府层面上对古籍保护法制建设的重要文件,最后对新疆少数民族古籍保护提出建议和对策。

3144

新疆少数民族古籍工作综述[J]/赵晨.--新疆地方志,2015,02:62-64

本文从建立新疆维吾尔自治区少数民族古籍工作机构、新疆少数民族古籍办搜集古籍、新疆少数民族古籍办出版的各民族古籍、新疆少数民族古籍办的古籍保护工作等方面,介绍新疆维吾尔自治区民族古籍工作。

3145

新疆少数民族古籍总目提要［**M**］／新疆昌吉回族自治州民宗委编．--乌鲁木齐：新疆人民出版社，2014

本书稿是一部古籍整理汇编作品，收入回族古籍文献书籍类 31 册、铭刻类 14 通、文书档案类 84 条、讲唱类 998 条，反映了新疆回族古籍文献的概貌，对展示新疆回族的历史文化有积极作用。

3146

新疆社会科学院馆藏少数民族古籍的特点与整理情况［**J**］／古丽努尔·帕尔哈提．--新疆社科信息，2012，03：8 - 10

新疆社科院馆藏的少数民族古籍，内容丰富，涉及范围广泛，具有鲜明的地域与民族特色。本文介绍了馆藏少数民族古籍的特点以及古籍的整理情况。

3147

新疆社会科学院少数民族古籍文献测酸工作研究研究报告［**J**］／古丽努尔·帕尔哈提．--新疆社科信息，2012，05：1 - 11

本报告对古籍文献酸化以及对保存的影响因素作了叙述，介绍了新疆社会科学院少数民族古籍文献的基本情况以及古籍文献检测酸度结果，对新疆社会科学院少数民族纸质古籍文献抢救与保护提出若干建议。

3148

新疆师范大学图书馆古籍保护现状及对策研究［**J**］／林宏磊．--黑龙江史志，2014，15：232

本文对新疆师范大学图书馆古籍保护的现状做一分析，并针对存在的问题提出加大投入、建立健全规章制度、加强估计人才培养、实现古籍数字化等对策。

3149

新疆塔吉克族古籍简述［**J**］／古丽佳罕·胡西地力．--新疆地方志，2012，04：43 - 45

塔吉克族古籍文献是研究民族历史、文化、习俗及宗教信仰的基础。老一辈民间艺人的去世使很多优秀古籍失传，民间流传的部分古籍也面临失传的危机。近年来，塔吉克族的学者、民间艺人为保存和继承这部分文化遗产作出了特殊贡献，继续搜集、抢救、研究和出版是古籍保护面临的重点任务。

3150

新疆维吾尔文古籍存世现状概述［**J**］／任文杰．--大众文艺，2015，20：271 - 272

本文对维吾尔文古籍国内外的留存地点和存世现状做一概述，同时也认识到合理利用古籍的可观价值和古籍现代化保存传播的方法。

3151

新疆维吾尔文古籍形态的当代艺术价值［**J**］／任文杰．--新西部（理论版·下旬），2015，11：27 - 28

本文阐述了维吾尔族古籍文献资料装帧形态、版式艺术、材料、技术等，认为这些都蕴含值得深入挖掘的文化信息。其不但有一般意义上的文献历史价值、科学认识价值和社会和谐价值，更重要的是具有形式上拟态、拟材、拟形的艺术价值和精神层面上体现自豪和使命感的双重价值。

3152

新疆锡伯族古籍整理工作的现状及思考［**J**］／葛维娜．--新疆地方志，2013，01：43 - 45

锡伯族古籍是新疆少数民族古籍的重要组成部分。本文阐述了锡伯族古籍整理保护工作中存在的问题，提出应加强保护力度、加快保护步伐，探索锡伯族古籍整理保护工作的有效途径。

3153

《新刊经进详注昌黎先生文集》流传渊源考［**J**］／杜学林．--图书馆杂志，2015，06：110 - 112 + 16

《新刊经进详注昌黎先生文集》是现存较早的宋代韩集注本，成书以来，流传不广，南宋至清初公私书目罕见著录。清代前期，徐乾学、汪士钟始见收藏，道光之后入藏杨氏海源阁，经杨以增、杨绍和、杨保彝、杨承训四代递藏，最终由杨承训将其与部分善本古籍抵押天津盐业银行，此批古籍后收归国有，此书随同入藏国家图书馆。

3154

《(新刊)医学集成》的整理与研究[D]/张芳芳.--北京中医药大学,2014

《(新刊)医学集成》由明代医家、浙江义乌傅滋所编撰,刊于正德十一年(1516),是一部赅括内、外、妇、儿、骨伤、五官科等临床各科证治的综合性医著。傅滋师从虞抟,学术推崇丹溪,《(新刊)医学集成》中不乏丹溪之语,是一部典型的丹溪学派著作。

3155

《新刻幼科百效全书》版本研究[J]/张利克,江蓉星.--中医文献杂志,2012,01:9-10

明代著名医家龚居中所著《新刻幼科百效全书》一书,是儿科按摩推拿学方面的早期著作,自问世以来,刊行较少,几经周转,已濒临失传。为了更好地继承和发扬这份宝贵遗产,提高其在临床中的指导作用,就迫切需要对这方面的文献进行再次整理,便于传承和发扬。

3156

新媒体环境下的古籍阅读模式研究[J]/胡石,肖莉杰.--图书馆学研究,2012,19:78-81

文章在对古籍阅读与新媒体阅读知识进行研究的基础上,分析古籍阅读风气淡薄的原因,并就新媒体引入的可行性及创新性进行探析,从而进一步探讨与归纳新媒体在古籍阅读中的合理推广模式。

3157

新媒体时代下古籍版本鉴定方法探析[J]/胡石,冯海英,宁勇.--内蒙古科技与经济,2013,10:103-104

本文在对古籍版本鉴定和新媒体发展情况了解与研究的基础上,分析了其应用新媒体的必要性和可行性,并从版本鉴定由易到难的角度提出了应用新媒体的新途径,以期对相关的理论及实践的发展有所贡献。

3158

新时期高校图书馆古籍保护存在的问题及对策[J]/郑玉娟.--河南图书馆学刊,2012,01:133-134

本文系统地探讨了新时期高校图书馆古籍保护工作中存在的馆舍条件差、管理不到位、人为损坏、专业人才少、缺乏资金保障等主要问题,提出加快标准化古籍书库建设、完善管理制度、探索古籍再生性保护新途径、加快古籍保护人才培养、解决资金短缺问题等策略。

3159

新时期普通高校古籍室工作浅谈——以韩山师范学院古籍室为例[J]/胡露.--上饶师范学院学报,2015,02:113-115+120

本文以韩山师范学院图书馆古籍室为例,介绍了图书馆多方征集线装书、购买新影印古籍、提供打印或复印古籍、购置替代古籍、调整馆藏图书、下载电子古籍、善用古籍数据库等来丰富馆藏,满足读者需要,并积极向读者指示其他借阅、研究线索,取得较好效果。

3160

新世纪古文献学研究亟待深化的若干问题[J]/王记录.--廊坊师范学院学报(社会科学版),2013,02:36-40+45

王记录教授的论文讨论了21世纪古文献学研究亟待深化的五个问题,即古文献学科自身的理论体系和研究范式亟待建立、中国古代文献学思想遗产需要发掘、少数民族文献学在中国古文献学中的地位需要得到进一步体现、中西文献学的比较研究亟待加强、古籍数字化理论和方法研究亟待深入。

3161

新世纪中国古籍书目编纂概览与思考[J]/崔凯.--图书馆理论与实践,2013,12:29-33

本文指出新世纪以来,编纂出版的古籍书目与之前相比种类渐多、数量愈丰。书目出版新特点不断呈现、新格局初现端倪,如全国性综合书目减少,纠误、补遗类著作增加;地方文献目录编制受到重视;专科性目录较多保留了传统目录的体制和样式;电子检索系统不断开发等。

3162

新世纪10年图书馆古籍修复中的科技创新研究[J]/张宛艳.--高校图书馆工作,2011,

03:8 - 10

本文通过叙述古籍修复事业中的知识创新、技术创新以及传承方式创新,指出科技创新在我国古籍修复事业传承和发展中的重要性。

3163

新书籍史对古文献学研究的启示[J]/张升. --廊坊师范学院学报(社会科学版),2013,02:40 - 45

论文认为新书籍史扩大了古文献学研究的视野,拓展了古文献学的研究范围,其引进社会史、文化史的研究方法使人看到文献研究所具有的社会史和文化史意义,古文献学研究要眼光向下,借鉴多学科交叉的方法,丰富自身的研究内容。

3164

新型科研模式下的中医药信息数据基础建设研究[J]/亢力,高宏杰,李敬华,杨德利,程英. --中国医学创新,2014,06:79 - 80

本文从统一标准、规范数据、统筹规划、立足需求、尊重中医、掌握原则、人才培养七个方面探讨新型科研模式下的中医药信息数据基础建设。结论是提升质量、立足需求、注重应用,才能实现对中医古籍文献资源的再生性保护和现代中医知识发现与拓展。

3165

新印古籍书目数据建设探讨——以中国人民大学图书馆为例[J]/胡良. --图书馆工作与研究,2013,02:78 - 80 + 93

文章针对目前高校图书馆新印古籍书目数据建设中存在的影印本的底本版本未揭示,及丛书子目和版本未揭示问题,以中国人民大学图书馆为例,指出加强新印古籍的版本揭示和丛书子目建设的重要性,并结合具体实例提供可参考的操作方法。

3166

新中国成立后中医古籍出版工作的回顾与展望[J]/王琼,金芷君. --世界中医药,2013,09:1124 - 1127

本文对新中国成立后中医古籍出版工作,包括经典中医古籍的今译及语释、出版工作的专业化与专门化、海外中医古籍的复制回归、中医经典古籍的外译与传播进行总结性回顾,并对中医古籍的数字化进行展望。

3167

新中国成立以来新编古籍丛书出版综述[J]/南江涛. --出版史料,2012,03:72 - 78

文章分三个阶段介绍了新中国成立以来新编古籍丛书的出版状况,分别为新中国成立初期艰难跋涉时期、改革开放后稳步发展时期和新世纪十年突飞猛进时期,详细记录了传记文献、史籍史料、书目版本等各类丛书的出版情况。

3168

新中国古籍保护工作历程回顾[J]/蔡彦. --图书情报研究,2015,01:91 - 96

本文回顾新中国成立后古籍保护的历程,分析善本和古籍定级标准的渐变,重点探讨以"中华古籍保护计划"为核心的古籍保护工作。

3169

新中国中医古籍整理的历史、成绩与经验[A]/张效霞. --中华中医药学会医史文献分会、庆阳市岐黄文化研究会汇编. 中国庆阳2011岐黄文化暨中华中医药学会医史文献分会学术会论文集[C],2011

本文从1982年以前新中国古籍整理的历史与背景、《1982 - 1990年中医古籍整理出版规划》的制定与落实、1992年以后中医古籍整理出版重点书目纳入国家古籍整理出版规划、新中国中医古籍整理的四个历史时期及其成绩等方面对新中国中医古籍整理的历史、成绩与经验进行整理。

3170

信息技术与儒学文献研究——兼谈四川大学"网络儒藏"编纂始末及意义[J]/李冬梅. --儒藏论坛,2013,00:349 - 358

本文以四川大学所编"网络儒藏"为例,在详细介绍"网络儒藏"编纂始末及体例内容的基础上,探讨信息技术在儒学文献研究中的应用,从而了解对古籍整理产生的价值和意义。

3171

信息技术在古籍数字化实践中的应用[J]/
刘聪明,姜爱蓉,郑小惠.--兰台世界,2011,
10:17 – 18

本文从扫描技术、OCR 技术和存储技术
三方面探讨了信息技术在古籍数字化实践中
的应用,并以清华大学图书馆古籍数字化实
践为基础,分析并提出一些古籍数字化实践
中的应对策略。

3172

信息时代高校图书馆古籍资源整合与建设
[J]/张敏.--大学图书情报学刊,2012,02:
29 – 31

本文通过对古籍和古籍资源概念的界
定,调查高校图书馆古籍资源现状,提出如何
整合原版、影印版、电子版三种载体形态古籍
资源的原则,从原文传递、读者调研、团队建
设等方面提出了加强高校图书馆古籍资源建
设的途径。

3173

《型世言评注》注释补正[J]/赵红梅,程志
兵.--汉语史学报,2013,00:339 – 347

《型世言评注》是一部高品质的古籍整理
著作,但是书中的注释还存在着一些可商可
补的地方。本文试举数例,进行分析。

3174

《兴赣塘石大部谢氏重修族谱》修复纪要
[J]/金琪.--兰台世界,2013,35:156 – 157

本文通过如实记录《兴赣塘石大部谢氏
重修族谱》的修复过程,探讨了怎样依据破损
情况采用具有针对性的修复方法,提出修复
纸张的积累与贮存对修复非常重要,希望通
过本文的详细记录,促进修复技艺的提高。

3175

修裱技术行业的传承与发展[A]/刘小
敏.--中国档案学会编.档案与文化建设:2012
年全国档案工作者年会论文集(上)[C],北
京:中国文史出版社,2012

本文论述修裱技术行业的起源、修裱技
术人员及行业的变迁发展、修裱技术行业今
后的传承与发展。

3176

修复古籍有学问[J]/毛亚楠;张哲(图).--
方圆法治,2013,14:40 – 43

学习古籍修复,学的不仅是技术,更是一
种凝神静气的心境。在古籍修复师对修书一
招一式的考究中,可以看出这门技艺近乎苛
刻的要求。本文从对古籍修复师朱振彬从事
修复工作的叙述,介绍了古籍修复的相关
知识。

3177

修复彝文古籍基本方法回顾[J]/杨楠郡.--
云南档案,2013,04:35 – 37

本文以一本彝文古籍为例,根据《古籍特
藏破损定级标准》对其破损情况进行分析、定
级,同时根据《古籍修复技术规范与要求》提
出了修复步骤、修复方法,并具体介绍了修复
过程。

3178

《修事指南》释义[M]/周德生,喻嵘总主
编.--太原:山西科学技术出版社,2014

《修事指南》将《本草纲目》的内容聚集于
一本,因此,其炮制方法为《本草纲目》及以前
历代炮制方法(上至最早的《神农本草经》与
《雷公炮炙论》)等内容的归纳、总结与李时珍
本人心得体会。该书广泛吸取了各家本草著
作中有关炮制的文献资料,是非常切于实用
的炮炙专书。

3179

徐复先生对中国训诂学的贡献[J]/王华
宝.--古籍研究,2015,01:308 – 314

本文从研究大量训诂实践,丰富训诂学
的应用范围;重视俗语言研究等,拓展训诂学
研究领域;注意研究方法,重视理论总结,提
高训诂学的理论水平;弘扬学术文化精神,端
正学术发展方向等方面,论述了徐复先生对
训诂学的复生与发展、学科建设等所作出的
巨大贡献。

3180

徐俊谈点校本二十四史的修订[N]/黄晓
峰.--东方早报,2013 – 08 – 04A02

新中国古籍整理项目中,规模最大也最

受人们关注的,就是点校本二十四史。随着古籍整理事业的发展、学术研究尤其是断代史研究的深入,点校本二十四史的问题也逐渐显现。2006 年起,中华书局开始着手规划点校本二十四史的修订工作,并出版《史记》修订本。

3181

徐乃昌及其目录学成就述评[J]/王军. --黑龙江史志,2013,15:138

徐乃昌是近代以来安徽著名的藏书家,他的积学斋藏书之丰富,曾著称一时,先后收藏了大量的释道书籍、人文社科书籍、应用技术类书籍、宋元明清刻本和金石拓片目录等,对近代中国藏书事业作出了非常大的贡献。徐乃昌在目录学方面的成就也非常突出,主要集中体现在其目录学著作《积学斋书目》《积学斋藏书记》《积学斋善本书目》等中,他编撰的目录学著作为后人了解掌握书目所列之书原貌、追寻古籍下落提供了有益的线索。

3182

徐州市图书馆发现宋本《四书章句集注》[J]/李致忠. --古籍整理出版情况简报(总488 期),2011,10:9 – 17

本文从徐州市馆的古籍来源、宋本《四书章句集注》的发现、朱熹为《四书》作章句集注的缘起、徐州市馆《四书章句集注》的版本四个方面,叙述品评了徐州市图书馆藏宋本《四书章句集注》。

3183

徐州市图书馆珍贵古籍图录[M]/徐州市图书馆编. --北京:国家图书馆出版社,2014

本书是徐州市图书馆历史文献部所藏较有特色的古籍图录,其收录范围为三部分:入选《中国古籍善本书目》者 58 种,入选《国家珍贵古籍名录》者 25 种,入选《江苏省珍贵古籍名录》者 155 种。所收古籍按照国家古籍保护中心规定的六部分类法进行分类。

3184

许瀚《读四库全书提要志疑》平议[J]/司马朝军,王献松. --长江学术,2014,04:95 – 102

许瀚《读四库全书提要志疑》一文对 18 条四库提要提出了质疑。通过逐条考辨,发现其中 9 条可以成立,3 条得失参半,4 条可备一家之说,仅 2 条有误。

3185

许维遹《吕氏春秋集释》的贡献发微[J]/王启才,李树侠. --阜阳师范学院学报(社会科学版),2015,02:142 – 146

许维遹《吕氏春秋集释》一书,1933 年被列入国立清华大学整理的古籍丛刊之一印行,为现代《吕氏春秋》研究奠定了一个新的高度和基础,是一部精品之作。

3186

《续名医类案》与《四库全书》[J]/杨东方. --北京中医药大学学报,2012,01:12 – 14

清代魏之琇的《续名医类案》是久负盛名的医案巨著。但此书得以流传却有一段特殊的机缘,那就是清廷《四库全书》的编纂。两者如何发生联系及互相产生哪些影响,学术界一直没有讨论,故笔者不揣荒陋,加以陈述。

3187

《续唐书经籍志》著录小说资料集解[D]/张娟. --华中师范大学,2014

本文以陈鳣《续唐书经籍志》中所著录的皇甫枚《三水小牍》等 19 部五代小说为研究对象,全面系统搜集和整理有关作家的生平事迹、作品的成书过程、历代官私书目文献中的相关著录、版本考订、序跋评论等资料。

3188

《续修四库全书·白虎通疏证》订误——王先谦《皇清经解续编》本优于淮南书局本[J]/邵红艳. --图书馆杂志,2014,05:98 – 102

本文通过对比,提出王先谦《皇清经解续编》本优于淮南书局本的结论。

3189

《续修四库全书》辑佚之《清溪乐府》两卷及作者顾光旭[J]/王慧. --沈阳工程学院学报(社会科学版),2012,01:74 – 76

文章介绍《清溪乐府》作者顾光旭的生平、其文学文化成就和研究现状。

3190

《续修四库全书·经部·春秋类·左传之属》提要［D］/潘华颖.--曲阜师范大学,2012

作为迄今为止我国最大型丛书《四库全书》的续编,《续修四库全书》收集了大量四库馆臣所未见的宋元刻本、名家稿本,特别是众多清乾隆中期至辛亥革命前的重要学术成果,既有匡谬补缺之效,又有继往开来之功。

3191

《续修四库全书·经部·论语》提要［D］/耿佳.--曲阜师范大学,2012

本人摭取《续修四库全书》中论语类二十四部著作,为其撰写提要。

3192

《续修四库全书·经部·孟子》提要［D］/汤佰会.--曲阜师范大学,2011

本文选取《续修四库全书》中的与孟子相关十一本书籍为研究对象,对其撰写提要。

3193

《续修四库全书》清人唐人别集注提要四种［J］/赵荣蔚.--图书馆工作与研究,2011,02:81－85

本文择取《续修四库全书》中清人唐人别集注四种,从著者生平、学术评价、结集过程、体例编次、内容要旨及版本流传等几个方面进行了评述。

3194

续修四库全书史部提要样稿［J］/刘韶军,李勤合,李沈阳,李晓明,何广.--中国文化研究,2013,02:1－8

《续修四库全书提要》是中国学术史上规模最大的目录提要类著作,其编纂和出版是当代古典文化学术研究领域的重要事件,本文为刘韶军教授撰写的史部提要前言及样稿。

3195

《续修四库全书》唐人别集提要四种［J］/赵荣蔚.--图书馆理论与实践,2011,01:46－50

作者择取《续修四库全书》中所收唐人别集四种,从著者生平、学术评价、结集过程、体例编次、内容要旨及版本流传等几个方面进行了评述。

3196

《续修四库全书提要》总序［J］/傅璇琮.--清华大学学报(哲学社会科学版),2015,03:5－6

本文是《续修四库全书提要》的总序,介绍了《续修四库全书提要》的编纂背景、具体内容和编纂特点。

3197

《续修四库全书提要》经部前言［J］/单承彬.--清华大学学报(哲学社会科学版),2015,03:7－8

本文介绍《续修四库全书》的收录范围、收录著述的不同之处,以及《续修四库全书提要》的编纂困难。

3198

《续修四库全书提要》史部前言［J］/刘韶军.--清华大学学报(哲学社会科学版),2015,03:8－10

文章首先介绍《续修四库全书提要》史部收录书籍的状况,然后详细介绍了史部提要的五大特色,包括重视各书的版本情况与价值,注意理清史书的学术源流或数据源,说明各书的学术特点与史料价值,充分参考已有的相关成果,注重具体例证。

3199

《续修四库全书提要》子部前言［J］/刘石.--清华大学学报(哲学社会科学版),2015,03:10－13

文章介绍《续修四库全书》的分类,考察作者时代,并详细介绍了子部编者的情况,以及子部提要的大致内容。

3200

《续修四库全书提要》集部前言［J］/谢思炜.--清华大学学报(哲学社会科学版),2015,03:13－14

文章首先介绍《续修四库全书》集部的编纂经过和类目设置,然后论述了编写集部提要的必要性,最后介绍了集部提要编写人员的情况。

3201

《续修四库全书提要》总序及样稿［J］/傅璇

琮,单承彬,张诒三,李桂生,刘蔷,刘韶军,李勤合,马亚中,杨年丰,刘世德. --古籍整理研究学刊,2014,02:1－6

文章包括两大部分,第一部分是傅璇琮为《续修四库全书提要》撰写的总序,简要介绍该丛书的编写背景、内容范围和学术价值;第二部分是单承彬等人整理的各部样稿。

3202

续修四库全书杂家类提要[M]/司马朝军著. --北京:商务印书馆,2013

本书收录司马朝军所收杂家类350余种著作所撰写的提要,对每种著作的著作者、内容提要、主要观点、学术价值、版本源流等加以记叙,间有考订,充分吸收古今研究成果,穷搜博采,提要钩玄。作为一部提要工具书,是对杂家类文献的一次全面系统的清理,力争做到"辨章学术,考镜源流",对于古籍研究、版本目录学研究具有较高的学术价值和意义。

3203

《续修四库全书总目提要》辨误十一则[J]/张金平. --山东图书馆学刊,2014,04:111－113

《续修四库全书总目提要》是继《四库全书总目提要》之后的又一大型古籍提要目录。但是由于该书系稿本,未经整理,且书成众手,所撰提要不免时有讹误,笔者将在利用该书时所见错误十一则,举出辨正,以资学界参考。

3204

《续修四库全书总目提要》辨证九则[J]/任利荣. --衡水学院学报,2013,05:77－79

笔者在参加国家清史项目《清人著述总目》的过程中,经常借助《续修四库全书总目提要》解决疑难问题,同时也发现其中存在的错误,本文针对失误之处进行辨证。

3205

《续修四库全书总目提要》订误[J]/姚金笛. --图书馆杂志,2012,02:89－92

《续修四库全书总目提要》是继《四库全书总目》之后又一部重要的大型古籍提要目录,为治相关学问者不可或缺的重要工具书。

本文就笔者所见,对该书的疏漏之处略作考证。

3206

《续修四库全书总目提要·集部》唐五代部分整理研究[D]/杨鹏程. --鲁东大学,2013

《续修四库全害总目提要》是现存规模最大的古代文献解题目录。《续提要·集部》唐五代部分收书范围较广,包括新发现的敦煌文献,流传较少的抄本和刻本,因学衍偏见和政治因素而未被收录的作品,乡邦文献整理的最新成果及《四库全害》之后新的研究成果。

3207

《续修四库全书总目提要》袭用地方艺文志考[J]/张学谦. --图书馆理论与实践,2013,09:63－65＋76

《续修四库全书总目提要》并非如当今学界所认为的皆据原书撰写,而是存在大量抄撮、袭用各省地方艺文志的情况,极易对利用者产生误导。揭示这一点,有利于《续修四库全书总目提要》编纂史的研究。

3208

《续修四库全书总目提要》小学类满文图书提要探析[J]/徐莉. --满语研究,2011,01:104－117

《续修四库全书总目提要》是20世纪20－40年代编写的大型古籍提要目录。其中有满蒙文提要数百篇。其中的经部小学类满文图书提要共123篇,所述及满文图书版本众多、内容翔实,为研究清代中后期此类满文古籍的状况及满语文发展史提供了大量信息。

3209

《续修四库全书总目提要》著录曲阜作家著述订补[J]/姚金笛. --河北理工大学学报(社会科学版),2011,06:67－68＋80

作者在参加国家清史项目《清史著述总目》编撰工作中,发现《续修四库全书总目提要》的疏漏,就其所著录曲阜作家著述列举几例,略作考证。

3210

宣纸古籍复制技术进展[J]/霍俐霞,罗世

永,许文才. --包装工程,2011,21:115 – 118

宣纸古籍的复制是对中华民族传统文化的弘扬,从宣纸古籍的仿真复制出发,介绍了宣纸与中国古书画的渊源;系统分析比较了数码喷墨、木版水印、珂罗版复制、丝网印刷等当前宣纸古籍复制主流技术;并综述了宣纸古籍复制做旧方法,讨论了国内外古籍复制的研究现状以及存在的问题。

3211

玄览品古记[J]/卢锦堂. --(在台湾地区发表),2013,02:24 – 26

本文为作者在台湾台湾汉学研究中心古籍部特藏组工作20年的心得体会。

3212

《玄览堂丛书》的传播与影响[J]/徐忆农. --(在台湾地区发表),2015,02:53 – 73

本文概述了《玄览堂丛书》首版之印制过程、发行路径,以及再版选印、收藏机构与数字化之状况,同时对《丛书》问世后,专家学者撰写书评提要、专题论著,以及校辑征引、标点注译等相关学术成果进行梳理总结。

3213

《玄英先生诗集》版本源流考述[J]/曹丽芳. --盐城师范学院学报(人文社会科学版),2012,05:59 – 63

晚唐诗人方干的诗集《玄英先生集》初编时为10卷,成书于其去世不久,录诗370余首。宋以后有多种刻本、抄本,但其诗至宋代渐有散佚与误收,经宋、明、清几代学者的考订、辑补,现存最为完整的版本为清御定《全唐诗》本。

3214

薛道衡《典言》唐写本残卷的来源、体例和学术价值[J]/胡秋妍. --文献,2013,06:155 – 162

20世纪吐鲁番阿斯塔那墓出土的《典言》写本残卷,是薛道衡所撰的重要类书,被列入第三批《国家珍贵古籍名录》。目前仅有王素先生《关于隋薛道衡所撰〈典言〉残卷的几个问题》。

3215

薛正兴文存[M]/薛正兴著. --南京:凤凰出版社,2011

薛正兴在语言研究、辞书编纂、古籍整理研究等领域享有很高的声誉。《薛正兴文存》中,如以古籍整理而言,足以代表他水平的著作,自然要推《范仲淹全集》。特别是那长达24页的《前言》,更将范仲淹的一生及其贡献作了全面而简要的表达,足供宋代文史研究者参考。

3216

学海观澜——院藏"古籍与密档"常设展古籍展件选介[J]/许媛婷. --故宫文物月刊(在台湾地区发表),2012,349:74 – 85

(阙如)。

3217

学鉴(第4辑)[M]/丁四新主编. --武汉:武汉大学出版社,2011

这本《学鉴(第4辑)》由丁四新主编,全书共分经史抉微、典籍辨伪、古典新义、中西论衡、玄圃评鉴五个栏目,收入了《关于古书疑难词句解读的几个问题》《中国传统文化中的生态智慧》《中西医学的科学原理(概要)》《先秦道家起源与老庄异同论——兼评张舜徽〈周秦道论发微〉》等文章。

3218

学鉴(第5辑)[M]/司马朝军主编. --武汉:武汉大学出版社,2012

司马朝军主编的《学鉴(第5辑)》共分古典新论、经史抉微、诸子新证、四库专论、典籍辨伪、文化创新六个栏目,收录文章九篇,除《生命心理学导论(修订版)》外,均为研究中国传统文化之专论,或宏观阐发元典之精义,或微观辨析古著之真伪,言之有据,成一家之言。

3219

学鉴(第6辑)[M]/杨逢彬主编. --武汉:武汉大学出版社,2013

杨逢彬主编的《学鉴(第6辑)》共分古典新论、经史抉微、诸子学衡、四库专论、典籍辨伪、文化创新、人文新论七个栏目,收录文章11篇,除《健康的研究——未来医学导论》外,均为研究中国传统文化之专论,或宏观阐发元典之精义,或微观辨析古著之真伪,言之有据,成一家之言。

3220

学鉴(第7辑)[M]/师领主编. --武汉:武汉大学出版社,2014

本书是中国传统文化专论丛书,为第七辑,作者从经史抉微、四库专论及典籍辨伪、禅与健康等方面,对《坚白论》《易传》《草莽私乘》《四库全书》等古籍内容进行了考证,提出了自己新的观点,并对一些内容进行了辨伪,对了解我国古代文化及典籍具有重要参考价值。

3221

学习祁宝玉教授对古籍继承与发扬经验的感受[A]/闫晓玲,周剑,祁宝玉. --世界中医药学会联合会、中华中医药学会. 世界中医药学会联合会第二届眼科年会中华中医药学会第十次中医中西医结合眼科学术大会论文汇编[C],2011

祁宝玉教授擅长治疗诸多疑难眼病,并取得了良好的疗效。本文总结了祁老对中医古籍继承与发扬的学术经验,一是由博转约,二是提炼引申。

3222

学院图书馆古籍普查实践探索[J]/吴世萍,曹凯. --泸州职业技术学院学报,2011,01:27 – 28

本文通过对图书馆古籍普查的前期工作、人员培训、古籍的定级等方面的实践探索,提出科学建议和措施,促进学院图书馆建设向更高层次发展。

3223

学者徐森玉古籍整理事略[J]/王蔼. --上海文博论丛,2011,04:44 – 47

本文以大型古籍整理、国家图书馆存森老校勘之书、与学者交往为例,叙述了图书馆、博物馆界前辈贤达徐森玉在古籍整理事业上的故事。

3224

学中医药典籍必当"善入善出"[J]/余瀛鳌. --中医药文化,2014,03:55 – 58

本文从不容忽视的一词多义、须注意字词的古籍本义、用发展的眼光诠释病名举隅、有关临床医著的书名涵义、学习中医古籍处方名须知等几个方面,阐述了学习中医药典籍应当"善入善出"的治学方法。

3225

训诂探索与应用[M]/周志锋著. --杭州:浙江大学出版社,2014

全书分上、下两编,上编以汉语史分期为纲,包括上古、中古汉语词语训诂、近代汉语词语训诂、现代汉语词语训诂及训诂研究相关问题四章;下编以训诂学功用为纲,包括训诂与语文教学、训诂与古籍整理、训诂与辞书编纂及训诂与方言研究四章。

3226

训诂学教程[M]/尹戴忠编著. --徐州:中国矿业大学出版社,2012

本书全面系统地阐述了训诂学的基本理论和方法,共分八章。

3227

训诂学在中医古籍整理研究中的运用[J]/付艾妮. --中医学报,2013,11:1770 – 1771

本文研究训诂学在中医古籍整理中的运用,从医籍词义的诠释对本草学著作名物的训诂以及校勘与训诂结合等方面入手阐述。指出训诂学与中医古籍整理密切相关,研究整理中医古代医籍,训诂学是一门不可缺少的基础学科。

Y

3228

《咽喉脉证通论》的成书、版本及学术特色研究[J]/郭强.--中国中医基础医学杂志, 2013,04:364 – 366

《咽喉脉证通论》世传为宋代异僧所作, 本文通过对书中病名、喉证分类的分析, 认为该书成书年代在清乾隆中期至嘉庆十二年 (1807)之间。通过对该书不同版本序跋的比较, 考辨出该书几个版本的关联性。

3229

《咽喉秘集》版本源流考[J]/张建伟, 王苹.--南京中医药大学学报(社会科学版), 2014,01:39 – 41

《咽喉秘集》是具有较高文献与学术研究价值的清代喉科著作, 但作者及成书年代难以考据。其书流传较广, 版本众多, 从同治、光绪、宣统到民国各个时期, 屡经翻刻, 甚至流传至中国香港、日本等地。经版本寓目与文献研究后, 将其传本系统及源流作一叙述。

3230

严遨、严谷声父子在藏书和文献整理方面的贡献[J]/袁红梅.--大学图书馆学报,2014, 06:120 – 127

本文介绍严遨、严谷声父子在藏书和文献整理方面的贡献:对古籍文献进行搜访、校勘、补正、辑佚、注释, 创造有效的保护管理方法;以学术传衍为使命, 利用藏书刊刻古籍文献;慷慨无私, 将私藏古籍文献捐奉国有。

3231

研究《伤寒论》的平行阅读法[A]/黎崇裕.--中华中医药学会、中医之家.国际(中日韩)经方学术会议第二届全国经方论坛暨经方应用高级研修班论文集[C],2011

《伤寒论》为汉时所著, 因年移代隔, 其文字含义已经是有很多变化, 故用平行阅读法来研究《伤寒论》就显得尤为重要。本文介绍《金匮玉函经》、桂林古本《伤寒论》等平行对比参考文献。

3232

研究宋代经书注疏刊刻的力作——读张丽娟女士《宋代经书注疏刊刻研究》[J]/张阳.--"中华"科技史学会学刊(在台湾地区发表),2013,18:117 – 119

《宋代经书注疏刊刻研究》通过对宋刻经书注疏传本的全面考察, 结合文献记载与书目著录, 力图厘清今存宋刻经书版本的类型、源流, 各版本刊刻时地、体例演变, 从而呈现出宋代经书注疏刊刻的全貌。

3233

研究彝文古籍发扬彝族文化[J]/梁丽娟.--神州,2013,06:19

彝文古籍是集民族学、民俗学、原始宗教学、历史学、文学、地理学、地名学、哲学、伦理学、修辞艺术等于一身的多学科书籍。对彝文古籍的价值进行研究, 可以进一步发扬彝族文化, 同时激发彝族人民的爱国主义精神, 振兴中华文化。

3234

《颜延之集》版本源流考论[J]/杨晓斌.--古籍整理研究学刊,2012,01:104 – 112

传本《颜延之集》有四个系统:黄辑汪校本系统、《七十二家集》本系统、《名家集初刻》本系统和《颜氏传书》本系统。对版本源流的梳理考察, 有益于新辑整理校注本工作的展开, 也有益于对《颜延之集》中作品的进一步研究。

3235

眼科名著《目经大成》版本调查及整理概况[J]/汪剑, 和中浚.--中华中医药学刊,2013, 02:249 – 251

本文在对清代眼科名著《目经大成》现存版本情况进行实地调研的基础上,对该书版本系统提出看法。并指出了现代《目经大成》整理本存在的底本校本选择不当,对疑难字词、典故、章句注释较少,存在错字及校点不当等问题。认为有必要进一步整理研究后出版通行本。

3236

赝制还应重订正——说乾隆朝天禄琳琅撤出书[J]/曾纪刚. --故宫文物月刊(在台湾地区发表),2013,368:56 – 67

(阙如)。

3237

扬州大学图书馆藏珍本古籍题跋辑录[J]/姚海英. --文献,2014,05:50 – 57

扬州大学图书馆藏善本古籍三百余种,入选《国家珍贵古籍名录》者九种。本文对尚未公布且文字内容较完整的六种题跋予以整理并作考证。

3238

扬州地区古籍普查工作的现状分析[J]/徐时云. --河南图书馆学刊,2014,03:89 – 91

本文通过对扬州地区古籍收藏单位普查工作的实施现状进行调查分析,提出当前古籍普查中面临的问题及解决方案。

3239

扬州雕版印刷技艺调查与研究[D]/赵子君. --南京师范大学,2012

本文对扬州雕版印刷技艺的历史与现状进行了个案研究。以扬州雕版印刷技艺的历史发展为基础,通过对当代扬州雕版印刷技艺现状的调查,以期能够完成对于扬州的这项传统手工技艺研究的主要资料的积累,并对传统手工艺的发展问题完成初步研究。

3240

杨钟羲日本访书考[J]/周建华,韩丽霞. --文教资料,2013,10:15 – 16 + 26

应日本学者狩野直喜之邀,杨钟羲于1933年赴日本访书。本文详细介绍访书的背景、经过和访书的成果,以及访书对古籍的保存和传播起到的重要作用,突出访书在中日文献、文学和文化交流史上作出的重大贡献。

3241

杨子才先生对古今旧体诗词曲的整理与研究——兼论古籍整理人才的培养[J]/张家璠. --历史文献研究,2014,02:323 – 332

杨子才先生是我国著名新闻工作者,发表过大量新闻作品;同时,他又是我国著名的杂文家,其作品笔锋犀利,说理深刻。

3242

疡医大全比对与新用[M]/(清)顾世澄原著. --贵阳:贵州科技出版社,2014

原著为清代顾世澄著。共40卷,内容包括《内经》纂要、脉诊、内景图说,以及全身各种外证,并标有出处,是一部资料非常丰富的外证全书。本书在原著基础上,增加了现代临床医学的比对与新用,可用于解读古籍,亦可用于指导临床治疗。

3243

《姚燧集》平议[J]/盖云柏. --古籍整理出版情况简报(总483期),2011,05:14 – 25

本文从人民文学出版社《姚燧集》(2011年版)入手,介绍了作者姚燧身世、其诗文在文学史上地位,及其诗文集的版本流传情况;从五方面对《姚燧集》整理工作的学术贡献和特色加以评述;提出了该版本整理过程中的一些疏漏之处。

3244

《姚燧集》整理本评议[J]/魏亦乐. --国文天地(在台湾地区发表),2015,09:93 – 98

(阙如)。

3245

《药鉴》文献与学术价值研究[D]/苏文文. --南京中医药大学,2013

本文通过文献学研究方法,对临床实用性本草学专著《药鉴》进行多层次全方位的整理分析。

3246

《药镜》暨《医药镜》初刻版本考——基于对《药镜》序、跋、凡例的解读[J]/丁兆平,王振国,姜锡斌. --山东中医药大学学报,2013,06:503 – 505

文章通过版本考证厘清了蒋仪《药镜》为清刻本,而非此前工具书中所著录《药镜》存在明刻本的情况。

3247

《药性主治·分类主治》的版本考订与学术特色[J]/程茜.--中医文献杂志,2013,06:27-29

本文首次对清代医家屠道和撰写的《药性主治·分类主治》进行系统地文献研究,研究内容包括版本考订、学术特色、本书与《本草汇纂》的关系共3部分。通过本研究,以期能丰富中药学知识,为开展中药现代实验和临床研究提供重要依据。

3248

要把金针度与人——浅析两种版本学著作[J]/尹洁.--大众文艺,2011,06:81-82

《古书版本学概论》和《中国古籍版本学》系统整理并总结了版本学研究成果,代表了当代版本学的整体水平,在版本学理论体系的建立和实践经验的传递中发挥了重要作用。二书体系完整、论述严密、史料丰富、实用性强,堪当后学入门津梁。

3249

耶鲁大学东亚图书馆藏原版旧方志综述[A]/李唐,刘丹,周勇进.--中国地方志指导小组办公室、中国地方志协会、宁波市人民政府地方志办公室编.首届中国地方志学术年会方志文献国际学术研讨会论文集[C],北京:中华书局,2012

本文以耶鲁大学东亚图书馆收藏的1949年以前编纂和出版的原版地方志为研究对象,重点阐述耶鲁大学东亚图书馆藏原版旧方志的版本、涵盖地区、珍稀程度以及多样性等特点。

3250

也说弘征[J]/刘杲.--中国编辑,2015,04:104

弘征在编辑出版、古籍整理、文史研究、旧体诗词、新诗、散文、书法、篆刻等等方面,有着卓越的贡献。《弘征:人与书》这本文集的七十多位作者,包括众多当代名家,对弘征的赞许和推重,为我们工笔描绘了弘征的生动形象。

3251

也谈古籍文献的保护与利用[J]/孙丽媛.--图书馆学刊,2014,12:40-42

本文结合辽宁省古籍文献保护的现状,从强化古籍保护的宣传、树立保护与利用并重的意识、采用多元化的现代服务方式、组建古籍特色文献数据库多个方面提出古籍文献开发利用举措。

3252

也谈清董正国《南墩诗稿》版本等问题[J]/陈先行.--图书馆杂志,2012,11:86-88

笔者针对傅璇琮先生所言上图所藏稿本《南墩诗稿》流失之事,以及傅先生对于上图版本考订、古籍编目事宜之批评进行撰文阐释,以告读者。

3253

也谈"四库全书"[J]/李力.--书屋,2013,07:74

本文通过介绍《四库全书》编纂过程中焚毁、删削、篡改、错讹书籍等行为,探究编修《四库全书》的真实意图是寓禁于编,加强思想文化专制。

3254

叶昌炽《缘督庐日记》的文献学价值[J]/杨德志.--图书馆理论与实践,2013,07:48-51

叶昌炽是清末民初的著名学者,其《缘督庐日记》具有重要的学术价值。文章主要从目录学、版本学和金石学等三个方面对《缘督庐日记》的文献学价值进行了探讨,以明确其在中国古籍文献学史上的重要地位。

3255

叶德辉生平及学术成就述论[J]/孙雪峰.--学理论,2015,14:105-106

作为我国近代杰出的藏书家、目录学家、版本学家、校雠学家、出版学家,叶德辉在多方面取得的成就是不可忽视的,他的学术成果直到今天仍能直接为相关学术研究工作提供很多便利。另一方面作为"劣绅"而言,他的为人、言行多为人所诟病。

3256

叶盛与《菉竹堂书目》探究［J］/文伟. --科技情报开发与经济,2011,32:64－66

介绍了叶盛"藏书致用"的一生,详细阐述了叶盛所著《菉竹堂书目》的体例、内容和特点。

3257

叶适文集版本源流考［J］/李建军. --图书馆理论与实践,2011,04:57－62

叶适作为南宋的著名学者和散文大家,其文集在其去世不久也已编次刊行。然宋代以后曾经散佚。本文试图梳理宋代之后该文集的重新补救的过程。

3258

一部查考江苏地方文献的实用工具书——古籍整理出版专项经费资助项目《江苏地方文献书目》出版［J］/徐大军. --古籍整理出版情况简报(总522期),2014,08:24－29

本文介绍了《江苏地方文献书目》,从五个方面论述了该书目的特点。

3259

一部点校水平颇令人失望的古籍——简评《廖燕全集》［J］/刘巍. --山东社会科学,2013,01:88－92

本文评析了上海古籍出版社《廖燕全集》存在的书名称呼不规范、点校等问题。

3260

一部高质量的杜诗学文献整理著作——《翁方纲〈翁批杜诗〉稿本校释》评介［J］/柳湘瑜. --杜甫研究学刊,2015,01:72－75

台湾师范大学国文系教授赖贵三整理的《翁方纲〈翁批杜诗〉稿本校释》(里仁书局2011年版)弥补了学术空白。本文从校勘、注释、研究、资料四个方面对该书的内容、结构、特点及价值作出评介阐述,指出《翁批杜诗》原稿在杜诗学、版本学上具有重要价值,学界不易得见。

3261

一部结合古籍与秘档的佳作——雍正《朱批谕旨》论析［J］/陈冠至. --辅仁历史学报(在台湾地区发表),2014,32:89－121

本文以雍正《朱批谕旨》奏折为例,概述清朝文书档案制度。

3262

一部随钢铁从汉阳到重庆的珍贵古籍——记重钢档案馆馆藏《四部丛刊》［J］/袁佳红,曾妍. --红岩春秋,2014,04:39－41

在重庆钢铁集团公司档案馆里,保存有一部特殊的古籍——《四部丛刊》。"四部",是旧时代对图书的分类法,即经、史、子、集四部。《四部丛刊》出版了初编、续编、三编,我国古代主要经史著作、诸子百家代表作、历朝著名学者文人的别集等大都辑入。

3263

一部资料丰富校注精良的《清平山堂话本》——曾昭聪、王玉红《清平山堂话本校注》读后［J］/程志兵. --伊犁师范学院学报(社会科学版),2012,02:100－102

曾昭聪、王玉红的《清平山堂话本校注》一书,整理全面,内容丰富,特别是对书中字词的校注有不少的创见,是一部高质量的古籍整理著作。

3264

《一切经音义》文字研究［D］/王华权. --上海师范大学,2012

本文在《一切经音义》诸刻本校勘、整理基础上,从汉语言文字学和文献学相结合的角度对《一切经音义》文字进行专题研究。

3265

《伊米德史》中部分术语研究——基于《伊米德史》抄本第260－395页［D］/吾斯曼·库尔班. --中央民族大学,2011

本文主要对《伊米德史》中的部分术语进行探讨分析。叙述作者毛拉穆萨·塞拉米的生平与他的写书过程和目的,分析该书术语来源与结构特征,对术语的构成和语音的变化进行分析。

3266

《医方丛话》整理工作中的几个问题［A］/马传江,翟文敏. --中华中医药学会. 中华中医药学会第十六次医史文献分会学术年会暨新安医学论坛论文汇编［C］,2014

本文以《医方丛话》整理工作个案中的具体问题为出发点，讨论了古籍整理中三个具有普遍性的问题。

3267

《医方一盘珠全集》版本源流考［J］/高晶晶. --浙江中医杂志，2014，07：503 – 504

《医方一盘珠全集》为清代医家洪金鼎著。该书现存版本较多，本次调研考证，将所得35种版本按形制内容特点进行梳理，以类相聚，为本书的进一步校注、整理奠定了版本基础。

3268

《医贯》象数思维应用例析［J］/苏新民，蒲蔚荣，马芝艳. --湖南中医杂志，2015，06：137 + 141

象数思维，是指运用带有直观、形象、感性的图像、符号、数字等象数工具来揭示认知世界的本质规律，通过类比、象征等手段把握认知世界的联系，从而构建宇宙统一模式的思维方式。这种思维方式对中医理论的形成有深刻影响，因此在中医古籍中常常可以见到其应用实例。《医贯》一书也不例外。《医贯》是明代温补学派的代表著作之一，其作者为明代医家赵献可。

3269

医籍整理"群体事件"现象、由来及避免其再次酿发的对策思考［J］/李戎，刘涛. --中医文献杂志，2014，06：52 – 55

本文剖析、反思历史上第三次由中央政府组织的医籍大整理中出现的大面积科学性或知识性错误"群体事件"与"学术灾难"，对目前正紧锣密鼓地开展的"国家中医药古籍保护与利用能力建设项目"避免重蹈覆辙提出应对策略。

3270

《医垒元戎》版本流传考略［A］/竹剑平. --中华中医药学会医史文献分会、庆阳市岐黄文化研究会汇编. 中国庆阳2011 岐黄文化暨中华中医药学会医史文献分会学术会论文集［C］，2011

本文对《医垒元戎》十二卷本和一卷本两类版本具体情况进行介绍并加以分析。

3271

《医林绳墨》版本源流考［J］/林士毅，周坚，刘时觉. --浙江中医药大学学报，2012，06：628 – 629 + 645

《医林绳墨》为明代方谷与其子方隅共同编辑而成的一部综合性医著，成书并初刊于明万历十二年（1584）。

3272

《医林一致》校勘记［J］/田艳霞. --兰台世界，2011，25：2 – 3

《医林一致》是清代骆登高辑著的一本综合性医书，目前全国留存只有六本，书中残缺、错讹、脱漏、衍倒的错误有多处。为便于读者更好地使用该书，本文对此书详加校勘，以期在更大程度上恢复该书的原貌。

3273

《医林正印》整理研究［D］/武亮周. --北京中医药大学，2014

本书以《黄帝内经》为本，博采汉晋以降诸家之说，加上作者自己的临证识见，编写而成。

3274

医书校勘浅识［A］/王旭东. --中华中医药学会. 中华中医药学会第十六次医史文献分会学术年会暨新安医学论坛论文汇编［C］，2014

笔者从"勇改"古籍错误，辨别内容真伪，校勘的训诂功能，中医古籍的系统性、理论性的科学研究四个方面，畅谈了对医书校勘的认识和体会。

3275

《医心方》所引《集验方》的整理研究［D］/尤淼. --北京中医药大学，2012

本文主要通过《周书》中姚僧垣的传记来了解北周名医姚僧垣的一生经历。从目录学入手，大体了解《集验方》的流传及散佚情况，并对《医心方》中所引用的《集验方》条文进行归类整理分析研究，以了解《集验方》原书的内容。

3276

《医学集成》版本研究［J］/吕凌，王雅丽，曹

瑛.--中医文献杂志,2015,01:1-2

《医学集成》为清代医学家刘仕廉的代表作。对其版本研究发现,是书在同治、光绪、民国三个历史时期出现了三次再版高潮,四个主要的版本系统。大生德号刻本的发现补充了《中国中医古籍总目》的内容,充实了本书的版本系统,是本次研究的重大发现。

3277

《医藏书目》的目录学价值[J]/丁伟国.--中华医学图书情报杂志,2014,01:56-59

本文介绍了我国明朝医学家殷仲春所编《医藏书目》的主要内容、特点、成就,论证了其目录学价值,指出了《医藏书目》存在的不足。

3278

《医宗宝镜》版本源流考辨[J]/王涛,朱德明.--浙江中医药大学学报,2013,08:970-973

本文对《医宗宝镜》的版本源流情况进行考证。

3279

《仪礼古今文疏义》引书考[J]/金玲.--浙江社会科学,2011,09:124-130+160

《仪礼古今文疏义》是清代仪礼学研究的重要著作之一。本文在校理全书的基础上,介绍了《仪礼古今文疏义》的成书过程,并分类研究其引用古籍的情况,提出清代学者引用古籍的理念和现代人有差别,清代学术史研究和当代古籍整理工作应考虑到这种学术范式的差异。

3280

彝文古籍《猜考书》的修复技法[A]/施济颖.--国家古籍保护中心、天津市古籍保护中心编.融摄与传习——文献保护及修复研究[C],北京:中华书局,2015

本文主要论述了彝文古籍《猜考书》的修复技法,包括云南彝文古籍及修复条件概述、修复《猜考书》的具体方法等。

3281

彝文古籍档案数据库的构建[J]/杨云燕,杨美玲.--兰台世界:中旬,2014,11:37-38

彝文古籍内容丰富,构建彝文古籍档案数据库既有利于彝族古典文化的传承,又有利于民族文化资源共享及跨学科多维度研究。彝文古籍档案数据库的构建有丰富的物质基础和技术支持,具有必要性和可行性。

3282

彝文古籍及其研究价值[J]/朱文旭.--兰州学刊,2012,05:78-83

彝文古籍是研究彝族历史的可靠来源和宝贵资料,对研究经济、政治、文化、文学、历史、哲学、地理、天文历法、语言文字、医学、民俗、宗教等都很有价值。

3283

彝文古籍开发与利用初探[J]/普家清.--云南图书馆,2014,02:78-80

彝族拥有古老且发展完善的传统文字,还拥有大量载体多样、内容丰富的彝文古籍,这些古籍具有很大的开发与利用价值。

3284

彝文古籍索引编制初探[J]/陈兴才,杨姣.--贵州工程应用技术学院学报,2015,02:28-33

本文指出目前彝文古籍索引编制存在思想认识不足、学科理论知识及方法论准备不足、检索手段落后、检索效率低等问题。要借鉴古今国内外索引编制的先进经验,培养索引编制人才队伍、开发专业"彝文古籍索引编制系统"等,提高彝文古籍整理水平。

3285

彝文古籍文献中的《八卦定八名》解读[J]/罗曲.--文史杂志,2015,05:95-97

本文从彝族先民社会发展的角度,对《八卦定八名》进行了初步解读。彝族文化系统中八卦的出现,是其先民在发展中对方位认识和驱凶求吉的信仰意识相结合的结果。这里的八卦定名,说明彝族八卦所代指的方向以及五行属性,另外作为一种"能指符号"对于人的所指对象。

3286

彝文古籍修复实践案例——以修复云南省图书馆馆藏彝文古籍《猜考书》为例[J]/杨敏仙.--学园,2014,02:194-196

本文以云南省图书馆馆藏彝文古籍《猜考书》的修复实践为例,介绍了修复档案的建立、破损情况的鉴定、修复方案的制订和具体的修复过程。其中修复技法涉及揭、补破损、展平、压平、装订等五个步骤,完整展示了古籍修复的整个流程。

3287

彝文古籍与汉文古籍修复的异同[J]/杨敏仙. --云南图书馆,2014,01:72-74

云南少数民族古籍资源丰富,其中彝文的数量最多。本文就彝文古籍与汉文古籍的相异性,彝文古籍修复与汉文古籍修复的异同,对今后彝文古籍的修复乃至其他少数民族古籍的修复提出建议。

3288

彝文古籍在不同学科领域内的价值体现——以《查姆》为例[J]/唐碧君. --毕节学院学报,2011,03:29-31

彝族创世史诗《查姆》是了解古代彝族生活的重要依据,具有很高的哲学、宗教、史学、文学艺术研究价值,应开展深入研究和重点保护利用。

3289

彝文经籍《指路经》研究[M]/黄建明著. --北京:民族出版社,2012

《指路经》是古代彝族给亡者举行祭祀活动时,吟诵的一种特定的古典经文,其内容是为亡者的灵魂指路并使之返回远古时代祖先居住的地方与祖先团聚。本书对云南、贵州、四川等省区的彝文《指路经》进行了比较研究,对于研究彝族先民迁徙的路线和方式具有重要的文献价值。

3290

彝文历算书《尼亥尼司》研究[D]/王海滨. --中央民族大学,2012

本课题对彝译汉文典籍文献《尼亥尼司》的序言和"律历篇"进行释读研究,并在此基础上对文中专有名词的翻译进行梳理,特别是对音译词汉彝音的变化作简要的分析。

3291

彝文《禳解罪孽经》研究[D]/薛钦文. --中央民族大学,2015

禳解是彝族宗教文化中的大类,在"信巫鬼,重祭祀"的彝族社会,禳解活动极为盛行,这类经书也因此数量颇丰。本文试图从禳解视角来梳理部分彝文宗教经书,从彝族那苏支系祭祖大典宗教仪式中念诵的经书《禳解罪孽经》的翻译整理出发,研究彝族禳解类经书和禳解仪式。

3292

彝文文献《密书匣》整理与研究[D]/黄鑫. --中央民族大学,2015

本文以20世纪80年代于云南省楚雄彝族自治州武定县发现的彝文命理文献《密书匣》为研究对象,以文献学本体研究为框架,分析版本特色,探索文献形成的源流,紧密围绕文献学本体研究的旨趣,探讨文献学研究成果对相关学科的价值。

3293

彝文与彝文古籍抄本概说[J]/钟舒. --东方艺术,2011,20:94-123

彝文文献以其丰富的内容,涉及彝族古代社会的各方面,客观地反映了彝族社会发展的历史。彝族是中华民族大家庭成员中具有悠久历史和丰富传统文化的民族之一,有自己的语言和起源时代久远、独具特性且发展完善的传统文字即彝文。

3294

彝族毕摩历史档案发掘利用研究[D]/许姗姗. --云南大学,2012

文章对彝族毕摩及毕摩历史档案做了理论梳理,说明发掘利用毕摩历史档案的必要性,介绍了彝族毕摩历史档案发掘利用所取得的成果,深入分析了毕摩历史档案发掘利用过程中存在的问题,提出相关建议和举措。

3295

彝族传统教育经典《玛牧特依》研究[D]/马飞. --中央民族大学,2013

本文重点运用文献法、访谈法、问卷法、田野调查法等研究方法,从形式、内容、功能以及教育现状等方面对《玛牧特依》进行了较全面的探讨和研究,最终从保护和传承优秀的民族传统文化的角度,提出了建议和思考。

3296

彝族翻译文学中的《赛特阿育》[J]/罗曲. --文史杂志,2013,02:31－33

由王继超、张和平翻译整理自彝文古籍文献的《赛特阿育》,除了彝族的二十则孝道故事外,还有翻译改写汉区流传的董永行孝故事的长诗《赛特阿育》。

3297

彝族古籍目录工作述评[J]/李敏. --国家图书馆学刊,2014,03:80－85

依据彝族古籍目录整理和发表的时间,彝族古籍目录工作发展可以分为草创期、恢复期、发展期和繁荣期四个阶段。编撰者们通过目录著作的编撰,反映自己的学术理念,体现个人对彝族古籍目录编撰的一些思考,尤其是在目录的收录范围、分类编排和著录方式等方面的探索中积累了许多宝贵的经验。

3298

彝族古籍目录及目录工作的创立与发展[J]/李敏. --图书馆理论与实践,2014,09:93－96

本文将彝族古籍目录工作的创立和发展过程分四个阶段,总结和探讨彝族古籍目录编制中的收录范围、分类编排和著录形式等重要问题,为彝族研究、彝族古籍目录研究乃至国际性彝族古籍联合目录数据库的编制提供借鉴。

3299

彝族古籍整理研究丛书·彝族古歌精译[M]/沙马拉毅著. --北京:民族出版社,2013

《彝族古歌精译》是作者沙马拉毅在参考大量有关滇川黔桂地区彝族歌谣的基础上整理而成的。按演唱的场合和内容可分为儿歌、婚嫁歌、节令歌、决术歌、历史传说歌等。其中大多都是历经世代民间艺人和人民群众不断丰富、加工、提炼而成的经典。

3300

彝族口碑古籍保护刍议——以黔西北毕节市为例[J]/刘云. --民族论坛,2014,05:63－65

由于机制不完善、投入不足、人才匮乏、组织不力等诸多问题,无数珍贵的彝族口碑古籍得不到及时抢救而逐步流失,应提高对彝族口碑古籍保护工作的认识,摸清情况,加强保护工作的力度。

3301

以古籍整理提升国家软实力[N]/黄飞立. --社会科学报,2014－04－03001

古籍整理出版是一项基础性的工作,重要性自不待言,但由于需时漫长,难出成果,以在不同级别刊物发表论文数量为主要考核参数的学术考评制度,自然会对这种基础性学术工作产生不利影响。此外,整理出版水平的参差不齐也是个不容忽视的问题。

3302

以古籍诸版本为考论地方志的整理与编辑——以地方志《成都通览》三个版本为考据[J]/邓帮云. --学术论坛,2012,10:99－102

《成都通览》是一部写于清末的地方志,是研究近代成都社会文化的重要材料。现存三个版本,都有一些问题。文章主要分析巴蜀本存在的错误,借以讨论旧地方志整理中应注意的问题。

3303

以湖北省图书馆经验谈馆藏方志数据库建设[J]/王莉. --图书情报论坛,2012,04:53－56

本文以湖北省图书馆馆藏方志数据库建设为例,探讨方志数据库的建设模式、内容设置和建设流程,指出建设古籍数据库应注意的几个问题。

3304

"以人为本"鉴定古籍版本的几个实例[A]/李雄飞. --中国历史文献研究会编. 历史文献研究(总第31辑)[C],上海:华东师范大学出版社,2012

本文在传统的两种古籍版本鉴定方法之外,举例说明抓住"人"这个主体,以图书中出现的、与该书的成书或刊刻密切相关的人物为主要线索进行查考,能帮助我们确定图书的版本。

3305

以生物学功能为基础构建中医古籍疾病知

识挖掘方法［A］/陈玥舟，朱建平.--中华中医药学会科学技术奖励办公室."新成果·新进展·新突破"中华中医药学会 2013 年学术年会、第三次中华中医药科技成果论坛论文集［C］，北京:《中华中医药杂志》社,2013

本文通过建立以生物学功能为基础的中医古籍疾病知识挖掘方法，从文献记录、现代药理学反推以及建立实验模型 3 方面综合考虑，可解决当今中医临床面对新发疾病和优势病种采用西医病名而不能利用中医古籍疾病诊疗经验的难题，也将为新药的开发提供从古籍文献到药理研究的平台。

3306

以《四库全书》和《四部丛刊》电子版分析看我国古籍数字化的发展趋势与研究综述［D］/赵雪云.--河北师范大学,2011

该文以香港迪志文化公司开发的电子版《四库全书》和书同文公司研究开发的《四部丛刊》电子版为例，通过《四库全书》与《四部丛刊》的成书过程，以及两部电子版图书的使用特点进行研究，指出我国古籍数字化工作中当前存在的问题并提出了解决办法。

3307

以"中华古籍保护计划"为契机推进文献典籍资源数字化［J］/龙伟.--数字与缩微影像,2012,03:36－39

文章在评析古籍数字化工作内容、数字化技术和当前存在的主要问题后，提出全国古籍数字化发展对策。

3308

义不容辞的责任——评吕立汉《丽水畲族古籍总目提要》［J］/孟令法.--丽水学院学报,2012,03:124－128

《丽水畲族古籍总目提要》为区域畲族历史文献资料的集成，对研究区域民族文化和地方史事有史料价值。本文对该总目提要义进行了评述。

3309

义楚《释氏六帖》引书研究［D］/王芳.--华中科技大学,2012

《释氏六帖》引书的目的主要是释义，基本是以直接引用原文，单引原文为主;对比《释氏六帖》所征引的书目与今本书目，彼此在内容上基本一致，但文字上有同有异，其差异主要表现为异文、脱衍、讹误等，讹误主要包括文字上的讹、脱、衍、倒等。

3310

《艺槩》研究二题［J］/袁津琥.--绵阳师范学院学报,2011,06:53－54＋62

本文指出，根据古籍整理的原则，今人整理的清代学者刘熙载所著《艺概》，应该定名为《艺槩》，而且，经过统计结果显示，其中《文槩》的条目数则应该是 340 条。

3311

艺术古籍出版的规范与失范:以讹传讹的古代书画图目整理［J］/阴澍雨.--美术观察,2013,03:22－23

本文分析了艺术古籍整理出版工作中诸如底本、校本的选择、辑佚、标点、注释、翻译的方式，乃至版权的保护等方面存在的问题，提出亟待深入研究和规范。

3312

艺术文献整理应遵循学术规范［J］/连冕.--美术观察,2013,03:27

从自身工作实践出发，析述艺术文献整理出版在古典史料系统整理与研究中的重要性，提出艺术文献整理应遵循必要的学术规范。

3313

异体字与古医籍整理［J］/曹瑛.--中医文献杂志,2014,05:15－17

异体字处理是古籍整理工作不可回避的重要内容。本文对古医籍整理工作中异体字的处理原则分别从全同异体字和非全同异体字两方面进行了论述，并分析了古医籍中特殊异体字的处理方法。

3314

易文献辨诂［M］/郭彧著.--北京:北京大学出版社,2013

本书对《京氏易传》《周易注》《周易集解》《周易正义》等易学类著作，利用札记进行了文献学方面的辨诂，从训诂、校勘、文献等角度入手,提出了古籍整理工作应当注重的某些问题。

3315

《易藏》古籍数字化项目启动[J]/段同生. --周易文化研究,2015,00:392 - 398

文章首先介绍了《易藏》古籍数字化研究的价值,然后论述了《易藏》古籍数字化研究的现实意义,并论证了该古籍数字化项目的可行性,最后介绍了该项目的建设规划,包括研究计划、研究进程等。

3316

《意林》版本源流考索[J]/王韧,王天海. --云梦学刊,2012,02:117 - 121

唐代马总所撰《意林》一书,不仅成书年代较早,而且是历代古籍中囊括晋以前子书最多,并保存至今的唯一著作。

3317

因才施"修" 完美再现——《退想斋日记》修复技法探讨[A]/邢雅梅. --国家古籍保护中心、天津市古籍保护中心编. 融摄与传习——文献保护及修复研究[C],北京:中华书局,2015

本文主要探讨了《退想斋日记》的修复技法,包括《退想斋日记》的文献价值及历史价值、原书现状、修复方案、修复方法对比、修复方法选择、装帧形式等。

3318

因需成类 书以类丛——国家图书馆出版社古籍影印图书营销分类法初探[J]/贾贵荣. --古籍整理出版情况简报(总 481 期),2011,03:2 - 7

本文就古籍整理的分类与发展、古籍整理营销书目的历史追溯进行了探讨,介绍并分析了国家图书馆出版社就古籍图书营销书目分类上的一些探索和成果。

3319

《阴符经》文献考[D]/马艳超. --广西师范大学,2012

本文参考唐代中期以来学者的相关论述,依据现存历代官私目录著录,对《阴符经》注本条目详细梳理,并在知见《阴符经》注本

的基础上,就上述相关问题展开论证。

3320

音乐古籍全文数据库建库研究[J]/高萍. --河南图书馆学刊,2011,01:120 - 121

本文分析了建立音乐古籍全文数据库的意义和目的,解析了音乐古籍全文数据库的建设过程,并对建库的内容及建库过程中应注意的问题等进行了分析与探讨。

3321

银鞍白马 展卷琳琅——考究的清代宫廷刻本[J]/李欣宇. --收藏,2011,12:78 - 85

宫廷书籍,其书墨之幽香、纸张之韧挺、雕版之细致、字体之遒劲、书品之精美、装饰之华丽,自有一种皇家所独有的特殊风韵,这是任何版本都无法媲美的。其彰显的是宫廷书籍的版本之美和华贵之美。

3322

《银海精微补》作者及版本考[J]/章红梅. --江西中医学院学报,2012,06:14 - 17

综合史料记载,本文对《银海精微补》作者赵双璧的籍贯、履历等进行考证。作者经实地调研考察,确定《银海精微补》唯一版本为清康熙十三年(1674)奉天府安东卫刻本。同时,对其刊刻时间、序文作者姓名进行了勘误。

3323

《银雀山汉墓竹简·守法守令第十三篇》集释[D]/刘玉玲. --吉林大学,2012

本文简介银雀山汉墓及其出土竹简的概况,汇总 70 年代以来我国出土的简帛古籍,总结其在学术上的贡献及意义;征引诸家观点分为文字考释与辨析、相关内容两方面进行较为全面的集释;最后是对篇题木牍的讨论,并随文附以银雀山一号墓拼合的五方木牍的释文。

3324

《尹湾汉墓简牍校理》评介[J]/管锡华. --古籍整理研究学刊,2012,06:108 - 110

由天津古籍出版社 2011 年 3 月出版的张显成、周群丽的新著《尹湾汉墓简牍校理》,是国家古籍整理出版专项经费资助项目和全国

高等院校古籍整理研究工作委员会直接资助项目成果。

3325

《尹湾汉墓简牍校理》评介[J]/张文国. --古籍整理出版情况简报(总 491 期),2012,01:26 – 27

本文对天津古籍出版社 2011 年出版的张显成、周群丽新著《尹湾汉墓简牍校理》的内容与特色作出品评。

3326

印刷术与刻本浅释[J]/梁垣祥. --图书馆工作,2012,02:63 – 67

雕版印刷源于唐,兴于宋元,盛于明清。明清两代是我国雕版印书的黄金时代,其刻书盛况,远超宋元,更为唐代所不及。研究刻本流传,有史可考,有评有释,撮其要义,钩稽史实,学点古籍知识,大有裨益。

3327

《英国国家图书馆藏敦煌遗书》编辑始末[J]/肖爱景. --出版参考,2015,13:51

文章从准备素材、制定方案、内容编校、封面设计 4 个方面介绍了《英国国家图书馆藏敦煌遗书》的编辑始末。

3328

嘤其鸣矣,求其友声——《中国古籍版本学》(修订版)赏析[J]/宋鲲鹏. --时代教育,2014,10:176 + 189

作者师从曹之先生。本文对曹先生《中国古籍版本学》的一版和修订版从古籍版本学史、写本源流等方面进行了比较和赏析。

3329

影印本《四库全书》的那些事[J]/康安宇,王凌云. --贵图学刊,2014,03:64 – 66 + 42

本文依据史料讲述影印本《四库全书》背后那几经磨难、曲曲折折、鲜为人知的故事,以期透过故事昭示其价值。

3330

影印古籍丛书著录琐谈[J]/罗志军. --图书馆研究,2014,02:58 – 60

本文从规则适用标准、著录用文字、古籍底本版本、著录方法、字段的具体使用等方面,探讨了影印古籍丛书的著录方法。

3331

《影印文渊阁四库全书》检索方法研究[J]/段伟. --情报探索,2012,07:23 – 25

本文通过对《影印文渊阁四库全书目录》的梳理,对其检索方法进行了研究。

3332

《影印文渊阁四库全书》鉴赏——新疆维吾尔自治区图书馆馆藏鉴赏[J]/丛冬梅. --西域图书馆论坛,2013,03:62 – 63

文章首先介绍《四库全书》的编纂述略,然后对内容进行了简要介绍,并对其价值进行评估,说明不同的版本情况,最后推介了新出版的影印丛书。

3333

应永会:古籍字体的电脑化[J]/AL 文;Eonway 供图. --艺术界,2011,04:108 – 113

电子媒体和信息时代改变了人们对传统印刷文本以及字体的看法。在新的字形美学兴起的同时,复古字体也开始流行。应永会就是其中一位吸取古籍汉字字形创造电脑字体的设计师。

3334

应用中药保护古籍的思路与方法[J]/徐小滨,孟凡红,孙海舒. --国际中医中药杂志,2014,02

本文结合黑龙江中医药大学古籍保护工作的实践经验,讨论应用中药香灵草保护古籍的具体方法。

3335

应重视满文古籍文献的整理出版[J]/贺灵. --新疆新闻出版,2012,01:57 – 58

满文古籍文献散存在各大图书馆等机构和民间,搜集其资料不大容易,对其进行整理出版更需要精通满文的专业人士和编审人员。新疆人民出版社拥有若干优势,可以成为清代满文古籍文献整理出版中心。

3336

用《集韵校本》三题[J]/王继如. --古籍整理出版情况简报(总 529 期),2015,03:16 – 32

本文简要介绍了《集韵校本》,并从三方

面进行深入探讨。

3337

用责任和执着守护民族文化——桑植县民族古籍工作综述[J]/王军. --民族论坛,2012,11:20 – 21

湖南西北边陲革命老区桑植县,土家族、白族等少数民族占总人口的 92.6%,各个民族相互学习,共同进步,积淀了深厚的民族文化底蕴。文章综述了桑植民族古籍保护工作现状和守护民族文化的建议。

3338

用中见美——傅图馆藏善本古籍尺牍文献述论[J]/张家荣. --古今论衡(在台湾地区发表),2013,24:155 – 176

(阙如)。

3339

由《别录》到《四库全书总目》看目录学的发展流变[J]/王茜. --开封教育学院学报,2013,03:287 – 288

本文对《别录》《七略》《汉书·艺文志》《隋书·经籍志》《四库全书总目》等我国目录学史上重要著作进行介绍对比,以此理清汉代以来我国目录学在内容、体例、分类、结构上的发展脉络。

3340

由过云楼谈私家藏书的贡献[J]/徐雁. --博览群书,2012,08:35 – 38

文章以访谈形式,邀请南京大学教授徐雁介绍了私家藏书的历史贡献、私家藏书与国有藏书之间的关系、私有藏书的保存方式、私人藏书的发展历程、未来的发展预期等。

3341

由《汉志》、《隋志》、《四库》看史籍在目录学中的流变[J]/邵宁. --文教资料,2013,28:68 – 69

《汉书·艺文志》《隋书·经籍志》《四库全书总目》是我国古代目录学发展史上的三大里程碑。本文系统展现这一部类的形成和流变过程,并指出其确立的经、史、子、集四部分类法在《四库全书总目》中得以延续和

完善。

3342

由《毗陵集校注》看古籍整理研究人才培养[J]/赵望秦. --云梦学刊,2011,03:33 – 36

本文是作者对《毗陵集校注》的体会浅谈。肯定其注释资料翔实,征引文文献可靠,实事求是,校勘缜密的同时,在文字校勘、误读误解、错误系年三方面提出了看法和建议。

3343

由全国古籍普查工作实践引发的思考[J]/宋玉军. --才智,2015,16:332 – 334

本文通过工作实践,就全国古籍普查开展以来各图书馆遇到和发现的问题做一粗略比对,分析研究问题的症结,力图找寻更好的保护方式,为中华古籍的管理工作与传承事业献计献策。

3344

由群书序跋管窥张元济之文献学[J]/翁敏修. --图书情报工作,2012,S1:319 – 322

国学大师张元济为《四部丛刊正编》等大型丛书撰有古籍序跋近三百篇,遍及经、史、子、集四部,或阐明学术源流,考定古籍刊刻时代;或感叹国家多难,欲保存国故,内容弘富而多样。读者可借群书序跋明了张氏整理文献动机,更得尽窥其文献学之深厚造诣。

3345

由善本《华岳志》整理谈渭南市古籍保护现状及对策[J]/刘秀慧. --绥化学院学报,2015,11:80 – 81

本文由《华岳志》整理而发,从既有宏观管理目标又有保护整理宣传实施的具体措施、提高古籍数字化建设力度和实效、加强专业人才的培养和保护体系的完善、充分发挥专家在古籍修复、保护、研究中作用等方面,论述了推进渭南市古籍保护工作有效开展的对策。

3346

由史部目录的流变看经学与史学的互动——以《汉书·艺文志》《隋书·经籍志》

《四库全书总目》为考察对象［J］/李万营. --
南昌航空大学学报（社会科学版）,2015,02：
86－92

本文以《汉书·艺文志》《隋书·经籍志》
《四库全书总目》为考察对象,通过对三部目
录书籍中史部书籍的考察,可以探索史部从
无到有乃至发展壮大的过程。

3347

由《四库全书总目》易类提要看汉易经典地
位的重构与缺失［J］/张玉春,张艳芳. --文献,
2013,04：7－14

主持编纂《四库全书总目》提要的学者对
汉易学的批评,浸染了清朴学的治学倾向和
风气。乾嘉汉易学兴盛,惠栋、张惠言等人对
宋图书之学进行了较为全面的廓清,对于汉
易揄扬有加。

3348

游艺中的盛清城市风情——古籍善本《扬
州画舫纪游图》研究［J］/王振忠. --安徽大学
学报（哲学社会科学版）,2013,01：89－95

《扬州画舫纪游图》是一份尚未引起学界
重视的新史料。该图反映了清代繁盛时期的
城市风情。它将城市景观与民间游戏相结
合,寓教于乐,反映了清代扬州人的匠心独
运,也折射出扬州城市文化的深厚积淀和高
雅品位,在中国城市中似仅此一例。

3349

有关中医古籍的一些典故［J］/刘子聿. --初
中生辅导,2014,Z4：27－28

医学典故常常困扰我们对文章的理解,
医书常有典故命名者,现将常见的典故收录
几例,供读者了解。

3350

有史以来第一部华北地区的文献总汇——
概述《中国华北文献丛书》［J］/傅璇琮. --中
国典籍与文化,2012,04：156－158

文章对《中国华北文献丛书》的编纂进行
了简单介绍,然后逐一介绍每个学术专辑的
内容和特色,系统地梳理了这部丛书。

3351

于邶《春秋》四传《校书》训诂研究［M］/熊
焰著. --北京：中国社会科学出版社,2013

本书稿对于邶《春秋》四传《校书》的训诂
进行了全面、深入的研究。从解释字词、分析
句读、探讨语法、说明修辞、发凡起例、考订典
制、补明史实、校勘文本共八个方面考察了于
氏的训诂内容。

3352

于敏中与《四库全书》［J］/张晓芝. --读书,
2013,11：45

在《四库全书》纂修之初,编纂正总裁于
敏中曾四次随乾隆前往承德避暑山庄。这期
间正是《四库全书》体例草创、人员召集、工作
筹备之时,于敏中采取书信的方式,密授机
宜。本文通过这些信札的研究,管窥纂修《四
库全书》始末。

3353

余嘉锡《四库提要辨证》及其辨证思想［J］/
陈晓华. --史学史研究,2011,04：106－113

余嘉锡《四库提要辨证》是对《四库全书
总目》进行分析的著作。此书立足于目录学
对《四库全书总目》所作的分析,显示出深刻
的辨证思想。本文拟就此方面内容作出
讨论。

3354

俞弁《续医说》整理研究［D］/可佳. --辽宁
中医药大学,2012

本文对俞弁的字、号、籍贯、出生年代和
生平事迹进行了考证,对《续医说》的编撰基
础、撰著体例进行了分析,对《续医说》流传和
版本系统进行了考察。

3355

《愚庵小集》四库本篇目删改研究［J］/沈玉
云. --文教资料,2014,31：44－46

《愚庵小集》是明末清初文人朱鹤龄的
诗文集。因其明朝遗民身份,受清廷文化政
策影响,收入《四库全书》时进行了不少删
改。本文从篇目删改的角度,以上海古籍出
版社影印本为底本,与文渊阁本和文津阁本
作对校,找出其中的差异,并对其进行分析
研究。

3356

"舆图"的认知与保护实践谈——记一次古旧纸质地图的修复[J]/万群,赵海云. --图书馆工作与研究,2011,11:94-97

中国古代舆图是我国文献收藏的重要组成部分,也是当前图书馆文献保护开发利用的薄弱环节。本文重点介绍笔者近期修复几幅珍贵地图的实践经历,以期引发对舆图文献保护工作的认知与思考。

3357

《玉海·地理门》文献部分述论[D]/杨佳媛. --陕西师范大学,2013

本文是以《玉海·地理门》前三卷地理文献部分为基础进行的研究,认为该书的分类体系较前代类书有过之而无不及,其中政区地理、自然地理、人文地理及军事地理兼备,更突出的特色在于地理文献类目的设置,使得类书具有了目录学的功用。

3358

《玉海》所引隋唐五代文献研究[D]/肖光伟. --上海师范大学,2011

《玉海》是南宋学者王应麟编撰的一部大型类书,由于卷帙浩繁,人们未能详尽地使用该书所引隋唐五代材料,因此有必要对其进行全面整理和研究。本文绪论部分就前人的研究成果进行总结,并在此基础上提出了文章的研究思路。

3359

《玉函经》撰注考[J]/叶明花,蒋力生. --江西中医药,2014,12:3-4

本文根据新近回归的海外中医古籍及相关文献考辨,国内流传的《玉函经注》,其作者当为唐五代杜光庭,注者为南宋黎民寿。

3360

《玉剑尊闻》创作年代考——《四库全书总目》订误一则[J]/林宪亮. --古籍研究,2012,Z1:178-180

《四库全书总目提要》存在许多瑕疵甚至错误。近几十年来,出现了多部关于提要订误的著作,不过还是有一些错误未被发现,关于梁维枢《玉剑尊闻》的提要即是一例。

3361

玉树地区藏文典籍文献遗产类型研究与反思[J]/夏吾李加. --民族学刊,2012,02:78-85+95-96

本文从古籍文献、历史档案、现代出版图书和唐卡文献四个方面,回顾了以往的整理研究概况,进而提出在藏文文献遗产整理方面,应该增强文献保护观念,增加资金投入;使官方、学术界以及民间三者形成有机统一体;培养一支独立的古籍整理队伍;增加外文文献遗产。

3362

玉溪彝文古籍数字化探究[J]/李宇志,梁彬. --云南图书馆,2013,4:77-79

将彝文古籍数字化处理,是实现彝文古籍有效保护和利用的重要举措,也是当下和未来彝文古籍保护的发展道路。本文通过玉溪市图书馆彝文古籍数字化实践,探索彝文古籍保护措施,并与同行商榷。

3363

喻嘉言医学全书[M]/陈熠主编. --北京:中国中医药出版社,2015

本书主要内容包括喻氏研究《伤寒论》心得体会、对中医辨证论治法则的发凡起例、治疗痘疹的证治经验,以及其所厘定的病案规范与精湛的临床验案。

3364

《元朝别集珍本丛刊》首辑五种评介[J]/徐潜. --古籍整理研究学刊,2011,01:111-112

文章介绍了《元朝别集珍本丛刊》立项和整理的三个独到价值,以及第一批整理完毕的五种作品内容。

3365

元代文献与文化研究(第1辑)[C]/韩格平,魏崇武主编. --北京:中华书局,2012

北京师范大学古籍研究所自1981年成立以来,逐步确立了以元代文史研究和元代古籍整理作为科研重点,形成了以元代经、史、子、集四部文献的整理与研究的学术特色。

3366

元代文献与文化研究（第 2 辑）[C]/魏崇武主编. --北京:中华书局,2013

魏崇武主编的这本《元代文献与文化研究（第 2 辑）》收录与元代文献、文化研究相关的学术论文共计 33 篇,分为文献研究、历史研究、文学研究和青年园地四个部分,诸文考订精深、立论严谨,综合目录、版本、校勘、辑佚、辨伪多种视角,为元代文献、历史和文学领域相关问题的探索提供了饶有价值的学术成果。

3367

元代文献与文化研究（第 3 辑）[C]/魏崇武主编. --北京:中华书局,2015

本书是有关元代文献与文化研究的主题论文集,内容涉及元代文献研究、经学及理学研究、历史研究、文学研究诸多方面,旨在为相关研究领域的学者提供学术交流的平台,促进元代文献学及在其基础上的相关学科的长足发展。全书共分五部分,收录学者论文共计 22 篇,反映了元代文献与文化研究的最新学术成果,具有一定的学术价值和借鉴意义。

3368

《元典章》整理的回顾与展望[J]/张帆. --古籍整理出版情况简报（总 492 期）,2012,02:17 – 21

本文对《元典章》的成书历史、内容与特色进行了介绍,概括性地叙述了历史上对于该部典籍的整理工作,品评了 2011 年中华书局、天津古籍出版社版本的价值。

3369

元好问《伤寒会要序》探究——《四库总目提要·医家类小序》厄言一则[J]/刘金芝,谢敬. --中医文献杂志,2013,06:21 – 22

《四库全书总目提要·医家类》小序曰:"观元好问《伤寒会要序》,知河间之学与易水之学争。"因《伤寒会要》亡佚,故此论断少有怀疑。然观《伤寒会要序》,似乎看不出这一争论。元好问工诗文,兼通医学,在金元之际颇负重望。四库馆臣推崇元好问,实有故弄玄虚之嫌。

3370

元史及民族与边疆研究集刊（第 23 辑）[C]/刘迎胜主编. --上海:上海古籍出版社,2011

《元史及民族与边疆研究集刊（第 23 辑）》收入了《元至顺元年只儿哈郎等"谋变"案探微》《近一百五十年以来明清汉文伊斯兰教典籍收集、整理与出版的概况(1858 – 2008 年)》《彭晓燕述评》《中外交关系的理想主义和现实主义》等论文。

3371

元史及民族与边疆研究集刊（第 24 辑）[C]/刘迎胜主编. --上海:上海古籍出版社,2012

刘迎胜主编的《元史及民族与边疆研究集刊（第 24 辑）》主要内容包括东亚多元文化时代的法律与社会学术研讨会论文专栏、元史研究、民族宗教与边疆研究、古籍整理、书刊评介、会议综述等几部分,共 16 篇文章,其内容涉及古代文书的整理、元代的高丽政策、元代人物研究、元代科举与文化研究、蒙古历法等方面,具体内容如《至正条格》《秘书监志》等典籍的整理与研究,元代科举,南宋端平襄阳兵变,元代墨的新发展,早期民族学界参与边疆教育述略等。

3372

元史及民族与边疆研究集刊（第 25 辑）[C]/刘迎胜主编. --上海:上海古籍出版社,2013

本书主要内容包括元史研究、民族宗教与边疆研究、研究综述等几部分,共 18 篇文章。

3373

元史及民族与边疆研究集刊（第 26 辑）[C]/刘迎胜主编. --上海:上海古籍出版社,2014

刘迎胜主编的这本《元史及民族与边疆研究集刊（第 26 辑）》分元史研究、海疆与海洋活动史研究、民族、宗教与边疆研究三个栏目,具体内容有:丁鹤年及其家族、元代的科第世家——普氏、元代海道都漕运万户府的人事变迁、"吐蕃"一名的读音与来源、多元民族文化中的唐汪唐姓姓氏考察等。

3374

元史及民族与边疆研究集刊（第 27 辑）[C]/刘迎胜主编.--上海：上海古籍出版社,2014

《元史及民族与边疆研究集刊》（第 27 辑）为纪念韩儒林先生诞辰 110 周年专刊,书稿共含 20 篇论文,包括了《元史》会注考证,《元史》研究,民族、宗教与边疆研究,文献研究,古籍整理,研究综述,译文等板块。

3375

元史及民族与边疆研究集刊（第 28 辑）[C]/刘迎胜主编.--上海：上海古籍出版社,2014

本书是南京大学历史系元史及民族边疆研究中心支持的辑刊。包括《元史》研究,民族、宗教与边疆研究,文献整理,研究综述等方面内容,集合了国内这方面的研究专家,每年出版一辑,至今已出版 27 辑,在专业领域较有影响力。此为第 28 辑。

3376

元史及民族与边疆研究集刊（第 29 辑）[C]/刘迎胜主编.--上海：上海古籍出版社,2015

《元史及民族与边疆研究集刊》（第 29 辑）是南京大学历史系元史及民族边疆研究中心支持的辑刊。包括《元史》研究,民族、宗教与边疆研究,文献整理,研究综述等方面内容,集合了国内这方面的研究专家,每年出版一辑,至今已出版 27 辑,在专业领域较有影响力。此为第 29 辑。

3377

元史及民族与边疆研究集刊（第 30 辑）[C]/刘迎胜主编.--上海：上海古籍出版社,2015

刘迎胜主编的《元史及民族与边疆研究集刊》（第 30 辑）所收论文皆为通过对涉海碑铭的研究,对相关的历史问题进行探讨。

3378

袁寒云旧藏宋元本拾零[J]/韩进.--图书馆杂志,2012,02:82 – 85

袁寒云是民国时期重要的古籍收藏家,其部分旧藏曾经潘明训捐赠给圣约翰大学,后拨归华东师范大学图书馆。兹检这批善本中的宋元本数种为作解题,以窥袁寒云古籍收藏之一斑。

3379

袁克文经部善本藏书题识（上）[J]/李红英.--文献,2011,04:128 – 147 +2

袁克文收藏了很多经部善本,本文详细介绍了其中若干部的题跋,包括宋刊《八经》跋、宋刻《纂图互注周礼》跋、宋绍兴刻宋元递修本《礼记正义》跋、宋本《周礼》跋等。

3380

袁克文经部善本藏书题识（下）[J]/李红英.--文献,2012,01:59 – 71

（同上）。

3381

袁枚手书诗稿十五题校评[J]/王巨安.--文献,2014,01:59 – 71 +2

浙江图书馆藏袁枚(1716 – 1797)手稿一册,著录为《随园诗稿不分卷》（旧裱内外分别签题《简斋诗册》《随园书诗稿》）,行书,册页装,30 开,25.8 × 15.8 厘米。有袁枚钤印九枚,起首钤"十二岁举秀才",尾钤"存斋的笔""以拙转少""目奇者誉之",末有藏印"景熙审定""覃怀郭会昌珍藏书画""浮山人""崔氏珍藏"。收入第一批《国家珍贵古籍名录》。

3382

袁同礼手稿修复个案说略[A]/刘建明,宋晖.--国家古籍保护中心、天津市古籍保护中心编.融摄与传习——文献保护及修复研究[C],北京：中华书局,2015

本文通过案例并配以图像来诠释修复技法的运用,包括揭、补、压平、挖镶、成书等步骤。

3383

袁同礼主持国立北平图书馆时期的地方志收藏与整理[A]/杨印民.--中国地方志指导

小组办公室、中国地方志协会、宁波市人民政府地方志办公室编. 首届中国地方志学术年会方志文献国际学术研讨会论文集［C］,北京:中华书局,2012

袁同礼先生在主持国立北平图书馆馆务的 20 年中,对于馆藏方志的收藏与整理拥有莫大之功。包括发布大量采访地方志,编目、出版相关方志书籍;设立专门研究室;筹设善本乙库时,选入清初方志;抗战爆发前将珍稀方志装箱南运等等。

3384

远风:东兰古籍轶闻整理集萃［M］/韦天富编. --南宁:广西人民出版社,2012

东兰县地方志办公室编《远风》一书于 2012 年 12 月由广西人民出版社出版发行。该书主要记载东兰县古籍轶闻,全书 25 万字,设故事传说、山水诗、口传壮族山歌剧、书文、碑刻、宗谱、地情研究等 7 部分 62 篇。

3385

岳麓书社古籍整理出版研究［D］/叶蒙. --湖南师范大学,2014

本文以岳麓书社古籍整理出版为研究对象,以岳麓书社先进的出版人和经典出版物为双主线,对岳麓书社古籍整理出版进行了梳理、研究,旨在探讨地方性专业的中小型出版社的发展之道。

3386

《越缦堂读书记》研读札记［D］/韩李良. --西北大学,2011

本文对《越缦堂读书记》从文献学角度进行评析,从李氏所记录古籍的版本和校勘两个方面重点论述,在肯定其价值的同时,亦对其有所补正。

3387

越南汉喃古籍新见《红楼梦》资料考述［J］/宗亮. --红楼梦学刊,2015,05:264 - 281

《红楼梦》在国外的传播情况一向为学界关注,本文利用新掌握的越南阮朝重臣张登桂《读前后红楼梦有感二首》和耶鲁大学藏《汉文书籍总录守册》等汉喃文献,对《红楼梦》在越南的流传进行研究,并探讨阮朝士人

对《红楼梦》的接受和认知情况。

3388

云南红河州彝文古籍现状及其数字化保护对策调查研究［J］/高建辉. --科技情报开发与经济,2015,20:62 - 65

本文通过调研,揭示了红河州彝文古籍的分布和收藏情况、种类和特点及数字化现状,在此基础上,分析了红河州彝文古籍数字化保护与利用所面临的难题,提出了相应的应对策略。

3389

云南民族医药古籍数字化整理探讨［J］/张强,江南,吴永贵. --中国民族民间医药,2015,02:4 - 5

本文对云南民族医药古籍数字化目前所遇到的包括收集整理、检索、研究支持和服务方法等方面问题,进行分析和总结,提出以整体思维提供质量控制、建立可操作的评价指标体系、从而整理出综合评价标准等建议。

3390

云南少数民族档案文献遗产保护研究［D］/仝艳锋. --云南大学,2011

本文分析云南少数民族档案文献遗产的保存现状,论述其形成工艺、耐久性和各种微观形态、外观特征,总结影响档案文献遗产的各种外界自然因素和社会环境因素,提出各种技术性的保障措施,并且对具体方案给予探索。

3391

云南少数民族古籍保护研究［M］/沈峥著. --北京:民族出版社,2012

本书稿对如何保护云南少数民族古籍进行了全面的研究,以期为抢救濒危少数民族古籍资源、形成科学的云南少数民族古籍保护体系,和云南民族文化强省战略的实施提供可资借鉴的经验。

3392

云南少数民族古籍传承问题及对策［J］/云南省古籍办. --今日民族,2014,02:29 - 30

本文针对云南省存在的少数民族古籍流失、少数民族古籍传承人不断减少和水平不

断下降的问题,提出应实施少数民族古籍经典再造惠民工程,建立少数民族吉籍传承基站,培养培训民族古籍传承人,建立少数民族古籍传承人命名制度等对策和建议。

3393

《云南少数民族古籍文献调查与研究》简介[J]/薛宝.--云南民族大学学报(哲学社会科学版),2011,06:163

本文简要介绍了云南民族大学李国文教授历时两年多创作的《云南少数民族古籍文献调查与研究》。

3394

云南少数民族古籍修复研究[J]/沈峥,甄昕宇.--云南民族大学学报(哲学社会科学版),2011,02:60-63

本文从云南少数民族古籍特点、古籍修复原则、修复步骤及建立云南少数民族古籍修复档案四个方面概述了云南少数民族古籍修复研究工作。

3395

《云南少数民族精神文化与文化精神——纳西、彝诸民族文化遗产研究》简介[J]/薛宝.--云南民族大学学报(哲学社会科学版),2011,06:161

本文简要介绍了云南民族大学李国文教授根据34年的研究工作,创作的《云南少数民族精神文化与文化精神——纳西、彝诸民族文化遗产研究》一书。

3396

云南省图书馆庋藏儒学经典善本述评——以经部四书类馆藏为例[A]/陈妍晶.--云南孔子学术研究会编.孔学研究(第二十辑)——云南孔子学术研究会成立二十周年暨第二十次孔子学术研讨会论文集[C],昆明:云南出版集团、云南人民出版社,2014

本文谨以经部四书类古籍善本为例,对云南省图书馆馆藏部分儒学经典进行梳理和述评。

3397

《云南十五种特有民族古代史料汇编》完稿[J]/古永继.--古籍整理出版情况简报(总

510期),2013,08:27-28

作者简要介绍了《云南十五种特有民族古代史料汇编》的基本情况。

3398

云时代的古籍出版创新[J]/郎筠,韩亮.--黑河学院学报,2015,05:125-128

云出版为出版业带来了新的理念、新的模式、新的产业链,为古籍出版重生提供了契机。云时代古籍出版创新必须在战略上建立用户数据库,组建产业联盟,在战术上做到出版内容、形式的差异化,综合运用多种营销模式,实现衍生服务创新。

3399

云时代古籍出版透视[J]/魏晟,韩亮,郎筠.--编辑之友,2014,01:28-31

本文论述了云时代古籍出版应以内容生产为核心、数据挖掘为支撑、多元出版为渠道、产业联盟为基础,走产品媒体化、经营市场化、发展集团化之路。

3400

《云仙散录》作伪小考[J]/曹之,郭伟玲.--图书情报知识,2011,06:70-71

《云仙散录》是一部伪书,本文从作伪时间和作伪者两个方面进行初步考证。

3401

芸阁菁华:广西壮族自治区图书馆古籍珍品[M]/广西壮族自治区图书馆编.--南宁:广西人民出版社,2011

本书对广西图书馆所藏善本古籍及地方文献进行整理,从中选出比较珍贵和具有广西地方特色的古籍,如文澜阁《四库全书》的零帙、"南宁府乌龙禅寺"所藏佛教经典、大藏经《径山藏》、清代四大词人之首王鹏运的藏书和手稿等内容。

3402

《孕育玄机》学术价值发掘与探析[J]/邓月娥.--中华中医药杂志,2015,08:2722-2724

《孕育玄机》为明代临床家陶本学撰写的一部中医妇产科专著。本文探索此书的学术价值和意义。

Z

3403

杂拌儿集［M］/冀勤著. --北京：学苑出版社，2015

本书共分为：古籍整理、责编荐书、读书心得、忆已怀人、闲时乱谭几部分，主要内容包括：《元稹集》点校说明、《元稹集》再版后记、《朱淑真集注》辑校说明、《事类赋注》校点说明、重辑《午梦堂集》前言等。

3404

再论《四库全书》本《南部新书》的校勘价值［J］/吴松. --兰台世界，2014，11：89－90

本文通过对《南部新书》异文详细比较，认为《四库全书》本的校勘虽有可取，但轻率甚至谬误的校勘不少。伍崇曜本与四库本同源，又未经馆臣校改，价值相对更高。

3405

再生性保护古籍善本 提升馆藏影响能力——吉林省博物院古籍整理利用构想［A］/张桂元. --吉林省博物院编. 耕耘录：吉林省博物院学术文集 2012－2013［C］，长春：吉林人民出版社，2014

本文全面分析吉林省博物院古籍保护的现状和原因，提出科学规划、力所能及、夯实基础、抢救保护的思路。根据现状，强调加强物理性保护和再生性保护，并提出了古籍修复和专家培养、队伍建设等方面应做的一些具体工作和构想。

3406

再说《一切如来心秘密全身舍利宝箧印陀罗尼经》［J］/李文遴，李笔浪. --华夏文化，2011，01：45－47

本文介绍了西北大学图书馆藏《一切如来心秘密全身舍利宝箧印陀罗尼经》，2009 年被《国家珍贵古籍名录》收录。据《中国古籍善本书目》著录目前国内的藏本，以及该书的行款、题跋和流传等情况。

3407

再谈高校图书馆线装古籍的几个问题［J］/刘红. --华夏文化，2012，04：42－44

高校图书馆是教学科研最坚实的文化知识库，它拥有的浩瀚文献、资料是其他单位和部门无法比拟的。随着信息社会网络化、一体化的不断发展，各图书馆又显得资源不足。

3408

再谈互联网时代的高校图书馆古籍室工作［J］/胡露. --图书馆理论与实践，2014，03：99＋101

本文指出互联网技术对古籍室工作的帮助：通过网上旧书店购书或竞拍，丰富馆藏；建设特种资源数据库、参与全国古籍普查，加强馆藏资源开发与利用；加入网上专业群组、浏览专家博客、关注学者微博，了解业界资讯、提高业务素养。

3409

在北图学习的回顾——追忆恩师张士达先生［A］/师有宽. --国家古籍保护中心编. 古籍保护研究（第一辑）［C］，郑州：大象出版社，2015

本文为作者在全国第一期装修古旧线装图书技术人员训练班学习时的一些回顾，追忆全国修复界"国手"张士达先生的一些事迹。

3410

在历史地理研究中如何正确对待历史文献资料［J］/谭其骧. --古籍整理出版情况简报（总530期），2015，04：20－31

本文分三方面，对在历史地理研究中如何正确对待历史文献资料问题，阐述了作者的见解。

3411

在全国古籍普查登记工作中的体会及建议[J]/宋薇.--贵图学苑,2015,02:65－66＋71

本文作者在通过"全国古籍普查平台"进行数据录入的过程中,发现目前古籍保护中普遍存在的一些问题,就此提出相应意见和建议,使古籍文献资源能够得到更好的保护和利用。

3412

在图书馆设立典籍博物馆的思考[J]/张志清.--中国图书馆学报,2012,06:4－13

本文主要从狭义方面对典籍博物馆的概念、功能、与图书馆的关系,以及图书馆设立典籍博物馆的意义进行了探讨。在此基础上,探讨了国家典籍博物馆的初步规划。

3413

藏区佛教寺院图书馆建设之我见[J]/卓尕措.--图书馆工作与研究,2012,09:81－83

本文就新时期如何使佛教寺院与社会主义社会相适应,如何使寺院图书馆为藏区公共文化服务展开论述。

3414

《藏文大藏经·丹珠尔目录》编制研究[A]/董多杰.--陕西省图书馆、陕西省图书馆学会编.西北地区图书馆事业的创新与发展[C],西安:三秦出版社,2012

本书从藏文大藏经《丹珠尔》的内容和特点,藏文《大藏经·丹珠尔目录》编制研究的意义,编制研究的基本内容、方法和难点,类、函(卷)、章节、页数的数据,编制研究的主要特点和价值等方面对编制研究进行回顾。

3415

藏文古籍的保护与开发利用——以中国民族图书馆为例[J]/史桂玲.--图书馆理论与实践,2012,10:96－98＋106

本文以中国民族图书馆为例,对馆藏藏文大藏经及其他珍贵古籍文献资源进行了全面综述,并深入论述了藏文古籍文献抢救保护、整理编目、开发利用、学术研究、成果出版等方面内容。

3416

藏文古籍概览[M]/徐丽华著.--北京:民族出版社,2013

本书主要论述藏文古籍载体、古文献目录、古籍整理出版以及新中国成立以来已出版藏文古籍的基本情况。书后还附有名著《萨迦格言》《益西措杰传》等部分章节的释文,便于读者领略藏文古籍的韵味。

3417

藏文古籍目录结构及其著录规则[J]/先巴.--西藏研究,2012,02:102－111

本文分析藏文古籍的目录结构特色、归类普查字段,统一概念,制定既符合藏文古籍著录规则特性、又符合全国古籍普查平台数据著录要求的规则。

3418

藏文古籍文集文献及其保护研究现状综述[J]/益西拉姆.--中华文化论坛,2014,12:93－97

藏文古籍文集文献在整个藏文文献中占很大比重,承载着藏族传统十大学科的内容,在藏学研究方面有重要学术价值,也是藏学专家、藏族传统文化专业学生必备的重要文献资料。本文梳理归纳了藏文古籍文集文献形成时间、包含内容、编撰形式、版本、目录等方面内容和特点,分析现阶段藏文古籍文集文献的保护研究现状,并提出工作建议。

3419

藏文古籍文献的科学保护与抢救[J]/李万梅.--图书与情报,2011,04:125－128

文章在分析我国藏文古籍文献的收藏现状及存在问题的基础上,提出了利用现代技术手段对藏文古籍文献进行科学保护与抢救的具体措施,并指出了藏文古籍文献科学保护与抢救的重要意义。

3420

藏文古籍文献的主要构成——从吐蕃至清代[J]/余光会.--四川民族学院学报,2012,05:23－28

作者以历史脉络为线索,首次从文献学的视角对吐蕃时期至清代藏文文献的大致构成及其总体特点进行总结。全文从吐蕃时期、分裂时期、元明清时期予以综述,并总结出藏文古籍文献的四大特点。

3421

藏文古籍文献修复刍议[J]/郭静.--学园,2014,08:195－196

藏文古籍是中华民族文化遗产的重要组成部分,本文系统介绍了藏文古籍文献修复的整体实施步骤及具体修复技法。

3422

藏文文献收集与开发途径探究[J]/马凌云.--现代情报,2014,10:74－78

本文通过对藏文古籍文献分类和特点的分析,探讨了藏文文献收集与开发的方法和途径,以期在网络环境下更大限度地发挥藏文文献的学术价值和社会意义。

3423

藏文文献遗产保护机制的创新——以玉树地震灾区为例[J]/夏吾李加.--西藏大学学报(社会科学版),2012,04:73－79

基于玉树地震灾区藏文文献遗产的特点和受灾实况,文章从建设藏文文献数字化基地、组建藏文文献专业人才库、搭建州县际联席会议平台、成立国家级古籍保护单位和出版地方性典籍文献丛书等几个层面,探讨了藏文文献遗产保护机制的创新问题。

3424

藏学文献收集研究的执着探索者[J]/倪秀芳,周毛卡.--中国西藏(中文版),2011,03:61－63

本文介绍了西南民族学院教师奔嘉致力于搜集研究藏族文献、建设藏学文献馆、为民族学和藏学专业的专业人士提供文献资源的事迹。

3425

藏医古籍《桑帝卓迷》的形成及其学术体系研究[D]/晋美.--北京中医药大学,2013

藏医古籍《桑帝卓迷》文献母本形成于公元100年左右,后经发展成为与《四部医典》《八支集要》《月王药诊》等藏医典籍齐名的重要医学古籍文献,作为一部具有完整的理论体系且保存较为完整的医学文献,具有很高

的研究和应用价值。

3426

藏医药古籍文献抢救性收集整理及数据挖掘模式研究[J]/聂佳,张艺,邓都,降拥四郎.--中国民族民间医药,2015,04:01－02

本文以西藏、青海、四川等几大藏族聚居区的藏医学院、图书馆、藏医院及民间个人收藏为主要收集对象,通过走访关键人物、田野调查等方法收集藏医药古籍文献资料,整理、核对相关信息,规范术语,建立数据库,探索数据挖掘方法。

3427

藏医药古籍文献《医学甘露滴》学术价值浅析[J]/江吉村.--中国民族民间医药,2014,07:08－09

本文通过考证《医学甘露滴》作者生平,并对其进行整理、校勘,以辨章学术,探索近代康巴名藏医多吉·德庆郎巴的学术专著《医学甘露滴》手抄本的学术价值。

3428

藏医药古籍文献整理工作任重而道远[J]/樊利娜,冯岭,顾健,谭睿,李佳川,姚峰.--中国中医药咨讯,2012,05:01

藏医药的热潮,使从藏医药古籍文献中挖掘开发具有显著疗效的各类药物成为医药人员的重要工作。本文综述了我国对藏医药古籍文献进行系统性、专业性的保护、整理、研究的现状,提出藏医药古籍的数量多、流传曲折,其保护整理工作紧迫而又艰巨。

3429

藏医药古籍文献整理现状及相关问题的应对措施[J]/张娥,谭睿,冯岭,顾健,李佳川,姚峰.--中国卫生产业,2012,16:185

藏医药作为我国传统医学之一,对我国医药的发展有着不可或缺的作用。然而藏医药的发展却也面临着前所未有的挑战,大量文献史料残缺、遗失,文化的传递受到阻滞。因此,对藏医药古籍文献的整理刻不容缓。

3430

藏医药古籍文献资源开发与长期保存机制的构建[J]/季拥政.--图书馆学研究,2012,

10：20 - 24

藏医药古籍文献记录了藏医药学数千年来积累的丰富理论知识和临床经验,是中华民族珍贵的财富和历史文化遗产。目前,藏医药古籍文献开发与长期保存机制尚未建立,本文探索藏医药古籍文献开发与长期保存机制构建,希望其对藏医药古籍文献科学开发与长期保存提供强有力的保证。

3431

藏医药学文献资源与服务体系的建设研究
[J]/谢三智,多杰拉旦. --信息系统工程,2015,03：139 + 148

文章从我院现有的藏医药文献资源为主要资源支撑,试图建设藏医药文献资源服务体系,阐述了构建藏医药文献资源与服务体系的思路和方法,探讨了实现藏医药学文献资源建设的数字化、管理科学化、信息服务网络化的研究和经验。

3432

藏族历代文献精选电子资料库建设及其研究的意义和价值[J]/道周. --西北民族大学学报(哲学社会科学版),2012,01：169 - 176

藏文古籍电子资料库建设是藏学研究的基础工程。藏文献数字化建设及其研究对保护传承藏族传统文化遗产、加强藏文献现代化数字化建设、构筑信息资源平台、推动社会发展和进步有着重要的意义。

3433

《脏腑图说症治要言合璧》版本考证[J]/柳亚平,汪剑,和中浚. --中华中医药学刊,2013,04：751 - 753

本文对中西汇通派早期医家罗定昌代表著作《脏腑图说症治要言合璧》现存版本情况进行实地调研,并讨论该书作者生平、内容提要、版本源流和版本系统等内容,指出该书在藏象学说、中西汇通思想、临证运用等方面的学术价值,以及进一步整理研究、出版通行本的必要性。

3434

《脏腑性鉴》校勘整理[J]/胡冬裘,李小茜,王颖晓. --中华中医药学刊,2013,05：976 -

978 + 1217

中医药古籍是传承中华文明的重要载体,是中医学传承发展的知识载体,古籍《脏腑性鉴》的校勘出版,是中医药事业发展战略性规划的重要体现。对中医药古籍进行保护与利用,将为中医药优势的发挥、客观规律的把握以及传承抢救、创新发展提供支撑和服务。

3435

糟朽、焦脆古籍的修复——以《正教真诠》修复为例[J]/黄正仪. --上海高校图书情报工作研究,2015,03：36 - 39

对糟朽、焦脆古籍的修复一般采用全页托裱的方法。虽为"续命",但会使书籍重新陷入虫蚀的风险之中。本文介绍衬书页技法在糟朽、焦脆古籍的修复中的运用与操作方法。"衬书页"技法可以在古老的传统修复技术中获得更大的运用空间。

3436

早期喉科专著——《喉科指掌》[A]/严道南,黄俭仪. --中华中医药学会耳鼻喉科分会、世界中联耳鼻喉口腔专业委员会.2012 年"中华中医药学会耳鼻喉科分会第18 届学术交流会暨世界中联耳鼻喉口腔专业委员会第4 届学术年会"中西医结合耳鸣耳聋新进展学习班论文集[C],2012

《喉科指掌》是现存的出版最早的冠有"喉科"之名的著作。本文介绍《喉科指掌》作者生平、成书年代、学术成就、版本流传情况。

3437

造园奇书《园冶》的出版及版本源流考[J]/韦雨涓. --中国出版,2014,05：62 - 64

明末计成所著《园冶》一书,是我国古代唯一一部造园专书,也是世界最古造园名著。近一个世纪以来,有关《园冶》的研究成果很多,校勘注释之作也层出不穷,本文对存在着争议《园冶》的版本及流传情况,进行进一步厘清。

3438

《燥气总论》成书与学术特色述略[J]/于辉瑶,焦振廉. --中医文献杂志,2013,04：1 - 3

本文对《燥气总论》(附《燥气验案》)的成书与学术特色进行论述,且《燥气总论》与《燥气验案》二者相互印证,多所启迪,有较高理论与临床参考价值。

3439

《增订美国普林斯顿大学东亚图书馆中文古籍书目二种》前言[J]/(美)马泰来. --版本目录学研究,2015,00:363 – 365

普林斯顿大学东亚图书馆,原名葛思德东方图书馆。本文为《增订美国普林斯顿大学东亚图书馆中文古籍书目二种》前言。

3440

增订书目答问补正[M]/(清)张之洞编撰. --北京:中华书局,2011

本书秉承张之洞编撰《书目答问》、范希曾补正的主旨,除订正原书和本书其他版本的点校错误之外,增加了自1931年至今70余年的古籍整理的新成果。

3441

《增订四库简明目录标注》《朱修伯批本四库简明目录》及其异同——以经部《易》类为例[J]/陈晓华. --周易文化研究,2013,00:322 – 327

本文对《增订四库简明目录标注》与《朱修伯批本四库简明目录》二书及其异同以经部《易》类为例作一考察,以表彰二书对完善《四库全书简明目录》的贡献。

3442

增订中国版刻综录[M]/杨绳信编纂. --西安:陕西人民出版社,2014

杨绳信编著的《中国版刻综录》是记述中国古代出版家史料的工具书,由古籍整理专家周祖谟教授等作序,1987年陕西人民出版社出版。增订本内容是增订前原书的264%,凡192万言。因之,可以作为研究中国出版印刷史、目录版本学及古籍编目的重要参考资料。

3443

增设古籍数字化课程优化中国古代文学课程体系[J]/高春花. --中国成人教育,2012,03:123 – 125

成为一门课程是古籍数字化发展的一个方向。中国古代文学现有的课程体系比较僵化,增设古籍数字化课程可以缓解这个问题,并能帮助提高学生学习兴趣,延续中国古代文学传统。本文在分析了开设古籍数字化课程现有的优势以及作用后,还对开设这门课提出了一些构想。

3444

翟云升著述考[J]/肖亚琳. --山东图书馆学刊,2011,04:103 – 107

翟云升是清代著名的古文字学家和书法家,一生著述甚丰。本文考证了翟云升著述之版本、馆藏、出处等情况。

3445

展示民族历史文化遗产促进民族进步与发展——《中国少数民族古籍总目提要·维吾尔族卷》(一、二册)编纂始末[J]/艾尔肯·伊明尼牙孜. --新疆新闻出版,2013,04:54 – 56

文章追溯了维吾尔文古籍整理工作的人才发展和前期工作,介绍了《中国少数民族古籍总目提要·维吾尔族卷》的编写详情及主要内容。

3446

战国策笺证[M]/(西汉)刘向集录;范祥雍笺证;范邦瑾协校. --上海:上海古籍出版社,2011

本书是战国时期策士及各类人士纵论国事与时势的言论辑录。全书以清嘉庆十九年(1814)黄丕烈士礼居覆刊宋剡川姚氏本为底本,间用湖北崇文书局翻刻黄本参校,并广罗高诱等古今中外各家校注,加以甄别考订,指正其缺失、错谬,补充其不足和遗漏,在此基础上提出了自己的创获之见。

3447

战火劫难 古籍新生——清华大学图书馆藏"焚余"古籍修复记[J]/刘蔷. --中外文化交流,2011,05:76 – 81

抗战前夕,清华图书馆所藏古籍珍本运往南方后,1940年在重庆惨遭日机轰炸,大火幸存的残余古籍人称"焚余书"。本文追溯"焚余书"收藏及损毁历史,概括记述其修复过程及整理研究结果。

3448

张灿玾医论医话集[M]/张灿玾著.--北京：科学出版社,2013

本书为国医大师张灿玾教授从事临床、教学和中医文献研究60余年医论医话的结集,分为中医典籍研习、中医理论研讨、医籍简介、中医文献发展史、中医古籍整理、诊治随笔、医史纪略、国医学鉴、医事杂谈、题序志语等100余篇,全面反映了张灿玾教授的学术思想和临床经验。

3449

张潮之古籍保护文献二札[J]/龙江莉.--图书馆学刊,2011,03:125-126

张潮是清初著名刻书家,其著述等身,享誉学界。然而其对古籍保护也有研究,并有相关文献记载。本文勾沉其《读书法跋》和《装潢志小引》并作考述,以总结其古籍保护观念。

3450

张尔岐《书经直解》辨伪[J]/江曦.--图书馆杂志,2014,03:100-103

张尔岐《书经直解》著录于《中国古籍善本书目》《山东文献书目》等,经笔者考证,这是一部伪书。所谓张尔岐的《书经直解》与张居正的《书经直解》当为一书。

3451

张家桢：侗乡民族古籍的耕耘者[J]/黄志清.--民族论坛,2012,11:25-26

本文介绍了湖南新晃侗乡禾滩中学退休教师、侗族老人张家桢从事民族文学、民族古籍的挖掘、搜集和整理工作的事迹。

3452

张籁藏明嘉靖刻本十种述略[J]/刘秀荣.--晋图学刊,2013,04:77-79

近代著名藏书家张籁先生捐赠山西大学的古籍以集部为多,其中明代嘉靖刻本多被收入国家级、省级珍贵古籍名录。本文对选自该部分馆藏的明代嘉靖刻本10种进行了析述。

3453

张籁古籍题跋选录[J]/何满红,张梅秀.--晋图学刊,2012,03:76-79

山西大学图书馆有古籍藏书13万册,其中5.5万册为山西著名学者、教育家、近代华北地区著名藏书家张籁酌资捐赠。张氏藏书不特注重版本,而在体现学术价值。其中部分古籍存有张氏题跋,是研究其藏书理念的重要史料。

3454

张舜徽"四库学"研究述论[J]/刘海波.--学习与实践,2012,02:127-133

张舜徽有多篇文章论述到《四库全书》,涉及编纂缘起、提要撰写、全书缮录与校订、部类分合之得失等内容,提出了许多独到的见解。本文通过梳理张氏的《四库全书》研究成果,深化对其学术理念的认识,以求推进"四库学"与"国学"研究。

3455

张学良与《四库全书》的不解之缘[J]/王宇.--图书馆工作与研究,2013,04:84-87

张学良将军在奉天主政期间,在保护沈阳故宫、筹建东三省博物馆过程中发挥了重要作用,尤其对文溯阁《四库全书》给予了特殊的保护与关注,成为保护祖国历史文化遗产的幕后功臣。

3456

张崟的"四库学"贡献[J]/汪帆.--浙江学刊,2013,05:70-72

张崟多年潜心文澜阁《四库全书》研究,著有《文澜阁四库全书史稿》等著作多种,是文澜阁《四库全书》研究成果最多的学者。本文拟对张崟在四库学研究方面的贡献作探讨。

3457

张元济古籍整理成就及其成因[J]/杨姜英.--江西图书馆学刊,2012,03:122-125

本文从收集古籍、校印古籍方面,论述了张元济古籍整理的卓越成就,并分析其成因。

3458

张元济与大型影印丛书《四部丛刊》[J]/赵嫄.--博览群书,2015,10:24-25

张元济先生主持编印的《四部丛刊》是我

国近代出版史上的大型影印丛书之一。初编历时四年,始印于 1919 年,1922 年印制完成。共收录经、史、子、集四部之书 323 部,8548卷,2100 册,获赞曰:"诚可云学海之巨观,书林之创举矣。"

3459

张仲景医籍文献数据库的建设[J]/李国栋. --中华医学图书情报杂志,2013,10:65 - 67

简单介绍了新技术在中医古籍数字化及"张仲景医籍文献数据库"建设中的应用。

3460

张宗祥文集[M]/曹锦炎主编. --上海:上海古籍出版社,2013

张宗祥先生现存稿本 60 余种、500 余卷之多。遗著涉及典籍整理、文史笔记、书目题跋、书画心得、医籍医话、戏曲创作、旧体诗词等,造诣精湛。文集共整理收录先生手稿 16种,更有大量文稿首次整理刊布。

3461

章伯钧珍藏善本古籍与安徽省图书馆的故事[J]/张海政. --江淮文史,2015,01:143 - 145 + 152

本文记述章伯钧珍藏善本古籍与安徽省图书馆的感人故事,让人们尤其是安徽的父老乡亲了解这段文化传承的历史佳话,从而激发社会上更多的人来关注和保护承载着传统文化的典籍文献。

3462

章太炎《膏兰室札记》在古籍整理上的价值[J]/丁寅飒,周掌胜. --语文教学通讯·D 刊(学术刊),2014,12:88 - 90

《膏兰室札记》是章太炎先生早年在杭州诂经精舍求学时所作的读书札记。该书对传统古籍中的部分字词文义进行考释,见解独到。从校勘、注释两方面列举数例,阐述《膏兰室札记》在古籍整理上的价值。

3463

章太炎先生"转注"说及其在阅读古籍上的运用[J]/叶键得. --儒学研究论丛(在台湾地区发表),2014,06:165 - 178

本文就主音派中的章太炎先生的说法加以阐述,次举林尹先生、孔仲温先生"转注"的分类,后再举数例说明"转注"如何运用在阅读古籍上。

3464

《昭明太子集》版本源流考[J]/彭婷婷. --中华文化论坛,2014,08:87 - 92

本文从相关文献入手,清理了《昭明太子集》自宋迄今的八个版本,分为三大系统:五卷本系统、七十二家本系统、六卷本系统,并详细分析了它们之间的授受源流、版本特点,以期为《昭明太子集》中作品的进一步研究打下基础。

3465

赵府居敬堂本《灵枢经》校勘回眸[A]/钱超尘. --中华中医药学会. 第二十一次中医经典文本及医古文研究学术交流会论文集[C],2012

本文回顾了南宋史崧本、元古林书堂本和明代所有《灵枢经》版本。重点研究 20 世纪 20 年代萧延平《灵枢校勘记》。

3466

赵府味经堂本与《四库全书》本《诗缉》版本优劣考辨[J]/孔德凌. --图书馆理论与实践,2013,09:60 - 62

笔者以北图珍本丛刊中影印的赵府味经堂本《诗缉》为底本,以上海古籍出版社影印的《四库全书》本《诗缉》为校本进行对校,比较了两者的优劣。

3467

赵孟頫与元代中期诗坛[M]/刘竞飞著. --北京:中国社会科学出版社,2013

本书为古籍整理类作品,主要收录元代诗人、书画家赵孟頫的诗文作品,繁体直排,校以双行夹注形式标于文中,注以篇后注形式标于每篇之后。该书亦做了部分辑佚工作,收入赵孟頫文集所不载之诗文、题跋等数十篇。

3468

赵时春文集校笺[M]/杜志强整理. --天津:天津古籍出版社,2012

本书是对《赵时春文集》的首次点校、笺

注,国内尚无同类选题。其笺注部分主要是对文章的写作背景、相关人物、事件、时间进行介绍。

3469

赵万里的版本目录学成就[J]/宋文燕. --学理论,2013,02:144 - 146

本文对赵万里在版本目录学方面的研究成果进行梳理,以便大家研究学习。

3470

赵万里文集(第1卷)[M]/赵万里著;冀淑英,张志清,刘波主编. --上海:上海科学技术文献出版社;北京:国家图书馆出版社,2011

本书是著名学者、版本目录学家赵万里先生的文集第一卷,收录先生关于王国维研究、书籍版本学、《永乐大典》研究、史料目录学及考证类文章38篇。前附赵芳瑛、赵深编《赵万里先生传略》,后有宿白先生跋文。本书具有重要史料价值和学术价值。

3471

赵万里文集(第2卷)[M]/赵万里著;冀淑英,张志清,刘波主编. --上海:上海科学技术文献出版社;北京:国家图书馆出版社,2012

《赵万里文集(第2卷)》内容包括:斐云词录、谈柳词、词概、王子高芙蓉城故事考、崇高的友谊——记苏联政府赠送的《刘知远诸宫调》、和《聊斋图说》、《天宝遗事诸宫调》校辑、旧刻《元明杂剧》二十七种序录、《元明杂剧》之新发现、关汉卿史料新得、一点补正、关汉卿散曲辑存、写在《琵琶记》之后等。

3472

赵万里文集(第3卷)[M]/赵万里著;冀淑英,张志清,刘波主编. --上海:上海科学技术文献出版社;北京:国家图书馆出版社,2012

《赵万里文集(第3卷)》主要内容包括:馆藏善本书提要、刘随州文集十一卷外集一卷、封氏闻见记十卷、重广会史五十卷、册府元龟残本七卷、芦浦笔记十卷、大唐六典三十卷、西汉贯制丛录七十二卷、南齐书五十九卷、辛稼轩词四卷、东坡词二卷补遗一卷、友古词一卷、典雅词十四种等。

3473

折中于文士与讲学之间——《四库全书总目提要》对《诗经原始》阐释模式的影响[J]/韩立群. --河北师范大学学报(哲学社会科学版),2013,03:127 - 131

《四库全书总目提要》将经学阐释分为"讲学"与"文士"两家,并标举为宋代以后两类代表性的阐释模式。这种划分波及当时及后来学者的经学研究中。方玉润的《诗经原始》在阐释方法上即表现出与《四库总目》的学术史关系,形成了其别具"文士"阐释特色的《诗经》学研究。

3474

浙藏敦煌文献校录整理[M]/黄征,张崇依著. --上海:上海古籍出版社,2012

《浙藏敦煌文献》收录浙江省公家所藏东晋至宋初的敦煌写本201件,包括佛教经卷、道经、经济文书、愿文、诗词、小说、书仪、画像等。藏品多为汉文写本,有少量藏文、回鹘文写本。此外,还有零星裱装及包裹写卷的唐代实物。

3475

浙江鲍士恭汪启淑进呈四库书目辨正[J]/张学谦. --山东图书馆学刊,2012,04:99 - 101

本文系对《四库采进书目》鲍士恭、汪启淑两家进呈目中书名、卷数、著者、版本及来源等方面内容的考订,纠正了原书中的一些讹误。

3476

《浙江采集遗书总录》与《四库全书总目》比较研究[J]/何灿. --图书馆建设,2013,08:88 - 91

《浙江采集遗书总录》与《四库全书总目》均在纂修背景、著录对象、编撰体例、提要内容等方面均有诸多相似之处,《四库全书总目》对《浙江采集遗书总录》多有参考和借鉴。通过对两部书目的比较分析,可以认清二者之间的关系,有助于四库学研究。

3477

《浙江大学国家珍贵古籍名录图录》序[J]/陈东辉. --澳门文献信息学刊(在澳门地区发表),2014,01

本文乃《浙江大学国家珍贵古籍名录图录》之序。浙江大学古籍藏书的数量和质量在浙江省位居前列，在全国也具有较大影响，并且特色鲜明。文章详细论述了浙大古籍藏书的源流、现状及特色等。

3478

浙江大学图书馆藏经部善本书题跋辑录[J]/甘良勇.--文献,2013,01:107－115

据《杭州大学图书馆善本书目》，浙江大学西溪校区图书馆收藏经部古籍善本书156种，有题跋者35种。本文对尚未公布且文字内容较完整的10种题跋予以整理并作考证。

3479

浙江绍兴第一中学所藏清末古籍述略[J]/蔡彦.--浙江高校图书情报工作,2012,02:50－55

浙江绍兴第一中学图书馆现收藏清末以来古籍图书近千种，文章将其分为新学类、《武英殿聚珍版丛书》、其他三类，予以介绍。

3480

浙江省地县古籍修复工作调研报告[J]/阎静书,汪帆.--兰台世界,2012,26:52－53

本文借助调研报告和统计数据，阐述浙江省地县古籍修复工作中存在的问题，分析其中的原因，在此基础上提出相应对策。

3481

浙江省古籍普查手册[M]/陈谊编著.--北京:国家图书馆出版社,2013

本书按照《浙江省古籍普查工作实施办法》的要求，参考《中华古籍总目编目规则》等文献，将《全国古籍普查登记手册》《古籍特藏破损定级标准》等规定的如客观著录、文字规范等普查原则，进行了细化、规范化。并对现实存在的多种古籍信息著录方法作了明确统一的规定，避免矛盾。

3482

浙江省四库呈送书数量考[J]/姜雨婷.--图书馆研究与工作,2012,02:74－77

浙江省是向四库馆呈送图书最多的省份之一，其献书数量问题，受到许多学者的关注。文章依据《各省进呈书目》《四库馆进呈书籍底簿》《纂修四库全书档案》，逐次考察浙江省向四库馆呈送图书的数量问题。

3483

浙江省"中华古籍保护计划"实施的调查思考[A]/蔡彦.--国家古籍保护中心.古籍保护研究(第一辑)[C],郑州:大象出版社,2015

本文介绍"中华古籍保护计划"的具体内容，详述浙江省古籍保护工作的四大重点，对浙江省古籍普查工作提出思考和分析。

3484

浙江汤氏臼吼宣和马氏智林图书馆藏书述略[J]/骆伟.--河南科技学院学报,2015,11:68－71

智林图书馆由汤氏之婿马一浮抗战期间创办的"复兴书社"易名而来。马、汤两家藏书移藏广东的经历奠定了今天广东省社科院图书馆的古籍典藏基础，延续了江浙藏书的一支文脉。

3485

浙江图书馆古籍文献修复研习及参访重要藏书楼记述[J]/涂静慧.--(在台湾地区发表),2011,02:7－8

本文为作者到浙图研习古籍修复的总结。

3486

浙江图书馆古籍修复纸张实物库建设及数字化管理[J]/柏萍,阎静书.--兰台世界,2015,02:155－156

本文介绍浙江图书馆古籍修复用纸，建立古籍修复纸张实物库、用纸数据库情况，对修复用纸实物库建设及数字化管理进行了实践及探讨。

3487

《针灸逢源》现存刻本考证[J]/孙洋,任玉兰,邹鹏,梁繁荣.--中国针灸,2013,08:759－764

在对清人李学川《针灸逢源》的版本源流、系统、特征及馆藏情况等方面进行全面梳理和辨析的基础上，通过对《中国中医古籍总目》《中医图书联合目录》《中国医籍大辞典》等著录信息的比较，确定"棣华草堂刻本"为善本。

3488

针灸古籍整理思路探讨——编写《中华针灸宝库》体会［J］/郭静,王麟鹏.--辽宁中医杂志,2014,10:2209－2210

我国首部明清针灸古籍丛书《中华针灸宝库·明清卷——贺普仁临床点评本》已正式出版。现将《中华针灸宝库》特点及编纂思路、方法作一介绍,探讨在系统整理古籍同时,从临床视角解读古典文献的研究思路,以期对针灸古籍整理工作提供借鉴。

3489

针灸治疗产后疾病的历代文献研究［D］/叶金国.--广州中医药大学,2013

本文研究收集历代文献中所有关于针灸治疗产后疾病的记载,经过历代分类整理,总结出有关研究针灸治疗产后疾病的种类及相关的腧穴证治疗等,为现今临床提供有参考价值的数据。

3490

珍本古籍还要分析对待［J］/程毅中.--古籍整理出版情况简报(总526期),2014,12:34－35

作者认为,珍本古籍应逐一分析其特点,而不应等同而观。

3491

珍贵的女子教育文献——《齐国樑文选集》、《吕碧城文选集》简评［J］/瀚青.--河北师范大学学报(教育科学版),2013,01:1

2012年河北师范大学迎来了建校110周年华诞。10月份由河北师大副校长、博士研究生导师戴建兵教授编选的《齐国樑文选集》《吕碧城文选集》由天津古籍出版社正式出版发行,为校庆献上了一份厚礼。

3492

珍贵古籍文献保护工作的创新与实践——中华古籍保护专题调研［A］/孙枫.--全国中小型公共图书馆联合会.全国中小型公共图书馆联合会2014年研讨会论文集［C］,2014

本文从古籍存藏基本情况、乐山市古籍保护现状与分析等方面阐述乐山市古籍工作面临的问题,提出图书馆中华古籍保护工作的原则,以及公共图书馆古籍保护工作的具体方法和对策。

3493

《真诰》与《登真隐决辑校》出版［J］/朱立峰.--古籍整理出版情况简报(总495期),2012,05:27－30

本文分析了《真诰》与《登真隐决辑校》的内容、价值和出版意义。

3494

《枕藏外科》版本源流考［J］/王丽.--山西中医学院学报,2012,06:4－7

对《枕藏外科》版本的研究,有助于对该书学术源流及学术价值的研究和利用。经比对,发现《中国中医古籍总目》著述与实际版本有不符之处。通过对各版本特点及相互关系的研究,发现该书的版本流传系统分为两个,其一,以胡刻本为代表;其二,以元盛堂本为代表。

3495

镇江市古籍普查和保护工作研究［J］/任罡.--镇江社会科学,2012,01:79－80

本文介绍了镇江市古籍保护工作现状,并对加强古籍保护提出了几点思考。

3496

峥嵘一阁起东南——访天一阁［J］/李洁莹,黄友平.--宁波通讯,2013,06:46－49

本文介绍天一阁的沧桑经历,以及为何能够在中国藏书历史上成为一座不可企及的丰碑。

3497

整旧如新的古籍修复方法——三种金镶玉方法论［J］/葛瑞华,杨健.--图书馆工作与研究,2012,12:98－100

金镶玉是古籍整旧如新的主要方法。本文重点论述金镶玉这种修复方法的分类及其异同和在实践中的适用范围及意义。

3498

整理出版少数民族古籍善本及其利用简论［J］/作者不详.--新疆大学学报(哲学社会科学维文版),2014,04:42－48

作者立足相关理论,在探讨如何保护古籍善本的同时,提出如何具备古籍善本研究工作需要的条件,促进古籍善本开发和利用等方面的看法和建议。

3499

整理单在古籍文献使用中的作用[J]/刘玉芬. --黑龙江史志,2014,11:271

古籍文献藏品的使用率在逐年提高,需要从多方面保护藏品。合理使用整理单,充分发挥整理单的记录备忘作用,可以避免古籍文献使用过程中出现问题。

3500

整理国故以传承文脉的《古籍杂谈》[J]/聂凌睿. --山东图书馆学刊,2011,01:121 – 122

穆衡伯先生曾在中央民族大学图书馆工作,根据数十年工作经验撰写了《图书杂谈稿》的书稿,后以《古籍杂谈》为名出版。本文对这本书的内容、体例、长处等进行了细致介绍。

3501

整理与利用两手抓——浦江县历史文化古籍抢救保护工作侧记[J]/张益民,戚永嘉. --浙江档案,2013,11:24 – 25

近年来,在积极推进"档案文化建设"战略的进程中,浦江县档案局十分注重对当地历史文化古籍的挖掘研究,一手抓整理,一手抓利用,每年都精心设计活动载体,使之亮点纷呈、精彩不断。

3502

整理与研究异同辨——有关古籍整理研究若干问题之一[J]/姜亮夫. --古籍整理出版情况简报(总533期),2015,07:21 – 27

本文论述了古籍整理与研究的联系与差别。整理是以"书"的本体为主,旨在把书的真面目弄清,弄准全盘,这是一种客观的方法;而研究则以书为基础,体现的是研究者的主观意图。整理与研究,一是客观回归书体本身,一是主观代求作者"意图"之完成。

3503

《正杨》版本源流考论[J]/朱仙林. --古典文献研究,2014,01:216 – 230

明代学者中以渊博而著称者,嘉靖、万历间的陈耀文(1524 – 1605)当居其一。其所著

《正杨》《天中记》等为世人熟知,而《正杨》一书因专门针对杨慎(1488 – 1559)学术之纰缪而发,故在当时即引发了学界的广泛关注与热烈讨论。如明朱国祯(1558 – 1632)《涌幢小品》卷一八"正杨"条就说:"杨用修博学,有《丹铅录》诸书,便有《正杨》,又有《正〈正杨〉》。"

3504

证古烁今的中国"羊皮卷"——《广舆图》[J]/唐相平. --河南图书馆学刊,2014,07:132 – 135

河南省图书馆馆藏《广舆图》,作者罗洪先,明代嘉靖刻本,名列首批《国家珍贵古籍名录》,是中国古代第一部综合性地图集。盛世华章,证古烁今,《广舆图》是我国地图学史上珍贵的财富,堪与欧洲中世纪绘于羊皮上的《加泰罗尼亚地图》媲美。

3505

证治准绳[M]/(明)王肯堂辑. --北京:人民卫生出版社,2014

《证治准绳》为明代著名医家王肯堂编撰,是中医内科、妇科、儿科、外科综合性著作。自明代刊行以来,影响甚大,为历代医家所推崇。本书经点校出版,校勘精审,系国家古籍整理规划项目之一,体现了古今研究成果。

3506

郑板桥诗文集注[M]/王庆德注. --北京:文化艺术出版社,2014

本书所注诗词文章皆以上海古籍出版社1979年新一版《郑板桥集》所载,散见于其他书籍报刊者未予收注。为较全面地反映郑板桥的文学成就,于《郑板桥集》之外,经鉴别核对,审慎取舍,另收注其对联130副。注释力求准确,简明,详尽。

3507

郑樵《通志·艺文略》收书丰富的原因及启示[J]/张建会. --清远职业技术学院学报,2013,01:32 – 34

南宋著名文献学家郑樵在《通志·艺文略》中开创了当时收书最多的目录书。《通

志·艺文略》著录图书的数量之所以丰富,和郑樵独到的收书方法密不可分。在新形势下郑樵的这些求书方法和理论对目前我国图书馆、博物馆以及档案馆在求书访书方面有着积极的启示意义。

3508

郑氏女科与《坤元是保》[J]/林士毅,周坚,刘时觉.--浙江中医杂志,2013,02:94-95

郑氏女科是著名的家族世医,已历八百多年历史,代代相传,名医辈出。《坤元是保》成书于南宋,为郑氏女科始祖薛轩辑,是现存郑氏女科抄本中成书最早的一部。

3509

郑思肖《心史》在朝鲜半岛[J]/陈福康.--中华文史论丛,2015,01:319-332+402

宋元之际郑思肖铁函沉井之《心史》,在日本、朝鲜半岛有重大影响,但后从未有人揭示过。本文从朝鲜半岛的汉文古籍中发现有关史料,《心史》约在李朝正祖二年戊戌(1778)由著名学者李德懋传入朝鲜半岛,随后在李德懋、赵普阳等一大批学者的诗文中,或题咏或评述或引用了《心史》。《心史》在朝鲜半岛"尊周思明"运动中和反日侵略中都发挥了作用。

3510

郑振铎编《玄览堂丛书》的底本及入藏国家图书馆始末探略[J]/刘明.--新世纪图书馆,2014,07:54-60

论文详细描述了郑振铎编印《玄览堂丛书》底本的来源情况。考察了郑振铎等在上海"孤岛"所搜购的古籍善本的流散,借以呈现《玄览堂丛书》底本散在三地的历史原因,揭示了在流散过程中文化人士为抢救和保存古籍善本所付出的努力。

3511

郑振铎、李一氓藏书及古籍整理思想比较研究[J]/李军.--蜀学,2012,00:176-184

郑振铎和李一氓都是收藏家,都为古籍的保护整理作出了巨大贡献。本文将两位学者放到一起,研究了他们的藏书旨趣、独特见解、突出贡献及高尚品格。

3512

郑振铎抢救中国珍贵古籍文献纪事[J]/陆其国.--都会遗踪,2014,01:75-86

1937年8月13日,日军将侵华战火悍然烧向上海,许多人纷纷逃离,时任上海暨南大学文学院院长兼中文系主任的郑振铎却毅然选择留下,意在抢救中国珍贵古籍文献。本文叙述郑振铎先生抢救中国珍贵古籍文献的经历、艰辛和成果等。

3513

郑振铎《纫秋山馆行箧书目》著录珍籍聚散考[J]/袁佳红.--新世纪图书馆,2014,12:48-51+75

重庆图书馆藏有郑振铎《纫秋山馆行箧书目》全部珍贵古籍,但历来为外界少知。本文揭示了《纫秋山馆行箧书目》著录珍籍的出售原因、收藏原则、收藏来源等。

3514

郑州大学图书馆馆藏古籍善本图录[M]/崔波,胡志荣主编.--郑州:中州古籍出版社,2012

本书依照传统、通行的排列方式,以书影和文字相结合的形式,收录了郑州大学图书馆馆藏古籍善本图录百余种。重在反映我国雕版印刷、活字印刷、彩色套印技术,以及名家手迹、海内外刻本之一斑。

3515

政策护航 遵循标准——关于古籍修复工作的几点设想[J]/王斌.--图书馆学刊,2011,07:76-77

本文结合古籍修复的实际工作提出加强协作、协调,充分利用现代化修复设备,建立古籍破损和修复档案的设想,力争以此为契机,推动古籍修复工作进一步发展。

3516

"政达于人情"的政治心理术语及其重合交叉关系初探——基于四库全书的研究[J]/吴显庆.--黑龙江社会科学,2015,01:55-59

本文分析中国古籍中涉及政治心理的重要术语及其相互关系,具有拓展研究思路、发掘相关材料、提供当代借鉴的作用。

3517

《症治论读》释义[M]/(清)王念岐原著;王树文,刘世峰校释.--北京:学苑出版社,2013

《症治论读》清乾隆时期江南名医王念岐撰著。全书共6卷,内容丰富,实用性强,堪称一部中医临证百科全书。今将《症治论读》根据文意进行综合阐释,便于现代人学习应用,提高临床疗效,也可补充现在中医教材辨症识病有关内容。

3518

知不足斋主鲍廷博校勘理念探微[J]/相宇剑,周生杰.--图书馆理论与实践,2012,03:58-61+71

清代学者鲍廷博终其一生从事于藏书、刻书事业。他十分重视藏书和刻书的校勘,秉承意当慎改、务求完善和以还旧观的理念,所校勘的古籍向称善本,受到时人及后世的称赏。

3519

知识元标引在中医古籍临证文献标引中的应用[J]/许雯,柳长华.--国际中医中药杂志,2015,04:296-298

中医古籍临证文献数量庞大,内容复杂,包括理、法、方、药等方面,如要获取和利用古籍中的临证知识,必须建立一套相对严谨的知识网络和语义关系网络。知识元标引是对古籍文献内容进行合理解构,揭示古籍中蕴含的知识和信息,成为发现知识的重要方法和途径。

3520

《直斋书录解题》版本传播研究[J]/潘远璐.--戏剧之家,2015,14:245-246

《直斋书录解题》成书距今约800年,经历了一个由显至晦、由晦到显的传播过程。成书后,无缘雕版刊行,仅以抄本流传,最早传抄此书的人是程棨。明内府藏有程棨批注本,明初修《永乐大典》时即据此本抄入。清代有两种抄本残卷流传于世,一是现存于国家图书馆的元抄本,二是现存于北京大学的李盛铎木犀轩旧藏据宋筠藏本过录的本子。乾隆年间卢文弨重辑该书。1987年上海古籍出版社出版的徐小蛮、顾美华点校本,是目前收录该书较为全面的本子。

3521

纸厂印记在清代中文善本古籍版本鉴定之运用[J]/张宝三.--(在台湾地区发表),2015,02:35-52

本文针对纸厂印记在清代中文善本古籍版本鉴定之运用及其相关问题,举例加以讨论。

3522

纸质藏品防治虫霉技术的评价[J]/刘家真.--国家图书馆学刊,2015,06:71-82

本文对馆藏文献虫霉化学防治法与非化学防治法进行了剖析与评价,并对国内曾经使用及还在使用的具体方法进行点评。指出利用非化学法完全可以达到预防馆藏文献虫霉发生的目的,紧急情况下方可以采用熏蒸法;建议尽量不用化学法。本文还讨论了冷冻法、低氧法,指出其可能损坏藏品的风险区、使用中必须注意的关键问题。

3523

纸质文物保护方法可行性再探[J]/李文龙.--鄂尔多斯文化,2014,01:32-33

我国拥有数量庞大的各种古籍善本,纸质文物出现了发黄霉变、粉化脆断、难以长久保存等问题。本文试图对纸质文物保护的可行性方法提出些建议性探讨,希望能达到抛砖引玉的作用。

3524

纸质文物的脱酸加固新技术及其应用研究[D]/李青莲.--浙江大学,2014

本文首次将等离子体技术与静电纺丝技术应用于纸质文献的保护,使用等离子体技术对酸化纸张进行脱酸,进而使用静电纺丝技术对脱酸后的纸张进行封护,在对其进行加固的同时,也可以极大程度上减缓其二次酸化的速率。

3525

咫尺小景 意味无穷——《笺纸标本》赏析[J]/徐进.--东方收藏,2013,03:116-117

《笺纸标本》搜集从宋代到民国期间68

种保存完好的笺纸样式标本,有本土的,也有朝鲜与日本的,虽不能代表纸的全部,但却能代表从宋代以后历朝各代的特色精品。本文对此进行了细致的赏析。

3526

志不求易 事不避难[N]/陈士强.--中国社会科学报,2014－06－04B04

《大藏经总目提要》是综括历史上刊行的各个版次的汉文《大藏经》所收典籍而分类编制的提要。

3527

致力打造经典阅读品牌——南京图书馆古籍展演活动之探索[N]/徐忆农.--图书馆报,2015－11－27A08

南京图书馆多年来在古籍展演方面持续探索实践、开拓创新,取得了品牌效应。本文从"普及·提升·引领"与"品牌效应凸显"两方面,将其经验予以展示,以资业界同行品评。

3528

中古文化宝藏的可贵探索——古籍整理出版专项经费资助项目《弘明集校笺》评介[J]/陈道贵.--古籍整理出版情况简报(总522期),2014,08:22－24

本文介绍了《弘明集校笺》的三大特点:校勘较精审,笺注较精要,重视佛经音义与俗字考证等。

3529

中古医书文献及研究概况综述[J]/王前.--佳木斯教育学院学报,2012,06:425－426

本文通过对中古医书文献及其研究概况进行考察分析,可以看出,从语言文字角度对中古医书文献的研究取得了很高的成就,但同时由于年代等多方面原因的局限,这些研究成果中也存在一些局限与偏颇之处,因此中古医书文献中还有很多值得我们深入研究的内容。

3530

中国传媒大学何其芳藏书的价值与管理研究[J]/冯佳.--重庆图情研究,2012,04:56－60

中国传媒大学图书馆藏何其芳先生所赠图书有其批注和有关红学论著论文。本文分析了该图书价值所在,提出如何科学保存、管理及充分利用藏书,最大限度地发挥其学术资料价值的建议。

3531

中国传统文化与典籍论丛[C]/上海师范大学古籍整理研究所编.--兰州:甘肃人民出版社,2014

本书汇集了上海师范大学古籍整理研究所古典文献学专业2007级－2010级的25篇学士论文,内容涉及中国传统文化的多个方面,分为五个板块,涵盖历史、文学、艺术、语言文字、人文地理、古文献等领域,论述对象的时间跨度从上古到民国。

3532

《中国丛书综录》到《续修四库全书》——顾廷龙先生与上海古籍出版社的情谊[J]/李国章.--古籍整理出版情况简报(总526期),2014,12:5－13

本文历数顾廷龙先生对《中国丛书综录》到《续修四库全书》一系列编纂工作的付出,回顾其同上海古籍出版社结下的深厚情谊。

3533

《中国丛书综录》等所收词集类目录补辑四种[J]/孙赫男.--图书馆杂志,2012,05:94－96

本文根据吉林大学图书馆馆藏古籍文献,补辑漏收词集类丛书目录四种并作叙录。四种词集目录分别是:《花萼联咏集》《海宁三家词》《寿香社词钞》《雍园词钞》。

3534

《中国丛书综录》斠正[J]/王爱亭.--图书馆杂志,2015,04:103－106＋10

《中国丛书综录》是目前国内收录丛书最广、体例最为完备的丛书目录,为古籍整理与研究者不可或缺的权威工具书。然而因其体例复杂,所涉书籍、馆藏众多,难免有所疏误,本文即笔者在平时翻检使用过程中所见的若干著录错误及其辨正。

3535

中国大陆地区古籍数字化问题及对策[J]/

高娟,刘家真.--中国图书馆学报,2013,04：110-119

本文对近30年来中国大陆地区古籍数字化的主要成果进行总结,指出古籍数字化工作从简单的文献揭示向有序的知识组织发展过程极为艰难。通过数据分析与实证调研,分析这一现象出现的制约因素,列举一系列潜在的风险,并提出了突破该瓶颈的对策。

3536

中国地方志数字资源建设的进展与前瞻[J]/毛建军.--广西地方志,2013,01：45-47

随着古籍数字化工作的开展,国内外各典藏机构开始将地方志进行数字化处理,开发了大量的地方志数字资源。这些资源主要分为两类,一类是地方志书目数据库,另一类是地方志全文数据库。联合构建与资源整合已成为未来地方志数字资源开发的必然趋势。

3537

中国古代公藏图书散佚研究[J]/王琳.--河南科技学院学报,2014,11：102-104

本文通过对我国历代公藏图书散佚情况的研究,总结归纳出图书损毁的八大事件。如此大规模图书的损毁一再的发生,其中的教训发人深省,其典型性对于我们以后的图书管理和保存有着巨大的意义。

3538

中国古代蒙学文献研究[D]/宋志霞.--山东大学,2013

蒙学即启蒙之学,是中国古代教育的重要组成部分。蒙学的目的就是去掉这种"蒙昧",达到"养正"的效果。蒙学文献本身的发展、内容、形式、影响等各个方面都有很大的研究价值,但对如此重要的文献历代的研究似乎还不够充分,本文从纵向的历史角度加上横向的专题角度,对蒙学文献的发展、内容分类、特点进行了研究。

3539

中国古代文献保护方法的现实价值[J]/王国强,孟祥凤.--图书情报工作,2012,03：104-108

中国古代创造的系统化文献保护方法和材料,对古代文献的保存产生积极的影响；现存古代文献大部分保存完好或基本完好,足以证明古代的文献保护方法确实具有一定的功效。本文结合古代文献中文献保护理论和实践的有关记载,讨论古代文献收藏中文献保护理念及水火、灰尘、虫鼠、潮霉、破损等防治方法的现实价值。

3540

中国古代文献保护方法一评[J]/刁歆.--商情,2014,48：88-89

本文以中国期刊全文数据库为主要数据来源,在调查国内外1949年以来发表的有关中国古代文献保护方法研究论文的基础上,对文献的年代分布、作者情况进行统计分析,对中国古代文献保护方法的整体研究情况作出综合描述与评价。

3541

中国古代文献校勘思想三论[J]/王记录.--河北学刊,2011,03：59-65

就校勘目的而言,古人有三个层面的认识：首先是求得文献原本之真,恢复古籍原貌；其次是勘正古籍中的错误,不诬古人,有益后人,促进学术发展；再者是通过校勘古籍,稽古右文,经世致用,有利于国家文治建设。

3542

中国古代文献学理论探微[J]/陈东辉.--古籍研究,2013,01：10-19

本文提出不少学者认为古代文献学无理论,这种观点并不符合实际。系统的文献学理论专著直至南宋方才出现,文献学理论的出现远早于此,至少可以上推到汉代。

3543

中国古典文献学在当下的思考[J]/李春燕.--文教资料,2015,04：1-3

中国古典文献学是中国的传统特色学科,是从事文史社科相关工作者不可或缺的一门学问。了解和学习中国古典文献学,首先应该了解什么是中国古典文献学,它的具体研究内容有哪些。同时对其新出现的研究内容和未来可能发展的趋势也应给予足够的重视。

3544

中国古籍版本文化拾微[M]/李明杰著. --北京:社会科学文献出版社,2012

本书以三编的篇幅,对中国古籍版本文化的三层次结构、古籍版本文化源流及古籍版本文化保护进行了梳理。

3545

中国古籍版本学的个性之作——评黄永年著《古籍版本学》[J]/郝建强,赵玉. --安徽文学(下半月),2011,03:62

黄永年先生所著《古籍版本学》一书,个性突出,观点鲜明,作者所讲多为自己观点。结构清晰,对"善本"的界定比较科学,侧重版本史和版本鉴别的研究,但也存在一些不足。

3546

中国古籍保护技术体系建设的基本路径研究[J]/王国强. --图书情报工作,2013,08:74 - 77 + 96

本文提出中国古籍保护技术体系建设的基本路径应以中国传统图书保护技术为主,辅之以当代物理技术和化工技术。这个路径符合古籍保护的基本原则,适应保护对象和传统保护技术的物理特征,并在中国古籍保护实践中得到了效果验证。

3547

中国古籍保护与修复现状研究[J]/李爱红. --中国校外教育(下旬),2011,24:20

本文介绍我国古籍分布状况,指出我国古籍保护与修复存在的问题、原因。

3548

中国古籍阐释概述——以古今文阐释异同为中心[J]/孔凡秋,邓煜. --山东理工大学学报(社会科学版),2012,2:40 - 43

文章梳理了中国古籍阐释缘起,以皮锡瑞《经学历史》分期为依据,运用西方阐释学术语,对比各个时代古今文家对经典阐释的异同;从共时层面比较经、史、子三类古籍的阐释,说明中国古籍阐释的侧重点在于经学;从历史层面对比古今文产生、争论、融合、复兴、更易五个时代学者对经典的不同阐释,了解中国古籍阐释发展的历程。

3549

中国古籍出版数字化展望[N]/李岩. --中国新闻出版报,2011 - 06 - 13006

中国是世界上唯一有持续不间断文献记载的文明古国,因而古籍存佚数量也是最多最大。从古迄今,先哲存留下来的文献整理与研究便是后人绵延不绝的一项基本工作,也是海外汉学得以昌盛不衰的基础课题。

3550

中国古籍丛书目录编纂研究[D]/秦颖. --复旦大学,2011

本文旨在运用文献学研究方法,通过对清代以来古籍丛书目录的调查浏览,分析爬梳,试图理清中国古籍丛书目录编纂及发展的脉络,总结前人经验,以期得出较为客观的结论,对《续修提要》所含的书目、著者及分类等,进行了大量的比勘及统计。

3551

中国古籍的数字化导读研究[J]/朱成林,袁曦临. --图书馆建设,2014,11:50 - 55

数字目录学理论研究为图书馆数字化导读提供了方法论支撑,古籍数字化技术为图书馆数字化导读提供了技术基础。古籍数据库的开发应用仍存在各种问题,需要采取对应的措施加以解决。

3552

中国古籍流散与回归[M]/王宇,潘德利著. --北京:中国社会科学出版社,2012

本书重点揭示了中国珍稀典籍流散与回归的历史发展过程,梳理了中国古籍流散海外的方式与途径;介绍了中国古籍在世界各国流布的概况与现状、海外寻访古籍的艰辛历程,探讨了流散海外古籍回归的路径与策略,提出了古籍回归的理性思考与建议。

3553

中国古籍散佚规律性探析[J]/李玉安,谢泉. --武汉大学学报(哲学社会科学版),2012,3:117 - 124

中国图书文献有数千年的历史,然而留

存至今的万不存一。本文探讨分析了这些文献的散佚规律,基本上可以归纳为战争之乱、水火之灾、虫蛀霉烂、禁毁之烈、编修删毁、重经轻技、愚昧无知、深藏秘阁、复本过少、优存劣汰、传承不守、偷盗抢掠等。其中,前三项是天灾等不可抗力因素外,更多的是人为毁灭和散亡的。

3554

"中国古籍善本目录导航系统"介绍[J]/翁敏修. --国文天地(在台湾地区发表),2011,10:27 – 31

"中国古籍善本目录导航系统"是由台湾汉学研究中心古籍馆与北京大学数据分析研究中心联合制作的古籍善本检索系统,其主页置于中国台湾汉学研究中心官方网站。本文介绍了此系统的检索方式及其价值。

3555

《中国古籍善本书目》补正[J]/杨艳燕. --图书馆工作与研究,2012,01:83 – 85

《中国古籍善本书目》一书共收录山西师范大学图书馆藏善本古籍 210 部。笔者将馆藏善本古籍与《中国古籍善本书目》一一核对,发现该书在著录馆藏善本上有一些失误。本文试将这些失误作以纠正,以便读者查阅。

3556

《中国古籍善本书目》补正一则[J]/韩李良. --江海学刊,2014,03:147

《中国古籍善本书目·史部上·纪传类》第 61 页著录有"《三国志辨误》一卷。清刘履芬抄本(藏于国家图书馆)。《三国史辨》一卷,清叶名澧抄本,叶德辉跋"。两书版本信息不全。笔者查阅相关资料后,发现这两书实为一书之不同抄本,因撰文予以补正。

3557

《中国古籍善本书目》集部·曲类分类献疑[J]/李寒光. --图书馆杂志,2012,03:80 – 83

《中国古籍善本书目》在集部、曲类分类上存在不能将戏曲丛书明确归类的问题,本文通过分析具体条目,说明曲类设汇编之属的必要性,以对今后馆藏书目的编写提出建议。

3558

《中国古籍善本书目》经部分类的不足[J]/戴建国. --图书情报工作,2011,03:138 – 141

本文针对《中国古籍善本书目》经部分类的实际,分析其在类、目的名称与次序方面存在的一些不足,新拟出一个较为稳妥的经部类目表,便于有序编排经部各类目下的书目。

3559

《中国古籍善本书目》举正[J]/王爱亭. --图书馆理论与实践,2011,05:66 – 69

《中国古籍善本书目》偶有疏漏,本文列举了笔者平日翻检时所见的若干疏误并进行了辨正。

3560

《中国古籍善本书目》指瑕[J]/何灿. --图书馆学刊,2012,12:122 – 124

《中国古籍善本书目》中存在一些值得商榷之处,如部分书名、作者著录有误,著者朝代不确,版本认定不当等。本文列举数例,进行了考辨。

3561

《中国古籍善本书目》指瑕十二则[J]/崔晓新. --四川图书馆学报,2011,02:98 – 100

《中国古籍善本书目》著录偶有可商榷之处。笔者在参加国家清史项目《清人著述总目》和《清史艺文志》中偶见其著录疏误,现一一条辨之,共计 12 条。

3562

《中国古籍善本书目》著录补正六则[J]/仇家惊. --图书馆研究与工作,2011,01:74 – 76

笔者在检索利用《中国古籍善本书目》过程中,发现收录其中的馆藏古籍善本著录舛误六则,故力求在"目验原书"的编目实践中进行审慎考辨,对著者、版本、卷数、著作方式、版本年代、出版者名称和批校方式进行了补正。

3563

《中国古籍善本书目》著录孔氏及他姓著述辨误[J]/周洪才. --山东图书馆学刊,2012,05:93 – 97

《中国古籍善本书目》中的孔氏及他姓著

述之版本、著者等方面存在若干问题,本文列举其中数例,进行了考辨。

3564

中国古籍书名研究[D]/黄威.--四川大学,2011

在今人的观念中,书名为书籍不可或缺的一部分,但在先秦时期却并非如此,余嘉锡《古书通例》,周秦、西汉"古书多无大题"。本文着重梳理书名如何从无到有,成为书籍的必要项,在这一发展过程中经历了怎样的历史进程,以及在不同书籍载体上,书名的题写又有何特点等。

3565

中国古籍索引编制软件概述[J]/黄建年.--图书馆学研究,2011,19:65 – 68 + 101

本文概述我国从20世纪80年代中叶至今,利用计算机编制古籍索引的过程。随着古籍索引编辑系统逐渐成熟,一些大型古籍索引编辑系统相继出现,四川大学研制的"中文索引编制系统"以及广西大学研制的"类书索引编制系统"为其中的杰出代表。

3566

中国古籍文献的整理理论与方法[J]/师宝玉.--经济研究导刊,2013,21:235 – 237

本文提出古籍文献整理的指导思想,介绍古籍文献的校勘、抄纂,古籍文献整理手段的现代化。

3567

中国古籍文献数字化研究综述[J]/石光莲,郑伟伟.--重庆图情研究,2014,03:49 – 52

随着信息技术快速发展,互联网技术普及,数字化成为古籍保护和利用的重要途径。本文在论述中外古籍数字化研究概况的基础上,探讨了古籍数字化标准、人才培养以及数字化古籍的检索利用在实践中存在的问题,并提出了对古籍数字化的展望。

3568

中国古籍修复与装裱技术图解[M]/杜伟生著.--北京:中华书局,2013

本书以简明的文字和1600余幅图片,全面地介绍和演示了中国传统古籍修复技术和

知识。

3569

《中国古籍珍本丛刊·澳门大学图书馆卷》前言[J]/邓骏捷.--澳门文献信息学刊(在澳门地区发表),2015,14:186 – 193

本文为《中国古籍珍本丛刊·澳门大学图书馆卷》的前言。该丛刊收录澳门大学图书馆所藏珍稀古籍13种,所选书目多为收藏单位在三家以内的古籍,或尚未见于公私书目的著录,具有较高的文献和学术价值,尤以岭南地区和澳门文献的收录为主要特色。

3570

中国古籍中的版画插图艺术[J]/闫青青.--参花(下半月),2015,07:145 – 146

书籍因其承载的历史文化、思想经验、知识技术、审美艺术等丰富的内容而充满精神属性,与其相对的物质属性则是他的形态以及传统插图等,我国古代书籍的插图版画随着书籍的发展有着悠久的历史。本文介绍了古籍版画插图的起源、艺术特色,以及对现代书籍插图创作的启示。

3571

中国古籍中所载毒菌及其毒性[J]/芦笛.--"中华"科技史学会学刊(在台湾地区发表),2012,17:1 – 15

本文概述了中国古籍中保存的大量与毒菌有关的资料。

3572

中国古籍装具[M]/陈红彦,张平编著.--北京:国家图书馆出版社,2012

本书介绍了中国古籍装具的历史、功用、材料及设计等,对于当代的古籍保护和图书的装帧设计颇具借鉴价值。

3573

中国古籍资源调查的划时代硕果——评《中国古籍总目》[J]/杜泽逊.--古籍整理出版情况简报(总535期),2015,09:15 – 24

历时21年编辑完成的《中国古籍总目》是古籍资源调查的丰硕成果,是古典目录学上的空前巨制,也是今后古籍保护整理研究出版工作的一扇大门,本文围绕上述三点评

价了该书的版本特色和出版价值。

3574

《中国古籍总目》编纂出版工作汇报［J］/杨牧之.--古籍整理出版情况简报（总503期），2013,01:8－9

本文简述了《中国古籍总目》编纂出版情况、总目所涵盖的范围、录入的标准等。

3575

《中国古籍总目》：传承与创新［N］/赵昌平.--中华读书报,2013－01－16009

寻访编纂先后17年，编辑出版又3年余，经过数代学人、出版人20年的沉潜摩挲，辛勤努力，著录中国古籍177107种的《中国古籍总目》五部57类，凡26巨册终于面世了。《总目》出版学术上的意义大家已多有论述，这里仅就学术研究的传承与创新谈一点看法。

3576

《中国古籍总目·丛书部》的收录与古籍丛书目录的后续整理［J］/刘宁慧.--澳门文献信息学刊（在澳门地区发表）,2013,08:33－57（阙如）。

3577

《中国古籍总目·丛书部》与《中国丛书综录》比较研究［J］/彭喜双,陈东辉.--澳门文献信息学刊（在澳门地区发表）,2012,07

本文通过与《中国丛书综录》的比对，总结《中国古籍总目·丛书部》优点。在充分肯定《中国古籍总目·丛书部》所取得的诸多重要成绩的同时，实事求是地指出其在编排、分类、著录、排版等方面存在的一些可以改进或商补之处。

3578

《中国古籍总目》及《索引》之编纂［J］/吴格.--中国索引,2013,04:33－37

文章介绍了《中国古籍总目》的编纂原委、编纂分工、编纂文件、收书范围、分类设置、立目原则、著录内容、编排规则，《总目索引》的编制，《总目》及《索引》的编纂意义。

3579

《中国古籍总目·经部·书类》订误［J］/江曦.--图书馆杂志,2014,08:102－104＋109

最近编纂的《中国古籍总目》有一些讹误，笔者发现《总目·经部·书类》讹误12条，包括版本著录讹误、卷数著录讹误、作者著录讹误、馆藏著录讹误、文字脱讹等，缀文予以分类考辨。

3580

《中国古籍总目·史部》之"宋刻本《史记》"条目补正［J］/丁一,丁延峰.--图书馆理论与实践,2012,01:54－58

《中国古籍总目·史部》在著录宋刻本《史记》时，出现了失收版本、卷次题跋及著录错误等问题，本文进行了补正并探究了成因。

3581

《中国古籍总目》指瑕［J］/史广超.--图书馆工作与研究,2014,01:78－80

本文对《中国古籍总目》在编排、版本信息及版本调查方面存在失误和遗漏进行了有关考证。

3582

中国古籍总数普查工作的重大成果［N］/杨牧之.--中国新闻出版报,2013－01－21005

《中国古籍总目》编纂工作，自1992年以来，历时17年，于2009年6月终告完成。期间规划筹备、调查清理、编纂审订、校勘定稿、印制出版，几十家图书馆、几百名专家学者，同心同德、群策群力，完成了"总目"巨著，加深了对中华古籍博大精深的认识。

3583

中国馆藏"和刻"中医古籍［J］/白华,杨居让.--收藏,2013,17:92－94

中医古籍的外传，推动了周边国家传统医学的发展，也出现了国外翻刻的特殊形式的中医古籍。传入日本的中医古籍，不但将先进的中医药知识和经验带进日本，并且通过和刻的形式在彼邦得到了良好的保存、翻刻和研究，部分和刻中医古籍在清代以后又返传中国。

3584

《中国荒政书集成》的史料价值［J］/程歗.--博览群书,2012,05:63－65

国家清史编委会资助出版的《中国荒政

书集成》,为天津古籍出版社 2010 年 3 月版,共 12 册,由李文海、夏明方主编,是当前清史纂修工程和中国古籍整理出版项目中的一件大事。

3585

《中国基本古籍库》和《瀚堂典藏》两大古籍数据库比较研究[J]/王大盈. --情报杂志,2011,S1:157 - 158 + 161

本文详细介绍并对比《中国基本古籍库》和《瀚堂典藏》两大古籍数据库在收录内容及标准、检索方式、使用和不足方面的异同,以期利于读者查询使用。

3586

中国近代藏书家藏书访集活动的比较研究[D]/项晓晴. --广西民族大学,2012

本文通过对近代 35 位具有代表性的藏书家藏书访集活动的实践行为进行比较,叙述他们在藏书访集的准备阶段以及寻访、收藏阶段中的行为习惯和经验方法,揭示影响图书收藏行为的原因、因素,收藏各环节之间的相关性,及其对古籍收聚、保存所做的贡献。

3587

中国蒙古学研究和蒙古古籍文献的保护利用[J]/安雪梅. --时代经贸,2013,02:61 - 61

本文介绍了蒙古民族古籍文献国内外散存现状及蒙古古籍文献的搜集工作,提出中国蒙古学研究在利用和整理蒙古古籍文献的同时,也是蒙古古籍文献实现其价值延伸和保护的途径,二者是相辅相成的。

3588

中国民族图书馆馆藏国家珍贵古籍分析研究[J]/崔德志,宝音. --内蒙古民族大学学报(社会科学版),2015,02:112 - 115

文章对我国古籍特别是少数民族古籍的整理工作进行简要回顾,对《国家珍贵古籍名录》的基本情况进行简要论述,重点分析中国民族图书馆馆藏国家珍贵古籍的数量、年代、版本、文种等情况,并就少数民族古籍的整理研究工作提出建议。

3589

中国民族图书馆馆藏满文古籍概述[J]/姜永英,海梅. --内蒙古民族大学学报(社会科学版),2014,03:118 - 120

本文对中国民族图书馆馆藏满文古籍文献作以简单介绍,希望能够引起有关专家学者的重视,并加以广泛开发与利用。

3590

中国民族图书馆收藏回族古籍简述[J]/王华北. --中国穆斯林,2012,05:70 - 71

本文从家谱、译著、民国期刊三个方面,分类简述了中国民族图书馆馆藏回族古籍和近代文献。

3591

中国民族图书馆藏文古籍文献的开发和研究[J]/索南多杰. --西藏民族学院学报(哲学社会科学版),2013,02:103 - 107

本文综述了中国民族图书馆搜集、保护、整理、研究藏文古籍文献的基本情况,并介绍了中国民族图书馆在馆藏藏文古籍文献开发和研究、古籍资源的综合利用、文献资源的搜集保护以及文献信息数字化建设等方面所取得的研究成果。

3592

《中国目录学史》解题[J]/吴佳良. --办公室业务,2013,17:226

自刘向《七略》刘歆《别录》算起,记载中国古籍的目录之学至今已有两千多年历史。20 世纪初,清朝国力衰微,国祚日薄,受西学东渐与进化论的影响,文化界兴起了整理国故的思潮,并且首先表现为语言文化领域的奋勇开拓。

3593

《中国农业古籍目录》补正[J]/何灿. --农业图书情报学刊,2012,11:121 - 124

由中国农业遗产研究室编著的《中国农业古籍目录》是迄今收录农书最多的专门性农业古籍目录,较为全面地反映了中国农业古籍的存佚及收藏情况,对研究中国农史和农业遗产大有帮助。本文对书中讹误疏漏之处进行了补正。

3594

中国少数民族古籍保护与发展报告(1982 -

2012)[M]/黄建明,邵古主编. --北京:民族出版社,2013

本书是关于1982年至2012年我国少数民族古籍保护与发展情况的报告,分为总报告、省情篇和民族篇三个部分。概括地介绍了我国少数民族古籍事业的重要意义、发展历程和主要成就,以及古籍工作的经验、存在的问题与对策、发展的有利条件与思路。

3595

中国少数民族古籍文化学概论[M]/杨泽明,马更志著. --兰州:甘肃文化出版社,2013

本书作者把民族文化和历史放在时间和空间两个维度,以客观事实与逻辑推理相结合的方法进行研究,既揭示了民族文化发展的历史规律,又突出了民族文化的整体性质,对民族文化的发展趋势、主要功能、文化条件和发展要务进行严谨论证,并提出一系列独特见解。

3596

《中国少数民族古籍总目提要》编辑探微[N]/严峻. --中国新闻出版报,2015－06－29006

《中国少数民族古籍总目提要》是《国家"十一五"时期文化发展规划纲要》《国家"十二五"时期文化改革发展规划纲要》和《少数民族事业"十二五"规划》项目,是中国第一部全国少数民族古籍解题书目套书。

3597

中国少数民族古籍总目提要(朝鲜族卷)[M]/中国大百科全书出版社编辑部编. --北京:中国大百科全书出版社,2012

该书首次比较系统、全面、真实地反映了朝鲜族现有古籍的全貌,是一部了解朝鲜族历史文化概况的书籍。

3598

《中国少数民族古籍总目提要·赫哲族卷》简评[J]/郭天红. --黑龙江民族丛刊,2011,04:190－192

本文简要介绍了赫哲族概况及《中国少数民族古籍总目提要·赫哲族卷》,对《赫哲族卷》进行了评价。

3599

中国少数民族文字古籍源流[M]/崔光弼编. --北京:中央民族大学出版社,2012

本书对我国少数民族古文献的源流进行了系统的梳理与研究,共分为绪论、早期民族文字及文献、隋唐五代时期民族文字及文献、宋辽夏金时期民族文字及文献、元明时期民族文字及文献、清代民族文字及文献等六章。

3600

中国少数民族文字古籍整理与研究[M]/中国民族图书馆编. --沈阳:辽宁民族出版社,2011

本书对少数民族文字古籍的产生、发展及其现状进行研究。作为《中国少数民族文字古籍定级标准》的后续成果,为民族文字古籍普查、定级和整理提供了一手资料。

3601

中国书店藏珍贵古籍图录[M]/于华刚编. --北京:中国书店出版社,2012

2012年为中国书店建店60周年,在此之际,中国书店从历年所珍藏的古籍善本书挑选出共计100种古籍善本进行整理。其中这些古籍善本包括隋唐宋元明清等不同版本,采用高精度扫描、拍摄,而后由编辑进行整理,并添加介绍性文字,现由中国书店出版社结集出版。

3602

中国书店:古籍传承　重任在肩[J]/作者不详. --时代经贸(上旬),2012,11:65－67

本文从肩负古籍传承重任,发掘古书多次涉及海外,保护古籍60年从未停歇,积极跻身文化创意产业概述了中国书店发掘、抢救、保护和传承我国古代典籍文献的情况。

3603

中国书店古籍整理探索的业绩与思路[J]/于华刚. --出版发行研究,2014,06:25－27

本文阐述了中国书店在古籍整理、古籍保护和传承方面践行古旧书行业文化功能的探索,并诠释了新时期古籍整理的思路。

3604

中国书画类古籍题跋的价值与研究综述

[J]/杜沤,郭建平. --作家,2012,08:223 – 224

中国古代画学、画论的古籍数目庞大,但学术界缺乏对此类古籍文献的系统挖掘,艺术学界至今未见对书画类古籍上的手录题跋进行整理并系统研究的成果。长期以来被忽略的研究内容,还涉及对后来研究者来弥足珍贵的版本之优劣,校勘之精粗,以及书籍流传、书林掌故等。本文对此问题的论证,旨在能引起更多学界同仁的关注。

3605

《中国学术编年》的编纂历程[N]/梅新林,俞樟华. --光明日报,2013 – 09 – 24013

《中国学术编年》(9 卷 12 册)历经 24 年编撰,4 年修订,近日由华东师范大学出版社推出。《中国学术编年》上起华夏民族的传说时代,下迄中国帝制的最后终结,共 1000 余万言。这是学术界首次以编年的形式对中国通代学术发展史的系统梳理。

3606

中国医学古籍中论辩体文献述评[J]/兰杰,吴晓忠. --内蒙古医科大学学报,2014,S2:368 – 370

中国医学古籍文献通过文理阐述医理,文以载医道,著作所反映的内容以中医中药为对象,属于自然科学范畴,论辩体文在中国医学古籍文献中占主导地位。本文针对中国医学古籍体裁中的论辩体文献加以阐述。

3607

《中国藏医药影印古籍珍本》简介[J]/多杰仁青,才让多杰. --中国藏学,2014,S1:170 – 172

文章介绍了《中国藏医药影印古籍珍本》的整理背景、整理过程和价值,然后逐条详细介绍了各分卷的主要内容。

3608

中国珍贵典籍史话丛书·打开西夏文字之门[M]/聂鸿音著. --北京:国家图书馆出版社,2014

本书是《中国珍贵典籍史话丛书》之一种,介绍了《番汉合时掌中珠》的出土、保存、刊布、整理、研究等过程及主要内容。该书是现存最古老的双语教科书,曾被学术界誉为

"打开西夏文字之门的金钥匙"。这本书在出土后不久就催生了一个几乎与敦煌学齐名的现代学科——西夏学。

3609

中国珍贵典籍史话丛书·敦煌遗珍[M]/林世田,杨学勇,刘波著. --北京:国家图书馆出版社,2014

本书是我社推出的大型丛书《中国珍贵典籍史话丛书》之一种。全书共分六章,讲述了敦煌石窟被发现、国宝流散、劫余解京等历史。语言生动翔实,叙事清晰、图文并茂。

3610

中国珍贵典籍史话丛书·康熙朝《皇舆全览图》[M]/白鸿叶,李孝聪著. --北京:国家图书馆出版社,2014

本书是《中国珍贵典籍史话丛书》之一种,介绍了康熙朝《皇舆全览图》的测量、绘制、版本流传等内容。康熙朝《皇舆全览图》作为中国第一部经纬度实测地图,奠定了中国地理学、测绘学的基础,成为我国基本地图的基础,影响深远,在中国乃至世界地图测绘史上占有重要地位。

3611

中国珍贵典籍史话丛书·慷慨悲壮的江湖传奇[M]/张忱石著. --北京:国家图书馆出版社,2014

《水浒传》是我国历史上第一部白话长篇小说,也是英雄传奇的卓越代表。本书在遵循客观历史的基础上,用生动通俗的语言讲述了《水浒传》的成书过程、版本情况、思想艺术等等,以史话的形式再现了典籍原貌。

3612

中国珍贵典籍史话丛书·《史记》史话[M]/张大可著. --北京:国家图书馆出版社,2015

《史记》一书的体例内容、文献价值、成书条件、流传情况、作者经历,以及对中国和世界的影响等等,对于雅爱《史记》的人,具有重要意义,本书即是以史话的形式,为读者介绍这些常识。

3613

中国珍贵典籍史话丛书·《太平广记》史话
[M]/张国风著.--北京:国家图书馆出版社,2015

《太平广记》与《太平御览》《文苑英华》《册府元龟》并列宋初四大书之一,在中国古代文化中占有重要地位,对后世具有重大的影响。宋初是白话小说和文言小说大分化的前夜,这一时期出现的《太平广记》,为宋前的文言小说做了一个总结。小说不但描摹一切,而且把一切都融入人生的故事之中。唯其如此,《太平广记》的价值,亦非小说史的研究所能牢笼。

3614

中国珍贵典籍史话丛书·《文苑英华》史话
[M]/李致忠著.--北京:国家图书馆出版社,2014

《文苑英华》是北宋四大部书之一,全书一千卷,上继《文选》,起自萧梁,下迄晚唐五代,选录作家两千余人,作品近两万篇,按文体分赋、诗、歌行、杂文、中书制诰、翰林制诰等类。本书主要介绍了太平兴国三大书之一的《文苑英华》之纂修目的、纂修规模、版本流传及在纂修与流传过程中产生的一些佳话。

3615

中国珍贵典籍史话丛书·西夏文珍贵典籍史话[M]/史金波著.--北京:国家图书馆出版社,2015

本书除介绍国内的西夏文珍贵典籍外,同时也要介绍藏于国外的西夏文珍贵典籍。这一方面是因为藏于国内外的西夏文典籍有着天然的时代和内容联系,另一方面也是因为只有了解藏于国内外的主要西夏文典籍,才能对已入选《国家珍贵古籍名录》的西夏文典籍的内容、价值及其在西夏典籍中的地位有全面、深入的理解,并通过这些典籍介绍使读者了解历经沧桑的西夏文化,进而了解神秘的西夏社会历史。

3616

中国珍贵典籍史话丛书·《永乐大典》史话[M]/张忱石著.--北京:国家图书馆出版社,2015

《永乐大典》是我国古代编纂的一部大型类书,收录入的图书均未删未改。《永乐大典》汇集了上自先秦、下迄明初的八千余种古书典籍,除了著名的经史子集,还有哲学、文学、历史、地理、宗教、医卜等各类著作,包罗万象,是中国历史上最大的一部百科全书。《永乐大典》还收录了许多后世已经残缺或佚失的珍贵书籍。

3617

中国珍贵典籍史话丛书·《玉台新咏》史话
[M]/刘跃进著,马燕鑫订补.--北京:国家图书馆出版社,2015

本书是《中国珍贵典籍史话丛书》中的一种。六朝陈代徐陵编撰的《玉台新咏》,是继《诗经》《楚辞》之后又一部重要的诗歌作品集,也是魏晋南北朝唯一流传至今的诗歌总集。这部诗歌收录了大量的乐府歌诗,在当时都要谱曲传唱,又与音乐发生密切关系,可以说是一部独具特色的歌诗总集。

3618

中国中医科学院馆藏清内府精写本《御纂医宗金鉴》[J]/牛亚华,张伟娜.--中医文献杂志,2012,02:13-15

《御纂医宗金鉴》是一部影响深远的中医必读著作,共90卷,流传有多种版本,然而当初的内府写本目前仅存18卷残本。本文透过中国中医科学院馆藏清内府精写本《御纂医宗金鉴》现存17卷本,可以了解当时编撰的一些情况,对研究《御纂医宗金鉴》有重要价值。

3619

中国中医科学院图书馆古籍保护与利用工作10年回顾与展望[J]/张伟娜,李鸿涛,李兵,符永驰,佟琳,张华敏.--中国中医药图书情报杂志,2015,05:14-17

本文从中医药古籍抢救保护、中医药古籍知识挖掘与利用、其他工作等3个方面对近10年来中国中医科学院图书馆古籍工作进行全面回顾。并在此基础上,对未来中医行业古籍保护和利用工作进行展望。

3620

中华本《孟子正义》点校指瑕（上）[J]/李畅然,王小婷.--儒家典籍与思想研究,2013,00:259-272

本文就中华本《孟子正义》比较重要的点校瑕疵,分断句和普通标点方面的瑕疵、与书名篇名相关的瑕疵、引文起讫方面的瑕疵以及校勘校对方面的瑕疵四个部分加以分析和总结。

3621

中华本《孟子正义》点校指瑕（中）[J]/李畅然.--儒家典籍与思想研究,2014,00:195-216

（同上）。

3622

中华本《孟子正义》点校指瑕（下）——兼评儒藏本《孟子正义》的校勘[J]/李畅然.--儒家典籍与思想研究,2015,00:153-179

（同上）。

3623

中华大典·地学典·气象分典[M]/《中华大典》工作委员会,《中华大典》编纂委员会编纂;郑国光主编.--重庆:重庆出版社,2014

本典由《文献学分典》和《古籍目录分典》组成。分典下设总部,《文献学分典》包括《文献总论总部》《目录部部》《版本总部》《校勘总部》《注释总部》等。

3624

中华大典·法律典·民法分典（全3册）[M]/《中华大典》工作委员会,《中华大典》编纂委员会编纂.--重庆:西南师范大学出版社,2014

《中华大典》是运用我国历代汉文古籍编纂的一部大型工具书。其目的是为学术界及愿意了解中国古代珍贵文化典籍的人士提供准确翔实、便于检索的汉文古籍分类数据。《中华大典·法律典·民法分典》是其中的一部分。

3625

《中华大典·工业典·陶瓷分典》编纂随笔[J]/李绍强.--齐鲁学刊,2011,06:66-71

文章介绍了编纂《中华大典·工业典·陶瓷分典》的缘起、筹备工作、具体编纂过程,《陶瓷分典》的分类、资料内容以及一些有趣的资料。

3626

中华大典·文献目录典·古籍目录分典·经总部[M]/《中华大典》工作委员会,《中华大典》编纂委员会编纂.--桂林:广西师范大学出版社,2015

《中华大典》是对汉文古籍进行全面的、系统的、科学的分类整理和汇编总结的新型类书,是在继承历代类书优良传统、考虑汉文古籍固有特点的基础上,借鉴和参照近代编纂百科全书的经验和方法编纂而成。

3627

中华大典·文献目录典·文献学分典·文献总论、辨伪、辑佚总部[M]/周少川主编.--桂林:广西师范大学出版社,2015

《中华大典》是新中国成立以来最大型的文化工程之一,是采用传统的类书形式对中国传世文献进行全面整理的大型资料丛书。《中华大典·文献目录典》即其中的一部分,该分典下设《文献学分典》《古籍目录分典》两部分,本书稿即为《文献学分典》下设九个总部之一。

3628

"中华古籍保护计划"大事记[J]/国家古籍保护中心供稿.--国家图书馆学刊,2014,05:104-113

本文介绍2007年到2013年"中华古籍保护计划"实施过程中发生的大事。

3629

中华古籍保护计划下的古籍服务研究[J]/陈立.--图书馆杂志,2014,10:62-66

古籍服务存在重藏轻用思想、地区性制度差异、人员素质不高等问题,公共图书馆应该在坚持古籍保护同时,充分利用"中华古籍保护计划"的阶段性成果,通过统一有关政策法规、明确行业指导标准、有效利用再生成果、提高服务方式水平等措施,全面推进古籍服务。

3630

"中华古籍保护计划"中古籍价值传承的良性循环体系研究[J]/张华艳. --图书馆建设, 2013,11:89 - 94

本文指出在实施"中华古籍保护计划"过程中应该完善层级式管理制,责任到人,引进奖励机制;加强知识管理,建立古籍工作资源共享与信息交流空间;从纵向、横向上扩大古籍开发的深度和广度。

3631

《中华古籍联合总目·云南卷》编纂工作探析[J]/高玲. --云南图书馆,2014,01:81 - 82

本文从云南古籍图书实际出发,以古籍编目理论为依据,以国家古籍保护中心颁发文件为准绳,对所收录古籍文献进行准确分类、规范著录、特别是合理进行款目组织。通过列举例证,提出了可行性建议,供编制《中华古籍总目·云南卷》时参考。

3632

"中华古籍善本国际联合书目系统"评介[J]/蔡育儒. --国文天地(在台湾地区发表), 2011,10:21 - 26

"中华古籍善本国际联合书目系统"研制,以国际图书馆合作、打造尽收古籍善本目录公布上网为目标。中国台湾汉学研究中心接管此项目后,按照"边建设边服务"的思路,欲使建成的数字资源得到有效利用。本文以北美三大图书馆书目为例,评介了该系统的概况。

3633

中华古籍数字化的国际合作[J]/刘家真,陈美. --图书情报知识,2013,05:46 - 55

本文通过文献分析与调研数据,指出中华古籍数字化的原因以及数字化中华古籍的难度,论述了中华古籍数字化国际合作的必要性;通过国外对合作数字化中华古籍的需求,证实了国际合作的可行性。在对已有国际合作项目分析的基础上,提出中华古籍数字化国际合作的建议。

3634

中华古籍数字化国际合作及实践探讨[J]/ 龙伟,朱云. --图书馆工作与研究,2013,07: 32 - 35

近年来,合作数字化成为海外中华古籍再生性回归的新途径。本文从古籍数字化工作的内涵和重点切入,结合具体项目实践经验,探讨和总结了古籍数字化合作的模式和方法。

3635

《中华古籍总目编目规则》史部类目设置与目录组织[J]/樊佳琦. --图书馆学刊,2012, 07:73 - 75

通过与《中国古籍善本书目》的比较,总结《中华古籍总目编目规则》史部分类表在类目设置上的优点和不足,同时简要介绍了其目录组织的经验。

3636

《中华古籍总目》分类表(修订稿)[A]/李致忠. --国家古籍保护中心编. 古籍保护研究(第一辑)[C],郑州:大象出版社,2015

本文是作者为《中华古籍总目》中的书目制定的详细分类索引表。

3637

《中华古籍总目》款目组织(修订稿)[A]/李国庆. --国家古籍保护中心编. 古籍保护研究(第一辑)[C],郑州:大象出版社,2015

本文针对古籍书目编制过程中编者缺乏款目组织的明文规定这一现象制定了规则,以确保《中华古籍总目》的高水平编辑质量。在附录中,作者又对《中华古籍总目》的新学类表进行了制定。

3638

《中华古籍总目·天津卷》编纂刍议[N]/天津市古籍保护中心. --光明日报,2012 - 02 - 08007

天津市古籍保护中心与国家古籍保护中心签署编纂《中华古籍总目·天津卷》任务书,至今历时两年,编纂工作已基本完成,即将付梓。

3639

《中华古籍总目·天津卷》对MARC数据的利用及计算机编目方法初探[A]/丁学

松.--国家古籍保护中心编.古籍保护研究(第一辑)[C],郑州:大象出版社,2015

本文作者就自己在参与编纂《中华古籍总目·天津卷》过程中,使用 MARC 数据利用和计算机编目方法的一些经验进行总结与分析,为业内相关从业人员提供一定参考。

3640

《中华古籍总目》著录规则[A]/吴格.--国家古籍保护中心编.古籍保护研究(第一辑)[C],郑州:大象出版社,2015

本文是作者为《中华古籍总目》所制定的详细著录规则。

3641

中华国学文库·论语集释[M]/程树德撰.--北京:中华书局,2013

《论语集释》是传统《论语》学研究集大成式的古籍整理著作,作者为著名学者程树德。该书综合历史上各家之说,对每章文字加以注释,内容分为考异、考证、集解、唐以前古注、集注、余论等,涉及音韵、训诂、释文等方方面面。

3642

中华书局本《醒世姻缘传》方言词注释辨正[J]/王恩建.--语文建设,2014,36:89-90

中华书局校注本《醒世姻缘传》在古籍整理方面做出了贡献,但有些方言词注释还可商榷。文章就其方言词注释存在的问题,结合沛县方言以及前人研究成果,加以辨正。

3643

中华书局姚刊三韵本《类篇·石部》校读劄记[J]/陈源源.--西南交通大学学报(社会科学版),2011,03:17-19+24

今通行本《类篇》有中华书局的姚刊三韵本影印本和上海古籍出版社据上海图书馆藏汲古阁影宋抄本影印本。中华书局姚刊三韵本讹误甚多,以中华书局本(1984年12月1版)为底本,上海古籍出版社本(1988年2月1版)为参校本,对《类篇·石部》进行校勘,可以发现释义和读音方面的一些错误,这些讹误主要是由形近而讹、偏旁讹夺、倒文等原因造成的。

3644

中华文献的传承——从"四库全书"到"藏书大典"[J]/王雪霞.--阅读与鉴赏(下旬),2011,12:24-25

文章在介绍《四库全书》的基础上,顺势推荐《千年藏书大典》,指出这套书以民间、私人藏书为底本原貌影印,不经任何删减、篡改,内容广博,价值极高,使一些珍本、孤本得以广为流传。

3645

中美文献保护与修复教育之比较研究[J]/何祯.--图书馆工作与研究,2013,11:23-26

本文选取中美两国五所设有文献保护与修复专业的学校,对比其在培养目标与类别、培养层次、课程设置三个方面的异同,对我国文献保护与修复教育的发展提出了建议与思考。

3646

中美文献保护与修复职业认证制度比较研究[J]/何祯,何韵.--图书馆论坛,2012,02:152-154+108

本文介绍中美两国文献保护与修复的职业认证制度,在此基础上进行多角度分析比较,并就中国的文献保护与修复职业认证制度提出若干建议。

3647

中日"海上书籍之路"传播中华文明和思想[J]/涂师平.--宁波通讯,2011,12:48-49

本文论证了探寻中日"海上书籍之路"打开海外中华文明宝库的意义。

3648

中日韩修复用手工纸起源与发展的比较研究[J]/张美芳.--档案学研究,2013,03:55-59

本文比较中、日、韩三国修复用手工纸起源与发展情况,分析其发展的一致规律和各自不同的特点。

3649

中山大学图书馆藏碑帖的来源与整理[A]/李卓.--倪莉、王蕾、沈津编.中文古籍整理与版本目录学国际学术研讨会论文集[C],桂

林:广西师范大学出版社,2013

本文以中山大学图书馆藏碑帖为例,论述了其渊源流变和整理传承情况,展示了整理成果。

3650

中兽医古籍的保护与整理刍议[J]/向春涛.--中兽医学杂志,2013,03:53－54

中国传统兽医古籍作为农业文化遗产的重要组成部分,如何进行积极的保护和开发利用,是传统兽医工作者在现代面临的一项重要课题。

3651

中兽医药文化遗产(古籍、著作)发掘整理的现状调查报告[A]/张泉鑫.--中国畜牧兽医学会中兽医学分会.中国畜牧兽医学会中兽医学分会第八次全国代表大会暨2014年学术年会论文集[C],2014

为摸清中兽医家底,为国家相关部门制定中兽医药发展规划提供科学依据,促进中兽医药学科建设、人才培养及产业化、现代化和国际化进程,农业部兽医局组织、中国兽医协会启动了全国中兽医药现状调查,中兽医药文化遗产的申报登记是其中调查内容之一。

3652

《中说校注》校读记[J]/秦跃宇.--国学学刊,2015,01:136－140＋144

中华书局2013年出版的张沛撰《中说校注》,是该领域文献整理方面最新学术成果,在校勘文字的基础上对原文做了详尽训诂考释,但还存在出校不妥、小注窜入正文、文字误衍脱、标点不妥、断句有误等问题。

3653

中外交流的窗口:中国古籍中的明清广州十三行[J]/罗诗雅,罗志欢.--岭南文史,2014,04:43－49

目前资料建设仍是制约十三行研究深入的瓶颈和障碍。2000年以后,以十三行为中心的史料整理及索引编制取得了一定的进展,一系列作品相继出版、发表,但总体上对原始资料的整理和挖掘仍嫌不足,特别是对

古籍文献中的史料有待进行深层次的整理。

3654

中外图书馆古籍善本保存与利用制度比较研究[J]/杨加旭.--中小企业管理与科技(上旬刊),2015,07:126

本文根据现今中外图书馆对古籍善本的保存与利用制度,从法律规范、管理规章以及技术标准三方面,对我国目前古籍善本保存利用的现状进行分析,从中发现保存与利用之间存在的矛盾,提出相关的解决对策。

3655

中外文化交汇共存的典型案例——读《澳门古籍藏书》[J]/董上德.--澳门文献信息学刊(在澳门地区发表),2013,08:127－128

《澳门古籍藏书》是一本知识性、可读性并重的读物。它不仅揭开了一个城市的"书房一角",而且向读者提供了一个重要的思考空间。

3656

中文古籍精装合订本及其修复——兼谈"修旧如旧"原则的运用[A]/肖晓梅.--国家古籍保护中心、天津市古籍保护中心编.融摄与传习——文献保护及修复研究[C],北京:中华书局,2015

本文从馆藏古籍精装合订本《新刊凤双飞全传》的修复实践来分析和探讨中文古籍精装合订本及其修复的情况,如古籍精装合订本的由来、古籍精装合订本与线装古籍的区别、古籍精装合订本的修复等情况。

3657

中文古籍全文数据库指要[J]/陈志伟,盖阔.--图书馆学研究,2014,14:39－44

文章对古籍数字化进程中产生的、在实践中应用较广的优秀中文古籍全文数据库成果进行梳理统计,择其要者进行简要评述,以为学者提供参考指引,使这些成果进一步得到推广运用,促进学术研究的进步与发展。

3658

中文古籍善本动态定量评价体系的构建[J]/肖怀志,周亚,李明杰.--新世纪图书馆,2011,03:59－63

论文在回顾历代善本观发展演变的基础上,从历史文物价值、学术资料价值和艺术代表价值三方面,为古籍善本价值的科学评价构建了一个动态、定量的数学模型,并结合实例阐述该模型的实际应用价值。

3659

中文古籍数据库建设现状与使用推广[J]/白新勤.--河南科技,2012,07:24-25

文章从中文古籍文献收录、检索利用方面对《中国基本古籍库》和《瀚堂典藏》等中文古籍书籍库进行探讨。首先介绍中文古籍数据库的基本特征,然后论述两个数据库的基本情况,进行检索功能分析,最后提出了对实施"古籍数据库进高校"工程的思考。

3660

中文古籍数字化的开发层次和发展趋势[J]/马创新,曲维光,陈小荷.--图书馆,2014,02:104-106

文章根据数字化加工深度对中文古籍数字化进行了层次划分,分析了表层数字化与深层数字化之间的区别,指出了古籍数字化的发展趋势。

3661

中文古籍数字化方法现状及对策探讨[J]/姜永东.--北方文学(下),2013,07:215-216

本文综述当下中文古籍数字化现状,分析存在的问题,提出了相应的对策。

3662

中文古籍数字化合作馆藏维护问题研究[J]/毛建军.--图书馆理论与实践,2011,08:4-7

合作馆藏维护是提高中文古籍利用率、实现资源共享的一种馆际合作方式。文章在阐述合作馆藏维护的内涵,并回顾中文古籍数字化合作馆藏维护成就的基础上,提出合作维护中文古籍的建议,旨在呼吁政府大力支持,各界积极参与此项工作。

3663

中文古籍数字化建设的实践与研究[J]/赵莉华.--产业与科技论坛,2011,17:206-207

古籍数字化是古籍整理发展的方向。本课题试图就中文古籍数字化建设的意义、古籍数字化建设现状、古籍数字化建设存在的问题及建议等内容进行探讨。

3664

中文古籍数字化建设理论问题浅论[J]/徐金铸.--齐齐哈尔大学学报(哲学社会科学版),2012,06:178-180

文章从理论上阐述了古籍数字化建设的实质,以新视角剖析了数字化原则和可操作性建设模式。提出国家行政式主导数字化建设机制,强调理论指导实践,技术服务于内容,对促进我国古籍数字化建设有一定的积极意义。

3665

中文古籍数字化建设探究[J]/郭明侠.--兰台世界,2011,18:20-21

中文古籍数字化是古籍整理的新方式。本文介绍了中文古籍数字化建设现状,探讨了中文古籍数字化存在的问题,并提出了解决措施。

3666

中文古籍数字化建设探究[J]/王洋.--神州(下旬),2011,11:52

中文古籍是前人留下的宝贵文化遗产,对后人进行科学研究和文化传承具有非常重要的意义。随着时间的推移,它们的保存已变得相当脆弱,不仅不利于使用,更不利于保护和文化传承。古籍数字化是利用现代信息技术将古籍转化为电子文件形式,通过光盘、网络等予以保存和传播。本文旨在介绍古籍数字化的必要性,指出其现存问题并提出相关对策。

3667

中文古籍数字化建设探讨[J]/衣素芹.--黑龙江科技信息,2011,26:115

中文古籍数字化是古籍整理的发展方向,本文介绍了国内中文古籍数字化建设现状,提出了中文古籍数字化建设工作存在的问题和相应的发展对策。

3668

中文古籍数字化研究[M]/王立清著.--北

京:国家图书馆出版社,2011

本论著力图基于已有的研究成果,全面系统的研究中文古籍数字化,以期对中文古籍数字化理论研究有所贡献,对古籍数字化实践工作有所启示和参考。

3669

中文古籍数字化与知识遮蔽[J]/陈瑜.--大学图书情报学刊,2015,01:71-74

在古籍数字化过程中,一部分古籍因未被选择而被舍弃,其结果就是那些未被收入数据库的文献成为被遗忘的文献,永远无法被检索,进而影响研究结论的准确性。知识遮蔽是古籍文献数字化利用过程中的共有现象,应引起学界关注和研究。

3670

中文古籍数字整理本刍议[J]/唐光荣.--图书馆工作与研究,2015,10:32-36

数字整理本是以自动对校引擎为核心,包含多种数据库的古籍整理与研究的互联网平台,它能整合版本资源,拓展传统版本学与校勘学,推动古籍数据的深度开发。本文论述建设中文古籍数字整理本,需要完善自动对校引擎、制定基于XML的中文古籍编码规则,培养一大批既掌握传统古籍整理技能又会用XML编码的新型古籍整理学者。

3671

中文古籍在线智能标点系统原理初探[J]/杨清虎,伍双林.--兰台世界,2015,20:32-33

中文古籍在线智能标点系统主要是利用数据库和程序规则实现古文标点,系统界面采用可视化WEB浏览实现。古文献数量庞大,人工标点费时费力,利用网站平台搭建在线智能标点具有可操作性。

3672

中文古籍整理与版本目录学国际学术研讨会论文集[C]/倪莉,王蕾,沈津著.--桂林:广西师范大学出版社,2013

本论文集共收录46篇研究水平较高的有关古籍整理与版本目录学的论文。

3673

中文古籍资源统一检索系统初探[J]/冯红娟,张文静,梁蕙玮.--图书馆学刊,2014,10:22-25

通过对古籍书目数据库和古籍全文数据库的调查分析、比较研究,介绍目前中文古籍数据库的建设现状及存在的问题,提出中文古籍统一检索系统建设的设想,并对其未来进行展望。

3674

中、西古籍修复的比较研究[D]/耿宁.--安徽大学,2014

本文通过中文古籍《铁砚山房稿》和西文古籍 The operagoers' complete guide 的实际修复过程为例,详细地对比了两者的修复过程。指出要吸取其他国家的修复技术之精华,结合我们自己的实际运用到修复中去,在比较中学习,在学习中前进。

3675

中西文献校勘方法比较研究[D]/刘怡君.--郑州大学,2013

本文对中西文献校勘方法的研究,是从中西文献校勘方法历史文化渊源、发展历程和基础理论等方面入手,通过对中国和西方文献校勘方法之间的比较研究,从而得出从理论和实践两方面完善、发展中国文献校勘方法的启示。

3676

中小图书馆古籍数字化初探[A]/夏楠.--中国西部公共图书馆联合会.中国西部公共图书馆联合会第二届(2015)年会暨学术讨论会会议论文集(二)[C],2015

本文从古籍数字化的过程出发,结合实际情况,阐述中小型图书馆古籍数字化中各个环节应注意的问题,同时提出了一些问题的解决办法。

3677

中小型图书馆的古籍整理与利用[J]/刘文先,张曦丽.--经济视野,2014,15

本文阐述了古籍的内涵、外延、分类,中小型图书馆古籍整理与利用的必要性,介绍了古籍整理与利用的缩微复制工作,古籍全文光盘,古籍全文数据库等保护和利用手段,探讨了古籍工作的标准化和规范化。

3678

中小型图书馆古籍保护现存问题[J]/贾媛.--科技情报开发与经济,2014,13:84-86

自2007年全国开展古籍普查以来,国家投入了大量的人力、物力、财力支持古籍普查和保护工作,但在自然和人为原因影响下,一些中小型图书馆馆藏古籍未能得到有效保护。本文探讨中小型图书馆在古籍保护方面存在的问题,提出相应的解决措施。

3679

中小型图书馆古籍保护与开发问题管窥——以丹东市图书馆为例[J]/古晓梅.--图书馆学刊,2015,06:53-55

本文借开展全国古籍普查工作之机,结合丹东市图书馆工作实践,就中小型图书馆古籍的保护及开发利用现状进行分析,并提出整改的对策与建议。

3680

中小型图书馆古籍普查工作的价值取向分析[J]/龙慧.--河南图书馆学刊,2013,03:131-133

本文阐述了古籍普查工作给中小型图书馆带来的促进作用,并就古籍普查数据平台网络共建共享、人员素质的长期培养、拓展中小型图书馆古籍收集渠道、多元开发馆藏古籍资源等问题进行分析并提出参考性的建议。

3681

中医本草古籍图像研究[D]/孙清伟.--中国中医科学院,2013

本文揭示了中医本草古籍图像对中医本草学知识的传播、本草学术传承及发展的作用,展示了精彩的中医本草学术成就,弘扬了传统的中华文化。

3682

中医典籍英译"阐释学"问题研究探讨[J]/何阳,何娟.--中国中医基础医学杂志,2012,11:1283+1285

中医国际化大趋势日益凸显中医英译的重要性,而文化差异是阻碍翻译能力提高的一大障碍。本文以《黄帝内经》词语翻译为例,从"阐释学"这一翻译理论视野探讨解决中医英译研究中的跨文化差异等相关问题。

3683

中医儿科古籍文献图像文化模式对祖国医学的传承[A]/刘玉玮,王淼林.--中华中医药学会中医药文化分会.第十五届全国中医药文化学术研讨会论文集[C],2012

本文研究中医中国儿科古籍图像的历代发展及特点,从梳理出中医儿科古籍图像12种类型,表明了中医儿科古籍文献图像文化模式与中医儿科学术思想紧密相关,相辅相成,对祖国医学的具有重要的传承作用。

3684

中医肺病重点学科古代文献数据库的建设[J]/姚明,于雪峰,王祺,王凤兰,丁侃.--世界科学技术-中医药现代化,2014,03:654-656

本文通过对中医古籍中关于肺系疾病的文献整理(学科优势病种、专家经验和特色疗法),结合数据库和网络通信技术,构建集文献书目管理、查询浏览和交流研究为一体的中医肺病重点学科古代文献数据库系统平台。

3685

中医妇科文献的研究现状及数据挖掘在中医药行业的应用分析[J]/高宇,许丽绵.--中医药导报,2012,03:115-116

本文简述中医妇科文献目前的研究状况,阐述数据挖掘技术的概念、常用分析方法,分析了数据挖掘在我国医药行业的应用情况,并着重讨论数据挖掘在中医古籍方面的研究现状,问题及在未来展望。

3686

中医孤本古籍现状调查与分析[J]/张伟娜,佟琳,张华敏,裴俭,程英,樊雅梦,李鸿涛.--国际中医中药杂志,2015,11

本文通过调查中医孤本古籍的存世现状,分析中医孤本古籍的文献价值。在此基础上,进行文献考证分析,通过深入地调查与分析,对其进行有效的抢救与整理。

3687

中医古籍版本研究与思考——兼谈马继兴与中医古籍版本研究[J]/万芳,黄齐霞.--北京中医药,2011,04:278－280

中医古籍版本的详细状况至今尚未有一份完整的调研报告。马继兴先生在中医古籍版本研究领域建树良多,尚有其他学者开展了不同层次、不同角度的研究,但仍然很不够。从事中医古籍版本研究的学者颇少,青年学者更是寥寥无几。目前在此领域应积极开展相关研究。

3688

中医古籍本草知识组织方法研究[J]/李兵,张华敏,符永驰,李斌,王蕊,孙海舒.--世界科学技术－中医药现代化,2015,06:1142－1145

本研究以本草类中医古籍为例,探索了中医古籍中本草知识的知识组织方法,系统分析了古籍中本草知识的特点,梳理了古籍中本草知识的概念类型,并设定各种概念类型的关系。

3689

中医古籍词语考释三则[J]/袁开惠,陈慧娟,孙文钟.--北京中医药大学学报,2013,06:380－382＋397

本文对中医古籍三则不易辨明的词语进行考释。

3690

中医古籍丛书综录[M]/刘从明,王者悦,黄鑫编著.--北京:中医古籍出版社,2011

为了全面地展现历代古籍收载中医丛书子目的情况,《中医古籍丛书综录》收录的重点是1911年以前流传下来的中医古籍丛书、综合汇编类丛书中的中医古籍子目,对于1911年至1949年出版的近代中医药著作予以保留,以便于弥补这一时期中医丛书子目检索工具之不足。

3691

中医古籍电子教材的开发[J]/窦学俊.--中国中医药图书情报杂志,2014,01:47－49

当前中医教材在中医思维方式传承和中医学信息传递等方面仍有不足之处,需要进行中医古籍教材建设,电子教材是推行古籍原著教材的良好形式。本文从版式、辅助功能和参考书系统三个方面探讨了中医古籍电子教材的设计方案,认为图书馆是推广这种教材的理想场所。

3692

中医古籍东传对朝(韩)医学理论的影响[J]/李士娟.--中国中医基础医学杂志,2015,06:677－680

本文以清宫存藏朝鲜(韩)医籍为对象,以古籍目录学为线索,以清宫遗存的朝鲜(韩)《东医宝鉴》《济众新编》两部朝鲜刻本医籍为依据,分析中医学古籍对朝鲜(韩)医学的渗透影响,探讨朝鲜(韩)医籍编纂过程及体系的构成。

3693

中医古籍对癃闭症候学规律的认识与探讨[J]/张春和,杨会志.--中医文献杂志,2011,06:55

本文通过整理和分析118部从先秦至明清时期的中医古籍,以古代医家论治癃闭的理论、方药、医案为主要依据,从中医文献中筛选对癃闭的有关论述,以此来探讨中医古籍对癃闭证候学规律的认识,为中医治疗癃闭提供新的思路。

3694

中医古籍对子宫肌瘤的论述探要[J]/陈颐,黄健玲,宋燕.--辽宁中医杂志,2011,09:1793－1794

本文从对中医古文献的研究中整理出古人对子宫肌瘤的相关病名、病因病机、辨治等方面的论述,深入挖掘与利用古医籍中的理论和技术,以为现代中医对子宫肌瘤的认识及治疗提供了有力的依据及方法。

3695

中医古籍分类体系及其演变[J]/孟凡红,尚文玲,李莎莎,牛亚华,孙海舒,李敬华.--中华医学图书情报杂志,2015,09:62－66

中医古籍主要收录在历代综合性书目及中医专科书目中。本文介绍了中医古籍在七分法、四分法、十二分法中的归类;中医专科书目《医藏目录》和《中国中医古籍总目》的医籍分类,分析了中医古籍的分类体系及其演变过程,有助于从分类角度在浩如烟海的古文献中查找医籍文献。

3696

中医古籍名一览[J]/刘林.--家庭医药,2013,11:84－85

中医古籍,在神秘之余,颇有人文内涵,这从书名便可一见端倪。本文对中医古籍名一一作出介绍及释义。

3697

中医古籍数据库的建设与应用[J]/方家选,周青玲,李国栋.--中国科技信息,2015,05:116－117

中医古籍的数字化处理与隐性知识的挖掘与分析,是在对中医古籍保护的基础上进行的二次开发应用,能够满足对中医药文化传承以及中医诊疗理论的研究和发展的需求。本文研究了中医古籍数据库建设过程的前期规划和技术难题,为古籍文献信息服务的转型和发展提出了新思路。

3698

中医古籍数据库建设研究进展及展望[J]/高程熙,赵博.--成都中医药大学学报,2012,01:84－87

本文综合近十年中医药类数据库的发展状况,发现在数据库的建设过程中,选择图文结合方式构建的数据库是目前中医古籍数据库的主流。在此基础上,文章介绍了数字化的步骤,包括数据库标准、依托平台、元数据加工等,并论述了数字化存在的问题及解决方法。

3699

中医古籍数据库数字化建设发展综述[J]/荣士琪,杨朝晖.--黑龙江科技信息,2015,11:174－175

本文系统梳理了国内中医药古籍数字化资源发展建设情况,通过对不同类型数据库优缺点的梳理对比,分析当前取得的成绩和存在的问题,为中医古籍数字化建设提供了发展方向。

3700

中医古籍数据库中后控词表的更新模式研究[J]/张伟娜,李兵,李明,李斌,程英,符永驰.--广州中医药大学学报,2012,03:318－319

本文提出,在已经添加了后控词表的中医古籍数据库基础上,通过为词表维护人员添加更新词条编辑模块和为用户添加评论词条编辑模块,并结合数据库原有的用户输入检索关键词统计功能,在数据库中应用,可以使后控词表内容得到及时有效的更新,为用户提供更为准确和优化的服务。

3701

中医古籍数字化的现状与必要性[J]/赵士斌,杨艳红,陈金,吴霆.--中国市场,2015,24:191－192

中医孤本典籍的数字化工作迫在眉睫,本文对相关工作和可采取的措施进行了探讨。

3702

中医古籍数字化点校的优越性[J]/陈晓迪.--世界中西医结合杂志,2015,07:1008－1010

本文论述中医古籍数字化点校的应用,与传统古籍点校相比,数字化点校更快捷、更广泛、更深入,尤其体现在对校法、本校法及他校法中。

3703

中医古籍数字化建设存在的问题探讨[J]/蔺焕萍.--科技情报开发与经济,2012,18:45－47

西北地区的中医古籍相对丰富,种类较多,但因缺乏诸多条件,中医古籍的保护和数字化建设依然存在很多障碍。本文从多个角度探讨了中医古籍数字化建设存在的问题。

3704

中医古籍数字化建设与知识服务模式初探[A]/任玉兰,李政,胡冬陵,江蓉星.--中华中医药学会医史文献分会、庆阳市岐黄文化研究会汇编.中国庆阳2011岐黄文化暨中华中医药学会医史文献分会学术会论文集[C],2011

本文在分析现阶段中医古籍数字化建设

的现状和趋势基础上,提出了中医古籍数字化建设的理想模式,提出了实现该模式的研究思路和研究内容。

3705

中医古籍数字化建设与知识服务模式的构建[J]/任玉兰,李政,梁红,江蓉星.--世界科学技术－中医药现代化,2013,01:45－48

本文提出了基于知识挖掘与知识服务的中医数字化建设模式和思路,即采用计算机数字化信息技术对中医古籍信息进行数字化建设和研究,基于数据库和知识挖掘技术进行古籍信息的知识发掘和提取、服务,最终基于网络支持平台技术方案构建一体化的数字化信息平台。

3706

中医古籍数字化生僻字的处理[J]/高晶晶.--中国中医药图书情报杂志,2014,03:28－30

中医古籍数字化生僻字的处理是一项基本而又关键的技术,目前普遍存在缺字的现象,给中医古籍的阅读和研究造成障碍。本文分别从字符集、字库、输入法等方面,分析了集内字缺字产生的原因和解决方案,并探讨了集外字的处理方法。

3707

中医古籍数字化问题之探析[J]/曹霞,裴丽.--山西档案,2015,03:76－78

论文在考察中医古籍数字化建设现状的基础上,提出了中医古籍数字化建设中面临的认知度问题、选题控制与版本选择问题、质量问题以及技术人才匮乏问题,并探讨了解决这些问题的应对策略,包括提升中医古籍数字化认知,严格选择数字化建设对象等。

3708

中医古籍体例沿革与学术发展的关系研究概论[D]/艾青华.--中国中医科学院,2012

本文围绕中医古籍体例沿革与学术发展关系进行了探讨,提出系统研究中医古籍体例可以从一个新的维度展现中医各学科的学术发展脉络。

3709

中医古籍体例研究概述[J]/艾青华,柳长华,顾漫.--中医文献杂志,2011,05:53－56

本文通过概述中医古籍体例的主要内容,总结近期通过体例对学术思想进行探索研究的进展,提出系统研究中医古籍体例是展现中医学术发展脉络的一种新途径的观点。

3710

中医古籍体例中体现的学术思想[J]/顾漫.--中医文献杂志,2011,01:21－23

本文从中医古籍的篇卷数目、篇卷分合、编次顺序等方面,对蕴含于古籍体例之中的学术思想进行了举例分析,指出研读古书首要的是明了体例,想要正确而深入地理解中医古籍,需要特别留意其体例中体现的学术思想。

3711

中医古籍校读法例析[M]/邵冠勇著.--济南:齐鲁书社,2012

本书内容包括:校读法释义、校读法之种类、校读法之功用、校读法之学养。

3712

中医古籍校读应当充分重视出土文献——以"大表""熊经""替替"为例[A]/范登脉.--中华中医药学会,中华中医药学会第十六次医史文献分会学术年会暨新安医学论坛论文汇编[C],2014

本文以《史记·扁鹊仓公列传》"大表"、《后汉书·华佗传》"熊经"、《脉经》卷第一《脉形状指下秘决第一》"替替"校读为例,指出中医古籍校读应当充分重视出土文献。

3713

中医古籍校勘与整理[J]/王益军.--中国中医药现代远程教育.2014,04:104－105

本文论述了中医古籍校勘与整理的若干问题,首先阐述了中医古籍整理应当具备的基本知识;重点探讨了校勘学在中医古籍整理中的具体运用,包括如何筛选古籍版本、校勘的具体内容和方法、校勘出校与校语记述工作中常遇到的问题及解决方法等;并讨论了古籍校勘容易出现的各类问题。

3714

中医古籍校理相关文字问题[A]/沈澍农. --中华中医药学会医史文献分会、山东中医药大学中医文献研究所. 中华中医药学会第十五次中医医史文献学术年会论文集[C],2013

近期在中医古籍整理的审稿中,看到一些校注方面的误例。这些误例具有一定的典型性,特选列若干例,以供同行参考。本文中各条先列原文(或含原整理者校后的文字),次列原整理者校注,再续以讨论。

3715

中医古籍图文校对中的问题与对策[J]/孙建春. --中华医学图书情报杂志,2013,07:10 - 12 + 24

本文从分段、撰写校记、改错字、汉字的繁简转化、计算机功能的利用五方面总结了中医古籍图文校对的经验,并提出了解决这些问题的对策。

3716

中医古籍图像标引方案设计[J]/丁侃,张丽君,胡晓峰. --中医文献杂志,2015,03:26 - 28

本文介绍了中医古籍图像标引的基本方案,通过定义、说明和示例的形式对古籍信息、版本信息、图像本体三类元数据进行了逐条的解析;并对标引工作中的出处标引、规范制定、提高识图能力、细化释图文字标引等重点、难点问题进行了讨论。

3717

中医古籍图像数据平台构建方案探讨[J]/丁侃,胡晓峰,张丽君. --中国医药导报,2012,14:123 - 124

本文拟探讨一个集中医古籍图像管理与应用功能为一体的数据平台构建方案,从而应用数据库技术,实现对海量古籍图像的高效管理;并且利用该平台对图像资源进行标引,从而为古籍图像的分类、关联等相关研究的开展奠定基础。

3718

中医古籍伪书考辨[A]/高驰. --中华医学会医史学分会委员会编. 中华医学会医史学分会第十三届一次学术年会论文集[C],2011

中国古代医学典籍之中,伪书作为一种文化现象广泛存在,学者须仔细分辨。对于中医古籍伪书的分析,意在正本清源,还学术以本来面目,使那些错误和不确切的部分得以理清,从而使基于古文献之上所得出的学术结论更为可靠。

3719

中医古籍文体形式研究的几点思考[J]/张畋,杨东方,黄作阵. --长春中医药大学学报,2013,06:1128 - 1130

从"文体学"的视角,对中医古籍文体形式的研究提出了几点思考。首先提出研究的必要性,其次探讨了研究方向及要点,最后对研究的可行性及方法做出了简单说明。

3720

中医古籍文献的存佚、形式及其文化内涵[J]/焦振廉. --中医药通报,2012,01:31 - 34

现存中医古籍的数量少于历史上真实产生的,但实际大于《中国中医古籍总目》目前著录的。中医古籍可据其形貌和材质的不同,分为前纸本形式和纸本形式两种。中医古籍文献是中医学术的主要载体,承载着中国传统的文化精神,以其特有的形式彰显着中华民族传统的审美情趣和精神取向。

3721

中医古籍文献分类方法梳理与分析[J]/张伟娜,佟琳,刘培生,张华敏,吴晓锋,李鸿涛. --国际中医中药杂志,2015,08:680 - 682

本文对历代具有代表性的书目分类方法、现代数据库中使用的分类方法,及中医专业图书馆古籍分类方法进行梳理,分析各种分类方法的特点,总结当前中医古籍文献分类存在的问题,并提出解决对策。

3722

中医古籍文献信息化及信息共享系统建设[J]/朱毓梅,王瑞祥,李明. --中华医学图书情报杂志,2013,09:37 - 38 + 81

论述了中医古籍信息化的现状和必要性,指出了中医古籍信息化中存在的问题,提出了建立中医古籍信息共享系统的必要性。

3723

中医古籍文献学（第 2 版）[M]/张灿玾著.--北京:科学出版社,2013

本书为国医大师张灿玾教授《中医古籍文献学》的修订再版,旨在结合一般文献学的基本理论与基本内容介绍中医文献学的基本概念、基本理论、基本知识、基本规律及基本的研究方法等有关内容。

3724

中医古籍文献语义标注技术的研究[D]/丁长林.--沈阳航空航天大学,2013

本文针对医古文中包含的名词性术语及叙述性术语进行了标注。

3725

中医古籍文献在中医文献检索课教学的探讨[J]/兰杰,李根旺.--内蒙古医科大学学报,2013,S1:140 – 142

掌握古代文献的目录、版本、校勘,中医文献的书籍体制,聚散存佚,中医工具书的使用、不同朝代中医文献的基本内容,对于从事研究工作是非常重要的。本文从中医文献检索课入手,着重论述导读中医古籍文献的教学方法。

3726

中医古籍文献整理与研究探讨[J]/范春莉.--新西部(理论版),2015,16:93

本文回顾了中医古籍文献整理与研究历史,分析了我国中医古籍文献整理与研究中存在的问题,对中医古籍文献整理研究工作提出建议:要注意增加投入,努力建设高素质的修复、研究队伍;要注意对各种现代信息技术的引用。

3727

中医古籍训诂的几个问题[A]/王育林.--中华中医药学会.第二十一次中医经典文本及医古文研究学术交流会论文集[C],2012

训诂学是解释古书的语言文字的传统学问,本文从要借鉴文史古籍训诂经验,训诂的准备,训诂方法和适用条件,训诂的原则,形训、声训的滥用,训诂中辞书的使用介绍了中

医古籍训诂的几个问题。

3728

中医古籍引文例说[J]/许敬生.--中医学报,2013,02:306 – 308

本文以《伤寒论》《古今图书集成·医部全录》《内经知要》《伤寒论辑义》为例,探讨中医古籍引文的规范用法。

3729

中医古籍英译历史的初步研究[D]/邱玏.--中国中医科学院,2011

本文按照中医古籍英译各时期的特点,划出中医古籍英译的 4 个历史分期。以时间为经、译本为纬,提炼、归纳每一时期英译方法和策略的演变和发展特点,展示其英译思想的特色和异同,形成一部纵横交错、层次丰富的中医古籍英译历史,并在此基础上,初步提出中医古籍英译的建设性意见。

3730

中医古籍英译史实研究综述[J]/邱玏.--中西医结合学报,2011,04:459 – 464

中医古籍作为中医理论、思想和文化的主要载体,越来越被国内外的专家学者所重视。如何让其走出国门、促进世界医学的共同发展和世界文化的繁荣昌盛,成为当代一个极为重要的课题。

3731

中医古籍英译现代意义的多维度审视[J]/魏颖.--环球中医药,2014,10:811 – 813

在跨文化交流日益频繁的全球化背景下,中医学以其独特的理论体系和诊疗效果,引起了世界范围的关注,中医古籍英译也随之成为跨学科研究的新热点。这一工作的有序推进,必将对各项研究大有裨益。

3732

中医古籍语言系统分类体系的构建[J]/朱玲,崔蒙,杨峰.--中华医学图书情报杂志,2012,06:15 – 18

本文综述中医古籍语言系统分类体系的构建:介绍古籍分类的历史沿革,制定古籍分类的目的、原则,参照中医药学语言系统的分类体系及古代分类注解《内经》的经验,结合

具体古籍概念语义类型加工使用概况,采用自上而下和自下而上相结合的方法,拟定了十二大类的古籍语言系统的框架结构。

3733

中医古籍语言系统中的语义类型分析研究[J]/朱玲,崔蒙,贾李蓉,于琦,杨峰.--中国数字医学,2012,04:5－7＋14

中医古籍语言系统是以中医药学语言系统(TCMLS)为依托建立的,旨在初步建立中医古籍的语义网络,从而实现与中医药学语言系统(TCMLS)的兼容检索与查询。

3734

中医古籍原版校注繁简用字商榷[A]/黄辉,王松涛.--中华中医药学会.中华中医药学会第十六次医史文献分会学术年会暨新安医学论坛论文汇编[C],2014

《中医古籍珍本集成》采用原版校注影印的整理出版方式,是一项创新型中医古籍文献整理工程,但其《编撰体例》所制定的繁简用字规定,其中"校注文字所解释的部分用简体字"及"导读引用古籍原文用繁体字"有待商榷。本文从异体字和形讹误字等的校注方面,对此作了说明和探讨。

3735

中医古籍在线编辑系统的研究与实现[J]/郭敏华,符永驰,张伟娜,李斌.--国际中医中药杂志,2011,12:1093－1095

为提高中医古籍在线编辑系统的数据准确性、系统安全性和操作友好度,本文通过Web网络和Java技术对其进行关键算法的论证和实现。结果表明,该系统可对图片进行数字水印处理,可进行在线编辑,采用7位长度文件规范化命名,解决了多用户在线图片编辑并发冲突问题等,可在中医古籍电子化研究中取得良好的应用成效。

3736

中医古籍在线深度标引实践研究[J]/尚文玲,张华敏,段青,侯酉娟,蒋丁芯,孟凡红.--长春中医药大学学报,2013,03:555－557

中医古籍在标引中常遇到两个问题:一是有很多繁体字、异体字和通假字;二是古籍文献的写作不规范。本文以此为切入点,探讨深度标引实践。

3737

中医古籍珍本集成[M]/周仲瑛,于文明总主编.--长沙:湖南科学技术出版社,2014

《中医古籍珍本集成》整理、点校、评注中医古籍文献300多种,分为《医经卷》《伤寒金匮卷》等15个分卷。全套丛书采用珍本古籍原版影印,真实反映珍本古籍的版本特征。

3738

中医古籍整理丛书重刊·黄帝内经素问校注[M]/郭霭春著.--北京:人民卫生出版社,2013

《黄帝内经》由于成书较早,文辞古奥,不便理解,又经历代传抄翻刻,以致误脱衍倒,因此,特组织全国专家学者进行整理,予以校勘和注释,充分汲取古今研究成果。全书分为原文、校勘、注释、按语,引用文献翔实丰富,校勘精审,注释明晰,按语精当,彰显大家功底。

3739

中医古籍整理丛书重刊·黄帝内经素问语译[M]/郭霭春主编.--北京:人民卫生出版社,2013

《中医古籍整理丛书重刊·黄帝内经素问语译》是《黄帝内经素问校注》的姊妹篇,在吸收其校勘成果的基础上,对《素问》原文进行注解和语译。

3740

中医古籍整理丛书重刊·金匮要略校注[M]/何任主编.--北京:人民卫生出版社,2013

《中医古籍整理丛书重刊·金匮要略校注》以元代邓珍仿宋刻本为底本进行整理。全书共25篇,介绍了40余种疾病,计260多首方剂。

3741

中医古籍整理丛书重刊·金匮要略语译[M]/何任编.--北京:人民卫生出版社,2013

本书系《中医古籍整理丛书重刊》之一。《金匮要略》是中国现存最早的一部诊治杂病的专著,是仲景创造辨证理论的代表作,被称之为治疗杂病的典范。本书注解简明扼要,语译通俗晓畅,深刻揭示了《金匮要略》原文的奥旨。

3742

中医古籍整理丛书重刊·难经语译[M]/凌耀星主编. --北京:人民卫生出版社,2013

本书系《中医古籍整理丛书重刊》之一。《难经》以问答解释疑难的形式编撰而成。内容以基础理论为主,还分析了一些病证。本书注解简明扼要,语译通俗晓畅,深刻揭示了《难经》原文的奥旨,对于初学中医、临床医生以及中医爱好者,特别是中医药学生都有较高的参考价值。

3743

中医古籍整理丛书重刊·伤寒论校注[M]/刘渡舟编. --北京:人民卫生出版社,2013

《伤寒论》系汉张仲景所著,是一部理论与实践相结合的中医经典著作,为历代习医者必读之书。本书是校注版本。

3744

中医古籍整理丛书重刊·伤寒论语译[M]/刘渡舟主编. --北京:人民卫生出版社,2013

本书系《中医古籍整理丛书重刊》之一。《伤寒论》一书集汉以前医学之大成,并结合作者的临床经验,系统地阐述了疾病的辨证论治与方药应用。

3745

中医古籍整理丛书重刊·神农本草经辑注[M]/马继兴著. --北京:人民卫生出版社,2013

本书由辑注和研究两部分组成。辑注部分,辑、校、注并举,注重正本清源,考证翔实,注释精当;研究部分,以对辑复《本经》的研究思路和辑注方法等有关问题进行了详尽的考证与论述,对诸家辑佚中的问题进行研究,据证提出己见。

3746

中医古籍整理丛书重刊·中藏经语译[M]/李聪甫主编. --北京:人民卫生出版社,2013

本书系《中医古籍整理丛书重刊》之一。本书注解简明扼要,语译通俗晓畅,深刻揭示了《中藏经》原文的奥旨,对于初学中医、临床医生以及中医爱好者,特别是中医药学生都有较高的参考价值。

3747

中医古籍整理丛书重刊·诸病源候论校注[M]/丁光迪编. --北京:人民卫生出版社,2013

《中医古籍整理丛书重刊·诸病源候论校注》除保持《诸病源候论》原有的学术成果外,另有特点如下:一是选用国内最早最佳版本元刊本《重刊诸病源候总论》底本进行整理,成为目前流行模板。二是从提要、原文、校注、按语等方面进行研究整理。

3748

中医古籍整理丛书重刊·子和医集[M]/邓铁涛著. --北京:人民卫生出版社,2014

张子和,名从正,号戴人,是中国医学史上一位风格独特、超群脱俗的杰出人物,为金元时代医学发展与创新作出了卓越贡献。今将张氏医著《儒门事亲》及《心镜别集》整理点校,编成一册,名曰《子和医集》以飨读者。

3749

中医古籍整理规范[M]/中华中医药学会发布. --北京:中国中医药出版社,2012

《中医古籍整理规范》是国家中医药管理局政策法规与监督司立项的标准化项目之一,包括校勘规范、标点规范、出版编排规范等十个子规范,旨在为中医古籍整理与出版提供基本标准。

3750

中医古籍整理误读30例[A]/刘更生. --中华中医药学会. 第十四次中医医史文献学术年会论文集[C],2012

本文梳理了中医古籍整理中容易误读之处,共计30例。

3751

中医古籍整理与出版的策略与思考[J]/马艳茹. --中医学报,2012,07:825-826

本文探讨中医古籍整理与出版的策略,社会效益和经济效益同时实现的途径与方式,提出要认识中医古籍整理与出版的必要性与重要性,了解在政策支持及资金资助诸方面的有利条件,通过实施精品战略,建立长远规划和过硬的作者及编校队伍,实现中医药文化的保护和传承。

3752

中医古籍整理中字体转换问题浅议[A]/刘娟. --中华中医药学会医古文分会.中华中医药学会医古文分会成立30周年暨第二十次学术交流会论文集[C],2011

本文就中医古籍整理出版工作中繁简字版本该不该转换、如何转换、转换利与弊等几个问题作了初步探讨。

3753

中医古籍整理作品的版权保护探析[J]/雷天锋. --出版广角,2013,08:56 − 57

随着人们对中医古籍保护意识的不断加强,对中医古籍进行整理、加工、数字化等作品形式不断出现,其版权问题也随之产生,这需要我们采取相关措施对中医古籍整理作品的版权进行保护。

3754

中医古籍中道家语言文化的传承研究[J]/张继,沈澍农. --北京中医药大学学报,2014,12:808 − 811

本文从道家用语对中医用语构建、优化重组以及自我扬弃方面,关注文化、哲学、社会背景对医籍用语的影响。从语言学、文化学双向探讨医家和道家用语的结合,可以对中医用语现象进行新的文化哲学阐释。

3755

中医古籍中的药名俗写及整理思路[J]/焦振廉,武文筠,任杰. --江西中医药,2012,09:18 − 20

本文举《医源经旨》为例,对中医古籍中的药名俗写进行分析,并提出初步的整理思路。

3756

中医古籍中对传染病传染方式及感邪途径的认识[J]/胡研萍. --中医研究,2011,12:5 − 7

本文论述了中医古籍中关于传染病的传染方式:男女之间传染、世代相传、乳养传染、亲属之间传染、一户之内传染等,以及对感染途径的认识,包括感其气息(口鼻传染)、饮食传染、体液传染等。

3757

中医古籍肿瘤术语研究的流程与方法探索[J]/牛亚华,张青,杨国旺,孟凡红,王笑民. --中医杂志,2015,09:745 − 748

中医肿瘤名词术语的统一和规范是中医肿瘤学科建设的重要内容。中医肿瘤术语的规范必须从中医古籍的概念术语做起。本文探讨了由多学科研究团队协作,利用现代信息技术手段,整理研究中医古籍肿瘤相关概念术语的方法和操作流程。

3758

中医古籍作者无名托名现象浅论[J]/史向前,钱俊华(指导). --河南中医,2011,02:114 − 115

华夏文明源远流长,作为其组成部分的传统中医文化更是博大精深,中医古籍浩如烟海,其中存在着大量古籍或是无名之作,或是托名而作,再或其冠名作者令人质疑,而真正作者考证未果,成为研究传统中医文化的重要内容之一。

3759

中医喉科古籍图像分类[A]/任旭. --中华医学会医史学分会编.中华医学会医史学分会第十三届二次全国医史学术年会论文集[C],2012

本文依据《中国中医古籍总目》,将近3000幅图按照传统中医理论及其喉科图像内容进行分类。中医喉科古籍图像有重要的学术价值、应用价值、创新价值和文献价值,特别是喉科诊断图、疾病图、治疗图、器具图等,对喉科技术发展有重要现实意义。

3760

中医伤科古籍图像整理研究[D]/杨亦周. --中国中医科学院,2012

本文探讨中医伤科古籍图像的学术价值及其与伤科学术传承的关系。

3761

**中医外科古籍中的本草图[J]/熊晓滨,胡

晓峰. --时珍国医国药,2012,08:2094 – 2095

众多中医外科古籍中仅见四种本草图,即忍冬藤图、麦饭石图、乌蔹莓图、大佛指甲草图,均为外科常用特效药,其中大佛指甲草药名不见本草著作记载,本文初步考证应为景天科植物佛甲草的全草。

3762

中医文献研究问题浅谈[A]/周青玲,张海亮,叶淑然. --中华中医药学会. 全国中医药图书信息学术会议暨第十届中医药院校图书馆馆长会议论文集[C],2013

本文浅析了中医文献研究中所存在的现象和问题:一是关于医家文献的研究,文献汇编性质的专著还没有;二是古籍整理方面,重复劳动较多,未经整理善本、孤本量大;三是汇注成果不多;四是近代相当多的名家经典未受重视。

3763

中医文献元数据标准的应用评价研究[J]/朱玲,于彤,张竹绿,崔蒙. --世界科学技术 – 中医药现代化,2015,04:763 – 767

本研究以 protégé4.1 为工具,构建了中医文献元数据标准的各个元素及元素修饰词本体,进行了 20 余本中医古籍的元数据著录,实现对古籍作者、刊行者、储藏地、版本信息、行款等多种信息的全方位记录,和基于本体的图形化展示,并对已使用、未使用元素进行了简要分析。研究表明,OWL（Web Ontology Language）可以比较明晰地表示中医药文献元数据元素。

3764

中医养生古籍书目数据库的建设与研究[D]/漆胜兰. --安徽中医药大学,2015

中医养生古籍书目数据库是目前国内第一个中医养生古籍书目型专题数据库,收集下迄民国期间的中医养生古籍信息 805 部,著录标引书目信息,通过北大方正的德赛加工系统,完成中医养生古籍书目数据库建设。本文综述了该数据库建设的目的、方法与成果。

3765

中医养生古籍图像整理研究[A]/孙灵芝,程伟,梁峻. --中华中医药学会医史文献分会、山东中医药大学中医文献研究所. 中华中医药学会第十五次中医医史文献学术年会论文集[C],2013

本文以中医养生古籍图像的研究为例探讨图像资料在中医医史文献研究中的意义。

3766

中医药高等院校经典阅览室建设现状分析[J]/邹顺,万琦,房芸,王华南. --中国民族民间医药,2014,08:39

本文通过分析我国中医药院校图书馆经典阅览室建设情况,参考国内外高校优秀图书馆建设思路,提出应建设图书馆经典阅览室,确保所藏经典书籍货真价实,健全工作责任制度,合理利用与保护相关资源,吸引更多读者参与其中,提高图书馆的整体服务水平与能力。

3767

中医药古籍的整理与应用[A]/郭华. --中华中医药学会. 全国中医药图书信息学术会议暨第十届中医药院校图书馆馆长会议论文集[C],2013

本文重在探讨整理中医药古籍的意义,整理中医药古籍的思路及整理中医药古籍的现代化方法。

3768

中医药古籍孤本文献的保护与数字化建设[J]/侯艳,江蓉星,任玉兰,李继明,刘川,李政. --中华医学图书情报杂志,2011,02:30 – 31 + 70

本文结合成都中医药大学中医药古籍孤本保护与数字化建设的研究与实践,对中医药古籍保护和数字化建设意义、中医药古籍数字化建设的内容、数据库检索功能的实现,以及共建共享等目前存在的问题进行探讨。

3769

中医药古籍数字化建设的探索与实践——以广东中医药博物馆为例[J]/李宝金,蓝韶清,张晓旭. --大学图书情报学刊,2012,01:

36 - 38 + 73

广东中医药博物馆的中医药古籍数字化主要从中医药古籍的书目元数据、原文图像、全文文本、研究支持功能等多个方面进行探索实践。文章结合广东中医药博物馆在探索与实践中所取得的成绩及遇到的问题,对中医药古籍的数字化发展进行探讨。

3770

中医药古籍数字化若干原则思考[J]/程新. --中国中医药图书情报杂志,2015,01:6 - 11

本文论述了中医药古籍数字化应遵从的9个原则:保护与利用相结合、统一规划与分步实施、共建共享、标准化、可持续发展、保真、整理、图文对照、技术服务于内容。

3771

中医药古籍文献借阅的保护[J]/许敬丽. --中华医学图书情报杂志,2013,08:54 - 56

本文阐述了中医药古籍文献利用与保护的矛盾,提出了借阅过程中处理藏用矛盾的具体措施,防止利用过程中人为因素损坏。

3772

中医药古籍整理工作中异体字的处理[A]/曹瑛,吕凌. --中华中医药学会. 中华中医药学会第十六次医史文献分会学术年会暨新安医学论坛论文汇编[C],2014

本文分别从全同异体字和非全同异体字两方面进行论述,并分析了古医籍中特殊异体字的处理方法。

3773

中医药古籍整理工作中应注意的几个问题[A]/曹瑛,王宏利. --中华中医药学会医史文献分会、山东中医药大学中医文献研究所. 中华中医药学会第十五次中医医史文献学术年会论文集[C],2013

本文对中医药古籍整理工作中应注意的问题,如讹文的处理、他校法的运用、医用特殊字的使用、中药药名的规范等进行了探讨。

3774

中医药古籍中数学概念的应用和发展[J]/刘小雨,韦小雪,刘彗,付玲,杨丽丽,蒋璐鹭,巩江,倪士峰. --宁夏农林科技,2013,07:117 - 119

本文在广泛文献检索的基础上,介绍了中医中数学应用概况与历史发展,指出数学对于中医的负面作用。

3775

中医药行业古籍数据库的建设与服务[J]/李兵,符永驰,张华敏,李斌,王蕊,孙海舒. --西部中医药,2014,02:85 - 87

本文对中医药行业古籍数据库的建设现状进行调查和分析,并对现有的主要中医药行业古籍数据库进行简要介绍,针对目前中医古籍数字化和数据库建设存在的问题提出建议。

3776

中医药院校图书馆古籍全文数字化研究[J]/郭华. --甘肃科技,2015,03:77 - 79

本文详细阐述了大学图书馆所采用的数字化保护方法,为同类古籍保护单位提供具有实践意义的参考与借鉴。

3777

中医医史文献研究[M]/王琦编. --北京:中国中医药出版社,2012

本书在做好医史文献研究工作的基础上,努力发掘先贤的理论体系和实践经验,在实践检验的过程中加以完善和提高,从而推动中医学术的发展。

3778

中医院校图书馆古籍保护和利用问题研究[J]/王玮. --科技与创新,2015,22:36 - 37

论述中华古籍在弘扬中医药文化和中医院校建设中的重要地位,分析了中医院校图书馆古籍保护和利用现状及存在的问题,提出相应的解决对策。

3779

中医院校图书馆古籍资源整合思路探讨[J]/黄晓华. --中国中医药信息杂志,2014,10:9 - 11

本文从古籍书目的客观著录与信息完善、分类目录编制与资源库建设、引入大古籍概念以促进馆藏资源整合与配置、主动调研对比相关藏本以提供信息服务4个角度,对如何整合古籍资源、拓展资源服务进行了探讨。

3780

中州本《赵州录》校读札记[J]/徐琳.--西南交通大学学报(社会科学版),2015,05:65-69

2001年中州古籍出版社出版了张子开先生整理的点校本《赵州录》。该书是研究赵州禅师语录较为通用的版本,但其中存在错漏、点断、不同条语录相混、俗字未辨清等问题,应结合多种禅门撰著加以校读补正。

3781

钟金水收藏:台湾关系古籍善本图录[M]/钟金水,杨永智编.--台中:大员文史工作室(台湾地区),2013

(阙如)。

3782

《种子心法》版本及学术思想研究[J]/于晓艳.--福建中医药大学学报,2014,04:63-64

《种子心法》为清代石成金所辑,收录于《家宝全集》中。全书内容简短,字数约7000左右,本文对其几种版本进行了比较分析,并对其学术思想进行了总结与研究。

3783

重大自然灾害中档案文献保护研究[D]/戚红岩.--湘潭大学,2011

笔者从宏观层面上构建灾害中档案文献安全保护管理体系;又从微观层面,即技术策略方面着手,架构我国重大自然灾害档案文献保护策略,以期对我国灾害中档案文献安全保障体系的构建做有益尝试,更好应对重大自然灾害给档案文献保护带来的风险。

3784

周恩来与古籍的保护[J]/于曦蒸.--图书馆工作与研究,2011,11:98-100

本文介绍了周恩来总理对古籍保护工作的巨大贡献:解放战争时期,指示保护藏书楼;新中国成立初期,布置抢救购买古籍;"文革"中,推动古籍的整理保护工作,促进古文献的大发现。

3785

周叔弢研究文献目录[A]/陈东辉,卢新晓.--国家古籍保护中心编.古籍保护研究(第

一辑)[C],郑州:大象出版社,2015

本文从著作、著作和学位论文中的相关部分、报刊和文集文章以及网络文章四个方面总结周叔弢先生的研究文献目录。

3786

周勋初治学经验谈之七体例创新附件完善——营造古籍整理精品的一些尝试[J]/周勋初.--古典文学知识,2012,05:3-12

文章是作者多年从事古籍整理工作的经验之谈,介绍了搜集残佚、总结有用材料、书前附上前言、制作附录、挑选合适的图片等多种行之有效的方法。

3787

《周易参同契》最早的版本变迁与作者考论[J]/董科,钟祥浩.--开封教育学院学报,2014,06:23-24

《周易参同契》在数千年传写过程中几经变异,可见最早的版本为南宋朱熹考异的古本;师宗后、蜀彭晓947年注释本为祖本;历代口耳相传其作者为东汉魏伯阳、徐景休、淳于翼。笔者在古籍文献调研中发现史存比汉末更早的古本,故重建《周易参同契》誊写者脉络。

3788

《周易略例》阮校补正[D]/王晓娟.--山东大学,2015

本文通校宋、元、明、清20个《周易略例》的版本,参考前人校勘成果六种,补正清嘉庆阮元《十三经注疏校勘记·周易略例》374条,论文认为《周易略例》与《周易注疏》有分有合,作为《周易注疏》的一部分,同时具有一定的独立性。

3789

周云青《四库全书提要叙笺注》初探[J]/彭丹华.--南华大学学报(社会科学版),2012,02:99-102

近人周云青早年所著《四库全书提要叙笺注》,有意师从汉儒诂经之法,为《四库全书总目提要》各部类之总叙、小叙训注,实事求是,简洁明晰,给初学者提供了很大便利。晚出之张舜徽《四库提要叙讲疏》大抵从新学角

度加以讲评,影响较大,而二者取向颇有相异之处。

3790

周祖谟先生的《尔雅校笺》[J]/傅杰. --古籍整理出版情况简报(总 536 期),2015,10:8 - 14

本文由两部分组成:一、作者 2004 年为云南人民出版社印行的《尔雅校笺》写的重刊弁言;二、作者追忆周祖谟先生在世时从事古籍整理与研究工作的点滴。

3791

周作人:鲁迅整理古籍的重要伙伴[J]/顾农. --鲁迅研究月刊,2014,02:74 - 78 + 50

鲁迅曾经花大量时间整理校勘古籍,取得了丰硕的成果,现在大部分已经收录在《鲁迅辑校古籍手稿》六函之中。鲁迅整理古籍前后有过两个伙伴:前期是二弟周作人,后期是爱人许广平。

3792

《肘后方》版本定型化研究[D]/肖红艳. --北京中医药大学,2011

论文首次探讨《肘后方》从成书到定型的四个阶段中每位作者及整理者的工作,以及他们对此书的定型与传承所发挥的影响与作用,重新梳理《肘后方》在历史上的版本流传情况并绘制流传图,对前人的研究进行了一些修正和补充。

3793

朱丹溪医案[M]/(元)朱丹溪撰;焦振廉等校释. --上海:上海浦江教育出版社,2013

朱丹溪是金元四大家中出生最晚、对中医学贡献最大的一位,其医案散在于《丹溪医按》《格致余论》《局方发挥》《丹溪心法》《名医类案》等几十种古医籍中。本书将其汇集成册,计 773 则,并加注释。

3794

朱墨传香——谈济宁市古籍文献保护整理工作[J]/黄银萍. --内蒙古科技与经济,2015,06:127 + 129

本文通过济宁市图书馆近几年来古籍保护整理工作的实践,摸索经验,总结方法,以与同仁探讨。

3795

朱振彬:沉默的"书医"[N]/李洋. --北京日报,2015 - 04 - 21015

全社会对古籍保护的重视正吸引越来越多社会资源投入其中。朱振彬 35 年古籍修复之路,也从几乎无人同行的惨淡,迎来了现在广受关注的灿烂。可他依旧沉默着,最感兴趣的话题永远是手中的古籍。

3796

诸佛菩萨妙相名号经咒[M]/国家图书馆编. --北京:中国藏学出版社,2011

本书属于古籍整理类典籍,成书于明宣德元年(1426),包含藏传佛教图像及经文等,现出版加有导读及注释等方面的内容。

3797

《竹坡词》版本源流考[J]/全彩宜. --文艺评论,2012,10:139 - 141

本文首先介绍了《竹坡词》作者周紫芝的传记资料,然后对一卷本《竹坡词》、三卷本《竹坡老人词》和三卷本《竹坡词》的版本源流分别进行辨析。

3798

竺可桢与文澜阁《四库全书》大迁移[J]/杨斌. --中国档案,2013,10:76 - 77

本文介绍了竺可桢抗日战争时期保护文澜阁《四库全书》的相关史实。

3799

注疏文献的结构化知识表示[D]/马创新. --南京师范大学,2014

本文深入分析了各种知识表示方法和注疏文献的传统知识结构,提出以结构化知识表示为重点的研究目标,设计了基于本体和XML 的知识表示方案。

3800

注疏文献中的注释语句自动分析[J]/马创新,陈小荷,曲维光. --计算机科学,2012,10:220 - 223

注疏文献中蕴含着丰富的知识,并且它们的行文方式具有半结构化特征。本文研究了经典古籍与其注疏文献句子对齐的方法,以及注疏文献中注释语句的自动分析方法。

3801

抓住机遇 共兴子学——"先秦诸子暨《子藏》学术研讨会"综述［J］/李秀华.--诸子学刊,2012,02:419－424

由华东师范大学先秦诸子研究中心举办的"先秦诸子暨《子藏》学术研讨会"于4月6日至8日在上海召开。应邀参加本次研讨会的学者近60名,分别来自各大高校、研究机构和出版社等单位,共向大会提交学术论文40余篇。

3802

转企改制后古籍出版社编辑工作思考［J］/赵鹰.--出版广角,2013,05X:68－69

本文论述了对转企改制后古籍出版社编辑工作的思考:从专业发展的长远角度出发,培养一批既负有文化使命感又具有市场意识和能力的古籍编辑队伍;规划出专业化的选题结构,制订出切实可行的出版发展目标;坚定古籍出版社编辑工作的努力方向,最终实现古籍出版社社会效益和经济效益的有效结合。

3803

壮族古歌《阳高》古抄本特点及其整理［J］/周秋玉,曾曼丽.--钦州学院学报,2014,01:70－74

壮族古歌《阳高》是一首广泛流传于广西百色的叙事排歌,以歌谣的形式讲述了孤儿阳高报家仇的故事。《阳高》抄本之前未经过收集整理,现可从古籍整理的角度,以田东抄本为语料介绍《阳高》,把其特点和整理展现给世人。

3804

壮族古籍的分类与特点［J］/蒙元耀.--百色学院学报,2015,06:1－7

本文对壮族古籍进行分类研究,对了解壮族的语言、文学、文化、宗教信仰、道德准则、价值观念等都会大有帮助,也有助于了解壮汉两种文化在广西的交融与相互影响,有利于推进壮族地区的文化建设及和谐社会构建工作。

3805

壮族古籍整理出版的新突破——《布洛陀史诗》（壮汉英对照）解读［J］/韩绿林.--出版广角,2014,Z2:145

《布洛陀史诗》(壮汉英对照)经过大胆取舍,浓缩精华,文本更具条理性;原文的古壮字经过汉译,读唱吟诵并重,使读者能无障碍阅读;多语对照,开创了壮族典籍英译的新体例。

3806

资料翔实 创新频见——《鲍廷博藏书与刻书研究》读后［J］/张彩云.--淮北职业技术学院学报,2012,06:142－144

《鲍廷博藏书与刻书研究》一书详细介绍了安徽歙县鲍廷博藏书、刻书历程,从中可见鲍廷博对我国古籍孤本、善本的搜集、整理,其精于校勘、辑佚、考证的成果有利于我国古籍的保存与推广,留下一笔丰厚而难得的文献遗产,具有珍贵的文献价值、史料价值。

3807

《资治通鉴》突厥回纥史料校注［M］/杨圣敏校注.--北京:社会科学文献出版社,2012

《资治通鉴》所载铁勒、突厥、回纥的历史进行了两方面的处理。一为校订,即参照其他史料,包括突厥文的史料,对其中错误之处予以订正,而有疑问的地方提出存疑,以利于将来的研究。二为注释,即综合国内外有关的研究成果,简注于史料之后,以利读者对史料的深入理解。

3808

《子藏》编纂借助诸子典籍整理大力倡导"新子学"理念［J］/方勇.--诸子学刊,2014,02:435－436

本文简单介绍《子藏》丛书的内容,对"子"的含义进行了厘定,并梳理了子学相关推介文章。

3809

《子藏》:为诸子继绝学——华东师范大学《子藏》工程巡礼［J］/梁枢.--诸子学刊,2011,01:393－401

文章分两部分:一、介绍陈鼓应、李学勤、傅璇琮等专家教授对《子藏》编纂工程的评价,以及《子藏》工程编纂纪事;二、记录了《光明日报》国学版梁枢对《子藏》工程负责人方勇的专访。

3810

自标一帜黄汪外 天下英雄独使君——纪念徐行可先生向湖北省图书馆捐赠古籍 50 周年[J]/阳海清. --图书情报论坛,2012,02:63 – 71

半个世纪前,武昌著名藏书家徐行可先生将其一生苦心搜聚徐氏箕志堂全部古籍捐赠湖北省图书馆;1956 年其所藏五分之三捐赠中科院武汉分院;先生辞世后,其子女继将余下藏书及全部箱柜捐赠湖北省图书馆。

3811

自成一派,俨然大家——浅析鲁迅致力于古籍整理工作的原因[J]/余乐. --许昌学院学报,2014,01:94 – 96

鲁迅是民国时期文化界致力于传统文化典籍整理的杰出学者,对传统文化挥之不去的感情,对民族文化发展强烈的责任意识和忧患意识,以及当时社会政治的残酷及个人精神的苦闷,是鲁迅致力于古籍整理工作的主要原因。

3812

自适应中值滤波在东巴古籍图像去噪中的应用研究[J]/李志华,徐小力,王宁,吴国新. --北京信息科技大学学报(自然科学版),2015,05:36 – 39

针对东巴经典古籍数字化过程中噪声干扰,采用中值滤波方式进行图像去噪。此法有较好的去噪声作用,但对图像细节信息有一定的损坏。本文论述经过实验验证,自适应中值滤波算法可以根据设定条件,通过检测噪声点来改变滤波窗口的大小,在保护图像质量的同时抑制噪声信号,具有良好的滤波特性。

3813

《自庄严堪善本书影》读后[J]/周启乾. --文献,2013,02:186 – 191

由国家图书馆出版社 2010 年 9 月初版发行的《自庄严堪善本书影》,收录了先祖父叔弢先生(1891 – 1984)积毕生精力搜集的七百余种古籍善本的书影,"琳琅满目,美不胜收"

(郑振铎语),这不仅是对先人劳绩的纪念,也有助于弘扬中华传统文化,为研究我国书籍印刷发展历史提供了重要参考资料。

3814

宗族史学的奠基之作——《清代宗族史料选辑》出版[J]/冯尔康. --古籍整理出版情况简报(总 528 期),2015,02:2 – 8

本文介绍了《清代宗族史料选辑》套书的价值和成书经过,包括编选原则、方法和资料的学术价值等。

3815

棕刷排笔下的历史——档案修裱技艺[J]/郭康法. --海南档案,2012,03:30

本文分为三个部分:一、中国书写载体的发展史;二、中国古籍档案修裱发展史;三、浅谈档案修复技艺。

3816

总结经验 开拓创新 推动全国图书馆文献缩微复制工作的快速发展——记全国图书馆文献缩微复制中心 30 年[J]/李晓明. --数字与缩微影像,2014,04:2 – 4

文章回顾了全国图书馆文献缩微复制中心的成立、发展历史,总结工作中的经验,并对未来的发展进行了规划与展望,包括优化机制,推进缩微工作快速发展,融合数字技术,强化服务利用,加强队伍建设,拓展业界合作等。

3817

总体设计 系统研究 把握全局 精雕细部——医史研究与古籍整理结合的新思路[A]/王宗欣. --中华医学会医史学分会委员会编. 中华医学会医史学分会第十三届一次学术年会论文集[C],2011

本文指出应继承前人中医药学学术成果的重要内容,提出多学科、多角度共同开展中医古籍整理工作的思路。

3818

最难不过点古书[N]/王福利. --中国社会科学报,2013 – 09 – 23B01

整理古籍标点时如有疑虑,应尽可能多地查阅相关文献,搞清楚各种称谓的真实情况,这样便不至于无所适从甚而标点错误了。

3819

最是书香能致远——古籍整理随感[J]/问书芳.--当代图书馆,2015,02:58-59

书籍是人类文明的重要载体,是人类进步的阶梯。笔者新近参与古籍普查工作,在翻检查阅中深深地感受到书籍的这种文化传承作用,颇有感触。

3820

最小加权分割路径的古籍手写汉字多步切分方法[J]/周双飞,刘纯平,柳恭,龚声蓉.--小型微型计算机系统,2012,03:614-620

本文针对古籍古文献中部分汉字易发生粘连现象,提出古籍手写汉字多步分割方法。实验证明该方法解决了字符分割不足和多处粘连字符的分割问题,有效地提高了分割的准确率,且算法的时间复杂度较低,算法效率较高。

3821

《左传译注》校点辨正[J]/刘学智.--文教资料,2014,34:1-2

李梦生先生的《左传译注》是一部译注精审的古籍整理专著,出版至今广受欢迎。然而白璧微瑕,该书的校勘和标点仍有可商榷之处,本文举出20则试为辨正。

3822

做好民族古籍工作 留存民族文化记忆[N]/刘兴祥.--贵州民族报,2012-07-30B04

本文着重介绍了六盘水市的民族古籍整理工作。

3823

做好中医古籍整理出版工作的5个关键点[J]/任海霞,杨越朝.--科技与出版,2013,02:41-42

本文指出做好中医古籍整理出版工作,应着重把握好五个关键点:确定底本,选定主校本、旁校本及参校本,进行分段、标点与校勘,注释的标注,同时要有学术水平高、严谨、认真的整理队伍以及具有较高水平的编校队伍。

3824

做实基层古籍保管保护基础工作[J]/王巍,杨通桅.--兰台世界:中旬,2015,12:191-192

本文通过古籍书库建后现状分析,指出影响古籍书库建设的重要瓶颈,探索基于现状分析的古籍书库基础保护工作。

3825

BNUZLK 字料库系统的建构与应用[J]/
周晓文,李国英,王颖,毛承慈.--民俗典籍文
字研究,2014,01:111 – 122 + 224 – 225

BNUZLK 字料库系统以储存汉字原始形
体,建立超大规模汉字形体发展演变关系库,
满足汉字研究、汉字整理与规范、古籍数字化
等的需求为目标,探索汉字研究与字形整理
的新方法,在信息化时代具有重要的历史意
义和现实意义。

3826

**CALIS 环境下高校图书馆古籍书目数据库建
设[J]/**吴雪梅.--艺术教育,2011,02:159 – 160

本文论述了高校图书馆在 CALIS 古籍联
合编目系统环境下,古籍书目数据库建设和
相关管理工作的新发展和新策略。

3827

**Excel 数据表在中医古籍整理研究中的应
用[J]/**杨胜林,聂坚,秦琼,乔磊,张建英,张
明,马凤丽.--中国中医药现代远程教育,
2012,21:96 – 97

在中医古籍整理工作中,Excel 软件可用
于对古籍文献内容进行归类整理,以便于统
计数据,寻找相关规律。做法是将古籍文献
内容保存入 Excel 工作表,再利用 Excel 的数
据操作功能归类整理文献。

3828

E 数据时代稿本文献整理的必要性[J]/白
谦慎.--读书,2015,12:71 – 73

近年来,在人文学科的研究中,借助网络
资源和各种数据库进行文献检索,成为收集
资料的一个重要手段。从最早的《四库全书》
检索版、中国基本古籍库、方志库,到此后的
《续修四库全书》检索版、近来的"读秀"等,这
些可以全文检索的大型丛书和数据库,为我

们的研究工作提供了极大的便利。

3829

**GIS 技术辅助下制作《纪要地图集》的技术
路线[A]/**许盘清,范毅军,廖泫铭,白璧玲,刘
龙雨,陈婷.--尹小林主编.第四届中国古籍数
字化国际学术研讨会论文集[C],北京:五洲
传播出版社,2015

在地图制作过程中,需要收集、整理各项
地理数据,据以进行地名考证与位置标定,相
关技术问题有赖多方考虑、持续确认适用之
作业规范。本研究综合应用传统历史考据知
识、数字典藏以及 GIS 技术,不仅在于编制地
图集,亦期形成历史地名研究与历史地图数
据库建置方法之范式。

3830

GIS 在方志类古籍开发利用中的应用初探
[J]/朱锁玲,王明峰.--大学图书馆学报,
2013,05:118 – 121

本文以方志资料汇编《方志物产》(广东
分卷)为语料,探讨 GIS 在方志开发利用中的
应用前景。通过借用 GIS,实现对《方志物产》
中物产分布、物产传播等相关数据的管理和
可视化制图并进行史料数据的空间分析,以
最大限度地挖掘、利用方志史料。

3831

IFLA/PAC 计划述略[J]/刘雯.--新世纪图
书馆,2011,03:69 – 72

本文在简要介绍 IFLA/PAC 计划基本情
况及重点项目的基础上,着重论述该计划对
世界文献保护事业的贡献,并从经济来源和
信息交流的角度分析其遭遇挫折的种种
原因。

3832

**IFLA《善本与手稿馆藏数字化规划指南》
解读[J]/**杜婕,张文亮.--图书馆建设,2015,

10:51 - 54

国际图书馆协会和机构联合会(IFLA)2014 年发布了《善本与手稿馆藏数字化规划指南》,主要描述项目管理、过程管理、技术管理等方面的内容。本文对该规划进行了解读,并研究其内容及特点,可以为我国古籍数字化标准建设提供参考。

3833

RFID 技术应用于古籍管理的利弊分析[J]/王娜. --农业图书情报学刊,2015,12:166 - 168

本文从利弊两方面探讨 RFID 技术在古籍管理中的应用现状,提出解决措施和未来展望。

3834

TRS 平台下建设服装古籍数据库的探讨与实践[A]/张鸣鸣. --全国中小型公共图书馆联合会. 全国中小型公共图书馆联合会 2014 年研讨会论文集[C],2014

本文结合使用 TRS 建设和开发特色数据库的实践经验,指出了利用 TRS 建设数据库应注意的问题。

3835

Unicode 标准下古籍数字化的异体字处理[J]/高天俊. --现代语文(语言研究版),2011,09:114 - 115

古籍数字化需要遵循世界通用的 Unicode 标准,但 Unicode 标准在设计时并未考虑到异体字的特点,因此不能很好地解决古籍中的异体字问题。在 Unicode 标准下,通过建立异体字数据库、使用 XML 标记等,能够有效解决异体字问题。

数字

3836

17－18 世纪西方科学技术对中国建筑的影响——从《古今图书集成》与《四库全书》加以考证[J] /李晓丹,王其亨,金莹. --故宫博物院院刊,2011,03:113－125＋161

本文通过梳理《古今图书集成》《四库全书》中的有关史料,考证了与建筑相关的西方科学技术在中国的传播和应用,及其对中国建筑的多元化发展产生的重要影响。

3837

18 世纪中叶至 19 世纪末中医古籍英译的起步[J] /黄燕,刘云. --兰台世界:上旬,2015,10:114－115

18 世纪中叶至 19 世纪末,大量传教士和汉学家来华,东西方文化频繁交流。这些传教士和汉学家有机会接触到中医,并对此产生浓厚的兴趣,后来自觉走上中医古籍英译的道路。其中影响比较大的就有《中华帝国全志》和翟理斯翻译的《补注洗冤录集证》。

3838

1940－1941 抢救国家珍贵古籍特选八十种图录[M] /俞小明主编. --台北:台湾汉学研究中心(台湾地区),2013

本书择选馆藏古籍善本中挑选珍贵善本80 种简要介绍。

3839

1949－1965 年抢救民间的古旧图书工作[J] /皮学军. --当代中国史研究,2013,04:36－46＋125

1949－1965 年期间,我国各级文化管理机构为抢救散落在民间的古旧图书,首先是保护了一批知名藏书楼、旧书院,接收、购买了一批藏书楼、书院所藏图书;其次是采取各种措施阻止毁书;再次是积极开展访书、收书工作。

3840

1981－2011 年少数民族古籍整理出版理论研究综述[J] /邓秋菊. --成都电子机械高等专科学校学报,2012,01:102－104

文章从少数民族古籍整理出版的意义、方法、翻译、人才建设以及数字化研究 5 个方面对近 30 年我国少数民族古籍整理出版理论研究成果进行了系统的梳理和总结,以期对这一时期少数民族古籍整理出版理论研究有一个宏观的了解和把握。

3841

《1996－2012 北京大学图书馆新藏金石拓本菁华》隋唐五代部分整理与研究[D] /段卜华. --西南大学,2015

《1996－2012 北京大学图书馆新藏金石拓本菁华》所收隋唐五代时期碑,其中不乏珍品,有较大一部分拓本首次公布于世。本文以这部分材料为研究对象,进行释读整理,写出校勘记;对中古时期的异体字、词汇进行研究;史志相参,补史之缺漏,正史之讹误。

3842

2004－2014 年中医古籍数据库建设研究进展[J] /漆胜兰. --中国中医药图书情报杂志,2015,01:60－62

中医古籍是中华民族几千年防病治病的智慧结晶,是我国传统文化的宝贵财富。本文综合了 2004－2014 年中医古籍数据库的发展状况,提出存在的问题,并对未来研究思路进行了阐述。

3843

2008－2010 年我国古籍研究近况简析[J] /王涛. --大学图书情报学刊,2012,04:91－96

文章以"中国知识资源总库——CNKI 系列数据库"为基本依据,分析上述时间范围内古籍研究文献的分布、作者构成、研究方向及基金资助情况,并就如何深入开展古籍研究提出了一些看法。

3844

2010 年古籍出版情况研究报告[J]/曹书杰,李岩. --编辑之友,2011,01:21 - 26

本文从时人新编的古籍著作、历史地理类古籍、古代文学类古籍、学术文化类古籍、思想史研究类古籍、古籍目录编纂与整理、科学技术类古籍、线装影印古籍八个方面介绍我国 2010 年古籍出版情况。

3845

2010 年古籍秋拍撷英(上)[J]/韦力. --紫禁城,2011,06:92 - 99

本文介绍《雪岩语录》南明弘光元年(1645)嘉兴府楞严寺经坊刻嘉兴藏本、《复初斋诗集》清乾隆间稿本、《锦囊印林》清乾隆十九年(1754)汪氏香雪亭刻钤印本等 2010 年秋拍古籍的版本情况及相关知识。

3846

2010 年古籍秋拍撷英(下)[J]/韦力. --紫禁城,2011,08:106 - 113

本文介绍《战国策》清乾隆二十一年(1756)雅雨堂丛书本、《法苑珠林》北宋重和二年(1119)福州开元寺毗卢大藏本、贾浪仙《长江集》康熙间席刻唐百家诗本、《册立光宗仪注稿》明万历二十九年(1601)手稿本等 2010 年秋拍古籍的版本情况及相关知识。

3847

2011 - 2020 年国家古籍整理出版规划调整[J]/姚贞. --新疆新闻出版,2013,02:16

《2011 - 2020 年国家古籍整理出版规划》拟进行适当调整。本次增补项目的重点包括以下几个方面:全面梳理我国古籍资源、总结古籍整理出版成果的古籍整理基础性出版项目;系统性影印复制国内未见或稀见的重要古籍,促进散失海外中国古籍珍本回归的整理出版项目。

3848

2011 年古籍整理出版资助管理工作会议上的讲话[J]/吴尚之. --古籍整理出版情况简报(总 483 期),2011,05:2 - 8

本文是新闻出版总署出版管理司司长吴尚之同志在 2011 年度古籍整理出版资助管理工作会议上的讲话。该讲话对 2011 年度古籍整理出版资助情况作了通报,并对古籍办下一步的工作重点提出明确要求。

3849

2011 年新编古籍丛书出版综述[J]/南江涛. --中国图书评论,2012,05:97 - 101

文章分史籍史料、传记文献、书目版本、文学艺术、方志地理、哲学宗教、金石文献和综合文献八类,分别梳理介绍了 2011 年出版的新编古籍丛书。

3850

2012 年度古籍整理出版资助管理工作会情况通报[J]/吴尚之. --古籍整理出版情况简报(总 495 期),2012,05:2 - 10

本文系新闻出版总署出版管理司司长吴尚之同志,在 2012 年度古籍整理出版资助管理工作会议上的情况通报。该通报概述了 2012 年度古籍整理出版资助项目评审情况、如何加强资助后的管理工作,古籍办下一步的工作重点,并对未来古籍整理出版工作提出了展望。

3851

2014 年我国古籍图书出版综述[J]/陈海燕,马波涛. --图书馆学刊,2015,07:132 - 137

2014 年,热门的总目类大型典藏图书大幅减少,地方文献、地方图书馆馆藏文献的普查编目及专门性研究史料的整理受到极大关注;研究类论著力作频出,普及类图书仍有待发展;爱如生公司与国家图书馆出版社的古籍数字化成就可观。整体而言,该行业仍需要更多统筹规划与政策引导。

3852

20 世纪中期古籍研究出版者的一种心态——从陈乃乾的一份审查意见说起[J]/蔡振翔. --出版史料,2011,01:92 - 94

中国图书收藏与交流的历史悠久,内容丰富,自成体系,是中国文化传承的一个重要载体。然而,1949 年以后,中国社会发生了巨大的变化,古旧书业逐渐沉寂、萎缩甚至萧条。1978年改革开放之后,古旧书市场才又慢慢恢复和发展起来。

3853

21世纪古籍整理的前瞻[N]/张妮. --贵州民族报,2012 - 10 - 31B03

21世纪将是古籍整理的一个新阶段,因为随着经济高潮的到来,必将兴起一个文化的高潮。如何推动这个高潮,这里提出一些个人的设想。

3854

30年来贵州回族古籍整理概览[N]/纳光舜,马虹. --贵州民族报,2015 - 08 - 04A04

贵州回族古籍文献的留存形式多种多样,有纸质的书刊、书信,石质碑刻,木质匾联,金属等质地铭刻和口碑史料。记录手段有手抄、木刻、石印、铅印等。所使用文字以汉文最多,另有阿拉伯文、波斯文等。

3855

40卷《藏文〈格萨尔〉精选本》的编纂及其版本[J]/丹曲. --学理论,2013,23:199 - 200

藏族英雄史诗《格萨尔》现存版本繁多。

中国社会科学院大型研究工程40卷《藏文〈格萨尔〉精选本》的编纂、整理和出版,对拓展人们的学术视野,甄别版本真伪,全面了解史诗风貌,细致检讨和研究其文化内涵发挥了重要作用,也为不同学科视角研究史诗提供了新思路。

3856

7万余册古籍善本收藏记[J]/吴颖. --21世纪,2011,01:43 - 44

本文介绍了著名收藏家韦力的古籍收藏经历及其相关轶事。

3857

80年代以来水族古籍保护情况概述[J]/牟昆昊,曹真. --兰台世界,2015,11:93 - 94

本文重点讨论了水族文献普查、编目、征集、收藏、修复、再造、数字化等方面的问题,并总结了80年代以来水族文献的翻译整理和研究情况,最后对水族文献保护与研究现状进行了讨论,指出水书保护目前面临的濒危情况。

附录一:题名索引

H

Z

附录二:著者索引

何艳红	1275	侯林莉	1127
何阳	3682	侯荣川	0927,1109,1618
何玉	0467	侯薇	0494
何韵	3646	侯妍妍	1517
何振作	2561	侯艳	0024,3768
何祯	3033,3645,3646	侯酉娟	3736
何志	0102	侯玉岭	1032
何志华	0082,3099	胡爱英	0021
何子晨	0529	胡滨	1753
何宗美	2557,2567,2746	胡泊	0997
和继全	0029,1682,1749	胡翠华	0387
和帖森	1760,1864	胡道静	1106
和中浚	2908,2909,3235,3433	胡冬陵	3704
河南大学图书馆	2093	胡冬裴	3434
河南省古籍保护中心	0300	胡光耀	0936
河南省文化厅	0300	胡海鹰	3030
贺德显	1232	胡寒	2672
贺根民	2458	胡红	0673
贺建	0215	胡虹	2414
贺科伟	3020	胡慧峰	2258
贺琳	0232	胡继明	1632
贺灵	3335	胡佳佳	2412
贺霆	1042	胡建设	1802
贺卫兵	1820	胡江	3059
贺信萍	1040	胡俊俊	1291
贺宇红	3079	胡葵花	1980
贺元秀	1573	胡莉	0828,1877
贺知章	0396	胡良	1015,3165
赫兰国	0147	胡露	1120,1858,2479,2574,
黑龙江省图书馆	2094		2581,2611,3159,3408
洪辉华	0517	胡马乔	0115
洪琰	2089	胡明雪	0591
洪艺慈	0262	胡平	0537
洪钰	0290	胡琼	1291
侯蔼奇	0302,0637,0953,2212	胡秋妍	3214
侯凤芝	0168	胡石	0629,3156,3157
侯富芳	0731	胡涛	1577,1875
侯汉清	1196	胡万德	0786
侯君梅	0598,2350	胡文生	2367
侯俊华	1246	胡霞	1389
侯丽萍	0377	胡贤林	0683

李光伟	2282	李洁莹	3496
李广龙	0691,2377	李婕	2311
李桂荣	2004	李京芬	1560
李桂生	3201	李京忠	1377
李国栋	3459,3697	李菁	1244
李国庆	1661,2345,2366,3637	李婧	0654,1036,2980
李国英	1629,3825	李敬华	1165,3164,3695
李国章	0022,3532	李静	2278
李海洋	1523	李玖蔚	0678
李海英	3000	李军	1819,2816,3511
李寒光	3557	李军伟	0079
李浩	0099	李君	0530,2070
李荷莲	1053,1054,1055	李俊	2032
李弘毅	1525	李开升	1736
李红	0083,0609	李克征	0849
李红英	3379,3380	李拉利	1471
李宏建	1358	李理	1142
李虹	0472,1882,2877	李力	3253
李鸿涛	1180,2108,2390,3619,3686,3721	李立	1807,2246
李厚琼	2436	李丽华	0014
李花蕾	1719	李良松	0216,2518
李华伟	1608,3139	李林	2811
李欢欢	2673	李灵辉	1187
李会敏	0468,1051,1896,1983	李零	1247
李慧	2880	李柳骥	0089,1376
李慧慧	2057	李露	0424
李纪英	2249	李梅	2265
李际宁	1003,1343	李美	1335
李继明	3768	李蒙蒙	1085
李佳川	3428,3429	李敏	1030,1031,1037,1768,2109,3297,3298
李佳飞	1036	李明	0937,1410,3700,3722
李坚	1024	李明杰	1594,2391,3544,3658
李坚怀	2584	李明霞	2708
李见勇	1543	李娜	0468
李建	1876,3028	李娜华	2365
李建军	3257	李宁	3105
李建清	2602	李培文	1649,1775
李建生	3092	李培志	1497
李建霞	1173,2900	李鹏连	0873,1810,2869
李健	2737	李倩	2374
李杰	2253	李强	0919

王迟迟	1058	王华	1575
王春江	2508	王华宝	1126,2955,3179
王春林	2646	王华北	1917,3590
王春颖	0417,2802	王华南	3766
王大盈	3585	王华权	3264
王大忠	2072	王欢	1941
王德凯	1870	王会豪	0446
王敌非	0408	王荟	2917
王东海	2878	王惠芳	1925
王东蕊	1908	王慧	3189
王冬梅	1033	王火红	1241
王恩建	3642	王记录	1587,3160,3541
王芳	3309	王继如	3336
王飞	2547	王嘉川	2543
王非	0429	王剑	2716
王枫	2002,2241	王江晴	2245
王锋	1146,1151	王娇	1948
王凤兰	0243,1662,2195,3684	王洁	0532,1743
王芙蓉	0282	王捷	0049
王福利	3818	王金寿	2085
王富慧	0970	王金玉	2193,3079
王岗	1790	王缙	2908,2909
王光涛	2906	王晶静	0990
王广瑞	2359	王静	0876,2844
王贵忱	1361	王巨安	0784,1075,3381
王国良	2162	王娟	1241,2506,2610
王国强	1593,2888,2947,3539,3546	王军	0958,3181,3337
王国维	0173	王俊	1534
王海滨	3290	王俊红	2003,2111
王海花	3054	王开学	1660
王海涛	0758	王凯	1201
王菡	2368,3223	王珂	2272
王赫	2393	王蕾	0517,1435,1753,3672
王鹤鸣	0199,0200	王莉	0488,2153,3303
王红	2628	王莉媛	0074,2691
王红蕾	1831,1841	王立清	0904,3668
王红玲	1505	王丽	2911,3494
王宏	2340	王丽萍	0332,2839
王宏利	3773	王丽英	2878
王泓杰	1257	王林凤	0172,0907
王洪翀	0599	王琳	1031,3537

后 记

2015 年 4 月 29 日,台湾古籍保护学会在台北蔡元培纪念馆举行第一届海峡两岸古籍高峰论坛,对推进和加强两岸古籍保护工作提出建议。中国古籍保护协会会长刘惠平女士在会上提出中国古籍保护协会与台湾古籍保护学会联合编纂《海峡两岸中华古籍保护论著提要》(以下简称《提要》)的倡议,得到与会代表的一致赞同。本次会议的成果之一,就是决定编纂《海峡两岸中华古籍保护论著提要》。

为了保质保量按期完成《提要》编制任务,成立了《提要》编委会。编委们围绕如何编好《提要》进行了热烈讨论,从不同角度提出意见和建议,主要集中在收录范围、时间断限、条目组织、信息采集来源等几个方面。编委提出的若干条思路,为顺利完成编制工作提供了可以操作的指导性意见。

为了按照计划编制《提要》,编委决定成立一个古籍专业团队,专司其职,任命有编制古籍书目经验的编委天津图书馆历史文献部李国庆主任担任负责人,在国图和天图两馆之间召集数位志同道合者,成立了一个编纂小组。组员们不辞辛苦,不厌其烦,埋头苦干,一丝不苟,充分发挥团队协作精神,很快完成了初稿。我们对小组成员的专业素养、敬业精神和付出的辛勤努力表示敬意和感谢!

初稿完成后,除在编委范围内征求意见外,还在古籍界征求多位专家意见。大家在繁忙的工作之余,认真通读书稿,或细致入微,朱批满纸;或提纲挈领,指出问题;或提供具体的采集条目。在此,我们要感谢浙江大学陈东辉教授,他为如何编好这部《提要》提出了近 2000 字的审读意见,客观而具体;我们要感谢刘家真教授、徐忆农研究馆员、谢水顺研究馆员等业界朋友,他们不辞辛苦,把自己多年取得的研究成果提供给我们,为本书增添了有分量的素材。

　　按照各位编委提出的想法,经过不断增删,反复修改,完成定稿。鉴于编制这样一部《提要》的重要意义,我们诚请海峡两岸古籍界泰斗李致忠先生和吴哲夫先生为本《提要》撰写序言,旨在加强两岸传统文化交流,取得合作成果,推动古籍保护工作向前发展。两位德高望重的老前辈,欣然命笔,对我们编制的这部《提要》予以充分肯定,同时指出存在的不足之处,使我们得到了鼓励和鞭策。两篇精彩序言,为本《提要》增色至多,我们表示衷心感谢!

本书编委会

2016 年 12 月